문사통의교주 1

文史通義校注

Annotations and Correction on General Meaning of Historiography and General Meaning of Bibliography

지은이 장학성(章學誠, 1738~1801)은 중국 청나라 때 학자이며 원래 이름이 문효(文斆), 자가 실재(實齋), 호가 소암(少岩)이다. 절강성 회계(오늘날 소흥)에서 살림이 넉넉지 않은 지식인 집안에서 태어났다. 어려서 병치레가 잦아 공부가 지지부진했던 그는 열다섯 살부터 역사학에 흥미를 가지게 되었고 스물다섯 살부터 주균을 스승으로 모시고 고문을 배우기 시작했다. 서른세 살에 안휘 학정으로 부임한 주균을 따라 갔으며 본격적으로 『문사통의』를 쓰기 시작했다. 병으로 돌아가기 직전까지 글쓰기를 놓지 않았으니 평생의 공력이 『문사통의』에 고스란히 모여 있다. 1773년 서른여섯 살 되던 해 화주의 행정 책임자 유장성을 위해 『화주지』를 편집했다. 『화주지』를 편집하면서 당시 지식인들이 별 관심을 기울이지 않던 지방지를 새롭게 인식하게 되었다. 1777년 마흔한 살에 진사에 급제해 국자감 전적 벼슬을 받았으나 취임하지 않고 막빈 생활을 하면서 전국의 서원에서 강의도 하고 지방지도 편찬해 주며 생계를 이었다. 1794년 쉰일곱 살의 그는 고향 회계에 정착하고 평생 쓴 글들을 정리하기 시작한다. 1800년 예순세 살에 노환이 심해진 그는 실명 상태에 빠졌지만 사람을 불러 구술하면서까지 창작의 끈을 놓지 않았다. 이해에 그는 학문적 유언이라고 할 수 있는 「절동학술」을 썼고 이듬해 1801년 11월 세상을 떠났다.

옮긴이 임형석(林亨錫, Lim Hengseok)은 1969년 부산에서 태어나 자랐다. 1992년 부산대학교 철학과에서 학사 학위를, 1997년 중국 북경의 청화대학 사상문화연구소에서 사상사 석사 학위를, 2001년 북경대학 철학계에서 철학 박사 학위를 받았다. 2001년부터 부산과 인근의 여러 대학에서 시간강사 및 연구원으로 일했고, 현재 부산 경성대학교 중국대학 중어중문학과 초빙외래교수이다.

문사통의교주文史通義校注 1

1판 1쇄 인쇄 2011년 2월 20일 **1판 1쇄 발행** 2011년 2월 25일

지은이 장학성 **옮긴이** 임형석 **펴낸이** 박성모 **펴낸곳** 소명출판
등록 제13-522호 **주소** 137-878 서울시 서초구 서초동 1621-18 (란빌딩 1층)
대표전화 (02) 585-7840 **팩시밀리** (02) 585-7848
이메일 somyong@korea.com **홈페이지** www.somyong.co.kr

ISBN 978-89-5626-543-8 94820 값 27,000원,
ISBN 978-89-5626-542-1(전 5권)

이 번역도서는 2006년 정부재원(교육인적자원부 학술연구조성사업비)으로 한국연구재단의 지원에 의하여 연구되었음.

문사통의 교주 1

文史通義校注

장학성 지음
임형석 옮김

소명출판

◆ 일러두기

1. 이 번역서의 저본은 장학성이 쓰고 섭영이 교정하고 주를 단 『문사통의교주』(文史通義校注, 北京, 中華書局, 1985)이다.
2. 중화서국 판 『문사통의교주』의 표점(標點)은 대부분 옳지만 여러 사람이 함께 작업한 탓인지 어긋나는 경우가 가끔 발견된다. 이것은 통일시키고 역주에서 밝혔다. 아울러 창수량(倉修良)이 편집한 『문사통의신편』(文史通義新編, 上海, 上海古籍出版社, 1993), 엄걸(嚴傑)과 무수성(武秀成)이 번역한 『문사통의전역』(文史通義全譯, 貴陽, 貴州人民出版社, 1997)도 남김없이 대조했으며 참고한 부분도 간혹 있다.
3. 이 번역서는 장학성의 원문과 원주, 섭영의 교주, 옮긴이의 역주 세 부분으로 구성되어 있다. 장학성의 원문은 본문으로 번역하고 원주는 본문에 괄호를 친 뒤 작고 굵은 글씨로 옮겨서 구분했다. 섭영의 교주는 『문사통의교주』의 원래 순서대로 주로 처리했다. 옮긴이의 역주는 각각의 주 밑에 '*역주'라고 써서 따로 구분했다.
4. 번역은 가능한 우리말로 풀어쓰려고 노력했다. 원문에 충실하고자 노력했으나 원문이 지나치게 축약된 경우에는 의역하기도 했다. 전통 문인의 글쓰기 대부분이 그러하지만, 장학성의 문장도 축약이 심하다. 이를 그대로 옮길 경우 앞뒤 문맥을 파악하는데 어려움이 있기 때문에 적절하게 풀어 옮겼다. 필요한 경우에는 옮긴이의 역주에 이를 설명했다.
5. 인명, 지명, 서명 등은 모두 한글 음으로 표기했다. 온전한 우리말 번역을 위해 국내의 갖가지 번역서와 연구 성과를 가능한 한, 충실히 참조하고 반영하고자 노력했다. 기존의 번역이 어색하고 구태의연한 경우, 옮긴이의 관점에 따라 의역하고 현대적으로 해석하기도 했다.
6. 섭영의 교주는 장학성의 원문에 나타나는 인명과 지명, 서명 등 거의 모든 사항을 망라하고 있다. 옮긴이의 역주는 섭영의 교주를 충실히 옮기고도 충분치 않은 경우에만 달았다. 옮긴이의 역주 가운데 장학성의 본문에 대한 것은 별도로 표시했다. 별도의 표시가 없는 옮긴이의 역주는 섭영의 교주에 대한 [illegible] 주이다.
7. 원어 표기가 필요한 경우에는 한글 뒤 ( ) 안에 부기하였다. 그리고 옮긴이가 의역한 경우, 곧 [illegible] 지나치게 축약해서 쓴 말을 풀어쓰는 경우에는 [ ] 안에 원어를 표기했다. 또한 동일한 원어 [illegible] 여러 차례 등장하는 경우는 독자의 편의를 위해 필요하다고 판단했기 때문이다.

차례

문사통의교주 전체 차례

해제

1. '강건성세'(康乾盛世)—장학성의 시대

장학성(章學誠, 1738~1801)은 건륭(乾隆) 3년에 태어나 가경(嘉慶) 6년에 죽었다. 흔히 '건가(乾嘉) 연간'이라 부르는 청나라 학술의 전성기에 살았던 사람이다. 장학성을 이해하기 위해서는 우선 그의 시대, 곧 외부 환경을 살펴볼 필요가 있다.

청나라는 이민족 왕조이다. 명나라 말 농민반란이 한껏 고조된 1644년, 청나라 군대는 산해관(山海關)을 돌파하고 짧은 기간에 중원을 휩쓴다. 중원을 정복하고 정복민인 한족을 복속시키기 위해 1644년 이후의 청나라 초기에는 무력에 의한 강권 통치를 펼쳤다. 청나라의 무자비한 초기 정복 전쟁을 상징하는 사건으로 흔히 양주십일(揚州十日)이니 가정삼도(嘉定三屠) 따위를 언급한다. 장학성도 얼핏 언급하는 양주성 학살은 소문만으로도 무시무시하다. 양주성 공방전에서 승리한 청나라 군대는 항복하지 않은 것을 보복했고 양주성에서 피의 학살을 벌였다. 열흘 동안 양주에서 학살당한 사람만 80만 명을 헤아린다는 말이 있을 정도이다.

1644년, 곧 순치(順治) 원년에 시작된 정복 전쟁은 순치제(順治帝)가 다스린 마지막 해까지 18년 동안 남쪽 지역에서 계속되었다. 1661년 큰 전쟁은 일단 끝났지만 후유증은 심각했다. 우선 기후가 여전히 좋지 않았다. 명나라 말 농민반란의 직접 원인은 농민의 향촌 이탈이다. 농민들이 향촌을 이탈한 것은 계속되는 흉년과 돌림병 탓이다. 흉년과 돌림병의 원인으로 요즘 명나라 말의 기후 악화를 꼽고 있다. 순치 연간의 마지막 해, 명나라 잔존 세력인 남명(南明)의 영력(永曆) 조정이 멸망하면서 전쟁은 큰 국면전환을 맞이하게 된다. 그러나 일본인 어머니를 둔 해적이자 해상인 정성공(鄭成功)이 아직 대만(臺灣) 섬에 남아 있었고 16세기 이래 소빙기(小氷期)도 계속되고 있었다.

어린 아들 강희제(康熙帝)가 물려받은 제국은 여전히 불안정한 상태였다. 불안정한 정복 왕조의 어린 황제는 상징적일 수밖에 없었고 보정대신(輔政大臣) 오보이[鰲拜]를 대표로 하는 만주 귀족들이 다스리다시피 하는 상황이었다. 황후의 숙부인 송고투[索額圖]의 도움으로 오보이를 숙청하고 몸소 정사를 돌보기 시작한 어린 황제에게 도전은 끝이 없었다. 1673년 시작된 삼번(三藩)의 난은 8년을 끌었고 1683년이 되어서야 대만을 점령했다. 긴 내전이 비로소 끝난 것이다.

강희제는 만주족 내부의 권력 투쟁을 거치면서 자기 세력으로 한족 대신들을 길러왔다. 남송(南宋)을 정복했을 당시의 몽골족과 달리, 가까이 후금(後金), 멀리 금나라의 후예인 만주족은 중원 지배의 경험이 있었다. 중원을 지배하는 가장 편리한 방법은 역시 한족 사대부에 의한 대리 통치라는 것을 아는 사람들이었다. 명나라 행정 체계를 거의 그대로 답습한 청나라의 행정 제도는 통치 기구와 그에 필요한 인원을 선발하는 과

거제를 유지했다. 비록 1644년 중원에 들어올 당시 '머리카락을 기르면 목을 자른다'[留髮不留頭]는 체발령(剃髮令) 따위로 한족 사대부의 심기를 건드리긴 했지만 그들이 욕망하는 생활에 본질적인 변화는 없었다. 게다가 내전을 성공적으로 마무리 지은 강희제에 대한 신뢰는 이민족의 정복 왕조인 청나라를 중원 왕조로 자리 매기게 한다.

초기 정복 전쟁이 마무리되면서 강희제의 제국은 중기의 안정된 시기로 진입한다. 기후도 차차 나아져서 강희제 말에 가면 제국의 행정도 안정되어 있었다. 게다가 새로 남쪽 바다를 통해 들어와 중국과 교역을 타진한 서유럽과의 만남은 소극적이긴 했지만 중대한 의미를 가진다. 이미 작동하기 시작한 자본주의 세계 체제에 청나라가 한 축으로 접속하게 되었다. 서유럽과의 무역에서 발생한 막대한 흑자는 청나라뿐 아니라 중국사 전체에 유래가 없던 경제적 번영을 가져다주었다. 경제 번영을 토대로 청나라 정부는 정치적, 사회적 불안 요소가 될 수 있는 잉여 사대부도 흡수, 통제할 수 있었다.

강희제 치세의 중기 이후는 초기의 강권 통치와 달리 문화 통치라 할 수 있다. 앞에서 말한 대로, 문화 통치가 필요했던 것은 황제의 측근 정치 세력으로 한족 관료가 필요했고 정치적, 사회적 불안 요소인 사대부에 대한 통제 때문이다. 그것을 뒷받침할 수 있었던 것이 대외 무역 흑자였다. 멕시코의 은은 서유럽을 경유해서 제국으로 끊임없이 흘러들었다. 강희제 때 확립된 제국의 시스템과 메커니즘은 이후 오랫동안 지속된다. 강희제, 그의 아들인 옹정제(雍正帝), 그의 손자 건륭제(乾隆帝)가 다스린 134년은 그래서 흔히 '강건성세'라고 불린다.

강건성세가 어떤 것인지 보여주는 사례가 바로 제국 전체에 성행했던 도서 편찬 사업이다. 강희제의 지원을 받아 편찬한 『고금도서집성』(古今圖書集成)은 목록만 마흔 권이고 모두 일억 육천만 자, 만 권으로 이뤄진 엄청난 규모의 백과사전이다. 진몽뢰(陳夢雷) 등이 『고금도서휘편』(古今圖書彙編)이라는 이름으로 강희 45년(1706)에 완성했고 옹정제가 즉위한 뒤에 장정석(蔣廷錫) 등에게 재편집하도록 명령하여 완성했다. 손자 건륭제는 한술 더 떠서 더 엄청난 규모의 도서 편찬 사업을 지원한다. 그 결과인 사고전서(四庫全書)는 모두 삼천오백삼 종, 칠만 구천삼백서른칠 권(문진각(文津閣) 소장 기준)으로 이뤄진 방대한 규모의 대형 총서이다. 건륭 38년(1773)에 착수했고 건륭 47년(1782)에 완성했다.

이 책들은 강건성세가 어떤 시대인지 보여주는 기념비이자 문화 아이콘이다. 청나라 황제들은 막대한 무역 흑자라는 경제적 자신감을 바탕으로 정치적, 사회적 목적을 우아하게 달성하는 길을 찾아냈다. 상상을 뛰어넘는 규모의 백과사전과 대형 총서는 사대부를 압도했을 뿐만 아니라 잉여 사대부를 제도권으로 흡수할 수 있었다. 황제가 앞장서자 대신들이 나섰고, 대신들이 나서자 행정 체제의 가장 하급까지 영향이 미쳤다. 전쟁을 수행하기 위한 막부(幕府) 조직이 도서 편찬과 연구를 겸한 행정-학술 공동체로 변모했고 반쯤 공식적인 참모-학자 집단이 대거 배출되었다. 이제 '재야'가 불가능한 상황이 도래했다. 장학성도 바로 막부에 속했던 사람, 곧 막빈(幕賓) 또는 막우(幕友) 따위로 불린 반쯤 공식적인 참모-학자 집단에 속한 사람의 삶을 살았다.

2. 장학성의 일생

장학성은 자가 실재(實齋), 호가 소암(少岩)이고, 절강(浙江) 회계(會稽, 현재 절강성 소흥) 출신이며, 청나라 중기의 철학자, 역사학자, 문헌학자, 지방지 편찬자이다. 이렇게 다양한 분야에서 업적을 남길 수 있었던 것은 그가 살았던 시대의 분위기, 행정-학술 공동체의 메커니즘, 내면세계와 관련이 있을 것이다. 장학성이 살았던 시대, 곧 외부 환경은 앞 절에서 다뤘다. 이 절에서는 그의 일생에 초점을 맞춰 살펴보려고 한다.

우리는 일단 장학성의 일생을 크게 세 단계로 나눌 수 있을 것 같다. 첫째 1738년 태어난 때부터 1762년까지 성장기, 1762년 막빈 생활의 시작부터 1794년 은퇴할 때까지 활동기, 1794년 은퇴한 때부터 1801년 죽을 때까지의 정리기이다. 물론 이것은 외면적인 사회 활동에 따른 구분이고, 내면적 변화에 따라서 구분할 수도 있을 것이다. 내면적 변화에 초점을 맞춘다면 장학성의 일생을 구분하는 중요한 연도는 1766년과 1773년이 될 것이다. 두 해는 모두 그가 대진(戴震, 1724~1777)을 만난 때이다.

성장기의 장학성은 어려서 잦은 병치레로 공부를 잘할 수 없었다. 그러나 열대여섯 살부터 역사학에 각별한 흥미가 생겼고, 스무 살 이후 공부 머리가 트이면서 급속도로 지식을 쌓기 시작했다. 1760년 스물세 살의 장학성은 북경(北京)에서 순천부(順天府) 향시(鄕試)에 응시했으나 합격하지 못했다. 이때부터 마흔한 살에 합격하여 거인(擧人)이 될 때까지 18년 동안 시험 준비는 사대부 장학성의 일상 가운데 하나였을 것이다. 성장기의 공적 교육은 장학성에게 그다지 영향을 주지 못했고 개인적 독서가 오히려 훗날 역사학의 업적을 남기는 밑거름이 되었다.

활동기의 장학성은 과거 시험을 준비하는 한편, 자신의 글도 집필하고 생계를 위해 막빈으로 취직하여 행정 업무를 겸하는 힘겨운 생활을 지속했다. 1762년 스물다섯 살의 장학성은 향시에 응시하러 다시 북경에 왔다. 시험에 합격하지 못했지만 이 해 겨울부터 북경 국자감(國子監)에서 공부하기 시작한다. 북경 생활의 시작인 셈이다. 국자감의 정기 시험에서 늘 하위권을 맴돌던 장학성은 사람들에게 무시당하는 수모를 겪는다. 이듬해 1763년 부모님을 뵈러 말미를 내서 호북(湖北)으로 왔다. 당시 장학성의 아버지 장표(章鑣)는 천문현(天門縣)의 서원에서 강의하고 있었다. 1764년 아버지가 『천문현지』(天門縣志) 편찬의 책임을 맡자 아버지를 대신해서 몇 편의 글을 쓴 적도 있다.

스물여덟 살의 장학성은 1765년 북경 국자감으로 돌아와 이어서 공부한다. 이 해 가을 순천부 향시에 다시 응시했다. 시험관인 심업부(沈業富)가 그를 가상히 여겨 강력히 천거했지만 여전히 합격하지 못했다. 이 인연으로 심업부의 집에서 가정교사 생활을 시작한다. 이와 동시에 그는 이 무렵부터 한림원(翰林院)의 편수(編修)로 있던 주균(朱筠, 1729~1781)을 스승으로 모시고 고문(古文)을 배우기 시작한다. 주균은 그의 재주를 아주 아꼈다.

심업부 집안의 가정교사 생활과 주균에게 고문을 배우는 일을 계속하던 스물아홉 살의 장학성은 1766년 초여름 무렵 정호문(鄭虎文, 1714~1784)의 소개로 당시 학계의 태두로 유명 인사였던 대진을 만났다. 장학성은 대진과 짤막한 대화를 통해 당시 유행하던 "실학"(實學), 곧 고증학(考證學)을 해야 한다는 것을 깨달았다고 나중에 회고한다. 대진과의 첫 만남은 장학성의 내면을 뒤흔드는 충격을 주었다. 자신이 알고 있던 세계가 몰락하는 느낌이었을 지도 모른다. 대진과 헤어진 뒤, 장학성은 자신의 장기인 역사학에 몰두한다. 특히 정통 역사서인 이십일사(二十一史)를 깊이 읽으며 연구한다. 여기서 나중에 경학을 넘어 사학이 중국 학술의 핵심이라는 사상이 싹트게 된다.

서른한 살이던 1768년, 그는 순천부 향시에 다시 응시했으나 부방(副榜), 곧 후보 명단에만 올랐다. 이 해 겨울 아버지가 응성현(應城縣)에서 돌아가셨다. 그는 이때부터 가족의 생계를 책임져야 하는 무거운 부담을 지게 된다.

1771년 스승 주균이 안휘(安徽)에 학정(學政)으로 부임하게 되었다. 서른네 살의 장학성은 주균을 따라 안휘로 가게 된다. 이것은 긴 북경 생활의 마무리이자 삼십여 년에 걸친 막빈 생활의 서막이다. 동행한 사람 가운데 장학성의 평생지기가 될 소진함(邵晉涵, 1743~1796)이 있었다. 안휘에 있던 서른다섯 살의 장학성은 장차 『문사통의』가 될 글들의 집필을 계획하고 작업에 착수한다. 장학성은 이때부터 막빈 생활을 은퇴하고 병으로 죽기 직전까지 이십칠 년 동안 쉼 없이 집필할 것이다.

서른여섯 살의 장학성은 1773년 화주(和州) 지주(知州)의 요청으로 자신이 편찬한 첫 방지인 『화주지』(和州志)를 만들기 시작했다. 이 해 한여름 고향인 회계를 지나면서 일곱 해 만에 대진을 다시 만나게 된다. 장학성은 이때 대진이 "경학(經學)과 그 실천에 해박한 동시에 학문으로 이름난 고관대작 사이에 오랫동안 명성이 자자했으나, 역사학은 이해하지 못하고 있다"라고 파악한다. 학계의 기린아인 대진의 한계를 간파한 발언이며, 자신의 학술 세계에 대한 자신감이 회복되었음을 보여주는 말이다. 안휘 학정인 주균 밑에서 열심히 일하던 장학성은 1775년 북경에 돌아와 당시 유명한 학자들과 교류가 잦았다. 이듬해 1776년 서른아홉 살의 나이로 국자감 전적(典籍)이 되었다.

마흔 살의 장학성은 1777년 친구 주진영(周震榮)의 요청으로 『영청현지』(永淸縣志)의 편찬 책임자가 된다. 이 해 5월 27일, 대진이 향년 쉰다섯 살로 북경에서 죽었다. 두 차례 대진을 만났던 장학성은 대진의 죽음을 안타까워하는 한편, 그의 학문적 업적에 대해 객관적으로 평가하려 노력했던 것 같다. 장학성의 학술은 대진의 충격에 의해 열렸고 그를 극복하면서 자기 길을 걸을 수 있었다고 말할 수 있다. 이 해 가을 순천부 향시에 다시 응시하여 급제하여 그렇게 바라던 거인이 되었다. 이듬해 진사(進士)에 거푸 합격했다. 그러나 관직에 취임하길 원하지 않아 다시 영청현에 돌아와 『영청현지』 편찬 책임자를 계속 맡았다. 『영청현지』는 1779년 완성되었다. 이 해 『문사통의』의 자매편인 『교수통의』(校讎通義) 네 권도 함께 완성했다.

마흔네 살 되던 1781년 스승인 주균이 돌아가셨다. 장학성은 비빌 언덕을 잃었고 생계도 극히 불안정해졌다. 엎친 데 덮친 격으로 이 해 여행 도중 도적을 만나 다 털리면서 『교수통의』도 잃어버렸다. 다행히 앞의 세 권은 친구가 베껴둔 것이 있어 회복할 수 있었지만 마지막 권은 결국 회복시킬 수 없었다. 여러 곳을 다니면서 강의로 생계를 꾸렸다. 이후 몇 년 동안 비향현(肥鄕縣)의 청장서원(淸漳書院), 영평현(永平縣)의 경승

서원(敬勝書院), 보정부(保定府)의 연지서원(蓮池書院)에서 강의했다.

1787년, 쉰 살이 된 장학성은 지방의 수령인 지현(知縣)이 될 기회를 얻었지만 끝내 취임하지 않고 다시 막빈 생활을 계속했다. 이 해 겨울, 현직 하남(河南) 순무(巡撫)이자 유명한 학술 후원자인 필원(畢沅)에게 편지와 함께 자신이 쓴 글을 보냈고 필원은 장학성을 높이 평가한다. 1788년 하남 귀덕부(歸德府)에 가서 문정서원(文正書院)에서 강의한다. 필원의 후원을 얻어 개봉(開封)에 편집국을 설치하고 『사적고』(史籍考) 편찬을 시작한다. 얼마 지나지 않아 필원이 호광(湖廣) 총독(總督)으로 부임하면서 안휘(安徽) 박주(亳州)로 이사할 수밖에 없었다. 쉰두 살인 1789년 봄부터 여름까지 태평(太平)을 여행하다가 많은 글을 쓴다. 이 해 겨울부터 이듬해 봄까지 박주 지주의 요청으로 『박주지』(亳州志)를 편찬한다.

쉰세 살의 장학성은 1790년 봄 무창(武昌)으로 가서 필원의 막빈이 된다. 이때부터 1794년 가을 필원이 산동(山東) 순무로 강등되어 떠날 때까지 막빈 생활을 지속한다. 이 동안 그는 『사적고』 편찬을 계속하는 한편, 필원을 위해 『호북통지』(湖北通志) 편찬을 주관하고 필원이 편찬을 책임진 『속자치통감』(續資治通鑑)의 편찬에도 참여한다. 이밖에도 『상덕부지』(常德府志), 『형주부지』(荊州府志)도 편찬한다.

필원이 산동으로 떠나자 쉰일곱 살의 장학성은 1794년 드디어 은퇴한다. 그는 고향인 회계로 돌아왔고 죽을 때까지 자신이 평생 쓴 글을 정리하기 시작한다. 가끔 강소(江蘇)와 안휘에 여행하기도 했는데, 『사적고』를 완성하기 위해 후원을 부탁하기 위해서였다. 결국 절강 순무인 사계곤(謝啓昆)의 후원을 받아 쉰아홉 살이던 1796년 항주(杭州)에서 작업을 재개하여 삼백이십오 권으로 책을 완성한다. 안타깝게도 장학성이 가장 공을 들이고 염원했던 책인 『사적고』는 출판되지 않은 채 원고가 사라져 버렸다. 1800년, 예순세 살의 장학성은 노환이 심해져서 실명 상태가 된다. 그래도 사람을 불러 구술까지 하면서 계속 창작의 끈을 놓지 않는다. 이듬해인 1801년 동짓달, 노환이 깊어진 장학성은 세상을 떠난다. 향년 예순네 살이다.

장학성은 청나라 중기 사대부의 전형적인 삶을 살았다. 지방 벼슬아치인 아버지를 따라 아버지의 부임지에서 성장했으며 당시 사대부들의 목표였던 벼슬길에 나가기 위해 오랜 기간 동안 과거 시험 준비도 했다. 공생이 되어 국자감에서 공부했고 지방 향시에 응시할 수도 있었지만 굳이 경쟁이 심한 중앙의 순천부 향시에 여러 차례 응시했으며 결국 중년의 나이에 거인을 거쳐 진사 자격을 획득했다. 그러나 전국에 1500명 정도 있는 지현 자리 가운데 하나를 얻을 수 있는 기회가 막상 그에게 왔을 때, 장학성은 결국 취임하지 않는 길을 택하고 막빈 생활을 계속하기로 결정했다. 장학성은 막빈 생활을 통해 생계를 유지했을 뿐 아니라 학술 경력도 쌓는다. 이 모든 것이 문학자나 벼슬아치뿐 아니라 직업 학자 그룹이 등장했기 때문에 가능한 일이다. 장학성은 당시 외부 환경에 걸맞은 내면세계를 가지고 있었다.

3. 장학성 전집과 『문사통의』의 편집

책이란 본래 그런 것이지만, 청나라 중기의 학자 장학성이 지은 『문사통의』도 그의 평생에 걸친 노력과 마음이 담긴 책이다. 장학성이 장차 『문사통의』라는 이름을 가지게 될 책에 담길 내용을 구상하고 연구하고 집필하기 시작한 것은 1772년 무렵의 일이다.

청나라 이전의 학술 관행은 경전이나 역사서에 대한 주석을 통해 자기 의견을 발표하는 것이 주류를 이루고 있었다. 이밖에 남의 청탁받은 글이나 서신에서 의견과 이론을 발표하기도 했지만 큰 비중을 차지하지는 않았다. 더구나 책의 형식이 아니라면 사후에 편집되는 것이 관행이었던 문집이 발표되기 전에 널리 알려지기 힘들었다. 청나라 고증학의 학술 관행은 이러한 형식에 변화를 가져온다. 주석은 물론 계속 발표되었지만 서신 형식이 좀 더 공개적이고 광범위해졌다. 자기가 속한 직업 학자 그룹과 행정-학술 공동체의 이중 장치는 좀 더 빠른 의견 발표를 촉진했다.

장학성도 다른 학자들과 마찬가지로 서신을 통한 단편의 연작 논문 발표를 위주로 하고 있었다. 「원도 하」의 끄트머리에 붙은 소진함의 말이나 권8에 모아놓은 서신들 따위가 이런 사정을 보여준다. 장학성의 시대는 장편의 이론서를 요구하지 않았다. 서신에 붙은 단편 논문들은 고증학이라는 학문의 성격과 대부분 생계를 꾸리기 위해 막빈으로 활동하는 학자들에게 적합한 형식이었다. 연구와 집필에만 전념하지 못한 막빈 생활에서 은퇴하고 장학성은 본격적으로 기존에 발표한 단편 논문들을 모으고 정리하고 배열하여 자신의 전집을 엮는 작업을 한다. 그러나 이 작업은 장학성이 죽을 때까지 미완성인 채 남아있었다. 죽음을 예감한 장학성은 죽기 몇 달 전, 절강 소산(蕭山) 출신의 왕종염(王宗炎, 1755~1826)에게 자신의 모든 원고를 교정하고 편집해달라고 부탁한다.

왕종염은 장학성의 원고를 내편과 외편으로 나누기로 작정한다. 내편은 『문사통의』, 『방지약례』(方志略例), 『교수통의』, 『사적고서록』(史籍考敍錄)을 수록하고, 외편은 이 밖의 글들과 『호북통지』의 전고(傳稿)를 수록할 계획이었다. 이것이 장학성의 편집 의도였는지, 왕종염 자신의 의도였는지 확실치는 않다. 이후 장학성의 유고 정리 작업은 진척이 더뎠다. 왕종염은 결국 하나둘 간행하기는 했으나 전집으로 편집하여 출판하지 못했다. 더구나 왕종염은 『문사통의』를 정리하면서 방지에 관한 장학성의 글을 분리하여 『방지약례』라는 이름으로 재편집한 뒤 출판하려고 했다.

장학성의 둘째 아들인 장화불(章華紱)은 왕종염의 편집 방침이 장학성의 뜻에 부합하지 않는다고 생각하여 불만을 가졌다. 장화불은 아마 왕종염의 편집 방침 뿐 아니라 진척 속도에도 불만을 가졌으리라 생각된다. 도광(道光) 12년(1832) 장화불은 개봉에서 『문사통의』와 『교수통의』를 독자적으로 편집하여 출판한다. 왕종염과 장화불 가운데 누구의 편집 방침이 옳은지에 대해서는 판단을 유보할 수밖에 없다. 이때 장화불이 출판한 판본을 대량본(大梁本)이라 부른다. 청나라 말의 사람들이 읽었던 『문사통의』는 대개 대량본이다.

왕종염이 편집만 하고 미처 출판하지 못한 원고는 나중에 청나라 말기의 장서가인 심증식(沈曾植, 1850~1922)의 소장품이 된다. 절강 오흥(吳興) 출신의 유승간(劉承幹, 1881~1963)은 민국(民國) 10년(1921)에 심증식이 소장한 필사본을 구하고 게다가 거기 수록되지 않은 장학성의 글을 다른 곳에서 구했다. 유승간은 일단 이것을 손덕겸(孫德謙, 1869~1935)에게 맡겨 초벌 교정을 보게 한 뒤, 다시 왕병은(王秉恩, 1841~1923)에게 재벌 교정을 보게 했다. 이듬해 유승간의 장서루인 가업당(嘉業堂)에서 목판에 새겨 『장씨유서』(章氏遺書)라는 이름으로 출판했다. 이것을 가업당본(嘉業堂本)이라고 부른다.

현재 통용되는 판본은 대량본 아니면 가업당본이 대부분이라 할 수 있다. 두 판본의 제목과 내용을 보면, 『문사통의』 내편에서 두 판본은 약간 차이가 날 뿐이지만 외편에서는 완전 딴판이다. 내편은 대량본이 다섯 권, 가업당본이 여섯 권으로 나누고 있으며, 가업당본이 대량본보다 여덟 편의 글이 더 많다. 그러나 대량본에 실린 「부학편서후」는 가업당본에 실리지 않았다(교주본에는 실려 있다). 외편은 대량본이나 가업당본 모두 세 권이지만, 내용은 전혀 딴판이다. 대량본은 방지에 관한 글을 많이 싣고 있고 가업당본은 "서발류"(序跋類)와 "서설류"(書說類)의 글을 위주로 싣고 있다. 대량본과 가업당본의 이런 차이에도 불구하고, 장학성 자신은 이들의 내용을 모두 『문사통의』의 내용으로 생각하고 있었다. 대량본이 나은지 가업당본이 나은지에 대해서는 현대의 학자들도 의견이 갈려있다.

대량본과 가업당본 이외에 『문사통의』의 판본은 크게 초본(鈔本) 계열의 판본과 기타 판본으로 나눌 수 있다. 초본 계열의 판본은 회계 서씨(徐氏) 초본과 여강(廬江) 하씨(何氏) 초본(산음(山陰) 하씨 초본이라고도 한다), 무창 가씨(柯氏) 초본, 장화불 초본, 주씨(朱氏) 초본 등이 있다. 회계 서씨 초본은 절강도서관(浙江圖書館)에서 활판으로 인쇄하여 출판했고, 여강 하씨 초본은 마서륜(馬敍倫, 1885~1970)이 다시 베껴 항주일보(杭州日報)와 중국학보(中國學報)가 공동으로 활판으로 인쇄, 출판했다. 알려진 초본 가운데 출판된 것은 회계 서씨 초본, 여강 하씨 초본, 가업당본이며 앞의 두 가지는 가업당본이 나오기 전에 출판된 것이다. 무창 가씨 초본, 장화불 초본, 주씨 초본은 초본 상태로 남은 채 출판되지 않았다.

기타 판본은 청나라 말기 광동(廣東)의 오숭요(伍崇曜)가 편집한 월아당총서(粤雅堂叢書)에 실린 판본, 봉래(蓬萊) 송씨(宋氏)가 편집하여 사천 성도(成都)에서 출판한 지고당총서(志古堂叢書)에 실린 판본(월아당총서본을 그대로 옮긴 것이라 동일한 판본이다), 절강서국(浙江書局)에서 월아당총서본을 가지고 교정하여 판각한 연대미상의 절본(浙本), 장계진(章季眞)이 대량본을 저본으로 귀주(貴州) 귀양(貴陽)에서 판각한 검본(黔本), 청화각본(菁華閣本) 등이 있다.

1985년 중국 북경 소재 문물출판사(文物出版社)에서 『장씨유서』(가업당본)를 『장학성유서』(章學誠遺書)라는 이름으로 바꿔 영인, 출판했다. 편집자는 앞서 언급한 여러 가지 『문사통의』 초본에서 누구 책은 어떤 편이 더 있고, 누구 책은 어떤 편이 없다는 상세한 대조표를 만들어 붙였다. 아울러 보유(補遺)와 일편(逸篇)도 수집할 수 있는 한 수집하여 실었다. 지금까지 나온 장학성 전집 가운데 가장 분량이 많은 판본이다.

이처럼 다양한 판본을 보유한 장학성의 전집은 장학성의 많은 글을 포함하고 있다. 『문사통의』는 비록 편집자들의 손을 거치긴 했지만, 장학성이 생존해 있을 때 스스로 대표작을 가린 선집(選集)을 만들려는 의도에서 나온 것이다. 그것을 잘 보여주는 것이 바로 『문사통의』의 편집

체제이다. 『문사통의』는 크게 내편과 외편으로 나뉘어 있다. 대량본이든, 가업당본이든 내편에 실린 글에 큰 차이가 없다는 것은 적어도 내편에 대해서는 장학성이 이미 편집을 마쳤다는 것을 반증한다. 또한 『속수사고전서』(續修四庫全書)는 『문사통의』를 "사평류"(史評類), 곧 역사 비평 분야에 넣고 있다. 『문사통의』 외편에 실린 글들이 어떤 것이든 간에 내편에 실린 글들은 분명 "사평류"에 속하는 것이 정당하다. 『속수사고전서』 편집자의 평가는 『문사통의』 내편의 중요성과 지위를 웅변한다고 생각된다.

현재 『문사통의교주』에 실린 『문사통의』는 대량본을 저본으로 삼고 있다. 따라서 내편 5권과 외편 3권의 체제로 되어 있다. 권1에 실린 11편은 모두 유가 경전에 관한 글들이다. 장학성이 자신의 시대가 경학의 시대라는 점을 감안한 편집이라고 생각한다. 물론 장학성은 권1에서 사학을 궁극적인 귀결점으로 한다는 점을 경학의 해석을 통해 밝히고 있다. 권1이 장학성이 동시대에 바친 글이라면 권2에 실린 12편은 유교가 국가 종교인 시대, 특히 철학적 성격이 강한 송학에 대한 해석을 통해 자기 이론을 강화하고 있는 글들이다. 권3에 실린 15편은 자신의 이론을 밝히는 연작 논문들이며 주로 사학과 문학의 본질에 대한 성찰을 담고 있다. 권4에 실린 12편은 주로 역대의 잘못된 경향들에 대한 비판과 대안 제시에 관한 글들이다. 권5에 실린 11편도 비판과 대안 제시가 위주이기는 하지만 청나라 당시의 유행에 초점을 맞추고 있다는 점이 권4와 구분되는 점이다.

내편 5권에 이은 외편 3권은 주로 지방지에 관한 이론과 구체적 실행 방안을 수록하고 있다. 권6에 실린 19편 가운데 처음 세 편은 지방지에 관한 일반 이론이라고 할 수 있다. 그 뒤에 실린 16편은 장학성이 일찍이 『화주지』를 편집하는 과정에서 지은 글들이다. 『화주지』는 대진에게서 받은 충격을 벗어나는 과정에서 편찬한 지방지이며 이를 편찬하는 과정에서 장학성은 경학에 대한 사학의 우위를 확인하고 자신감을 회복하고 있음을 역력하게 볼 수 있다. 권7에 실린 21편은 각각 『영청현지』를 편집하면서 지은 15편과 『박주지』를 편집하면서 지은 6편으로 구성되어 있다. 권6에 실린 『화주지』에 대한 여러 글에 비해 간결해지고 그만큼 주장이 확고해졌다는 것을 볼 수 있다. 권8에 실린 16편은 논쟁적인 글들이다. 처음 4편은 서신 형식을 취하여 지방지 편집의 일반 원칙을 제시하고 있으며, 『천문현지』를 편집하면서 지은 3편이 이어진다. 그리고 아주 논쟁적인 글들이 이어지는데 그중 백미는 대진과 두 번째 만났을 때의 경과를 적은 「기여대동원논수지」일 것이다. 마치 현장 상황을 중계하는 듯한 이 글은 경학 위주의 고증학에 대한 장학성 사학의 독립선언서이다. 뒤쪽의 서후(書後)라는 제목을 가진 6편의 비평은 이전의 지방지 비평을 통해 당시 유행하던 지방지 편집의 문제점을 낱낱이 지적하고 있다.

4. 섭영과 『문사통의교주』

장학성은 살아 있을 때 독특한 견해를 가진 학자의 한 사람으로 가까운 사람들 사이에 인식되었지만 당장 큰 주목을 끌지는 못했다. 이는 장학성의 굽힐 줄 모르는 성미와도 관련된다고 보인다. "대장부로 태어나 역사를 기록하는 신하가 되지 못하면 유명하고 높은 벼슬하는 사람을 좇아 붓을 쥐고 서기 노릇이라도 담당해야만 합니다."(「답견수재논수지 제일서」) 직업 학자로서 장학성의 자존심과 전문가의 직업윤리를 엿볼 수 있는 말이다.

장학성과 『문사통의』는 19세기 끄트머리 정치운동이 격화되면서 일종의 '뿌리 찾기'가 진행되는 과정에서 다시 주목받게 되었다. 하지만 정치운동의 일환이었기 때문에 그다지 호의적으로 평가되지 못한다. 장학성을 본격적으로 연구하기 시작한 것은 1919년 신문화운동(新文化運動)을 거치면서 고유문화의 가치를 재검토하자는 국고정리운동(國故整理運動) 이후이다. 호적(胡適, 1891~1962), 고힐강(顧頡剛, 1893~1980), 황간(黃侃, 1886~1935) 등은 일본 동양학이 가치를 재발견한 중국의 여러 학자들에 주목했다. 특히 나카 미치요(那珂通世, 1851~1908)가 재발견한 최술(崔述, 1740~1816)이나 나이토 토라지로(內藤虎次郎, 1866~1934)가 재발견한 장학성이 주목받았다.

『문사통의교주』는 교육자이자 학자인 섭영(葉瑛, 1896~1950)이 『문사통의』를 교정하고 주석한 책이다. 섭영은 자가 석보(石甫), 안휘성 동성현(桐城縣) 서향(西鄉) 도충역(陶冲驛) 출신이다. 무창고등사범학교(武昌高等師範學校)를 졸업하고 오송(吳淞)의 중국공학(中國公學)과 천진(天津)의 남개학교(南開學校)의 교사, 무한대학(武漢大學) 교수를 역임했다. 섭영이 공부한 무창고등사범학교에는 황간이 가르치고 있었기 때문에 섭영이 『문사통의』에 관심을 가진 것은 황간의 영향이라고 보아야 하겠다.

『문사통의교주』는 1929년 시작하여 1948년 완성했다. 섭영은 『문사통의교주』를 완성한 뒤, 복건성(福建省) 민후현(閩侯縣) 출신의 섭장청(葉長清)이 써서 1935년 출판한 『문사통의주』(文史通義注)가 있다는 것을 발견했다. 그는 섭장청의 주석 가운데 잘된 것을 추가했다. 『문사통의교주』는 대량본을 저본으로 삼아 아홉 가지 판본으로 교정하였다. 그중에서 유함흔(劉咸炘, 1896~1932)이 교정한 지고당총서본과 여강 하씨 초본은 귀중한 판본이다.

『문사통의교주』는 장학성의 또 다른 저작 『교수통의』 세 권의 교주도 싣고 있다. 앞서 말한 것처럼 마흔네 살 되던 1781년 여행 도중 도적을 만나 『교수통의』도 잃어버린 적이 있다. 여기 『교수통의』 세 권은 친구가 베껴두어 회복한 것이다. 『교수통의』는 『문사통의』의 자매편이자 문학과 사학의 새로운 구성을 문헌학적으로 뒷받침하는 역할을 하고 있다. 장학성은 문헌학자들이 금과옥조로 받들던 세 사람, 가까운 명나라 때의 초횡, 조금 먼 송나라 때의 정초, 문헌학의 시조이자 먼 한나라 때의 반고를 차례로 비판한다. 그리고 출처 문제 때문에 기피하던 유흠으로 돌아가자고 주장한다. 『교수통의』의 「서」에 장학성 주장의 핵심이 이렇게 담겨 있다. "교수의 뜻은 …… 조목조목 분류하여 편집하고[部次條別] 학술을 변별해서 뚜렷하게 밝히며[辨章學術] 원류를 헤아려 밝힌다[考鏡源流]."

섭영 『문사통의교주』의 장점은 다음과 같다. 첫째, 수집할 수 있었던 『문사통의』의 가능한 한 많은 판본을 비교하여 의미가 통하도록 만든 좋은 판본이다. 섭영은 교정 작업에서 판본 대조를 통해 저본인 대량본의 잘못된 글자를 바로 잡거나 보다 이해하기 좋은 글자를 확정했다. 둘째, 섭영은 장학성이 인용한 경전과 역사서의 원문을 찾고 필요한 단락을 추려서 잘라 붙이며 의미를 풀기 위해 섭영 자신의 의견을 간혹 붙인 주석을 베풀었다. 오늘날처럼 사전과 자료의 습득이 쉽지 않은 때, 더구나 전쟁을 겪으면서 이처럼 많은 자료를 찾아내서 주를 단 섭영의 노력은 놀라운 일이다.

5. 장학성의 학술과 『문사통의』의 의의

장학성 시대의 학술은 경학이고 경학의 여러 형태 가운데 고증학이다. 고증학이 성행한 이유로 외적 요인을 주로 든다. 강희제 때의 대명세(戴名世, 1653~1713) 사건 등 강건성세에 심심찮게 터졌던 이른바 문자옥(文字獄)은 청나라 정부의 학술에 대한 통제가 심했다는 것을 보여주는 증거이다. 여러 차례의 문자옥을 거치면서 한족 학자들은 연구 분야와 한계를 나름대로 정하게 된다. 물론 사대부 학자들이 경학 연구에 치우친 이유는 자기검열이라는 외적이고 소극적인 요인의 결과이기도 하지만 유교 국가의 이념을 지향하는 사대부 학자 자신들의 의지, 청나라 정부의 지원과 장려 등 내적이고 적극적인 요인의 결과이기도 하다.

사대부 학자들의 자기검열은 역사 연구를 기피했다. 정치와 경계를 맞닿은 역사 연구는 문자옥으로 비화될 가능성이 높은 분야이고 실제 문자옥도 역사 사실의 해석에서 비롯된 경우가 많았기 때문이다. 장학성은 이러한 시대에 경학이 다름 아닌 사학이라는 것을, 진정으로 경학을 연구한다면 사학을 연구해야 한다는 것을 주장한 것이다. 물론 장학성의 사학 이론에도 역사 연구가 경학 연구의 연장이라고 소극적으로 해석할 여지는 남아 있다. 이런 소극적 태도는 장학성이 고대의 역사 사실에 대해 자유로운 연구와 발언을 허용하는 듯하지만, 이민족이 중원 역사에 남긴 흔적을 극히 드물게 언급하거나 청나라 직전의 명나라 역사에 대해서는 비판적 태도를 취하는 데서 볼 수 있다. 또한 지방지 편집 이론에서도 명나라 때의 역사지리에만 한정해서 관심을 보이고 있다. 장학성의 내면에도 자기검열의 메커니즘이 여실히 작동하고 있었던 셈이다.

장학성이 고증학적 경학을 사학으로 개조하고 종결지은 일의 근원은 우선 그의 출신에서 찾을 수 있을 듯하다. 그의 고향은 앞서 이야기한 것처럼 절강 소흥이다. 그가 「절동학술」에서 정리해서 보여준 것처럼 소흥은 주변의 몇몇 지방과 함께 절동(浙東)이라고 불리는 지역에 속한다. 절동은 송나라 이래로 송학(宋學)이 성행한 지역의 하나이며 송학의 학파 가운데서도 심학(心學)의 핵심 지역이었다. 절동은 동시에 송학의 현실 적용에 치중하고 행정 기술을 연구한 사공(事功) 학파가 시작하고 성행한 지역이기도 했다. 심학과 사공은 별개의 학파로 있다가 명나라가 망하고 청나라가 집권한 무렵의 황종희(黃宗羲)가 둘을 절충할 수 있는 철학적 기반을 제공하면서 새로운 진전, 곧 심학과 사공의 결합 단계로 나아간다. 황종희와 그를 계승한 제자들은 학술 분야에 제한되었지만 구체적 작업을 진행했고 그것에 의미를 부여하고 결산한 사람이 장학성이다.

장학성은 심학과 사공을 결합한 역사 연구 방법론 내지 일반 이론의 필요성을 자각했다. 이것은 절동학파의 울타리를 넘어 경학과 사학의 이론적 통일이라는 새 이론으로 나아가는 일이기도 했다. 그는 『지우』(志隅) 「자서」(自敍)에서 이렇게 말한다. "유지기, 증공, 정초 같은 사람은 모두 훌륭한 역사가의 자질이 있었기 때문에 사학이 없어지고 끊어진 뒤에 태어났어도 옛사람의 큰 줄거리를 헤아릴 수 있었다. …… 그러나 정초는 역사가의 판단력을 가지고 있었지만 미처 역사가의 지식[史學]이 없었고, 증공은 역사가의 지식은 갖추었지만 사법은 갖추지 못했으며, 유지기는 사법은 얻었지만 역사가의 의도[史意]는 얻지 못했다. 그래서 내가 『문사통의』를 지은 것이다."

장학성은 역사 연구의 일반 이론을 구성하려는 거대한 기획 의도를 가지고 있었다. 장학성은 『문사통의』에서 당시 존재하던 거의 모든 인문학 분야의 이론에 대한 자기 관점을 표명하고 있다. 그것을 일일이 소개할 수는 없고 다만 『문사통의』를 읽기 위한 최소한의 준비로서 장학성 학술을 대표하는 몇 가지 핵심적 주장만 간단하게 소개한다.

첫째, '육경은 모두 사'[六經皆史] 또는 '육경개사'로 알려진 학설을 정립했다. 『문사통의』의 맨 처음 문장이자 이 충격적인 명제를 이해한다면 『문사통의』 전체를 이해할 수 있다. '육경은 모두 사'라는 명제는 장학성 스스로도 알고 있었듯, 그의 창작은 아니다. 장학성이 자신의 학술적 연원이라고 생각한 명나라 말 청나라 초의 절동학파의 철학적 시조인 왕수인(王守仁, 1472~1529)의 것이다. 왕수인은 '오경도 역시 사'[五經亦史]라는 주장을 했다. '오경도 역시 사'라는 아이디어는 장학성의 '육경은 모두 사'와 다르지 않다. 다만 장학성은 그것을 공리로 해서 장대한 경학-사학 체계를 구성했다.

장학성은 '육경은 모두 사' 명제에 뒤이어 이렇게 말한다. "옛사람은 책을 저술하지 않았고 옛사람은 사실을 떠나서 이치를 말한 적이 없으므로 육경은 모두 선왕의 정전이다."(「역교 상」) 이것은 '육경은 모두 사'

라는 공리를 연역한 명제로 이해할 수 있다. 이것을 좀 더 푼다면 이렇게 될 것이다. "삼대의 학술은 역사서가 있는 줄만 알았지 경이 있는 줄은 몰랐다. 이것은 인사에 아주 절실했기 때문이다. 후세인들이 경술을 소중하게 생각한 것은 경술이 다름 아니라 삼대의 역사서였기 때문일 뿐이다. 최근의 유학자들은 경을 이야기할 때 인사 이외에 따로 의리가 있다고 말하는 듯하다."(「절동학술」) 그렇다면 옛사람이란 하나라, 은나라, 주나라의 고전 시대에 살았던 사람, 책이란 역사서, 사실이란 사람의 살림살이에서 벌어지는 모든 일, 이치는 의리를 말하는 것이다. '사실을 떠나서 이치를 말하지 않는' 것이 장학성 학술의 근본 자리일 것이다.

'육경은 모두 사'라는 결론은 경학 근본주의자들에게 위험하고 터무니없는 말로 들릴 것이다. 그런 반감이 있다는 것은 이미 장학성 자신도 잘 알고 있었다. 세상의 반발과 비난에 아랑곳하지 않고, 장학성은 친구 견송년(甄松年)에게 보낸 편지에서 내친 김에 이렇게까지 말한다. "위대한 『역』도 성인의 책이라고 우러르지 않았다면 일개 자부의 책일 뿐이고 『서』와 『춘추』도 두 가지 역사서일 뿐이며 『시』 삼백 편도 문집일 뿐이고 『의례』와 『주관』도 율령과 『회전』일 뿐입니다."(「박문선의례서재답」) '육경은 모두 사'라는 주장은 얼핏 경과 역사서가 동시 존재하는데 역사서가 우선한다는 것으로 오해하기 십상이다. 이런 일반적 오해와 달리, 장학성은 '태초에 역사서가 있었고' 나중에 여기서 경이라는 것을 나누었다는 주장이다. 역사서는 내용, 경은 이름일 뿐이다. 이런 과감한 주장은 장학성의 객관적 상대주의 때문에 가능했고 문학의 문체론과 역사문헌학 연구가 뒷받침되었기에 가능했다.

장학성이 이처럼 주장한 이유는 무엇일까? 일단 장학성 시대의 고증학적 경학이 이제 한계를 노출하고 있었다는 점에서 이유를 찾을 수 있을 듯하다. 고염무(顧炎武, 1613~1682) 이래 작동하고 있던 고증학적 경학은 본래 송학의 '허튼 소리'[空談]를 비판하고 '실제 사실에서 진리를 찾을 것'[實事求是]을 주장하고 있었다. 그러나 고증학적 경학도 송학의 '허튼 소리'만큼이나 현실과 동떨어진 학문을 위한 학문에 빠져들었다. "천인성명의 이치는 사물에서 드러나지 허튼 소리에 맡겨져 있지 않다."(「주륙」) 장학성이 송학을 꾸짖은 이 말은 고증학적 경학에 똑같이 적용될 수 있다. 송학의 갈래인 심학과 사공학을 결합한 절동학파의 후계자임을 자각한 장학성은 절동학파의 시조라 할 수 있는 왕수인의 '오경도 역시 사'라는 명제에서 영감을 받았을 것이다.

둘째, '역사가의 덕'[史德] 이론을 정립했다. '육경이 모두 사'라는 주장을 받아들이는 동시에 육경이 세계를 운영하는 기초 이론이라는 점을 믿는다면, 이렇게 중요한 역사서를 짓는 사람인 역사가의 자격이 문제가 되는 것은 당연하다. 기존의 역사 이론에서 역사가의 자격 문제를 거론한 사람에 당나라 유지기(劉知幾, 661~721)가 있다. "타고난 자질[才], 탄탄한 지식[學], 독자적 판단력[識] 가운데 하나만 얻기도 쉽지 않다. …… 당나라의 유지기는 아마 자질, 지식, 판단력만으로 역사 기술의 원리를 거의 모두 포괄할 수 있다고 말했을 것이다."(「사덕」) 유지기는 역사가의 자격으로 자질, 지식, 판단력을 들지만 장학성은 이것으로 부족하고 무엇보다 먼저 '역사가의 덕'이 필요하다고 주장한다.

장학성은 나아가 뜻, 사실, 글이라는 사학의 세 가지 기준을 든다. "역사는 뜻[義]을 소중하게 여기고 사실[事]을 갖추고자 하며 글[文]을 수단으로 삼는다."(「사덕」) 뜻은 사람이라면 지켜야 하는 도리를 가리키며 '실제를 떠난 이치'는 없기 때문에 역사가도 사람인 이상 적용해야 하는 기본적인 원칙이다. 사실은 역사 사실, 글은 역사 기술이다. "역사가의 판단력을 갖출 수 있는 사람이라면 틀림없이 역사가의 덕을 알 것이다. 역사가의 덕이란 무엇인가? 역사서를 짓는 사람의 마음씨[心術]이다."(「사덕」) 역사 사실의 기술에 앞서는 것이 바로 역사가의 덕이고 이것은 보통 사람의 마음씨를 넘는 특별한 것이 아니다. "좋은 역사가가 되려는 사람은 필연과 작위가 만나는 접점[天人之際]에서 필연과 작위를 신중하게 변별해야만 할 것이다. 필연성을 부여하는 동시에 작위를 보태지 않아야 한다. 필연성을 부여하는 동시에 작위를 보태지 않는다면, 설령 완벽한 역사 기술에 도달할 수 없다하더라도 읽는 사람들은 진실로 역사적 사실을 알게 될 것이며 저술한 사람의 마음씨도 칭찬할 수 있을 것이다."(「사덕」) 보통 사람의 마음씨를 넘는 특별하지 않은 역사가의 덕이란 먼저 사람 노릇을 하려는 '진심'인 셈이다.

장학성은 역사가의 덕을 강조하고, 이제껏 지은 역사서를 구분한다. 역대의 역사서는 찬술(撰述)과 기주(記注)이거나(「서교 상」) 저술(著述)과 종류대로 늘어놓는 책[比類]이거나(「보황대유선생」), 저술과 찬집(纂輯)이라고 한다.(「박약 중」) 각각 이름은 다르지만 가리키는 뜻은 한결같다. 찬술이나 저술은 역사가의 독자적 판단력에 의해 지은 역사서이고 기주, 종류대로 늘어놓은 책, 찬집은 역사 사실을 그대로 모은 자료집이다.

역사가의 덕과 판단력이 중요하기 때문에 역사서 가운데 단대사(斷代史)보다 통사(通史)가 더욱 소중하다는 것이 장학성의 생각이다. 통사를 편찬하면 여섯 가지 편리함이 있기 때문이다. "첫째 겹침을 피하고,[免重複] 둘째 종류대로 모으는 범례를 고르게 하며,[均類例] 셋째 저울질하여 배치하기 편하고,[便銓配] 넷째 옳고 그름이 공평하며,[平是非] 다섯째 모순을 없애고,[去牴牾] 여섯째 이웃나라의 사실이 상세하다.[詳鄰事]"(「석통」) 통사를 편찬하는 방법은 기존의 기전체(紀傳體)나 편년체(編年體)도 있지만, 장학성은 당시 새로이 등장한 기사본말체(紀事本末體)도 좋다고 생각한다. 기사본말체의 장점은 "기전체보다 생략되어 있고 사실은 편년체보다 막힘이 없다. 자료를 삭제하거나 취하는 결단은 형식의 두루뭉술함과 성질의 신령스러움을 보여주니, 이것이 참으로 『상서』의 유산이다."(「서교 하」)

셋째, 장학성은 지방지를 전문 분야의 학술이라고 생각한다. 고대부터 있었던 지방지는 청나라 중기 행정 수요의 증가에 따라 폭발적으로 늘어난다. 그러나 부실한 지방지가 많이 등장했고 통일된 기준이 없어서 행정에 참고할 때 불편한 점이 많았다. 장학성은 이런 현상의 원인을 지방지 편집 이론이 정립되지 않았기 때문이라고 보았다. 또한 지방지 편집자인 사대부 문인들이 개인적 취향과 기호에 따라 만들다보니 행정 수요와 무관한 내용은 수록되고 정작 필요한 내용이 빠지는 경우가 많았다. 장학성 자신도 여러 지방지를 편집한 경험이 있었기 때문에 지방지의 표준화 이론에 대한 관심이 자연 많을 수밖에 없었을 것이다.

장학성의 지방지 표준화 이론이 나오기 이전에는 지방지를 "지리류"(地理類)에 속하는 책이라고 보았다. 「기여대동원논수지」에서 대진이 가지고 있는 관점을 통해 이런 점을 극명하게 볼 수 있다. 장학성은 이런 견해를 촌스럽고 세속적이라고 평가 절하한다. 지방지는 역사서의 형식 가운데 하나인 「지」이고 "지리류"는 「지」에 소속된 하위의 전문 분야이기 때문에 두 가지를 뒤섞을 수는 없기 때문이다.

장학성은 지방지가 역사서의 「지」에서 유래했기 때문에 여러 분야를 포괄하지 않을 수 없다고 주장한다. 지방지의 가장 대표적인 내용은 연혁(沿革)과 문헌(文獻)이다. "한 지방의 문헌을 정리하려고 하면 반드시 세 가지 학을 세워야만 비로소 옛사람이 남긴 의도에 통달할 수 있다. 기전체 정사의 형식을 본떠 「지」를 짓고, 율령과 전례의 형식을 본떠 「장고」를 지으며, 『문선』과 『문원』의 형식을 본떠 「문징」을 짓는다."(「방지립삼서의」) 「지」는 연혁과 인물을 기록하고 「장고」는 전장 제도를 기록하며 「문징」은 시나 글을 수록하는 형식이다. 이밖에 앞의 형식에 담을 수 없는 문헌을 모은 「총담」(叢談)도 반드시 있어야만 한다. 장학성의 지방지 편집 이론도 문학의 문체론과 문헌학의 성과를 받아들여 종합한 결과이다.

이상에서 장학성의 학술을 간단히 살펴보았다. 몇 마디 말로 장학성의 학술을 모두 소개할 수는 없는 일이다. 뒤의 『문사통의』 원문을 읽는다면 장학성이라는 사람과 그의 학술, 이론을 알 수 있을 것이라 믿는다. 장학성은 청나라 중기, 고증학적 경학의 극성기에 살면서 경학의 본질을 고민한 사람이다. 고민과 그에 따른 연구 끝에 장학성은 '경학이 사학'이라는 결론에 도달했으며 고증학적 경학의 한 획을 그었다. 장학성 이후의 경학은 이제 사학의 후광이 드리우게 되었고 여기서 새로운 힘을 얻은 청나라 학술은 새로운 시대로 나가게 될 것이다. 이런 의미에서 장학성은 고증학적 경학의 진정한 종결자이다.

제기

題記

중국의 학술은 근원과 내력이 오래되었으며 서적과 학식의 풍부함은 세계 으뜸이다. 서적과 학식의 울타리 안을 처음 섭렵하다 보면 아득하여 바다처럼 끝이 없다. 그를 건네줄 나루터 같은 책이 없다면 바다처럼 너른 서적과 학식을 바라보며 어디로 가야할지 탄식하지 않는 사람이 드물다. 청나라 회계 출신 실재 장학성 선생이 지은 『문사통의』는 학술을 변별하여 밝히고 유파를 비교하여 거울삼아서 배우는 사람이 가야할 방향을 바르게 하고 주장을 세울 때 궁극적인 뜻을 밝혔는데, 참으로 중국학[國故]에 마음을 둔 사람이라면 마땅히 먼저 읽어야 하는 책이다. 선생이 평생 저술한 것은 엄청나게 많지만 "내 목숨과 같은 글은 『문사통의』 하나에 다 들어있다"라고 스스로 말했다.(「발무신추과」(跋戊申秋課), 가업당본 『장씨유서』 권29) 약응(若膺) 단옥재(段玉裁)처럼 당시 통달한 사람도 『문사통의』가 정밀하고 깊은 것을 보고 역시 대단하다고 감탄했다.(「여사여촌간」(與史餘村簡), 가업당본 『장씨유서』 권9) 그리고 이당(里堂) 초순(焦循)의 「독서삼십이찬」(讀書三十二贊)은 『문사통의』를 열아홉 번째에 열거했다. 그 책을 중요하다고 여긴 것이 당시 벌써 이와 같다. 돌이켜 보건대, 선생은 재능을 품고도 때를 만나지 못해 희망을 잃고 멍하게 늙은 바람에 당시 유행에는 알려지지 않았다. 옹방강(翁方綱)이 단림(端臨) 유태공(劉台拱)에게 장학성의 학업이 결국 어떤 학문의 길인지 물었던 적이 있다.(「가서 2」(家書), 가업당본 『장씨유서』 권9) 옹방강은 높은 벼슬자리에 있었고 서예를 잘하는 것으로 당시 유명했지만 은하수에 대해 처음 들은 사람처럼 놀랐다. 이것은 당시 많은 선비들의 선생에 대한 반응을 가장 잘 대표하는 것이다. 그러나 선생은 스스로 숨기거나 아끼지 않고 글을 한 편씩 완성할 때마다 늘 벗들에게 편지를 써서 부쳤는데, 사람들이 그의 편지를 전하고 베끼면서 차이가 많아졌고 그가 이야기한 뜻을 몰래 따다 쓰면서 누구에게서 나왔는지 꺼리고 밝히지 않았다. 「여소이운논학서」(與邵二雲論學書)는 이렇게 말한다. "평생 얻은 것이 말과 이야기에 드러나지 않는 것이 없고 붓을 들어 글로 지은 것도 새롭고 기이해서 기뻐할 만한 것이 많네. 그러는 사이 유사(遊士)들이 내 이야기의 날카로운 창끝을 베끼고 경생이 과거 시험 답안지의 바탕으로 삼고 있다는 것은 자네도 알고 있지 않은가? 최근 남쪽과 북쪽을 마음대로 여행하면서, 눈으로 보고 귀로 들은 것을 스스로 전문가의 저술이라고 명명한 사람 대부분이 내 말을 몰래 쓰면서도 겉모습만 바꾼 것을 많이 보았네. 하물며 그들이 내 학설을 명백하게 뒤집고 내 의도를 몰래 베끼는 것은 '떨어진 솜옷[敝緼]처럼 몸에 온전한 껍질이 남아나질 않았다'고 이상은이 읊은 것이나 '헤어진 살점[殘膏]처럼 남에게 이익을 주는 것이 많다'고 두보가 읊은 것에 거의 가깝지. 내가 예전에 「언공」편을 지을 때는 오랫동안 명성을 사양하려는 의도가 있었고 오랫동안 주장을 세워서 후세에 전해주려고 했으며 세상을 살아가는 데에 지켜야 할 도리를 드러내 밝히고자 하지 않았던 적이 없었네. 이제 문사를 다 짓고 보니 어찌하여 꼭 명성이 내게서 나와야 하는가."(가업당본 『장씨유서』 권9) 그의 사상과 논의가 당시에 영향을 준 것이 또한 이와 같다. 백여 년 동안 선생의 학문이 점차 드러나다가 오늘날에 이르러 거의 집집마다 그의 책이 있는 상황이다. 그러나 그의 학문을 아는 사람이 꼭 그의 판단력을 알 수 있는 것도 아니고 그의 자취를 받드는 사람이 꼭 마음으로 받들 수 있는 것도 아니다. 이것이 그의 책을 읽고 그의 뜻을 찾지만 이해하지 못하는 사람이 열에 여덟아홉인 일반적인 이유이다.

선생의 학문은 대체로 양명(陽明) 왕수인과 즙산(蕺山) 유종주(劉宗周)를 먼 조상으로 하고 이주(梨洲) 황종희(黃宗羲)와 사복(思復) 소정채(邵廷采)를 가까운 조상으로 한다. 그가 지은 「절동학술」이라는 글은 바로 선생이 자신의 학문의 유래를 스스로 말한 것이고 성명(性命)을 익히면서 동시에 사학(史學)을 연구하는 것은 본디 절동학파가 한 줄기로 계속 전한 것이다. 선생은 평생토록 여요(餘姚) 출신의 염로(念魯) 소정채를 사모하여 우러렀다. 소정채가 지은 『사복당집』(思復堂集)은 오백 년 동안 보기 드문 것이라고 선생이 감탄했다. "반고, 사마천, 한유, 구양수, 정호와 정이, 주희, 육구연, 왕수인의 학문과 글은 천하의 행정 책임자들[九牧]이 바치는 온갖 금속[五金]에 각각 나는 땅이 있어서 서로 잘 맞지 않지만 널리 갈고 두드리고 녹여서 부으면 저절로 일가를 이루게 되고 쇠로 만든 물건에 더 이상 지방의 경계가 나뉘는 일이 없는 것과 같으니, 이야기하기가 어찌 쉽겠는가! 글은 「집」이라고 이름 지었지만 그의 긴요한 뜻과 마땅히 지켜야 할 도리에 따르자면 바로 자부와 사부 사이에 있다. 오백 년 동안 누가 여기에 힘썼던가?"(「소여동별전」(邵與桐別傳)의 뒤에 남겨서 가려놓은 안어(按語)이다. 가업당본 『장씨유서』 권18) 그러므로 그가 학문을 하는 종지는 바로 소정채의 발걸음에 맞춰 걷고 뛰면서 사마천과 반고의 역사서, 한유와 구양수의 글, 정호나 정이와 주희의 이치, 육구연과 왕수인의 학문을 모으고 합쳐서 자신의 주장을 담은 책[一子之書]을 완성하려는 것이다. 그러나 사학을 즐기는 성품을 타고났기 때문에 줄거리를 밝히고 범례를 세운 것 가운데 처음 세운 것이 많았다. 그러나 그의 탁월하고 독특한 판단력은 역사서의 의도를 밝히는 데 있지 사법(史法)을 말하는 데 있지 않고, 저술로 일가를 이루는 일을 취하지 확정적인 것과 두루뭉술한 것을 찾아서 갖추는 일을 취하지 않는다. 유지기와 뚜렷하게 두 가지 길로 나뉘는 것이 여기에 있다고 그는 생각했다. 선생은 이런 포부를 가졌지만 안타깝게도 석실(石室)에 비밀스럽게 소장된 책을 모아서 명산(名山)에 숨겼다가 적임자에게 전하는 위대한 사업을 완성하지 못했다. 이운(二雲) 소진함(邵晉涵)과 『송사』를 고쳐서 바로잡자고 한 약속이나 천 년이고 백 년이고 흐른 뒤 사학의 개창자[蠶叢]가 되고자 했던 아름다운 의지도 이루지 못했고, 필원[畢秋帆]을 위해 편찬을 시작한 거대한 규모의 『사적고』도 마칠 수 없었고 겨우 자기 이론을 응용해서 방지에 조금 시험해 보았을 뿐이다. 방지는 이전 사람들 가운데 도경(圖經)의 개념에 얽매인 사람이 많아서 지리에 관한 책이라고 보았을 뿐이다. 선생은 방지가 『주관』에 있는 외사(外史)와 소사(小史)의 유산이고 국사(國史)가 도움을 얻는 것이라고 생각했으며, 그것을 국사와 비교하면 형식은 갖췄지만 규모만 작을 뿐이라고 생각했다. 중국 방지학(方志學)은 선생에게서 시작한 것이다. 선생이 편찬한 『화주지』, 『영청현지』, 『박주지』 등 여러 지방지 및 『호북통지고』(湖北通志稿) 등에서 그가 창조적인 천재라는 것을 대체로 알 수 있다. 그러나 선생이 깊이 생각하여 뜻을 깃들인 것은 여기에 있지 않다. 「여엄동우서」(與嚴冬友書)는 이렇게 말한다. "나날이 다달이 한가하게 보내다 보니 날짜가 많이 지났습니다. 앞뒤를 낱낱이 점검해보니 판단력은 상당히 나아졌지만 기억력이 나날이 쇠퇴하고 있습니다. 정신을 모아서 교수학을 하려고 생각하다가, 위로는 반고와 유향을 파고들어 연구하여 주나라의 공식적 제도까지 거슬러 올라가며 아래로는 『문심조룡』과 『사통』을 포괄하여 이름과 내용을 뚜렷하게 나누고 유파를 품평하여 『문사통의』를 지었습니다. 제가 처음 창조한 것은 많지 않지만 혼자 즐기는 데는 꽤 쓸모가 있습니다."(가업당본 『장씨유서』 권29) 이밖에 『교수통의』라는 저술이 있는데 스스로 일가의 주장을 이루고 중국 학술의 원류 및 종지에 대해 가장 명석하게 변별했다. 『문사통의』는 종지를 변별하고 『교수통의』는 원류를 변별한다. 원류가 맑으면 각종 학술의 지위의 높낮이와 무겁고 가벼움, 서로 간의 관계는 환하게 드러난다. 종지가 분명하면 고금의 조술과 창작, 올바른 것과 거짓된 것, 순수한 것과 뒤섞인 것을 재서 정하는 일이 대청 위에 앉아서 대청 아래 사람 숫자를 헤아리는 것과 같다. 선생은 이렇게 말한 적이 있다. "사학은 『춘추』에 뿌리를 두고 있고 전문가의 저술은 주나라의 공식적 제도에 뿌리를 두고 있으며 사장(辭章)이 늘어나고 퍼진 것은 풍시(風詩)에 뿌리를 두고 있으니, 천하의 글은 이것이 전부이다. 자부에는 잡가(雜家)가 있는데 많은 사람에게는 잡스럽겠지만 내게는 잡스럽지 않고, 뒤섞였지만 도리어 자기 학파를 이루고 있다. 글에는 별집(別集)이 있는데 집(集)도 역시 잡(雜)이니 형식에서는 잡스럽겠지만 뜻에서는 잡스럽지 않으니 「집」도 역시 제자백가와 다르지 않다. 그러므로 제자백가의 잡가와 문집 가운데 근본이 되는 뜻을 갖춘 것은 모두 저술의 일이고 주장을 세워서 가린 것이다."(「입언유본」(立言有本), 가업당본 『장씨유서』 권7) 저술은 종지가 있는 것을 소중하게 여기지만 그것을 변별하는 일은 엄격하지 않을 수 없다. 선생과 동시대의 여러 훌륭한 사람들 가운데 휴녕(休寧) 출신 대진[戴東原] 같은 사람은 경에 통달하고 고대의 이상에 동감했으며 하나로 꿰뚫고 많이 배워서 기억하는 사람인데 학문이 주희에게서 나왔지만 도리어 주희를 공격하는 일을 능사로 삼았기 때문에 선생이 평소 가장 힘껏 반대한 사람이다. 그리고 그의 "학문은 훈고(訓詁)에 깊이 통달했으며 명물(名物)과 제도(制度)를 연구했다. 그리고 궁극적 근거를 얻어서 도를 밝혔다. 「논성」(論性)이나 「원선」(原善) 같은 여러 편의 글을 지어서 하늘과 사람, 이치와 기운에 대해 사실 이전 사람이 미처 밝히지 못한 점도 밝혔다"라고 칭찬했다.(「서주륙편후」(書朱陸篇後), 이 책의 부록이다) 강도(江都) 출신 용보(容甫) 왕중(汪中) 같은 사람은 고증의 기풍이 마침 왕성한 때에 놓여서도 저술에 뚜렷한 의지를 가지고 무엇인가 세울 수 있기를 바랐는데, 선생은 사장을 교묘하게 잘 짓고 외교 사령[辭令]에 뛰어난 사람이라고 인정했다. 그러나 그가 지은 『술학』(述學)은 외편에 두어야 할 것을 내편에 두고 내편에 두어야 할 것을 외편에 두었기 때문에 그가 "박학다식하고 글을 잘 짓지만 으뜸가는 근본을 모르는" 것을 못마땅하게 여겼다.(「입언유본」, 가업당본 『장씨유서』 권7) 여요 출신 소진함 같은 사람은 멀리 가학(家學)을 잇고 절동에 물길을 대며 훈고에 정통하고 동시에 역사서에도 뛰어나며 효행도 도탑고 문헌도 우러렀기 때문에 선생이 평소에 마음이 잘 맞아 가장 가까이 한 사람이다. 그러나 학문할 때 이끄는 일을 논하면서 "자네는 글짓기에 함부로 마음에 두지 않았지만 주장을 세우는 종지에 대해 환히 이해한 것처럼 보이지 않네. 이것은 자네가 학문에 소홀한 것이 아니고 아마 도를 들으려면 아직 시간이 좀 더 필요하기 때문일 걸세."(「여소이운논학서」, 가업당본 『장씨유서』 권9) 그는 인물을 비평할 때 심각한 것에 가까운 경우도 있지만 늘 가지고 있는 생각이 놀랍도록 정밀하기 때문에 가려진 담 한쪽에 문득 구멍을 뚫은 것처럼 좋아하는 것을 가지고 나쁜 점만 안다거나 미워하는 것을 가지고 아름다운 점만 아는 것이 아니다. 그리고 주장을 세우는 종지를 변별할 때 오로지 엄격하지 않을까봐 두려워하는 것도 이로써 알 수 있다.

이것뿐만 아니라 선생이 학설을 세우려는 깊고 두터운 마음이 있지 겨우 문학과 사학을 위한 꾀만 있는 것이 아니다. 청나라 때 학풍은 정림(亭林) 고염무(顧炎武)에게서 시작하여 건륭, 가경 연간에 이르러 위대한 스승들이 계속 나왔는데 절강과 강소에서는 정우(定宇) 혜동(惠棟)과 방경(方耕) 장존여(莊存與)가 일어났고 안휘에서는 동원 대진과 역주(易疇) 정요전(程瑤田)이 일어났으며 장강과 회수 사이에서는 왕중, 유태공, 회조(懷祖) 왕염손(王念孫)이 다시 소리를 모으고 북을 울리며 호응해서 한꺼번에 일어나니 고증과 훈고로 경학을 연구하는 일이 한 시대에 널리 퍼졌다. 살가죽을 씻어내 더러운 때가 떨어져 나가게 하듯 한나라 때 실마리를 넓혔으니 한나라 이전의 고대를 뛰어넘는 대단한 공적이 있고 성대하다고 말할 수 있다. 선생은 절동에서 일어났기 때문에 당시 "사실을 증명하는 기풍만 지나치게 많고 뜻을 떨쳐 나타내는 기풍은 지나치게 적다. 이것은 누에가 뽕잎을 먹기만 하고 실을 토해내지 못하는 것과 같다"(「여강용장서」(與江龍莊書), 가업당본 『장씨유서』 권9)라고 홀로 못마땅하게 생각했다. 그러므로 평소에 학문을 논할 때 시대의 추세를 좇고 기풍을 따르는 것을 위주로 하지 않고 시대의 추세에 맞서고 기풍을 지탱하는 것을 위주로 했으니 참으로 "군자의 학술을 소중하게 여기는 이유는 세상을 지탱하고 치우침을 구제할 수 있기" 때문이다. 『문사통의』의 절반은 바로 이런 기풍을 바로잡기 위해서 지은 것이다. 그는 이렇게 말한다. "『문사통의』는 오로지 저작의 숲에서 교수의 성공과 실패를 말한 것이다. 저작은 학문에 뿌리를 두지만 요즘 사람들이 말하는 학문은 『이아』(爾雅)의 명물이나 육서(六書)의 훈고를 가지고 경세(經世)의 대업을 다할 수 있는 것을 말한다. 비록 주돈이나 정호와 정이의 의리, 한유나 구양수의 문사라고 하더라도 그들은 한 마디 말로 어렵지 않게 구석에 처박아 버린다."(「여진감정논학서」(與陳鑑亭論學書), 가업당본 『장씨유서』 권9) 당시 고증에 치우쳐 의리와 사장을 버린 유행의 폐단이 대체로 이런 지경이다. 또한 이렇게 말한다. "저는 문학과 사학의 교수에 매달려 일하면서 대체로 환하게 밝힌 것이 있습니다. 그러나 변별하여 논하는 틈에 요즘 사람들이 좋아하고 싫어하는 것과 어긋나는 것이 꽤 있기 때문에 남들에게 많이 알려지고 싶지 않습니다. 제가 바친 몽당비는 제발 바깥사람들에게 말씀하지 마시기 바랍니다!"(「상전신미궁첨서」(上錢辛楣宮詹書), 가업당본 『장씨유서』 권29) 또한 이렇게 말한다. "제가 지은 『문사통의』라는 책은 저를 아는 여러 친구들이 함께 글을 논할 만하다고 인정했지만 그중 쓸모 있는 말이 많은 점이나 문학과 사학을 위해서 헤아린 것만 아니라는 점을 모릅니다. 좋지 않은 제 처지 때문에 하지 말았어야 할 일을 저질렀기 때문에 마음과 힘을 떨쳐 일으켜 책에 적었습니다. 백 년 정도는 지나야 『문사통의』의 문사를 인정할 수 있을 테니 두보가 시를 노래한 것과 제 침울함은 같고 그래서 저는 죽은 뒤에 환담(桓譚)처럼 될 것입니다."(「답주소백서」(答朱少白書), 가업당본 『장씨유서』 「보유」) 자기가 시대의 추세와 달라서 당시 유행이 달가워하지 않기 때문에, 음악의 여운처럼 말할 수 없는 그의 뜻 가운데는 좋지 않은 처지에 대한 외롭고 쓸쓸한 느낌이 없지 않지만 온 세상이 하지 않는 학문을 달게 여기고 세상을 지탱하고 치우침을 구제하려고 한다. 그래서 자신을 굳게 믿기 때문에 귀신에게 질문해도 의심스러움이 없으며 백 개의 왕조가 지난 뒤라도 헷갈려서 갈팡질팡 하지 않을 사람이다.

그러나 시대가 우러르는 기풍에 선생이 반항한 이유는 남들과 달리 자기 것을 세워서 자신을 높이려고 했기 때문이 아니라, 좋아하든지 미워하든지 남의 성품에서 나쁜 점을 털어내려고 했기 때문이다. 본래 선생은 높고 멀리 내다보기 때문에 시대의 기풍에 얽매이지 않았고 경부, 사부, 제자백가의 본래 갈라진 유파[支與]와 변형된 유파[流裔]에 대해 환하게 꿰뚫어 알았기 때문에 그중 큰 원칙을 이해하고 있었다. 그러므로 그는 학문을 논할 때 엄청나게 많이 변화하더라도 옳고 그름을 따지는 일에 막히지 않았고 하늘 바깥처럼 상상을 초월하는 경지에 올라 세속에 빠지지 않았다. 그의 기본적인 개념은 "기(器)를 근거로 도를 밝힌다"는 한 마디 말로 전체의 뜻을 다 말할 수 있다. 『주역』은 이렇게 말한다. "형체를 이루기 이전을 도라고 하며 형체를 이룬 뒤를 기(器)라고 한다." 도와 기가 떨어지지 않는다는 말은 그림자와 형체가 떨어지지 않는다는 말과 마찬가지이다. 학문을 하는 길은 숱하게 많지만 도를 밝히려는 것이 요점이다. 그러므로 이렇게 말한다. "학문은 도에서 배우는 것입니다. 도는 마구 뒤섞여 있어 나누기 어렵기 때문에 의리로 분석할 필요가 있습니다. 도는 헤아리기 어려울 정도로 흐릿하기 때문에 기대기 어렵습니다. 그래서 예의 제도로 그것을 비교할 필요가 있습니다. 도는 모습을 감춰 펼치기 어렵기 때문에 문사로 그것을 표현할 필요가 있습니다. 세 가지는 치우쳐서 하나라도 없앨 수 없습니다."(「여주소백논문서」(與朱少白論文書), 가업당본 『장씨유서』 권29) 또한 이렇게 말한다. "박학한 사람은 비교 검토해서 찾는 일[考索]을 잘하는데, 어찌 도 안에 실제로 쌓은 것이 아니겠는가? 그러나 박학만 추구하는 사람은 죽을 때까지 정신을 소모시켜 헌신하니, 박학이 무엇을 취하려는 것인지 생각하지 않는다. 재능이 뛰어난 사람은 글을 잘 짓고 구름에 비낀 노을에 대해 어여쁘게 꾸미는 것을 자랑하는데, 어찌 도의 근본 바탕[道體]를 떨쳐 나타낸 것이 아니겠는가? 그러나 글만 잘 짓는 사람은 죽을 때까지 애태우며 글을 지으니, 글이 도대체 무슨 쓸모가 있는지는 생각하지 않는다. 의리를 말하는 사람은 생각할 줄 아는 것처럼 보이지만, 의리가 허공에 매달려 있어 기댈 데가 없다는 것을 모른다. 그렇다면 의리도 도에 맞지 않는 것이다."(「원학 하」, 이 책의 권2에 있다) 그러므로 도를 밝히기 위해서 학문을 연구하면 학문에는 궁극적인 뜻이 생기고, 기를 근거로 도를 밝히면 도는 노자의 말처럼 빈 중심[虛牝]이 아닌 것이다. 그러므로 이것을 근거로 주장을 세우면 주장은 자기에게서 나오지만 주장하는 이유는 자기를 근거로 한 것이 아니게 된다. 세상의 유학자들은 사물을 근거로 모든 것의 근거를 찾아야 한다는 것을 모르기 때문에 성인의 주장만 외우고 본받으면서 우리에게 날마다 있는 일 바깥에 따로 성인의 다른 도가 있다고 생각하는데 이것이 기를 떠나서 도를 말하는 것이다. 그러므로 송학(宋學)의 유행하는 폐단은 "학문을 도라고 이름 짓지만 바깥으로는 경제(經濟)와 사공(事功)을 가볍게 여기고 안으로는 학문과 문장을 가볍게 여기는 것은 변변치 않은 것을 지키면서 스스로 옳다고 생각하는 것이나 굶주린 배를 움켜쥐고 쓸데없이 인간 본성과 천도만 이야기하는 것이다. 통달한 유학자가 송학을 말하는 것을 부끄러워하는 것은 이상하지 않다."(「가서 5」, 가업당본 『장씨유서』 권9) 한학(漢學)을 연구하는 사람은 기를 근거로 찾아야 하는 것은 알지만 힘쓰는 길이 애초에 명물, 도수(度數), 장구(章句), 훈고 사이를 벗어나지 않고, 학문이 여기에 있다고 생각하지만 이것이 바로 도를 밝히는 도구이지 도는 아니라는 것을 모른다. 청나라 때 학자들은 고염무 이래로 양명학의 보잘 것 없는 무리가 내용도 없고 짜임도 허술한 폐단을 응징하고 실제 사실에서 진리를 찾을[實事求是] 것을 주장하여 경학이 바로 이학[經學卽理學]이라는 설을 부르짖으며 도가 육경에 있다고 생각하여 학자들이 경을 연구하여 얻은 것이 생기게 되자, 이미 온 천하의 능사가 되었다. 선생은 도가 사물에 있기 때문에 학자가 도를 밝히는 것은 사물을 근거로 찾아야지 육경은 본디 도의 근거를 남김없이 밝힐 수 없다고 생각했다. 그러므로 이렇게 말한다. "도는 육경에 갖춰져 있다. 뜻의 덩어리는 전자에 숨겨져 있으며, 장구와 훈고를 통해 뜻을 밝힐 수 있다. 육경은 나중에 갑작스레 변화한 것에 대해 말할 수 없다. 그래서 육경의 뜻을 요약하는 것이 본래 소중하며, 시대에 따라 찬술을 통해 위대한 도를 속속들이 파고들어 연구한다."(「원도 하」, 이 책의 권2에 있다) 기를 근거로 도를 밝히는 것을 알기 때문에 옛사람이 일을 떠나서 이치를 말하지 않은 것을 안다. 옛사람이 일을 떠나서 이치를 말하지 않은 것을 안다면 육경[六籍]이 모두 경세의 책이고 애초에 빈말이 아니라는 것을 안다. 그중 포함되어 있는 이전 사람들의 지혜와 경험에는 보편성과 영구성을 갖춘 것이 많고 밝혀서 새롭게 할 수 있기 때문에 우리 현실 생활과 상관이 있다. 육경은 모두 사[六經皆史]라는 학설의 드러나지 않은 뜻은 여기 있다.

비록 그렇다 하더라도 학문은 본디 도를 밝히는 것을 소중하게 생각하며 성정(性情)에 뿌리를 두고 있다. 이것이 이른바 도는 사방으로 통하려고 하지만 학문은 스스로 깨달아 얻은 것을 소중하게 생각한다는 것이다. 그러므로 선생은 학문을 논하고 남을 가르칠 때 개성을 가장 우러렀다. 인생에서 온전한 재능을 얻기 어렵고 본래 타고난 것은 틀림없이 도에 가까운 것이 있다. 본성이 가까운 것부터 할 수 있는 만큼 힘을 다한다면, 드러나지 않은 것을 헤아려 드러난 것을 알고 치우친 것을 근거로 온전한 것을 이해하게 된다. 이것은 따라 들어가야 하는 길에 얽매이지 말고 사람마다 스스로 애써야 하는 것이다. "타고난 자질이 가까운지 그렇지 않은 지도 묻지 않고, 마음과 본성이 편안하게 여기는지도 찾지 않네. 오로지 유행이 달려가는 쪽만 좇고 당장 세상에서 높이는 것만 따르며 열심히 하지. 이것은 본디 남보다 못하게 되어 있는 것일세. 세상 사람들이 추켜세우면 경망스럽게 기뻐하고 세상 사람들이 깎아내리면 슬퍼하고 근심하지만 타고난 자질이 좋은 줄도 모르고 나날이 멀어져 가지. 기풍이 있는 곳에는 깎아내림과 추켜세움이 따르게 마련인데 성공과 실패, 옳고 그름이 어찌 정해지겠나? 사장의 버릇이 성행하게 되자 문득 마융과 정현을 장구라고 꾸짖고 성리(性理)의 불꽃이 타오르자 한유와 구양수를 문인이라고 비웃는 일이 자꾸 되풀이되어 끝없이 돌고 도니 밑바닥을 알 수 없네. 그러나 명성을 좋아하고 판단력이 없는 무리는 여기에 잠시 머무르는 것이라 천하가 참가할 수는 없다고 말하니 이것도 역시 홀딱 빠져서 정신을 차리지 못하는 것이겠지!"(「답심풍지논학」(答沈楓墀論學), 가업당본 『장씨유서』 권9)

1929년 가을 나는 천진(天津)의 남개학교(南開學校)에서 가르치고 있었다. 학생들에게 『문사통의』를 가르칠 때 주를 단 판본이 없어서 괴로웠고 죽 훑어서 읽을 때도 불편했기 때문에 약간의 큰 줄거리를 대충 기록했다. 1937년 중일전쟁이 시작되고 남개학교는 적의 공습을 받아 원고를 넣어둔 상자가 재가 되고 말았다. 학교를 따라 중경[渝]으로 옮겨간 뒤 빈말이 도움이 되지 않는 것을 징계하고 학술이 드러나지 않는 것을 뉘우치고 수업하는 짬짬이 잠깐씩 『문사통의』에 주를 달았다. 1942년 가을 무한대학(武漢大學)으로 옮겨서 가르치게 되어 낙산(樂山)에 임시로 살았는데 처지가 더욱 힘들어져서 주를 다는 일을 도중에 몇 년이나 그만 두었다. 그러다가 이 과목을 맡게 되면서 다시 예전 일을 조금씩 고치고 돌보았다. 전쟁이 끝나고 교수로서 다시 무한에 돌아와 도서가 조금 모이자 들춰보며 검색하기가 비교적 편해졌다. 책에 주를 다는 일은 모두 베끼는 것과 비슷하지만 어려운 점은 명백하게 밝히는 데 있다. 『문사통의』의 문자는 쉽고 분명하지만 여러 가지와 관련돼서 뒤섞이고 복잡한 것 사이에 있는 한 마디 말을 검사하고 한 가지 일을 증명하려면 책 전체를 끝까지 찾고 모든 책들을 두루 뒤져야 할 때도 가끔 있었다. 그래서 자찰하여 언급하기도 떳떳하지 못한 보잘 것 없는 업적이라 거의 물방울을 보태고 티끌을 붙인 것 같지만, 높고 깊은 것에 대해 자그마한 보탬이 없지 않으리라. 교주를 마쳤기 때문에 몇 마디 말을 위와 같이 적는다.

1948년 8월 10일 동성(桐城) 출신 섭영이 낙가산(落伽山)에서 적다.

예언

例言

첫째, 『문사통의』라는 책은 당시 장학성 자신이 일부를 판각한 적이 있지만 현재 겨우 북경의 서점[燕肆]에 전해지는 초본에 붙어서 나타난다.(사천성 도서관(四川省圖書館)의 『도서집간』(圖書集刊) 제2기에 실린 「장씨유서」라는 글을 보라) 청나라 도광(道光) 12년 둘째 아들 장화불이 하남에서 처음으로 판각한 것은 대량본이라고 부르며 바로 현재 널리 유행하는 판본이다. 청나라 말 이후로 번각본이 더욱 많아져서 쉽게 보이는 판본도 십여 가지 이상이다.(연경대학 『사학연보』(史學年報) 제3권 제1기에 실린 장술조(張述祖)의 「문사통의판본고」(文史通義版本考)를 보라) 유승간의 가업당에서 판각한 『장씨유서』는 거둬 모아 비교적 잘 갖춰져 있지만 『문사통의』의 순서는 널리 유행하는 판본과 대단히 다르다. 「내편」에는 「예교」(禮教), 「소견」(所見), 「박잡」(博雜), 「동거」(同居), 「감부」(感賦), 「잡설」(雜說) 여섯 편이 더 많다. 「외편」에 수록된 것은 「내편」과 서로 밝히는 여러 가지 글들이지만 널리 유행하는 판본이 오로지 「방지서례」(方志敍例)만 취하고 있는 것에 비해서 나은 듯하다. 유승간 판각본은 소산 출신의 곡승(縠塍) 왕종염의 결정판에 의거한 것이고 왕종염은 본디 장학성이 죽을 때 원고 전체를 부탁한 사람이다. 그러나 장화불의 「서」는 왕종염의 판본이 아버지가 원래 엮은 것과 서로 다르다고 말하고 있다. 그렇다면 왕종염의 판본도 역시 꼭 장학성의 의도를 남김없이 얻었다고 할 수 없다. 여기서는 가려 쓰기 편리한 것에 착안하여 여전히 널리 유행하는 판본을 근거로 삼고 틈틈이 빠진 글이 있으면 주에서 다른 판본으로부터 수록해 넣는다. 『교수통의』의 범례도 역시 이것을 그대로 따른다.

둘째, 『문사통의』를 번각한 것은 절본과 오숭요의 월아당총서본(함풍 원년)이 비교적 이르다. 절본의 연대는 분명하지 않고 여기서 교정한 것은 월아당총서본을 위주로 했으며 여러 판본의 글자와 차이가 있는 것은 뒤에 주를 달아 밝혔다. 다른 판본이 있어도 이 판본보다 못하면 다시 주를 달지 않았고 대체로 명백한 것을 따랐다. 단락의 시작과 끝을 나눌 때도 역시 이 범례를 그대로 좇는다.

셋째, 주는 일반 독자에게 편리한 것에 착안하여 경부와 사부에 관련된 어휘와 구절이라면 모두 원문의 주로 표시했다. 그러나 출전은 반드시 가장 앞선 것에 의거했고 자기의 학설이나 주장의 근거로 다른 사실이나 문헌을 인용하는 경우에는 물론 반드시 편과 권을 적었다. 『문사통의』 원서의 자주(自注)에 주를 더해야만 하는 것도 역시 주로 밝혔고 독자들이 한눈에 알 수 있도록 하는 데 힘썼다.

넷째, 앞뒤로 번갈아 나타나고 위아래 글의 뜻이 반드시 상세해진 뒤에야 명백해지는 것은 거듭 주를 달았고 동시에 이미 어떤 편에 보인다고 분명하게 주를 달아서 상세함과 간단함이 서로 드러날 수 있게 만들었다.

다섯째, 원서의 지은이가 전고를 거둬서 인용할 때 점검을 소홀히 한 경우도 있고 글자를 가져다 적을 때 붓을 잘못 놀리는 바람에 우연히 잘못된 경우도 있다. 주에서 그것을 모두 풀고 바로잡았다.

여섯째, 장학성이 살아 있을 무렵은 고증학의 기풍이 몹시 왕성한 시대라서 폐단을 구제하고 치우침을 보충하려는 생각이 있었기 때문에, 허튼 것을 꾸짖는 학문을 소리 높여 부르짖었고 문학과 사학에 대한 새로운 견해는 최근의 학자들 가운데 잘 말하는 사람이 많다. 그래서 핵심이 되는 중요한 내용이 있는 곳도 대략 인용하고 밝혀서 원래 의도가 어두워지는 지경이 되지 않기를 기대하지만, 요즘 훌륭한 분들이 잘못을 바로잡아 고친 학설이 있으면 요점을 헤아려 따다 넣고 학술의 공공성을 보여주고자 했다.

일곱째, 요즘 훌륭한 분들의 글에서 따온 것이 있으면 반드시 하나하나 주를 달고 밝혀서 감히 그들의 아름다움을 빼앗지 않았다. 최근 섭장청의 주는 장학성의 설에 대해 틈틈이 변별하고 바로잡았지만 때때로 꼼꼼하지 못한 곳이 있는 점은 역시 피하지 못했다. 원고를 또박또박 정식으로 베껴서 완성하는 과정에서 비로소 보게 된 것은 여기서 그의 더 나은 뜻을 따다가 주에 따라 분명하게 표시했지만 원용한 것이 같은 데서 나왔다면 그의 이름을 다시 적어 구별하지 않았다.

여덟째, 각각의 글을 쓴 연도와 달은 『장실재연보』와 『장실재문자편년』(章實齋文字編年)에 의거하고 아울러 『장씨유서』를 참고하여 증명하여 나누어서 주를 달아 밝혔다. 장학성 사상의 진보를 독자들도 헤아려 알 수 있을 것이다.

아홉째, 글마다 첫머리에 주를 달아 글 전체의 대략적인 뜻을 제시했고 이것을 빌어 쭉 훑어보는 데 도움을 주었고, 각 단락의 대략적인 뜻도 때때로 단락마다 주를 달아 밝힌 경우도 있으니 이해하길 바란다. 주에서 예전 학설을 인용할 때 틈틈이 내 견해를 끼워 넣은 것은 모두 안(案)이라는 글자를 보태서 구별했다.

열째, 여러 해 동안 가르치는 일에 매달리고 세상에서 벌어지는 일에 끌려 다니다 보니 두루 훑어보는 일에 빈틈이 없지 않고 꼼꼼하지 않아 생긴 거친 허물은 곳에 따라 벗어나지 못했다. 바라건대 국내의 현명하고 통달한 분들이 나아가도록 가르쳐 주신다면 참으로 대단한 영광이겠다! 이 책의 주가 완성되기 전에 서중서(徐中舒) 선생이 각 초본의 편명을 부쳐주셨는데, 넘치는 정에 감명 받았고 동시에 그것을 붙여서 기록해둔다.

서

序

돌아가신 아버지는 아주 어릴 적에 머리가 대단히 둔한데다가 쇠약한 몸을 타고났다. 조금 자라서 동자숙(童子塾)에 들어가 공부하게 되었는데, 날마다 백여 자를 외우기도 늘 급급한 꼴이었다. 돌아가신 할아버지는 아버지를 돌보고 가엾게 여겨서 공부 때문에 꾸짖은 적이 없다. 아버지의 성품은 오로지 고대 서적만 즐기고 거기 빠져 장구(章句)에는 흥미를 느끼지 않았다. 과거에 응시하기 위한 동자숙 선생님의 가르침은 그다지 마음에 두지 않았다. 동자숙의 교과에 조금 틈이 나면 번번이 자부나 사부의 책을 밤이고 낮이고 들쳐보는 데 부지런했고 게으르지 않았다. 책을 읽을 때는 늘 스스로 판단력을 갖추고 버릴 것과 취할 것을 알았으며 의도가 만족스럽지 않으면 번번이 표를 해두거나 고치기도 하고 본래 있는 것을 지워서 고치기도 했다. 의심스러운 것은 때때로 노트[劄記]를 만들어 참고에 대비했다. 주균 선생 문하에서 공부하면서부터 선생의 장서가 대단히 많았기 때문에 모든 책을 두루 볼 수 있었고 날마다 이름난 사람들과 토론하며 옛글을 강론하고 익힐 수 있었기 때문에 학술의 원류와 차이를 갖춰 알게 되었다. 보고 들은 것을 근거로 평소의 견해를 증명한 것도 있었고 아주 어렸을 때 보거나 경험한 것 가운데 늙을 때까지도 바꾸지 않을 만한 것도 있었다. 그래서 그때의 창조적 견해 가운데는 어쩌면 역시 타고난 것과 관련된 것도 있을 테지만, 다만 어릴 적 배움이 미처 완전하지 않아서 증거를 찾을 수가 없기 때문에 남김없이 떨쳐 드러내지 못했을 따름이었다. 이때부터 학문이 더욱 굳세게 정해졌다. 저술에 『문사통의』가 있는데 그중 앞장서서 부르짖고 논의한 것 가운데는 이전 사람들이 미처 밝히지 못한 것이 많았다. 『주례』에 규정된 관례까지 근원을 헤아렸지만 유향과 유흠 부자가 전수하고 전수받은 것에서 얻었기 때문에 고금 학술의 연원에 대해서는 번번이 조리 있게 구별하고 종지를 얻을 수 있었다. 돌아가실 때 원고 전부를 소산 출신의 곡승 왕종염 선생에게 맡기셔서 교정해주길 빌었는데 그때가 가경 신유년이다. 곡승 왕종염 선생은 갑자기 돌아가셨다. 도광 병술년 맏형의 구상으로 남중(南中)에서 원래 초고와 곡승 선생이 잘못을 고쳐서 바로잡은 목록 한 권도 합쳐 부쳤다. 조사하면서 하나씩 쭉 살펴보니 남아 있는 것이 아직 많았는데 아버지가 원래 엮은 것과 서로 다른 것도 있어서 내가 바르게 고쳐서 옛 모습을 회복시켰다. 먼저 부본 열여섯 책을 기록했는데 그중 해(亥)나 시(豕), 노(魯)나 어(魚) 같은 글자처럼 따로 정해진 판본이 없는 글자는 교정할 길이 없었다. 경인년과 신묘년에 다행히 홍동(洪洞) 출신의 유자경(劉子敬) 선생과 화정(華亭) 출신 요춘목(姚春木) 선생을 사귀게 되어 부본을 자세히 조사해 달라고 빌었다. 이제 『문사통의』「내편」 다섯 권, 「외편」 세 권, 『교수통의』 세 권을 교감하여 정하고 먼저 책을 간행한다. 아직도 여러 가지 정리되지 않은 글 및 『호북통지검존고』(湖北通志檢存稿)와 아울러 『문집』이 약간 더 있지만 교정할 때를 기다렸다가 다시 이어서 간행하겠다.

도광 임진년(1832) 10월 아들 장화불은 삼가 적는다.

권 1
내편 1

역교(易敎)
상·중·하

서교(書敎)
상·중·하

시교(詩敎)
상·하

경해(經解)
상·중·하

역교(易教)

상·중·하

1. 역교(상)[1]

육경은 모두 사이다.[六經皆史][2] 옛사람은 책을 저술하지 않았고 옛사람은 사실[事]을 떠나서 이치[理]를 말한 적이 없으므로[3] 육경은 모두 선왕

1 가경(嘉慶) 원년인 병진년(丙辰年)에 장학성의 나이는 쉰아홉이다. 이 해 「상주중당세숙규서」(上朱中堂世叔珪書)에서 다음과 같이 말한다. "최근 인쇄한 몇 편을 올리니 가르침을 바랍니다. 제목은 경학(經學)에 관한 것 같지만, 내용은 사실 사학(史學)에 관한 것입니다. 제 글에 대해 이러쿵저러쿵 말하는 사람들은 제가 사학을 전공해 놓고 경학을 다투고 저울질해서 억지로 말하려는 뜻이 있다고 생각하여 대단히 비난하고 있습니다. 하지만 이것은 굳이 변론하지 않아도 되겠습니다." 이것은 장학성이 당시 『문사통의』를 스스로 판각한 판본이 있다는 말이다. 여기서 주규(朱珪)에게 올린 몇 편의 글은 아마 「역교」(易教) 세 편, 「서교」(書教) 세 편, 「시교」(詩教) 두 편일 것이다. 그래서 제목은 경학에 관한 것 같다고 말한 것이다. 연경대학(燕京大學)이 소장한 무창(武昌) 가씨(柯氏)가 베낀 『장씨유서』(章氏遺書)의 초본(鈔本)에 따르면, 여기 제시한 여덟 편의 제목 아래에 "이미 판각했다"라는 주가 달려 있는 것을

보아도 증명할 수 있다. 「서교」와 「시교」를 지은 해는 각 편에서 주석으로 처리했다. 오직 「역교」편의 초본에는 어느 해에 지었다는 말이 장학성 자신의 주석에 생략되어 있기 때문에 언제 썼는지 알 수 없다. 나는 이렇게 생각한다. 「역교」 세 편은 『주역』(周易)이 주나라의 정전(政典)이며, 이것은 역사서와 다른 경에 차이가 없다는 대의를 밝히고 있다. 「역교」편은 형상을 내걸어 가르침을 베푸는 일[懸象設敎]과 정확한 달력을 만들어 올바른 시간을 부여하는 일[治曆明時]만 주장하고 있다.

역주_ **가경 원년**은 1796년이다. **주규**(1731~1806)는 장학성의 스승이기도 한 주균의 아우이다. 자는 석군(石君), 호는 남애(南崖)이다. 직예성 순천부 대흥 출신이다. 관직은 대학사에 이르렀다. 시호는 문정(文正)이다. 예서를 잘 썼고 저술에 『지족재집』(知足齋集) 등이 있다. **연경대학**(燕京大學)은 1919년 미국 선교회가 중국 북경에 세운 미션계 사립대학이다. 1952년 공중 분해되어 여러 대학에 합병되었고, 캠퍼스는 현재 북경대학(北京大學)이 차지하고 있다. **무창**은 중국 호남성의 행정 중심지인 무한의 일부를 가리키는 옛 지명이다. 무창은 신해혁명 이후 장강 너머의 한양과 합쳐져 무한이 되었다. **정전**은 정치를 하면서 마련한 전범이라는 뜻이다.

2 '육경은 모두 사이다'에 대해 나는 이렇게 생각한다. 이 주장은 사실 왕수인이 부르짖었고 다만 장학성이 왕수인의 뜻을 헤아려 밝히고 더욱 정밀하게 만든 것일 따름이다. (『전습록』(傳習錄)은 이러하다. "서애(徐愛)가 말했다. '앞 시대의 유학자들은 육경을 논할 때 『춘추』(春秋)를 역사서라고 생각했습니다. 역사서는 사실을 기록하는 일을 전문으로 하는 것인데 『춘추』 이외의 오경(五經)에 있는 일의 근본 바탕과 결국 조금 다른 것이 아닐까요?' 왕수인이 말했다. '『춘추』는 사실의 측면에서 말한다면 역사서이지만, 도의 측면에서 말한다면 경(經)이다. 사실인 동시에 도이며, 도인 동시에 사실이다. 『춘추』도 경인 동시에 『춘추』 이외의 경도 역사서이다. 『역』(易)은 복희씨(伏犧氏)의 역사서이고 『서』(書)는 요임금과 순임금 이후의 역사서이며 『예』(禮)와 『악』(樂)은 삼대(三代)의 역사서이다. 경이 기록한 사실이 같고 도가 같은데 어떻게 다른 것이 있겠느냐?'") 「보손연여서」(報孫淵如書)는 다음과 같이 말한다. "저는 천지 사이를 가득 채우고 있는 저작(著作)의 숲을 뚫고 나가게 해주는 것이 모두 사학이라고 봅니다. 육경은 성인이 여섯 종류의 사(史)를 취하여 영원한 교훈을 내려준 것일 뿐입니다. 자부[子]와 집부[集]에 속하는 온갖 저작도 모두 사부[史]에서 나온 것입니다. 끝에 도달한 물줄기는 근원을 잊고 마음대로 분별을 만들었습니다. 그래서 천지 사이에 수습도 안 되고 순서를 매길 수도 없는 물건을 따로 만들어 어쩔 수 없이 네 가지로 나누게 된 것입니다."(가업당본(嘉業堂本) 『장씨유서』 권9) 경부와 사부가 각자 체계를 이룬 것은 진나라 순욱(荀勗)이 『중경부』(中經簿)를 짓고 갑을병정(甲乙丙丁) 넷으로 나누어 편집한 데서 시작되었지, 옛날부터 있었던 방법이 아니다. 『칠략』(七略)은 『태사공서』(太史公書)를 춘추가(春秋家)에 수록했다. 경부가 사부에 포함된다는 사실을 밝힌 것은 장학성이 시초에 근거해서 말한 것이다. 장학성이 주장을 세운 근거는 두 가지이다. 첫째, 고대의 학(學)은 왕관(王官)에게 있었고 그것을 관장한 사람이 사이며 육예를 사가 나누어 관장했다. 이것은 『주례』(周禮)에 모두 나타난다.(이 주장은 『교수통의』(校讎通義) 「원도」(原道)편에 상세하다) 이것은 학술(學術)의 원류에 대해 말한 것이며 '육경은 모두 사이다'라는 말이

무슨 뜻인지 알 수 있다. 둘째, 옛사람의 학은 사실을 떠나지 않았으며 공자(孔子)는 육경을 조술했다. 이것은 모두 선왕의 전장(典章)을 취한 것이고 사실을 떠나서 이치를 드러낸 적이 없다는 것이다.(「경해 중」(經解中)에 있는 말이다) 사실을 기록하는 이치와 사실을 말하는 이치의 형식과 추세[體勢]는 서로 의지한다. 이것은 경부와 사부[經史]의 본질에 대해 말한 것이며 '육경은 모두 사이다'라는 말이 무슨 뜻인지 알 수 있다. 공자진(龔自珍)은 『고사구침론』(古史鉤沈論)에서 이렇게 말한다. "육경은 주나라 사의 맏아들[宗子]이다. 『역』은 복서(卜筮)의 사이다. 『서』는 말을 기록하는[記言] 사이다. 『춘추』는 행동을 기록하는[記動] 사이다. 『풍』(風)은 사가 백성들에게 채집한 것을 죽간과 백서[竹帛]에 편집하여 사악(司樂)에게 준 것이다. 『아』(雅)와 『송』(頌)은 사가 사대부(士大夫)에게 채집한 것이다. 『예』는 특정 시대의 율령(律令)이며 사의 직책을 맡은 벼슬아치[史職]가 관청에 소장하고 때에 맞춰 임금다운 왕에게 알리는 것이다. 소학(小學)은 외사(外史)가 사방에 다닐 때 고사(瞽史)가 그에게 빈객(賓客)들의 행위를 알려 주는 것이다. 종백(宗伯)이 비록 예를 관장한다지만, 예는 구전으로 보존되지 않는다. 유학자는 그것을 사에게 얻지 종백에게 얻지 않는다. 사악이 비록 악을 관장한다지만, 악은 구전으로 보존되지 않는다. 유학자는 그것을 사에게 얻지 사악에게 얻지 않는다. 그러므로 육경은 주나라 사의 계승자라는 것이다." 장이전(張爾田)은 『사징』(史徵) 「사학」편에서 이렇게 말한다. "『주역』은 복희씨부터 문왕(文王)까지의 사이고, 『상서』는 요임금과 순임금(堯舜)부터 진나라 목공(秦穆)까지의 사이다. 『시』는 탕왕과 무왕(湯武)부터 진나라 영공(陳靈)까지의 사이고, 『춘추』는 동주(東周) 때부터 노나라 애공(魯哀)까지의 사이며, 『예』와 『악』은 요임금과 순임금[二帝], 삼대의 왕들[三王]을 통일적으로 꿰뚫는 사이다. 『사기』 「태사공자서」(太史公自序)는 이렇게 말한다. '복희는 지극히 순후한 사람이라서 『역』의 팔괘(八卦)를 만들었다. 요임금과 순임금의 성덕은 『상서』가 기록하고 있으며 예악(禮樂)을 만들었다. 탕왕과 무왕의 융성함은 『시경』의 시인들이 노래하고 있다. 『춘추』는 선을 취하고 악을 물리치며 삼대의 덕을 드높이고 주나라 왕실을 찬양하고 있다. 그래서 풍자와 비난만 있는 것은 아니다.' 그래서 육예가 계속 이어진 것이 사이며, 심지(心知)로 의도를 알 수 있다."

역주_ **왕수인**은 뒤의 교주를 보라. **서애**는 왕수인의 초기 제자 가운데 한 사람이다. **손연여**는 손성연(孫星衍, 1753~1818)이다. 연여는 그의 호이다. 청나라 학자이며 시가 뛰어났고 경학에 몰두하였다. 저서에 『상서금고문주소』(尙書今古文注疏)가 있다. **공자진**(1792~1841)은 청나라 작가이자 시인이며 금문경학자이다. 자는 이옥(爾玉), 호는 정암(定盦)이다. 내각 중서(內閣中書), 종인부 주사(宗人府主事), 주객사 주사(主客事主事) 등 관직을 역임했다. 개혁을 주장했으나 청왕조는 거의 받아들이지 않았다. 그는 1839년 관직에서 물러나 고향에서 여생을 보냈다. 저서에 『정암문집』(定盦文集) 등이 있다. **장이전**(1874~1945)은 중국 역사학자이자 문학자이다. 자는 맹구(孟劬), 호는 둔암(遁庵)이다. 절강성 항주 출신이다. 할아버지는 학자이자 시인인 장지고(張之杲)이며 아버지는 장상화(張上禾)이고 아우는 유명한 철학자인 장동손(張東蓀)이다. 과거에 합격하여 형부 주사, 지현(知縣), 후보지부를 역임했다. 1914년 『청사고』(淸史稿) 편찬에 참여하여 「악지」(樂志)를 주관했다. 나중에 북경대학 교수가

(先王)의 정전(政典)이다.[4]

되었고 늘그막에 연경대학 국학총도사(國學總導師)가 되었다. 저술에 『사징』, 『둔암문집』, 『몽고원류전증』(蒙古源流箋證) 등이 있다.

3 도와 기는 떨어지지 않는다[道不離器]라는 말은 그림자와 형체가 떨어지지 않는다[影不離形]라는 말과 마찬가지이다. 기를 떠나서 도를 말한다는 것은 형체를 떠나서 그림자를 찾으려는 짓이나 마찬가지이다. 이것은 천하에 있을 수 없는 일이다. 그러므로 옛사람은 사물을 떠나서 이치를 말한 적이 없다고 말하는 것이다.

역주_ **옛사람**이라는 말은 '古人'을 옮긴 것이다. '古人'의 번역어는 '고대인'일 수 없다. 이유는 다음과 같다. 첫째, 장학성은 고대, 중세, 근대라는 '근대적 시대 구분'이 등장하기 이전 사람이다. 둘째, 설령 '古人'이 '옛날 사람'이라는 뜻이라 할지라도, 장학성은 숱한 옛날 사람 가운데 자신이 존경할 만한 인물에게만 '古人'이라는 말을 허용한다. 셋째, 발음 그대로 '고인'이라 옮긴다면, 죽은 사람이라는 의미의 말을 연상시키기 쉽다. 옮긴이는 이런 이유들 때문에 '古人'을 '옛사람'이라는 말로 옮겼다. **사실**과 **이치**는 '事'와 '理'를 옮겼다. '事'와 '理'는 중국사상의 중요한 개념어들이며, 여러 가지 번역이 가능하다. '事'는 현재 생성 중인 현실의 '사태' 내지 '사건', '理'는 현실을 꿰뚫는 '원리' 내지 '법칙'이라고 옮길 수도 있다. '事'는 인식 범위에 들어올 수 있는 현실이라는 점에서 사실이라고 옮기고 '理'는 인식 범위에 들어올 수 있으나 아직 원리 내지 법칙으로 체계화되지 않은 것이라는 점에서 이치라고 옮겼다. '事'와 '理'는 짝 개념이기 때문에 섭영의 주는 불가분성을 강조하고 있다. '事'와 '理'가 가진 어중간한 존재론적 지위는 장학성의 개념 가운데 '事勢'나 '理勢'에 반영되어 있다.

4 『원도 중』은 이러하다. "『주역』은 태복(太卜)이 관장하고 『서』는 외사가 관장하며 『시』는 태사(太師)가 거느리고 『예』는 종백에게서 기원했으며 『악』은 사성(司成)이 관장하고 『춘추』는 각각 국사(國史)가 있다." 이것은 육예가 밝힌 내용이 당시 관청에서 전범으로 지키는 것이나 국가의 정교(政教)를 벗어나지 않는다는 말이다. 그러므로 선왕의 정전이라고 말한 것이다. 『장자』(莊子) 「천운」(天運)은 이러하다. "육경은 선왕의 오래된 자취이다." 유함흔(劉咸炘)은 『문사통의지어』[識語]에서 이렇게 말한다. "『문사통의』 전체는 「역교」, 「서교」, 「시교」편을 강령으로 하고 있으며, 「역교」, 「서교」, 「시교」편은 다시 「역교」편의 첫머리 세 구절을 강령으로 한다."

역주_ **선왕**은 돌아가신 왕이라는 뜻이 일반적 용례이지만, '고대의 위대한 왕들'이라는 뜻도 있다. 장학성은 『문사통의』 전체를 통틀어 뒤의 뜻으로만 쓰고 있다. 아래 본문에서 **어떤 사람이 이렇게 물었다**와 **나는 이렇게 대답했다**로 이끄는 구절의 원문은 각각 '或曰'과 '曰'로 시작된다. 문답체를 가능한 살리기 위해 이렇게 옮겼다. 다음에도 마찬가지이다. **태복**, **외사**, **태사**, **종백**, **사성**, **국사**는 『주례』에 규정된 관직이다. 아래 주에 각각 밝혔다. **유함흔**(1896~1932)은 자가 감천(鑒泉), 별호가 유재(宥齋)이다. 사천 성도(成都) 순화가(純化街)에서 태어났다. 어려서부터 가학을 전수받았다. 열여덟 살이던 1914년 아버지가 돌아가신 뒤 형 유함준(劉咸焌)에게 배웠다. 고문의 격조와 『한서』를 배우고 장학성의 『문사통의』를 연구한 결과, 저술의 형식에 대한 종합적 원칙을 알게 되었다. 스물두 살 때 『한서지의』(漢書知意)를 지었다. 이 어떤 사람이 이렇게 물었다. "육경 가운데 『시』(詩), 『서』(書), 『예』(禮), 『악』(樂), 『춘추』(春秋)가 선왕의 정전이라는 말씀은 이미 들었습니다. 나머지 하나인 『역』(易)은 음양(陰陽)을 말하고 있는데,[5] 『역』도 정전이 될 수 있는 근거는 무엇인지요? 그리고 『역』이 사(史)와 동일한 분야라는 의미의 근거가 무엇인지 듣고 싶습니다."

나는 이렇게 대답했다. "'『역』은 일을 시작하고 일을 완성하며, 천하의 도를 포괄한다'든지 '미래를 알고 과거를 갈무리하니 길흉을 백성과 함께 걱정한다'[6]라는 공자(孔子)의 말을 들어본 적이 있겠지. 그런 도(道)

後 『태사공서지의』(太史公書知意), 『후한서지의』(後漢書知意), 『삼국지지의』(三國志知意)를 차례로 지었다. 1916년 형 유함준이 세운 명덕서숙(明德書塾)의 교사가 되었다. 명덕서숙은 1918년 상우서숙(尙友書塾)으로 이름을 바꿨으며 1949년 이전 성도에서 가장 유명한 서숙이다. 저술은 아주 많아서 236부(部), 475권에 이른다. 유함흔의 전집을 추십서(推十書)라고 부르는데 추십은 유함흔 서재의 이름이다.

5 『장자』「천하」(天下)는 이러하다. "『역』으로 음양을 이끈다[道]." 『경전석문』(經典釋文)은 이러하다. "도(道)의 음은 도(導)이다."

역주_ **음양**은 옛사람들이 세계의 모든 영역에 두루 퍼져 있는 상보적인 두 가지 원리 내지 기운이라고 생각한 것이다. 세계의 영역을 크게 자연과 사회로 나눈 고대 중국인들도 음양이 주로 자연과 관련되었다고 보았다. 그래서 음양을 말하는 『역』은 자연의 영역에 대해 말하는 것이라고 볼 수 있다. 그래서 장학성에게 묻는 사람은 『역』이 어떻게 영역이 다른, 곧 사람의 영역에 속하는 선왕의 정전이라고 볼 수 있는 근거가 무엇이냐고 묻고 있다. **『경전석문』**은 육조시대 말기에 육덕명(陸德明)이 지은 책이다. 열네 가지 경전을 편찬 순서에 따라 글자의 같고 다름을 밝히고, 제자백가가 해석한 음의(音義)를 모아 엮었다. 모두 서른 권이다.

6 『주역』「계사전 상」(繫辭傳上)은 이러하다. "대체 『주역』은 무엇을 하는 것인가? 『주역』이란 것은 일을 시작하고 일을 완성하며 천하의 도를 포괄하는 것, 이것일 뿐이다." 한백 주(注)는 이렇게 말한다. "모(冒)는 복(覆)이다. 『주역』이 만물의 의지를 통하게 하고 천하의 일을 완성시키기 때문에 그 도는 천하를 덮어 포괄할 수 있다고 말한다." 『주역』「계사전 상」은 이렇게도 말한다. "길흉을 백성과 함께 걱정하고, 신령스러움으로써 다가올 미래를 알고 지혜로써 지나간 과거를 갈무리한다." 공영달 소(疏)는 이렇게 말한다. "『주역』은 도로써 길흉을 보여준다. 백성도 길흉을 걱정하기 때문에 백성과 함께 걱정하는 것이다. 시초가 처음에 숫자를 정하기 때문에 괘는 미래가 된다. 괘는 마지막에 괘상을 완성하기 때문에 시초는 과거가 된다. 시초로 괘를 바라보면 이것은 괘가 장차 나오는 일을 아는 것이다. 그러므로 신령스러움으로써 미래를 안다고 말한다. 괘로 시초를 바라보면 이것은 과거의 일을 형상하는 것이 시초에 모이게 되는 것이다. 그러므로 지혜로써 지나간 과거를 갈무리한다고 말한다."

는 아마 정교(政敎)와 전장(典章)이 다루지 못하는 것을 포함하고 있었을 테지. 하늘과 땅을 본받아 '신령스러운 사물을 하늘에서 일으키고 이로써 백성들이 사용하도록 준비한다'[7]라는 말도 있다네. 그런 가르침[敎]은 아마 정교와 전장보다 앞서서 나왔을 테지. 『주관』(周官)의 태복(太卜)은 세 가지 『역』의 방법을 관장하고 있었는데, 하나라 때는 『연산』(連山), 은나라 때는 『귀장』(歸藏), 주나라 때는 『주역』(周易)을 중심으로 했다고 하네. 태복이 관장한 세 가지 『역』은 상수(象數)뿐 아니라 변점(變占)도 각각 달라서 계승되지 않고 있지.[8] 그러나 세 가지 『역』의 근원은 각자 다른

역주_ 본문에 인용한 「계사전」의 두 구절은 심오한 뜻을 포함하고 있지만, 장학성은 이것을 기주와 찬술이라는 역사서 편찬의 원리와 연결시켜 생각하고 있다. 상세한 것은 뒤의 「서교 하」 첫 단락을 보라. 교주에서 인용한 『주역』의 주는 위나라 왕필(王弼)과 진나라 한백의 주를 말하고 『주역』의 소는 당나라 공영달(孔穎達)의 정의를 말한다. 아래에서도 마찬가지이다.

7 『주역』 「계사전 상」은 이러하다. "지혜는 숭고하고 예는 자신을 낮춘다. 숭고함은 하늘을 본받고 자신을 낮춤은 땅을 본받는다." 주는 이렇게 말한다. "지혜의 숭고함을 최고로 드높이는 것은 하늘이 높아서 만물을 통솔하는 것을 상징한다. 예의 쓰임새를 갖추는 것은 땅이 넓어서 만물을 싣고 있는 것을 상징한다." 『주역』 「계사전 상」은 이렇게도 말한다. "여기에 신령한 물건을 일으켜 백성의 쓰임새에 앞장선다." 주는 이렇게 말한다. "처음에 길흉을 결정하는 것이다." 이것은 길흉을 미리 점치는 것은 백성들에게 소용이 되게 만든다는 뜻이다.

역주_ 정교는 정치와 교화라는 뜻이다. 고대의 정치적 이상은 자연과 사회의 합일이다. 이런 입장에서 사회 전체의 교화, 나아가 천지 만물까지 교화하려 했다. 따라서 사회의 정치와 교화는 불가분성을 가진다. 전장은 제도와 문물이라는 뜻이다.

8 『주례』 「춘관」(春官)은 이러하다. "태복은 세 가지 『역』의 방법을 관장한다. 첫째가 『연산』이고 둘째가 『귀장』이며 셋째가 『주역』이다. 그들의 경괘(經卦)는 모두 여덟 개이고, 별괘(別卦)는 모두 예순네 개이다." 주는 이렇게 말한다. "『역』이라는 것은 시초로 점을 쳐서 바꾼 숫자로 점칠 수 있는 것이다. 세 가지 『역』의 괘가 나뉜 숫자도 같으나 점의 이름은 다르다." 소는 이렇게 말한다. "『연산역』의 괘는 순수한 「간」 괘[純艮]를 첫 괘로 한다. 「간」 괘는 산이고 구름의 기운이 산에서 나온다. 그래서 『역』을 『연산』이라는 이름을 붙였다. 『귀장역』은 순수한 「곤」 괘[純坤]를 첫 괘로 한다. 「곤」 괘는 땅이고 땅속에 되돌아가 숨지 않는 만물은 없다. 그래서 『귀장』이라는 이름을 붙였다. 『주역』은 순수한 「건」 괘[純乾]를 첫 괘로 한다. 「건」 괘는 하늘이고 하늘은 네 계절을 두루 돌 수 있다. 그래서 『역』을 『주역』이라는 이름을 붙였다. 세 가지 『역』의 괘가 나뉜 숫자도 같다는 것은 삼대에 걸친 『역』의 경괘가 모두 여덟 개이며 별괘도 모두 예순네 개라는 말이다. 점의 이름이 다르다는 것은 『연산』, 『귀장』, 『주역』의 이름이 다른 것을 말한다. 『연산』과 『귀장』은 칠(七)과

데, 『주역』「계사전」[大傳]이 말한 복희씨(伏犧氏), 신농씨(神農氏), 황제(黃帝), 요임금[堯], 순임금[舜]이 바로 독자적 근원에 해당하지.[9] (『귀장』은 복희씨, 『연산』은 신농씨, 『주역』은 황제에게 바탕을 두고 있다)[10] 따라서 근원의 측면으로 본다면 삼대의 왕들[三王]만 연속적으로 계승되지 않는 것이 아니라, 삼황(三皇)과 오제(五帝)도 연속적이지 않다네.[11] 아마 각 시대에 성인

팔(八)로 점을 치고, 『주역』은 구(九)와 육(六)으로 점을 친다. 그래서 점이 다르다." 정현(鄭玄)은 「역찬」(易贊)과 「역론」(易論)에서 이렇게 말한다. "하나라는 『연산』이라고 하며, 은나라는 『귀장』이라고 하고, 주나라는 『주역』이라고 한다."(『주역정의』(周易正義) 「논삼대역명」(論三代易名)에서 인용) 나는 이렇게 생각한다. 『주역』의 팔괘는 음효(陰爻)와 양효(陽爻)로 나뉜다. 양효를 구라고 부르고 음효를 육이라고 부른다. 『연산』과 『귀장』은 양효를 칠이라고 부르고 음효를 팔이라고 부른다. 이것이 『주역』과 다르다.

역주_ **상수**와 **변점**이라고 옮긴 말을 장학성은 각각 '象與數', '變與占'이라고 분리해 두었다. 교주에서 인용한 **『주례』의 주**는 한나라 정현의 주이며 **『주례』의 소**는 당나라 가공언(賈公彦)의 소이다. 아래에서도 마찬가지이다. **『주역정의』**는 당나라 공영달이 편찬을 주관한 오경정의 가운데 하나이다.

9 『사기』(史記) 「태사공자서」는 이러하다. "『역대전』(易大傳)이다." 『사기집해』(史記集解)는 장안(張晏)을 인용하여 이렇게 말한다. "『주역』「계사」를 말한다." 『주역』「계사전 하」는 이러하다. "포희씨(庖犧氏)가 죽고 신농씨가 일어났다." 이렇게도 말한다. "신농씨가 죽고 황제, 요임금, 순임금이 일어났다."

역주_ **『사기집해』**는 송나라 배인(裴駰)이 지었다. 배인은 자가 용구(龍駒)이며 하동(河東) 문희 출신이다. 관직은 남중랑참군(南中郎參軍)에 이르렀다. 『송사』(宋史) 「배송지전」(裴松之傳)에 전기가 있다. 배인은 서광(徐廣)의 『사기음의』(史記音義)가 생략이 심한 것을 한스럽게 생각했다. 그래서 경전, 역사서, 『한서음의』(漢書音義) 및 많은 책을 채록하여 이 책을 지었다. 유학자들의 오래된 학설을 많이 인증했는데 장수절(張守節)의 『사기정의』(史記正義)에 인용한 책의 목차가 갖춰져 있다.

10 『주역정의』에 따르면 다음과 같다. "『세보』(世譜)가 인용한 여러 책에서 신농은 연산씨(連山氏)라고도 하고 열산씨(列山氏)라고도 한다. 황제는 어쩌면 귀장씨(歸藏氏)라고도 한다." 이것은 『연산』이 신농씨에 뿌리를 두고 있으며, 『귀장』이 황제에 뿌리를 두고 있다는 주장이다. 여기서 『귀장』이 복희씨에 뿌리를 두고 있으며 『주역』이 황제에 뿌리를 두고 있다는 주장은 무슨 근거로 말하는 것인지 알 수 없다.

11 삼왕(三王)은 삼대(三代)의 왕이다. 『사기정의』「오제본기」(五帝本紀)는 이렇게 말한다. "태사공은 『세본』(世本)과 『대대예기』를 따라서 황제, 전욱(顓頊), 제곡(帝嚳), 요임금[唐堯], 순임금[虞舜]을 오제라고 한다. 초주(譙周), 응소(應劭), 송균(宋均)은 모두 사마천과 동일하다. 그러나 공안국(孔安國)의 「고문상서서」(尙書序), 황보밀(皇甫謐)의 『제왕세기』(帝王世紀), 손씨주(孫氏注) 『세본』은 모두 복희, 신농, 황제를 삼황(三皇)이라고 하고, 소호(少昊), 전욱, 고신(高辛), 요임금[唐], 순임금[虞]을 오제라고

(聖人)이 처음 등장하여 세상을 다스릴 때, 새로운 기풍을 만들어서 보고 듣게 해주며, 신령스러운 도를 근거로 가르침을 베풀었을[神道設敎] 테지.[12] 그리고 이로써 예악(禮樂) 또는 형정(刑政)이 다루지 못하는 것까지 두루 다스린다네. 이것은 모두 하늘의 이치[天理] 자체가 가진 본성[自然]에 바탕을 둔 것이지. 이것은 성인의 시대가 지나간 뒤, 세상 사람들이

한다." 『예기』(禮記) 「악기」(樂記)는 이러하다. "오제는 시대가 달랐기 때문에 음악이 계속 이어지지 않았다. 삼대의 임금다운 왕은 시대가 달랐기 때문에 예를 계속 계승하지 않았다."

역주_ **삼왕**은 고대의 이상적 왕조라고 여겨진 하나라, 은나라, 주나라, 곧 삼대(三代)의 이상적 통치자를 가리킨다. 이보다 앞서는 삼황과 오제의 시대는 전설과 신화로만 전해지는 시대라고 여긴다. **『사기정의』**는 당나라 장수절이 지었다. 장수절의 일생이 어떤지는 알려지지 않았다. 이 책에 따르면 관직은 제왕시독솔부장사(諸王侍讀率府長史)였던 것 같다. 「자서」에 따르면 서른 권이라 하지만 조공무나 진진손은 스무 권이라고 기록했다. 표제자와 주석은 『사기색은』(史記索隱)을 따른다. 후세인이 장수절의 말 뒤에 손을 많이 대서 옛 모습을 알 길이 없다. 더구나 명나라 때 『사기집해』와 『사기색은』 뒤에 붙이면서 삭제한 것이 많아 더욱 망가졌다. **『세본』**은 전국시대 조나라의 역사서이다. 황제 이래 역사를 기록했는데 원래 열다섯 편이다. **손씨주**는 『세본』에 대한 여러 주 가운데 손검(孫檢)의 주를 가리킨다. **초주**(201~270)는 자가 윤남(允南)이며 파서(巴西) 서충국(西充國) 출신이다. 촉한의 유명한 유학자이자 역사학자이다. 『삼국지』를 쓴 진수도 그의 제자이다. **응소**(153~196)는 동한의 학자이다. 자는 중원(仲遠)이며 여남군(汝南郡) 남돈현(南頓縣) 출신이다. 응소는 어려서부터 학문을 좋아하고 박학다식한 것으로 명성이 자자했다. 영제 때 효렴으로 추천되었다. 중평(中平) 6년(189)부터 흥평(興平) 원년(194)까지 태산군(泰山郡) 태수를 역임했다. 나중에 원소에게 의탁했다가 위나라 서울에서 죽었다. 평생 열한 가지의 책을 지었는데, 현재 『한관의』(漢官儀)와 『풍속통의』 등이 전하고 있다. **송균**은 자가 숙상(叔庠)이며 남양(南陽) 안중(安衆) 출신의 벼슬아치이자 학자이다. **『제왕세기』**는 황보밀이 세계(世系), 연대, 사적을 기술한 역사서이다. 삼황부터 삼국시대 위나라 때까지이다. 내용은 경전, 도참, 위서, 제자백가서에서 채록했다. 『사기』, 『한서』, 『후한서』에 빠진 내용을 다수 기록하고 있어 좋은 참고가 된다. **황보밀**(215~282)은 자가 사안(士安)이며 현안선생(玄晏先生)이란 호를 썼다. 서진 때 조나(朝那) 출신이다.

12 『주역』 「관」(觀) 괘의 괘사(卦辭)는 이렇게 말한다. "성인은 신령스런 도로 가르침을 베푼다. 그래서 천하는 복종한다."

역주_ **신령스러운 도**는 고대 중국의 종교와 관련된 말이다. 다음 본문에서 **예악**은 예법과 음악을 가리킨다. 우주 질서에 의해 형성되고 체현되는 사회의 예법과 음악은 우주의 살림을 닮았다는 것이 옛사람의 생각이다. 그리고 **형정**은 예악과 마찬가지로 우주 질서에 의해 형성되고 체현되는 것이며, 우주의 죽임을 닮았다는 것이 옛사람의 생각이다. 예악과 형정, 곧 우주적 가르침을 가능하게 하는 것이 신령스러운 도이다.

괴상하거나 비정상적인 상태 또는 길흉과 화복을 빌려 참위(讖緯)와 술수(術數)[13]로 천하를 어리석게 만든 것이 아니지.[14]

---

13 『후한서』(後漢書) 「방술전」(方術傳)은 이러하다. "번영(樊英)은 어릴 때 삼보(三輔)에게 수업을 받았다. 경씨(京氏)의 『역』을 익히고 풍각(風角), 산술(算), 하락(河洛), 칠위(七緯), 추보(推步), 재이(災異)도 잘했다." 장회태자(章懷太子) 주는 이렇게 말한다. "칠위라는 것은 『역위』(易緯)의 『계람도』(稽覽圖), 『건착도』(乾鑿度), 『곤령도』(坤靈圖), 『통괘험』(通卦驗), 『시류모』(是類謀), 『변종비』(辨終備)이다. 『서위』(書緯)의 『선기검』(琁璣鈐), 『고령요』(考靈耀), 『형덕수』(刑德攸), 『제명험』(帝命驗), 『운기수』(運期授)이다. 『시위』(詩緯)의 『추도재』(推度災), 『기력추』(記歷樞), 『함신무』(含神務)이다. 『예위』(禮緯)의 『함문가』(含文嘉), 『계명징』(稽命徵), 『두위의』(斗威儀)이다. 『악위』(樂緯)의 『동성의』(動聲儀), 『계요가』(稽耀嘉), 『협도징』(叶圖徵)이다. 『효경위』(孝經緯)의 『원신계』(援神契)와 『구명결』(鉤命決)이다. 『춘추위』(春秋緯)의 『연공도』(演孔圖), 『원명포』(元命包), 『문요구』(文耀鉤), 『운두추』(運斗樞), 『감정부』(感精符), 『합성도』(合誠圖), 『고이우』(考異郵), 『보건도』(保乾圖), 『한함자』(漢含孳), 『우조기』(佑助期), 『악성도』(握誠圖), 『잠담파』(潛潭巴), 『설제사』(說題辭)이다." 『후한서』 「환담전」(桓譚傳)은 이러하다. "영대(靈臺)의 거처에서 회의할 때, 황제는 환담에게 이렇게 물었다. '내가 참(讖)으로 결정하려는데 어떻소?' 환담은 오랫동안 아무 말도 하지 않고 있다가 이렇게 말했다. '저는 참을 읽지 않습니다.' 황제가 그 이유를 물었다. 환담은 참은 경이 아니라는 극단적인 말로 대답했다. 황제는 크게 진노하여 이렇게 말했다. '환담은 성인도 부인하고 법도 없다.'" 진진손(陳振孫)은 『직재서록해제』(直齋書錄解題)에서 이렇게 말한다. "참위의 이야기는 한나라 애제(哀帝)와 평제(平帝) 때 일어났다. 왕망(王莽)이 한나라를 찬탈할 즈음, 이것으로 찬역(簒逆)을 해결했다. 공손술(公孫述)이 이것을 흉내 냈다. 그리고 광무제(光武帝)가 한나라를 다시 이어서 회복시킬 때도 여전히 적복부(赤伏符)로 자신을 옭아맸다. 그는 참위를 아주 좋아하고 우러렀기 때문에, 왕망이나 공손술과 달게 뜻을 같이 했다 하겠다. 그래서 아첨하는 신하와 변변치 못한 선비가 유행을 좇아 아부하게 되었다. 가규(賈逵)는 참위로 『춘추좌전』의 학[左氏學]을 논하기도 했다. 조포(曹褒)는 참위로 한나라의 예를 결정했으며, 대여악(大予樂)을 만들기도 했다. 훌륭한 유학자인 정현도 오로지 참으로 경을 설명했는데, 하휴(何休)도 말할 수 없을 지경이다. 이백 년 동안 오로지 환담과 장형(張衡)만 힘껏 그것을 그르다고 주장했으나 되돌릴 수 없었다. 위나라와 진나라는 천명을 바꿔 앞 왕조를 이어받을 때 부명(符命)에 견강부회하지 않은 적이 없다. 사실 여기에서 기원한 것이다. 수나라와 당나라 이후 참위의 학문은 가라앉아 드러나지 않게 되었다. 『신당서』(新唐書) 「예문지」(藝文志)를 비교, 검토하면 겨우 아홉 부, 여든네 권이 남아 있을 뿐이다. 오늘날 참위의 서적은 모두 사라지고 오로지 『역위』만 겨우 남아있다." 『춘추좌전』(春秋左傳) 「희공(僖公) 5년」은 이러하다. "희공이 시삭(視朔)한 뒤 바로 관대(觀臺)에 올라가 기상을 관측했다." 주는 이렇게 말한다. "초하루(朔旦)와 동지(冬至)는 역수(曆數)의 시작이다. 역법을 다스리는 사람은 이것을 근거로 역법의 술수(術數)를 밝히고 음양을 살피고 구분할 수 있다." 술수라는 것은 음양과 오행이 상생, 상극하는 이치를 연구하여 인사에서 길흉을 헤아려

아는 것이다.

역주_ **장회태자**는 당나라 고종의 여섯 째 아들이며 측천무후의 둘째 아들인 이현(李賢, 652~684)이다. 자는 명윤(明允)이다. 행동이 단정하고 신중했다 한다. 어려서부터 한 번 읽은 책은 모두 기억했다 한다. 상원(上元) 2년 황태자로 책봉되었다. 장대안(張大安) 등 학자를 불러 『후한서』를 집주하라고 명령했다. 측천무후는 숭엄(崇儼)이 도적에게 죽임을 당한 것을 알고도 태자의 책동이라 의심하여 모함하여 쫓아냈다. 나중에 정사를 돌봤으나 암살당했다. **영대**는 천문 및 기상을 관측하는 관측소라고 여겨진다. 『춘추좌전』 「희공 5년」 조의 관대와 같다. **진진손**(?~1261)은 원래 이름이 원(瑗)이며 자는 백옥(伯玉), 호는 직재(直齋)이다. 안길(安吉) 매계(梅溪, 현재의 절강성) 출신이다. 대대로 글을 읽는 집안 출신이며 어려서부터 공부를 좋아하여 사람들에게 책을 많이 빌려 읽었다고 한다. 가정(嘉定) 12년(1219)에 절강 은현(鄞縣) 현학(縣學)이 되었고 소흥(紹興) 교관(教官)으로 옮겼다가 강서(江西) 남성현령(南城縣令)이 되었다. 보경(寶慶) 3년(1227) 흥화군(興化軍, 현재 복건성 포전) 통판(通判)이 되었는데 송나라 때 출판업의 중심지였다. 그는 여기서 많은 서적을 베끼고 수집했다. 순우(淳祐) 9년(1249) 무렵 시랑(侍郎) 보장각대제(寶章閣待制)로 은퇴했다. 죽은 뒤 광록대부에 추증되었다. 『**직재서록해제**』는 조공무의 『군재독서지』의 형식을 따라 편찬한 개인 장서 목록이다. 모두 쉰여섯 권이다. 『직재서록해제』와 『군재독서지』는 중국 역사 상 개인 장서 목록의 쌍벽을 이룬다. 수록한 도서는 삼천서른아홉 가지, 오만천백여든 권에 이른다. 이 숫자는 송나라 때까지 개인 장서수를 뛰어넘을 뿐 아니라 관청에 소장한 장서에도 손색이 없다. 『중흥관각서목』(中興館閣書目)과 송나라 효종 이후 보충한 『중흥관각속서목』(中興館閣續書目)을 합쳐도 『직재서록해제』보다 겨우 팔천 권이 많을 뿐이다. **애제**와 **평제**는 각각 기원전 6년－기원전 1년과 기원후 1년－기원후 5년까지 재위했다. **공손술**(?~36)은 자가 자양(子陽)이며 부풍 무릉 출신이다. 서한 말 관직에 올랐다가 왕망에게 발탁되어 도강졸정(導江卒正, 곧 촉군 태수이다)에 취임했다. 왕망 정권 끝 무렵 보한장군(輔漢將軍)이라 자칭하고 독립했다. 광무제 때 황제에 즉위하고 성가(成家)라는 나라를 세웠다. 촉이 풍요롭고 지세가 험한 것을 믿고 제법 기세를 올렸다. 즉위한 뒤 각박한 정사를 베풀고 공손씨 이외에 요직에 앉히지 않았으며 신하들의 간언을 물리쳐 후한 광무제에게 결국 멸망당하고 말았다. **적복부**는 왕망 끝 무렵에 참위가가 퍼트린 예언이다. 나중에 광무제가 되는 유수가 한나라를 이어 황제가 될 것이라는 내용이다. **조포**(?~102)는 후한 노나라 설(薛) 출신이다. 자는 숙통(叔通)이다. 어려서 아버지 조충(曹充)에게 경씨례(慶氏禮)를 배웠다. 효렴으로 천거되었다. 후한 장제 때 박사로 임명되어 시중이 되었다. 오경과 참위를 뒤섞어 천자부터 서민까지 모든 사람의 관혼상제에 관한 예제를 지었다. 모두 백쉰 편이다. 화제(和帝)가 즉위하고 승진을 거듭했다. 박학다식하고 『예기』를 전수했는데 제자가 천 명이라고 했다. 『통의』(通義) 등을 지었다. **가규**(174~228)는 자가 양도(梁道)이다. 하동 양릉 출신으로 위나라 장수이며 직책은 간의대부였다. 조조(曹操)의 후계를 두고 조창이 조비와 다투려는 것을 간했다. 오나라와 전쟁하는 과정에서 조휴의 참모로 참전하여 주방의 거짓 투항을 간파한 유일한 사람이다. **하휴**(129~182)는 동한 때의 경학자이다. 자는 소공(邵公)이며 임성任

공자는 이렇게 말하네. '내가 하나라의 도를 보려 해도, 기나라에 남은 것으로는 알아내기에 부족하다. 결국 나는 하시(夏時)만 얻었다. 내가 은나라의 도를 보려 해도, 송나라에 남은 것으로는 알아내기에 부족하다. 나는 곤건(坤乾)만 얻었다.'[15] 아마 하시란 한 해의 정월을 하나라 때 어떻게 결정했는가에 관한 책[夏正書]일 테지. 곤건은 『역』과 비슷한 것일 게야. 공자는 하나라와 상나라의 문헌이 부족하여 알아낼 것이 없음을 한탄했지.[16] 하지만 곤건은 하시와 더불어, 하나라와 상나라의 도를

城)의 번(樊, 오늘날 산동 자양) 출신이다. 사람됨이 소박하고 지혜가 있어 육경을 연구했다. 말주변이 없어 강의가 좋지 못했다. 그래서 제자가 물으면 글로 답하곤 했다. 낭중에 임명되었지만 뜻에 맞지 않아 그만 두었다. 당고의 화를 당해 연금된 채 학문에 전념했다. 『춘추공양전해고』(春秋公羊傳解詁)를 지었다. 이밖에 『춘추한의』(春秋漢議)도 있다. 당고가 풀린 뒤 사도에 임명되고 의랑이 되었다가 간의대부가 되었다. 시삭은 초하루에 태묘에서 한 달간의 정사를 듣는 것이다.

14 나는 이렇게 생각한다. 앞에서 선왕이 신령스러운 도를 근거로 가르침을 베풀었다라고 말한 이유는 『역』을 지은 덕분에 보고들은 경험을 새롭게 만들어서 예악과 형정이 도달하지 못하는 것까지 두루 다스렸기 때문이다.

15 『예기』「예운」(禮運)은 이러하다. "공자는 이렇게 말한다. '내가 하나라의 도를 보려 해도, 기나라에 남은 것으로는 알아내기에 부족하다. 결국 나는 하시만 얻었다. 내가 은나라의 도를 보려 해도, 송나라에 남은 것으로는 알아내기에 부족하다. 나는 곤건만 얻었다.'" 주는 이렇게 말한다. "하시는 하나라 때의 네 계절에 대한 글을 얻었다는 것이다. 그 글이 남은 것이 『하소정』(夏小正)이다. 곤건은 은나라 때의 음양에 대한 글을 얻었다는 것이다. 그 글이 남은 것이 『귀장』이다."

역주_ 교주에서 『예기』의 주는 한나라 정현의 주이다.

16 『논어』「팔일」(八佾)은 이러하다. "선생님은 이렇게 말씀하셨다. '하나라의 예는 내가 말할 수 있으나 기나라에서 증명할 수 없다. 은나라의 예는 내가 말할 수 있으나 송나라에서 증명할 수 없다. 문헌이 부족하기 때문이다.'" 유보남(劉寶楠)은 『논어정의』(論語正義)에서 이렇게 말한다. "문(文)은 전책(典策)이다. 헌(獻)은 예를 쥐고 있는 사대부이다. 훌륭한 사람은 큰 것을 알고 훌륭하지 못한 사람은 작은 것을 안다고 자공(子貢)이 말한 것은 모두 헌이다."

역주_ 상나라는 은나라와 같은 나라이다. 서울을 옮기면서 부르는 이름이 달랐을 뿐이다. 유보남(1791~1855)은 자가 초정(楚楨)이며 호가 염루(念樓)이다. 보응(寶應) 출신이다. 청나라 경학자이다. 다섯 살에 아버지가 돌아가신 뒤 어머니가 가르쳤다. 어려서 가학을 익히고 숙부 유태공(劉台拱)에게 배웠다. 양주와 의징(儀徵) 등지에서 가르치면서 지역의 유명한 학자들과 교류하여 양주학파의 중요한 인물이 되었다. 저술에 『논어정의』 등이 있다. 『논어정의』는 유보남의 중요한 저술이다. 송나라 때 형병이 지은 『논어소』가 간단하고 부족한 점이 많았기 때문에 보충하고 새로 밝힌 곳이 많

살펴보고 얻은 것이네. 그래서 백성의 삶[民生]을 풍부하게 하고 백성의 쓰임새[民用]를 편리하게 만드는 근거는 아마 정확한 달력을 만들어 올바른 시간을 부여하는 일[17]과 마찬가지로 특정 시대의 불변하는 법[法憲]이 되었을 테지. 그러나 성인이 홀로 마음속으로 생각하여 사물을 떠나 책을 쓴 것만 가지고 성인이 도를 밝혔다고 말한 것은 아니라네. 하늘이 보여준 대로 형상[象]을 내걸고 가르침을 베푸는 일[18]과 정확한 달력을 만들어 올바른 시간을 부여하는 일[19]은 영원히 불변하는 천도(天道)에 속하는 것이지. 『예』, 『악』, 『시』, 『서』[20]와 형벌, 정치, 교화, 명령은 인사(人事)에 속하는 것이지. 하늘과 사람이 서로 영향을 주기 때문에 임금다운 왕은 세상을 다스리는 위대한 권한을 가지게 된다네. 진나라의 한선자(韓宣子)는 노나라에 사신으로 가서 노나라의 문헌 기록을 담당한 벼슬아치인 태사씨(太史氏)의 책을 보았다고 하네. 그는 『역상』(易象)과 『춘추』를 보게 되었고 주나라의 예가 노나라에 있다고 생각했지.[21] 『춘

다. 현재 『논어』를 연구할 때 필수적인 책이다. 자공의 말은 『논어』 「자장」(子張)에 나온다.

17 『주역』 「혁」(革) 괘의 「대상전」(大象傳)은 이러하다. "못 속에 불이 있는 것이 혁이다. 군자(君子)는 이로써 정확한 달력을 만들어 올바른 시간을 밝힌다." 달력[曆]이라는 글자는 『문사통의』를 처음 출판하던 당시 청나라 고종(高宗)의 이름인 홍력(弘曆)을 다른 글자로 바꿔 써서 헌(憲)이라고 고쳤다. 지금은 다시 역으로 고친다. 아래도 마찬가지이다.

18 『주역』 「계사전 상」은 이러하다. "하늘에 달려 있는 형상이 드러나고 밝은 것은 해와 달보다 더한 것이 없다." 이것은 역의 형상을 내걸어서 백성들을 다스린다는 말이다.

19 『상서』 「요전」은 이러하다. "그래서 하늘[昊天]을 공경하고 따라 달력으로 해, 달, 별[星辰]을 상징하고 사람들에게 시간을 조심스럽게 주도록 희씨와 화씨에게 명령하였다." 이것은 달력을 만들어 시간을 부여한다는 말이다.

20 『예기』 「왕제」(王制)는 이러하다. "악정(樂正)은 네 가지 방법[四術]을 높이고 네 가지 가르침[四敎]을 세운다. 그래서 선왕의 『시』, 『서』, 『예』, 『악』을 따라 선비를 만든다. 봄과 가을에는 『예』와 『악』을 가르치고 겨울과 여름에는 『시』와 『서』를 가르친다."

역주_ **악정**은 음악을 맡은 벼슬아치의 우두머리이자 국학에서 교육을 맡은 관직이다.

21 『춘추좌전』 「소공(昭公) 2년」은 이러하다. "봄에 진나라 임금이 한선자(한기(韓起)이다)를 시켜 노나라에 빙문하면서 집정하게 된 일을 알리고 노나라 소공을 만났다.

추』는 바로 주공(周公)의 오래된 전적이므로 주나라의 예가 노나라에 있다고 말해도 괜찮지만, 『역상』도 주나라의 예라고 부르고 있지. 따라서 그것은 정교와 전장인 동시에 백성의 쓰임새에 절실한 것이지 어떤 개인의 허튼 주장이 아님이 명백하네. 그리고 밝게 다스려져 태평한 시대에서 전승된 것이지 단순히 오래된 제도를 답습한 것이 아님도 명백하지. 공자는 이렇게 말하네. '『역』이 일어난 것은 중고시대쯤이겠지? 『역』을 지은 사람은 걱정스런 마음이 있었겠지?'[22] 고염무는 『연산』과 『귀장』에 『역』이라는 이름을 붙여서 『연산역』이나 『귀장역』이라고 부르지 않았다고 말한 적이 있다네. 태복이 관장했다는 이른바 세 가지 『역』이라는 것은 『주역』 때문에 끌려 들어와 『역』이라는 이름을 얻은 것이지.[23] 오늘날 팔괘(八卦)가 복희씨에게서 기원했고 『연산』이 하나라 임금[夏后]에 의해 만들어졌다지만, 『역』이 중고시대에 일어났고 『역』을 지은 사람이란 문왕(文王)만 가리킨다는 공자의 말을 보면 『연산』과 『귀장』을 『역』이라고 부르지 않았다는 것도 증명되네."[24]

예에 맞는 일이다. 한선자는 태사씨에게서 『역상』과 노나라 『춘추』를 보고 이렇게 말했다. '주나라의 예가 모두 노나라에 있구나. 나는 이제 주공(周公)의 덕과 주나라가 천하의 임금이 된 까닭을 알았다.'"

역주_ **역상**에 대해서는 많은 의견이 있다. 『문사통의교주』는 '『易』象'이라는 표점을 베풀었지만, 요즘에는 '『易象』'이라 보는 사람이 많다.

22 『주역』「계사전 하」의 글이다.

23 『일지록』(日知錄) 권1은 이렇게 말한다. "공자는 이렇게 말했다. '『역』이 일어난 때는 문왕과 주왕[紂]의 사건이 있었던 때겠지?' 그래서 문왕이 지은 괘사[辭]에 비로소 『역』이라는 이름을 붙였다. 그러나 『주관』의 태복이 세 가지 『역』의 방법을 관장하니, 첫째가 『연산』, 둘째가 『귀장』, 셋째가 『주역』이라는 말도 있다. 『연산』과 『귀장』은 『역』이 아니다. 그러나 세 가지 『역』이라고 부르게 된 것은 후세인들이 『주역』의 '역'이라는 이름을 빌미로 이름 붙인 것이다." 고염무(顧炎武)는 나중에 「주륙」(朱陸)편의 주46을 보라.

역주_ 『**일지록**』은 명말청초의 사상가이자 학자인 고염무가 지은 차기체 저술이다. 내용이 풍부하고 고금을 아울렀다. 현재 전해지는 서른두 권짜리 『일지록』에는 천열아홉 개 항목이 수록되어 있다. 길이에 구애받지 않고 자유로운 형식으로 경의(經義), 사학(史學), 관방(官方), 이치(吏治), 재부(財賦), 전례(典禮), 여지(輿地), 예문(藝文) 등에 대해 기술하고 있다. 위의 여덟 가지 분류는 반뢰(潘耒)의 분류이다.

어떤 사람이 이렇게 물었다. "문왕이 유(幽)에 억류되는 바람에[25] 도를 베풀 만한 자리를 얻어 도를 실행한 적이 없는데, 어떻게 『역』을 지어서 정전을 내려주었다고 말할 수 있습니까?"

나는 이렇게 대답했다. "팔괘는 세 가지 『역』에 공통적으로 있는 것이며, 문왕은 그림만 있는 팔괘를 가져다가 거기에 말을 덧붙인 것이라네. 상나라의 도가 쇠락하자 문왕은 백성과 함께 걱정했지. 그래서 걱정스런 상태에 대처하는 도에 관해 반복하여 성찰하고 나서, 허물을 없애는 데 요점이 있다는 것을 알았을 뿐이지[26] 자신이 새로운 제도를 만든 것은 아니라네. 주나라 무왕(武王)이 천하를 평정한 뒤 드디어 『주역』이라고 불렀지.[27] 그래서 한 시대 전체의 전교(典敎)를 세우는 일은 문왕이 당초

24 나는 이렇게 생각한다. 앞에서 『역상』을 주례라고 부른 이유는 그것이 주나라의 정전이기 때문이다.

25 『사기』「주본기」(周本紀)는 이러하다. "숭후호(崇侯虎)는 은나라 주왕에게 서백(西伯)을 이렇게 모함했다. '서백은 선함과 덕을 쌓기 때문에 제후들이 모두 그에게 기울어집니다. 장차 임금[帝]에게 불리할 것입니다.' 주왕[帝紂]은 이에 서백을 유리에 가두었다." 오늘날 하남성(河南省) 탕음현(湯陰縣)에 유성(牖城)이 있다. 『위서』(魏書)「지형지」(地形志)는 "다름 아니라 바로 유리이다"라고 말한다.

26 『주역』「계사전 하」는 이러하다. "『역』이 일어난 때는 은나라의 말기, 주나라가 성대한 덕을 가졌던 때이겠지? 문왕과 주왕[紂]의 사건이 있었던 때겠지? 그러므로 그 괘사는 위태로운 것이다. 위태롭게 생각하는 사람은 평안하게 해주고, 안이하게 생각하는 사람은 기울어지게 만들었다. 그 도는 대단히 커서 만물을 없애지 않는다. 두려움으로 일을 시작해서 마치면 중요한 대목은 허물이 없으리라. 이것이 바로 『역』의 도이다."

27 나는 이렇게 생각한다. 『주역』의 "주"라는 글자는 "시대를 근거로 주라는 제목을 달았다"라는 『역위』의 학설을 따라야만 한다. 이것은 『주서』(周書)니 『주례』니 하는 말과 마찬가지이다. 주라는 시대의 이름은 지명에서 생긴 것이다. 문왕이 『역』을 풀이하자 처음에는 주나라 본국에서만 유행했다. 그래서 『주역』이라는 이름이 나타난 것은 무왕이 천하를 평정한 뒤까지 기다릴 필요가 없다. 그러므로 『수서』(隋書)「경적지」(經籍志)는 "문왕이 괘사를 지었고, 『주역』이라고 불렀다"라고 말한 것이다.

역주_ **무왕**은 문왕의 아들이다. 아래 본문의 **전교**는 여러 가지로 해석 가능하다. 사전은 제도와 교육이라고 풀고 있다. 하지만 전은 문헌 또는 전범이라는 뜻이므로, 전교는 법이 될 만한 가르침이라 옮길 수도 있다. 이러한 해석은 장학성의 입장에서 너무 추상적인 것이기 때문에, 주나라 관청에서 문헌 또는 전범을 근거로 풀이한 뒤, 이것을 선포하는 구체적 행정 행위까지 포함하는 개념이라고 생각한다. **도법**은 도의 체계, 또는 도와 법이라는 뜻이다. 도의 체계라는 의미에서 도법은 영원성을 속성으

의도했던 것이 아니었네. 공자는 도를 베풀 만한 자리를 얻을 수 있는 출신이 아니므로, 새로운 제도를 만들거나 불변하는 법을 세우거나 백성들이 이것을 사용하게 할 수 없었지. 그러나 『주역』이 불변하는 도법(道法)의 측면에서 더 보탤 것이 없을 정도로 아름답고 선하다고 공자는 보았기 때문에, 세월이 흐르면 『주역』이 전해지지 않을까봐 두려워했다네. 그래서 공자는 『단전』(彖傳), 『상전』(象傳), 『문언전』(文言傳) 등 『주역』에 관한 풀이를[28] 여럿 지어서 『주역』이 품은 의미 덩어리를 펼쳤지. 이것이 공자가 말한 '조술하기만 했지 창작하지 않았다'라는 것이라네. 이렇게 된 것은 공자에게 창작할 수 있는 힘이 없었던 것이 아니라, 본디 이세(理勢) 가운데 어쩔 수 없는 것이 있기 때문이지.[29]

공자 이후의 유학자 가운데 『역』을 흉내 낸 사람이 있으나 이들은 대단히 어리석고 생각이 없다네! 그들이 말하는 이치와 숫자[理數]에 『주

로 가진다.

28 『사기』「공자세가」(孔子世家)는 이러하다. "공자는 늘그막에 『역』을 좋아하여, 「단전」, 「계사전」, 「상전」, 「설괘전」(說卦傳), 「문언전」을 편집했다." 장수절(張守節) 『사기정의』(史記正義)는 이러하다. "공자는 십익(十翼)을 지었다. 그것은 「단전」 상하, 「상전」 상하, 「계사전」 상하, 「문언전」, 「서괘전」, 「설괘전」, 「잡괘전」(雜卦傳)이다." 『수서』「경적지」는 이렇게 말한다. "옛날 복희씨가 처음으로 팔괘를 그렸다. 이로써 신명(神明)의 덕에 통하고 만물의 실정을 분류했다. 아울러 그것을 근거로 거듭해서 육십사괘를 만들었다. 삼대에 이르러 실제로 세 가지 『역』이 되었다. 하나라 것은 『연산』이라 하고 은나라 것은 『귀장』이라고 한다. 문왕이 괘사를 짓고 『주역』이라고 불렀다. 주공이 효사(爻辭)를 짓고, 공자는 「단전」, 「상전」, 「계사전」, 「문언전」, 「서괘전」, 「설괘전」, 「잡괘전」을 이루었는데 자하(子夏)가 그에 의해 전을 지었다." 『주역정의』가 인용한 장씨(莊氏)의 학설에 따르면 「단전」은 "끊는다[斷]는 말이다. 어떤 괘의 뜻을 단정한다. 그래서 단(彖)이라는 이름을 붙였다"라고 한다. 『주역정의』에 따르면 「상전」은 "만물의 근본 바탕[體]에는 본디 타고난 각자의 형상(形象)이 있다. 성인은 괘를 베풀어 만물의 형상을 그려낸다. 이제 공자는 괘가 상징하는 것을 풀었다"라고 말한다. 『주역정의』에 따르면 「문언전」은 "공자가 『역』의 도를 이끌어 내서 밝히고 의리(義理)를 거듭 말했다. 「건」괘와 「곤」괘의 경문(經文)의 말을 풀었기 때문에 「문언」이라고 한다"라고 한다.

29 나는 이렇게 생각한다. 앞에서 무왕이 『주역』의 이름을 지었다고 말한 이유는 무왕이 특정 시대의 전교를 세웠기 때문이다.

역주_ 이세는 사리의 추세라는 뜻이다. 이치가 현실과 완전히 부합하지 않을 경우, 변형을 겪게 된다. 이렇게 변형된 이치가 흐름을 형성한 것을 이세라고 부른다.

역』의 체계를 넘어서는 것이 있던가! 『주역』의 체계를 넘어서지도 못한 채, 『주역』에 내장된 상수의 방식만 바꿔서 고대를 계승하지 않은 것처럼 보이게 만들고서 '이것은 임금다운 왕이 경륜하면서 새로운 기풍을 만들어서 보고 듣게 해준 것'이라 말한 것에 지나지 않는다네. 마치 한나라 제도에서 노란 빛깔이나 숫자 오를 자기 왕조의 전유물로 만든 일이나 정월을 고치고 공식적인 경우 입는 옷 빛깔을 바꾸는 일[30]을 동일한 사례로 생각한 것과 거의 같지. 양웅(揚雄)은 아무 것도 모르면서 『태현』(太玄)을 쓴 게야. 그는 '구 곱하기 구는 팔십일'이라는 단순한 곱셈으로 '팔 곱하기 팔은 육십사'라는 『주역』의 체계를 바꿨지.[31] 양웅 이후의

---

30 『예기』「대전」(大傳)은 이러하다. "도량형을 정하고 문장(文章)을 설정한다. 역법을 고치고 옷의 빛깔을 고친다. 깃발의 부호를 달리하고 그릇과 기계를 달리하며 옷 모양을 구별한다. 이것은 백성들이 고칠 수 있는 것들이다." 『사기』「무제본기」(武帝本紀)는 이러하다. "(원봉(元封) 7년) 여름에 한나라는 달력을 고쳐 정월을 한 해의 시작으로 만들었다. 그리고 빛깔은 노란색을 높였으며 관직 이름을 새긴 인장은 다섯 글자로 바꿨다. 이에 따라 이 해를 태초(太初) 원년(元年)으로 삼았다." 『사기집해』는 장안을 인용하여 이렇게 말한다. "한나라는 토덕(土德)을 근거로 했으며 숫자 오를 높였다. 그러므로 이것을 사용하여 도장의 글씨로 삼았다." 나는 이렇게 생각한다. 진나라가 여섯 나라를 병합하고 스스로 수덕(水德)의 길조를 얻었다고 생각했다. 그래서 10월을 한 해의 첫 달로 정하고 검은색을 높였다. 한나라는 초기에 진나라 제도를 잇고 고치지 않았지만, 무제 때 와서 낙하굉(落下閎)이 계산해서 달력을 바꿨다. 그래서 처음으로 원년을 바꾸고 인월(寅月)을 한 해의 첫 달로 세운 것이다. 이것은 하나라의 정월과 같다. 이것이 이른바 '역법을 고친다'[改正朔]는 것이다.

역주_ **태초 원년**은 기원전 104년이다. **낙하굉**(기원전 156~기원전 87)은 자가 장공(長公)이다. 서한 때의 천문학자이며 태초력을 만든 사람 가운데 하나이다. 파군(巴郡) 낭중(閬中, 현재 사천 남충) 출신이다. 무제 때 대조태사(待詔太史)에 임명되었다. 혼천설(渾天說)을 주장했다. 별자리를 관측하는 혼천의(渾天儀)를 만들기도 했다.

31 『한서』(漢書) 「양웅전」(揚雄傳)은 이러하다. "양웅은 자가 자운(子雲)이며, 촉군(蜀郡) 성도(成都) 출신이다. 양웅은 어려서 배우기를 좋아했고, 나이가 마흔이 넘어서 촉에서 서울로 왔다. 대사마(大司馬) 왕음조(王音詔)는 그를 문하사(門下史)로 삼았고 양웅을 대조(待詔)로 천거했다. 한 해 남짓 지나고 낭중(郎中)이 되었고 황문급사중(黃門給事中)을 지내다가 죽었다." 『직재서록해제』「유가류」(儒家類)는 이러하다. "『태현경』 열 권은 양웅이 지었다. 진나라 범망(范望)이 풀고 찬을 지었다. 『한서』「예문지」에 따르면, 양웅이 서술한 서른여덟 편 가운데 『태현』이 열아홉 편이라고 한다. 「양웅전」은 삼방(三方), 구주(九州), 칠십이부(七十二部), 팔십일가(八十一家), 이백사십삼표(二百四十三表), 칠백이십구찬(七百二十九贊)을 세 권으로 나눴다고 한다. 여

훌륭한 유학자 가운데도 양웅을 칭찬하고 받아들인 사람이 많았네. 그들은 양웅이 제시한 숫자가 정확한 달력을 만드는 일과 통할 뿐 아니라 숫자로 점치는 과정[蓍揲][32]이 길흉에 부합한다고 생각했지. 숫자라는 것은 고금에 공통되기 때문에 정확한 달력을 만드는 일에 밝은 사람이라면 모두 계산할 수 있는 것인데 어찌 『태현』만 부합한다고 할 수 있겠는가? 『태현』의 숫자로 점치는 과정이 길흉에 부합한다 해도, 그것도 또한 음양 자체의 지극한 이치이지. 정성이 지극하면 점을 칠 때 귀한 거북 껍질이 아니라 흔해빠진 기왓장을 쓰더라도[33] 길흉을 알 수 있네. 그런데 왜 『주역』의 원래 글을 지저분하게 늘어놓고[34] 사람들이 잘 쓰지도 않는 어려운 글자를 사용해야만 길흉을 알 수 있다고 하겠는가?[35] 『원포』(元包)

기에는 수(首), 충(衝), 착(錯), 측(測), 리(攡), 형(瑩), 수(數), 문(文), 예(掜), 도(圖), 고(告) 열한 편이 있다고 한다. 이것들은 알 수 없는 근본 바탕[玄體]을 해부한 것이다. 아마 본경(本經) 세 권과 합쳐도 열네 권밖에 안될 것이다. 현재 『한서』 「예문지」가 열아홉이라고 한 것은 무슨 말인지 알 수 없다." 양웅은 『주역』을 흉내 내서 『태현』을 지었다. 『주역』의 팔 곱하기 팔은 육십사괘라는 것을 구 곱하기 구는 팔십일수라는 것으로 바꿨다.

32 시(蓍)는 시초이며, 점을 치는 데 쓰는 풀이다. 설(揲)은 시초를 헤아린다는 말이며, 손에 쥐고 헤아리는 것을 뜻한다.

33 『순자』(荀子) 「군도」(君道)는 이러하다. "산가지를 뽑는 일[探籌]이나 금을 그어 물건을 던져 점치는 일[投鉤]은 공평하게 하기 위해서이다." 산가지를 뽑는다는 말은 추첨한다는 뜻이다. 『사기』 「귀책열전」(龜策列傳)은 이러하다. "점을 칠 때는 먼저 가시나무를 때는 아궁이에 거북을 구은 뒤 한복판에 구멍을 뚫은 다음 다시 굽는다." 『장자』 「외물」(外物)은 이러하다. "일흔 두 번이나 구멍을 뚫고 남은 시초도 없다." 옛날에는 거북 껍질에 구멍을 뚫어 불로 구은 뒤 갈라진 무늬를 보고 점을 쳤다. 기와에 구멍을 뚫는다는 말은 간편함을 좇는다는 뜻이다.

34 『문선』(文選)에 실린 왕연수(王延壽) 「노영광전부」(魯靈光殿賦)의 "지리분부"(支離分赴)라는 말에 대해, 이선(李善)은 "지리는 나뉘고 흩어진다는 뜻이다"라고 주를 달았다.

역주_ **왕연수**(124?~148?)는 자가 자고(子考) 또는 자산(子山)이다. 『초사장구』를 지은 왕일(王逸)의 아들이다. **이선**(630?~689)은 당나라 때의 학자이다. 숭현관 학사, 난대랑을 역임하고 나중에 요주(姚州)로 유배되었다. 『소명문선주』를 지었다. 늘그막에는 『문선』을 강의하는 일을 업으로 삼았다.

35 이치와 숫자는 『주역』을 벗어날 수 없다. 법식만 바꿔도 새롭고 기이한 것을 보여줄 수 있다면, 임금다운 왕이 제도를 개혁하여 눈과 귀를 새롭게 만드는 일을 스스로 부정하는 것인데, 어찌 취할 수 있겠는가? 이것은 그들이 지혜롭지 않다고 장학성이 나무라는 이유이다. 여항(餘杭) 출신의 장태염(章太炎)만 이에 대해 구분하고 풀이했

는 『귀장』을 함부로 빌렸으므로[36] 언급할 가치도 없네. 사마광(司馬光)의 『잠허』(潛虛)도 '오 곱하기 오'로 『태현』의 '구 곱하기 구'를 바꿨으니[37]

다. 그는 이렇게 말한다. "음양의 학문을 검토해 보면, 그들의 뿌리이자 궁극은 모두 현직 벼슬아치에게 있다. 그리고 『주역』을 태복이 맡은 까닭은 『주역』도 역시 주나라의 예이기 때문이다. 그러나 예기(禮器), 제도, 부절(符節), 새인(璽印), 번신(幡信)이 아니라면 책으로 펴낼 수 없었다. 그러므로 주나라 때 『주역』은 두 가지가 있다.("육예략"(六藝略)에 『역경』 열두 권이 있는데도, "수술략"(數術略)의 '시귀가'(蓍龜家)에 다시 『주역』 서른 권이 있다) 여기에 『연산』과 『귀장』을 합쳐서 모두 네 가지이다. 한나라 양웅은 그것을 본떠서 대략이나마 만들 수 있었다. 양웅이 의존한 것은 아주 오랜 옛날의 초기 판본이기 때문에 바탕에 잘못이 있었던 것은 아니다. 장학성은 반드시 공과 사라는 틀 안에 넣으려는 사고방식을 가지고 있다. 그래서 음양을 모두 불살랐는데, 어찌 『태현』만 그랬으리요!"(이야기는 『국고논형』(國故論衡) 「원리」(原理)편에 상세하다. 전체 문장을 인용하지 않았다)

역주_ **장태염**(1869~1936)은 원래 이름이 학승(學乘)이며 자는 매숙(枚叔)이다. 나중에 강(絳)으로 개명하고 호를 태염이라고 했다가 다시 병린(炳麟)이라 개명했다. 절강성 여항 출신이다. 대대로 글공부를 한 몰락한 집안에서 태어나 무술변법, 신해혁명 등 근현대사의 파란을 겪은 혁명가이자 학자이다. 신해혁명 이후 학문에 매진하여 당시 유학을 이끈 인물이다. 모르는 것이 없을 정도의 박학다식이다. 주요 저술은 『장씨총서』, 『장씨총서 속편』, 『장씨총서 삼편』으로 묶었다.

36 『직재서록해제』 「역류」는 이러하다. "『원포』 열 권은 당나라 위원숭(衛元嵩)이 지었다. 무공(武功) 출신 소원명(蘇源明)이 「전」을 썼으며 조군(趙郡) 출신 이강(李江)이 주를 달았다. 이 책은 팔괘를 여덟 편의 첫머리로 삼았으며, 일세(一世)부터 귀혼(歸魂)까지 각각 팔괘 아래에 붙여 놓았다. 처음이 곤괘이고 다음이 건괘이며, 다음이 태(兌), 간(艮), 리(離), 감(坎), 손(巽), 진(震)의 순서이다. 곤을 태음(太陰), 건을 태양(太陽)이라고 부른다. 나머지 여섯 아들 괘[六子]는 맹중소(孟仲少)가 붙인 제목과 같다. 각 괘의 아래에 몇 마디 말이 있는데, 뜻이 이상하며 글도 험하고 껄끄러워 깊이 알 수 없다." 장초백(蔣超伯)은 『남순고어』(南漘楛語)에서 이렇게 말한다. "『원포』의 형식은 대략 『태현』에 가깝다. 『태현』의 뜻은 『연산』에 뿌리를 두고 있지만, 『원포』는 『귀장』을 이은 것이다. 곤을 처음에 두고 건을 다음에 두었으며, 따지고 베는 듯한 글이 많아서, 술가(術家)들은 이제껏 점복(占卜)에 소용이 없다고 생각해 왔다."

역주_ **위원숭**(?~579)은 성도 출신이며 늘그막에 십방(什邡)에 정착했다가 거기서 죽었다. 북주의 유명한 스님이다. 처음에 불교를 믿다가 나중에 도교로 돌아섰다. 무제의 신임과 총애를 받았다. 십방에 정착한 뒤 『주역』을 연구했다. 저술에 『원포』, 『역론』 등이 있다. **장초백**은 자가 숙기(叔起)이며 강도(江都) 출신이다. 도광(道光) 을사년(乙巳年)에 진사에 합격했다. 주사(主事)로 시작하여 관직이 광동후보도(廣東候補道)에 이르렀다. 저술에 『통재집』(通齋集)이 있다.

37 『직재서록해제』 「유가류」는 이러하다. "『잠허』 한 권은 사마광이 지었다. 그는 모든 만물이 허(虛)에서 기원했다고 주장한다. 『태현』은 『역』을 기준으로 만든 것이고 『잠허』는 『태현』을 기준으로 만든 것이다." 『군재독서지』(郡齋讀書志)는 이러하다.

훌륭한 사람이 쓸데없는 짓을 한 셈이야. 그러므로 육경은 흉내 낼 수 없네. 선유(先儒)가 논한 것은 앞서간 성인[先聖]을 두려워해서 엄격함과 두려움을 알아야만 한다고 말할 뿐이지. 이것은 양웅의 『법언』(法言)[38]과 왕통(王通)의 『중설』(中說)[39]을 가리키는 것이며, 정말 그런 폐단에 딱 들

"이 책은 오행을 뿌리로 한다. 오행 곱하기 오행을 해서 이십오가 되었다." 그러므로 "오오"라고 부른다. "오오"로 양웅 『태현』의 "구구" 팔십일 수를 변경했다.

역주_ 『군재독서지』는 남송 조공무가 지은 스무 권으로 된 도서 목록이다. 조공무는 사천의 대장서가인 정도(井度)에게서 장서를 물려받아 자신의 장서와 비교하여 중복된 것을 빼고 이만사천오백여 권을 추출했다. 소흥 21년(1151) 편집을 마치고 정월 초하루에 서문을 썼다. 늘그막에 은퇴하여 가주(嘉州, 현재 사천성 낙산) 부문향(符文鄕)에 살면서 모두 새롭게 교정하고 보충한 뒤 두붕거(杜鵬擧)에게 출판시켰다. 이것이 네 권으로 이뤄진 판본이다. 간행한 뒤 다시 대대적으로 보충하고 새 책도 수록한 뒤 새로 출판했다. 이후 계속 출판되어 오늘날에 이른다.

38 『직재서록해제』「유가류」는 이러하다. "『법언』 열 권은 한나라 양웅이 지었다. 모두 열세 편이며, 편마다 있는 서문은 반고(班固)의 「서전」(敍傳)처럼 본래 편이나 권의 끄트머리에 있었다. 그러나 현재 전해지는 판본은 편의 첫머리에 있다. 이것은 송나라 함평(咸平) 내지 함순(咸淳) 연간부터 시작되었다."

역주_ **함평**은 북송 진종의 연호이며 998~1003년, **함순**은 남송 도종의 연호이며 1265~1274년이다. 연대가 불확실하여 이렇게만 기록한 것이다.

39 『직재서록해제』「유가류」는 이러하다. "『중설』 열 권은 수나라 왕통 중엄(仲淹)이 지었다. 『신당서』「예문지」는 다섯 권이라고 기록했다. 현재 전해지는 판본의 열 번째 권인 「문중자세가」(文中子世家)는 방현령(房玄齡)과 위징(魏徵)이 예악을 토론한 일을 기록하고 있다. 그리고 관자명(關子明)의 일 및 왕통이 집안에 보낸 편지와 잡록(雜錄)을 기록하고 있다. 과거에 이것을 앞에 있는 서문[前序]과 뒤에 있는 서문[後序]이라고 전했으나, 그렇지 않다." 조공무(晁公武)는 『군재독서지』에서 이 책이 왕통의 문인들이 스승의 말을 함께 모은 것이라고 말했다. 나는 이렇게 생각한다. 월아당총서본(粤雅堂本)에 따르면, 『중설』은 『중론』(中論)이라고 되어 있는데, 잘못된 것이다. 가업당본은 "중설"이라고 했다.

역주_ **방현령**(578~648)은 당나라 초의 재상(宰相)이다. 제주(齊州, 현재 산동성) 임치(臨淄) 출신이다. 수나라 말 이세민(李世民)이 위수(渭水) 북쪽을 점령했을 때부터 그와 함께했다. 당나라 건국 이후 이세민이 모은 진왕부(秦王府) 십팔학사는 나중에 정관의 치를 이끈 핵심인물들인데 방현령이 첫 번째로 지목되었다. 이세민이 당나라 태종에 즉위한 뒤 십오 년간 재상이 되어 위징 등과 함께 정사를 돌봤다. 자식들이 모두 황실과 맺어졌지만 재상을 사퇴했다. 저수량(褚遂良)과 함께 『진서』(晋書)를 편찬했다. **위징**(580~643)은 당나라 초의 정치가이다. 자는 현성(玄成)이며 거록군(鉅鹿郡) 곡양(曲陽, 현재 하북성 진양) 출신이다. 그는 어렸을 때 가족을 잃고 가난했기 때문에 도사(道士)가 되었다. 617년 이밀(李密)의 부하가 되었으며, 그와 함께 당나라에 항복했다. 621년 이건성(李建成)의 태자세마(太子洗馬)가 되어 이세민을 죽이라고 간

어맞는 말이야.[40] 육경은 선왕이 도를 베풀 자리를 얻어 도를 실행하고 세계를 다스린 자취이지 허튼 소리에 내맡긴 것이 아니라네. 그러므로 공자 정도의 성인도 조술하기만 했지 창작하지 않았지. 만약 그들이 함부로 창작했다는 점을 깨닫지 못한다면 성인을 흉내 낸 혐의뿐 아니라

언했다. 이세민은 즉위 후 그의 인물됨을 높이 평가하여 그에게 벌을 주지 않고 발탁하여 간의대부로 중용했다. 629년 비서감이 되어 비부(祕府)의 도서를 교정하여 『군서치요』(群書治要)를 편찬했다. 636년 광록대부, 정국공(鄭國公)에 봉해졌다. **조공무**(1104~1183)는 자가 자지(子止), 호가 소덕선생(昭德先生)이다. 단주(澶州) 청풍(淸豐, 현재 하남성) 출신이다. 유명한 목록학자이다. 이십대에 송나라가 정강의 변을 당하자 가주로 옮겨 살았다. 남송 소흥 2년(1132) 진사가 되었고 사천전운부사(四川轉運副使) 정도의 부하가 되었다. 정도는 남송 초 사천의 장서가인데 죽을 때 조공무에게 장서를 모두 넘겼다. 정도의 장서는 『군재독서지』 편찬의 중요한 바탕이 되었다. 조공무는 여러 지역의 벼슬아치를 역임하는 동안 여가가 날 때 장서를 정리하여 『군재독서지』를 완성했다. 효종이 즉위하기 직전 감찰어사가 되었고 나중에 이주로(利州路) 안무사(安撫使)가 되었다. 건도 7년(1171) 임안부(臨安府) 소윤(少尹)에 임명되었다가 곧 그만 두고 이부 시랑으로 은퇴했다.

40 송렴(宋濂)은 『제자변』(諸子辨)에서 이렇게 말한다. "『법언』이라는 것은 『논어』를 흉내 내서 지었다. 『논어』는 여러 제자들이 기록한 데서 나왔는데, 어찌 공자 자신이 지은 것이겠는가? 양웅이 『논어』를 흉내 냈다는 말은 모함이다." 왕중언(王仲言)은 『휘진록』(揮塵錄)에서 이렇게 말한다. "『중설』을 완일(阮逸)이 위조한 것이라고 의심하는 사람이 있다. 『신당서』 「예문지」가 다섯 권이라고 말한 것에 따르면, 경을 흉내 낸 왕통의 죄를 유분(劉蕡)이 이미 물리쳤다고 말한 호원서(胡元瑞)의 말이 있다고 한다. 그렇다면 이것은 모두 완일이 위조한 것이 아니다."(요제항(姚際恒)의 『고금위서고』(古今僞書考)에서 인용) 이것은 앞 시대의 성인을 두렵게 생각하고 엄격하게 삼갈 줄 알아야만 한다는 말이다.

역주_ 앞 본문의 **선유**는 선배 유학자, 앞 시대의 유학자라는 뜻이다. 유학자 가운데 존경할 만한 학문적 업적을 낸 학자를 말한다. **송렴**(1310~1381)은 자가 경렴(景濂), 호가 잠계(潛溪)이다. 포강현(浦江縣, 현재 절강성 금화시) 출신이다. 명나라 초의 문학자이자 학자이다. 집안이 가난했지만 공부를 열심히 하고 원나라 말기 고문의 대가인 오래(吳萊), 유관황(柳貫黃) 등에게 배웠다. 원나라 순제(順帝)가 한림원 편수로 초빙했으나 부모를 봉양해야 한다는 핑계로 사양했다. 지정(至正) 20년(1360) 유기(劉基) 등과 함께 주원장의 초빙을 받았다. 홍무(洪武) 연간에 『원사』(元史) 편찬을 책임졌다. 나중에 호유용 사건에 연루되어 유배를 가는 도중 병사했다. 저술에 『송학사전집』(宋學士全集) 등이 있다. **왕중언**은 송나라 왕명청(王明淸)이며 중언은 그의 자이다. 필기 『휘진록』을 썼다. **요제항**(1647~1715)은 청나라 학자이다. 자는 입방(立方), 호는 수원(首源)이다. 안휘성 출신이지만 절강성 인화(仁和, 현재 항주시)에 살았다. 『구경통론』(九經通論)을 저술했는데 14년에 걸쳐 썼다. 이밖에 『용언록』(庸言錄)을 썼는데 이 책 끄트머리에 『고금위서고』가 실려 있다.

임금다운 왕의 법을 분수에 맞지 않게 훔치는 죄까지 지은 것이니, 조심하지 않을 수 있겠는가!"[41]

2. 역교(중)[1]

공영달[孔仲達]은 이렇게 말한다. "『역』은 변화 전체를 가리키는 이름이자 고쳐 바꾸는 일의 또 다른 이름이다."[2] 『역』의 뜻을 풀이한 선유 가

41 '임금다운 왕의 법'에 대해 『춘추좌전』「희공 15년」은 이렇게 말한다. "진나라 임금이 주나라 천자를 조견하고 따를 것을 요청했으나 허락하지 않았다. 이유는 '임금다운 왕의 법이다'라고 한다." 나는 이렇게 생각한다. 앞에서 『역』을 정전이라고 말한 이유는 특정 학파가 저술한 학업이 아니며, 그것을 흉내 낸 후세인이 어리석기 때문이다.

1 나는 이렇게 생각한다. 「역교 중」편은 『역』이 임금다운 왕이 제도를 개혁한 위대한 전적이며, 사업과 달력을 만들어서 시간을 밝히는 것이 서로 표리 관계라는 것을 밝히고 있다.

2 『신당서』「유림전(儒林傳) 상」은 이러하다. "공영달(孔穎達)은 자가 중달(仲達)이며, 기주(冀州) 형수(衡水) 출신이다. 수나라 대업(大業) 초년에 명경과(明經科)에서 높은 등수로 과거에 합격하여 하내군(河內郡)의 박사(博士)로 제수되었다. (당나라) 태종(太宗) 평락(平洛) 연간 문학관(文學館) 학사(學士)로 제수되었다가 국자박사(國子博士)로 옮겼다. 정관(貞觀) 초년에 국자감(國子監) 사업(司業)으로 제수되었다가 세월이 오래 흐른 뒤에 국자감 좨주(祭酒)로 임명되어 동궁(東宮) 시강(侍講)을 맡았다. 나중에 벼슬을 그만 두고 죽었다. 예전에 공영달은 안사고(顔師古), 사마재장(司馬才章), 왕공(王恭), 왕염(王琰)과 함께 오경의 뜻풀이를 지으라는 황제의 명령을 받았다. 이것은 모두 백여 편이나 되었고(『구당서』「공영달전」에는 백여든 권이라고 되어 있다) 『오경의찬』(五經義贊)이라고 불렸다. 황제의 명령으로 『오경정의』(五經正義)라고 부르게 되었다. 『오경정의』는 비록 여러 학파를 포괄하여 관통하고 있기 때문에 상세하긴 하지만, 그중에 잘못된 것이 없을 수 없다. 박사 마가운(馬嘉運)은 『오경정의』의 잘못을 반박하고 바로잡는 일이 지나쳐 서로 욕하는 지경에 이르게 되었다. 다시 가다듬어 제대로 만들라는 황제의 명령이 있었지만, 사업이 완성되지 못했다. 영휘(永徽) 2년에 중서성(中書省), 문하성(門下省), 국자감(國子監) 세 관청의 박사와 홍문관(弘文館)의 학사들에게 그것을 비교, 검토하여 바로잡으라고 황제가 명령

운데, 공영달만큼 잘 알고 통달한 사람은 없었다. 공영달의 주장을 근거로 더 나아가 헤아려 보자면, 『역』은 임금다운 왕이 제도를 고친 위대한 전적이고 성인의 사업은 정확한 달력을 만들어 올바른 시간을 부여하는 일과 서로 표리 관계이다. 그래서 『역』의 뜻은 밝게 드러난다. 허신[許叔重][3]은 "역"이라는 글자를 이렇게 풀었다. "석척은 도마뱀이다. 상형이다. 비서(祕書)는 '해와 달을 합친 것이 역이다'라고 하는데, 음양을 본떴다."[4]

했다. 그래서 상서(尙書) 좌복야(左僕射) 우지녕(于志寧), 우복야(右僕射) 장행성(張行成), 시중(侍中) 고계보(高季輔)가 보태고 더는 과정을 거쳐 『오경정의』가 비로소 반포되었다." 『주역정의』「논역명」(論易名)은 이렇게 말한다. "『역』은 변화 전체를 가리키는 이름이자 고쳐 바꾸는 일의 또 다른 이름이다. 천지가 개벽한 일부터 음양이 운행하고, 추위와 더위가 번갈아 오며, 해와 달이 바뀌어 나타나고, 모든 종류의 동식물이 깨어나고 싹트며, 모든 사물이 정독(亭毒, 성숙이라는 뜻이다. 가을이 되면 곡식이 여무는 것을 가리킨다)하는 것까지 늘 새로워지는 일이 멈추지 않고 늘 낳는 일이 이어지는 것은 변화의 힘과 시대를 바꾸는 공이 아닌 것이 없다."

3 『후한서』「유림전」은 이러하다. "허신(許愼)은 자가 숙중(叔重)이며 여남(汝南) 소릉(召陵) 출신이다. 성품이 순수하고 돈독하여 어려서부터 경적(經籍)에 박학다식했다. 마융(馬融)은 그를 앞세우고 존경했다. 당시 '오경은 허숙중이 천하제일'(五經無雙許叔重)이라고 할 정도였다. 군 공조(郡功曹)가 되었다가 효렴(孝廉)으로 천거되었고, 다시 효장(洨長)으로 천거, 제수되었다가 집에서 죽었다. 예전에 허신이 오경에 대해 전수받은 주장이 장부(臧否)와 달랐다. 그래서 허신은 『오경이의』(五經異義)를 지었다. 또 『설문해자』(說文解字) 열네 편을 지었는데, 모두 세상에 전해지고 있다."

역주_ **마융**(79~166)은 자가 계장(季長)이며 우부풍 무릉(현재 섬서성 홍평) 출신이다. 동한의 명장인 마원(馬援)의 종손자이다. 동한 후기의 고문경학자이다. 저술이 굉장히 많았지만 아마 흩어져 버리고 청나라 때 옥함산방총서(玉函山房叢書), 한학당총서(漢學堂叢書) 등에 집일된 글이 남아 있다.

4 『설문해자』는 이러하다. "석척(易蜥)은 언정(蝘蜓), 곧 도마뱀이다. 상형이다. 비서는 '해와 달을 합친 것이 역이다'라고 하는데, 음양을 본뜬 것이다." 단옥재(段玉裁)는 『설문해자주』(說文解字注)에서 이렇게 말한다. "비서란 위서(緯書)를 말한다. 『주역참동계』(參同契)는 '해와 달이 합쳐져 역이 되었다. 강유(剛柔)가 서로 짝을 이룬다'고 말한다. 육덕명(陸德明)은 『주역참동계』에 대한 우번(虞翻)의 주를 인용하여 '이 글자는 날 일(日)을 부수로 하고 아래는 달 월(月)이다'라고 말한다."

역주_ **단옥재는**(1735~1815)는 청나라 학자이다. 자는 약응(若膺), 호는 무당(懋堂)이며 강소성(江蘇省) 금단현(金壇縣) 출신이다. 대진(戴震)의 제자였다. 건륭(乾隆) 25년(1760) 향시에 합격한 뒤 관직을 역임하고 건륭 47년 은퇴하여 소주(蘇州)의 풍교(楓橋)에 내려가 여생을 학문에 몰두했다. 음운학을 연구하여 『육서음균표』(六書音均表)를 짓고 『설문해자』를 주석한 『설문해자주』 30권을 저술했다. 이 책은 설문 연구의 가장 기본적인 문헌이다. 저술에 『고문상서찬이』(古文尙書撰異), 『모시고훈전』(毛詩故訓

『주관』의 태복은 세 가지 『역』의 방법을 관장하고 있었다. 정현[鄭氏]은 이렇게 주석을 달았다. "역이라는 것은 시초를 잡아 변화시킨 숫자로 점칠 수 있는 것이다."[5] 주희[朱子]는 이것을 근거로 "『역』에는 교역(交易)과 변역(變易)의 뜻이 있다"라고 말한다.[6] 이런 주장들은 모두 글자를 근거로

傳), 『경운루집』(經韻樓集) 등이 있다. 비서는 한나라 왕실 도서관에 비밀스레 소장된 책이라는 뜻이다.

5 이것은 『주례』 「춘관」의 '세 가지 『역』' 아래에 있는 주이다. 가공언(賈公彦)은 『주례소』(周禮疏)에서 이렇게 말한다. "『역』 「계사」에 따르면 다음과 같다. '나누어 둘로 만든 것은 음양을 상징하고, 둘로 나눈 한 쪽에서 시초 하나를 뽑아 왼손 작은 손가락 사이에 끼운 것은 삼재를 상징하며, 둘로 나눈 한 쪽을 네 개씩 늘어놓는 것은 네 계절을 상징하고, 네 개씩 나누고 남은 시초를 왼손 검지와 중지 사이에 끼운 것은 윤달을 상징한다.' 이것은 시초를 늘어놓은 변역(變易)의 숫자로서 점칠 수 있게 된다." 시초로 점치기(揲蓍)는 「역교 상」의 주32를 보라. 『후한서』 「정현전」(鄭玄傳)은 이러하다. "정현은 자가 강성(康成)이며, 북해(北海) 고밀(高密) 출신이다. 부풍(扶風)의 마융을 스승으로 섬겼으며, 마융 문하에서 십여 년을 배운 뒤에 고향으로 돌아왔다. 당고(黨錮) 사건이 일어나게 되자 은거하여 경전 연구에 몰두하고 문을 걸어 잠그고 나오지 않았다. 당고의 금지가 풀리자 나라에서 그를 불렀지만 모두 거절하고 취임하지 않았다. 가깝고 먼 데서 온 제자가 수천 명에 이르렀다. 건안(建安) 5년에 죽었는데, 나이는 일흔넷이다. 대체로 정현이 주석을 단 고전은 『주역』, 『상서』, 『모시』(毛詩), 『의례』(儀禮), 『예기』, 『논어』, 『효경』(孝經), 『상서대전』(尙書大傳), 『중후』(中候), 『건상력』(乾象曆)이며, 「천문칠정론」(天文七政論), 「노례체협의」(魯禮禘祫義), 「육예론」(六藝論), 「모시보」(毛詩譜)도 지었다. 허신의 『오경이의』를 반박하고 임효존(臨孝存)의 「주례난」(周禮難)에 답하기도 했다. 그가 쓴 글은 백여만 글자나 되는 엄청난 양이다."

역주_ **가공언**은 출생연대, 자 등이 미상이다. 당주(唐州) 영년(永年, 현재 하북성 한단시) 출신이다. 대략 6~7세기 무렵 사람이다. 당나라의 경학자이며 세 가지 『예』의 전문가이다. **당고 사건**은 후한 중기 이후 환관과 현량, 문학 간의 정치 투쟁이다. 두 차례에 걸쳐 일어났고 여기 연루된 많은 현량과 문학이 벼슬길에 나가는 일이 금지되고 평생 금고를 당했다.

6 주희는 『주역본의』(周易本義)에서 이렇게 말한다. "『역』은 책의 이름이다. 『역』의 괘는 복희씨가 그린 것에 바탕을 두고 있다. 그리고 교역과 변역의 뜻이 있기 때문에 역이라고 부른다." 주희(朱熹)는 자가 원회(元晦)이며, 휘주(徽州) 무원(婺源) 출신이다. 송나라 고종 건염(建炎) 4년 민(閩)의 우계(尤溪)에서 태어났다. 소흥(紹興) 연간에 진사에 급제했다. 고종, 효종(孝宗), 광종(光宗), 영종(寧宗) 네 명의 황제에 걸치는 시절에 관직에 있었고, 전운부사(轉運副使), 환장각(煥章閣) 대제(待制), 비각(祕閣) 수찬(修撰) 등을 역임했다. 죽고서 문공(文公)이라는 시호를 받았다. 일찍이 이동(李侗) 및 나종언(羅從彦)에게 배웠고 연평(延平)에게 배운 것이 특히 많았다. 주희의 학문은 거경(居敬)을 위주로 한다. 궁리(窮理)로써 치지(致知)한 뒤 다시 궁리하고 실천

풀이한 것이기 때문에 각자 일리가 있다. 그러나 『역』이 나타날 당시 『역』이라고 명명한 뜻은 아니다. 세 가지 『역』의 이름이 설령 『주관』에서 비롯되었다 해도, 『연산』과 『귀장』에 『역』이라는 이름을 붙일 수는 있지만 『주역』을 『연산』이나 『귀장』에 부속시켜서 세 가지 『연산』이나 세 가지 『귀장』이라고 부를 수 없는 이유는 『주역』의 뜻에 바로 복희씨와 신농씨 이후로 더 이상 계승되지 않은 법칙[法數]이 실제로 포괄되어 있기 때문이다. 역이 처음 글자로 나타난 것은 『상서』(尙書) 「요전」(堯典)의 "북방의 변역을 잘 살펴라"라는 것인데, 공안국(孔安國)의 『상서전』(尙書傳)은 한 해를 고쳐 바꾸는 것이라고 했다.[7] 그러나 주나라 사람들이

해야 한다고 주장했다. 주돈이(周敦頤), 장재(張載), 정호(程顥)와 정이(程頤) 형제 등 여러 스승들의 실마리를 우러러 이어서 집대성(集大成)했다. 편집하거나 지은 책은 『주역본의』, 『주역계몽』(周易啓蒙), 『시경집전』(詩經集傳), 『대학장구』(大學章句), 『중용장구』(中庸章句), 『논어집주』(論語集註), 『맹자집주』(孟子集註), 『초사집주』(楚辭集註), 『한문고이』(韓文考異), 『주역참동계고이』(參同契考異), 『근사록』(近思錄), 『통감강목』(通鑑綱目) 등이 있다.(『송사』(宋史) 권429 「도학전」(道學傳))

역주_ 교주가 인용한 주희의 출생지 **민**은 복건성을 가리킨다. **연평**은 주희의 스승인 이동(1093~1163)이다. 이동은 남송의 학자이며 자는 원중(愿中)이다. 학자들은 연평 선생이라 부른다. 남검주(南劍州) 검포(劍浦, 현재 복건성 남평) 출신이다. 주희가 그의 문하에서 배우고 나중에 『연평답문』(延平答問)을 편집했다. **나종언**(1072~1135)은 자가 중소(仲素)이며 예장 선생(豫章先生)이라 불린다. 남검주 검포 출신이다. 젊어서 오의(吳儀)에게 경학을 배웠다. 숭녕 초(1102) 정호, 정이의 수제자인 양시(楊時)에게 『주역』 「건」 괘의 구사 효에 대해 물었다. 양시는 매우 기뻐했다 한다. 치화(致和) 2년(1112) 구산(龜山)에서 양시에게 배웠다. 그리고 복건에서 도학을 가르쳤는데 주희의 아버지 주송(朱松), 이동 등이 따랐다. 저술에 『예장문집』(豫章文集) 등이 있다.

7 『상서』 「요전」은 이러하다. "거듭 화숙(和叔)에게 명하여 삭방(朔方)에 살게 하니, 여기를 유도(幽都)라고 부르고 북쪽의 변역을 잘 살피라." 공안국 『상서전』[僞孔傳]은 이러하다. "변역은 한 해가 북쪽에서 바뀌니[改易] 공평하고 균등함은 그 정사를 살피는 데 있으며 하늘의 항상성[天常]을 따른다는 말이다." 『상서정의』(尙書正義)는 이렇게 말한다. "변역은 한 해가 북쪽에서 바뀌는 것을 말한다는 것은 사람들이 봄, 여름, 가을에는 들판에 살다가 겨울이 되면 깊숙한 집에 들어오는 것이다. 만물은 봄, 여름, 가을에 자라다가 겨울이 되면 창고로 들어오는 것이다. 그래서 사람과 만물이 모두 바뀐다."

역주_ **공안국 『상서전』**은 『위공전』을 옮긴 것이다. 공안국이 조정에 바쳤다고 하는 『상서』는 고대 문자로 쓰여진 『상서』인데 한나라 말기에 사라졌다. 매색이 위나라와 진나라 때 다시 공안국의 이름을 빌어 조정에 바쳤지만, 이것은 염약거에 의해 위작

바로 이 말을 취해서 괘를 뽑는 책의 이름으로 썼다.[8] 그러면 임금다운 왕이 제도를 고쳐서 새롭게 하려는 대의가 드러나게 되며 알 수 있게 된다. 『주역』 「계사전」은 "낳고 낳는 것이 역이다"라고 말한다.[9] 한백[韓康伯][10]은 "음양은 변화하며, 이로써 변화와 생성의 과정을 완성하다"라고 말한다.[11] 이것이 바로 교역과 변역이라는 주희의 뜻이 나온 근거이다. 세 가지 『역』의 글이 설령 전승되지 않았지만, 이제 『주관』의 태복이 가진 방법과 『춘추좌전』이 점을 기록할 때 그런 말이 있는 것을 보면[12]

이라고 판명되었다. 그래서 가짜 공안국 『상서전』이라고 옮길 수 있는 『위공전』은 매색이 다시 바친 『상서전』을 가리킨다. 『상서정의』는 당나라 공영달이 편찬한 『오경정의』의 하나이다.

8 나는 이렇게 생각한다. 팔괘가 최초에는 일종의 상징하는 이름이었다가 나중에 복서(卜筮)에만 쓰였다. 하나라는 『연산』, 은나라는 『귀장』, 주나라는 『주역』이라고 불렀다. 그래서 주나라부터 비로소 『역』이라는 이름은 괘로 점치는 책을 가리키게 되었다.

9 『주역』 「계사전 상」의 글이다. 주11을 보라.

10 『진서』(晉書) 「한백전」(韓伯傳)은 이러하다. "한백은 자가 강백(康伯)이며, 영천(潁川) 장사(長社) 출신이다. 맑고 온화한 성품에 사리분별이 있었고, 문예에 마음을 두고 있었다. 간문제(簡文帝)가 아직 황제가 되지 않았을 때, 그를 이야기 나누는 손님으로 초빙했다. 사도 좌서속(司徒左西屬)에서 출발하여 무군연(撫軍掾), 중서랑(中書郞), 산기상시(散騎常侍), 예장(豫章) 태수(太守) 등 외직을 역임했다. 시중으로 내직에 들어온 뒤, 단양의 윤[丹陽尹], 이부 상서(吏部尙書), 영군장군(領軍將軍)을 역임했다. 죽었을 때 나이는 마흔아홉이다." 『직재서록해제』 「역류」는 이러하다. "『주역주』(周易注) 여섯 권, 『약례』(略例) 한 권, 『계사주』(繫辭注) 세 권이다. 위나라 상서랑(尙書郞) 왕필(王弼)이 상경과 하경에 주를 달았고, 『약례』를 지었다. 진나라 태상(太常)을 역임한 영천 출신의 한백이 「계사」, 「설괘」, 「서괘」, 「잡괘」에 주를 달았다."

역주_ 왕필(226~249)은 자가 보사(輔嗣)이며 산양(山陽) 고평(高平, 현재 산동성 금향현) 출신이다. 위나라의 벼슬아치이자 학자이다. 왕필은 스물네 살에 요절할 때까지 이미 『노자』, 『주역』 등에 대한 탁월한 주석을 남겼다. 하안, 하후현(夏侯玄) 등과 함께 현학을 창시하여 정시지음(正始之音)이라 불렸다. 저술에 『주역주』, 『주역약례』, 『노자주』(老子注), 『노자지략』(老子指略), 『논어역의』(論語繹疑)가 있다.

11 『주역정의』는 이렇게 말한다. "낳고 낳는다[生生]는 것은 끊임없다는 말이다. 음양이 순환하고 변화하는 과정에서 나중에 태어난 것이 먼저 태어난 것 다음에 온다. 그래서 만물은 늘 태어나게 되는 것을 역(易)이라고 부른다."

12 나는 이렇게 생각한다. 『춘추좌전』에서 『역』의 요사(繇辭)라고 인용한 것을 살펴보면, 그중에 『주역』이라고 부른 것은 오늘날의 『주역』 원문과 모두 일치한다. 그중에 『주역』이라고 부르지 않은 것은 아마 다름 아닌 『연산』이나 『귀장』이 사라지면서

『연산』과 『귀장』도 모두 교역과 변역의 뜻을 가지고 있다. 이것은 복희씨와 신농씨 이후 『역』이라는 이름이 설령 서지 않았다 하더라도, 『역』의 뜻은 『연산』과 『귀장』 안에도 이미 감돌고 있다는 것이다. 상고시대는 순수하고 질박했으며 글자도 많지 않았으니, 내용을 갖추고도 미처 걸맞은 이름이 드러나지 않은 일이 본디 있었다. 후세인들은 내용을 근거로 걸맞은 이름을 정하기 때문에, 앞 시대와 후세를 통하게 한 뒤 이것이 모든 것에 통하는 주된 뜻일 뿐이라고 생각한다. 이것은 마치 과거에 벌써 "역"이라는 이름이 있었던 것처럼 생각하는 것이다. 이것도 『역』이라는 이름에 대한 한 가지 실마리이다.[13]

흠명(欽明)은 경(敬)이 되었고, 윤색(允塞)은 성(誠)이 되었으며,[14] 역상은 역이 되었다.[15](역상의 역은 추보라고 풀이해야지, 역서의 이름이 아니다) 이들은 모두 내용을 갖춘 뒤에 드러난 이름이다. 『주역』 「혁」(革) 괘의 「상전」은

없어진 글들일 것이다. 『주례정의』는 이렇게 말한다. "하나라와 은나라의 『역』은 변하지 않는 숫자인 칠과 팔로 점쳤다. 『주역』은 변하는 숫자인 구와 육으로 점쳤다. 『춘추좌전』 「양공(襄公) 9년」에 따르면 이렇게 말한다. '목강(穆姜)이 동궁(東宮)에서 돌아가셨다. 목강이 애초 동궁에 갈 때 그것을 점쳤는데 「간」의 팔[艮之八]이라는 점괘가 나왔다." 『주역』은 양효를 구라고 부르고, 음효를 육이라고 부른다. 『연산역』과 『귀장역』은 양효를 칠이라 부르고 음효를 팔이라 부른다. 여기서 '간의 팔을 만났다'라고 말한 것은 다름 아니라 『연산역』이나 『귀장역』의 간괘에서 음효를 만났다는 뜻이며, 『주역』을 쓰지 않은 셈이다.

역주_ **상고시대**는 '上古'를 옮긴 말이다. 공자의 시대 구분에도 나타나지만 공자를 비롯한 춘추시대와 전국시대 사람들은 자신들의 시대 이전에 적어도 두 개의 시대, 곧 상고시대와 '中古'가 있다고 생각했다.

13 나는 이렇게 생각한다. 앞에서 『역』이라는 이름은 주나라에서 정해진 것이며, 임금다운 왕이 제도를 개혁하고 새롭게 만든다는 뜻을 취했음을 밝혔다.

14 『상서』 「요전」은 이러하다. "공경스럽고 환하며 문채로우며 사려 깊음[欽明文思]이 자연스럽고 자연스럽더라[安安]." 공안국 『상서전』은 이러하다. "공경스러움[欽]은 삼간다[敬]이다." 오늘날 전해지는 『상서』 「순전」(舜典)은 "온화하고 공손하고 미쁘고 실하라"[溫恭允塞]라고 한다. 『상서정의』는 『모시전』[詩毛傳]을 인용하여 색(塞)을 실(實)이라고 풀이한다.

15 역상(曆象)은 원래 '헌상'(憲象)이라고 했는데 윗사람의 이름을 다른 글자로 써야 했기 때문에 고쳤다. 「역교 상」의 주17을 보라. 「역교 중」편의 '역' 자는 원래 모두 '헌'이라고 썼다.

이렇게 말한다. "못 속에 불이 있다. 군자는 이로써 정확한 달력을 만들어 올바른 시간을 부여한다."[16] 같은 괘의 「단전」은 이렇게 말한다. "천지가 급격하게 바뀌어 계절이 이루어진다. 탕왕과 무왕이 천명을 바꾸면서 하늘에 따르고 사람에 호응한다."[17] 달력은 황제 이후부터 시대에 따라 변경되었다.[18] 그러나 공자는 연못과 불에서 형상을 취한 뒤, 천지가 시간을 바꾸고 탕왕과 무왕이 천명을 바꾼다는 것도 「혁」의 괘의(卦義)라고 생각했다. 그래서 『역』도 때에 따라 흥하기도 하고 망하기도 하는데, 도라고 어찌 다르겠는가? 『역』은 복희씨와 신농씨에서 시작되었고 위대한 주나라[成周] 때 제대로 갖추어졌다. 달력은 황제에서 시작되었고 후

---

16 원문에는 "못 속에 불이 있는 것이 혁이다. 군자는 이로써 정확한 달력을 만들어 올바른 시간을 밝힌다"라고 한다. 『주역정의』는 "못 속에 불이 있는 것이 혁이라는 것은 이런 말이다. 불이 연못 안에 있다면 불과 물의 성질은 서로 거스르기 때문에 반드시 서로 바꾸려고 들 것이다. 그러므로 혁의 형상이 된다. 군자는 이로써 정확한 달력을 만들어 올바른 시간을 밝힌다는 것은 이런 말이다. 천시(天時)가 바뀌기 때문에 역수가 맞아야 한다. 그래서 군자는 여기서 혁의 형상을 살피고 역수를 다스려 천시를 밝힌다."

17 『주역정의』는 이렇게 말한다. "여기 천지가 급격하게 바뀌어 계절이 이루어진다는 것은 이런 말이다. 천지의 도는 음양이 오르내림에 따라 봄의 따뜻함, 여름의 더위, 가을의 서늘함, 겨울의 추위가 번갈아가며 변혁한다. 그 뒤에 네 계절의 순서는 모두 완성된다. 탕왕과 무왕이 천명을 바꾸자 하늘에 따르고 사람에 호응한 것이 혁이라는 것은 이런 말이다. 하나라 걸왕과 은나라 주왕의 흉포하고 미친 짓이 한도를 넘자, 하늘도 진노하고 사람도 왕에 반역했다. 은나라 탕왕과 주나라 무왕은 총명하고 지혜로워, 위로는 천명을 따르고 아래로는 인심에 호응했다. 그들은 걸왕을 명조(鳴條)로 내쫓고 주왕을 목야(牧野)에서 죽여서, 그들이 왕이 될 수 있었던 천명을 바꾸었고 나쁜 풍속을 고쳤다. 그러므로 탕왕과 무왕이 천명을 바꾸자 하늘에 따르고 사람에 호응했다고 말한다."

18 중국의 역법은 황제에게서 비롯되어 나중에 대대로 변하고 보탰다고 전해진다. 『사기』「역서」(曆書)는 이러하다. "황제가 성력(星曆)을 비교 검토하여 정했다." 『사기색은』(史記索隱)은 이렇게 말한다. "『계본』(系本) 및 『율력지』(律曆志)는 이렇게 말한다. 황제는 희씨와 화씨에게 날을 점치게 하고, 상의(常儀)에게 달을 점치게 하며, 유구(臾區)에게 별을 점치게 하고, 영륜(泠綸)에게 율려(律呂)를 만들게 하며, 대요(大撓)에게 갑자를 만들게 하고, 예수(隸首)에게 산수를 만들게 하며, 용성(容成)에게 이런 여섯 가지 방법을 종합하여 달력 조정하는 일을 드러내라고 시켰다."

역주_ 『**계본**』은 앞에 나온 『세본』의 다른 이름이다. 당나라 태종 이세민의 이름과 같다는 이유로 '世'를 '系'로 바꿨다.

세에 번갈아 가며 변화했다. 상고시대에는 하늘의 법칙에 대해 상세했지만 중고시대 이후에는 인사의 대략적 실마리에 대해 상세하다. 그러나 괘기(卦氣)라는 주장은 비록 한나라의 유학자들에 의해 창조되었지만,[19] 괘서(卦序)와 괘위(卦位)[20]에 관한 완전한 내용은 이미 『주역』에 포함되어

---

19 괘기는 육십사괘를 절기(節氣)에 분배하는 것을 말한다. "이레 만에 다시 돌아온다"[七日來復]라는 『주역』 「복」(復) 괘의 괘사에 대해 『주역소』는 이렇게 말한다. "『역위계람도』를 살펴보면 이렇게 말한다. '괘기는 중부(中孚) 괘에서 일어나기 때문에 이, 감, 진, 태가 각각 방위를 하나씩 맡는다. 나머지 육십 괘는 괘마다 여섯 개의 효가 있고 효는 각각 하루를 맡기 때문에 대체로 360일을 맡는 셈이다. 그러면 5와 1/4일이 남는데, 이것은 이렇게 셈할 수 있다. 하루가 80분으로 나뉘기 때문에 5일은 400분이 되는 셈이다. 1/4일이라는 것은 또 20분이다. 그래서 5와 1/4일은 모두 420분인 셈이다. 육십 괘로 이것을 나누면, 육 곱하기 칠은 사십이가 된다. 그래서 괘마다 각각 7분을 얻게 된다. 그래서 각각의 괘는 6일 7분이 되는 셈이다.'" 초순(焦循)은 『역도략』(易圖略)에서 이렇게 말한다. "『한상역괘도』(漢上易卦圖)는 『시류모』를 인용하여 이렇게 말한다. '동지(冬至)에 해는 감에 있고, 춘분(春分)에 해는 진에 있으며, 하지(夏至)에 해는 이에 있고, 추분(秋分)에 해는 태에 있다. 사정괘(四正卦)는 괘에 여섯 개의 효가 있으니 효마다 기를 하나씩 맡고 있다. 나머지 육십 괘는 괘마다 6일 7분을 맡고 있으니, 80분으로 나눈 날의 7분인 셈이다. 일 년에 열두 달이 있으니 365와 1/4일, 곧 육십 괘를 일주하는 것이다.'"

역주_ 초순(1763~1820)은 자가 이당(里堂)이며 강소성 감천(甘泉) 출신이다. 어려서 양주 안정서원(安定書院)에서 공부했으며 서른세 살에 당시 산동학정이던 완원(阮元)에게 가서 막객이 된 뒤 완원을 따랐다. 가경 6년(1801) 거인이 되고 예부시에 응시했으나 불합격되어 고향에 돌아와 세상에 나가지 않았다. 어머니가 돌아가시고 병을 핑계로 출입을 삼가고 조고루(雕菰樓)를 짓고 십여 년 동안 나가지 않았다. 특히 『주역』, 『논어』, 『맹자』 연구에 힘을 쏟았다. 경학 이외에 천문과 고고에 정통했다. 일생 동안 지은 글은 『조고루집』(雕菰樓集) 스물네 권에 담겼다. 『한상역괘도』는 주진(朱震, 1072~1138)이 지은 『주역』의 주석서이다. 주진은 자가 자발(子發), 호가 한상 선생(漢上先生)이며 형문군(荊門軍, 현재 호북성 형문) 출신의 송나라 학자이자 벼슬아치이다.

20 괘서는 괘의 순서이다. 『주역정의』는 이렇게 말한다. "문왕이 육십사괘에 괘사를 달고 상편과 하편으로 나누었다. 그러나 앞뒤 순서의 이치가 드러나지 않았다. 공자는 상경과 하경을 가지고 괘의 순서가 이렇게 되는 뜻을 각각 부여했다." 그러나 『사기』 「공자세가」는 공자가 「단전」, 「계사전」, 「설괘전」, 「문언전」을 편집했다고만 말했고, 「서괘전」은 언급하지 않았다. 아마 「서괘전」은 점치는 사람들이 전수한 옛날 기록이 아닌지 의심스럽다. 괘위는 괘의 방위이다. 전대흔(錢大昕) 『십가재양신록』(十駕齋養新錄) 권1은 이러하다. "팔괘의 방위는 진이 동쪽, 손이 동남쪽, 이가 남쪽, 건이 서북쪽, 감이 북쪽, 간이 동북쪽이다. 이것은 「설괘전」에 보인다. 곤과 태가 이의 뒤, 건의 앞에 있기 때문에 곤이 서남쪽이고 태가 서쪽이라는 것은 단박에 알 수 있다."

있었다. 그래서 대요(大撓)가 육십갑자를 만들기[21] 이전 복희씨와 신농씨가 그린 괘획(卦畫)이 역상(曆象)이며 이것을 하늘과 사람의 합일이라고 하는 것은 의심스럽다. 『주역』「계사전」은 이렇게 말한다. "옛날 복희씨가 천하를 다스릴 때, 우러러 하늘에 나타난 형상을 살피고 구부려 땅에 나타난 법칙을 살피며 날짐승과 길짐승의 무늬와 땅의 마땅함을 살펴서, 가까이로는 자신의 몸에서 취하고 멀리로는 사물에서 취했다. 그래서 처음으로 팔괘를 만들어서 하늘과 땅의 신명한 덕을 통하고 만물의 실정을 종류대로 나눴다."[22] 이것은 황제가 천간과 지지를 만들기 전에 창조했다는 말이다. 희씨와 화씨[羲和]가 나눠 받은 명령을 보자. 그러면 희씨와 화씨가 받은 명령에 하늘의 형상, 땅의 법칙, 날짐승과 길짐승의 무늬, 땅의 마땅함 따위가 그런 도 가운데 갖추어지지 않은 것은 없다. 이것은 모두 사람들에게 올바른 시간을 부여하기 위한 것이다.[23] 상고시대

역주_ **전대흔**(1728~1804)은 청나라의 학자이다. 자는 효징(曉徵) 또는 신미(辛楣), 호는 죽정(竹汀)이다. 강소성 가정(嘉定) 출신이다. 건륭 16년(1751) 건륭제가 남방을 순행할 때 부(賦)를 바치고 소시(召試)에서 거인이 되어 내각중서(內閣中書)로 임용되었다. 이듬해 북경에 가서 서양의 측량술과 삼각함수를 배우고 중국의 고산서(古算書)를 연구하여 『삼통술연』(三統術衍)을 지었다. 건륭 19년(1754) 왕명성(王鳴盛), 왕창(王昶), 주균 등과 진사에 급제하여 한림원에서 관직을 지냈다. 『열하지』(熱河志), 『속문헌통고』(續文獻通考), 『대청일통지』(大淸一統志) 등의 편찬에 참여했다. 건륭 39년(1774) 광동(廣東) 학정으로 부임했다가 이듬해 아버지 상을 당하여 귀향하면서 관직에 대한 뜻을 버렸다. 이후 죽을 때까지 소주 자양서원(紫陽書院)에서 가르치면서 학문에 전념했다. 저술에 『십가재양신록』, 『잠연당문집』(潛研堂文集), 『이십이사고이』(二十二史考異) 등이 있다.

21 『세본』은 이러하다. "대요가 갑자를 만들었다."

역주_ **대요**는 황제 때 역사 기록을 맡은 벼슬아치라고 한다. 아래 본문의 **역상**은 천문 현상의 형상이다. 구체적으로는 달력을 만들고 천문 현상을 연구하는 학문의 분야이기도 하다.

22 『주역』「계사전 하」의 글이다.

23 『상서』「요전」은 이러하다. "그래서 하늘을 공경하고 따르며 달력으로 해, 달, 별을 상징하고 사람들에게 시간을 조심스럽게 주도록 희씨와 화씨에게 명령하였다." 공안국 『상서전』은 이러하다. "중(重)과 여(黎)의 후예인 희씨와 화씨는 대대로 천지와 네 계절의 관직을 이끌었다. 그러므로 요임금은 사람들이 하늘을 공경하고 따르게 만들라고 그들에게 명령했다. 하늘은 원기(元氣)가 너르고 큰 모양을 말한다. 별[星]은 사방의 중성(中星)이다. 별[辰]은 해와 달이 만나는 것이다. 달력은 그것들의 분절

의 성인이 자연을 개척하여 제도를 창조하고 법을 세워 천하를 다스렸으며 성인이 『역』을 지은 일과 달력을 만든 일이 동일한 근원에서 나왔고 어느 것이 먼저이고 어느 것이 뒤라고 억지로 나눌 수 없다는 것은 그래서 안다. 그러므로 『주역』이 "일을 시작하고 일을 완성하며 천하의 도를 포괄한다"[24]라고 말하고, 『상서』가 "농사의 순서를 평균적으로 배정하고, 정확한 달력을 기록하는 일을 조심하여 올바른 시간을 부여하며, 봄에는 땅을 갈고 여름에는 기르고 가을에는 거두고 겨울에는 달력을 고친다"[25]라고 말한 것은 모두 동일한 이치이다.[26]

공자는 이렇게 말한다. "내가 몇 해만 더 살게 해준다면, 쉰에 『역』을 배웠더라도 큰 허물은 없을 것이다."[27] 공자는 이렇게도 말한다. "나는 주나라의 예를 배웠고 지금 그것을 쓰고 있다. 나는 주나라의 예를 따르리라."[28] 『역』을 배우는 것은 주나라의 예를 배우기 위해서이다. 한선자는 『역상』과 『춘추』를 보고 주나라의 예가 노나라에 있다고 생각했다.[29]

(分節)을 상징하고 천시를 기록하여 사람들에게 주는 일을 조심한다."

역주_ 아래 본문의 **제도를 창조하고**는 '創制'를 옮긴 말이다. 여기서는 문맥에 따라 '制'를 제도라는 명사로 보았지만, 문맥에 따라 문명이라 옮긴 경우도 있다. 여기서 **중성**은 동서남북에 정위하는 별을 가리킨다. 하지만 보통 남중하는 별을 중성이라 한다.

24 「역교 상」의 주6을 보라.

25 '농사의 순서를 평균적으로 배정하고[平秩]'는 밭가는 순서를 골고루 배치한다는 말이다. '정확한 달력을 기록하는 일을 조심하여 올바른 시간을 부여하며[敬授]'는 위의 주를 보라. '봄에는 땅을 갈고 여름에는 기르고 가을에는 거두고 겨울에는 달력을 고치다[作訛成易]'는 이런 말이다. 봄에는 동쪽에서 땅을 갈고 여름에는 남쪽에서 기르며 가을에는 서쪽에서 거두고 겨울에는 북쪽에서 달력을 고친다. 봄에는 땅을 갈고 여름에는 작물이 자라고 변화한다. 와(訛)는 화(化)이다. 가을에는 거두고 겨울에는 일 년의 끝이기 때문에 해를 바꿔야 한다. 역(易)은 고치고 변한다는 말이다. 동서남북을 봄, 여름, 가을, 겨울에 나누어 배치하는 것은 『상서』「요전」의 "동쪽에서 시작함을 고루 차례로 한다[平秩東作]", "남쪽에서 변함을 고루 차례로 한다[平秩南訛]", "서쪽에서 이룸을 고루 차례로 한다[平秩西成]", "북쪽에서 변함을 고루 살핀다[平在朔易]"를 보라.

26 나는 이렇게 생각한다. 앞서 『역』을 만드는 일과 달력을 만드는 일이 같은 근원에서 나왔다는 것을 밝혔다.

27 『논어』「술이」(述而)의 글이다.

28 『예기』「중용」(中庸)의 글이다.

공자가 『주역』을 배우고 『춘추』를 편집할 뜻을 품었던 이유는[30] 주나라의 예를 배우기 위해서이다. 공자는 안연(顔淵)에게 이렇게 말했다. "하나라의 달력을 사용하고 은나라의 수레를 타고 주나라의 옷을 입으나, 음악이라면 순임금 때에 만든 소(韶)라는 무곡이지."[31] 이것은 세상의 모든 왕을 참작하고 순임금부터 주나라까지의 제도 가운데 버릴 것은 버리고 보탤 것은 보탠 뒤, 영원한 표준을 정한 것이다.[32] 역상을 살피는 방법은 계속 변화하지만, 공자는 하나라의 달력만 취했다. 점을 치는 방법은 다르지만, 공자는 『주역』만 취했다. 이것은 삼대(三代) 이후 오늘날까지 따라서 시행하고 폐기하지 못하는 것이다. 그러나 삼대 이후에 달력은 확실히 드러나게 되었지만 『역』은 미미해졌다. 달력은 벼슬아치가 지키는 방식[官守]으로 남았지만 『역』은 스승이 전수하는 길[師傳]로 흘러 버렸다. 그러므로 유학자들은 감히 『역』을 흉내 내긴 하지만, 감히 달력을 만들지는 못한다. 달력이 예언하는 일식과 월식, 달이 차고 기우는 일[33]은 경

---

29 「역교 상」의 주21을 보라.

30 『효경구명결』은 이렇게 말한다. "공자는 서민의 신분이었기 때문에, 덕이 있어도 베풀 수가 없었고, 공이 있어도 취할 수가 없었다. 의지는 『춘추』에 있고, 행실은 『효경』에 있다."(『춘추공양전소』(春秋公羊傳疏)의 「서」에서 인용)

역주_ 『춘추공양전소』는 당나라 서언(徐彦)이 지었다.

31 『논어』 「위령공」(衛靈公)의 글이다. 소는 순임금의 음악이다.

32 '영원한 표준(圭臬)'은 목표 또는 표준이란 뜻이다. 『주례』 「춘관」은 이러하다. "토규(土圭)로 네 계절의 해와 달을 측정하다." 주는 이렇게 말한다. "토(土)는 도(度)이다. 토규는 해의 그림자를 재는 규이다." 『설문해자』는 이러하다. "얼(臬)은 활의 과녁[的]이라는 뜻이다. 목(木)의 의미를 따르며 자(自)가 소리를 표시하는 부분이다." 서개(徐鍇)는 이렇게 말한다. "활을 쏠 때 높고 낮은 과녁이다."

역주_ **순임금부터 주나라까지**는 원문의 '四代'라는 말을 옮겼다. 하나라, 은나라, 주나라를 삼대라 하고 하나라 앞의 순임금 때까지 합쳐서 '四代'라고 한 것이다. **토규**는 보통 해시계라고 알려져 있다. **서개**(920~974)는 오대부터 송나라 초기까지 학자. 자는 초금(楚金)이며 양주(揚州) 광릉(廣陵) 출신이다. 서현(徐鉉)의 이우라서 소서(小徐)라 불러 구분한다. 내사서인(內史舍人)을 역임했다. 문자학에 정통하여 저술에 『설문해자계전』(說文解字繫傳), 『설문해자전운보』(說文解字篆韻譜) 등이 있다.

33 '일식과 월식[薄蝕]'은 일식과 월식이다. 『석명』(釋名) 「석천」(釋天)은 이러하다. "해와 달이 이지러지는 것이 식(蝕)이다. 차츰차츰 침범당해 이지러지는 모습은 마치 벌레가 풀잎이나 나뭇잎을 갉아먹는 듯하다." '달이 차고 기우는 일[盈虧]'에 대해

험할 수 있는 천문 현상이 있지만, 『역』이 예언하는 길흉회린(吉凶悔吝)[34]은 제한할 수 있는 자취가 없다. 그래서 달력을 지키는 벼슬아치가 개인적인 지식으로 천착해선 안 되지만, 『역』을 전수하는 스승은 각자 주장을 펼치기 때문에 어지럽기 그지없다. 그러므로 『역』을 배우는 사람이 하늘을 몰라서는 안 된다.[35](이것을 보면 『태현』, 『원포』, 『잠허』 따위를 창작할 만한 이치는 결코 없으며 그들이 『역』을 흉내 낸 이유도 임금다운 왕의 제도라는 것을 결국 몰랐기 때문이라는 것을 더욱 잘 알 수 있다)

3. 역교(하)[1]

『주역』의 괘상[象]과 『시경』의 노래[興][2]는 변화무쌍하기 때문에 콕 집

『예기』「예운」은 이러하다. "하늘은 양을 잡아 해와 별을 드리우고, 땅은 음을 잡아 산천의 구멍으로 기를 통한다. 오행을 네 계절에 퍼뜨리더라도 조화롭게 된 뒤에 달이 생긴다. 삼오 십오일 동안 차고 삼오 십오일 동안 사라진다."

34 『주역』「계사전 상」은 이러하다. "길흉은 성공과 실패의 상징이다. 회린은 근심과 걱정의 상징이다." 주는 이렇게 말한다. "성공과 실패가 있기 때문에 길흉이 생긴다. 성공과 실패가 자그마하다면 근심과 걱정을 초래하기에 충분할 따름이다. 그러므로 회린이라고 한다."

역주_ **길흉회린**은 크게 길흉과 회린으로 나눌 수 있다. 길흉은 글자 그대로의 뜻이고, 회린은 후회라는 뜻이다.

35 나는 이렇게 생각한다. 앞서 『역』을 만드는 일과 달력을 만드는 일이 마찬가지로 정전이긴 하지만, 드러나지 않거나 드러나는 구별이 있다는 점을 밝혔다. 그러므로 후세인들은 감히 『주역』을 흉내 낼 수 있었지만, 감히 달력을 만들 마음은 먹지 못했다.

1 나는 이렇게 생각한다. 「역교 하」편은 『역』의 형상이 육예와 통한다는 점을 밝혔다.

2 '노래[興]'는 『시경』의 여섯 가지 뜻[六義] 가운데 하나이며, 다른 사물을 먼저 말하여 읊으려고 하는 일을 이끌어 내는 것이다. 『문심조룡』(文心雕龍) 「비흥」(比興)은 이러하다. "흥은 일으킴[起]이다. 정서를 일으키는 것은 드러나지 않는 것에 의하여 뜻을 빗대는 것이다." 진계원(陳啓源) 『모시계고편』(毛詩稽古編)은 이러하다. "흥은 흥회(興會)가 초래하는 것이다. 다름 아닌 바로 그것도 아니요 그것과 완전히 떨어

어서 무엇과 같다고 느끼게 할 수 없다. 『예』의 관제[官][3]와 『춘추』의 범례[例][4]는 근엄하여 함부로 빌릴 수 없다.[5] 공자는 이렇게 말한다. "천하는 동일한 곳으로 되돌아가지만 가는 길은 다르며, 동일한 지향을 가지지만 생각은 제각각이다."[6] 군자는 육예(六藝)에 대해 하나의 원리로 꿰뚫

진 것도 아니다. 말은 여기 있지만 의도는 저기 있다. 단어는 드러나지 않지만 뜻은 멀리까지 도달한다."

역주_ **괘상**은 '象'을 옮긴 것이다. 『주역』에서 '象', 곧 형상은 일차적으로 괘상을 가리킨다. **진계원**은 청나라 학자이다. 자는 장발(長發)이며 오강(吳江) 출신이다. 강희제 때 사람이다. 같은 동네의 유명한 학자인 주학령(朱鶴齡)과 친분이 두터웠다. 주학령은 『시경통의』(詩經通義)를 지을 때 진계원의 『모시계고편』을 많이 인용했다. **『모시계고편』**은 진계원이 지은 시경 연구서이다. 모두 서른 권이다. 강희 정묘년에 완성했다고 하며 십사 년에 걸쳐 연구한 성과라고 한다. 주학령의 서문이 있다. 『모시』를 해석하면서 훈고는 『이아』를 기준으로 하고 각 편의 의미는 「소서」를 기준으로 하며 『시경』의 의미를 풀이할 때는 『모시전』을 기준으로 하고 정현의 「전」(箋)으로 보조를 삼았으며 사물의 이름은 육기의 『시경소』를 기준으로 삼았다. **노래**는 興을 옮긴 말이다. 『시경』에는 여섯 가지 분류가 있는데 그중 세 가지는 편집 방침, 세 가지는 원리이다. 興은 원리에 속한다. 세 가지 원리는 이야기, 교훈, 노래로 옮길 수 있는 賦, 比, 興이다.

3 『예기』「명당위」(明堂位)에서 정현의 주는 이러하다. "주나라의 육경은 각각 육십 종류의 벼슬아치를 거느린다. 이것이 바로 주나라의 삼백육십 관직이다." 『주례』가 바로 『주관』이다. 『한서』「예문지」에서 "『주관경』(周官經)은 여섯 편이다"에 대한 원래 주석은 다음과 같다. "왕망 때 유흠(劉歆)이 박사를 두었다." 안사고는 이렇게 말한다. "다름 아니라 바로 오늘날의 『주관례』(周官禮)이다. 그중 동관(冬官)이 사라졌지만, 『고공기』(考工記)로 보충했다."

역주_ **『예기』의 주**는 한나라 정현의 것이다.

4 두예(杜預) 「춘추좌씨전서」(春秋左氏傳序)는 이러하다. "「전」(傳)을 표현하는 형식은 세 가지이지만, 범례를 만드는 사정은 다섯 가지이다. 첫째는 드러나지 않지만 드러내야 한다. 둘째는 의지가 있지만 잘 드러나지 않아야 한다. 셋째는 완곡하지만 문장이 완성되어야 한다. 넷째는 남김없이 쓰지만 추잡해서는 안 된다. 다섯째는 악을 혼내고 선을 권장해야 한다."

5 한유(韓愈) 「진학해」(進學解)는 이러하다. "『춘추』는 근엄하다." 「좌씨춘추정의서」(左氏春秋正義序)는 이렇게 말한다. "공자는 노나라 역사서에 잘된 것과 잘못된 것이 있었기 때문에 주나라의 경을 근거로 포폄(褒貶)을 바로 잡았다. 한 글자를 더하더라도 화곤(華袞)을 주는 것처럼 썼고, 한 글자를 빼더라도 소부(蕭斧)로 죽이는 것과 다름없었다."

역주_ **화곤**은 왕공과 귀족이 예식에서 입는 화려하게 수놓은 예복이다. **소부**는 무기 가운데 도끼 종류를 가리킨다.

6 『주역』「계사전 하」의 글이다.

었으므로[7] 그래도 괜찮다. 사물은 서로 뒤섞여서 무늬[文]를 이루며,[8] 가지런히 늘어놓아 분류한다.[9] 사물의 명의(名義)가 뒤섞여 있다는 것을 안다면, 무늬와 분류가 아니고선 사물의 명의에 통달할 수 없을 것이다. 육경의 글[文]은 한 마디로 표현할 수 있을 것이다. 괘상이여! 노래여! 범례여! 관제여! 소 닭 보듯 닭 소 보듯 한다.[10] 괘상, 노래, 범례, 관제에 대한 말은 무늬가 뒤섞인 듯하지만, 같은 종류이기 때문에 이치는 통한다. 그러므로 같은 종류임을 알아차리는 것이 학자의 소중한 요점이다.[11]

형상이 포함하는 범위는 광범위해서 『역』에만 한정되지 않을 것이며 육예가 포괄하지 않는 것도 없을 것이다. 형상은 아마 도의 근본 바탕이 꼴을 갖추려 하다가 미처 드러나지 않은 것이리라. 물수리[雎鳩]는 좋은 짝에 대한 비유이고,[12] 가지 휜 나무[樛木]는 정숙한 여인에 대한 비유이

7 가의(賈誼) 『신서』(新書) 「육술」(六術)은 이러하다. "『시』, 『서』, 『역』, 『춘추』, 『예』, 『악』 여섯 가지 방법[術]을 육예라고 한다." 『사기』 「골계열전」(滑稽列傳)은 이러하다. "공자는 정치에 대해 육예는 동일하다고 말한다." 『논어』 「이인」(里人)은 이러하다. "내 도는 하나로써 꿰뚫는다."

역주_ 본문의 **군자**는 어질고 덕과 학식이 높은 사람이다. **가의**(기원전 200~기원전 168)는 가태부(賈太傅), 가장사(賈長沙), 가생(賈生)이라고도 불리는 서한 초기의 벼슬아치이자 문학자이다.

8 『주역』 「계사전 하」는 이러하다. "사물이 서로 뒤섞였기 때문에 무늬라고 한다."

9 『예기』 「학기」(學記)는 이러하다. "사물을 견주어 분류해서 정리하다." 주는 이러하다. "사물을 서로 비유하여 그렇게 한다는 것이다. 추(醜)는 비(比)와 같다."

역주_ 본문의 **명의**는 이름과 뜻으로 갈라서 이해할 수 있다. 즉, 이름이 있다면 반드시 이름에 부합하는 뜻이 있다는 말이다.

10 『춘추좌전』 「희공 4년」은 이러하다. "초나라 임금이 제나라 환공의 군대에 사신을 보내 항의했다. '임금님은 북해(北海)에 살고 나는 남해(南海)에 살고 있으니, 마소의 수컷과 암컷이 소리를 내어 짝을 찾더라도 서로 도달하지 못하는 것과 같소.'" 주는 이러하다. "풍(風)은 방(放)이다. 마소의 수컷과 암컷이 서로 유혹하는 것이다. 초나라와 제나라가 멀리 떨어져 있어서 수컷과 암컷이 서로 유혹할 수 없는 것과 같다는 말이다."

11 『예기』 「학기」는 이러하다. "구 년째부터 이 년 동안은 사물을 분류할 줄 알고 이치에 통달하며, 자신의 입장을 강화시키지만 원칙을 위배하지 않는다." 정현의 주는 이러하다. "사물을 분류할 줄 안다는 것은 사물의 뜻을 비교해서 안다는 것이다." 나는 이렇게 생각한다. 이 단락은 육예의 이치를 밝히면서 종류대로 통하게 하는 것으로 귀결 짓는다.

며,[13] 심지어 곰이나 뱀도 남녀 간의 일에 대한 비유[14]이다. 이것은 『주역』에 나타난 형상이 『시경』과 통하기 때문이다. 오행(五行)은 다섯 가지 일[五事]에 대한 징험이고,[15] 기(箕)나 필(畢) 같은 별자리는 비바람 같은 기상 현상에 대한 증명이며,[16] 심지어 장차 자신을 보필하게 될 부열(傅說)의 모습을 은나라 고종(高宗)의 꿈에 하느님이 불어넣은 일[17]도 있다. 이것은 『주역』이 말하는 형상이 『상서』와 통하기 때문이다. 상고시대에 벼슬 이름을 구름 운자나 새 조자로 매긴 일이나,[18] 천지와 사계를 본받

---

12 『시』「주남」(周南) "관저"(關雎)는 이러하다. "꽝꽝 우는 물수리 황하의 모래톱에 앉았네. 아리따운 아가씨는 대장부의 좋은 짝이로세." 『모시전』(毛詩傳)은 이러하다. "저구(雎鳩)는 왕구(王鳩)이다. 금슬이 좋은 새이지만 암수가 유별하다. 구(逑)는 필(匹)이다." 다름 아니라 물수리 암수의 금슬이 유별나기 때문에 아리따운 아가씨와 대장부가 좋은 짝을 이루는 일의 상징이 된다.

13 『모시서』 "규목"은 이러하다. ""규목"은 후비(后妃)가 자신을 낮추는 것이다. 자신을 낮추지만 질투하는 마음은 없을 수 있다는 말이다." 정숙한 여인[貞淑]은 여자를 가리킨다.

14 『시』「소아」(小雅) "사간"(斯干)은 이러하다. "대인께서 점치시니 곰이며 말곰이요, 독사니 뱀이로다."

15 『상서』「홍범」(洪範)은 이러하다. "첫째 오행인데, 첫째는 수(水), 둘째는 화(火), 셋째는 목(木), 넷째는 금(金), 다섯째는 토(土)이다. 둘째 오사인데, 첫째는 모습[貌], 둘째는 말[言], 셋째는 보는 것[視], 넷째는 듣는 것[聽], 다섯째는 생각[思]이다."

16 『상서』「홍범」은 이러하다. "뭇 백성은 별이다. 별은 바람을 좋아하며 별은 비를 좋아한다." 공안국 『상서전』은 이렇게 말한다. "기성(箕星)은 바람을 좋아하고 필성(畢星)은 비를 좋아한다."

17 『상서』「열명 상」은 이러하다. "(고종)의 꿈에 하느님이 나타나 내게 양필(良弼, 보좌하는 재상[輔相]이다)을 하사(賚, 사(賜)이다)하셔서 그가 내 말을 대신하리라 하셨다. 이에 그(厥, 기(其)이다)의 형상을 살피고 사람을 시켜서(俾, 사(使)이다) 생긴 모양(形, 상(像)이다)대로 널리(旁, 광(廣)이다) 천하에 찾도록 했다. 부열이 부암(傅巖)이라는 들판에 살고 있는데 형상이 꼭 닮았다. 이에 그를 세워 재상을 삼았다." 부암에서 부열을 얻어서 재상으로 기용했다는 뜻이다.

역주_ 섭영은 『상서』「열명」편을 인용하면서 '僞說命', 곧 '가짜 열명 편'이라고 한다. 『금문상서』에는 없는데 『고문상서』에 실린 편은 아마 위작이라고 생각하기 때문에 '僞'라는 글자를 추가했을 것이다. 본 역서에서는 『상서』의 편명에 '僞'가 붙은 경우를 '僞'를 떼고 옮겼다.

18 『춘추좌전』「소공 17년」은 이러하다. "가을 담자(郯子)가 노나라에 내조하자 소공이 그를 위해 연회를 베풀었다. 이때 소자(昭子)가 물었다. '소호씨(少皞氏)는 새의 이름으로 관직의 이름을 삼았습니다. 무슨 이유입니까?' 담자는 이렇게 말했다. '그는 제

은 『주관』[19]이나, 용과 꿩의 문양으로 옷을 꾸미거나[20] 곰과 범의 문양으로 살통을 표시한 일[21]이 있다. 이것은 『주역』이 말하는 형상이 『예』와 통하기 때문이다. 노래가 음양의 조화를 이루고[22] 춤이 문무와 무무로 나뉘는 것이나,[23] 경쇠 소리에 변경 지대를 생각하고[24] 북 소리에 전장에

조상이기 때문에 제가 이유를 압니다. 옛날 황제씨(黃帝氏)는 구름으로 일을 기록했기 때문에 운사(雲師)를 삼아 구름의 이름으로 관직의 이름을 삼았습니다. 염제씨(炎帝氏)는 불로 일을 기록했기 때문에 화사(火師)를 삼아 불의 이름으로 관직의 이름을 삼았습니다. 공공씨(共工氏)는 물로 일을 기록했기 때문에 수사(水師)를 삼아 물의 이름으로 관직의 이름을 삼았습니다. 태호씨(太皞氏)는 용(龍)으로 일을 기록했기 때문에 용사(龍師)를 삼아 용의 이름으로 관직의 이름을 삼았습니다. 제 시조이신 소호가 즉위했을 때 봉조(鳳鳥)가 마침 날아왔지요. 그래서 새로 일을 기록하고 조사(鳥師)를 삼아서 새의 이름으로 관직의 이름을 삼았습니다.'"

19 『주관』(周官)의 육경(六卿)은 천관(天官), 지관(地官), 춘관, 하관(夏官), 추관(秋官), 동관이다.

20 『예기』「예기」(禮器)는 이러하다. "물건에 무늬가 많을수록 귀하게 여기는 예가 있다. 천자의 용곤(龍袞, 똬리를 튼 용을 수놓은 예복)이 그것이다." 『춘추좌전』「환공(桓公) 2년」은 이러하다. "화룡보불(火龍黼黻, 예복 위에 수놓은 불꽃 무늬, 용무늬, 반은 검고 반은 흰 도끼와 반은 푸르고 반은 검은 기(己) 자 두 개가 서로 등을 돌리고 있는 형태)은 그 무늬를 통해 귀천을 밝히기 위한 것이다." 『시』 "군자해로"(君子偕老)는 이러하다. "그의 꿩 깃털 그린 예복이라." 『모시전』은 이렇게 말한다. "유적(褕翟)과 궐적(闕翟, 두 가지는 후비가 입는 꿩 무늬를 수놓은 옷)은 깃털로 꾸민 것이다." 『춘추좌전』「민공(閔公) 2년」은 이러하다. "옷은 신분을 드러내는 것이다."

21 『의례』「향사례」(鄕射禮)는 이러하다. "후(侯, 과녁)는 아마 다음과 같을 것이다. 천자는 웅후(熊侯)를 쓰는데 흰 바탕(곰을 그리고 흰 바탕)이다. 제후는 미후(麋侯)를 쓰는데 붉은 바탕이다. 대부는 포후(布侯)를 쓰는데 범과 표범을 그린다. 사도 포후를 쓰는데 사슴과 돼지를 그린다."

22 『예기』「악기」는 이러하다. "그러므로 선왕은 사람의 감정과 본성에 뿌리를 두고 도수(度數)를 세우며 예악을 제정하고 생기(生氣)의 조화를 맞추며 오상(五常)의 행위를 이끈다. 그래서 음악에서 양의 곡조라도 흩어지지 않으며 음의 곡조라도 빽빽하게 만들지 않는다."

23 『예기』「내칙」(內則)은 이러하다. "열세 살이 되면 음악을 배우고 시를 읊으며 작무(勺舞)를 춘다. 열다섯 살이 되면 상무(象舞)를 추며 활쏘기와 전차 모는 법을 배운다." 정현의 주는 이렇게 말한다. "먼저 작무를 배우고 나중에 상무를 배우는 것은 문무와 무무(文武)의 순서이다." 『예기』「악기」는 이러하다. "여러 종류의 곡조를 배열하고 연주한 뒤 간척(干戚)과 우모(羽旄)로 춤춘다." 정현의 주는 이렇게 말한다. "간은 순(盾)이다. 척은 부(斧)이다. 무무를 출 때 쥐는 것이다. 우는 적(翟, 꿩(雉)이다)의 깃털이다. 모는 쇠꼬리를 휘두르는 것이다."

역주_ 문무와 무무는 문무를 각각 옮긴 것이다. 고대 춤의 일종이다.

나간 장수를 생각하는 일[25]이 있다. 이것은 『주역』이 말하는 형상이 『악』과 통하기 때문이다. 공자가 『춘추』를 편집할 때 재이(災異)를 없애지 않은 경우[26]나 『춘추좌전』이 이것을 결국 상서로운 일과 요망한 일[27]로 확대한 경우가 있다. 이것은 『주역』이 말하는 형상이 『춘추』와 통하기 때문이다. 『역』은 천지와 동일한 수준이기 때문에 천지의 도를 포괄할 수 있다.[28] 세상의 모든 사물은 안정된 상태로부터 운동의 상태로 변화할 때, 형태와 자취가 확연히 드러나지 않아도 형상은 나타난다. 그러므로 사람들이 도를 볼 수 없더라도 황홀하게 있는 듯 없는 듯 나타나는 도가 있다. 이것이 바로 도의 형상이다.[29]

천지 자체의 형상[天地自然之象]도 있고 사람의 마음이 구성한 형상[人心營構之象]도 있다.[30] 천지 자체의 형상은 '하늘이요, 둥근 것이요'[31]라고

---

24 『예기』「악기」는 이러하다. "경석의 소리는 명랑하게 울린다. 명랑한 울림은 사물을 분별하게 하고, 사물을 제대로 분별하면 죽음을 두려워하지 않게 된다. 군자는 경석의 소리를 듣게 되면 국경에서 나라를 지키다 죽은 신하를 생각한다."

25 『예기』「악기」는 이러하다. "북[鼓鼙] 소리는 시끄럽다. 시끄러움은 마음을 움직이고, 마음이 움직이면 사람들이 전진하게 된다. 군자는 북소리를 듣게 되면 군대를 지휘하는 장수를 생각한다."

26 『사기』「공자세가」는 이러하다. "공자는 『춘추』를 지을 때 기록할 것은 기록하고 삭제할 것은 삭제했다. 그래서 자유나 자하(游夏) 같은 제자들이 한 마디도 거들 수가 없었다." 『춘추공양전』(春秋公羊傳) 「은공(隱公) 3년」은 이러하다. "기사일에 일식이 있었다. 왜 기록했는가? 재이를 기록한 것이다." 서언(徐彦)의 『춘추공양전소』는 이렇게 말한다. "희공 14년 사록(沙鹿)이 무너졌다. 성공 5년 양산(梁山)이 무너졌다. 「전」은 모두 '왜 기록했는가? 재이를 기록한 것이다'라고 말한다. 외국의 재이는 기록하지 않는 법인데 여기서 왜 기록했는가? 천하를 위해 재이를 기록한 것이다." 『춘추』가 재이에 대해 기록한 범례는 여기서 볼 수 있다.

역주_ 재이는 자연재해와 특이한 기상 현상을 가리킨다.

27 『춘추좌전』이 기록한 상서로운 일과 요망한 일은 장공(莊公) 14년 정나라에서 뱀이 싸운 일이나 소공 8년 진나라에서 돌이 말을 한 일 등이다.

28 『주역』「계사전 상」의 글이다.

29 나는 이렇게 생각한다. 이 단락은 『주역』의 형상이 『시』, 『서』, 『예』, 『악』, 『춘추』와 통한다는 것을 밝혔다.

30 자연의 형상은 사물의 형상[物象]이고 사람이 상상해서 구성한 형상은 의도적 형상[意象]이다.

31 『주역』「설괘전」은 이러하다. "건괘는 하늘이요, 둥근 것이요, 임금이요, 아버지요,

말한 『설괘전』(說卦傳)의 여러 조항에 대략 다 있다고 할 수 있다. 수레에 귀신을 싣고 있다는 「규」(睽) 괘의 말이나[32] 닭이 홰치는 소리가 하늘에 오른다는 「중부」(中孚) 괘의 말처럼,[33] 사람의 마음이 구성한 형상은 의도가 도달하면 마음속에 그리지 못할 것이 없다. 그러나 마음은 비었기 때문에 마음 씀씀이가 자유로울 수 있다. 사람은 천지 사이에 매여 있기 때문에[34] 음양이 자라고 시드는 영향을 받지 않을 수 없다. 마음이 구성하는 형상은 감정의 변화가 그렇게 만드는 것이다. 감정의 변화는 세상과 접촉하는 과정에서 사람이 반응한 결과이기도 하지만, 근본적으로 음양의 운동에 올라타서 나온 결과이기도 하다. 이것은 사람의 마음이 구성한 형상이지만 천지 자체의 형상에서 나온 것이기도 하다.[35]

『주역』의 괘상은 육예를 포괄하지만, 특히 『시경』의 노래와 표리 관계에 있다. 아마 『시』의 유파[流別]는 전국시대 사람들의 글에서 성행했을 것이다. 이른바 풍유(諷喩)를 잘한다는 사람치고[36] 『시』를 배우지 않고 말을 잘한 사람은 없었을 것이다.[37] (「시교」편에 상세하다) 그래서 전국시대의 글은 노래에 대한 깊은 이해, 곧 형상을 취하는 데 깊은 이해가 있다.

옥이요, 금이요, 추위요, 얼음이요, 태양[大赤]이요, 좋은 말이요, 늙은 말이요, 비루먹은 말이요, 얼룩덜룩한 말이요, 나무의 열매이다." 『주역정의』는 이러하다. "이하는 두루 팔괘를 가지고 널리 괘상을 밝힌 것들이다."

32 아래의 주64를 보라.

33 『주역』「중부」괘는 이러하다. "상구(上九)는 한음(翰音, 닭울음소리)이 하늘까지 오르니 정흉(貞凶)하다."

34 매이다[累]는 묶인다는 뜻이다.

35 나는 이렇게 생각한다. 이 단락은 마음이 구성하는 형상[心象]은 모두 자연에 뿌리를 두고 있다는 것을 밝힌다.

36 『시』의 비흥은 사물을 빌려 뜻을 빗대는 것과 사물에 기대어 풍자하는 것이다. 『문심조룡』「비흥」은 이러하다. "비는 울분을 품은 채 잘못을 지적하는 것이며, 흥은 에두르는 비유로 풍자를 깃들이는 것이다." 비흥이 변화를 거듭하여 전국시대 책사(策士)가 논의하기도[議論] 했고, 우언(寓言)의 형식으로 잘 써서 사물에 기대어 풍자하기도 했다.

37 『논어』(論語) 「계씨」(季氏)는 이러하다. "시를 배우지 않으면 말할 수 있는 근거가 없다." 춘추시대의 외교는 『시』의 구절을 읊어서 자신의 뜻을 비유하는 경우가 많았다. 따라서 『시』를 배우지 않으면 외교에 참여하기 어려웠다.

『장자』와 『열자』(列子)[38]에는 달팽이 더듬이에 각각 촉나라[觸]와 만나라[蠻]를 세울 수 있다거나,[39] 섶을 덮어 감춰둔 사슴 때문에 재판을 벌인다는[40] 식의 우언(寓言)이 있다. 『초사』(楚辭) 「이소」(離騷)[41]에는 하느님의 궁

38 『한서』 「예문지」의 '도가'(道家)는 『장자』가 쉰두 편(현존하는 판본은 서른세 편)이라 했다. 『사기』 「노장신한열전」(老莊申韓列傳)은 이러하다. "장자는 몽(蒙) 출신이며, 이름은 주(周)이다. 장주는 일찍이 몽의 칠원리(漆園吏)가 된 적이 있다. 그는 양나라 혜왕[梁惠王]이나 제나라 선왕[齊宣王]과 동시대 사람이다. 그의 학문은 통달하지 않은 것이 없었지만, 핵심은 노자(老子)의 주장으로 귀결된다. 그러므로 그는 십여 만 자나 되는 글을 썼지만, 대체로 모두 우언이다." 『사기색은』은 이러하다. "우(寓)는 기(寄)이다. 그 사람에게 말을 깃들이는 것이다. 그러므로 『장자』에는 「우언」편이 있다." 『한서』 「예문지」는 『열자』가 여덟 편이라 했다. 원주는 이렇게 말한다. "이름은 어구(圄寇)이며 장자보다 앞 시대 사람이다. 장자가 그를 칭송했다." 고사손(高似孫)은 『자략』(子略)에서 이렇게 말한다. "태사공은 열자의 전기를 쓰지 않았다. 장주가 기록한 허유(許由)나 무광(務光)처럼 사마천은 열자라는 사람이 있었는지 의심했다. 열자가 이른바 열어구(列御寇)라는 이야기는 우언에만 나타날 뿐이다. 사마천은 여기서 어찌 의심을 품지 않을 수 있겠는가? 『열자』와 『장자』가 합치하는 부분은 열일곱 장이나 되며, 그 틈에 더구나 얕고 가까우며 세상 물정에 어둡고 괴이한 것이 있다. 후세인들이 모아서 완성한 것에서 나온 것일 뿐이다."

역주_ 고사손은 자가 속고(續古), 호가 소료(疏寮)이다. 은현(현재 절강성 영파) 출신이다. 일설에는 여요(현재 절강성) 출신이라고도 한다. 송나라 효종 순희 11년(1184) 진사 합격한 뒤 회계현(會稽縣) 주부(主簿)가 되었다. 영종 경원 6년(1200) 휘주 통판이 되었고 가정 17년(1224) 저작좌랑이 되었다. 늘그막에 절강에 살았다. 『소료소집』(疏寮小集), 『자략』 등의 저술이 있다.

39 『장자』 「즉양」(則陽)은 이러하다. "달팽이의 왼쪽 더듬이에 나라가 있는데 촉씨(觸氏)라고 하며, 달팽이의 오른쪽 더듬이에 나라가 있는데 만씨(蠻氏)라고 합니다. 때마침 이들이 서로 땅을 다투다가 전쟁을 벌여서 주검이 몇 만이나 되었습니다. 패배한 군사를 쫓아갔다가 보름이나 걸린 뒤에야 돌아왔습니다."

40 『열자』 「주목왕」(周穆王)은 이러하다. "정나라의 어떤 사람이 들에서 나무를 하다가 놀란 사슴을 만났다. 사슴을 몰아서 때렸고, 사슴을 죽였다. 그는 남들이 볼까 두려운 마음에 얼른 사슴을 구덩이 속에 감추고 섶으로 덮었다. 그는 뛸 듯이 기뻤다. 갑자기 사슴을 감춘 곳을 잊어버렸다. 결국 그는 이것이 꿈이라고 생각했다. 길을 걸으면서 자기가 사슴을 잡은 일을 중얼거렸는데 옆에 있던 사람 중에 들은 사람이 있었다. 그는 그 말을 따라 사슴을 찾아냈다. 그는 집에 돌아와 집사람에게 이렇게 말했다. '조금 전에 나무를 하던 사람이 꿈에서 사슴을 잡았는데 어디 있는지 모르겠다고 하지 뭐요. 내가 이렇게 찾아냈다오. 그는 참된 꿈을 꾸는 사람일 게요.' 집사람이 이렇게 대답했다. '당신이야말로 나무를 하던 사람이 사슴을 잡은 꿈을 꾼 게 아닐까요? 어찌 그런 나무꾼이 있겠어요? 이제 정말 사슴을 찾아왔으니 그러면 당신 꿈이 참된 것이 아니겠어요?' 남편은 이렇게 말했다. '내가 그 사람의 말을 근

궐 문을 두드리기 위해 아홉 겹 하늘[九天]도 오를 수 있다든지,[42] 귀신에게 사정을 말하기 위해 아홉 겹 땅속[九地]도 살필 수 있다든지[43] 하는 식으로 울분을 표출하는 방식이 있다. 이밖에도 여러 나라를 돌아다니며 합종과 연횡[44]을 주장하는 책사들, 비겸(飛鉗)[45]과 패합(捭闔)[46]으로 사람들

거로 사슴을 찾았으니 어떻게 하면 그가 꿈을 꾼 것인지 내가 꿈을 꾼 것인지 알 수 있을까?' 나무를 하던 사람은 집에 돌아와 사슴을 잃어버린 일을 계속 생각하다가 그날 밤 정말 사슴을 숨긴 곳이 어딘지 꿈에서 보았다. 또한 사슴을 찾아낸 사람도 꿈에서 보았다. 날이 밝자마자 꿈에서 본 대로 따라가서 사슴을 주워간 사람을 찾았다. 결국 사슴을 두고 다투다가 싸움이 나서 사사(士師)에게 넘어갔다."

역주_ **사사**는 재판관 또는 심판관이란 뜻이다.

41 『사기』「굴원열전」(屈原列傳)은 이러하다. "굴원[屈平]은 왕이 한쪽 말만 듣고 제대로 판단하지 못하는 것, 모함과 아첨을 일삼는 무리들이 왕의 총명을 가리는 것, 사악하고 비뚤어진 무리가 공정한 사람을 해치는 것, 단정하고 바른 사람이 용납되지 않는 것을 못마땅한 점으로 생각했다. 그래서 쓸쓸한 마음으로 깊이 생각하여 『이소』를 지었다." 『초사』「석송」(惜誦)은 이러하다. "지난 일 애달파 근심이 일어나고, 분노가 치밀어 속내를 보이네."

42 '하느님의 궁궐 문[帝闕]'은 하느님[天帝]의 궁궐 문이라는 뜻이다. 『이소』는 이러하다. "내 하느님의 문지기에게 문 열라 호령했으나, 하느님 궁궐 문에 기대어 나를 바라보기만 할 뿐이네." 왕일 주는 이렇게 말한다. "창합(閶闔)은 천문(天門)이다." 『이소』는 이러하다. "아홉 겹 하늘을 가리켜 바로잡고자 하니, 오직 영수(靈修) 때문이라오." 『구가』(九歌)「대사명」(大司命) 주는 이러하다. "아홉 겹 하늘이란 여덟 가지 방위와 중앙이다."

역주_ **왕일**은 후한의 문학자이다. 자는 숙사(叔師)이며 남군 의성(宜城, 현재 호북성에 속함) 출신이다. 안제 때 교서랑이 되었고 순제 때 시중이 되었다. 최초의 완전한 주석본인 『초사장구』(楚辭章句)를 지었다. 그가 지은 글들은 대부분 사라지고 없다. 굴원을 애도하여 지은 「구사」는 『초사장구』에 아직도 전한다.

43 「천문」(天問)은 이러하다. "땅을 아홉으로 나눴다는데, 어찌 그것을 나눈 것인가?" 왕일 주는 이렇게 말한다. "분(墳)은 분(分)이다. 구주의 땅을 말한다. 대체로 아홉 가지[九品]가 있다면 우임금은 어떻게 그것을 나눈 것인가?" 「초혼」(招魂)은 이렇게 말한다. "넋이여 돌아오라, 그대는 저승에도 내려 갈 수 없는 몸이라네!" 왕일 주는 이렇게 말한다. "유도(幽都)는 땅속 후토(后土)가 다스리는 곳이다." 이것은 아마 두 가지 뜻을 아울러 썼을 것이다. 매요신(梅堯臣)은 『손자주』(孫子注)에서 이렇게 말한다. "아홉 겹 땅속은 깊어서 알 수 없다는 말이다."

역주_ **매요신**(1002~1060)은 북송 때의 대표적인 시인이다. 자는 성유(聖兪)이며 안휘성 선성(宣城) 출신이다. 관직에 있을 때 구양수를 만나 친구가 되었다. 매요신은 사회정치 문제를 시의 초점으로 삼았고 일상적인 사건과 사람들 속에서 소재를 찾았다. 그의 시는 고문 운동의 새로운 시 형식을 출발시키는 데 기여했다. 당시 사(詞)가 유행했지만 그는 과거의 율시(律詩)로 돌아가서 더 쉽고 산문적인 형식을 완성했다.

을 꼬이는 무리, 뱀을 이사시키거나[47] 범을 끌어들이는 모략,[48] 나무 인

---

44 『사기』「오기열전」(吳起列傳)은 이러하다. "합종이니 연횡이니 하는 유세객들의 주장을 격파하는 것이다." 『사기』「소진전」(蘇秦傳)은 이러하다. "세로로 합치면[從合] 초나라가 왕이 될 것이요, 가로로 연합하면[衡成] 진나라가 패자가 될 것이다." 남북을 세로[從]라 하고 동서를 가로[衡]라 한다. 여섯 나라를 합치는 것은 진나라를 물리치는 것이니 합종이 되고 여섯 나라를 나란히 엮어 진나라를 섬기는 것은 연형(連衡)이다.

역주_ 연형은 보통 연횡이라 부른다.

45 『문심조룡』「논설」(論說)은 이러하다. "날아다니는 집게가 꼭 집어내듯 정밀한 방법에 사람들을 탄복하게 만들었다." 황숙림(黃叔琳)의 주는 "귀곡자(鬼谷子)는 「비겸」편을 지었다"라고 말한다. 비겸은 유세할 때 상대방을 움켜쥐는 방법이다.

역주_ 황숙림(1674~1756)은 청나라 때 『문심조룡』을 연구한 학자이다. 자는 곤포(昆圃)이며 순천부 대흥현 출신이다. 박학다식하고 자질도 뛰어나 경사자집에 걸치는 풍부한 저술을 남겼다.

46 윤지장(尹知章)은 「귀곡자서」(鬼谷子序)에서 이렇게 말한다. "소진과 장의는 패합의 방법을 전수받았다." 『귀곡자』에는 「패합」편이 있다. 패합은 개합(開合)이며, 다름 아니라 사로잡았다 놓아주는 일을 반복하는 것이다.

역주_ 윤지장은 당나라 전기의 대신이다. 강주(絳州) 익성(翼城, 현재 산서성 익성) 출신이다. 성품이 온화하고 어려서부터 공부에 힘써 육경에 정통하여 유학으로 이름이 났다. 요직을 두루 역임했다. 관직에 있을 때 쉬는 날을 틈타 공부를 가르쳤는데 『주역』, 『노자』, 『장자』가 특히 유명했다.

47 『한비자』(韓非子) 「설림(說林) 상」은 이러하다. "치이자피(鴟夷子皮)는 전성자(田成子)를 섬겼다. 전성자는 제나라를 떠나 서둘러 연나라로 갔다. 치이자피는 전(傳, 부신(符信)이다)을 짊어지고 따랐는데, 망읍(望邑)에 이르렀다. 치이자피는 이렇게 말했다. '그대는 말라버린 연못의 뱀에 대해 들은 적이 없던가? 연못이 마르자 뱀이 다른 연못으로 옮겨가려고 했다네. 어떤 작은 뱀이 큰 뱀에게 이렇게 말했지. 「그대가 앞서 가고 내가 뒤따른다면 사람들은 뱀의 행렬이라고 생각할 뿐이라서 틀림없이 그대를 죽이려는 자가 있을 걸세. 그대는 나를 머리에 이고 가는 것이 나을 걸세. 그러면 사람들은 나를 신군(神君)이라고 생각할 테니까.」 그래서 큰 뱀이 작은 뱀을 머리에 이고 사람들이 많이 다니는 길을 넘어 갔지. 사람들은 모두 그들을 피하면서 신군이라고 수군거렸다네. 만약 자네가 좋아 보이고 내가 좋지 않아 보이면 그대를 내 상객(上客)이라고 생각하여 천승의 전차를 가진 나라 임금이라고 생각할 테지. 그러나 그대를 내가 부리는 사람이라고 생각하게 만들면 큰 나라에 대대로 전해지는 집안의 대신이라고 생각할 게야. 그대가 내 사인(舍人) 노릇을 하는 것이 낫겠네.' 전성자는 그래서 전을 메고 치이자피를 따랐다. 여관에 이르자 여관의 주인이 그들을 대단히 공경스럽게 대접하고 술과 고기를 계속 바쳤다."

48 『전국책』(戰國策) 「초책」(楚策)은 이러하다. "초나라 선왕[莉宣王]이 여러 신하들에게 이렇게 물었다. '북쪽 나라들이 소해휼(昭奚恤)을 두려워한다고 들었는데, 과연 정말 그러하오?' 여러 신하들이 대답하지 못했다. 강일(江一)이 이렇게 대답했다. '범

형과 찰흙 인형의 문답[49]처럼 나오면 나올수록 더 기이하고 불가사의하게 된다. 그러나 미로를 지적하고 길을 따르게 하는 데는 본디 공로가 있으나, 간사함을 수식하여 거짓을 펼치기도 하므로 사람들이 해독을 입게 된다. 사람의 마음이 구성한 형상은 길흉이 있으므로, 마땅히 천지 자체의 형상을 살피고 이치로 절충해야만 한다.[50] 이것이 바로 『역』의 가르침이 천하의 범위를 한정하는 근거이다.[51]

제자백가(諸子百家)는 위대한 도를 절충하지 않았다. 그들이 근거를 가지고 합리적으로 주장하는 이유는 본원에서 근거가 나왔기 때문이기도

은 온갖 짐승을 잡아먹는 짐승인데 하루는 여우를 잡았습니다. 여우가 이렇게 말했습니다. 「그대는 감히 나를 먹을 수 없을 것이다. 하느님이 나를 온갖 짐승의 우두머리로 임명하셨다. 만약 그대가 나를 먹는다면 이것은 하느님의 명령을 거역하는 것이다. 그대가 나를 믿지 못하겠거든 내가 그대 앞에 가고 그대가 내 뒤를 따라와 보라. 온갖 짐승이 나를 보고 감히 도망가지 않는 놈이 있겠느냐?」 범은 그럴 듯하다고 생각하여 결국 여우와 함께 다녀보았다. 짐승들이 그를 보더니 모두 도망갔다. 범은 짐승들이 자신을 두려워하여 도망간다는 것도 모르고 여우를 두려워하여 도망간다고 생각했다. 지금 왕의 땅은 오천 리요 갑옷을 입은 병사가 백만 명이나 됩니다. 그리고 그들은 모두 소해휼의 부하입니다. 그러므로 북쪽 나라들이 소해휼을 두려워하는 것은 사실 왕의 병사들을 두려워하는 것입니다. 이것은 온갖 짐승이 범을 두려워하는 것과 같습니다.'"

49 『전국책』「제책」(齊策)은 이러하다. "맹상군(孟嘗君)이 진나라로 들어가려고 하자 소진이 그를 말리고자 했다. 그는 맹상군에게 이렇게 말했다. '지금 막 제가 오는 길에 치수(淄水)를 지날 때, 찰흙 인형과 나무 인형이 서로 두런거리는 말을 들었습니다. 나무 인형이 찰흙 인형에게 이렇게 말했습니다. 「그대는 치수 서쪽 강가의 흙이고 흙손으로 사람 모양을 만든 것이다. 이제 8월이 되어 비가 내릴 테고 치수가 범람하면 너는 녹아버릴 게야!」 찰흙 인형이 이렇게 말했습니다. 「그렇지 않지. 나는 서쪽 강가의 흙이니 내가 녹으면 서쪽 강가로 되돌아갈 뿐이야. 이제 그대는 동쪽 나라의 나무 인형이고 나무 조각칼로 사람 모양을 만든 것이다. 비가 내려서 치수가 범람하면 그대를 떠내려 보낼 테니 그대는 강과 바다를 떠돌며 어디로 가게 될 지도 모를 따름일세.」 지금 가시는 진나라는 사방이 막힌 나라입니다. 비유하자면 범의 입과 같습니다. 그런데 맹상군께서 들어가신다면 저는 군이 나오실 바를 모르겠습니다!' 맹상군은 이에 멈췄다."

50 『사기』「공자세가찬」(孔子世家贊)은 이러하다. "중국에서 육예를 말하는 사람은 공자를 절충했다." 『사기색은』은 송균을 인용하여 이렇게 말한다. "절(折)은 단(斷)이다. 충(衷)은 당(當)이다."

51 나는 이렇게 생각한다. 이 단락은 전국시대의 문이 형상에서 깊이 취했으며, 『역』의 가르침을 널리 보여주었다는 점을 밝혔다.

하며, 『주관』이 규정한 벼슬아치가 지켜야 할 범위를 전혀 벗어나지 않았기 때문이기도 하다.[52] 그들의 주장 가운데 지루하면서도 도에 부합하지 않는 주장은 전승해주는 스승이 벼슬아치가 지켜온 방식을 잃은 탓이기도 하고,[53] 보잘 것 없는 학자들이 각자 개인적인 뜻으로 방자하게 주장한 탓이기도 하다. 제자백가의 주장이 선왕의 도에서 전혀 얻은 바가 없는 것은 아니지만, 특정 학파의 학문을 마음대로 세웠다.[54] 불교를 연구하는 학문은 서역(西域)에서 왔기 때문에[55] 세습되는 벼슬아치가 지켜온 유산이 아니라는 것은 말할 필요도 없다. 서역에서 온 불교 학자가 중국에서 살았다 해도 언어가 통하지 않고, 중국에서 죽었다 해도 문자가 소통되지 않는다. 그러나 불교의 주장과 문자에 근거가 있고 합리적인 이유는 아마 제자백가보다 더욱 성행했기 때문이리라. 거듭해서 곰곰이 살펴보면 불교의 본원이 『역』의 가르침에서 나왔다는 것을 알 것이다. 불교가 말하는 마음, 본성, 이치, 도는 아마 본래 다른 이름일 것이다.[56] 그러나 뜻을 추리해보면 성인의 말씀과 애초부터 다를 것이 없다.

52 『한서』「예문지」는 유가(儒家), 도가(道家), 음양가(陰陽家), 명가(名家), 법가(法家), 묵가(墨家), 종횡가(縱橫家), 잡가(雜家), 농가(農家), 소설가(小說家)의 십가(十家)의 학문을 서술할 때, 각각 고대의 어떤 관직에서 나왔다고 말한다. 이것이 바로 주나라 관직이 전범대로 지키는 것을 벗어나지 않는다는 말이다.

53 『춘추좌전』「소공 14년」은 이러하다. "천자가 관직을 잃으면 학은 사방의 이민족[四夷]에 있다."

54 『장자』「천하」는 이러하다. "자기들의 도가 천하에 흩어져 중국에 베풀어진 사실을 제자백가의 학은 때때로 내세워 자랑하고 있다."

55 『위서』「석로지」(釋老志)는 이러하다. "한나라 애제 원수(元壽) 원년에 박사 제자(博士弟子)인 진경(秦景)이 대월지(大月氏) 왕의 사신 이존(伊存)이 구술한 불경[浮屠經]을 받았다. 중국 땅에서 그것을 들었지만 완전히 믿지 않았다. 나중에 명제[孝明帝]가 밤에 금인(金人)이 정수리에 흰 빛을 띠고 궁전의 뜰을 날아가는 것을 꿈에서 보았다. 이에 여러 신하에게 물으니 부의(傅毅)가 비로소 불교로 대답했다. 황제는 낭중(郎中) 채음(蔡愔)을 보내고 박사 제자 진경 등을 천축(天竺)에 사신으로 보내어 부처[浮屠]가 남긴 전범을 베껴오게 했다. 채음은 사문(沙門)인 섭마등(攝摩騰), 축법란(竺法蘭)과 함께 동쪽의 낙양(洛陽)으로 돌아왔다. 중국에 사문 및 무릎 꿇고 절하는 방법은 이때부터 시작되었다."

56 송나라 인종(仁宗)은 이렇게 말한다. "마음을 밝히고 본성을 보는 것은 불교가 깊다.

불교가 성인과 다른 것은 오로지 사물을 버리고 도를 달리 보기 때문일 뿐이다. 부처의 장륙금신(丈六金身)[57]과 장엄한 모습[58]부터 천당의 맑고 밝음과 지옥의 음산하고 처참함,[59] 천녀(天女)가 꽃을 흩뿌리고[60] 야차(夜叉)가 산발한 모습[61]에 이르기까지 갖가지 거짓말과 환상은 아무도 본 적이

자신을 수양하고 나라를 다스리는 것은 유교와 도교가 절실하다."

57 『전등록』(傳燈錄)은 이러하다. "서쪽에 부처가 있는데 그 형상은 키가 일장육척이고 황금빛이다."

58 『법화경』(法華經)은 이러하다. "모든 부처님 몸은 금빛이며 온갖 보석으로 치장한 장엄한 모습이다."

59 이것은 불가(佛家)가 빌려 선을 권하고 악을 벌하는 주장이다. 이단(李丹)은 「천당지옥게」(天堂地獄偈)에서 이렇게 말한다. "석가가 중국에서 태어났다면 가르침을 베푸는 것이 주공이나 공자 같았을 것이다. 주공이나 공자가 서쪽에서 태어났다면 가르침을 베푸는 것이 석가와 같았을 것이다. 천당이 없다고 해도 그만이지만, 있다면 군자도 오르게 될 것이다. 지옥이 없다고 해도 그만이지만, 있다면 소인은 들어가게 될 것이다."

60 『유마경』(維摩經) 「관중생품」(觀衆生品)은 이러하다. "이때 유마힐(維摩詰)의 방에 천녀 하나가 있었다. 여러 대인들이 유마힐의 설법을 듣는 것을 보시더니 바로 몸을 나투시고 즉시 천화(天華)를 여러 보살(菩薩)과 대제자(大弟子) 머리 위에 뿌리셨다. 꽃이 여러 보살들에게 닿자 즉시 추락했고, 대제자들에게 이르자 바로 붙어서 떨어지지 않았다. 모든 제자들이 신통한 힘으로 꽃을 떨치려 했으나 떨어내지 못했다. 이 때 천녀가 사리불(舍利佛)에게 이렇게 물었다. '무슨 까닭으로 꽃을 떨어내려 하시오?' 대답은 이러했다. '이 꽃은 존재하는 것 같지 않습니다. 그래서 떨어내려 합니다.' 천녀는 이렇게 말했다. '이 꽃이 존재하는 것 같지 않다고 말씀하시지 마십시오. 이유가 무엇이겠습니까? 이 꽃은 분별되지 않기 때문입니다. 어진 사람은 여기서 분별하는 생각[分別想]이 생길 뿐입니다. 여러 보살에게 꽃이 들러붙지 않는 것을 보면 이미 모든 분별하는 생각을 끊었기 때문입니다. 비유하자면 이렇습니다. 사람이 두려워할 때 사람은 편리함을 얻은 것이 아닙니다. 이처럼 제자들은 삶과 죽음을 두려워하는 까닭에 성색향미촉(聲色香味觸)이 편리함을 얻었습니다. 이미 두려움을 떠난 사람은 모든 오욕(五欲)을 행해서는 안 됩니다.'"

61 야차는 귀신 가운데 추악한 모습으로 나타나는 귀신이다. 법운(法雲) 『번역명의집』(翻譯名義集)은 이러하다. "야차는 여기서 용맹하고 굳세다고 하지만, 포악하다고도 한다. 예전에는 열차(閱叉)라고 불렀다. 『서역기』(西域記)는 이렇게 말한다. 약차(藥叉)를 예전에 잘못해서 야차라고 불렀다. 공중을 날아다닐 수 있다."

역주_ 『**번역명의집**』은 송나라 법운(1088~1158)이 불교경전의 산스크리트어 단어를 번역한 한자 단어를 종류별로 정리하여 해설한 사전이다. 「십종통호」(十種通號)부터 「사탑단당」(寺塔壇幢)까지 예순네 편으로 나누어 약 이천여 단어를 수록하고 있다. 『번역명의집』은 처음에 일곱 권으로 편찬했다.

없다. 유학자들은 이것을 어리석다고 물리치지만, 불교가 형상으로 가르치려 든다는 것을 모른다. 형상으로 가르치는 불교의 방식[62]은 『주역』에서 용이 싸워 검은 피와 누런 피가 낭자하다든지,[63] 수레에 실은 귀신을 향해 활시위를 당긴다는 형상[64]과 마찬가지이다. 그래서 염라대왕이 모습을 바꾸는 일[65]도 사람의 마음이 구성한 형상에 상응하여 말한 것이지, 불교가 속임수로 조작하여 세상을 미혹시키려는 것은 아니다. 보잘것 없는 학자들도 스승이 전수하는 것을 잃어버린 뒤 마음대로 파헤쳐서 형상의 내용을 채웠다. 어리석은 보통 사람들도 우연히 어슴푸레 한 형태나 소리를 근거로 보거나 들은 뒤 견강부회해서 내놓게 되자, 드디어 빛나는 하늘 아래 대단한 경지가 따로 있는 양 지껄이게 되었다. 유학자들도 내력을 살피지 않고 팔을 걷어붙이고 다투면서, 마치 같은 하

62 『문선』「왕간서두타사비문」(王簡棲頭陀寺碑文)은 이러하다. "정법(正法)이 사라지자 상교(象教)가 쇠퇴하였다." 이선의 주는 담무라참(曇無羅讖)을 인용하여 이렇게 말한다. "석가모니 부처의 정법이 세상에 있은 지 오백 년이고 상법(像法)이 천 년, 말법(末法)이 만 년이다." 석가모니가 세상을 떠난 뒤, 대제자가 나무를 깎아 불상을 만들었는데 형상으로 사람을 가르치기 위해서이다.

63 『주역』「곤」괘는 이러하다. "상륙(上六)은 용이 들에서 싸워 흘린 피가 검누렇다."

64 『주역』「규」(睽)괘는 이러하다. "상구는 반목하여 외롭다. 돼지가 진창(塗, 진흙(泥)이다)을 뒤집어쓴 것처럼 보인다. 귀신을 수레 가득 싣고 있다. 먼저 활시위를 당겼다가, 나중에 활시위를 늦춘다(說, 벗다[脫]이다). 본래 노략질을 하려는 것이 아니라 청혼하려는 것이다. 가다가 비를 만나면 길하다."

65 '염라대왕이 모습을 바꾸는 일[閻摩變相]'은 염라대왕이 지옥에서 변동하는 갖가지 형상이다. 『법원주림』(法苑珠林) 권12는 이러하다. "『기세경』(起世經)은 이렇게 말한다. 부처가 여러 비구에게 삼천(三天)을 세간(世間)에 두도록 했다고 말씀하셨다. 어떤 것을 셋이라고 하는가? 첫째 늙음이요, 둘째 질병이요, 셋째 죽음이라. 어떤 사람이 삼업(三業)을 거리낌 없이 방탕하게 굴고 죽을 때까지 악행을 저지른다면, 지옥에 태어나게 될 것이다. 지옥을 지키는 여럿이 때가 되면 즉시 와서 저 중생을 휘몰아 염마왕(閻摩王) 앞에 데리고 가서 이렇게 말할 것이다. '대왕, 이 중생들은 예전 세속에 있으면서 제멋대로 굴고 방탕하여 삼업을 잘 닦지 않더니, 이제 여기 와서 태어나게 되었습니다. 대왕께서 그들을 잘 가르쳐주시기 바랄 뿐이옵니다.'"(육도편(六道篇) 지옥부(地獄部)의 나머지)

역주_ 『법원주림』은 당나라 도세(道世) 스님이 668년 편찬한 불교 백과사전이다. 경론의 여러 사항을 분류하고 기록하고 편마다 세목을 나누었다. 모두 백 권이다.

늘을 이고 살 수 없는 것처럼 분노한다. 하지만 유학자들은 그것이 불교의 실상이 아님을 모른다. 불교의 학문과 글자가 가리키고 본받는 것을 나날이 쓰이는[日用] 사회적 관계[人倫]에 집어넣는다면, 이것도 바로 성인의 도가 될 테니 형상으로 가르치는 방식에 근본이 없지 않다.[66]

『주역』의 괘상은 『시경』의 노래와 통하며, 『주역』의 괘사와 효사는 『춘추』의 범례와 통한다. 높은 하늘과 낮은 연못이 엄격하게 구분되기 때문에,[67] 모든 괘의 두 번째 효는 칭찬이 많고 네 번째 효는 두려움이 많은 것이다.[68] 정치적 안정과 불안정[治亂]이 갈리는 지점에서 조심하기 때문에, 양괘(陽卦)는 군자이고 음괘(陰卦)는 소인(小人)인 것이다.[69] 미약하지만 점차 자라는 악의 실마리를 막아야 하기 때문에, 「구」(姤) 괘 초륙

---

66 나는 이렇게 생각한다. 이 단락은 상교에 『주역』의 형상과 통하는 것이 있다는 점을 밝혔다.

역주_ **인륜**은 기본적이며 절실한 사회적 관계라는 뜻이다. **일용**은 나날이 씀, 곧 생활이라는 뜻이다.

67 『주역』 「이」(履)괘는 이러하다. "「대상전」은 이렇게 말한다. '위가 하늘이고 아래가 못이라, 이것이 이이다. 군자는 이괘를 근거로 위아래를 구분하고 백성의 의지를 정한다.'" 하늘과 연못이 나뉜다는 말은 위아래가 나뉜다는 뜻이다.

역주_ 본문의 **효사**(爻辭)는 괘사와 마찬가지로 『주역』의 괘획이 제시한 괘상을 풀이하는 '말'이다. 괘사가 여섯 개의 괘획으로 이뤄진 어떤 괘 전체의 형상을 풀이한 말이라면, 효사는 여섯 개의 괘획 하나하나를 따로 풀이한 말이다.

68 『주역』 「계사전 하」는 이러하다. "두 번째 효와 네 번째 효는 같은 기능을 가지고 있지만 자리가 다르기 때문에 좋은 것도 다르다. 두 번째 효에는 칭찬하는 말이 많지만 네 번째 효에는 두려워하는 말이 많다. 다섯 번째 효에 가깝기 때문이다." 모든 괘는 여섯 개의 효로 구성되어 있다. 밑에서부터 헤아려 두 번째 효는 아래에 있기 때문에, 추어주는 말이 많다. 밑에서부터 헤아려 네 번째 효는 위에 거의 가까워졌기 때문에, 두려워하는 말이 많다. 이것은 음효로서 신하의 위치에 있는 것을 가리킨다. 그러므로 아래에 있으면 칭찬이 많고, 위로 임금과 가까워질수록 두려움이 많은 것이다.

69 『주역』 「계사전 하」는 이러하다. "양괘에는 음효가 많고 음괘에는 양효가 많다. 그 이유는 무엇인가? 양괘는 홀수요 음괘는 짝수이기 때문이다. 양괘와 음괘의 덕행(德行)은 무엇인가? 양괘는 임금인 양효가 하나이고 백성인 음효가 둘이다. 이것은 군자의 도이다. 음괘는 임금인 양효가 둘이요 백성인 음효가 하나이다. 이것은 소인의 도이다." 진(☳)이나 감(☵)같은 양괘는 양효가 하나이고, 음효가 둘이다. 이것은 임금이 하나이고 백성이 둘인 것과 같다. 손(☴)이나 이(☲)같은 음괘는 음효가 하나이고, 양효가 둘이다. 이것은 임금이 둘이고 백성이 하나인 것과 같다.

(初六)의 음효(陰爻)를 만나 여자가 강하게 될까 걱정하는 것이다.[70] 그리고 「임」(臨) 괘 초구(初九), 구이(九二)의 양효에서 팔월을 걱정한다는 뜻도 이것이다.[71] 작위를 상징하는 이름과 그릇을 빌려주는 데 신중해야 하기 때문에,[72] 모든 괘의 다섯 번째 효는 음효의 유약함을 경계하며 세 번째 효는 위태롭고 걱정스러움이 많다.[73] 네 가지 덕[四德]은 존귀하다.[74] 원

---

70 『주역』은 이러하다. "☴☰(손하건상) 구(姤) 괘는 여자가 씩씩하다. 여자를 아내로 맞아들이지 말라." 『주역정의』는 이러하다. "구(姤)는 우(遇)이다. 이 괘는 하나의 유(柔, 음효이다)가 다섯 개의 강(剛, 양효이다)을 만난 것이다. 그래서 구라는 이름을 붙였다. 사람에게 베푼다면, 여자 하나가 남자 다섯을 동시에 만나는 것이니 씩씩함이 지극히 심하다. 그래서 그것을 경계하여 이 여자는 지나치게 씩씩하니 이 여자를 아내로 맞아들이지 말라고 말한다."

71 『주역』은 이러하다. "☷☱(태하곤상) 임(臨) 괘는 크게 형통하고 올바름에 이롭다. 팔월에 이르면 흉하다." 『주역정의』는 이러하다. "팔월에 이르러 흉하다는 것은 만물이 왕성하면 틀림없이 쇠락하고, 음이 자라면 양은 쇠퇴하는 법이기 때문이다. 「임」괘는 섣달[建丑之月]이니 섣달부터 일곱 달이 지나 칠월[建申之時]이 되면, 음효 세 개가 왕성한 동시에 양효 세 개가 장차 쇠퇴하는 때가 된다. 이때는 소인의 도가 자라고 군자의 도가 사그라진다. 그러므로 팔월에 흉한 것이다." 음력 정월은 인월이니, 축월(丑月)은 섣달이며, 신월(申月)은 칠월이다. 동지에 양이 하나 생기고 섣달에 양이 두 개 생기며 정월에 양이 세 개 크게 시작한다[開泰]. 오월에 음이 하나 생기고 유월에 음이 두 개 생기며 칠월에 음 세 개가 성하게 된다. 양은 군자이고 음은 소인이다. 그러므로 팔월에 군자의 도는 사그라지고, 소인의 도는 자라게 된다.

72 『춘추좌전』「성공(成公) 2년」은 이러하다. "오로지 그릇과 이름만은 남에게 빌려줄 수 없다."

73 『주역』「계사전 하」는 이러하다. "세 번째 효와 다섯 번째 효는 같은 기능을 가지고 있지만 자리가 다르다. 세 번째 효에는 흉하다는 말이 많지만 다섯 번째 효에는 공적에 대한 말이 많다. 귀천의 등급 때문이다. 세 번째 효와 다섯 번째 효에 음효가 있으면 위태롭고 양효가 있으면 이겨낼 수 있으리라." 모든 괘는 여섯 개의 효로 구성되어 있다. 밑에서부터 헤아려 세 번째 효는 아래에 있기 때문에, 흉한 말이 많다. 밑에서부터 헤아려 다섯 번째 효는 위에 있기 때문에, 공적에 관한 말이 많다. 이것은 양효로서 임금에 속하는 것을 가리킨다. 그러므로 아래에 있으면 흉한 일이 많고, 위에 있으면 공적이 있는 것이다.

74 '네 가지 덕[乾卦四德]'이라는 것은 원(元)은 선(善)이고 형(亨)은 통(通)이며 이(利)는 화(和)이고 정(貞)은 정(正)이다. 『주역』「건」괘의 「문언전」은 이러하다. "군자는 이 네 가지 덕을 행하는 사람이다. 그러므로 건은 원형리정이라는 것이다." 초순 『역통석』(易通釋)은 이러하다. "팔괘는 건괘와 곤괘에서 시작하며 육십사괘는 팔괘에서 생긴다. 팔괘와 육십사괘는 원형리정으로 행한다. 그러나 그 요점을 요약하자면 원에 지나지 않을 뿐이다."

에는 달리 부르는 이름이 없지만 형에는 소형(小亨)이 있으며[75] 이정(利貞)은 소리정(小利貞)이 있고[76] 정은 정길(貞吉)과 정흉(貞凶)이 있다.[77] 길은 원길(元吉)이 있고[78] 회는 회망(悔亡)이 있으며[79] 구는 무구(无咎)가 있다.[80] 한 글자가 있고 없는 차이에 따라 뜻이 달라지는 『주역』은 『춘추』보다 대단히 근엄하다. 성인은 아마 하늘과 사람 사이에서 대단히 두렵다고 말할 것이다. 『역』은 천도로써 인사를 절실하게 하는 것이며, 『춘추』는 인사로써 천도를 돕는 것이다.[81] 『춘추』의 의례(義例)는 문사(文辭)로 나타나지만, 성인은 경계하는 마음이 있을 따름이다.[82]

---

75 『주역』은 이러하다. "「여」(旅) 괘는 소형한다." 『주역정의』는 이렇게 말한다. "벌써 말을 준비해서 여행을 떠날 참인데 그저 남길 것만 찾는다면 그다지 떳떳한 일이 아니다. 그러므로 「여」 괘의 뜻은 소형일 뿐이다."

76 『주역』은 이러하다. "「둔」(遯) 괘는 형통하고 소리정이다." 『주역정의』는 이렇게 말한다. "소리정은 음의 도가 처음으로 자라기 시작했지만 올바른 도도 아직 완전히 소멸된 것은 아니라는 것이다."

77 『역통석』은 이러하다. "『주역』의 경에서 정길이라고 한 것은 스물네 번이고 정흉이라고 한 것은 아홉 번이다."

78 『주역』은 이러하다. "곤괘의 육오(六五)는 노란 치마이니 원길이라." 『주역정의』는 이러하다. "원(元)은 대(大)이다. 곤괘의 덕이 이럴 수 있기 때문에 크게 길함을 얻는다."

79 『역통석』은 이러하다. "내가 살펴보니 『주역』의 효에서 회망이라고 한 것은 열여덟 번이지만 괘사[彖辭]에서는 「혁」괘 한 군데서만 회망이라고 하고 있다."

80 『역통석』은 이러하다. "내가 살펴보니 『주역』의 괘에서 무구라고 한 것은 여덟 번이고 효에서 무구라고 한 것은 여든다섯 번이다."

81 『한서』 「동중서전」(董仲舒傳)은 이러하다. "저는 『춘추』를 조심스럽게 살펴보았습니다. 앞 시대에 이미 시행되었던 일을 보고 이로써 하늘과 사람이 함께 하는 접점[天人相與之際]을 살펴보았습니다. 대단히 걱정스럽습니다." 『사기』 「사마상여전찬」(司馬相如傳贊)은 이러하다. "『춘추』는 헤아려 지극히 드러나지 않는 것을 본다. 『역』은 본디 그것을 근거로 드러나지 않는 것을 드러나게 한다." 『사기색은』은 우희(虞喜)의 『지림』(志林)을 인용하여 이렇게 말한다. "『춘추』는 인사로써 천도에 통하는 것이다. 이것이 바로 나타난 것을 헤아려 드러나지 않은 것에 이른다는 말의 뜻이다. 『역』은 천도로써 인사에 접하는 것이다. 드러나지 않은 것을 찾을 때는 이것을 근거로 밝게 드러낼 수 있다."

역주_ **우희**(281~356)는 자가 중녕(仲寧)이며 문벌 세족 출신이다. 회계 여요(현재 절강성 여요) 출신이다. 동진의 경학자이자 천문학자이다. 세차 현상을 최초로 발견한 사람이며 선야설(宣夜說)의 계승자이자 발전시킨 사람이다. 한나라 상수역학의 대표적 인물인 우번은 우희에게 집안의 증조부이다.

82 나는 이렇게 생각한다. 이 단락은 『역』의 괘효사가 조심스럽고 엄격함이 『춘추』와 같다는 것을 밝혔다.

역주_ 본문의 **의례**는 뜻과 범례로 나누어 이해할 수 있다. **문사**는 문학적으로 다듬은 말이나 글이다.

서교(書教)

상·중·하

1. 서교(상)[1]

『주관』의 외사(外史)는 삼황과 오제의 문서를 관장한다고 한다. 오늘날 순임금부터 주나라까지의 문서만 남아 있을 뿐이니 오제의 문서 가운데 겨우 둘만 남은 셈이며 삼황의 문서에 대해서는 들어본 적도 없다.[2] 좌

---

1 나는 이렇게 생각한다. 건륭(乾隆) 57년 장학성의 「여소이운논수송사서」(與邵二雲論修宋史書)은 이렇게 말한다. "최근 「서교」라는 글을 지었는데, 내 소견이 전에 비해 나아진 것 같네. 방지삼서(方志三書)의 논의와 함께 나온 새 저술이지." 따라서 「서교」 세 편은 아마 이 해에 완성된 것 같다. 이것은 사실 역사학에 대한 장학성 만년(당시 장학성의 나이는 쉰다섯이다)의 견해를 대표하는 글이다. 「서교 상」편은 기주와 찬술의 차이를 논하고 있다.

역주_ **건륭** 57년은 1792년이다. **방지삼서**는 「방지립삼서의」, 「주현청립지과의」, 「지지통부」를 가리키는 것 같다. 권6을 보라.

2 『주관』은 다름 아니라 『주례』이다. 「역교 하」의 주3을 보라. 외사는 『주례』의 춘관

구명[左氏]이 언급한 『삼분』(三墳)과 『오전』(五典)[3]이 어떤 것인지 이제 알 수 없으니 『삼분』과 『오전』이 삼황과 오제의 문서인지 아닌지도 모르는 것 아닌가? 삼대의 왕들이 남긴 서(誓), 고(誥), 공(貢), 범(範)의 여러 글들[4]에서 삼황과 여러 명의 제[諸帝]의 문서가 가진 의례를 다음과 같이 추측할 수 있다. 다름 아니라 상고시대는 간소하고 질박한 시대이며 글자가 발명되기 이전 노끈을 묶어 기록하던 때로부터 그다지 먼 시대도 아니다. 글자가 막 발생했기 때문에 문서는 겉으로 직접 드러나지 않는 생각이나 사물의 형태와 이름을 소통시킬 수 있는 정도면 충분했다. 『상서』는 사실에 근거하여 각각 편명을 정했지 정해진 방식이 본래 있었던 것은 아니다.[5] 따라서 마치 그림쇠나 곱자로 동그라미와 네모를 반듯하

종백에 소속된 벼슬아치이다. 『상서』는 바로 순임금, 하나라, 상나라, 주나라 사대의 문서이다. 책(策)은 간(簡)이다. 여러 개의 죽간을 줄줄이 엮은 것이 바로 책이다. 『독단』(獨斷)을 보라. 『사기』 「오제본기찬」(五帝本紀贊)은 이러하다. "학자들은 오제라고 부르는 경우가 많은데 오래된 것이다. 그러나 『상서』는 요임금 이후만 기재하고 있다." 『한서』 「예문지」는 이러하다. "『서』가 일어난 것은 오래되었다. 공자가 편찬하면서 위로는 요임금에서 끊었고 아래로는 진나라에서 그쳤다. 모두 백 편이다." 공자가 『상서』를 편집할 때, 요임금과 순임금부터 시작하는 것으로 끊었다. 그래서 오제 가운데 겨우 둘만 있는 것이다.

3 『춘추좌전』 「소공 12년」은 이러하다. "좌사(左史)인 의상(倚相)이 빠른 걸음으로 지나갔다. 그러자 초나라 임금이 이렇게 말했다. '저 사람은 좋은 사관이니 그대가 잘 봐두기 바라오. 저 사람은 『삼분』, 『오전』, 『팔색』(八索), 『구구』(九丘)를 읽을 수 있소.'" 『춘추정의』(春秋正義)는 공안국의 「고문상서서」를 인용하여 이렇게 말한다. "복희씨, 신농씨, 황제씨의 책을 『삼분』이라고 부르는데 대도(大道)를 말하고 있다. 소호씨, 전욱씨, 고신씨, 요임금, 순임금의 책을 『오전』이라고 부르는데 상도(常道)를 말하고 있다."

역주_ **좌구명**(左丘明)은 좌씨를 옮긴 것이다. 좌구명이 과연 어떤 사람인지에 대해 많은 주장들이 있었지만 확정할 수 없다. 좌구명은 대략 공자와 동시대 사람이며, 『춘추』의 주석 가운데 하나인 『춘추좌전』(또는 『춘추좌씨전』)의 지은이라고 알려져 있다. **『춘추정의』**는 오경정의의 한 가지이다. 『춘추좌전정의』를 가리킨다.

4 '삼대의 왕들[三王]'은 하나라, 은나라, 주나라 세 왕조의 임금다운 왕이다. 서, 고, 공, 범은 모두 『상서』의 형식을 가리키는 말이다. 「탕서」(湯誓), 「탕고」(湯誥), 「우공」(禹貢), 「홍범」 따위가 바로 이것이다. 공영달은 『상서소』(尙書疏)에서 이렇게 말한다. "『서』의 형식은 열 가지이다. 첫째 전, 둘째 모(謨), 셋째 공, 넷째 가(歌), 다섯째 서, 여섯째 고, 일곱째 훈, 여덟째 명, 아홉째 정(征), 열째 범이다."

5 『주역』 「계사전 하」는 이러하다. "상고시대[上古]에는 노끈을 매어 다스렸고, 후세

게 그리는 듯 정해진 방식을 갖춘 후세의 역사서와 달리, 『상서』만 유일하게 정해진 이름의 뜻에 얽매이지 않았다. 공자는 『상서』를 편집하여 서술할 때, 오래된 과거를 소통시켜 알게 해준다면 영원한 가르침을 후세에 내려줄 수 있다는 원칙을 취했다.[6] 세상의 유학자들은 이런 원칙에 통달하지 못했기 때문에 『상서』가 역사서의 시조라고 말한다. 따라서 후세에 겨우 정해진 사법(史法)을 선택하고서도 『상서』를 본받은 것이라고 떠들썩하게 소란을 피우는 사람은 모두 어리석다.[7]

삼대 이전의 역사와 삼대 이후의 역사 사이에 차이가 있는 이유는 알 수 있다. 삼대 이전 기주(記注)에는 정해진 방법이 있었지만 찬술(撰述)에는 정해진 이름이 없었다. 삼대 이후 찬술에는 정해진 이름이 있었지만 기주에는 정해진 방법이 없었다.[8] 기주에 정해진 방법이 없으면 자료를

의 성인은 그것을 서계(書契)로 바꿨다." 서계는 다름 아니라 글자이다. 황보밀 『제왕세기』는 이러하다. "황제는 윗도리와 치마를 드리웠고 창힐(蒼頡)은 글자를 만들었다. 그런 뒤에 서계가 비로소 만들어졌다." 『상서소』 「요전」은 이러하다. "『상서』의 편명들은 사실을 근거로 해서 세운 것이다. 본래 형식이 없었고 편리한 대로 글을 썼다."

6 『예기』 「경해」는 이러하다. "정사에 통달하여 오래된 옛날 일도 아는 것이 『서』의 가르침이다."

7 나는 이렇게 생각한다. 이 단락은 고대의 글은 사실에 따라서 작품을 지은 것이지, 본래부터 정해진 방법이 있었던 것은 아니라는 것을 밝혔다. 그리고 이 작품 전체의 대의를 총괄적으로 제시했다.

역주_ **사법**은 역사를 기술하는 방법, 곧 Historiography라는 뜻이다.

8 두예 「춘추좌씨전서」[春秋序]는 이러하다. "여러 가지 기주는 기존의 전장을 많이 어기고 있다." 『당서』(唐書) 「백관지」(百官志)는 이러하다. "사관(史館)은 국사를 정리하여 편찬하거나 관장하고 정리한다." 나는 이렇게 생각한다. 기주와 찬술의 구분에 대해서 유지기(劉知幾)는 이미 무슨 뜻인지 밝혀 두었다. 『사통』(史通) 「사관건치」(史官建置)는 이러하다. "사관이 되는 길에는 두 가지 흐름이 있다. 그것이 무엇인가? 사실의 기록[書事]과 말의 기록[記言]이다. 이것은 당시 간편한 데서 나왔다. 종합해서 모은 뒤 편집한 일은 나중에 손을 댄 것으로 귀결된다. 그래서 당시 처음 창조했던 사람들은 실록(實錄)을 널리 들은 것에 바탕을 두고 있다. 동호(董狐)나 남사(南史) 같은 사람들이 이런 사람이다. 나중에 바꿀 수 없는 방법을 시작한 사람들은 판단력을 가지고 통달한 천재를 소중하게 여겼다. 반고나 진수(陳壽) 같은 사람들이 이런 사람이다. 꼭 그 사업을 논한다면, 앞뒤가 다르지만 계속 연결되어 완성된 것이며 그들은 한결같은 법칙으로 귀결된다 하겠다."

선택하기 어렵고, 찬술에 정해진 이름이 있으면 책을 만들기 쉽다.[9] 책을 만들기 쉬우면 수식의 화려함이 내용의 질박함을 이기게 된다. 자료를 선택하기 어려우면 거짓이 참을 어지럽히게 된다. 거짓이 참을 어지럽히고 화려함이 질박함을 이기게 되면 사학이 없어지지 않았다 하더라도 사실 없어진 셈이다. 좋은 역사가의 자질을 타고난 사람은 세상에 오랜만에 한 번씩 나타날 뿐이다. 그는 치우친 것을 보충하여 폐단을 구제하려 해도 고달파서 버티지 못한다. 후세인의 지식과 판단력이 이전보다 못하기 때문이 아니라, 『주관』의 규칙이 사라진데다 『상서』의 가르침도 끊어져 버렸기 때문이다. 이런 추세는 어쩔 수가 없다.[10]

『주관』이 규정한 삼백육십 가지 관직은 천하의 섬세하게 나누어진 부분들을 갖추고 있다. 그러나 규정이 관직에 갖추어져 있고 관직은 규정집이나 전범을 지킨다. 육경(六卿)이 함께 모여 일을 의논하는 의미를 보면,[11] 옛사람들은 문헌이 번거롭고 주도면밀하더라도 불만을 가지지 않

역주_ 기주는 역사적 사실을 기록하는 일이며, 찬술은 창작하는 일이다. 『사통』은 당나라 중종 때인 710년 유지기가 편찬한 중국 최초의 역사학 이론서이다. 내편은 역사 서술의 형식과 방법, 외편은 역사 서적의 원류와 과거의 역사서에 대한 평론이다. 모두 스무 권이다. 장학성이 『문사통의』를 내편과 외편으로 구분한 것도 유지기의 『사통』을 잇는다는 마음이 있기 때문이다.

9 후세에 앞 시대의 역사서를 편찬할 때는 기주에 정해진 방법이 없고 사료가 갖춰지지 않았기 때문에 자료를 취하기 어렵다. 그러나 「기」(紀), 「전」(傳), 「지」(志), 「표」(表)의 주요한 추세는 계속 이어지기 때문에 책을 완성하기는 쉽다. 장학성은 주(州)와 현(縣)마다 지과(志科)를 세울 것을 주장했다.(외편(外篇)의 「주현청립지과의」를 보라) 그렇다면 전자의 잘못을 구제할 수 있을 것이다. 그리고 역사서의 저술은 형식[體例]도 근거를 가지고 창조해야 하며, 변통(變通)을 소중하게 생각한다. 그렇다면 후자의 폐단을 바로잡을 수 있을 것이다.

10 나는 이렇게 생각한다. 이 단락은 고금의 기주와 찬술이 다르다는 것을 논하고 있다.

11 『주관』은 태재(太宰), 대사도(大司徒), 대종백(大宗伯), 대사마(大司馬), 대사구(大司寇), 대사공(大司空)을 육경이라고 한다. 『주례』 「천관」은 이러하다. "태재는 팔법(八法)으로 관부(官府)를 다스린다. 셋째는 관련(官聯)이며, 이로써 벼슬아치의 처리를 알게 한다." 주는 이러하다. "나라에 큰일이 있을 때 일개 벼슬아치가 혼자서 처리할 수 없다면 육전의 벼슬아치가 함께 거드는 것을 관련이라 한다. 연(聯)은 연(連)이라고 읽으며 옛날에는 연(連)을 연(聯)이라고 썼다. 연(聯)은 일을 연대하고 직분을 통하게 만들어 서로 돕는다는 말이다." 그리고 「소재」(小宰)의 직분은 "육경이 연합

고 기주를 준비한다고 생각했음을 알겠다. 다름 아니라 육전(六典)의 규정집이 이처럼 번거로우므로, 나라의 최고위 관직인 태재(太宰)가 책임지고 태재 밑의 소재(小宰)가 태재를 보조하며 실무를 맡은 사회(司會), 사서(司書), 태사(太史)도 각자 한 벌씩 베껴서 가지고 있다.[12] 육전의 규정집은 아마 정본과 부본을 합쳐 다섯 벌이며 장고(掌故)에게 그것을 남기도록 시켰을 것이다.[13] 나머지 문서도 마찬가지였을 것이다. 부본을 여러 벌

(聯合)하여 나라를 다스리는 것은 첫째 제사의 연합, 둘째 손님 대접의 연합, 셋째 장례의 연대, 넷째 군대의 연합, 다섯째 농사일과 부역의 연합, 여섯째 세금을 거두고 푸는 일의 연합이다. 아마 작은 일은 모두 연대할 것이다."

12 나는 이렇게 생각한다. '번거롭다[繁委]'는 청화각본(菁華閣本)에 '번거롭다[繁悉]'라고 되어 있다. 『주례』「천관」은 이러하다. "태재는 나라를 세우는 육전을 관장하고 왕을 도와 나라를 다스린다. 첫째는 치전(治典)이다. 이로써 나라[邦國]를 경륜하고 관부를 다스리며 만백성의 기강을 세운다. 둘째는 교전(教典)이다. 이로써 나라를 안정시키고 관부를 가르치며 만백성을 교화한다. 셋째는 예전(禮典)이다. 이로써 나라를 조화롭게 만들고 온갖 벼슬아치[百官]를 통솔하며 만백성을 화합하게 만든다. 넷째는 정전(政典)이다. 이로써 나라를 평안하게 하고 온갖 벼슬아치를 바르게 하며 만백성을 균등하게 만든다. 다섯째는 형전(刑典)이다. 이로써 나라를 금지시키고 온갖 벼슬아치를 형벌로 다스리고 만백성을 규제한다. 여섯째는 사전(事典)이다. 이로써 나라를 부유하게 만들고 온갖 벼슬아치를 임명하며 만백성을 살린다." 그리고 "소재의 직분은 나라의 육전, 팔법, 팔칙(八則)의 부본을 관장한다. 이로써 나라, 도(都), 비(鄙), 관부에서 다스리는 일을 살핀다." 사회(司會)는 소재와 같다. "사서(司書)는 나라의 육전, 팔법, 팔칙, 구직(九職), 구정(九正), 구사(九事), 나라의 「판」(版), 땅의 「도」(圖)를 관장한다. 이로써 나라의 온갖 물자가 드나드는 것을 두루 알고 그 재화의 순서를 정한다." 「춘관」은 이러하다. "태사[大史]는 나라를 세우는 육전을 관장하고 이로써 나라의 다스림을 맞이한다."

역주_ **육전**은 육경이 담당하는 부서를 가리킨다. 육전의 구체적 내용은 위 교주에 상세하다. **팔법**은 『주례』가 규정한 관청을 다스리는 여덟 가지 법률 제도이다. 관속(官屬), 관직(官職), 관련(官聯), 관상(官常), 관성(官成), 관법(官法), 관형(官形), 관계(官計)이다. **도**는 중심 도시, **비**는 변두리 마을이다. **사회**는 천하의 회계를 맡은 벼슬아치이다. **사서**는 사회를 도와 회계를 맡은 벼슬아치이다. **구직**은 『주례』가 규정한 아홉 가지 직업이다. **구정**은 아홉 가지 세금과 아홉 가지 공납이라는 뜻이다. **구사**는 구식(九式)과 같은 말이다. 구식은 『주례』가 규정한 왕실 재정을 절약하는 아홉 가지 조목이다. 제사(祭祀), 빈객(賓客), 상황(喪荒), 수복(羞服), 공사(工事), 폐백(幣帛), 추말(芻秣), 비반(匪頒), 호용(好用)이다. **판**과 **도**는 그림이나 지도를 가리킨다.

13 『한서』「사마상여전」(司馬相如傳)의 「봉선문」(封禪文)은 이러하다. "장고에게 그 구체적 절차를 세세히 아뢰라고 명령하여 살펴보셔야 마땅할 것입니다." 『한서음의』[音義]은 이러하다. "장고는 태상에 속한 벼슬아치이며 고사(故事)를 맡고 있는 사람

만들어 두어야만 어떤 관직이 주어진 임무를 제대로 수행하지 못했거나 물난리나 화재 때문에 어떤 부서의 규정집을 지키지 못하는 경우가 생기더라도, 다른 부서에서 부본으로 남긴 규정집의 도움을 받아 증명할 수 있었을 것이다. 그러므로 기주의 정해진 방법이 없었다면 나중에 상세하게 전해질 수 있겠는가? 한나라 원제(元帝)와 성제(成帝) 무렵에 와서야 문헌이 갖추어졌다고 말할 수 있다. 그러나 유흠(劉歆)의 『칠략』[14]이

이다."

역주_ **장고**는 말 그대로 '故를 쥐고 있다'는 뜻이다. '故'는 본디 옛 문헌이라는 뜻이다. 옛 문헌인 '故'는 옛날부터 대대로 지켜오는 규칙과 정례, 또는 관례이며 고사라고 부른다. 장고는 나라의 관례를 관장하는 벼슬아치라는 뜻이다. 고사와 관련성 때문에 나라의 관례 자체를 가리키는 뜻으로 파생되기도 한다.

14 『한서』 「예문지」는 이러하다. "성제 때 서적이 대단히 흩어지고 없어졌다. 알자(謁者)인 진농(陳農)에게 천하에 남은 책을 찾으라고 시켰다. 광록대부(光祿大夫) 유향(劉向)에게 경전(經傳), 제자백가(諸子), 시부(詩賦)를 교정하고, 병부 교위(兵部校尉) 임굉(任宏)에게 병서(兵書)를 교정하며, 태사령(太史令) 윤함(尹咸)에게 수술(數術)을 교정하고, 시의(侍醫) 이주국(李柱國)에게 방기(方技)를 교정하라고 명령했다. 책이 하나씩 끝날 때마다 유향은 바로 작품 목록[篇目]을 순서대로 배열하고, 가리키는 의도를 취하여 베껴 쓴 뒤 아뢰었다. 유향이 죽을 때가 되어 애제는 다시 유향의 아들인 시중 봉거도위(奉車都尉) 유흠에게 아버지의 일을 마치라고 시켰다. 그래서 유흠은 많은 책을 종합하여 그의 『칠략』을 바쳤다. 그래서 『집략』(輯略)이 생겼다. 『집략』에는 「육예략」, 「제자략」(諸子略), 「시부략」(詩賦略), 「병서략」(兵書略), 「수술략」[術數略], 「방기략」(方技略)이 있다." 『수서』 「경적지」는 이러하다. "『칠략』은 일곱 권이고 유흠이 지었다." 『신당서』 「예문지」도 마찬가지이다. 『송사』 「예문지」에는 기록되지 않은 것으로 보아 아마 이미 없어진 듯하다. 청나라 엄가균(嚴可均)이 일문(佚文) 수십 조목을 수집해서 『전한문』(全漢文) 권39에 실었다.

역주_ **엄가균**(1762~1843)은 자가 경문(景文), 호가 철교(鐵橋)이다. 오정(烏程, 현재 절강성 호주) 출신이다. 어려서부터 공부를 좋아했는데 젊을 때 관청에 세금을 제때 납부하지 않아 도망쳐서 남쪽으로 영남 지방도 가보고 북쪽으로 만리장성 너머까지 갈 정도로 천하를 돌아다녔다. 가경 5년(1800) 거인이 되었고 건덕현학(建德縣學)의 교유(教諭)를 지낸 적이 있다. 엄가균은 박학다식하고 문자학, 음운학, 고증학에 정통했다. 스무 살에 송나라 판본의 경서를 본 적이 있는데 잘못이 많은 것을 보고 문헌 교정에 뜻을 두었다. 여러 군데 돌아다니며 장서를 모으고 당나라 때 경서의 탁본도 모아 교정했다. 설문학에도 독창적 견해가 있었다. 가경 연간에 청왕조는 『전당문』(全唐文)을 편찬하는 일에 힘쓰고 있었다. 엄가균은 당나라 이전의 서적도 모을 필요가 있다고 생각하여 가경 13년(1808)부터 구 년에 걸쳐 자료를 모으고 십팔 년 동안 교정하고 정리하여 『전상고삼대진한삼국육조문』(全上古三代秦漢三國六朝文)을 편찬했다. 저술에 『당석경교문』(唐石經校文), 『금석제발』(金石題跋), 『설문성류』(說

설령 육전의 규정집의 근원을 소급했다 하더라도 한나라 관청이 주나라만큼 완벽하게 규정집을 갖출 수 없었다. 법을 담당하는 관청이 율령(律令)을 소장하고 고부(故府)에 장정(章程)이 남아 있으며 태상(太常)에 의해 조의(朝儀)가 지켜지고 있었지만,[15] 한나라 황실 도서관인 석거각(石渠閣)과 천록각(天祿閣)[16]에 여러 벌의 부본을 별도로 보존해두고 부서 사이의 의견이 달라서 토론이 벌어질 경우 교정해주는 일에 대비했다는 말은 들어보지 못했다. 그러므로 정해진 방식이 없었다고 말할 수 있다. 고대에 가장 가까운 시대인 한나라의 행정조차 황폐하고 단순하기가 이 지경인데, 문장(文章)과 전고(典故)가 한나라 이후 어수선하고 무질서하게 되었다한들 이상하게 생각할 일이 무엇이 있겠는가?[17]

文聲類), 『사록당류집』(四錄堂類集) 등이 있다.

15 『사기』「태사공자서」는 이러하다. "한나라가 일어나자 소하(蕭何)가 율령을 편집하고 한신(韓信)이 군법(軍法)을 펼쳤으며 장창(張蒼)이 장정(章程)을 만들었고 숙손통(叔孫通)이 예의(禮儀)를 정했다." 『한서』「성제기」(成帝紀)의 주는 다음과 같은 『한구의』(漢舊儀)의 말을 인용하고 있다. "네 명의 상서 사조(四曹)가 된다. 성제는 다섯 명을 두었고 삼공조(三公曹)가 있었는데 옥사(獄事)를 결정하는 일을 주관했다." 『수서』「경적지」 "구사류" 「서록」[舊事序]은 이러하다. "옛날 조정(朝廷)의 정사는 호령(號令)을 발표하여 모든 벼슬아치들이 받들게 하고 관부에 소장하게 한 뒤 각자 직분에 따라 다스리게 하고 지켜서 잊지 않게 했다. 『춘추전』은 이렇게 말한다. '내가 그것을 고부에서 보았다.' 이것이 바로 그 일이다." 『한서』「백관공경표」(百官公卿表)는 이러하다. "봉상(奉常)은 진나라 관직이다. 종묘(宗廟)의 예의를 관장한다. 경제(景帝) 중원(中元) 6년 태상이라고 이름을 고쳤다. 녹봉[秩]은 중 이천 석(中二千石)이다."

역주_ **율령**은 법률과 왕의 명령이다. **장정**은 여러 조목으로 나누어 마련한 규정이다. **조의**는 조정의 의식에 관한 규정이다. 『**한구의**』는 후한의 위굉(衛宏)이 지은 책인데 나중에 사라졌다. 지금의 판본은 『영락대전』에서 뽑아 모은 것이다.

16 『문선』에 실린 반고의 「동도부」(東都賦)는 다음과 같이 말한다. "또한 천록각과 석거각, 전적을 보관한 큰 집이 있다네." 그 다음의 주는 "천록각은 대전(大殿)의 북쪽에 있고, 석거각은 비전(祕殿)의 북쪽에 있다. 비서를 소장하고 있다"라는 『삼보고사』(三輔故事)를 인용하고 있다. 『삼보황도』(三輔皇圖) 권6은 이러하다. "석거각은 소하가 만들었다. 건물 아래 돌을 갈아 물길을 만들어 물을 흘려보냈다. 마치 오늘날 궁전의 도랑과 같다. 이것을 근거로 집의 이름을 지었다. 여기에는 함곡관을 들어오면서 얻은 진나라 도서[圖籍]를 소장하고 있다. 성제 때 와서 다시 여기에 비서를 소장했다." 그리고 "천록각은 전적을 소장하는 곳이다."

17 나는 이렇게 생각한다. 이 단락은 후세의 기주에 정해진 방법이 없다는 것을 밝혔다.

맹자(孟子)는 이렇게 말한다. "임금다운 왕의 자취가 사라지자 『시』는 사라졌다. 『시』가 사라진 뒤 『춘추』가 만들어졌다."[18] 맹자는 아마 임금다운 왕의 교화[王化]가 실행되지 않는다고 말하면서 『춘추』의 쓰임새[用]를 헤아려서 다시 찾으려고 했을 것이다. 그러나 『주관』의 규칙이 없어지자 『서』가 사라졌고 『서』가 사라진 뒤에 『춘추』가 만들어진 것을 맹자는 몰랐다. 임금다운 왕의 제도[王章]가 세워지지 않으면 『춘추』의 근본 바탕[體]을 알 수 있다는 말이다. 『주관』의 규칙이 없어지자 『서』가 사라졌다는 말은 무엇인가? 아마 주나라의 공식적 제도[官禮]는 세밀했지만 기주의 정해진 방법은 나중에 생겼기 때문일 것이다. 기주의 방법이 정해진 뒤에도 찬술이라는 이름이 정해지지 않았을 수 있다. 당시에는 제도가 세밀하고 자세하게 갖춰져 있고 실무를 맡은 책임자[有司]가 정해진 규정집을 가지고 있다고 했다. 내가 특별히 중대한 것만 제시하고 기록해서 위대한 통치자가 세상을 다스린[經世] 큰 줄거리를 보여주겠다. 전, 모, 훈, 고, 공, 범, 관(官), 형(刑)이라는 『상서』의 여러 형식[19] 가운데 어떤 것은 상세하고 어떤 것은 간단하다. 그리고 어떤 것은 버리고 어떤 것은 취했다. 이것은 의도에 따라 이름 붙인 것일 뿐이므로 유일하게 정해진 범례라고 확정지을 필요가 없다. 이것이 『상서』가 세상을 다스릴 수 있는 근거이다. 주나라의 공식적 제도가 없어진 상황이 되자 기주가 제도 전체를 갖출 수는 없게 되었다. 『춘추』는 같은 말이나 사물을 모아

역주_ 전고는 전거가 되는 옛일이라는 뜻이다.

18 이 구절은 『맹자』 「이루(離婁) 하」에 나온다. 주희의 주는 다음과 같다. "임금다운 왕의 자취는 없어지고 주나라 평왕이 동쪽으로 천도하자, 정교와 호령은 천하에 전달되지 못했다. 『시』는 사라지고 "서리"(黍離)가 「국풍」(國風)으로 낮춰졌고 「아」(雅)는 사라지게 되었다. 『춘추』는 노나라 은공 원년에 시작하는데, 실제로 주나라 평왕 49년이다."

19 전, 모, 훈, 고, 공, 범은 위의 주4를 보라. 관과 형에 대해 공영달의 『상서소』는 이렇게 말한다. "『주관』은 위에서 아래로 알리는 것을 고라고 한다. 「여형」(呂刑)은 임금에게 형벌에 대해 말하는 것이니 마찬가지로 고이다."

역주_ 위 본문의 '세상을 다스린'은 '經世'를 옮겼다. 아래에서 명사로 쓰일 경우 그냥 '경세'로 옮기기도 했다.

비교하고 가치를 판단했지만,[20] 좌구명은 모든 정부 기관에 소장된 기록과 노나라 이외의 모든 나라가 가진 보배로운 책을 가지고 역사 사실의 전체 과정을 갖추지 않을 수 없었다. 이것은 추세가 그랬기 때문이다.[21] 사마천(司馬遷)과 반고(班固)를 시작으로 좌구명의 방식은 확장되었고 좌구명에서 갈라져 나온 것들이 더욱 밝혀졌다.[22] 기주에 정해진 방법이

---

20 『예기』「경해」는 이러하다. "같은 말이나 사물을 모아 비교하고 가치를 판단하는 것은 『춘추』의 가르침이다." 장태염 선생은 이렇게 말한다. "같은 말이나 사물을 모아 비교하고 가치를 판단하는 것은 이런 것이다. 동일한 사건에 여러 나라가 관여된 경우 각국은 그 사건에 대해 자국과 밀접한 부분만 기록한다. 『춘추전』(春秋傳)에 이르러 각국의 기록들을 가지런히 정리하게 된다. 이것은 마치 사마광의 『자치통감』(資治通鑑)이 여러 역사서의 「기」, 「전」, 「표」, 「지」의 사실들을 나란히 모아서 한 편으로 만든 것과 같다. 이것이 같은 말이나 사물을 모아 비교하고 가치를 판단하는 것이다. 자신이 좋은 역사가가 아니라면, 실마리가 어지러워 앞뒤가 마구 흐트러진다. 그래서 『춘추』가 잘못되고 어지러워졌다."(『검론』(檢論) 「춘추고언」(春秋故言)의 자주)

21 『사기』「십이제후연표서」(十二諸侯年表序)는 이러하다. "노나라 군자 좌구명은 제자들마다 다른 견해를 가지고 각자 자신의 의도만 편안하게 여기고 진실을 잃게 될 것이 두려웠다. 그래서 공자의 역사 기록을 근거로 공자의 말을 갖춰 논한 뒤 『좌씨춘추』(左氏春秋)를 완성했다." 『춘추공양전소』는 민인(閔因)의 서문을 인용하여 이렇게 말한다. "예전에 공자가 단문(端門)의 명령을 받고 『춘추』의 의리를 제정했다. 자공 등에게 주나라 역사 기록을 찾도록 시켜 백이십 개 나라의 보배로운 책[寶書]을 얻었다." 두예는 「춘추좌씨전서」에서 대략 이렇게 말한다. "좌구명은 공자[仲尼]에게 경을 전수받고 국사의 신분이었다. 몸소 기록과 전적을 살펴보고 반드시 널리 기억하여 말할 것을 대비했다. 이렇게 해서 장차 학자들이 시작을 찾고 끝을 맺으려 할 때 얼음이 풀리듯 시원스럽고 편안하게 순리에 맞게 만들어 주려고 했다. 그런 뒤에 얻게 되었다." 이것은 사실을 시작부터 끝까지 갖춰야 한다는 점을 말하고 있다. 『태평어람』(太平御覽) 610은 환담의 『신론』을 이렇게 인용하고 있다. "좌구명의 경과 「전」은 마치 옷의 겉과 속처럼 서로 의존하여 완성된다. 경이 있고 「전」이 없다면 성인이 문을 걸어 잠그고 생각만 하게 한다 해도 십 년이 지난들 알 도리가 없다."

역주_ 『**태평어람**』은 송나라 태평흥국 2년(977)에 태종의 칙명으로 이방(李昉) 등이 편찬한 백과사전이다. 모두 천 권이다. 『주역』「계사전」의 사상에 바탕을 두고 당시 알고 있던 지식을 쉰다섯 문(門)으로 나누었다. 각 문은 다시 유(類)로 나누었는데 모두 사천오백쉰여덟 유이다. 송나라 초기 만들어진 『태평광기』(太平廣記), 『문원영화』(文苑英華), 『책부원구』(冊府元龜)와 함께 '송사대서'(宋四大書)라 한다.

22 『한서』「사마천전」(司馬遷傳)은 이러하다. 사마천은 자가 자장(子長)이며, 한나라 좌풍익(左馮翊) 하양(夏陽) 출신이다. 열 살에 고문(古文)을 외웠으며 나이 스물에 남쪽

없다지만 찬술에 정해진 이름도 없을 수 없다. 그래서 나는 이렇게 말하련다. "임금다운 왕의 자취가 사라지고 『시』도 사라졌다는 곳에서 『춘추』의 쓰임새를 보고, 『주관』의 규정이 없어지고 『서』도 사라졌다는 곳에서 『춘추』의 근본 바탕을 본다."[23]

『예기』(禮記)는 이렇게 말한다. "임금의 왼쪽에 앉은 벼슬아치인 좌사(左史)는 말을 기록하고 오른쪽에 앉은 벼슬아치인 우사(右史)는 행동을 기록한다."[24] 좌사와 우사라는 관직은 『주관』에 나타나지 않으며 그들의

으로 장강과 회수(江淮) 유역을, 북쪽으로 문수와 사수[汶泗] 유역을 여행했으며 돌아와서 낭중으로 벼슬길에 올랐다. 아버지 사마담(司馬談)을 이어 태사령이 되었다. 이릉(李陵) 때문에 재앙을 당했지만, 물러나와 끝내 요임금 이후부터 『춘추』의 시대까지 기술했다. 모두 백서른 편의 『태사공서』를 지었다. 『후한서』 「반고전」(班固傳)은 이러하다. 반고는 자가 맹견(孟堅)이며, 아홉 살에 글을 지을 정도로 재능이 있었다 한다. 자라서 엄청난 양의 문헌을 읽어서, 구류(九流)와 백가(百家)의 주장을 완벽하게 연구하지 않은 것이 없었다. 반고는 아버지 반표(班彪)가 기존의 역사서에 자세하지 않은 것을 이어 자신의 작업을 완성하려 했던 것을 이었다. 현종(顯宗)은 그가 아버지가 남긴 책을 결국 완성하도록 시켰고 이에 『한서』 백 편을 지었다. 좌구명이 전한 『춘추』는 연도를 주요한 것으로 삼고 사실을 보조적인 것으로 하여 서술하는 순서가 분명하다. 사마천과 반고의 책은 「본기」의 기년은 『춘추』의 경보다 상세하지만, 「열전」에서 사람을 서술할 때는 좌구명의 「전」과 다르고, 「표」와 「지」를 써서 「본기」와 「열전」의 미비한 점을 보충했다. 이것은 사실 좌구명에게서 갈라져 나온 흐름을 넓혀서 더욱 밝힌 것이다.

23 나는 이렇게 생각한다. 이 단락은 후세의 찬술에 정해진 이름이 있다는 것을 밝혔다.

24 『예기』 「옥조」(玉藻)는 이러하다. "행동은 좌사가 기록하고 말은 우사가 기록한다." 황이주(黃以周)는 이렇게 말한다. "좌우(左右)라는 글자는 여기서 서로 잘못 되었다. 「옥조」에 대한 정현의 주는 이렇게 말한다. '『춘추』와 『상서』를 쓰는 것은 갖춰져 있다. 우사가 행동을 기록한 것은 『춘추』이고 좌사가 말을 기록한 것은 『상서』이다.' 순열(荀悅)『신감』(申鑒)은 이렇게 말한다. '옛날에 천자와 제후에게 어떤 사실이 있으면 반드시 묘당에 고했다. 조정에는 두 가지 사가 있는데, 좌사는 말을 기록하고 우사는 사실을 기록한다. 사실은 『춘추』이고 말은 『상서』이다.' 이 말은 정현의 주와 일치한다."(『예서통고』(禮書通故) 권34)

역주_ **황이주**(1828~1899)는 자가 원동(元同), 호가 경계(儆季)이다. 절강 정해(定海) 출신이다. 황식삼(黃式三)의 넷째 아들이다. 어려서부터 가학을 이어 형들과 공부했다. 관직에 나갈 기회가 있었지만 나가지 않았다. 아버지를 하늘같이 받든 효자였다. 황이주의 학문은 한학과 송학에 구애받지 않고 고염무의 '경학이 곧 이학'이라는 주장을 몸소 드러냈다. 대표작은 『예서통고』 백 권이 있다. **순열**(148~209)은 자가 중예(仲豫)이며 영천(穎川) 영음(穎陰, 현재 하남성 허창) 출신이다. 순자의 십삼 대손이다.

기록도 나중에 전해지지 않는다. 『예기』의 말은 아마 예를 연구하는 사람[禮家]이 잘못 쓴 글이 아닐까?[25] 후세의 유학자들이 제대로 살피지 않고서 『상서』가 말의 기록[記言]이고 『춘추』가 사실의 기록[記事]이라고 나눈 것은 대단한 실수이다. 『춘추』는 『춘추』에 대한 풀이를 버리고 사실의 목록만 공허하게 남길 수 없는 법이다. 그래서 『춘추좌전』에도 말의 기록이 엄청나게 많이 등장한다. 삼황과 오제의 전설 시대를 기록한 『상서』의 전이나 모 같은 글은 사실의 기록인 동시에 말의 기록도 갖추고 있다. 삼대의 왕들을 기록한 『상서』의 훈이나 고 같은 글에는 말의 기록이지만 사실도 갖춰져 있다. 옛사람은 말에서 사실을 보기도 하고 말을 사실이라고 보기도 하므로 사실과 말을 분리시켜 동떨어진 것으로 나눈 적이 없다. 「요전」과 「순전」, 「우공」(禹貢), 「홍범」(洪範) 등 여러 글이 뒤섞여 나왔기 때문에 『상서』의 의례가 순수하지 못하다고 유지기(劉知幾)는 나무랐다.[26] 후세의 허튼 소리를 근거로 옛사람의 실제 사실을 의심하지 말아야 한다! 『예기』는 이렇게 말한다. "오래된 과거를 소통시켜서 알게 해주는 것이 『서』의 가르침이다." 이것이 어찌 말의 기록만 가리키는 것이겠는가?[27]

동한 헌제 때 조조에게 부름을 받고 황문시랑, 비서감, 시중 등을 지냈다. 저술에 『한기』(漢記), 『신감』 등이 있다.

25 『한서』 「예문지」는 이러하다. "고대의 임금다운 왕들은 대대로 사관(史官)이 있었다. 임금의 거동은 반드시 기록했다. 그래서 언행을 조심하고 법식을 밝혔다. 좌사는 말을 기록하고 우사는 사실을 기록한다. 사실은 『춘추』이고 말은 『상서』이다. 제왕이라면 다르지 않다."

역주_ 예가는 예를 다루던 관직에 있던 사람들이라는 뜻이다.

26 유지기는 「사덕」의 주2를 보라. 『사통』 「육가」(六家)는 이러하다. "아마 『서』가 주장하는 것은 호령에 뿌리를 두었을 것이다. 그래서 왕도(王道)의 정의를 펼치고 신하에게 말하는 것이다. 그러므로 『서』가 기록하고 있는 것은 모두 전, 모, 훈, 고, 서, 명 같은 글이다. 「요전」과 「순전」 따위는 인사를 바로 편집하고 「우공」편은 오로지 지리만 말하며 「홍범」은 재이와 상서를 총괄해서 기술하고 「고명」(顧命)은 상례(喪禮)를 모두 진술한다. 이것도 마찬가지로 범례 가운데 불순한 것이다."

27 나는 이렇게 생각한다. 이 단락은 『상서』의 형식이 순수하게 말의 기록에 속하지 않음을 밝혔다.

육예가 빠짐없이 존재하다가 『악』이 사라지면서 『시』와 『예』로 나뉘어 들어갔고,[28] 『서』가 사라지면서 『춘추』로 들어갔다. 이것은 천시나 인사처럼 왜 그런 상태인지 모른 채 그렇게 된 것이다. 『춘추』의 사실들은 제나라 환공[齊桓]이나 진나라 문공[晉文]의 일[29] 따위이다. 그리고 재공(宰孔)이 주나라 왕의 명령을 제나라 임금에게 전하고,[30] 왕자호(王子虎)

---

28 심약(沈約) 『송서』(宋書) 「악지」는 이러하다. "진나라가 전적을 불사를 때 『악경』(樂經)의 쓰임새도 사라졌다." 주이존(朱彛尊) 『경의고』(經義考) 167 「악경」은 이러하다. "『수서』 「경적지」에서는 네 권이지만 없어졌다고 한다. 『한서』 「왕망전」(王莽傳)은 이러하다. '원시(元始) 3년에 『악경』을 세웠다.' 응소는 이렇게 말한다. '주나라 왕실이 해이해지고 예악이 붕괴했다. 포악한 진나라를 거듭 만나게 되자 결국 없어져버리고 말았다.' 『주관』에 있는 성균(成均)의 법에 따라 이것을 근거로 국자(國子)에게 악덕(樂德), 악어(樂語), 악무(樂舞) 세 가지를 가르쳤다. 악덕은 바로 주자(胄子)에게 가르치라고 기(夔)에게 명령한 「순전」의 몇 마디 말에 이미 그 요점이 포괄되어 있다. 악어는 바로 『시』(三百篇)에서 악기와 노래의 혜택을 입을 수 있다고 한 것이다. 악무는 바로 곡조에 맞춰 북을 치고 춤추는 멜로디인데, 경이라고 할 수 없다. 악에 경이 있다면 대략이나마 그 강령을 남겼을 것이다. 그래서 「대사악」(大司樂)이라는 장이 다름 아니라 바로 『악경』이라는 것을 알 수 있다. 「악기」가 이것을 따라 소리 높여 말한 것은 「관례」(冠禮)에 뜻이 있는 것이나 「상복」에 「전」이 있는 것과 같다. 다름 아니라 바로 『악경』이 오늘날까지 남아 있다고 해도 좋다."

역주_ 주이존(1629~1709)은 청나라의 문학자이자 학자이다. 자는 석창(錫鬯), 호는 죽타(竹垞)이다. 수수(秀水, 현재 절강성 가흥현) 출신이다. 어렸을 때 명나라가 망하고 청나라가 들어서는 어지러운 세상에 집안도 가난했으나 노력하여 학문을 익혔다. 강희 18년(1679) 박학홍유과(博學鴻儒科)에 급제하여 한림원검토(翰林院檢討)에 임명되었으며 『명사』(明史) 편찬에 참가했다. 저술에 『경의고』, 『일하구문』(日下舊聞), 『폭서정집』(曝書亭集) 등이 있다. 사에 뛰어나 절서사파(折西詞派)의 창시자이기도 하다. 시도 뛰어나 왕사정(王士禎)의 작품 정도로 평가받았다. 문학 선집도 편찬했다. 대표작은 『사종』(詞綜), 『명시종』(明詩綜) 등이 있다. 『경의고』는 모두 삼백 권이다. 청나라 경학이 고증학으로 자리 잡으면서 경전의 사전이 필요하게 되었다. 주이존은 이러한 시대의 요구에 맞춰 경학 사전을 편찬하게 되는데 그것이 바로 이 책이다. 나중에 옹방강(翁方綱)이 『경의고보정』(經義考補正)을 지어 보충하고 정정했다.

29 『맹자』 「이루 하」는 이러하다. "임금다운 왕의 자취가 사라지자 『시』는 사라졌다. 『시』가 사라진 뒤에 『춘추』가 지어졌다. 진나라의 『승』(乘), 초나라의 『도올』(檮杌), 노나라의 『춘추』는 마찬가지이다. 『춘추』의 사실들은 제나라 환공이나 진나라 문공의 일이며 『춘추』의 글은 역사서와 같다. 공자는 이렇게 말한다. '『춘추』의 의리는 내가 내키는 대로 취했다.'"

30 『춘추좌전』 「희공 9년」은 이러하다. "여름에 규구(葵丘)에서 만났다. 주나라 양왕은 재공(宰孔)에게 명하여 제나라 환공에게 조(胙, 제사 지낸 고기)를 하사하라고 하면

가 주나라 왕의 명령을 진나라 임금에게 전한 일[31]은 『상서』의 훈이나 고의 형식과 같다. 좌구명은 『춘추』의 풀이에 그것을 붙여서 『춘추』의 본문을 돕게 했지만 공자는 『상서』의 「문후지명」(文侯之命)에 그것을 함께 기록하지 않았다.[32] 이것은 『서』가 『춘추』에 들어갔다는 명백한 증거이다. 사마천은 『춘추』를 계승하고 본받은 동시에 『상서』의 전과 모를

서 이렇게 말했다. '천자가 문왕과 무왕에게 일이 있어(문왕과 무왕에게 제사를 지내다) 재공을 보내 백구(伯舅)에게 조를 하사한다.' 제나라 환공이 급히 뜰 아래로 내려가 절하려고 하자 재공이 이렇게 말했다. '또 뒤에 내린 명령이 있습니다. 천자가 재공을 시켜 이렇게 말하도록 했습니다. 백구는 질로(耋老)이니 관작을 한 등급 올려주니 계단을 내려가 무릎 꿇고 절하지 말라.' 제나라 환공이 이렇게 대답했다. '하늘같은 위엄이 이마에서 지척인데 저 소백(小白)이 감히 천자의 명령을 그대로 좇아 계단 아래 내려가 무릎 꿇고 절하지 않기를 탐하겠습니까? 그러다간 뜰 아래로 굴러 떨어져 천자에게 수치를 끼치게 될까 두렵습니다. 감히 계단 아래 내려가 절하지 않을 수 있겠습니까?' 그래서 계단 아래 내려가 절한 뒤에 올라와(계단 위의 집으로 올라오다) 조를 받았다."

역주_ **백구**는 천자가 이성 제후를 부르는 호칭이다. 동성 제후는 백부나 숙부라고 한다. **질로**는 일흔 이상의 고령이다. **지**는 여덟 치이고 **척**은 한 자이다. **소백**은 제나라 환공의 이름이다.

31 『춘추좌전』「희공 28년」은 이러하다. "진나라 문공이 초나라 포로를 주나라 양왕에게 바쳤다. 양왕은 윤씨(尹氏) 및 왕자호(王子虎), 내사 숙흥보(叔興父)를 보내 문공을 후백(侯伯)으로 임명했다. 그리고 양왕은 문공에게 대로(大輅, 수레)를 탈 때의 입성, 융로(戎輅)를 탈 때의 입성, 동궁(彤弓, 붉은 색 활) 하나, 동시(彤矢) 백 개, 노궁(玈弓, 검은색 활)과 노시 천 개를 하사했다. 또 거창(秬鬯, 검은 기장으로 빚은 좋은 술) 한 동이[卣], 호분(虎賁, 무사) 삼백 명도 주었다. 그리고 이렇게 말했다. '왕이 숙부에게 말한다. 왕의 명령을 공경하여 복종하며 이로써 사방의 나라들을 어루만지고 왕특(王慝, 왕이 싫어하는 것)을 바로잡고 없애도록 하라.' 진나라 문공이 세 번 사양한 뒤에 왕의 명령을 따르면서 이렇게 말했다. '중이(重耳)는 감히 두 번 절하며 머리를 땅에 대고 천자의 비현휴명(丕顯休命)을 받잡겠습니다.' 진나라 문공이 책명을 받고 나온 뒤에 세 번에 걸쳐 양왕을 조현(覲, 만나다)했다."

역주_ **대로**는 제사지낼 때 타는 금빛 수레이며 **입성**이란 그때 쓰는 붉은색 들닭의 깃털로 만든 모자이다. **융로**는 군대를 사열할 때 타는 수레이며 **입성**이란 그때 쓰는 가죽 모자이다. **중이**는 진나라 문공의 이름이다. **비현휴명**은 주나라 천자의 큰 명령이라는 뜻이다.

32 「고문상서서」는 이러하다. "주나라 평왕은 진나라 문공에게 거창과 규찬(圭瓚, 옥그릇)을 하사하고, 「문후지명」(文侯之命)을 지었다." 나는 이렇게 생각한다. 가업당본 『장씨유서』에 따르면 "편"(篇)은 "편"(編)이라고 되어 있다. 여기선 월아당총서본에 근거했다. 지고당총서본[志古堂本]도 마찬가지이다.

편집하고 윤색하여 『사기』(史記)의 「본기」(本紀)와 「열전」(列傳)에 넣었다.[33] 반고는 사마천을 계승하여 『한서』(漢書)를 지었다.[34] 그래서 『한서』의 「지리지」(地理志) 첫머리에 『상서』의 「우공」을 선택해서 넣고 「오행지」(五行志)에 『상서』의 「홍범」을 특별히 기록했다.[35] 그래서 『서』와 『춘추』는 하나로 합쳐지지 않을 수 없었다. 후세의 유학자들이 제대로 살피지 않고서 기전체[紀傳]는 『상서』를 본받았으나 편년체[編年]는 『춘추』를 본받았다고 말한다.[36] 이것은 좌사가 말을 기록하고 우사가 사실을 기록한

---

33 『사기』는 『춘추』를 이어 본받았다. 이것은 사마천의 「태사공자서」를 보라. 「은본기」(殷本紀)는 이러하다. "위대한 탕왕(成湯) 이후는 『시』와 『서』에서 채록했다." 그리고 책에 내용이 빠져서 틈이 있을 수밖에 없으며, 다른 책에 나타나는 사라진 글[軼文]을 두루 수집해서 말이 비교적 우아한 것을 골랐다고 「오제본기」에서도 말했다. 이것은 책을 채택하여 「기」와 「전」에 넣었다는 명백한 증명이다.

34 『후한서』 「반표전」(班彪傳)은 이러하다. "『사기』는 태초 이후로 빠진 것은 기록하지 않았다. 반표는 그래서 앞 시대의 역사서에서 없어진 사실을 이어서 채록하고 예전에 들었던 것을 옆에서 관철시켜 『후전』(後傳) 수십 편을 지었다. 앞 시대의 역사서를 참작하고 『사기』의 성공과 실패를 충고하여 바로잡았기 때문이다. 반고는 앞 시대 역사서에 상세하지 않은 것을 이은 반표를 근거로 깊고 정밀하게 연구하고 생각하여 반표의 학업을 완성시켰다. 그래서 「기」, 「표」, 「지」, 「전」 백 편을 지었다."

35 『한서』 「지리지」(地理志)에는 『상서』 「우공」의 글이 수록되어 있고, 『한서』 「오행지」(五行志)에는 『상서』 「홍범」의 글이 수록되어 있다.

36 『십칠사상각』(十七史商榷) 권1은 이러하다. "사마천은 「본기」, 「표」, 「서」, 「세가」, 「열전」의 형식을 창조하여 세웠다. 후세에 역사서를 만든 사람들은 차례로 사마천을 조술하고 그가 나눈 범위를 벗어날 수 없었다. 그래서 반고와 범엽은 그들의 역사서를 서(書)라고 불렀고 진수는 지(志)라고 불렀으며 이연수(李延壽)는 『남사』와 『북사』[南北朝]를 사(史)라고 불렀고 구양수(歐陽脩)는 『오대사』[五代]를 사기(史記)라고 불렀다. 제목은 조금씩 다르지만 큰 뜻은 결국 사마천의 울타리 안에 있는 셈이다. 사마천은 『상서』 및 『춘추좌전』과 『국어』[內外傳]에서 방법을 취했다. 그는 스스로 조술할 뿐이지 창작하지 않는다고 말했다. 사실 그는 조술에 창작을 겸한 사람이다." 『사통』 「육가」 "좌전가"(左傳家)는 이러하다. "한나라 때의 역사서는 사마천과 반고를 위주로 한다. 그러나 「기」와 「전」이 계속 나오고 「표」와 「지」가 중복되어 글이 번거롭다. 그래서 두루 살펴보기가 대단히 어렵다. 헌제[孝獻帝] 때 이르러 비로소 그 책들을 편년체(編年體)로 만들라고 순열에게 명령했다. 『좌전』에 의거하여 『한기』(漢紀) 서른 편을 지었다. 이때부터 각 왕조의 국사는 모두 이렇게 짓게 되었다."

역주_ **기전체**는 인물 중심으로 단락을 나누어 서술하는 문체를 가리키며, **편년체**는 시간의 흐름에 따라 서술하는 문체를 가리킨다. 『**십칠사상각**』은 청나라 왕명성이 지은 역사고증학 저술이다. 십칠사는 『사기』부터 『오대사』까지 열일곱 가지 역사서를 가

일이 다르다고 억지로 나눈 것과 무엇이 다른가?[37]

2. 서교(중)[1]

『상서』에는 정해진 형식이 없기 때문에 전승되지 않기 쉬웠다. 역시 『상서』에 정해진 형식이 없는 바람에 가탁하는 사람도 많았다. 주나라 말기에 문(文)이 두드러지고 주나라의 공식적 제도가 벼슬아치의 직분[職守]을 잃어버리자[2] 많은 제자백가의 학이 삼황과 오제의 문서에 다투어

리킨다. 송나라 때 합쳐서 출판한 적도 있고 송나라 이전의 역사를 가리키는 말이기도 하다. 왕명성은 이 가운데 문제가 있는 것을 치밀한 고증에 의해 바로 잡고 있다. 이연수는 당나라 벼슬아치이자 역사가이다. 자는 하령(遐齡)이며 상주(相州, 현재 하남성 안양) 출신이다. 생졸년은 확실치 않다. 대체로 당나라 태종 초기부터 고종 초기까지 삼십 년 정도의 사적이 나타나고 있다. 정치적으로 대단한 업적은 없지만 『수서』, 『오대사지』, 『진서』 등의 역사서 편찬과 당나라 국사의 편찬에 혁혁한 업적을 세웠다. 아버지의 유언을 받들어 『남사』와 『북사』를 나눠 편찬했다.

37 나는 이렇게 생각한다. 이 단락은 『서』가 『춘추』에 들어와서 하나로 합쳐졌고, 그래서 기전체가 만들어졌다는 것을 밝혔다.

1 나는 이렇게 생각한다. 「서교 중」편은 말의 기록이 『서』의 유일한 형식이 아니며 후세인들이 말의 기록만 언급하는 것이 그르다는 것을 밝혔다.

2 『예기』 「표기」(表記)는 이러하다. "은나라와 주나라의 질[質]은 문[文]을 이기지 못한다." 『논어』 「옹야」(雍也)는 이러하다. "겉모습[文]이 바탕[質]을 이기면 호화스럽다[史]." 『논어집해』(論語集解)는 포함(包含)을 인용하여 이렇게 말한다. "호화스럽다[史]는 것은 겉모습이 많고 바탕이 적다는 말이다." 주나라 말기의 정교는 쇠퇴하고 미약해져서 제자백가의 주장이 횡행하고 있었다. 그래서 문은 많고 질은 적다고 한 것이다. 『사기』 「역서」는 이러하다. "유왕과 여왕 이후 주나라 왕실은 미약해졌다. 신하들[陪臣]이 정권을 장악하자 사는 시간을 기록하지 않았으며 제후들은 곡삭을 올리지 않았다. 그래서 주인(疇人)의 자제들이 흩어졌다. 어떤 사람은 그나마 중국[諸夏]에 있었지만 어떤 사람은 이민족[夷狄]의 땅으로 갔다." 이것은 주나라의 공식적 제도를 지키지 못한 증거이다. 『논어』 「미자」(微子)는 이러하다. "태사인 지(摯)는 제나라로 가고 아반(亞飯)인 간(干)은 초나라로 갔으며 삼반(三飯)인 요(繚)는 채나라로 가고 사반(四飯)인 결(缺)은 진나라로 갔으며 북치는 사람[鼓]인 방숙(方叔)은 하

가탁했다. 작물 재배를 신농씨에게 가탁하고 병법과 의학 서적을 황제에게 가탁한 것을[3] 호사가들은 『삼분』이 잃어버린 책이자 『오전』이 따로 전승한 것이라고 전한다. 이 책들이 본디 가탁에서 나온 것인지 모르겠으나 이 책들의 뜻에도 스승의 전승이 완전히 없는 것은 아니다. 주나라의 공식적 제도에 의한 정치가 거행될 때 그들이 지킨 것은 대대로[世氏] 스승에게서 전승받은 장고일 뿐이다.[4] 『삼분』과 『오전』의 사라진 유산이 『주관』에서 관직이 지켜야 한다고 규정한 내용에 많이 남아 있다면, 외사가 관장하는 문서[5]는 틀림없이 『주관』에 별도로 갖춰져 있는 것이 틀림없다. 이것은 육전에 각자 부본을 보존하는 제도와 마찬가지이다.

내로 들어가고 작은 북을 흔드는 사람[播鞀] 무(武)는 한중으로 들어갔으며 소사(少師)인 양(陽)과 경을 치는 사람[擊磬]인 양(襄)은 발해로 들어갔다." 형병(邢昺)의 『논어소』(論語疏)는 이렇게 말한다. "이 장은 노나라 애공 때 예악이 붕괴하자 악인(樂人)이 모두 떠난 일을 기록하고 있다." 이것은 여러 나라의 일이긴 하지만 왕조마다 마찬가지라고 추측해 볼 수 있다.

역주_ **문**은 무늬, 글월, 형식, 문화, 문명 등 많은 함의를 가지고 있다. 따라서 옮길 때 문맥에 따라 이해해야만 한다. 『**논어집해**』는 위나라의 하안이 지은 논어의 주석서이다. **주인**은 고대 중국의 천문역산가이다. 대대로 세습되었다. **형병**(932~1010)은 북송의 경학자이자 벼슬아치이다. 자는 숙명(叔明)이고 조주(曹州) 제음(濟陰, 현재 산동성 조현) 출신이다. 구경에 통달한 것으로 발탁되어 예부 상서까지 올랐다. 『논어정의』를 지어 심성과 명리에 대해 논했는데 나중에 성리학자들이 받아들였다. 『이아의소』(爾雅義疏) 및 『효경정의』(孝經正義)도 지었는데 모두 십삼경주소에 들어가 있다. 『논어소』는 바로 『논어정의』를 가리킨다.

3 『한서』 「예문지」 "제자략" '농가'(農家)는 이러하다. "『신농』은 스무 편이다." 원주는 이렇게 말한다. "전국시대[六國]의 제자백가는 세상이 농업을 게을리 하는 것을 미워했다. 그래서 농사짓는 일을 말하면서 신농에게 가탁했다."그리고 "병서략" '병음양가'[陰陽類]는 이러하다. "『황제』(黃帝)는 열여섯 편이다." 원주는 이러하다. "「도」(圖)가 세 두루마리이다." 그리고 "방기략"(方伎略) '의경류'(醫經類)는 이러하다. "『황제내경』(黃帝內經)은 열여덟 권이며 『외경』(外經)은 서른일곱 권이다." 요제항 『고금위서고』는 이러하다. "『한서』 「예문지」가 기록하고 있는 『황제내외경』은 모두 가탁한 것이다."

4 『예기』 「중용」은 이러하다. "사람이 그대로 있으면 정치는 그대로 거행된다." 『맹자』 「고자(告子) 하」는 이러하다. "사(士)는 대대로 지키는 관직[世官]이 없어졌고 관직의 일은 지키는 것이 없어졌다." 고대에 대대로 관직을 지키면 관직 이름을 그대로 자신의 씨로 삼기도 했다. 그래서 세씨라고 한 것이다. 장고는 「서교 상」의 주13을 보라.

5 다름 아니라 바로 삼황오제의 책이다.

좌구명이 『삼분』과 『오전』을 언급할 때,[6] 개괄적으로 말한 것이 어떤 것이고 별도의 주장이 어떤 것인지 알 수 없다. 그것이 어떻게 삼황의 문서인 『삼분』이고 어떻게 오제의 문서인 『오전』인지 확실히 가리고자 한다면 지나치게 파고드는 짓이리라.[7]

『일주서』(逸周書) 일흔한 편 가운데는 주나라의 공식적 제도에 대한 별도의 기록과 『춘추』의 자매편이 많지만, 『상서』를 연구하는 사람들은 거의 모두 『일주서』를 마구 취하여 경[經書]의 방증(旁證)으로 갖출 뿐이다. 유향과 반고는 『일주서』를 공자가 거론한 『상서』 백 편의 나머지,[8] 즉 『상서』의 사라진 작품 같다고 생각했다. 그들은 『일주서』의 편들이 처음에 『상서』의 전, 모, 훈, 고 등과 동일한 책이었지만, 공자가 『일주서』를 삭제하고 『상서』만 남겼을 뿐이라고 생각했다. 『일주서』의 문기(文氣)가 『상서』와 비슷하지 않으며 순수하거나 잡스러운 글이 동시에 나타난다는 것은 말하지 말자. 다름 아니라 「직방해」(職方解)나 「시훈해」(時訓解) 같은 여러 편은 『주례』나 『예기』의 글을 이용한 것이 확실하며,[9]

---

6 「서교 상」의 주3을 보라.

7 나는 이렇게 생각한다. 이 단락은 『서』에 정해진 형식이 없으며 그래서 그것을 빌린 책이 많다는 것을 밝혔다.

8 『한서』 「예문지」 "육예략" '서류'(書類)는 이러하다. "『주서』(周書)는 일흔한 편이다." 원주는 이러하다. "주나라의 『사기』이다." 안사고는 이렇게 말한다. "유향은 이렇게 말했다. '주나라 때의 고, 서, 호, 령이다. 아마 공자가 거론한 『상서』 백 편의 나머지일 것이다.' 오늘날까지 남은 것은 마흔다섯 편이다." 『수서』 「경적지」는 『주서』 열 권에 대해 주에서 "급총서(汲冢書)이다"라고 했다. 『신당서』 「예문지」도 그대로 따랐다. 후세인들은 드디어 오늘날 전해지는 『주서』에 급총이라는 두 글자를 앞에 붙여서 부르게 되었다. 그러나 『진서』 「속석전」(束晳傳)을 비교, 검토하면 급현의 무덤[汲冢]에서 얻은 잡스러운 책 열아홉 편 속에 비록 『주서』라는 이름이 있긴 하지만 분량이 너무 적다. 허신의 『설문해자』, 마융의 『논어주』(論語注), 정현의 『주례주』(周禮注)가 인용한 『주서』는 모두 오늘날 전해지는 『일주서』(逸周書) 일흔 편 가운데 있다. 그것이 급총에서 나온 것이 아니라는 점은 대단히 명백하다. 상세한 것은 『곤학기문』(困學紀聞) 권2를 보라.

역주_ 『곤학기문』은 남송 왕응린이 지은 고증 저술이다.

9 「직방해」(職方解)는 『일주서』의 예순두 번째 편이며, 글이 『주례』 「하관」 "직방씨"(職方氏)와 서로 비슷하다. 「시훈해」(時訓解)는 『일주서』의 쉰두 번째 편이며, 글이

「태자진해」(太子晉解)는 춘추시대의 사실을 취한 것이 확실하다.[10] 『일주서』가 『상서』의 자매편이라거나 별도의 기록이라는 것은 구구절절이 말하지 않아도 결정적이다. 그러나 『일주서』에는 실제로 전범이 될 만한 말이나 보배로운 훈령이 있어서 선왕이 맹서한 말이나 포고문의 유산이라고 판단된다.[11] 그래도 『일주서』가 틀림없이 『상서』 백 편 가운데 사라진 작품이라고 할 수도 없지만 공자가 삭제한 나머지라고 바로 말할 수도 없다. 공자는 "고대를 믿고 좋아한다"[12]고 말한다. 선왕의 전범과 포고문은 주나라가 쇠락했어도 도리어 남아 있었다. 만약 공자가 그것을 삭제했다면, 어찌 고대를 좋아한다고 할 수 있겠는가? 『상서』만 정해진 형식이 없다. 그러므로 『춘추』의 자매편이나 주나라의 공식적 제도에 대한 별도의 기록은 『상서』에 따라 부합시킬 수 있었고 『상서』의 가르침의 근원도 밝힐 수 있었다.[13]

『예기』「월령」(月令)과 서로 비슷하다. 『사통』「육가」 "상서가"(尚書家)는 이러하다. "「직방해」의 말과 같은 것은 『주관』과 다름이 없다. 「시훈해」의 주장과 같은 것은 「월령」과 비교해보면 같은 것이 많다. 그래서 모든 임금다운 왕들의 올바른 책이며 오경의 별록(別錄)인 것이다."

10 「태자진해」(太子晉解)는 『일주서』의 예순네 번째 편이며, 사광(師曠)과 태자진이 묻고 대답한 말을 기록하고 있다.

역주_ 위 본문의 **문기**는 글의 기운, 글이 풍기는 분위기이라는 뜻이다.

11 송나라 정보(丁黼)는 「주서서」(周書序)에서 이렇게 말한다. "공자가 『서』를 백 편으로 정하자 맹자는 「무성」(武成)에 대해 두세 개의 죽간을 취했다. 그런데 피가 흘러 절굿공이가 흘러 다녔다는 등의 말은 과장에 가깝다. 이제 이른바 『급총주서』(汲塚周書)는 과장한 말이 많다. 또한 괴이쩍은 주장도 섞여 있다. 이것이 어찌 문왕, 무왕, 주공의 사실이란 말인가? 그리고 공자와 맹자가 어찌 취했단 말인가? 그러나 사이사이 하늘을 두려워하고 백성을 공경하라든지, 현인을 우러르고 덕을 높이라는 아주 오래된 선성과 선왕의 격언이나 지금은 사라진 제도가 아직 많이 남아 있다. 「시훈해」나 「명당해」(明堂解)는 예를 기록하는 사람이 채록한 것이며, 은나라를 이기고 서울을 옮긴 것도 사마천이 인용한 근거이다. 그래서 아마 모두 없앨 수는 없을 것이다."

역주_ **정보**(?~1236)는 자가 문백(文伯)이며 오석향(烏石鄕) 오석촌(烏石村) 정가판(丁家坂) 출신이다. 남송의 훌륭한 신하이다. 순희 연간 을유년(1187)에 진사가 된 뒤 여러 관직을 역임했다. 진덕수(眞德秀)가 강서 순무일 때 정보를 추천한 적도 있다. 사천 성도를 지키다가 몽고군에게 화살을 맞고 전사했다.

12 『논어』「술이」의 글이다.

『상서』는 정해진 형식이 없기 때문에 『상서』에 견강부회한 것도 잡다하다. 후세인들은 어리석게 『상서』를 흉내 내서 형식을 정하기 때문에 『상서』를 따른 형식이라는 기준을 지키면 제한될 수밖에 없다. 옛사람은 허튼 소리를 하지 않는데 어떻게 오로지 말만 기록한 책이 있을 수 있는가? 한나라의 유학자들은 글의 기록이라는 「옥조」(玉藻)의 말만 잘못 믿었기 때문에 『상서』를 오로지 말만 기록한 책이라고 생각했다. 그래서 후세인들은 발꿈치를 깎아 미투리에 맞추는 짓처럼[14] 사실과 글이 합일되어 있는 것을 가지고 사실은 삭제해버리고 글만 모아서 『상서』의 속편이라고 생각한다. 공연(孔衍)의 『한위상서』(漢魏尙書)나 왕통의 『속서』(續書) 같은 종류가 모두 그렇다.[15] 실속도 없이 옛사람의 형태만 비슷하게

---

13 나는 이렇게 생각한다. 이 단락은 『서』에 정해진 형식이 없으며 그래서 그것에 견강부회한 것들이 많다는 것을 밝혔다.

14 「옥조」의 글은 「서교 상」편의 주24를 보라. 『삼국지』 「위서」[魏志] "명제기"(明帝紀)의 주는 『위략』(魏略)이 기록하고 있는 명제의 포고문을 인용하여 이렇게 말한다. "발꿈치를 깎아서 미투리에 맞추고 뼈를 깎아 근육을 상한다." 『광아』(廣雅) 「석기」(釋器)는 이러하다. "구(屨)는 리(履)이다."

역주_ 『광아』는 위나라 장읍(張揖)이 편찬한 자전이다. 『삼창』(三蒼), 『설문해자』 등을 참고하여 증보했다. 청나라 왕념손이 『광아소증』(廣雅疏證)을 지어 증보하였다. 모두 10권이다.

15 『사통』 「육가」는 이렇게 말한다. "진나라 때 광릉 상(廣陵相)이었던 노나라 공연(孔衍)은 국사가 언행을 표창하고 법식을 밝히는 근거라고 생각했다. 그래서 세상 이치나 늘 벌어지는 일[人理常事]은 대비해서 제시할 필요가 없다고 생각했다. 이에 한나라와 위나라의 여러 역사서를 편집하고 아름다운 말이나 전범이 될 만한 말만 취하고 두고두고 귀감이 될 만한 것을 모아 작품 순서를 정하고 일가의 주장을 편찬했다. 이로부터 『한상서』(漢尙書), 『후한상서』(後漢尙書), 『한위상서』(漢魏尙書)가 생기게 되었다. 모두 스물여섯 권이다. 그 의례를 찾는다면 모두 『상서』를 기준으로 했다." 『진서』 「유림전」은 이러하다. "공연은 자가 서원(舒元)이며, 노나라 출신이다. 공자의 이십이 세손이다. 중서령(中書令)에 보충하여 임명되었고 외직으로 광릉군(廣陵郡)에 나갔다. 찬술한 글이 모두 백여 만 자나 된다." 『신당서』 「예문지」 "잡사류"(雜史類)는 이러하다. "공연의 『한상서』가 열 권, 『후한상서』가 여섯 권, 『한위상서』가 열네 권이다." 『신당서』 권196 「은일왕적전」(隱逸王績傳)은 이러하다. "왕적(王績)은 강주(絳州) 용문(龍門) 출신이다. 그의 형인 왕통은 수나라 말기의 훌륭한 유학자이다. 황하와 분수 사이에서 많은 제자를 모았다. 고대 서적을 흉내 내어 육경을 지었고, 또한 『중설』(中說)을 지었는데 『논어』를 흉내 낸 것이다. 많은 유학자들이 그를 칭찬한 것은 아니라서 그의 글이 유명하지는 않았다. 다만 『중설』만 전해

본뜨려는 짓은 떡을 그려놓아 보았자 주린 배를 채울 수 없는 것과 같다.[16] 하물며 『상서』는 본래 말의 기록에 그치지 않는다면 공연과 왕통의 계획은 옛사람의 형태만 비슷하게 본뜨려 했지만 그러지 못했다. 유지기는 『사기』[史策]의 사실 기록 가운데 장편의 글이 갑자기 끼어든 것을 걱정한 적이 있다. 그래서 그는 임금이 내린 명령서와 포고문[詔誥], 신하의 상주문[奏章]을 취하여 별도로 분류하여 기전체 역사서 안에 편집하려고 했다. 그의 편집 방식은 기전체의 「서」(書)나 「지」(志)처럼 자체의 편명을 부여하는 것이다.[17] 그래서 유지기도 『상서』가 『춘추』를 절충해

지고 있다." 『신당서』 권202 「문예전 상」[文藝] "왕발전"(王勃傳)은 이러하다. "왕발(王勃)은 글을 쓰는 일을 더욱 좋아했다. 애초에 할아버지 왕통은 수나라 말기에 백우계(白牛溪)에 살면서 문인을 가르쳤는데, 제자가 매우 많았다. 일찍이 한나라와 위나라부터 진나라까지 백이십 편의 글을 지어 고대의 『상서』를 계승했다고 했다. 나중에 왕통의 서문이 없어지고 목록은 있지만 글이 없는 것이 열 편이나 된다. 왕발은 빠지거나 사라진 것을 보완하여 스물다섯 편을 결정해서 지었다."

16 『전등록』은 이러하다. "지한(智閑)이 위산(潙山)의 질문을 받았다. 곧바로 한 마디 말로 대꾸했지만 제대로 대답하지 못했다. 스스로 이렇게 탄식했다. '떡을 그려보았자 주린 배를 채울 수 없구나.'"

17 『사통』 「재언」(載言)은 이러하다. "옛날에 말은 『상서』, 사실은 『춘추』라고 했다. 좌사와 우사가 나누어 직분을 맡았다. 좌구명이 책을 쓰면서 옛날의 법도를 따르지 않고, 말을 사실과 함께 「전」에 넣었다. 그래서 말과 사실을 겸하게 되었고 번거로움을 줄이고 이치에 맞게 되었다. 그래서 읽는 사람이 찾아 읽는 일을 지겹게 만들지 않았고 풍자를 보느라 피로함도 잊게 만들었다. 『사기』와 『한서』는 그렇지 않다. 대체로 가능한 한 광범위하게 포괄해서 들려고 애쓴다. 문사(文辭)가 기록에 들어가면서 풍부함이 많아졌다. 그래서 가의, 조조(晁錯), 동중서(董仲舒), 동방삭(東方朔) 등의 「전」은 오로지 말만 기록하는 것을 높이고 사실의 기록은 아주 드물게 만날 수 있을 뿐이다. 어떤 사실을 서술하려면 그 줄거리를 얻어야 한다. 그러나 작품 분량이 많기 때문에 틈이 벌어지고 순서를 나누게 되었으며, 결국 펼쳐 보는 사람이 잘 알 수 없게 만들어 버렸다. 후세의 역사서는 이것을 이어서 그 궤적을 고치지 않고 교착된 상태로 어지러운 것이 예나 지금이나 똑같다. 사마천과 반고가 임금과 신하를 「기」와 「전」에 나열한 것을 살펴보면, 빠진 것은 「표」와 「지」로 통합해 두었다. 비록 편명이 대단히 넓기는 하지만 말만 기록하지 않았다. 나는 이렇게 말하련다. 아마 역사서를 만드는 사람은 「표」와 「지」 말고도 다시 「서」를 세워야만 할 것이다. 임금의 제책(制冊)과 고령(誥令)이나 여러 신하들의 장표(章表)나 이격(移檄) 따위는 「기」와 「전」에 수록하지만, 모두 『상서』 목록[書部]에 넣고 제(制), 책(冊), 장(章), 표(表), 서(書)라는 제목을 달아 종류대로 구별해야 한다. 다른 것도 모두 이것을 본받아야 한다. 이것은 마치 「지」에 「예악지」(禮樂志)와 「형법지」(刑法志)가 있는 것과

넣은 것을 알았다. 그러나 사실과 말을 반드시 둘로 나눈다고 해보자. 그러면 사실과 말을 긴밀하게 관련시켜 내용과 글이 펼쳐져야 할 경우가 생길 것이다. 그런 경우 만약 별도로 작품을 짓는다면 찾아보기가 불편할 것이다. 만약 찾아보기 불편한 데도 사실과 말을 여전히 같이 싣고 있다면 범례가 순수하지 않을 것이다. 그래서 유지기가 이런 주장을 했어도 후세인들은 유지기의 주장을 계속 실행하지 않는다. 사건이나 사업을 논하는 상주문 같은 글은 본래 구두로 아뢰는 말과 같다. 상대방의 주장을 비판하고 자신의 주장을 펼치는 편지는 직접 대면하여 토론하는 일과 다르지 않다. 기전체 역사서 안에 편집되었다면 사실과 말은 나눌 수가 없다. 후세의 역사가들은 기존 방법을 조심스럽게 지키면 된다. 양웅과 사마상여(司馬相如)의 사부(辭賦)는 원래 정치에 관한 주장이 아니다.[18] 엄안(嚴安), 서락(徐樂)이 임금에게 올린 상주문도 임금에게 바치는

마찬가지이다. 또한 『시경』의 시인들이 지은 십(什)은 자체가 일가를 이룬 것이다. 그러므로 풍, 아, 비, 흥은 『춘추』의 세 가지 「전」이 취할 바가 아니다. 『시경』의 여섯 가지 뜻이 제대로 작동하지 않은 때부터 문장이 생겼다. 위맹(韋孟)의 「풍간」(諷諫)이라는 시, 양웅의 「출사」(出師)라는 송, 사마상여[馬卿]의 「봉선」이라는 서, 가의의 「과진」(過秦)이라는 논 같은 글이 이것이다. 이와 같은 모든 글이 「기」와 「전」에 베풀어져 있다. 나는 이렇게 말하련다. 고시(古詩)의 범례를 따라 결단코 「서」에 넣어야 한다. 이것은 마치 「순전」이 원수(元首)의 노래를 나열하고 「하서」(夏書)가 오자(五子)의 노래를 포함하고 있는 것이나 마찬가지이다. 역사서의 형식을 이처럼 만들 수 있다면 거의 『춘추』나 『상서』의 도를 갖춘 것이리라."

역주_ **위맹**은 서한 초의 시인이다. 팽성(彭城, 현재 강소성 서주) 출신이다. 고조 6년(기원전 201) 초나라 원왕의 스승이 되었으며 원왕의 아들인 이왕(夷王)과 손자를 보필했다. 원왕의 손자 유무(劉戊)가 망나니라서 경제 2년(기원전 155) 왕위를 박탈하자 오나라 왕 유비(劉濞)와 내통하여 반란을 꾀하다가 이듬해 실패하고 자살했다. 위맹은 유무가 죽기 전에 시를 지어 풍간한 적이 있다. 나중에 관직을 사양하고 집안을 추(鄒, 현재 산동성 추현)로 옮겼고 거기서 죽었다. **사마상여**는 '馬卿'을 옮겼다. 전통적으로 인명 등을 줄여 부르는 버릇이 있는 중국인들은 사마상여의 성에서 마, 자인 장경에서 경을 따서 사마상여를 마경이라 지칭한다. 사마상여에 관해서는 다음 교주를 참고하라.

18 양웅은 「역교 상」의 주31을 보라. 『한서』 「양웅전」은 「감천부」(甘泉賦), 「하동부」(河東賦), 「장양부」(長楊賦), 「우렵부」(羽獵賦) 등의 부와 「반이소」(反離騷), 「해조」(解嘲) 등의 글이 있다고 기록하고 있다. 『한서』 「사마상여전」은 이러하다. "사마상여는 자가 장경(長卿)이며, 촉군(蜀郡) 성도(成都) 출신이다. 어렸을 때 글 읽기를 좋아했다.

송가와 같다.[19] 추양(鄒陽)과 매승(枚乘)의 종횡가 비슷한 글[20]이나 두흠(杜欽)과 곡영(谷永)의 견강부회한 글[21]도 본래 중요한 전거[典要]와 무관하다.

경제를 모시면서 무기상시(武騎常侍)가 되었다. 병으로 관직을 그만두고 양나라에 손님으로 가있었다. 제후와 더불어 유사(游士)로 살 수 있었기 때문에 「자허」(子虛)라는 부를 지었다. 무제가 읽고서 그것을 좋아하여, 사마상여를 불렀다. 사마상여는 천자가 사냥하는 모습을 읊은 부를 짓겠다고 청하고 부를 바쳤다. 천자는 그를 낭(郎)으로 삼았다. 몇 년이 지난 뒤, 당몽(唐蒙)이 야랑(夜郎)과 대략 통하게 만들었고 공작(邛莋)의 군장(君長)이 벼슬아치를 요청하자 황제는 사마상여를 중랑장(中郎將)으로 삼아서 부절(符節)을 세우고 사신으로 파견했다. 나중에 관직을 잃었지만 일 년 남짓 지나서 다시 낭이 되었다. 나중에 문원령(文園令)으로 임명되고 병으로 죽었다." 「사마상여전」은 「상림부」(上林賦), 「자허부」, 「애이세부」(哀二世賦), 「대인부」(大人賦) 등의 부 및 「봉선문」을 기록하고 있다.

역주_ 사부는 『초사』의 형식에 따른, 산문에 가까운 운문이다.

19 엄안은 임치(臨菑) 출신이다. 이런 까닭에 승상사(丞相史)는 상주문을 올렸는데, 이렇게 말한다. "지금 남쪽 이민족[南夷]을 순시하고 야랑에게 조공을 바치게 만들며 강북(羌僰)을 항복시키고 예주(薉州)를 경략해서 성읍(城邑)을 세우며 흉노(匈奴)에 깊이 들어가 그들의 용성(龍城)을 불살랐습니다. 의논하는 사람들은 이를 아름답게 생각하지만, 이것은 신하의 이익일 뿐이지 천하의 장구한 책략은 아닙니다." 서락은 연도(燕都) 무종(無終) 출신이다. 그는 상소를 올려 이렇게 말했다. "천하의 걱정거리가 땅이 꺼지는 데 있지 와해되는 데 있지 않은 것은 고금이 같다고 저는 들었습니다. 저는 폐하가 타고나신 관대하고 어진 자질을 생각합니다. 그리고 정말로 천하를 다스리는 일에 힘쓰신다면 우임금이나 탕왕의 이름을 취하는 것도 어려운 일이 아니고, 주나라 성왕과 강왕의 풍속도 꼭 부흥하지 말란 법은 없다고 생각합니다." 이런 말은 실제로 헌송(獻頌)과 비슷하다. 서락의 상주문은 『한서』 「서락전」(徐樂傳)에 온전히 기록되어 있다.

20 『한서』 「추양전」(鄒陽傳)은 이러하다. "추양은 제나라 출신이다. 오나라 왕 유비[濞]를 섬겼다. 오나라 왕이 태자의 일 때문에 몰래 사악한 음모를 꾸미자 추양은 상주문을 바쳐 충고했다. 나중에 오나라 왕이 기분 나빠하자 양나라로 가버렸다. 양나라 효왕(孝王)을 좇아 유세했다. 양승(羊勝)이나 공손궤(公孫詭) 등이 추양을 질투하여 효왕에게 그를 나쁘게 말했다. 효왕은 추양에게 노하여 옥에 가두었다. 옥리(獄吏)가 그를 죽이려 할 때 추양은 옥중에서 상주문을 올렸다. 효왕은 상주문을 받아보고 즉시 그를 풀어주었다. 상객(上客)의 신분으로 죽었다." 그리고 「매승전」(枚乘傳)은 이러하다. "매승은 자가 숙(叔)이고, 회음(淮陰) 출신이다. 오나라 왕 유비의 낭중이 되었다. 오나라 왕은 애초에 태자를 원망하여 그를 역적으로 몰려는 음모를 꾸몄다. 매승은 상주문을 바쳐 충고했지만, 오나라 왕은 받아들이지 않았다. 그래서 매승은 떠나버렸다. 양나라 효왕을 좇아 유세했다. 나중에 경제가 매승을 홍농(弘農) 도위(都尉)로 임명했고 죽었다." 추양의 「상서오왕」(上書吳王)과 「옥중상서자명」(獄中上書自明), 매승의 「상서간오왕」(上書諫吳王)은 모두 그들의 열전에 실려 있다. 종횡(縱橫)은 남을 위해 상주문을 올리는 일을 가리킨다. 전국시대의 책사와 비슷하다.

사마천과 반고는 나라를 대표하는 인재들을 취하여 드러냈다. 그러나 그들의 글을 삭제한다면 글의 다채로움은 사라질 것이고, 그것을 남긴다면 기전체를 분수에 맞지 않게 만들 것이다. 그래서 개혁을 논의하려 한 유지기도 괴상하게 여길 것은 없다.[22]

두우(杜佑)의 『통전』(通典)은 이백 권이다.[23] 「예전」(禮典)은 『통전』의 여

---

21 『한서』 「두주전」(杜周傳)은 이러하다. "두흠(杜欽)은 자가 자하(子夏)이다.(두주(杜周)의 손자이며 남양 두연(杜衍) 출신이다) 어려서 경을 좋아했다. 집안이 부유했으나 눈이 약간 멀었다. 그래서 벼슬아치가 되고 싶어 하지 않았다. 대장군(大將軍) 왕봉(王鳳)이 정사를 도우면서 두흠을 무고령(武庫令)으로 삼았다. 나중에 일식과 지진 같은 변고가 나타나자, 현량(賢良)하고 방정(方正)하며 직언을 할 수 있는 선비를 천거하라는 황제의 명령이 내려왔다. 합양후(合陽侯) 양방(梁放)이 두흠을 천거했고, 두흠이 황제와 면접을 했다." 『한서』 「곡영전」(谷永傳)은 이러하다. "곡영은 자가 자운(子雲)이며, 장안(長安) 출신이다. 어려서 장안의 소사(小史)가 되었다. 나중에 경에 박학다식하게 되었다. (성제) 건시(建始) 3년 겨울에 일식과 지진이 같은 날 함께 발생했다. 방정하고 직언과 극간(極諫)을 할 수 있는 선비를 천거하라는 황제의 명령이 내려왔다. 태상 유경기(劉慶忌)는 곡영을 천거하여 공거(公車)에서 황제의 명령을 기다렸다. 당시 황제와 면접한 사람은 수천 명이나 되었는데, 곡영과 두흠이 높은 성적으로 합격했다." 견강부회[附會]는 두 사람이 재이를 결합하여 정치를 논한 일을 가리킨다.

22 『한서』 「동중서전」은 이러하다. "저는 그것을 금슬(琴瑟)이 조율되지 않은 것에 비유하겠습니다. 심한 경우는 반드시 줄을 풀어서 다시 매야만 다시 연주할 수 있을 것입니다." 나는 이렇게 생각한다. 이 단락은 후세인들이 『서』를 흉내 내어 형식을 정하고, 그래서 정해진 형식을 지키는 바람에 옴짝달싹 못하게 되었다는 것을 밝혔다.

23 『직재서록해제』 「전고류」(典故類)는 이러하다. "『통전』(通典) 이백 권은 당나라 재상인 두우(杜佑)가 지었다. 천보(天寶) 연간을 하한선으로 오경, 여러 역사서, 역대의 연혁과 폐치(廢置), 여러 선비들의 논의를 모았다. 모두 「식화」(食貨), 「선거」(選擧), 「직관」(職官), 「예」, 「악」, 「병형」(兵刑), 「주군」(州郡), 「변방」(邊防)의 여덟 문(門)으로 구성되어 있다. 정원(貞元) 연간에 황제에게 표를 올렸다. 이한(李翰)이 이에 서문을 썼다. 애초에 유질(劉秩)은 『정전』(政典) 서른다섯 편을 썼다. 두우는 이것이 충분하지 않다고 생각해서 범위를 넓혀 완성했다." 『신당서』 「두우전」(杜佑傳)은 이러하다. "두우는 자가 군경(君卿)이며 경조(京兆) 만년(萬年) 출신이다. 음보(蔭補)로 제남(濟南) 참군(參軍)이 되었으며, 영남 절도사(嶺南節度使)와 회남 절도사(淮南節度使)를 역임했다. 덕종(德宗)이 세상을 뜨면서 섭총재(攝冢宰)가 되라는 명령을 받았다. 헌종(憲宗)이 즉위하면서 사도(司徒)가 되었으며 기국공(岐國公)에 봉해졌다. 태보(太保)로 벼슬을 그만두었으며 죽고 나서 안간(安簡)이라는 시호를 받았다. 두우의 성품은 학문을 좋아했다. 비록 귀한 신분이었지만, 밤 시간도 쪼개 글을 읽었다. 유질은 과거에 이미 많은 학자들의 저술을 채집하여 주나라 때 육관(六官)의 법

덟 가지 분류 가운데 하나이지만, 분량은 전체의 절반인 백 권을 차지한다. 「예전」은 본래 주나라의 공식적 제도의 유산이니, 예의 제도에 대해 더욱 상세해야 마땅하다. 그러나 「예전」이 전장 제도를 서술한 방식은 다른 역사서와 다르지 않다. 예에 관한 글은 비슷하기만 하지 잘못된 것 아닌가 의심스럽기도 하고 구체적 사실의 변화도 들쭉날쭉 하다. 박사(博士)와 경생(經生)이 절충하여 상세히 의논할 때, 옷감을 마름질하듯 잘라내서 지름길을 택하기도 하고 격식에 맞는데도 채용하지 않기도 한다. 박사와 경생이 의논한 것을 본문에 넣는다면 번거롭고 복잡하기가 말도 못할 지경이 될 것이다. 그리고 마음대로 삭제한다면 사리가 맞지 않게 될 것이다. 두우는 이런 글들을 모아서 편집한 뒤, 「예전」 뒤에 분류해 붙였다. 부록으로 붙인 것만 무려 이십여 권이나 된다. 부록은 천지 사이의 모든 만물을 끝까지 파고들고 고금의 변화를 통달한 것이라고 할 수 있다.[24] 사마천의 『사기』는 「진시황본기」(秦始皇本紀) 뒤에 진나라 역사서의 원문을 대체로 남겨서 수록해 두었다.[25] 안타깝지만 사마천의 의례가 그다지 널리 적용되지 않아 후세인들은 사마천의 뒤를 따르지 않았다. 그래서 말의 기록과 사실의 기록이 막힌 뒤에 따로 변통하는 방법이 생겼으니 후세의 군자는 마땅히 참작하여 취해야만 할 것이다.[26]

도를 취해 『정전』 서른다섯 편을 썼다. 방관(房琯)은 유질의 재능이 유향보다 낫다고 칭찬했다. 두우는 유질의 작업이 충분하지 못하다고 생각하여 이어서 『정전』을 확충하고 새로운 예를 참고하여 이백 편을 지었는데, 스스로 『통전』이라고 불렀다. 이것을 황제에게 바치자 아름답고 아름답다는 훌륭한 황제의 칭찬이 있었다. 유학자들은 『통전』이 간단하면서도 상세하다는 데 동의한다."

24 『한서』 「사마천전」은 이러하다. "또한 하늘과 사람이 만나는 지점을 끝까지 파고들고 고금의 변화를 통달하여 일가의 주장을 이루려고 했다."

25 『사기』 「진시황본기」(秦始皇本紀)는 양공 이후 진나라 임금이 즉위한 해 및 장사지낸 곳을 뒷부분에 기록했다. 『사기색은』은 이렇게 말한다. "이것은 모두 『진기』(秦紀)에 근거하여 주장한 것이다. 정사와 약간 다른 점이 있겠지만 이제 이설을 취하여 뒤에 다시 제시했다."

26 나는 이렇게 생각한다. 이 단락은 역사서에 변통이 있으며 그래서 말의 기록과 사실의 기록에서 궁색함을 해결할 수 있다는 것을 밝혔다.

퐁퐁 솟는 옹달샘[濫觴]이 흘러서 거대한 강이 되는 것처럼 일의 시작은 간단해도 끝은 거대하다.[27] 후한[東京][28] 이후, 문학이 성행하고 작품 숫자가 많아졌다. 역사를 기록하는 신하[史臣]는 정사(正史)의 「본기」와 「열전」에 으레 나타낼 수 없었기 때문에 그것을 모아 「문원전」(文苑傳)이라는 작품으로 편집했다.[29] 문인(文人)이 실행한 업적은 많지 않기 때문에 관직의 품계, 본관이나 계보만 적는다. 이것은 사람의 이름에 주석을 단 『문선』(文選)[30]이나 과거 시험에 합격한 사람의 이력서와 대체로 같다. 본래 화려하게 꾸민 작품 이름이지만 도리어 멋과 화려함이 사라져버린 허망함을 느끼게 한다. 그래서 어떤 시대에 어떤 문장이 성행하더라도 역사서의 글이 모두 포괄할 수 없다는 것을 안다. 소통(蕭統)의 『문선』이

---

27 '퐁퐁 솟는 옹달샘[濫觴]'은 술잔에서 술이 넘친다는 말이다. 섭장청(葉氏)의 주는 『순자』「자도」(子道)를 인용하여 이렇게 말한다. "옛날에 장강은 민산(岷山)에서 나왔다. 장강이 처음 시작되는 것이다. 장강의 근원은 옹달샘일 수 있다." 나는 이렇게 생각한다. 『공자가어』(孔子家語) 「삼서」(三恕)에 대한 왕숙(王肅)의 주는 이렇게 말한다. "상(觴)은 술을 담는 근거가 되는 것이다. 이것은 드러나지 않는 것을 말한다." 『장자』「인간세」(人間世)는 이러하다. "그것이 시작할 때는 간단하지만 그것이 마칠 때는 틀림없이 거대하리라."

역주_ 왕숙(195~256)은 위나라의 학자이자 진나라 대신이며 자는 자옹(子雍)이다. 같은 고문경학자인 정현의 학설에 반대하고 많은 경서의 주석서를 지었다. 저술에 『공자가어』가 있다. 『공자가어』는 왕숙이 지은 공자의 언행 및 제자와의 문답, 논의를 기록한 책이다. 원래 스물일곱 권이 전해졌지만 많이 사라져 왕숙이 보충하여 다시 편집한 것이라 한다. 그러나 자질구레한 내용이 많아 이단으로 보는 경우가 많다.

28 동경(東京)은 후한(後漢)을 가리킨다. 『제왕세기』는 이러하다. "한나라 고조(高祖)가 장안에 도읍을 정했고 광무제는 낙양(洛陽)에 도읍을 정했다. 그래서 당시 사람들은 낙양을 동경이라고 하고 장안을 서경(西京)이라고 했다."

29 범엽(范曄)의 『후한서』가 처음으로 「문원전」(文苑傳)을 세웠고 후세의 역사서들은 이것을 따랐다.

30 조공무 『군재독서지』「총집류」(總集類)는 이러하다. "『문선』 예순 권은 양나라의 소명태자(昭明太子) 소통(蕭統)이 편찬했다. 부, 시, 소, 칠, 조, 책(冊), 영(令), 교 등의 종류를 골라서 서른 권으로 모았다. 당나라 이선은 주를 모으고 서른 권을 예순 권으로 나눴다." 이선은 사람 이름에 주를 달았다. 예를 들어 「양도부서」(兩都賦序)는 이러하다. "『한서』는 이렇게 말한다. '왕포(王褒)는 자가 자연(子淵)이다. 황제가 왕포를 대조(待詔)로 임명했고, 왕포 등은 자주 황제의 사냥을 따라 다녔다. 간대부(諫大夫)에 발탁되었다.' 또한 '유향은 자가 자정(子政)이다. 연랑(輦郎)이 되었다가 중루교위(中壘校尉)로 옮겼다.'" 주의 내용은 비교적 간단하다.

나온 이후, 문학 작품을 모은 책은 많다. 오늘날 특히 두드러지는 것은 요현(姚鉉)의 『당문수』(唐文粹),[31] 여조겸(呂祖謙)의 『송문감』(宋文鑑),[32] 소천작(蘇天爵)의 『원문류』(元文類)[33] 정도이다. 이 책들은 모두 한 시대 전체를 포괄하고자 하며 역사서와 서로 보충하는 관계이다. 이 책들이 말과 사실을 나누어 기록한 것 같지만, 사실 이런 선집들은 바로 봄날의 꽃이고 정사는 봄꽃이 가을에 맺은 열매일 따름이다.[34](역사서도 말과 사실을 가지고

31 『군재독서지』「총집류」는 이러하다. "『당문수』(唐文粹) 백 권은 송나라 요현(姚鉉) 보신(寶臣)이 편집했다. 요현은 여주(廬州) 출신이며 태평흥국(太平興國) 초년에 진사(進士)가 되었다. 문사가 재치 있고 아름다우며 서찰을 잘 썼다. 장서가 엄청나게 많고 한 가지 책의 여러 가지 판본[異本]도 꽤 많았다. 양절조사(兩浙漕司)로 여러 차례 옮겨 다니면서 자기 밑의 부하 벼슬아치들에게 의무적으로 글짓기를 시켰다. 그러면서 당나라 때의 문장을 채집하여 분야별로 나누고 편집했다. 처음에는 쉰 권이었는데, 나중에 다시 증가하고 확충했다."

32 『직재서록해제』「총집류」는 이러하다. "『황조문감』(皇朝文鑑) 백쉰 권은 여조겸(呂祖謙)이 편집했다. 주희[朱晦庵]가 늘그막에 배우는 사람들에게 이렇게 말한 적이 있다. '이 책의 편집 순서에는 편마다 뜻이 있다. 각 편의 첫머리는 반드시 큰 글자를 가지고 권 전체를 압도한다. 부를 소개한다면 「오봉루」(五鳳樓)를 큰 글자로 처음에 싣는 것을 예로 들 수 있다. 이 책에 실린 주의(奏議)도 당시 정치의 큰 마디를 엮은 것이다. 우리 왕조의 황제들이 이어진 이백 년 동안의 규모와 나중에 중간 중간 바뀐 뜻이 사이사이에 모두 있다. 그래서 『문선』이나 『당문수』는 비교도 되지 않는다."

33 『사고전서총목제요』(四庫全書總目提要) 「총집류」는 이러하다. "『원문류』(元文類) 일흔 권과 「목록」 세 권은 원나라 소천작(蘇天爵)이 편집했다. 여기에 기록한 여러 작품은 원나라 초부터 연우(延祐) 연간까지 걸친다. 바로 원나라 문학이 극성한 시대이다. 모두 마흔세 가지 종류로 나눴다. 소천작은 사관의 직책에 세 번이나 있었기 때문에 당시 장고에 대해 가장 익숙하고 문학적 글 솜씨도 아주 뛰어난 사람이다. 그리고 앞 시대에 만들어 놓은 작품의 자취를 따라갈 수 있는 사람이기도 했다. 그러므로 『원문류』는 채택하거나 채택하지 않는 기준이 정밀하고 엄격하며, 형식의 요점을 갖추고 있다. 이에 대한 논하는 사람은 요현의 『당문수』나 여조겸의 『송문감』과 함께 세발솥처럼 나란히 선다고 말한다."

역주_ 『**사고전서총목제요**』는 청나라 건륭 47년(1782)에 기윤이 황제의 명에 따라 엮은 책이다. 『사고전서』를 편찬한 뒤 그 목록을 수록하고 각 서적 뒤에 간단한 요점을 설명하는 형식이다. 모두 이백 권이다.

34 『안씨가훈』(顔氏家訓) 「면학」(勉學)은 이러하다. "학이라는 것은 마치 식물을 심는 것과 같다. 봄에는 그 꽃을 즐기지만 가을에는 열매가 맺는다. 문장을 강론하는 것은 봄꽃이요 자신을 수양하고 열심히 행하는 것은 가을의 열매이다." 나는 이렇게 생각한다. 이 단락은 역사서와 문학 선집이 꽃과 열매처럼 서로 바탕이 되어 쓰인다

문학 선집도 말과 사실을 가진다. 그러므로 꽃과 열매로 나눌 수 있을 뿐이지, 문학 선집이 말의 기록이고 역사서가 사실의 기록이라고 나눌 수는 없다)

경사자집의 네 가지 분류법이 나뉜 뒤,[35] 집부가 대단히 성행하게 되었다. 문인은 임금의 포고문을 작성해야만 했기 때문에[36] 내제(內制)와 외제(外制)의 모음집을 스스로 편집했다. 재상의 논의와 생각, 언관의 탄핵,[37] 육경에 소속된 하위 벼슬아치의 자기 직책에 대한 말, 장군이 적을 헤아려 마련한 좋은 꾀,[38] 육지(陸贄)의 『주의』(奏議)라는 작품,[39] 소식(蘇軾)

는 것을 밝혔다.

역주_ 『안씨가훈』은 북제(北齊)의 학자 안지추(顔之推, 531~602)가 후손들에게 남긴 교훈을 담은 책이다. 두 권 스무 편으로 구성되어 있다. 수나라 인수(仁壽) 연간에 완성된 것으로 본다. 유명한 문벌귀족 집안의 지은이가 남북조시대의 전란, 망국, 포로생활 등을 겪으면서 느낀 처세관을 썼다.

35 『수서』「경적지」는 이러하다. "위나라 비서랑(祕書郎) 정묵(鄭默)이 처음으로 중경(中經)을 제정했다. 비서감(祕書監) 순욱은 다시 중경을 근거로 새로운 목록을 지었다. 사부(四部)로 나누어 모든 책을 총괄했다. 첫째가 갑부(甲部)이며 육예 및 소학 등의 책을 기록했다. 둘째는 을부(乙部)이며 고대의 제자백가, 최근의 사상가, 병서와 병가, 술수가 있다. 셋째가 병부(丙部)이며 역사 기록과 옛날 일, 황람부(皇覽簿)와 잡사가 있다. 넷째가 정부(丁部)이며 시부, 도찬(圖讚), 급총서가 있다." 『신당서』「예문지」는 이러하다. "두 군데 서울에서 사부의 책을 각각 모아서 갑을병정으로 순서를 매겨 경사자집의 네 창고에 늘어놓았다." 『진서』「순욱전」(荀勗傳)은 이러하다. "순욱은 자가 공증(公曾)이며, 영천 영음(潁陰) 출신이다."

36 『독단』은 이러하다. "제(制)라는 것은 임금다운 왕의 말이 반드시 법률 제도[法制]가 되는 것이다." 나는 이렇게 생각한다. 천자가 칙서(勅書)를 내릴 때 외조(外朝)를 거치지 않는 것을 내제(內制)라고 부른다. 당나라 이후부터 모두 학사(學士)가 대신 지었다. 소식(蘇東坡)에게는 『내제집』(內制集) 열 권과 『외제집』(外制集) 세 권이 있다.

37 반고 「서도부」(西都賦)는 이러하다. "아침저녁으로 논의하고 생각하며 날마다 달마다 바친다네." 『진서』「부현전」(傅玄傳)은 이러하다. "부현은 천성이 가파르고 급해서 용납할 줄 몰랐다. 매번 아뢰어 탄핵할 때마다, 날이 저물 무렵이 되어도 깨끗한 죽간을 받들고 비녀와 허리띠를 매만지는 경우도 있었고, 조심스럽게 올라가서 잠도 자지 않고 앉은 채 아침이 되는 경우도 있었다. 그래서 귀족과 유사들은 그를 두려워하여 납작 엎드렸으며 대각(臺閣)에는 바람이 일었다."

38 『사기』「풍당전」(馮唐傳)은 이러하다. "문지방 안의 일은 과인이 처리할 것이니, 문지방 바깥의 일은 장군이 처리하도록 하시오." 위소(韋昭)는 이렇게 말한다. "이것은 곽문(郭門)의 문지방이다. 문 안의 문지방(橛)을 곤(閫)이라 한다."

역주_ 위소(204~273)는 자가 홍사(弘嗣)이며 오군 운양(雲陽) 출신이다. 어려서부터 학문을 좋아하고 글을 잘 지었다. 서안령(西安令)에 임명되었다가 태자중서자(太子中庶子)

이 임금께 바친 책문도 각자의 문집에 기록되어 있다.[40] 이것들을 모두 모아서 『명신경제』(名臣經濟)[41]니 『책부의림』(策府議林)[42]이니 하는 이름을 붙인 책을 만들었다. 여기에 실린 연속되는 글과 서간문을 헤아릴 수나 있겠는가! 대체로 앞 시대 사람들이 써서 기록한 것은 별집(別集)과 총집

로 옮겼다. 태사령이 되어 화핵(華核), 설영(薛瑩) 등과 『오서』(吳書)를 편찬했다. 『효경』, 『논어』, 『국어』 등에 주를 달았다.

39 『직재서록해제』 「장주류」(章奏類)는 이러하다. "『육선공주의』(陸宣公奏議) 스무 권은 당나라 재상 육지(陸贄)가 지었다." 『신당서』 「육지전」(陸贄傳)은 이러하다. "육지는 자가 경여(敬輿)이며, 소주(蘇州) 가흥(嘉興) 출신이다. 나이 열여덟에 진사가 되고 박학굉사과[博學宏詞]에 합격했다. 문필과 판단력[書判]이 뛰어난 중에 뛰어나서 위남 위(渭男尉)로 발탁했다. 덕종이 즉위하고 한림학사(翰林學士)로 불렀다. 황제를 받들어 모시고 다니며 황제의 명령서를 매일 수백 장씩 썼다. 다른 학사들은 각필(閣筆)을 내려놓을 수 없을 지경이었지만, 육지는 대단히 여유로웠다."

역주_ 주의는 황제에게 아뢴 의견서이다.

40 『송사』 「소식전」(蘇軾傳)은 이러하다. "소식은 자가 자첨(子瞻)이며, 미산(眉山) 출신이다. 가우(嘉祐) 2년에 예부에 시험을 봐서 이등으로 합격했고, 치평(治平) 2년에 사관(史館)에 들어갔다. 희녕(熙寧) 초에 왕안석(王安石)이 신법(新法)을 만들어 시행하자 소식은 상서를 올려 그것이 불편한 이유를 논했다. 원우(元祐) 연간에 한림학사를 여러 차례 지냈고, 시독(侍讀)을 겸임했다. 『주의』 열다섯 권, 『내제』 열 권, 『외제』 세 권이 있다."

41 『사고간명목록』(四庫簡明目錄) 「주의류」(奏議類)는 이러하다. "『명신경제록』(名臣經濟錄) 쉰세 권은 명나라 황훈(黃訓)이 편집했다. 홍무제부터 가정제까지 아홉 명의 황제가 다스리는 동안 유명한 신하들이 다스린 글을 모았다. 그중 건문제(建文帝)의 치세 기간 동안이 빠져 있다. 이것은 혁명으로 제거했기 때문이다. 모두 열 개의 문으로 나뉜다."

역주_ 『사고간명목록』은 건륭 39년(1774) 우민중(于敏中)이 황제의 명령을 받아 『사고전서』 가운데 중요한 서적의 연혁과 큰 줄거리의 의의를 간단하게 적은 책이다. 모두 스무 권이다.

42 책부의림(策府議林)은 알 수 없다. 명나라 하교신(何喬新)의 『책부군옥』(策府群玉)이 있지만, 대책으로 쓰기 위해 갖춘 글이며 논의하는 갖가지 글을 포괄하고 있다. 이것이 틀림없으리라.

역주_ 하교신(1427~1502)은 자가 정수(廷秀)이고 영명(永明) 출신이다. 경태(景泰) 연간에 진사가 되고 형부 시랑에 임명되었다. 효종이 즉위하고 만안(萬安), 유길(劉吉) 등이 하교신을 시기하여 남경 형부 상서로 나갔다. 얼마 지나지 않아 두명(杜銘) 대신 형부 상서로 복귀했다. 그러나 시기하는 자들의 훼방으로 은퇴했다. 죽은 뒤 문숙(文肅)이라는 시호를 받았다. 학문을 즐긴 하교신은 삼만여 질이나 되는 책에서 가려 뽑은 메모를 가지고 직접 책을 교정했다고 한다. 저술에 『초구문집』(椒邱文集), 『주례집주』(周禮集註), 『책부군옥』 등이 있다.

(總集) 두 가지를 벗어나지 않으므로,[43] 아마 동일한 사람의 글인지 보아야만 할 것이다. 이런 글들은 사실 사부에 속해야 하며, 근원을 거슬러 올라가면 『상서』와 연결시켜야만 한다. 다만 훈령과 포고문은 『상서』의 일부이므로 한나라 사람들처럼 말을 기록한 역사서만 『상서』라고 지목할 수 없을 뿐이다.[44]

이름난 신하의 상주문은 『상서』에 속한다. 이것을 『상서』의 훈령과 포고문과 비교하면 누구라도 쉽게 알 수 있을 것이다. 상주문을 짓고 편집하는 사람은 제왕의 훈령과 포고문에 기록된 말이 반드시 사실을 서술하고 말의 내력을 갖춰야 한다는 점을 알아야만 한다. 『상서』에는 허튼 소리가 한 마디도 없으며 말이 있으면 반드시 사실에 기초하고 있다. 후세에 상주문을 편집하는 사람은 다만 상주문의 논의가 밝고 유창한지, 감정과 말이 강개하고 간절한지만 취한다. 그래서 상주문이 아름다운지 아름답지 않은지만 생각하고 사실이 어떻게 시작하여 끝맺었는지에 대한 전체 과정을 갖추지 않는다. 설령 상주문이 아름답다한들 무슨 소용이 있는가? 화려함을 높이 치는 문인의 선입견으로 경학과 사학을 말할 수 없다. 반고는 「동중서전」과 「가의전」(賈誼傳)에서 『춘추』의 학을 『상서』라고 생각한다.(이것이 바로 『상서』가 『춘추』를 절충해 넣었다는 증거이다) 반고는 가의와 동중서가 평생 행한 일을 서술할 때, 상세하게 쓸 뜻을 가

43 『수서』「경적지」는 이러하다. "별집이라는 이름은 대체로 동한 때 창조된 것이리라. 영균(靈均, 굴원이다) 이후로 글을 짓는 선비가 많아졌다. 그러나 그들의 의지는 달랐고 풍류(風流)도 제각각이었다. 후세의 군자는 그들의 주요한 추세를 살피고 그들의 심령(心靈)을 보았다. 그래서 별도로 모아서 집이라고 이름 지었다." 그리고 "총집은 건안(建安) 이후부터 사부(辭賦)가 도리어 많아지기 시작해서 많은 작가들이 나날이 증가했다. 진나라 때 지우가 그중 좋은 것들[孔翠]을 가려 뽑았다. 번거로울 정도로 무성한 것들을 쳐내고 솎아냈다. 시부 이후부터 각각 조리 있게 관철시키고 합쳐서 엮었다. 이것을 『문장유별집』이라 부른다. 이후 다시 모든 글[總鈔]을 모았는데 지은이들이 이런 전철을 밟아 문사를 짓는 선비들은 깊이가 있다고 생각하여 법칙으로 취했다."

44 나는 이렇게 생각한다. 이 단락은 문집에서 신하의 상주문[奏章]을 "상서류"(尙書類)에 예속시켜야 한다는 것을 밝혔다.

지지 않고 앞뒤로 적적하고 고요한 몇 마디 말을 지었을 뿐이다. 이런 서술방식도 가의의 「논정사소」(論政事疏) 여러 편과 동중서의 「천인삼책」(天人三策)이 어떻게 시작되어 끝맺었는지 갖추려는 장치에 지나지 않는다.[45](가의와 동중서에게 반드시 서술할 만한 일이 없었던 것은 아니다. 그러나 반고는 가의의 「논정사소」와 동중서의 「천인삼책」에 중점을 두었기 때문에 모든 일을 생략하고 말만 수록해도 무방하다고 생각한 것이리라. 앞뒤로 대략 몇 마디 말을 쓴 것은 시작부터 끝까지 갖추려는 것일 뿐, 후세인들이 전기를 지을 때처럼 반드시 평생의 일을 모두 쓰고 자그마한 일까지 다 갖추려고 하는 것과 다르다) 아! 역사서[史裁]를 보는 사람은 반드시 이 뜻을 알아야만 한다. 그러면 비로소 『상서』와 『춘추』의 학에 나름대로 지당한 점이 있다는 것을 함께 이야기할 수 있을 것이다. 『상서』와 『춘추』는 분류하고 베껴서 사실을 징험하는 후세의 방법과 달리, 완전함을 갖추고 있다는 것을 알 수 있을 따름이다.[46]

3. 서교(하)[1]

『주역』은 이렇게 말한다. "시초의 성질은 두루뭉술해서 변화를 헤아릴 수 없고, 괘의 성질은 확정적이라서 알 수 있다."[2] 한가할 때 나는 이

---

45 『한서』「가의전」은 그의 「논정사소」 전체를 수록하고 있다. 「동중서전」은 그의 「현량대책」(賢良對策) 세 편 전체를 수록하고 있다. 그래서 「천인삼책」(天人三策)이라고 부른다.

46 나는 이렇게 생각한다. 이 단락은 주장을 모을 때 반드시 사실을 서술하여 시작부터 끝까지 갖춰야 한다는 것을 밝혔다.

1 나는 이렇게 생각한다. 「서교 하」편은 『서』가 형식일 수 있는 근거가 사실에 따라 편을 정할 수 있다는 것이고, 후세의 역사가들은 그런 뜻을 스승으로 삼아 변통해야만 한다는 것을 밝혔다.

2 『주역』「계사전 상」은 시초로 길흉을 점칠 때 갖가지 괘를 얻을 수 있는데, 정해진

말의 뜻을 가지고 고금의 역사서[載籍]를 이렇게 개괄한 적이 있다. 찬술은 두루뭉술하고 신령스럽기를 바라고 기주는 확정적이고 지혜롭기를 바란다. 지혜로써 지나간 과거를 갈무리하고 신령스러움으로써 다가올 미래를 안다고 하는데,[3] 기주는 과거를 잊지 않기를 바라고 찬술은 미래에 일어날 일을 예측하길 바란다. 그러므로 기주가 과거를 갈무리하는 것은 지혜로움과 비슷하고 찬술이 미래를 예측하는 것은 신령스러움과 비슷하다. 과거를 갈무리하는 일은 남김없이 모든 것을 갖추고자 한다. 그러므로 형식은 일정하고 성질은 확정적이다. 미래를 예측하는 일은 버릴 것과 취할 것을 결정해서 선택하려 한다. 그러므로 범례는 일상적인데 사로잡히지 않고 성질은 확정적이지 않다. 『주관』의 삼백육십 가지 관직[4]은 만물의 성능과 벼슬아치의 능력[天人官曲]에 따라 규정한 일이다.[5] 따라서 갖추지 않은 것이 없다고 말할 수 있다. 여러 사관들은 기주

것은 없으므로 두루뭉술하다고 말한다. 어떤 괘의 괘사는 정해져 있으므로 모났다고 말한다. 한백 주는 이렇게 말한다. "두루뭉술하다는 것은 계속 움직여서 그치지 않는다는 말이다. 모났다는 것은 멈춰서 나뉘었다는 말이다. 그래서 시초의 성질은 두루뭉술해서 변화를 헤아릴 수 없고, 괘의 성질은 모나서 알 수 있다고 말한다. 오로지 효변(爻變)만 진행되고 있다면 어떤 수라도 나올 수 있는 것이다. 그래서 두루뭉술하다고 하는 것이다. 괘가 빠지고 효가 나뉘면 각자 체가 생기게 된다. 그래서 모났다고 하는 것이다." 나는 이렇게 생각한다. 많은 판본이"시"(蓍)를 "서"(筮)라고 잘못 적고 있다. 지고당총서본만 틀리지 않았다.

3 『주역』「계사전 상」의 글이다. 한백 주는 이렇게 말한다. "시초로 점을 치고 괘를 뽑는 쓰임새를 아는 것은 변화를 헤아릴 수 없는 것과 알 수 있는 것과 같다. 시초는 처음에 수를 정하는 것이다. 괘는 미래이다. 괘는 마지막에 괘상을 완성하는 것이다. 시초로 점치는 것은 과거가 된다. 과거와 미래의 쓰임새가 계속 완성시키는 것은 변화를 헤아릴 수 없는 것과 알 수 있는 것의 관계와 같다."

4 「역교 하」의 주3을 보라.

5 『예기』「예기」는 이러하다. "벼슬아치는 능력이 있다. 만물의 성능은 이로움이 있다." 공영달의 『예기소』는 이렇게 말한다. "벼슬아치가 능력이 있다는 말은 어떤 사람이 어떤 관직에 있을 경우 각자 할 수 있는 일이 있다는 것이다. 마치 사도가 소를 바치고 사마(司馬)가 양을 바치며 포인(庖人)이 주방을 다스리고 축이 제사 그릇을 늘어놓는 일을 처리하는 것이 이것이다. 만물의 성능은 이로움이 있다는 말은 만물이 갖가지라서 각각 이롭게 하는 것이 있다는 것이다. 마치 누룩이 좋은 술을 빚는데 이로움이 있고 실과 대나무가 현악기나 관악기를 만드는데 이로움이 있는 것과 같다. 모든 본성은 각자 타고난 차이가 있다."

를 관장했지만 찬술하는 관직이 없었던 적은 없다.[6] (축(祝)과 사(史)의 명(命)과 고(告)가 찬술이 아닌 적은 없었지만 축이나 사 가운데 역사서를 지은 사람은 없다. 사관의 직분[史職]에서 나온 것부터 「요전」과 「순전」 등의 여러 편까지, 『상서』의 맹서와 포고문 따위에 대응하여 글을 지은 관직은 없다) 후세에 전하고 오랫동안 지속될 사업은 관직이 지키는 것에 얽매이면 안 되고, 꼭 실행할 사람을 기다린 뒤에 실행해야 한다. 성인이나 철인처럼 신명스럽지 않다면 요임금과 순임금이나 삼대의 왕들이 말한 정밀하면서도 드러나지 않은 마음의 극치를 깊이 알아도 그것과 함께 하기 부족하다. 이것이 바로 『상서』에 정해진 방법이 없는 이유이다.[7]

『상서』와 『춘추』는 성인의 전적이다. 『상서』는 글을 쓰는 데 정해진 법이 없지만 『춘추』는 기존의 범례가 있다. 그러므로 『상서』의 후예가 『춘추』를 절충하게 되면서 『상서』의 뒤를 이은 것은 사라지게 되었다. 기존의 범례가 있는 것은 좇기 쉽지만 정해진 방법이 없는 것은 잇기 어

역주_ 만물의 성능과 벼슬아치의 능력은 '天人官曲'을 옮긴 말이다. 장학성은 이밖에 여러 군데에서 '人官物曲', '物曲人官'등의 말을 사용하고 있다. 따라서 '天人官曲'은 '天人의 曲官', 곧 '天曲과 人官'이니 '物曲人官'과 같은 말이다. '物曲'은 하늘, 곧 자연계의 만물이 가진 성능, '人官'은 사람, 곧 사회의 벼슬아치들이 가진 능력이라는 뜻이다. 말은 달라도 뜻은 같기 때문에 똑같이 옮겼다.

6 옛날 사관을 맡았던 사람들 가운데 태사공이 가장 뛰어나다. 그러나 말의 기록[載言]과 사실의 기록에 그쳤을 뿐이다. 한나라 사마천이 아버지 사마담을 이어 태사령이 되어 『사기』를 지었다. 아마 공자가 노나라 역사를 근거로 『춘추』를 지은 것을 빌미로 했을 테니 개인적인 저술이다. 동한의 명제는 반고를 난대 영사(蘭臺令史)로 삼아서 『세조본기』(世祖本紀)를 지으라는 명령을 내렸다. 당시 난대는 저술하는 곳이었다. 장제(章帝)와 화제(和帝) 이후 도서[圖籍] 편찬은 동관에서 왕성하게 되었다. 한나라의 기록을 지은 사람 가운데 계승자들은 그중에 있었다. 그래서 저작 동관(著作東觀)이라고 일컫는 것이다. 그러나 저작이라는 이름은 있다지만 관직은 미처 없었다. 위나라 명제 태화(太和) 연간에 비로소 저작랑(著作郎)을 두게 되었고, 이들이 찬술하고 저작하는 임무를 맡았다. 진나라는 저작랑을 대저작(大著作)이라고 불렀고, 좌저작랑(佐著作郎)을 추가로 두었다. 그래서 찬술에 전문적인 벼슬아치가 생긴 것은 위나라 때부터 시작되었다. 상세한 것은 『사통』 「사관건치」편을 보라.

7 나는 이렇게 생각한다. 이 단락은 『상서』에 정해진 방법이 없다는 것, 곧 정해진 형식이 없기 때문에 형식이 두루뭉술하면 성질이 신령스럽다는 것을 밝혔다.

렵다. 이것은 모든 사람이 안다. 그러나 두루뭉술하고 신령스러운 것과 확정적이고 지혜로운 것은 역사서가 생긴 이후 둘 중 어느 하나만 없애 버리지 못한다. 이것은 육예의 본질을 끝까지 파고들지 못했기 때문일 뿐이지 육예가 남긴 뜻을 얻지 못한 것이 아니다. 역사가들이 『춘추』를 계승하여 지은 역사서 가운데 사마천과 반고의 것이 가장 훌륭하다.[8] 사마천은 두루뭉술하고 신령스러운 것에 가깝고 반고는 확정적이고 지혜로운 것에 가깝다.[9]

『상서』가 완전히 변해서 좌구명의 『춘추좌전』이 되었다. 『상서』는 정해진 방법이 없지만 『춘추좌전』은 정해진 범례가 있고[10] 이로써 경전을 해설한다. 『춘추좌전』이 완전히 변해서 사마천의 기전체가 되었다. 『춘추좌전』은 연월의 순서에 의해 기술되지만 사마천의 『사기』는 종류에 따라 구별하고[11] 이로써 드러나지 않는 사실을 찾는다. 『사기』가 완전히

---

8 『사기』는 고금을 관통해서 서술하고 식견과 지향이 기이하며 높다. 『한서』는 한 시대만 서술하여 형식[體裁]이 꽉 짜여있다. 유함흔은 『문사통의지어』에서 이렇게 말한다. "사마천은 두루뭉술하며 신령스러워서 기전체로 변화시켜 편년체의 궁색함을 구제했다. 그래서 또한 확정적이고 지혜롭기도 하다. 반고는 확정적이고 지혜롭지만 사실에 따라 편을 정하는 뜻도 있다. 그는 두루뭉술함과 신령스러움을 잃지 않았다." 이것이 바로 둘 다 역사서에 들어갈 수 있고 어느 한쪽도 없앨 수 없다는 말이다.

9 나는 이렇게 생각한다. 이 단락은 『춘추』를 이어 지었다면 틀림없이 『상서』가 남긴 뜻을 겸하고 있다는 것을 밝혔다.

10 『춘추좌전』의 범례는 다섯 가지가 있다. 「역교 하」의 주4를 보라. 두예는 「춘추좌씨전서」에서 이렇게 말한다. "경이 조리 있게 일관되는 것은 틀림없이 「전」에서 나온다. 「전」의 의례는 결국 여러 가지 범례로 귀결된다." 『춘추석례』(春秋釋例)의 마지막 편은 이렇게 말한다. "좌구명의 「전」에는 『주례』가 올바르고 항상성이 있는 것이라고 칭찬한다. 범례라고 부르는 여러 가지로 사례를 밝히는 일이 이것이다. 경에 밝아서 새로운 의도를 세우는 것은 여러 가지 의례를 드러냈다고 하지 범례라고 부르지 않는 것이 이것이다. 범례라고 부르는 것은 오십 가지이며 별도로 마흔아홉 가지가 있다."

역주_ 『**춘추석례**』는 진나라 두예가 지은 『춘추좌전』 풀이의 원리에 관한 책이다.

11 장수절 「사기정의서」(史記正義序)는 이러하다. "위로는 헌원씨(軒轅)에서 시작하여 아래로는 한나라 무제의 천한(天漢) 연간까지 열두 편의 「본기」를 지어 제왕이 일어나고 사라진 일을 상세하게 만들었다. 서른 편의 「세가」는 제후의 나라[君國]가 유지되고 망한 일을 끝까지 밝혔다. 여덟 편의 「서」는 음양과 예악을 돕는다. 열 편의

변해서 반고의 단대사가 되었다. 『사기』는 변화에 통달했지만 반고의 『한서』는 먹줄을 튕긴 것처럼 반듯하니[12] 이로써 어떻게 포괄하는지 보여준다. 겉모습을 가지고 말하자면 『사기』는 『춘추좌전』과 아주 다르지만 『한서』는 『사기』와 아주 가깝다. 『춘추좌전』은 형식이 곧기 때문에 저절로 편년체의 유일한 시조가 되었고 『사기』와 『한서』는 구석구석 갖추어졌기 때문에 모두 기전체의 공동 시조가 되었을 것이다. 정밀하면서도 드러나지 않은 마음을 헤아려 말하자면, 『사기』는 『춘추좌전』에 가깝고 『한서』는 『사기』에서 멀다.[13] 『사기』의 형식과 성질이 두루뭉술하고 신령스러운[體圓用神] 이유는 『상서』의 유산을 많이 얻었기 때문일 것이다. 『한서』의 형식과 성질이 확정적이고 지혜로운[體方用智] 이유는 주나라의 공식적 제도가 가진 뜻을 많이 얻었기 때문일 것이다.[14]

『사기』의 「본기」, 「표」, 「서」, 「열전」[紀表書傳]은 『춘추좌전』에 뿌리를 두고 대략 구분을 보여주긴 하지만 그다지 구구하게 제목에 사로잡히진 않았다. 「백이열전」(伯夷列傳)은 바로 「열전」 일흔 편 전부를 이끄는 서례(序例)이지 오로지 백이의 전기에만 한정되는 것은 아니다.[15] 「굴가열전」

「표」는 왕조의 계보와 햇수 봉해진 것을 정했다. 일흔 편의 「열전」은 충신과 효자의 정성을 갖추었다."

12 『사통』 「육가」는 이러하다. "『한서』는 서한의 시작부터 끝까지, 한나라가 일어나고 사라진 일을 탐구했다. 한 시대를 모조리 열거하여 하나의 책으로 지었다. 모든 말은 정련되어 있고 사실은 세밀하다. 그러므로 학자는 열심히 조사하고 검토하여 자신의 능력으로 바꿔야 한다. 그때부터 지금까지 이런 방법은 바뀌지 않았다."

13 유함흔 『문사통의지어』는 이러하다. "사마천의 『사기』는 처음으로 편년의 「전」을 편을 나눈[分篇] 「전」으로 바꿨다. 그리고 단박에 취락펴락하는 것은 사실을 근거로 견해를 붙인 것이 많고 종류대로 모으는 범례[類例]가 엄격하지 않기 때문이다. 그러므로 『춘추좌전』에 가깝다고 말하는 것이다. 『상서』가 남긴 것도 얻었지만 제목에 그다지 얽매이지 않는다. 그러므로 「전」의 분량은 적지만 사실은 모두 개괄한다고 말하는 것이다." 『사기』는 「열전」을 쓸 때 정해진 방법이 없고 변화가 많다. 『한서』가 「전」을 쓰는 방법은 비교적 가깝고 변화가 적다.

14 나는 이렇게 생각한다. 이 단락은 『사기』의 형식이 두루뭉술하고 『상서』의 뜻을 많이 얻었다는 것을 밝혔다.

15 장학성 『병진차기』(丙辰箚記)는 이러하다. "태사공의 「백이열전」[伯夷傳]은 아마 일흔 편의 「열전」을 위한 서례(敍例)를 지었을 것이다. 안타깝게도 허유(許由)나 무광

(屈賈列傳)은 강후와 관영이 굴원을 모함한 일을 미워했기 때문에 굴원의 글을 서술한 것이지 굴원의 충성심을 밝히기 위해 서술한 것은 아니다. 그래서 「굴가열전」은 가의의 문학 작품도 함께 애도하는 것이다.[16] 「창

(務光)이 나라를 사양한 일을 증명하지 못했지만, 다행스럽게도 백이와 오나라 태백은 공자가 논하고 결정했다. 이로써 사마천은 자신이 빼고 취한 것의 옳고 그름을 밝혔으며 공자를 받들어 절충했다. 「백이열전」 끄트머리에서 은연중에 일흔 편의 「열전」을 공자가 드러나지 않은 것을 드러낸 것에 비유하고 있다. 「백이열전」은 비록 백이의 이름으로 편명을 지었으나 글은 사실 일흔 편의 범례를 일으키는 일을 겸하고 있다."(가업당본 『장씨유서』 외편 3)

역주_ **서례**는 서문인 동시에 범례의 역할을 하는 글을 가리킨다. 일종의 편집 방침이라고 할 수 있다. **허유**는 요임금이 나라를 물려주려고 했을 때 사양한 은자, **무광**은 은나라 탕왕이 하나라를 정벌한 뒤 천하를 맡기려 했을 때 사양한 은자이다.

16 『사기』 「가생열전」(賈生列傳)은 이러하다. "가생(賈生)은 이름이 의(誼)이며, 낙양(雒陽) 출신이다. 오 정위(吳廷尉)가 하남(河南)의 수(守)였을 때 문하에 불러들였다. 문제(文帝)는 즉위한 지 얼마 지나지 않아 하남의 수인 오 정위[吳公]가 나라를 다스리고 천하를 평화롭게 하는 데 천하제일이라고 들었다. 그래서 그를 불러서 정위(廷尉)를 삼았다. 정위는 이에 가생을 언급하고 불러서 박사로 삼았다. 발탁된 지 한 해만에 태중대부(太中大夫)의 자리까지 이르렀다. 가생은 한나라가 일어난 지 이십여 년이 흘러 천하가 화합하게 되었으니, 마땅히 달력을 바로잡고 옷 빛깔을 바꾸며 제도를 바르게 하고 관직 이름을 정하며 예악을 일으켜야 한다고 생각했다. 이에 그런 사업과 의법(儀法)에 대한 초안을 모두 잡았다. 그래서 천자는 가생에게 공경의 자리를 맡게 하는 생각을 의논하게 했다. 강후(絳侯), 관후(灌侯), 동양후(東陽侯), 풍경(馮敬) 등의 무리가 남김없이 그를 해치고자 하여 이에 가생을 얕잡아 보며 이렇게 말했다. '낙양 사람이 나이도 어리고 이제 배우기 시작한 주제에 오로지 권력을 잡을 욕심만 있으니 모든 일을 어지럽게 할 것입니다.' 그래서 천자는 나중에 그것을 보고하라고 하고 그런 논의를 쓰지 않았다. 이에 가생을 장사왕(長沙王)의 태부(太傅)로 삼았다." 이것은 강후와 관후의 모함을 명백히 드러낸 것이다. 그리고 「굴원전」(屈原傳)은 이렇게 말한다. "굴원[屈平]은 올바른 도를 올곧게 가고 충성과 지혜를 다하여 자신의 임금을 섬겼다. 모함하는 사람이 임금을 이간질했으니 궁했다고 할 수 있겠다. 믿음을 주었는데 도리어 의심을 받고 충성을 다했는데 도리어 비난을 받는데 원망을 하지 않을 수 있겠는가?" 그리고 이렇게도 말한다. "어리석든 지혜롭든 훌륭하든 못났든 상관없이, 어느 임금이든 충성으로 자신을 위해주고 현인을 천거하여 자신을 도와주길 바라지 않는 임금은 없다. 그러나 나라가 망하고 집안이 풍비박산 나는 일은 연이어 따라온다. 성군(聖君)이 대대로 나라를 다스리는 경우가 보기 드문 이유는 이른바 충성스럽다는 사람이 충성스럽지 않기 때문이며, 이른바 훌륭하다는 사람이 훌륭하지 않기 때문이다." 이것은 비록 굴원을 위해 분노를 표출한 것이기도 하지만, 가의를 기리는 것이기도 하다.

역주_ **오 정위**는 현재 정확히 어떤 사람인지 모른다. 오씨 성을 가지고 정위 벼슬을 한 사

공열전」(倉公列傳)은 의학 기록을 수록하고, 「화식열전」(貨殖列傳)은 물자의 생산을 모두 기록했으며, 「귀책열전」(龜策列傳)은 점치는 행위만 말한다.[17] 여기에는 역시 사실에 근거하여 각각 편명을 정한다는 『상서』의 뜻이 담겨 있지, 처음부터 어떤 인물을 위해 일생의 시작부터 끝까지 갖춰 기록하려고 잇달아 더끔더끔 하지 않았다. 「장이진여열전」(張耳陳餘列傳)에서는 이 사람 덕분에 저 사람을 알 수 있을 뿐이다.[18] 「맹자순경열전」(孟子荀卿列傳)은 천하에 유세하러 다니는 지식인들을 총괄해서 글을 지었을 뿐이다.[19] 『사기』가 어떤 사람의 성명을 표제에 드러낼[標題] 때, 의례에 구애받지 않고 그들의 이름으로 편명을 짓는 경우가 자주 있다. 이것은 『시경』의 "관저"(關雎)나 "녹명"(鹿鳴)이 반가운 손님이나 품격 있는 여인

람이다. **강후**는 한나라 개국 공신의 한 사람인 주발(周勃)이다. **관후**는 영음후(潁陰侯) 관영(灌嬰)이다. **동양후**는 장상여(張相如)이다. **풍경**은 어사대부의 자리에 있었다.

17 창공(倉公)은 순우의(淳于意)이다. 그의 「열전」에는 약안(藥案)을 갖춰 기록하고 있다. 태사공은 위아래 할 것 없이 서로 이익을 다투는 것을 개탄하여 「화식열전」[貨殖傳]을 지었다. 이것은 아마 「평준서」(平準書)와 표리 관계에 있는 것이다. 「평준서」는 윗사람의 정사를 논의한 것이고, 「화식열전」은 아랫사람의 풍속을 꾸짖은 것이다. 「화식열전」에는 여러 가지 물산을 서술하고 있다. 「귀책열전」에 대해 진인석(陳仁錫)은 이렇게 말한다. "「귀책열전」을 서술한 사람은 바로 자장(子長, 사마천)이지만 '저는 이로써 경술에 통달하고'[臣以通經術] 이하는 바로 저선생(褚先生)이 보충한 것이다."

역주_ **저선생**은 저소손이다. **진인석**(1581~1636)은 자가 명경(明卿)이며 장주(長洲) 출신이다. 열아홉 살 향시에 합격하고 만력 25년(1597)에 거인이 되었다. 오랫동안 시험에 합격하지 못했기 때문에 경세학을 연구할 수 있었고 글도 많이 썼다. 천계 3년(1622) 전시(殿試)에서 삼등으로 합격하고 한림 편수가 되었다. 이듬해 어머니 상을 당했다. 상을 마친 뒤 다시 경연에 참여하고 황제의 명령서를 짓는 일을 맡았다. 위충현(魏忠賢)의 철권문(鐵券文)을 지으라는 것을 거부하고 벼슬을 잃었다. 숭정 초에 옛 자리로 복직했다. 남경 국자감 좨주를 역임하고 죽었다. 시호는 문장(文莊)이다. 저술에 『무몽원집』(無夢園集), 『명사』(明史) 「예문지」 등이 있다.

18 『사통』 「열전」(列傳)은 이러하다. "「전」이 형식이 되는 이유는 아마 같을 것이다. 그러나 저술은 다양해서 때에 따라 다르다. 만약 두 사람의 일이 앞뒤가 맞으면 하나의 「열전」에 같이 써서 뜻을 다하도록 포괄한다. 마치 진여(陳餘)와 장이(張耳)를 합체하여 편을 완성한 일 따위가 이것이다."

19 「맹순열전」(孟荀列傳)에서는 세 명의 추자(騶子) 및 직하 선생(稷下先生)을 서술하여, 당시 유세의 기풍도 드러내고 인의의 근거가 되는 길도 막혔다는 것을 보여주고 있다.

을 가리키는 것에 비길 수 있다.[20] 그러나 『사기』의 형식이 제대로 자리를 잡지 못했다고 나무라는 경우도 있고(맹자와 세 명의 추자(鄒子) 같은 경우) 형식이 중복되어 대조하는 일에 실패했다고 꼬집는 경우도 있다.(자공(子貢)이 이미 「중니제자열전」(仲尼弟子列傳)에 있는데도 「화식열전」에 다시 나타나는 것 같은 경우) 옛사람이 글을 쓰는 뜻도 모르면서 도리어 그들이 사로잡혀 지키는 기존 방법으로 옛사람이 변화시켜 통하게 만든 것을 반대하고 헐뜯는다. 『사기』의 형식이 두루뭉술하고 성질이 신령스러운 것은 여전히 『상서』의 유산을 가지고 있는 것이다![21]

사마천의 『사기』는 정해진 방법이 될 수 없지만 반고의 『한서』는 사마천의 형식을 근거로 하여 완성된 의례로 삼았다. 그래서 후세에 움직일 수 없는 시조가 되었다.[22] 삼대 이후, 역사학의 천재[史才]는 대대로 늘 나오지 않았다. 그래서 먹줄처럼 꼭 지켜야만 하는 법도를 조심스럽게 지키며 천재가 나타나길 기다렸다가 실행한 것은 어쩔 수 없는 추세[勢] 때문이다. 반고의 『한서』는 본래 찬술이지 기주는 아니다. 그래서 확정적이고 지혜로운 것에 가깝지만 여전히 두루뭉술하고 신령스러운

---

20 『모시서』(毛詩序) "관저"는 이러하다. ""관저"는 아리따운 아가씨는 얻어서 군자와 짝 지우는 일을 즐거워한다." "녹명"(鹿鳴)은 이러하다. ""녹명"은 모든 신하와 좋은 손님들에게 잔치를 베푼 것이다."

21 나는 이렇게 생각한다. 이 단락은 『사기』의 형식과 성질이 두루뭉술하고 신령스럽다는 것을 증명하고 있다. 월아당총서본은 아래 단락과 위 단락이 이어져 있고 나누지 않았다.

22 옛날에 종묘의 숫자는 신분의 높낮이에 의해 제도가 정해졌다. 천자는 일곱 개의 사당이 있고, 제후는 다섯 개의 사당이 있으며, 경대부는 세 개의 사당이 있고, 사는 한 개의 사당이 있다. 오래된 조상을 모시다가 정해진 제도를 넘게 되면, 신주를 조묘(祧廟)로 옮겼다. 오직 시조의 사당만 없애지 않고 그 신주도 조묘로 옮기지 않는다. 조묘는 옮겨온 신주를 갈무리 해두는 사당이다.

역주_ 아래 본문의 **어쩔 수 없는 추세**는 '勢之不得不然'을 옮긴 말이다. 장학성은 이렇게 쓰기보다 '不得不然之勢'라는 표현을 더 자주 쓴다. 이밖에 '不得已'라는 표현도 쓰고 있다. 뜻은 모두 같다. 장학성에게 어쩔 수 없다는 것은 소극적이지 않고, 객관적이며 필연적이라는 뜻이다. 그래서 장학성은 추세의 필연성에 착안하여 '事勢'라든지 '理勢'라는 말도 쓴다.

것이 있다. 이렇게 『한서』를 가다듬은 덕분에 일가를 이룰 수 있었고 세상에 오랫동안 전해질 수 있었다. 후세의 역사서는 반고의 『한서』에 담긴 뜻을 잃어버리고 「기」, 「표」, 「지」, 「전」을 과거 시험의 표준 방식[23]이나 관청의 문서와 동일하게 여긴다. 기주와 찬술 두 가지에는 비슷한 점이 없으니 옛사람이 글을 쓰는 종지(宗旨)는 다시 말할 필요도 없다. 역사학에서 일가를 이루지 못하고 사실과 기록 방법에 대해 어두워진 그들은 도리어 기존 방법에 사로잡혀 지키게 되었다. 그들은 자신의 책이 본디 사마천과 반고를 조상으로 한다고 말하지만 역사학이 전승을 잃은 지는 오래 되었다![24]

---

23 『일지록』 권16은 이렇게 말한다. "당나라 제도에서 선비를 취하는 과거 시험은 수재(秀才), 명경(明經), 진사, 준사(俊士), 명법(明法), 명자(明字), 명산(明算), 일사(一史), 삼사(三史), 개원례(開元禮), 도거(道擧), 동자(童子)가 있다. 그리고 명경(明經)은 오경, 삼경, 이경으로 구별된다. 그리고 학구(學究)는 일경(一經), 삼례(三禮), 삼전(三傳), 사료(史料)가 있는데, 이것은 해마다 과거 시험을 치르는 상시 선발[常選]이었다. 천자가 스스로 명령을 내리는 것을 제거(制擧)라 한다. 요숭(姚崇)의 '하필성장'(下筆成章)이라든지 장구령(張九齡)의 '도모이려'(道侔伊呂) 같은 종류 가운데 역사서에 보이는 것이 대체로 오십여 가지가 있다. 그러므로 이것을 과목(科目)이라 부른다." 당나라는 과목으로 선비를 선발하는 것을 과거(科擧)라고 불렀다. 이후 송나라는 첩괄(帖括)을 사용했고, 명나라와 청나라는 팔고(八股)로 선비들을 시험했다. 그래도 똑같은 이름을 이어서 썼다.

역주_ **요숭**(650~721)은 당나라의 재상이다. 세 차례에 걸쳐 재상을 지냈는데 북방 수비를 튼튼히 하고 율령 체제를 완전히 실시하여 당나라의 황금시대를 이루는 데 공헌했다. **장구령**(678~740)은 당나라 현종 때의 대신이자 시인이다. 다른 이름은 박물(博物), 자는 자수(子壽)이다. 소주(韶州) 곡강(曲江, 현재 광동성) 출신이다. 중종 경룡(景龍) 연간에 진사가 되었다. 교서랑, 중서사인, 기주(冀州) 자사, 영남안찰보사(嶺南按察補使) 등을 거쳐 비서소감(秘書少監), 집현원 학사를 지냈다. 734년 중서령 장열(張說)이 죽은 뒤 뒤를 이어 중서령이 되었다. 장열의 반대파인 이임보(李林甫)가 예부 상서 동중서문하삼품(同中書門下三品)이 되어 장구령과 함께 재상의 직책을 맡았다. 장구령은 과거 출신자를 위해 이임보와 타협하지 않았기 때문에 격렬하게 대립했다. 736년 장구령은 이임보의 참소에 의해 형주대도독부 장사(荊州大都督府長史)로 좌천되었다. 죽은 뒤 형주대도독에 추증되었다. 장구령은 안녹산(安祿山)을 제거해야 한다고 주장했는데 나중에 현종이 그의 선견지명을 칭찬했다고 한다. 문학적으로는 진자앙(陳子昂)을 계승하고 복고(復古)에 힘썼다. 저술에는 『당승상곡강장선생문집』(唐丞相曲江張先生文集), 『천추금경록』(千秋金鏡錄) 등이 있다.

24 나는 이렇게 생각한다. 이 단락은 후세의 역사가들이 기존 방법에 얽매여 반고의 뜻

역법이 오래되면 틀림없이 오차가 나게 마련이고 추보는 최근에 가까워질수록 더욱 정밀해진다.[25] 앞 시대 사람들은 이것을 근거로 천문 관측[司天]을 논했다. 그리고 역사학도 이것과 비슷하다. 『상서』가 변하여 『춘추』가 되었다. 그래서 사실에 근거하여 각각 편명을 정하여 일반적 범례가 되지 않게 만든 『상서』의 방식은 사실을 나열하고 말을 다듬어 엮은 『춘추』의 방식을 따름으로써 점점 정밀하게 될 수 있었다. 『춘추좌전』과 『국어』(國語)가 변해서 기전체 역사서가 되었다. 그래서 시간의 흐름을 주요한 것으로 하고 사실을 보조적인 것으로 만들어 다른 것과 통할 수 없게 만든 것이 『춘추좌전』과 『국어』의 방식이다. 그 방식들은 분류하고 구분하는 기전체의 방식을 따름으로써 더욱 정밀하게 될 수 있었다.[26] 기전체가 천 년도 넘게 그런 방식을 실행하고 학자들은 대대로 계승했다. 이런 현상은 마치 여름에 칡베로 지은 옷을 입고 겨울에 갖옷을 입는 것이나 목마르면 마시고 배고프면 먹는 일과 거의 같아서 바뀌지 않았다. 그러나 특별한 식견이나 마음의 계획이 없다면, 후세에 전할 만하며 오랫동안 지속될 만한 재주를 갖춘 사람도 과거 시험의 표준 방식을 지킬 때 감히 조금도 변화시키지 못하거나 구실아치[胥吏]가 장부[簿書]를 관리할 때 번거로워도 삭제하지 못하는 것처럼 조심한다. 이로써 확정적이며 지혜롭다고 말한다면 쓸데없이 중복되고 느슨하게 뒤섞여서 전거가 되기 어렵다. 두루뭉술하고 신령스럽다고 말한다면 풀이 우거진

을 잃었다는 것을 밝혔다.

역주_ 위 본문의 **종지**는 으뜸가는 요지, 또는 으뜸가는 뜻이다.

25 역(曆)은 원래 "헌"(憲)이라고 되어 있다. 청나라 고종의 이름을 다른 글자로 바꿔 써서 고친 것이다. 『춘추좌전』「문공(文公) 원년」의 소는 이렇게 말한다. "해와 달이 하늘에서 운동하는 것은 마치 사람이 걸음을 걷는 것과 같다. 그러므로 추력(推曆)을 보력(步曆)이라고 부른다." 추보(推步)는 해와 달, 오성(五星)의 도수를 측정하고 아침저녁과 절기의 차이를 측정한다는 말이다.

26 『춘추좌전』은 편년의 「전」이고, 『국어』(國語)는 나라마다 따로 만든 역사서이다. 이들은 모두 한계가 있다. 사마천은 이것을 기전체로 바꿔 구석구석까지 두루 통하게 만들었고, 구분이 더욱 꽉 짜이게 되었다.

것처럼 어지럽고 바다처럼 넓기 때문에 외우고 기억할 수 없다. 아마 혈족의 역사서[族史]는 「기」, 「표」, 「지」, 「전」에 담긴 기존의 규칙만 완벽하게 구사하면 되는 줄 알고 있을 것이다.[27] 글은 형식에 의해 제한받는 법이다. 확정성과 두루뭉술함만 갖추면 되는 줄 알고 있지, 기전체가 원래 『춘추』에 뿌리를 두고 있으며 『춘추』가 원래 『상서』의 처음 의도에 부합한다는 것을 모른다. 『주역』은 이렇게 말한다. "막히면 변하고 변하면 통하며 통하면 오래 지속한다."[28] 기전체는 사실 삼대 이후의 좋은 방법이다. 그러나 널리 익힌 지 벌써 오래되었다. 선왕의 위대한 경륜과 위대한 법도는 타락한 세상이 사로잡혀 지키는 기전체에 의해 도리어 뒤덮이게 되었으니, 어찌 변화시켜 통하게 만드는 도를 생각하지 않을 수 있겠는가?[29]

『춘추좌전』의 편년체는 종류에 따라 세세히 구별할 수 없다. 『사기』와 『한서』의 「기」, 「표」, 「전」, 「지」는 종류에 따라 세세히 나누는 방식의 막힘을 해결했다. 혈족의 역사서가 도리어 종류에 따라 세세히 나누는 방식에 사로잡히는 바람에 글이 번잡스러워지고 사실이 흐려지는 상태를 초래했다. 이것은 마치 훈고(訓詁)와 주소(注疏)가 경을 해석하는 보조 역할을 하는 것이지만 세속적인 스승들은 도리어 훈고와 주소에 빠져서 경의 뜻을 흐리게 만든 것과 같다.[30] 경이 해설에 의해 흐려져 있

---

27 『장자』 「양생주」(養生主)의 "족포"(族庖)에 대한 주는 최선(崔譔)을 인용하여 이렇게 말한다. "족(族)은 중(衆)이다." 족사란 다름 아니라 바로 수많은 역사서이다.

역주_ 최선은 송나라 때의 도사이다. 자허진인(紫虛眞人)이란 봉호를 받았다.

28 『주역』 「계사전 하」의 글이다.

29 나는 이렇게 생각한다. 이 단락은 후세의 역사서들이 이미 만들어진 형식에 얽매여 변통해야 할 필요가 있다는 것을 밝혔다.

30 『한서』 「예문지」는 이러하다. "고대의 학자는 농사를 지으면서 공부했다. 삼년이면 한 가지 방법[藝]에 통할 수 있었다. 후세에는 경전도 괴리되었고 널리 배우려는 사람도 많이 듣지만 의심스러운 것은 나중으로 미뤄두는 뜻을 생각하지 않았다. 그리고 그 뜻을 파괴하여 어려움에서 도망치기 바빴기 때문에 편한 단어나 교묘한 주장이 등장하게 되었다. 틀을 파괴하는 일이 도를 넘어 다섯 글자의 문장을 설명하는데 이만 자나 삼만 자의 말을 쓰기도 했다. 후학들은 이런 것을 두루 힘껏 달려 좇고 있

으니 해설이 아직 없던 초기 상태에서 찾아야만 한다. 역사서는 범례에 사로잡혀 있으니 범례가 아직 없던 초기 상태에서 찾아야만 한다. 범례는 『춘추좌전』에서 비롯된 것인데 어찌 『상서』가 『춘추』로 미처 들어가지 않았을 때의 처음 의도를 찾지 않겠는가?[31]

신기한 것은 악취가 나는 것으로 변하고 악취가 나는 것은 다시 신기한 것으로 변한다.[32] 천지 자체가 변화하므로 사람은 천지의 변화에 따라 신기해지거나 악취가 나게 될 뿐이라고 『장자』를 풀이하는 사람은 생각한다. 사물은 여러 번 변화해도 처음 상태로 되돌아가고 무늬로 수식하는 일이 막다른 길에 다다르면 질박한 상태로 되돌아가는 법이다.[33] 이것은 천하의 본래 이치이다. 『상서』는 두루뭉술하고 신령스럽다. 『상서』는 역사서 가운데 천연 그대로의 극치라고 말할 수 있다. 실행할 사람을 기다린 뒤에 실행할 수는 없기 때문에 『춘추좌전』을 절충해 넣고 사마천, 반고와 합류시키게 되었다. 유지기 이후부터 『상서』의 가르침이 도중에 끊어져 버렸기 때문에[34] 사관(史官)이 실마리를 잇지 않아도 된다

다. 그러므로 어린이가 한 가지 방법을 지킨다 하더라도 머리가 허옇게 될 때까지 노력한 뒤에야 자신의 주장을 할 수 있게 되었다." 여기서 풀이 때문에 오히려 경을 모르게 되는 폐단을 알 수 있다.

역주_ **훈고**는 거의 번역 수준의 풀이이다. 장학성은 훈고의 고를 고사라고 생각하여 자신이 구축한 고대 세계의 체계 속에 넣고 있다. **주소**는 텍스트 주석의 위계에서 경전의 하위 주석을 가리킨다.

31 나는 이렇게 생각한다. 이 단락은 변통의 도가 『상서』로 돌아가서 찾는 데 있음을 밝혔다.

32 『장자』「지북유」(知北遊)는 이러하다. "그러므로 만물은 동일한 것이요. 그래서 사람들이 아름답게 생각하는 것은 신기하다고 하고, 싫어하는 것은 악취가 나는 것이라고 한다오. 악취가 나는 것이 다시 변화해서 신기한 것이 되고 신기한 것이 다시 변화해서 악취가 나는 것이 되는 법이라오. 그래서 천하가 동일한 기운에 통할 뿐이라고 말하는 게요."

33 『주역』「비」(賁) 괘는 이러하다. "상구는 흰색으로 꾸미니 허물이 없다." 왕필의 주는 이렇게 말한다. "꾸미는 일의 끝에 있다면 꾸밈은 끝이 나고 바탕으로 돌아갈 것이다. 그러므로 바탕의 소박함에 맡겨두고 무늬로 꾸미는 일에 수고를 들이지 않는다면 허물이 없으리라."

34 『사통』「육가」는 이러하다. "주나라가 기울 때부터 『서』의 형식은 결국 사라진 것이

고 생각한 사람은 아마 없을 것이다. 『수서』(隋書) 「경적지」(經籍志)가 서적을 기록한 때부터 기전체 역사서는 정사가 되었고 편년체 역사서는 정사 이전의 옛날 역사[古史]가 되었다.[35] 『수서』 「경적지」 이후의 모든 세대는 그것을 기준으로 주요한 것과 보조적인 것을 구분하게 되었기 때문에 기전체가 으뜸이고 편년체가 버금간다고 생각하지 않은 사람이 없다. 사마천과 반고의 역사서는 사실 정통이 아닌 작은 아들이지만 『춘추』를 이었고, 순열(荀悅)과 원굉(袁宏)의 역사서[36]는 『춘추좌전』을 제대로 이은 후손이지만 곁갈래의 작은 아들처럼 강등되었다. 사마광의 『자치통감』은 기전체가 나눈 방식을 괴롭게 생각하여 편년체로 합쳤다.[37] 원

다. 한나라와 위나라 때 이르러 이을 수 있는 사람이 없었다."

역주_ 사관은 역사 기록을 맡은 벼슬아치이다.

35 『수서』 「경적지」 "사부서례"(史部敍例)는 이렇게 말한다. "이때부터 세상에는 저술이 나타나게 되었다. 그것은 모두 반고와 사마천을 본떠서 정사라고 했다. 지은이가 더욱 많아져서 어떤 왕조의 역사서는 수십 가지에 이르렀다. 지금 시대와 왕조에 의거하여 그것들을 모으고 엮은 뒤 정사에 갖춘다." 그리고 이렇게도 말한다. "『죽서기년』(竹書紀年)은 아마 위나라의 역사 기록일 것이다. 『죽서기년』이 글을 지은 형식은 편년으로 순서를 매긴 것이다. 글의 의도는 대략 『춘추경』(春秋經)과 비슷하고, 여러 가지 사실의 기록은 『춘추좌전』(春秋左氏)과 대략 같다. 학자들은 그것을 근거로 『춘추』가 고대의 역사 기록에서 올바른 방법이라고 생각한다. 그래서 저술하려는 것이 있다면 『춘추』의 형식에 의거하는 경우가 많다. 지금은 그들의 시대와 왕조에 의거하여 엮고 순서를 매긴 것을 고사(古史)라고 부르고 있다."

36 『후한서』 「순숙전」(荀淑傳)은 이러하다. "순숙(荀淑)의 손자인 순열은 자가 중예(仲豫)이며, 헌제 때 비서감을 지냈다. 헌제는 반고의 『한서』가 글이 많아서 살펴보기 어렵다고 생각했다. 이에 순열에게 『춘추좌씨전』의 형식에 의거해서 간단하게 만들라고 명령했다. 순열은 『한기』 서른 권을 만들었는데, 글은 간단하지만 사실은 상세했다." 『진서』 「문원전」은 이러하다. "원굉(袁宏)은 자가 언백(彦伯)이다. 아버지 원욱(袁勗)은 임여 령(臨汝令)을 지냈다. 사상(謝尙)이 우저(牛渚)에 주둔하고 있을 때, 원굉을 끌어와 자신의 군대 업무에 참여시켰다. 나중에 이부랑(吏部郎)에서 시작하여 동양군(東陽郡)으로 나갔다. 『후한기』(後漢紀) 서른 권을 지었다."

37 『송사』 「사마광전」(司馬光傳)은 이러하다. "사마광은 자가 군실(君實)이며, 섬주(陜州) 하현(夏縣) 출신이다. 신종(神宗)이 즉위하면서 한림학사로 발탁되었다. 사마광은 대대로 이어져 내려온 역사서들이 번거롭기 때문에 임금이 두루 볼 수 없다는 점을 늘 우려하고 있었다. 그래서 결국 『통지』(通志) 여덟 권을 만들어 바쳤다. 영종(英宗)이 이것을 기뻐하여 전문 기구를 설치하여 비각(祕閣)에서 그 책을 계속 만들라고 명령했다. 이제 와서 신종은 『자치통감』이라는 이름을 붙였다." 『직재서록해제』 「편

추(袁樞)의 『통감기사본말』(通鑑紀事本末)은 『자치통감』이 합친 방식을 다시 괴롭게 생각하여 사실을 종류별로 나누었다.[38] 기사본말이라는 형식에 따르면 사실에 근거하여 각각 편명을 정하는 방식이 늘 통용되는 격식은 아니다. 고금의 가장 중요한 내용을 깊이 알지 못한다면 천하의 경륜(經綸)은 널리 찾아서 휘몰아 넣어 포괄할 수 없으며 없애지도 않고 넘치지도 않게 할 수 없다. 기사본말체의 기록은 기전체보다 생략되어 있

년류」(編年類)는 이러하다. "『자치통감』 이백구십사 권, 『목록』 서른 권, 『고이』(考異) 서른 권은 하내(河內) 출신 승상(丞相) 온공(溫公) 군실 사마광이 지었다. 애초에 사마광은 전국시대부터 진나라 이세황제(二世皇帝)까지 묶어서 『춘추좌씨전』의 형식처럼 만들기로 하고 『통지』 여덟 권을 만들어 황제에게 올렸다. 영종은 이를 기뻐하여 드디어 대대로 이어져 내려온 임금과 신하들의 사적의 순서를 논하여 정하라는 명령을 내렸다. 주나라 위열왕(威烈王)부터 오대까지를 범위로 결정하고 비각에 편찬 기구[局]을 설치했다. 신종은 「어제서」(御製序)에서 『자치통감』이라는 이름을 하사했다. 사마광이 외직으로 보임해 가게 되자, 신종은 편찬 기구[書局]가 모두 사마광을 따라가게 해달라는 요청을 들어주었다. 원풍(元豐) 7년에 책이 완성되었다. 황제는 이렇게 말한다. '순열의 『한기』보다 더욱 훌륭하다.' 『목록』은 『사기』의 「연표」를 본받은 것이다. 연도가 주요한 것이 되고 나라가 보조적인 것이 되는 것은 유희수(劉羲叟)가 장력기삭(長歷氣朔)으로 새로 쓴 책의 정밀한 요점을 붙잡은 뒤 그중에 흩어 놓았다. 『고이』는 여러 학자들의 차이를 참고하여 그들의 잘못을 바로 잡아 하나로 통일시켰다. 모두 삼백쉰네 권이다."

역주_ **유희수**(1018~1060)는 자가 중경(仲庚)이며 택주(澤州) 진성(晉城) 출신이다. 어려서부터 총명하고 기억력이 좋았다. 진사에 합격하고 고향에 머물렀다. 나중에 조정에 들어와 여러 관직을 역임했다. 성력과 술수에 능했다고 한다. 진종 황우(皇祐) 원년(1049)에 당사 편수관(唐史編修官)에 임명되어 유명한 역사학자인 송잉(宋祁), 송민구(宋敏求), 여경(呂卿), 범진(范鎭) 등과 함께 당나라 역사서를 편찬했다. 당시 역학(曆學)의 일인자인 그의 의견을 사마광이나 구양수도 따랐다. 역사학에도 조예가 깊어 『십삼대사지』(十三代史志), 『유씨집력』(劉氏輯曆), 『춘추재이』(春秋災異) 등을 지었으나 모두 사라지고 없다. 가우 5년(1060) 그는 『역지』(曆志)를 완성했다. 그리고 병이 났는데 사람들에게 올 가을에 죽을 것이라고 말하고 무덤 자리를 봐두었다. 7월에 『신당서』가 완성되고 황제는 그에게 숭문원(崇文院) 검토(檢討)의 관직을 하사하기로 결정했다. 그러나 그는 황제를 알현하기 전에 등창으로 죽었다.

38 『송사』 「원추전」(袁樞傳)은 이러하다. "원추는 자가 기중(機仲)이며 건안 출신이다. 건도(乾道) 7년에 태학록(太學錄)으로 제수되었으나 외직으로 보임하기를 요구하여 엄주(嚴州) 교수(敎授)로 나갔다. 원추는 일찍이 사마광의 『자치통감』을 읽고 외우기 좋아했는데, 책이 너무 분량이 많아서 괴로워했다. 그래서 사실을 구별하고 꿰뚫게 만들었는데 이것을 『통감기사본말』이라고 불렀다."

지만 사실은 편년체보다 막힘이 없다. 자료를 삭제하거나 취하는 결단은 형식의 두루뭉술함과 성질의 신령스러움을 보여주니 이것이 참으로 『상서』의 유산이다.[39] 원추에게 처음부터 그런 뜻이 있지는 않았을 테고 그의 학문도 이것과 짝을 이루기 부족하며 『통감기사본말』도 칭찬받는 만큼 완전히 부합하지 않는다. 그러므로 많은 목록학자들은 『통감기사본말』을 잡사(雜史)로 분류하는 방식을 대대로 고수했다.[40] 『통감기사본말』이 찬록(纂錄)에 속하게 되면서부터 관심을 가지고 보는데 편하게 되었을 뿐이다. 다만 기존 방법을 대면하여 깊이 더 깊이 생각한 뒤 천지신명과 같은 변화를 더한다면 옛날 역사의 근원이 은은하게 드러날 수 있다.[41] 지은이의 수준은 대단히 얕지만 읽는 사람의 수준이 대단히 깊은 경우가 있는데 이런 종류가 그렇다. 그래서 신기한 것이 악취 나는 것으로 변하고, 악취 나는 것은 다시 신기한 것으로 변한다는 말은 본래

---

39 『사고간명목록』 "기사본말류"(紀事本末類)는 이러하다. "『통감기사본말』 마흔두 권은 송나라 원추가 지었다. 사마광 『자치통감』의 내용을 분류하고 재배열하여 편찬했다. 한 가지 사실을 한 편으로 만들어 각각 시작부터 끝까지 상세하게 만들고 절목(節目)을 나누고 밝혔다. 가로세로 조리 있게 관통하는 특징 때문에 결국 역사가의 두 가지 형식 이외에 별도로 하나의 형식이 되어 오늘날까지도 세월을 견디며 사라지지 않았다. 그러나 뿌리를 거슬러 올라가면, 사실 『상서』가 사실을 하나하나의 편으로 만든 것에 뿌리를 두고 있다. 먼저 이런 형식이 있으니 이것도 결국 제자백가에서 갈라져 나온 유파이다."

역주_ 위 본문의 **경륜**은 고대의 거룩한 임금이 창조한 제도의 계획, 또는 천하를 다스리는 일이라는 뜻이다.

40 나는 이렇게 생각한다. 원추의 책은 『송사』 「예문지」 및 진진손의 『직재서록해제』에서 「편년류」에 들어가 있으나, 『명사』(明史) 「예문지」에서 처음으로 "잡사류" 에 들어갔다.

역주_ **잡사**는 민간에 전하며 개인이 지어서 형식을 제대로 갖추지 못한 역사서이다. **찬록**은 문서나 자료를 원래 모습대로 수집한 기록이다.

41 장학성 「여소이운논수송사서」는 이러하다. "『통감기사본말』은 본래 깊은 뜻이 없고 사실에 따라 편명을 정한 것이라 정해진 방법이 되지 않는다. 그래서 그것을 끌어내어 풀고 확충한다면 결국 두루뭉술한 근본 바탕과 신령스러운 성질을 깨닫게 될 것이다. 『상서』는 신령스럽고 오묘한 성인들이 지은 것이다. 그래서 수천 년 동안 우러러 바라볼 수는 있어도 맞닿을 수는 없는 것이었지만 이제 와서 우러르고 좇을 수 있게 되었다."(가업당본 『장씨유서』 권9)

동일한 이치이다.[42]

역사서는 사실을 기록한 책이다.[43] 사실이 무한히 변화하며 고르지 않지만 역사서의 글이 구석구석 사실과 딱 맞아떨어지려면, 반드시 사실에 근거하여 각각 편명을 정하고 일반적 범례에 의해 사로잡히지 않아야 한다. 그런 뒤라야 시작될 때부터 끝날 때까지 어떤 일이 있더라도 보통 때처럼 아무렇지도 않을 수 있고 한 마디의 말도 남거나 넘치는 경우가 없다. 이것이 바로 천지신명 같은 변화를 무엇과 같다고 느끼게 할 수 없다고 말한 『상서』의 근거이다. 『상서』보다 뒤에 나온 『춘추좌전』의 글이 범례를 따르지 않을 수 없게 된 것은 이세가 이미 어쩔 수 없게 되었기 때문이다. 상고시대의 신령스런 성인이 창조한 것[制作]을 가지고 최근의 사관에게 똑같이 못한다고 꾸짖는다면 어찌 너무 차이 나는 것이 아니겠는가! 그렇게 말하는 것은 경을 배운다고 잘할 수 있는 것이 아니고 본디 경의 의도만 스승 삼아서 본받을 수 있다는 것을 모르기 때문이다. 『상서』에는 본디 배우려고 해도 배울 수 없는 것이 있다. 그래서 『통감기사본말』은 찬록에 속하는 보잘 것 없는 책에 지나지 않으며 이 책의 모든 형식을 사법으로 취할 수도 없다. 그러나 다만 『상서』의 의도에 가까운 것도 있으니, 『통감기사본말』이 가다듬은 말 때문에 의도를 해치면 안 된다.[44] 고금의 역사서를 어림쳐 헤아려 내용과 형식[文質]의 적절한 상태를 정한다면, 『상서』의 뜻을 스승 삼는 것이자 사마천

---

42 나는 이렇게 생각한다. 이 단락은 기사본말체의 내용은 기전체에 비해 간단하고 사실은 편년체보다 넓기 때문에 사실 『상서』의 후예라는 것을 밝혔다.

43 『설문해자』는 이러하다. "사(史)는 사실을 기록하는 사람이다." 사라는 글자의 뜻은 본래 사실의 기록이라는 것이다. 애초에 문서를 담당하는 관직은 이 글자로 이름 붙였는데, 이후 결국 사실을 기록한 역사서라는 뜻으로 쓰이게 되었다.

44 『맹자』 「만장(萬章) 상」은 이러하다. "그러므로 시를 말하는 사람은 다듬은 말을 글로 해치는 것도 아니요, 의지를 다듬은 말로 해치는 것도 아니다. 의도에 의해 의지를 거스른 뒤에야 이것이 잘 되었다 생각한다."

역주_ 아래 본문의 **내용과 형식**은 '文質'을 옮긴 말이다. '文質'은 여러 가지 함의를 가지지만 장학성은 일차적으로 '文'을 형식, '質'을 내용이라는 의미로 사용하고 있다.

『사기』의 의례로 『춘추좌전』이 가다듬은 제도와 통하게 만들 것이다. 그러면 기전체의 극단적 폐단을 구할 수 있을 것이니 묵은 것을 고쳐 새로 만드는 것을 마냥 좋아할 것도 아니다.[45]

기전체는 사마천이 창조했지만 역시 과거로부터 물려받은 것이 있다. 『태고연기』(太古年紀),[46] 『하은춘추』(夏殷春秋),[47] 『죽서기년』(竹書紀年)[48]을 살펴보면 「본기」를 편년체처럼 구성하는 범례는 글자가 만들어진 이후 바로 생긴 것이다. 『상서』는 역사서의 글 가운데 별도의 형식이다. 만약

---

45 나는 이렇게 생각한다. 이 단락은 후세에 역사서를 편찬할 때 반드시 『상서』의 뜻을 스승으로 삼고 변통을 찾아야 한다는 것을 밝혔다.

46 『한서』 「예문지」 '춘추류'(春秋類)는 이러하다. "『태고이래연기』(太古以來年紀)는 두 편이다." 사마정(司馬貞)의 『삼황본기』(三皇本紀)에 따르면 다음과 같다고 한다. "『춘추위』는 개벽했을 때부터 춘추시대가 마칠 때까지 모두 삼백이십칠만 육천 년이며 열 편의 「기」(紀)로 나뉜다고 한다." 이것이 『태고연기』와 다른지 어떤지 모르겠다.

역주_ **사마정**은 당나라 때 사람이다. 자는 자정(子正)이며 하내 출신이다. 관직은 조산대부, 홍문관 학사에 이르렀다. 『사기색은』 및 『보삼황기』(補三皇紀)를 지었다. 스스로 '작은 사마천'[小司馬]이라고 불렀다.

47 『사통』 「육가」는 이러하다. "『급총소어』(汲冢瑣語)는 태정(太丁) 때의 일을 기록하고 있는데 『하은춘추』라고 지목했다."

48 두예 「춘추좌씨전후서」[左傳後序]는 이러하다. "내가 『춘추석례』 및 『춘추경전집해』를 쓰면서 처음으로 마칠 때, 급군(汲郡) 또는 급현(汲縣)의 경계 안에 있는 옛날 무덤을 발굴했을 때 고대 서적을 많이 얻었다는 것을 알게 되었다. 이것은 모두 죽간에 과두문자(科斗文字)로 적은 것이고 대부분이 잡스럽고 말이 되지 않으며 괴이쩍고 제멋대로라서 풀이를 하더라도 알 수 없었다. 『죽서기년』이 가장 알 만한 것인데, 하나라, 은나라, 주나라부터 시작하여 모두 삼대의 임금다운 왕의 사실이며 여러 제후국의 구별은 없었다. 오로지 진나라(晉國)만 특별히 기록하고 있다. 상숙(殤叔)부터 시작하여 문후(文侯), 소후(昭侯)를 거쳐 곡옥(曲沃)의 장백(莊伯)까지 기록하고 있다. 장백 11년 동짓달은 노나라 은공 원년 정월이다. 여기서 모두 하나라 달력을 사용하여 인월[寅之月]을 한 해의 시작으로 세우고 편년도 순서대로이다. 진나라가 멸망한 뒤에는 위나라의 사실만 기록하고 있다. 아래로 위나라 애왕 20년까지 이르고 있으니 아마 위나라의 역사 기록일 것이다. 애왕 20년 태세(太歲)가 임술(壬戌)에 있다는 것으로 헤아려 비교해 보면, 이것은 주나라 난왕(赧王) 16년, 진나라 소왕(昭王) 8년, 한나라 양왕(韓襄王) 13년, 조나라 무령왕(趙武靈王) 27년, 초나라 회왕(楚懷王) 30년, 연나라 소왕 13년, 제나라 혼왕(齊湣王) 25년에 해당한다. 애왕은 재위 23년에 죽었기 때문에 특별히 시호를 부르지 않고 현재의 왕[今王]이라고 부른다. 이 책의 문의(文意)는 『춘추경』과 아주 비슷하다. 이로써 헤아려보면, 고대에 국사와 책서(策書)가 늘 있었다는 것을 알 수 있다."

『춘추좌전』의 범례를 사용하여 편년과 합친다면 『상서』는 『춘추좌전』의 주석이 될 것이다. 『상서』의 뜻을 『춘추』의 「전」으로 삼는다면 『춘추좌전』의 글이 범례를 따르지 않을 수 없는 상태에 이르지도 않을 것이고 착실하지 않은 글의 삭제도 많아질 것이다. 『상서』의 뜻을 사마천의 『사기』에 대한 「전」으로 삼는다면 여덟 편의 「서」와 삼십 편의 「세가」도 따로 분류할 필요가 없고 『춘추좌전』을 본받아 「전」이라고 통틀어 부를 수 있을 것이다. 「전」은 전장과 창조된 제도를 살피기도 하고 인사의 과정 전체를 서술하기도 하며, 어떤 사람의 행실을 탐구하기도 하고(이것이 바로 「열전」의 본래 형식이다) 동일한 유형의 일을 합치기도 하며, 특정 시대의 말을 기록하기도 하고(훈령이나 포고문 같은 종류) 특정 왕조의 글을 싣기도 한다. 「전」이 사실에 근거하여 각각 편명을 정하면 「본기」를 보조하게 된다. 『춘추좌전』이 경을 보조하는 역할과 이것을 비교해 보면 시간의 선후에 얽매이는 괴로움에 국한되지 않을 수 있다. 이것을 사마천의 『사기』가 따로 나눠 늘어놓은 형식과 비교해 보면 여러 군데 갈라져 나타나는 번거로움을 없앨 수 있다. 글이 생략되면 사실은 더욱 명백해지고 범례가 간단해지면 뜻은 더욱 정밀해진다. 이것이 어찌 내용과 형식의 적절함과 마땅함, 고금에 두루 통하는 중용의 도가 아니겠는가? 사람의 이름과 평생의 일은 기사본말체에 합치게 되면 검색하기 어렵게 된다. 그러면 별도로 「표」를 만들어서 구분하면 된다. 하늘의 형상과 땅의 형태, 수레와 옷, 의식에 쓰이는 그릇은 기사본말체가 포괄할 수 있는 것이 아니고 또한 글자로 기록하기 어렵다. 이것은 따로 그림을 그려서 명확하게 표시하면 된다. 아마 『상서』와 『춘추』의 본래 바탕에 통하고 사마천 『사기』와 반고 『한서』가 내려오던 끝판에 생긴 폐단을 구제하는 방법 가운데 이만한 것이 없을 것이다. 새로운 법도를 창조하여 세우고, 조목을 나누어 구별하며, 고금의 저술과 작품을 비교하고, 어떤 글의 규모를 정하는 것은 별도로 「원통」(圓通)이라는 편에 갖추어 놓았기 때문에[49] 여기서 갖추어 말하지 않겠다.[50]

소진함(邵晉涵)은 이렇게 말한다.[51] "기전체 역사서가 원추를 참고하고

---

49 호적(胡適)은 「서교 하」편이 미완성이라고 말했다.

역주_ **호적**(1891~1962)은 현대 중국의 외교관, 학자, 사상가이다. 안휘성 적계현(績溪縣) 출신이다. 세 살 때 아버지를 여의고 과거 시험 준비를 하다가 1904년 상해에서 서양식 교육을 받기 시작했다. 1910년 미국으로 유학하여 코넬대학교에서 농학과 철학을 전공했다. 1914년 코넬을 졸업하고 컬럼비아대학교에서 존 듀이의 학생이 되었다. 듀이의 지도로 1917년 박사 논문을 쓰고 중국에 돌아와 북경대학 교수가 된다. 1917년 『신청년』(新靑年)에 「문학개량추의」(文學改良芻議)를 발표하고 '백화운동'을 제창한다. 우여곡절 끝에 1922년 중국 정부는 백화를 표준어로 선포한다. 신문학혁명은 폭넓은 운동의 일부였기에 호적은 실용주의를 도입하고 전면적인 서구화를 주장한다. 1919년 5·4신문화운동이 일어나면서 호적은 우파의 입장에 서서 좌파와 맞서게 된다. 1937년 중일전쟁이 터지자 호적은 1938~1942년 사이 주미 중국대사를 역임했고 1945년 북경대학 총장이 되었다. 1949년 중화인민공화국이 수립되자 호적은 뉴욕에 살게 되었다. 1957년 대만 정부의 국제연합 주재 대사가 되었다. 1958년 대만에 돌아와 국립중앙연구원의 원장에 취임했고 1962년 심장마비로 급서할 때까지 직책을 맡았다.

50 나는 이렇게 생각한다. 이 단락은 먼 과거의 『상서』를 스승으로 삼아서 변통의 뜻을 찾아야 한다는 것을 구체적으로 설명하고 있다.

51 소진함(邵晉涵)은 자가 여동(與桐)이며, 다른 자는 이운(二雲)이다. 여요 출신이다. 청나라 건륭 36년 진사가 되었고 벼슬이 자꾸 높아져 시독학사(侍讀學士)까지 이르렀다. 본래 학문을 좋아하여 사부 분류법[四庫]과 일곱 가지 분류법[七略]의 근원을 헤아려 끝까지 탐구하지 않은 것이 없었고, 실제 사실에서 진리를 찾았다[實事求是]. 소학에 정통하고 역사를 꿰뚫고 있었다. 지은 책에 『이아정의』(爾雅正義)가 있으며 필원(畢沅)의 『속자치통감』(續資治通鑑)도 그의 손을 거쳐 교정되었다.(『장씨유서』 「소여동별전」(邵與桐別傳)을 보라) 그는 평생 장학성과 서로 가장 깊이 알았고, 절차탁마하며 평소 친밀했다. 소진함의 평은 결코 아부하려는 말이 아니다.

역주_ **필원**(1730~1797)은 자가 추범(秋帆), 다른 자는 양형(梁蘅), 호는 영암산인(靈巖山人)이다. 진양(鎭洋, 현재 강소성 태창) 출신이다. 필원은 총명하고 문무를 겸비했다. 건륭 18년 순천부 향시에서 거인이 되고 내각중서에 임명되었다. 나중에 군기처에 들어가 군기장경(軍機章京)이 되었다. 건륭 25년 회시에 참가하여 합격했다. 여러 관직을 역임하고 건륭 36년 섬서 포정사가 되었다가 건륭 38년 섬서 순무로 발탁되었다. 건륭 46년 감숙성에 내란이 발생했을 때 진압한 공으로 일품(一品)으로 승진했다. 그러나 감숙성의 여러 지역에 기근이 발생한 것을 잘 처리하지 못한 것을 이유로 필원은 스스로 오만 량의 은화를 벌금으로 내고 삼품으로 강등되었다. 이후 하남 순무, 호광 총독 등을 역임했다. 건륭 37년부터 『속자치통감』을 짓기 시작하여 이십 년 만에 완성했다. 건륭 53년(1788), 하남 순무 시절에 『사적고』(史籍考)를 편찬하기 시작하여 죽을 때까지 계속했다. 장학성은 이 작업에 참여했다. 이밖에 역사지리학 저술을 독려하고 금석학 저술도 여럿 남겼으며 『묵자교주』(墨子校註), 『산해경교주』(山海經校註) 등을 지었다.

본뜬 것은 겉모습이 같아도 마음이 다르다. 그것으로 과거에 『상서』를 다루던 사람들의 주장에 이어붙이는 것은 모습이 다르지만 마음이 같다. 육예에 대해서는 작은 아들이지만 사학에 대해서는 종손이며, 앞 시대의 역사에 대해서는 황하의 격류 속에 서있는 돌기둥이지만 뒷날의 학자에 대해서는 촉나라의 잠총(蠶叢)[52]이 나라를 세운 일과 같다고 「서교」편은 주장한다."

52 잠총(蠶叢)은 촉나라 왕의 조상이라고 전해진다. 여기서는 새로운 역사학의 개창자를 가리킨다.

시교(詩教)

상·하

1. 시교(상)[1]

주나라가 약해지고 문화가 낡게 되자 육예의 도는 운동을 멈추고 제자백가가 다투어 주장을 펼쳤다.[2] 아마 전국시대에 이르러 문장이 남김없이 변했고 전국시대에 이르러 저술(著述) 사업이 전문화되었기 때문

1 『장학성연보』[年譜]에 따르면 건륭 48년, 곧 계묘년(癸卯年)에 장학성은 영평(永平)의 경승서원(敬勝書院)에서 주강(主講)을 맡고 있었다. 「재답주랑곡논과몽서」(再答周筤谷論課蒙書)는 이렇게 말한다. "최근에 학생들[生徒]이 흩어진 뒤, 황량한 기숙사[齋室]에는 퀴퀴한 냄새가 난다네. 『문사통의』 내편을 보충하면서 「언공」(言公) 상중하 편, 「시교」 상하 편을 지었네. 여기서 주장한 것들은 사실 혼돈 상태[鴻濛]를 개벽시킨[開鑿] 정도의 공이 들었다네. 주장을 세우려는 사람은 여기서 틀림없이 얻는 것이 있을 걸세."(가업당본 『장씨유서』 권9) 장학성은 대단히 자부심을 가지고 있다는 뜻이다. 「시교」 두 편은 장학성이 글을 논한 대강이다. 「시교 상」편의 주된 뜻은 후세의 문체가 전국시대에 갖추어졌고 전국시대의 글은 『시』의 가르침에서 나온 것

에,[3] 전국시대에 이르러 전국시대 이후 나타나게 될 모든 문체가 갖추어졌을 것이다. 그러므로 전국시대의 문(文)을 논한다면 전국시대 이후의 문이 상승하거나 하강한 흥망성쇠의 원인을 알 수 있을 것이다. 전국시대의 문에 올바르지 못한 것이 뒤섞여 있을 뿐더러 도와 균열을 일으켰다는 것은 사람들이 알고 있다.[4] 하지만 문의 근원이 육예라는 것은 모른다.[5] 후세의 문이 전국시대에 갖추어졌다는 것은 사람들이 모른다.[6] 전

임을 밝혔다. 정천범(程千帆)의 『문학발범』(文學發凡)은 이것에 대해 대단히 상세한 주를 달았다. 「시교 상」편은 그래서 언공의 뜻에 뿌리를 두고 많은 것을 가져온 것이다.

역주_ **정천범**(1913~2000)은 유명한 문학연구자이자 역사학자이다. 1928년 금릉중학(金陵中學)에 입학하여 1936년 금릉대학(金陵大學, 현재 남경대학의 전신)을 졸업했다. 금릉중학, 금릉대학, 사천대학(四川大學), 무한대학(武漢大學)에서 교편을 잡았다. 1978년 남경대학 교수가 되었다. 정천범은 유명한 중국학자로서 교수학, 역사학, 고대문학, 고대문학비평에서 뛰어났다. 저술에 『교수광의』(校讎廣義), 『사통전기』(史通箋記), 『양송문학사』(兩宋文學史) 등이 있다.

2 육예(六藝)는 「역교 하」의 주7을 보라. 『한서』 「예문지」는 이러하다. "예전에 공자가 돌아가시자 미언이 끊어지게 생겼다. 공자 제자들[七十子]이 모두 세상을 뜨자 대의는 어그러졌다. 그래서 『춘추』는 다섯으로 나뉘었고, 『시』는 넷으로 나뉘었으며, 『역』에는 여러 사람의 「전」이 생겼다. 전국시대 종횡가의 시대를 맞아 참과 거짓이 나뉘어 다퉜고 제자백가의 주장은 어지럽게 이것을 어지럽혔다." 이것은 육예의 도가 사그라지자 제자백가가 다투어 떠들기 시작했다는 말이다.

3 장학성 「여손연여논학십규」(與孫淵如論學十規)는 이렇게 말한다. "글자 가운데 가장 오래된 것은 복희씨의 그림이나 「우전」보다 빠를 수 없다. 오경은 삼대의 글이 많지만 아래로 춘추시대에 와서 그쳤다. 전기와 제자백가의 주장은 모두 전국시대에 나왔으며 책들이 관청에서 사라지자 함께 지은 것이다. 춘추시대 이전에는 어떤 글자라도 관청에서 지키지 않은 것이 없었다. 다름 아니라 바로 대단하고 보잘 것 없는 기술과 방법[術藝]도 세씨의 사전(師傳)이 아닌 것이 없었다. 그리고 마치 후세인들이 자기 마음대로 글을 지은 것처럼, 허튼 소리로 저술하여 관청의 전적에 갖다 붙이지 않은 것도 없었다."(『장씨유서』에서 사라진 편[逸篇]에 있다)

역주_ **문장**은 문명이라는 뜻이다. 아래 본문에서 **전국시대의 문**이라는 말 가운데 **문**은 문화, 문자 기록, 문학, 문체 등등으로 나눠 옮길 수 있는 복합 개념이다.

4 사(衺)는 사(邪)의 본래 글자이다. 『주례』 「천관」 "궁정"(宮正)은 이러하다. "음란하고 게으른 백성과 기이하고 올바르지 않은 백성을 제거한다." 『장자』 「천하」는 이러하다. "후세의 학자는 불행하게도 천지의 순수함과 옛사람의 큰 줄거리를 보지 못한다. 도술(道術)이 장차 천하에 의해 갈기갈기 찢길 것이다." 월아당총서본에 따르면 "전국시대"는"후세"라고 되어 있다. 지고당총서본도 같다.

5 『한서』 「예문지」는 이러하다. "제자백가[諸子十家] 가운데 볼 만한 것은 아홉 학파

국시대 문체의 근원이 『시』의 가르침에서 많이 나왔다는 점은 사람들이 더구나 모른다.[7] 문체가 전국시대에 갖추어졌다는 점을 아는 사람이라면

[九家]에 불과하다. 이것은 모두 왕도가 쇠미해지고 제후가 정사에 힘쓰면서 일어났다. 당시 임금들과 대대로 이어져 내려온 집안을 지켜온 주인들[世主]이 좋아하고 싫어하는 것이 각각 달랐다. 그래서 아홉 학파의 방법[九家之術]이 벌떼처럼 동시에 일어나서 각자 일부분을 끌어내어 자신들이 좋다고 하는 것만 높였다. 이로써 천하를 다니면서 유세하고 제후들을 모으곤 했다. 그들의 주장은 비록 다르지만 물과 불이 서로 소멸시키려 하지만 서로 살리기도 하는 것에 비길 수 있다. 『주역』은 이렇게 말한다. '천하는 같은 데로 귀결되지만 다른 길을 걷고 일치하지만 온갖 생각을 한다.' 오늘날 학파들은 각자 자신의 장점을 밀고 지식과 생각을 끝까지 파고들어 자신들이 가리키는 것을 밝히고 있다. 비록 진실을 가리거나 짧은 경우도 있지만 그들의 요점과 귀결점을 합친다면 역시 육경의 갈래이며 후예들이다." 이것은 제자백가의 학이 육경에서 나왔으며, 장학성은 제자백가의 글을 나아가 논할 때 마찬가지로 경에 뿌리를 두고 있다는 것을 말한다.

6 나는 이렇게 생각한다. 『문심조룡』 「종경」(宗經)은 이러하다. "논(論), 설(說), 사(辭), 서(序)는 『역』에서 뜻을 통일했으며 조(詔), 책(策), 장(章), 주(奏)는 『서』에서 발원하였고 부(賦), 송(頌), 가(謌), 찬(讚)은 『시』에서 근본을 세웠고 명(銘), 뇌(誄), 잠(箴), 축(祝)은 『예』에서 시작을 총괄했으며 기(紀), 전(傳), 명(銘), 격(檄)은 『춘추』를 뿌리로 한다. 이들은 모두 문장의 궁극적 경지에 도달하여 최고의 표준을 세운 것이며 먼 옛날까지 도달하여 자신들의 영역을 개척했다. 그래서 제자백가가 아무리 높이 뛰어오른다 하더라도 결국은 경의 범위 안에 들어오는 것이다."(『안씨가훈』 「문장」(文章)이 논한 것도 이것과 대략 같다.) 장학성 「논과몽학문법」(論課蒙學文法)은 이러하다. "논사(論事)라는 글이 정사에 통달하고 먼 옛날의 일까지 알아야 한다는 것은 『서』의 가르침이다. 전찬(傳贊)이라는 글이 누르고 올리며 잘 읊조려야 하고 사명(辭命)이라는 글이 풍유(諷諭)를 잘해야 한다는 것은 『시』의 가르침이다. 서례(敍例)라는 글과 고정(考訂)이라는 글이 본래 모습을 밝혀서 성질을 표현하게[明體達用] 만들고 이름과 사물을 구별하여 바로잡아야[辨名正物] 한다는 것은 모두 『예』의 가르침이다. 서사(敍事)라는 글이 같은 말이나 사물을 모아 비교하고 가치를 판단해야 한다는 것은 『춘추』의 가르침이다. 오경의 가르침은 여기서 네 가지를 얻은 셈이다. 『역』이 가르침이 되는 이유는 괘사를 엮어서 남김없이 말하고 사물의 실정을 분류하여 지은 것을 핵심으로 하기 때문이다. 『역』의 요점은 마음이 맑으면서 의리가 정밀한 것으로 귀결되기 때문에 이치를 주장하는 글이 여기서부터 나오는 것이다." (가업당본 『장씨유서』 보유(補遺)) 그래서 후세의 글은 오경에서 나란히 나온 것이며 특히 전국시대에 와서 형식이 비로소 갖춰졌을 따름이다.

7 『한서』 「예문지」는 이러하다. "종횡가의 유파는 아마 행인(行人)이라는 관직에서 나왔을 것이다. 공자는 이렇게 말한다. '『시』 삼백 편을 외워서 사방에 사신을 나가더라도 제대로 대꾸하지 못한다면 비록 시를 아무리 많이 외웠다 한들 또 무슨 소용이리오!' 공자는 또 이렇게 말한다. '사신이여, 사신이여!' 이것은 어떤 일의 권한을 맡아서 적절하게 처리해야만 할 때, 무슨 일을 처리해야 하는지 명령만 받고 어떻게

비로소 후세의 문을 함께 토론할 만하다. 제자백가가 육예에 뿌리를 두고 있다는 점을 아는 사람이라면 이제 전국시대의 문을 함께 토론할 만하다.[8] 전국시대에 『시』의 가르침에서 많은 것이 나왔다는 점을 아는 사

말할지는 정해주지 않는 것을 말한다. 이것은 그들이 잘하는 것이기 때문이다." 『예기』「경해」는 이러하다. "그 나라에 들어가면 그 나라의 가르침을 알 수 있다. 사람됨이 온화하고 부드러우며 돈독하고 두터운 것은 『시』의 가르침이다." 전국시대는 종횡가의 시대이다. 그래서 종횡가는 『시』의 가르침에 뿌리를 둔다.

8 제가(諸家)는 전국시대의 제자백가이다. 『문심조룡』「제자」(諸子)는 이러하다. "맹자와 순자가 서술한 것은 이치가 섬세하고 아름다우며 다듬은 말이 우아하다. 관자와 안자가 지은 작품은 사실이 믿을 만하고 언어가 간결하다. 열어구의 글은 기운이 크고 문채가 기이하다. 추자의 주장은 마음씀씀이가 풍부하고 다듬은 말에 힘이 있다. 묵적과 수소자(隨巢子)는 의도가 드러나고 말이 질박하다. 시교(尸佼)와 위료자(尉繚子)는 기술이 잘 통하지만 글은 순박하다. 갈관자(鶡冠子)는 면면히 이어지는 내용을 담고 있고 문득 깊은 의미를 담은 말을 문득문득 표현한다. 귀곡자는 의미가 묘하고 묘한데도 언제나 심오한 뜻을 에둘러 말한다. 명백하게 변별하여[淸辨] 윤택하게 만드는 것은 문자(文子)가 그런 능력을 휘두른다. 간결하고 정밀하게 말을 다듬는 일은 윤문자(尹文子)가 요점을 얻었다. 신도(愼到)는 이치를 정밀하게 쪼개는 재주가 있으며, 한비자는 박식한 비유가 풍부한 것으로 유명하다. 『여씨춘추』는 오래된 고대를 거울삼고 문체가 주도면밀하며, 회남자(淮南子)는 많은 사례를 널리 채집하고 글이 화려하다."(이에 따르면 한나라 사람들이 모은 것은 오로지 회남자 하나이다) 제자백가의 글은 이것을 보면 개요를 알 수 있다.

역주_ **수소자**는 묵가의 한 사람이다. 『한서』「예문지」는 "『수소자』는 여섯 편이며 묵적의 제자이다"라고 기록하고 있다. 현재 흩어진 약간의 글만 남아 있다. **시교**는 전국시대의 사상가이며 4세기 무렵 사람이다. 위나라 사람이라는 설도 있고 노나라 사람이라는 설도 있다. 형명(刑名)의 술수에 밝았으며 시자(尸子)라고 불린다. **위료자**는 지은이와 지은 시기에 대해 많은 설이 있다. 어떤 사람은 『위료자』가 위서라고 생각한다. 『한서』「예문지」에 이미 이런 주장이 나타난다. 그러나 1972년 산동 임기현 은작산 한묘에서 『위료자』의 죽간 일부가 출토되면서 위서설은 힘을 잃게 되었다. 지은이에 대해서 성이 위씨이고 이름이 료라는 데는 대체로 이견이 없다. 잡가에 속한다고 하며 상앙의 설과 가장 근접해 있다. **갈관자**는 전국시대 초나라 사람이며 성명은 알 수 없다. 깊은 산에 은거하며 갈새의 깃털을 모자에 꽂아서 이렇게 불린다. 황로술에 뿌리를 두고 형명에 근접하기도 했다. 오늘날 전해지는 『갈관자』는 위서로 의심받고 있다. **문자**는 성이 문이며 존칭으로 문자라 부른 것이다. 도가에 속하는 인물이다. 『한서』「예문지」는 노자의 제자이며 공자와 동시대라고 했다. 북위 때 이섬(李暹)이 『문자주』(文子注)를 지었다. 성이 신(辛)이며 이름이 견(鈃)이고 계연(計然)이란 호를 쓴다고 했다. 그리고 범려(范蠡)가 그를 스승으로 섬겼다고 한다. **윤문자**는 전국시대 제나라 사람이며 송윤(宋尹) 학파의 시조이다. 아마 제나라 선왕과 민왕 무렵 활동했고 송견(宋鈃), 전병(田騈), 팽몽(彭蒙) 정도로 유명했을 것이다. 예

람이라면 이제 육예의 문을 함께 토론할 만하다. 육예의 문을 함께 토론할 만한 사람이라면 이제 문을 떠나 도를 함께 볼 만하다. 문을 떠나 도를 함께 볼 만한 사람이라면 함께 도를 받들고 제자백가의 문을 절충할 수 있을 것이다.[9]

전국시대의 문의 근원이 육예에서 나왔다는 것은 무슨 말인가?

나는 이렇게 대답하겠다. 도의 근본 바탕은 모든 것을 포괄하기 때문에 육예도 도에 근거하여 모든 것을 표현할 수 있다.[10] 제자백가가 글을 쓸 때 그들이 근거를 가지고 합리적인 이유를 말하는 것[11]은 틀림없이 도의 근본 바탕에서 어떤 측면을 파악하고 있기 때문이다. 그들은 어떤 측면을 파악한 뒤에 자신의 주장을 거리낌 없이 늘어놓고 일가의 주장을 이룬다. 여기서 어떤 측면이라 했지만 육예가 포괄하지 않는 것은 없으므로[12] 내용을 추측해보면 근거를 찾을 수 있다. 하지만 제자백가가

전에는 명가에 넣었지만 현재 전해지는 『윤문자』로 볼 때 형명을 이야기하는 것으로 보아 법가와도 가깝다고 생각된다. 신도는 전국시대 조나라 사람이다. 젊어서 황로술을 배웠고 도가를 법가로 전환시키는 지도리 역할을 했다. 제나라 직하에서 가르쳤고 유명했다고 한다. 회남자는 한나라 회남왕(淮南王) 유안(劉安)이 빈객들과 함께 지은 잡가에 속하는 책이다. 원래 내편 스물한 편과 외편 서른세 편이었으나 현재는 내편만 전해진다.

9 절충[折]은 절중(折中)이라는 말이다. 「역교 하」의 주50을 보라. 나는 이렇게 생각한다. 이 단락은 고금의 글이 흘러온 변화 가운데 전국시대가 지도리라는 것을 논하고 있다.

10 『춘추곡량전』(春秋穀梁傳) 「애공(哀公) 원년」 주는 이러하다. "해(該)는 비(備)이다." 『사기』 「태사공자서」는 이러하다. "『예』는 사람을 절제하게 만들고 『악』은 조화로움을 뿜게 만들며 『서』는 사업을 말하고 『시』는 의도를 전달하게 만들며 『역』은 변화를 말하고 『춘추』는 대의를 말한다." 『순자』 「권학」(勸學)은 이러하다. "『예』의 경문(敬文)이라든지 『악』의 중화(中和)라든지 『시』와 『서』의 박(博)이라든지 『춘추』의 미언이라면, 천지 사이에 있는 모든 것은 끝난다." 이것으로 도의 근본 바탕을 모두 포괄하기 때문에 끝난다고 말했을 뿐이다.

역주_ 『춘추곡량전』의 주는 진나라 범녕의 주이다.

11 여기 두 마디 말은 『순자』 「비십이자」(非十二子)를 보라.

12 『장자』 「천하」는 이러하다. "『시』는 의지를 말하고 『서』는 사업을 말하며 『예』는 행위를 말하고 『악』은 조화를 말하며 『역』은 음양을 말하고 『춘추』는 명분(名分)을

결국 육예의 가르침에 승복하리라든지 그들의 말이 반드시 진리와 부합할 것이라는 말은 아니다.[13] 『노자』(老子)의 주장이 음양에 뿌리를 둔 것,[14] 『장자』와 『열자』의 우언이나 가상(假象)[15]은 『역』의 가르침이다. 추

말한다. 이런 도가 천하에 흩어져 중국에 베풀어진 사실을 제자백가의 학에서 때때로 내세워 자랑하고 있다." 육예는 도를 포괄하고 제자백가는 도의 일부만 각각 얻었기 때문에 육예가 포괄하는 것이다.

13 『춘추좌전』「소공 16년」은 이러하다. "명령하더라도 감당하지 못한다." 주는 이러하다. "충(衷)은 당(當)이다." 『한서』「예문지」는 제자백가가 육경의 지파이자 흘러나온 후예라고 말한다. 또한 구류와 십가가 왕관에서 나왔고, 육예를 왕관이 맡고 있었다고 말하고 있다. 『국고논형』「원학」은 이러하다. "구류는 모두 왕관에서 나왔다. 그들이 폭발적으로 퍼지면서 왕관이 함께 하지 못했다. 벼슬아치들은 요점을 지키지만 구류가 그들의 뜻을 펼치는 일은 여기서 엄청나게 자라게 되었다." 이 주장은 이것과 딱 들어맞는다.

14 『한서』「예문지」 '도가'는 이러하다. "『노자인씨경전』(老子鄰氏經傳)은 네 편이다." 원주는 이러하다. "성은 이(李)이고 이름은 이(耳)이다. 인씨(鄰氏)가 그의 학을 전수했다." 유사배(劉師培)는 『국학발미』(國學發微)에서 이렇게 말한다. "『역』이 말하는 음양은 다름 아니라 바로 『노자』의 유무(有無)이다. 이것은 짝을 이룬대[對待]는 뜻의 말이다. 또한 음양이 태극(太極)에서 생긴다고 말한다. 태극은 다름 아니라 바로 절대라는 뜻의 말이다. 『노자』는 유무라는 두 글자로 음양을 대체하고, 현(玄)이라는 글자로 태극을 대신하고 있다. 이것은 진정한 주재자[眞宰]와 진공(眞空)을 가리키며, 다름 아니라 바로 현이라는 뜻이다." 나는 이렇게 생각한다. 『노자』가 말하는 "현"과 "유무"는 『역』이 말하는 "태극"이나 "음양"과 사실 다르다.

역주_ 유사배(1884~1920)는 자가 신숙(申叔), 호가 좌암(左庵)이다. 강소성 의징 출신이다. 청나라 말기의 혁명가, 학자, 경학자이다. 광서 28년(1902) 거인이 되었다. 이듬해 회시에 응시했으나 좌절하고 돌아오는 길에 장태염과 알게 된다. 그의 영향으로 신사상을 접하게 된다. 『경종일보』(警鐘日報), 『국수학보』(國粹學報) 등에 글을 썼고 배만혁명(排滿革命)을 부르짖었다. 1908년 단방(端方)의 막빈이 되었다. 신해혁명 이후 주안회(籌安會)에 참여하여 원세개가 황제가 되는 일을 옹호했다. 1917년 채원배(蔡元培)가 북경대학 총장에 취임하고 그를 중국문학문 교수로 초빙했다. 1919년 월간지 『국고』(國故) 편집인이 되고 신문화운동을 반대했다. 1920년 북경대학에서 폐병으로 죽었다. 유사배의 증조부는 유문기이고 할아버지는 유육숭(劉毓崧)이며 큰아버지는 유수증(劉壽曾)이다. 강소성 의징에 대대로 살면서 삼대에 걸쳐 『춘추좌전』을 연구한 집안으로 유명했다. 유사배는 어려서 『주역』과 『춘추좌전』을 전수받고 이에 관한 연구와 저술을 계속했다.

15 장자와 열자의 우언은 「역교 하」의 주38을 보라. 가상은 예를 들어 『장자』「소요유」(逍遙遊)가 곤(鯤)과 붕(鵬)을 비유한 것이 바로 이것이다. 『춘추좌전』「환공 6년」은 이러하다. "신수(申繻)는 이렇게 말했다. '종류에 따라서 이름 붙이는 것을 상이라 하고 사물에서 취하는 것을 가라고 한다.'" 주는 이러하다. "상은 마치 공자의 머리

연(鄒衍)이 천지에 대해 많은 말을 한 것,[16] 관윤(關尹)이 오행을 헤아려 펼친 것[17]은 『서』의 가르침이다. 관중(管仲)과 상앙(商鞅)의 법률 제도에 담긴 뜻이 정전에 남아 있는 것[18]은 『예』의 가르침이다. 신불해(申不害)와

모양이 이구산[尼丘]과 닮은 것을 말한다. 가는 마치 백어(伯魚)가 태어나자 어떤 사람이 물고기를 선물했는데, 이에 따라 이(鯉)라고 이름 붙인 것을 말한다." 나는 이렇게 생각한다. 가상은 형상을 빌려 뜻을 전달하는 것이며, 이것은 『역』의 가르침이다.

16 추연(鄒衍)은 제나라 사람이며, 연나라 소왕의 스승이 된 적이 있다. 『상서』「우공」은 처음으로 구주를 열거했고, 「홍범」은 처음으로 오행을 펼쳤다. 추연은 이것을 헤아려 확장시켰다. 그는 천지가 쪼개져 구분된 이후 오덕(五德)이 번갈아가며 이동했다고 말했다. 또한 중국 밖에 구주가 더 있으며, 영해(瀛海)가 그것을 둘러싸고 있는데 그 바깥은 천지가 만나는 지점이라고 말했다. 그의 이야기는 『사기』「맹순열전」에 모두 보인다. 『한서』「예문지」 "제자략"은 음양가에 『추자』 마흔아홉 편, 『추자종시』(鄒子終始) 쉰여섯 편이 있지만 이제 사라져버렸다고 말한다.

17 『한서』「예문지」 '도가'에 『관윤자』(關尹子) 아홉 편이 있다. 원주는 이러하다. "이름은 희(喜)이며 관문의 벼슬아치이다. 노자가 관문을 지나갈 때 희는 벼슬아치의 자리를 버리고 그를 좇았다." 이 책은 『수서』「경적지」에 이미 수록되어 있지 않다. 현재 전해지는 판본은 손정(孫定)이 전한 것이다. 송렴 『제자변』은 이러하다. "앞에 유향의 서문이 있는데, 유향과 비슷하지도 않으며, 사실도 근거가 없다. 그래서 이것은 손정이 지은 것이 아닌지 의심스럽다. 틈틈이 책을 읽어보면, 불교 및 신선가나 방기가[神仙方技家]를 본받은 것이 많다. 여기에 우리 유가의 주장을 빌려다 수식한 것처럼 보인다. 그것이 가탁한 책이라는 점은 아마 의심할 필요 없을 것이다." 『관윤자』의 「이주」(二柱)편에서 오행을 말하는 부분이 바로 불교와 도교의 주장을 펼친 것이다. 나는 이렇게 생각한다. 오행설은 『상서』「홍범」에 뿌리를 두고 있다.

18 『사기』「제태공세가」(齊太公世家)는 이러하다. "환공이 관중(管仲)을 얻고 나서 제나라의 국정은 잘 다스려졌다. 다섯 집씩 연대해서 병사를 추렴하게 하고 경중(輕重)과 어염(魚鹽)의 이익을 베풀었다. 이로써 가난한 사람을 돕고 훌륭하고 능력 있는 사람을 등용했기 때문에 제나라 사람들은 모두 기뻐했다." 「관안열전」(管晏列傳)은 관중을 칭송하면서 이렇게 말한다. "창고가 차야 예절을 알고 의식이 충분해야 영화로움과 치욕을 안다. 윗사람이 법도에 복종하면 온 가족[六親]의 관계가 공고해진다. 이와 같은 네 가지 원칙[四維]이 팽팽하지 않으면 나라는 이에 멸망하게 된다." 그리고 「상군열전」(商君列傳)은 위앙(衛鞅)이 변법을 통해 진나라를 강하게 만든 정치를 대단히 상세하게 서술하고 있다. 『순자』「권학」은 이러하다. "예는 법의 큰 명분이자 종류의 기강이다."예와 법은 계속 받들어 이어진 것이다. 법가가 제도를 세운 것은 유가가 예를 일으킨 것과 상통한다. 그들이 백성을 받아들이고 사물을 법칙에 맞게 만드는 근거는 실제 예교(禮敎)에서 유래한 것이다. 『한서』「예문지」는 『관자』(管子) 여든여섯 편(현재 일흔여섯 편이 남아 있다)을 '도가'에 수록하고 있다. 『수서』「경적지」는 『칠략』에 의거하여 다시 법가에 수록시켰다. 또한 『상군서』(商君書) 스

한비자(韓非子)의 형명(刑名)이 주장한 궁극적 뜻은 상벌을 분명히 하고자 한 것인데[19] 『춘추』의 가르침이다. 이밖에 양주(楊朱), 묵적(墨翟), 윤문(尹文)의 주장[20]이나 소진(蘇秦), 장의(張儀), 손무(孫武), 오기(吳起)의 방법이 있다.[21] 이들의 근원과 갈래를 변별하고 뜻을 받들어 제자백가를 구류(九流)

물아홉 편(현재 스물여섯 편이 남아 있다)을 모든 목록서는 법가에 수록하고 있다.

역주_ **관중**(?~기원전 645)은 춘추시대 초 제나라의 정치가, 사상가이다. 이름은 이오(夷吾)이며 영수(潁水, 현재 안휘성) 유역 출신이다. 제나라 환공을 도와 개혁을 추진했다. 『관자』는 그의 사상과 언행을 담은 책이다. **위앙**은 공손앙(公孫鞅)이며 상앙(商鞅)으로 잘 알려져 있다. 위나라 공족 출신이며 법가 사상가이다. 진(秦)나라 효공을 섬겨 부국강병을 추진했다. 나중에 진나라가 법에 의해 잘 다스려져 천하를 통일하는 기틀을 만들었다. 『상군서』는 그의 언행과 사상을 담은 책이다.

19 『사기』「신한열전」(申韓列傳)은 이러하다. "신불해(申不害)의 학은 황로(黃老)에 뿌리를 두고 형명(刑名)을 위주로 한다. 두 편의 글을 썼는데 『신자』(申子)라고 부른다. 한비자는 형명과 법술(法術)의 학을 좋아하지만 귀결점은 황로에 뿌리를 두고 있다." 나는 이렇게 생각한다. 형(刑)은 본래 형(形)이라고 되어 있다. 『윤문자』는 이렇게 말한다. "이름이라는 것은 형체에 이름을 붙인 것이다. 형체라는 것은 이름에 호응하는 것이다. 지금 만물이 모두 갖춰져 있는데 이름으로 바로잡지 않는다면 어지러워진다. 만물의 이름을 모두 제시하더라도 형체가 호응하지 않는다면 어그러진다. 그러므로 형명(形名)은 바로잡지 않을 수 없는 것이다." 이것을 정치에 시행할 때는 이름을 따라서 내용을 따져야 한다. 삼오(參伍)를 잃지 않는 것이 장점이다. 『사기』「공자세가」는 공자가 『춘추』를 지은 일을 이렇게 말한다. "문사가 간단하지만 가리키는 뜻은 넓었다. 그러므로 오나라나 초나라의 임금이 왕이라고 자칭했지만, 『춘추』는 그들을 낮춰서 자(子)라고 불렀다. 천토의 회맹(踐土之會)은 사실 주나라 천자를 부른 것이지만, 『춘추』는 그것을 꺼려서 "천자가 하양(河陽)에 사냥을 갔다"라고 말한다. 이런 종류의 사례를 헤아려 생각하고 당시에 맞춰 낮추거나 덜어내는 대의를 엮었다. 후세에 임금다운 왕이 그것을 들어 연 뒤 『춘추』의 대의를 시행하면 천하의 어지러운 신하와 못된 자식들[亂臣賊子]은 두려워할 것이다." 이것은 『춘추』가 말하는 정명(正名)의 뜻이자 상벌(賞罰)의 뜻이기도 하다. 전국시대 형명가(刑名家)의 주장은 이것을 근거로 나온 것이다. 『한서』「예문지」'법가'에는 『신자』 여섯 편이 있지만 책은 현재 사라져버렸다. 『한자』(韓子) 쉰다섯 편은 오늘날에도 남아 있다.

역주_ **형명**은 사물과 그 사물에 부여된 이름이라는 뜻이다.

20 『회남자』「범론훈」(汎論訓)은 이러하다. "참을 온전하게 하고 본성을 보존하여[全眞保性] 사물이 형체에 누를 끼치지 않게 하는 것은 양자(楊子)가 세운 것이다." 양주(楊朱)의 책은 전해지지 않지만, 그가 남긴 이야기는 『열자』「양주」와 「설부」(說符), 『한비자』「설림」, 『설원』(說苑) 「권모」(權謀)에 흩어져 나타난다. 『한서』「예문지」'묵가'에는 『묵자』 일흔한 편(현재 쉰세 편이 남아 있다)이 있고, '명가'에는 『윤문자』 한 편이 있다. 명가는 모두 도의 일부만 얻었다.

21 『한서』「예문지」'종횡가'(從橫家)에는 『소자』(蘇子) 서른한 편과 『장자』(張子) 열 편

로 나눈 것은 『칠록』(七錄)이 서술하고 평론한 것이다.[22] 제자백가는 만물의 성능과 벼슬아치의 능력[物曲人官]을 대상으로 한다[23]는 점에서 일치하고 있으나 그들 자신이 육전의 후예라는 점을 까맣게 모르고 있다.[24]

전국시대의 문이 육예에서 근원이 나온 것이라면서, 『시』의 가르침에서 많이 나왔다는 말은 또 무슨 말인가?

나는 이렇게 대답하겠다. 전국시대는 합종과 연횡의 시대이다. 종횡가의 학은 행인(行人)이라는 고대의 관직에 뿌리를 두고 있다.[25] 춘추시대의

이 있다. 오늘날 모두 사라져버렸다. "병서략" '병권모가'[權謀家]에는 『오손자병법』(吳孫子兵法) 여든두 편, 「도」 아홉 권(현재는 열세 편이 남아 있다)이 있다. 안사고는 이렇게 말한다. "손무(孫武)이다." 『제손자』(齊孫子) 여든아홉 편, 「도」 네 권이 있다지만 사라져버렸다.(현재 은작산한묘출토죽간(銀雀山漢墓出土竹簡) 『손빈병법』(孫臏兵法)이 있다) 안사고는 이렇게 말한다. "손빈(孫臏)이다." 또한 『오기』(吳起) 마흔여덟 편(현재 여섯 편이 남아 있다)이 있다. 나는 이렇게 생각한다. 소진(蘇秦), 장의(張儀), 손무, 오기는 모두 『사기』에 「열전」이 있다.

22 반고의 『한서』는 유흠의 『칠략』을 바탕으로 「예문지」를 지었다. 「예문지」의 "제자략"은 소설가를 제외하고 유가, 도가, 음양가, 법가, 명가, 묵가, 종횡가, 잡가, 농가의 구류가 있다. 범녕(范甯) 「춘추곡량전서」(春秋穀梁傳序)는 이러하다. "구류가 나뉘자 미언은 드러나지 않게 되었다." 소는 이러하다. "소설가는 치지 않는다." 『양서』(梁書) 「처사전」(處士傳)은 이러하다. "완효서(阮孝緖)는 자가 사종(士宗)이며, 그가 지은 『칠록』(七錄) 등의 책이 세상에 전해진다." 『수서』 「경적지」는 이러하다. "보통(普通) 연간에 처사 완효서가 있었다. 송나라와 제나라 이후 왕공의 집안에 있는 모든 책과 기록[書記]을 널리 채록하여 관청의 장부와 비교하여 다시 『칠록』을 만들었다. 첫째 경전록(經典錄), 둘째 기전록(記傳錄), 셋째 자병록(子兵綠), 넷째 문집록(文集錄), 다섯째 기술록(技術錄), 여섯째 불록(佛錄), 일곱째 도록(道錄)이다." 그의 책은 이제 사라져버렸고, 서문만 『광홍명집』(廣弘明集)에 남아 있다.

역주_ **범녕**은 자가 무자(武子)이며 범왕(范汪)의 둘째 아들이다. 범왕이 환온(桓溫)을 비방하여 벼슬길에 나가지 못했다. 효무제 초에 환온이 죽자 비로소 여항령(餘杭令)이 되었다가 임회 태수(臨淮太守)로 옮겼다. 양수향후(陽遂鄕侯)에 봉해졌고 중서시랑에 임명되었다가 예장 태수로 나갔다. 저술에 『춘추곡량집해』, 『예잡문』(禮雜問)이 있다. **『춘추곡량전』의 소**는 당나라 양사훈(楊士勛)의 것이다.

23 「서교 하」의 주5를 보라.

24 육전은 「서교 상」의 주12를 보라. 나는 이렇게 생각한다. 이 단락은 전국시대의 글이 모두 육예에서 기원한 것을 논하고 있다.

25 『주례』 「추관」은 이러하다. "대행인(大行人)은 대빈(大賓) 및 대객(大客)의 예의를 관장하여 제후와 친하게 만든다. 소행인(小行人)은 나라의 예에 관한 책[禮籍]을 관장

외교사령[辭命]을 보자.[26] 모든 나라의 대부는 다른 나라의 제후를 방문하여 안부를 묻거나 사신으로 나가서 상대할 때 자신의 주장을 수식한 것은 아마 뜻을 전달하기 위해서였을 뿐일 것이다.[27] 하지만 전국시대에 이르자 손뼉으로 맞장구를 치며 임금의 뜻을 잰 뒤,[28] 임금이 좋아하는 방향으로 주장을 펼쳐 부귀를 취했다. 그들의 말은 지나치게 과장되어 결국 근본을 바꾸고 더욱 해괴하게 만들었다.[29] 이것이 행인의 일, 곧 주

하여 사방의 사자를 접대한다."

26 『주례』「대행인」은 이러하다. "말[言語]을 깨우치고 외교사령을 어울리게 만든다." 정현 주는 이러하다. "육사(六辭)의 명령이다." 『맹자』「공손추」(公孫丑)는 이러하다. "저는 외교사령은 할 줄 모릅니다." 조기(趙岐) 주는 이러하다. "언사(言辭)는 명을 구제한다." 초순 『맹자정의』(孟子正義)는 이러하다. "사(辭)는 해설하는 것을 말한다. 명(命)은 교령(敎令)이다. "

역주_ **사명**은 본디 주인과 손님이 주고받는 말이라는 뜻이다. **조기**(?~201)는 동한의 경학자이다. 자는 빈경(邠卿)이며 경조 장릉(長陵, 현재 섬서성 함양) 출신이다. 『예속』(隸續)에 따르면 형주(荊州) 고영(古郢, 현재 호북성 강릉)이 고향이라고 한다. 원래 이름은 가(嘉), 자는 태경(台卿)이었는데 난리를 피하면서 이름과 자를 바꿨다고 한다. 어려서 경전에 밝았고 손재주가 있으며 그림을 잘 그렸다 한다. 태상에 임명되었고 아흔 너머까지 살았다고 한다. 환제 연희(延熹) 원년(158)에 환관과 마찰을 빚어 보복을 두려워하여 변성명하고 북해(北海, 현재 산동성 창락)로 도망가서 숨어살면서 저자거리에서 떡 장사를 했다고 한다. 안구(安丘, 현재 산동성 안구) 사람인 손숭(孫嵩)은 그가 보통사람이 아니라는 것을 알아보고 그를 집에 숨겨줬다고 한다. 벽처럼 보이게 만든 공간에 숨어있는 삼년 동안 어려움을 참으며 강인한 의지로 버티면서 『맹자장구』를 썼다고 한다.

27 『춘추좌전』「양공 25년」은 이러하다. 정나라가 진나라를 침입했는데 자산(子産)이 진나라에 포로를 바치자 진나라는 비난할 수 없었다. 공자는 이렇게 말했다. "『지』에 이런 말이 있다. '말로 의지를 충족시키며 글로 말을 충족시킨다.' 말하지 않는다면 누가 그 의지를 알겠는가? 말만 하고 글을 남기지 않는다면 지금 유행한다 하더라도 오랫동안 전해지지 않을 것이다. 진나라가 패자[伯]인데도 정나라가 진나라를 침입했다. 문사가 없었다면 정나라의 공이 되지 않았을 것이다. 말을 다듬는 일에 신중해야만 하리라."

28 『전국책』「진책」(秦策)은 이러하다. "소진이 이에 밤을 틈타 책들을 찾아내니 대나무 광주리 수십 개나 되었다. 그중에서 『태공음부』(太公陰符)라는 계책을 얻었는데 엎드려서 그것을 외웠다. 간단히 사람들의 마음을 알아낼 수 있게 되었다. 이 해에 사람의 마음을 알아내는 법을 완전히 익히고 조나라 임금을 화악(華屋) 아래에서 만나 유세하니 손뼉을 치며 이야기를 나눴다."

역주_ **『태공음부』**는 '太公『陰符』'를 옮긴 것이다. 중화서국의 표점을 다는 사람이 실수로 갈라놓은 것이다. '『太公陰符』'라고 표점을 달았어야 한다.

인과 손님이 주고받는 말의 극단이 아니라고 말할 수는 없다. 공자는 이렇게 말한다. "시를 삼백 편이나 외우더라도 정치를 맡겨 완벽하게 하지 못하는 사람이 사방의 나라에 사절로 가서 혼자 대처하지 못한다면, 외우고 있는 시가 설령 많다 한들 무엇에 쓰겠는가?"[30] 그러므로 『시경』의 비흥이 의도하는 뜻과 풍유의 정당한 뜻[31]은 본디 행인이 익히는 것이다. 행인에서 유래한 종횡가는 『시경』의 비흥과 풍유를 더 진보시켰다. 그래서 그들은 주도면밀하게 다른 사람의 감정에 들어가서 완곡하지만 잘 풍자할 수 있다.[32] 제자백가의 학은 만물의 성능과 벼슬아치의 능력을 육전으로부터 계승했다. 어떤 것은 『상서』, 『주역』, 『춘추』에서 기원했지만 제자백가의 내용은 『예』의 가르침에 뿌리를 둔 것이 많다.[33] 그

---

29 『예기』「악기」는 이러하다. "손을 휘두르고 발을 심하게 구르는 것은 태공의 의지를 표현한 것이다." 「문선서」(文選序)는 이러하다. "근본을 변화시켜 더욱 심하게 만들었다."

30 이 구절은 『논어』「자로」(子路)에 나온다. 원래 책에는 마지막 구절을 "비록 많다 한들 또 어디에 쓰겠느냐"라고 했다.

31 『시대서』(詩大序)는 이러하다. "시에는 여섯 가지 뜻이 있다. 셋째가 비(比)이고 넷째가 흥(興)이다." 진계원 『모시계고편』은 이러하다. "비흥은 모두 비유이지만 문체는 다르다. 전(典)은 흥이 날 때 생기는 것이다. 흥은 흥을 일으킨 대상과 바로 같은 것도 아니지만 그것과 떨어진 것도 아니다. 말은 여기 있는데 의도는 저기 있는 것이다. 시어는 드러내지 않지만 뜻은 오랫동안 지속된다. 비는 비유하려는 말이 있고 거기에 대한 비유가 하나 더 있는 것이다. 두 가지가 상황을 서로 비유한다. 시어는 뚜렷하고 뜻은 잘 들어난다. 또한 부(賦)와 얽혀서 글을 완성시킨다. 그러나 흥에 의한 말[興語]이 시의 발단에 쓰이고 첫 장(章)에 많은 것과 다르다." 『시대서』 "풍(風)으로 그것을 움직인다."소는 이러하다. "임금다운 왕이 교화를 베풀 때 먼저 풍유에 의하거나 거스름으로써 움직이는 것을 말한다."

32 『춘추좌전』「성공 14년」은 이러하다. "『춘추』라는 이름은 드러나지 않지만 드러나고 완곡하지만 드러남을 완성시킨다."

33 최근 사람인 종태(鍾泰)는 이렇게 말한다. "『주례』「춘관」은 이러하다. '태복은 세 가지 『역』의 방법을 관장한다. 첫째 『연산』, 둘째 『귀장』, 셋째 『주역』이다.' 이것은 『역』이 『예』 안에 있다는 말이다. '대사는 여섯 가지 시를 가르친다. 그것은 풍(風), 부(賦), 비(比), 흥(興), 아(雅), 송(頌)이다.' 이것은 『시』가 『예』 안에 있다는 말이다. '대사악은 악무(樂舞)로 국자를 가르친다. 운문(雲門), 대권(大卷), 대함(大咸), 대경(大磬), 대하(大夏), 대호(大濩), 대무(大武)를 춤춘다.' 이것은 음악이 『예』 안에 있다는 말이다. '소사는 나라의 「지」를 관장한다. 외사는 사방의 「지」를 관장하고 삼황과

래서 『예』의 가르침이라는 근본 바탕에 의해 포괄된다. 제자백가가 등장하여 세상에 쓰일 때 반드시 『예』의 가르침은 합종과 연횡이라는 형식을 겸해야만 한다. 이것은 형식이 내용을 꾸민 것이다. 고대에는 내용과 형식이 합일된 상태였고 전국시대에 이르러 제자백가는 나름대로 내용을 갖추게 되었다. 하지만 제자백가 나름의 내용이 쓰일 때도 반드시 합종과 연횡의 말로 내용을 꾸미는 현상은 주나라가 약해지고 문화가 낡게 되면서 나타난 결과이다. 그래서 전국시대는 합종과 연횡의 시대라고 말한 것이다.[34]

전국시대 이후의 형식이 전국시대에 모두 갖추어졌다는 것은 무슨 말인가?

나는 이렇게 대답하겠다. 제자백가의 서적과 역사서가 약해지면서 개

오제의 책을 관장한다.' 이것은 『서』와 『춘추』가 『예』 안에 있다는 말이다. 그러므로 『예』를 말하게 되면, 육예는 다름 아니라 『예』 안에 없는 것이 없다. 진나라 한선자가 노나라에 빙문을 갔을 때, 태사씨에게서 책을 보았다. 여기서 『역상』과 노나라 『춘추』를 볼 수 있었는데 이렇게 말했다. '주나라의 예는 모두 노나라에 있구나. 나는 이제 주공의 덕과 주나라가 천하의 임금이 된 까닭을 알았다.' 이것으로 증명할 수 있다."(『중국철학사』(中國哲學史) 제2장) 제자백가의 학은 육예를 이어 흘러나온 것이다. 육예는 관청에서 지키는데 있으며, 전례(典禮)에 의해 통합된다. 그러므로 그들의 바탕은 『예』의 가르침에 뿌리를 둔 것이 많다고 말하는 것이다.

역주_ 종태(1888~1979)는 강소성 남경 출신이다. 호는 종산(鍾山), 별호는 대암(待庵)이며 육화(育華)라고 이름을 바꾼 적이 있다. 젊었을 때 강남 격치서원(格致書院)을 졸업하고 일본에 유학하여 도쿄에 있는 일본대학(日本大學)을 졸업했다. 귀국한 뒤 양강사범학당(兩江師範學堂) 일본어 교수를 1911년부터 여섯 해 역임했다. 신해혁명 때 안휘 총독 백문울(柏文蔚)의 막부에 들어간 적이 있다. 이후 안휘고등학당(安徽高等學堂) 교수, 남경법정전문학교(南京法政專門學校, 나중에 법정대학으로 바뀌었다) 일본어 교수를 역임했다. 여기서 노장 강좌를 열기도 하고 『공화잡지』(共和雜誌) 사장을 지내기도 했다. 1924년 항주의 지강대학(之江大學) 국학계(國學系) 교수 겸 학과장으로 옮겼다. 1937년 겨울 항주가 일본군에 함락되자 건덕의 서향(西鄕)으로 피난했다. 1939년 호남에 있는 남전국립사범학원(藍田國立師範學院) 교수 등을 역임하다가 1973년 사직하고 남경에 돌아온 뒤 집에서 병으로 죽었다. 저술에 『중국철학사』, 『장자발미』(莊子發微) 등이 있다.

34 나는 이렇게 생각한다. 이 단락은 전국시대가 종횡가의 시대이며, 전국시대의 글은 『시』의 가르침에서 나온 것이 많다는 것을 논하고 있다.

인의 문집(文集)이라는 형식이 성행하게 되었고, 저작이 약해지자 사장(辭章)이라는 학문이 새로 일어나게 되었다. 문집은 사장이지 전문가의 학업이 아니다. 문집은 평생 지은 글을 죄다 모은 것으로서 마치 뱀이나 용이 사는 늪과 같다.[35](상세한 내용은 「문집」편을 보라) 후세의 현자들이 문집의 형식을 계승하고 없애지 않은 이유는 마치 황하와 장강이 물길을 틀면 넘실대는 물살을 다시 막을 수 없는 것과 같다. 경학이 전문가의 학업이 아니게 되자 문집에 경의(經義)라는 장르가 생겼고, 사학이 전문가의 학업이 아니게 되자 문집에 전기(傳記)라는 장르가 생겼으며, 주장을 세우는 분야가 전문가의 학업이 아니게 되자[36](바로 제자백가의 글이다) 문집에 논변(論辨)이라는 장르가 생기게 되었다. 후세의 문집에서 경의와 전기, 논변이라는 세 장르를 버리면 나머지는 사장에 속하지 않는 것이 없다. 그러나 사장은 사실 전국시대에 이미 갖추어졌고 그런 사장의 흐름을 이어서 대대로 장르 형식만 변화시켰을 뿐이다. 학자들은 이런 사실을 모르고 지우(摯虞)가 모은 『유별』(流別)(지우의 『문장유별전』(文章流別傳)이다)[37]로 거슬러 올라가거나 심지어 양나라[蕭梁] 소명태자의 『문선』을 사

35 『맹자』「등문공(滕文公) 하」는 이러하다. "뱀이나 용을 몰아서 습지로 쫓아냈다." 조기 주는 이러하다. "연못에 풀이 자라는 것이 저(菹)이다."

역주_ 사장의 학문은 말을 꾸미는 수사만 난무하는 문학을 말한다. 이에 대해 저작은 창조성이 두드러진다. 그래서 장학성은 남을 응대하기 위해 반드레하게 꾸미는 말이라는 부정적 의미로 사장이라는 말을 사용한다.

36 『춘추좌전』「양공 24년」에 "최고는 덕을 세우는 것[立德]이며 그 다음은 업적을 세우는 것[立功]이고 그 다음이 주장을 세우는 것[立言]이다." 공영달의 소는 이러하다. "주장을 세우는 것은 말에 요점이 있고 전할 만한 이치가 있을 때 그 사람이 죽었더라도 말은 여전히 존재하는 것을 말한다. 노자, 장자, 관자, 안자, 양주, 묵자, 손자, 오기의 무리는 제자백가의 책을 만들었다. 굴원, 송옥, 가규, 양웅, 사마천, 반고 이후에 역사서의 「전」을 짓고 모았으며 아울러 문장을 지었다. 이것은 후세인이 배우고 익히게 만들려는 것이고 모두 주장을 세운 것이다."

37 『진서』「지우전」(摯虞傳)은 이러하다. "지우(摯虞)는 자가 중흡(仲洽)이며, 경조 장안 출신이다. 어려서 황보밀을 섬겼으며 재능과 학식이 통달하고 박학한데다 저술을 게을리 하지 않았다. 낭중에 임명되고 오래 지나서 보상서랑(補尙書郞), 장작대장(將作大匠)이 되었다. 비서감, 위위 경(衛尉卿), 광록훈(光祿勳), 태상 경(太常卿)을 역임한 뒤 죽었다. 『문장지』(文章志) 네 권을 지었고, 『삼보결록』(三輔決錄)에 주석을 달

장의 시조라고 들고 있지만 이것도 고금의 유파가 가지를 친 뜻을 모르는 것이다.[38]

당장이라도 『문선』의 다양한 장르가 전국시대에 완벽하게 갖춰졌다는 사실을 증명할 수 있다.(지우의 『유별』, 공환(孔逭)의 『문원』(文苑)[39]은 이제 전하지 않는다. 따라서 『문선』에 근거한다) 서울을 찬양한 여러 편의 부[40]는 소진과 장의가 전국시대의 여러 나라에서 외교활동을 펼치면서 자신이 방문한 여러 나라의 형세를 현란하게 묘사하던 말의 유산이다.[41] 「상림부」(上林賦)와 「우렵부」(羽獵賦)[42]는 초나라의 안릉군(安陵君)이 사냥에 따라가서 한 말[43]이나 위나라 용양군(龍陽君)이 같은 배를 타고 낚시하면서 한 말[44]

고 풀었다. 또한 옛날 문장을 분류하고 모은 책을 지었는데, 서른 권으로 구분하고 『유별집』(流別集)이라는 이름을 붙였다. 각각의 글을 논할 때, 말을 다듬는 이치가 잘 맞아떨어져 세상의 주목을 받았다." 나는 이렇게 생각한다. 원주에서 『문장유별전』(文章流別傳)이라고 했지만, 전(傳)은 집(集)이라고 해야만 한다.

38 『문선』은 「서교 중」의 주30을 보라. 나는 이렇게 생각한다. 이 단락은 후세에 나타난 글의 형식이 전국시대에 갖춰졌다는 것을 논하고 있다.

39 『수서』 「경적지」 "총집류"는 이러하다. "『문원』(文苑) 백 권은 공환(孔逭)이 지었다."

역주_ 공환은 회계 출신이다. 남조 제나라의 문학자이다. 『삼오결록』(三吳決錄), 『문원』(文苑) 등을 지었다. 『남사』 권72에 전기가 있다.

40 『문선』에는 반고의 「양도부」, 장형의 「양경부」(兩京賦)와 「남도부」(南都賦), 좌사(左思)의 「삼도부」(三都賦)가 있다.

41 소진과 장의의 말은 『전국책』에 모두 보인다. 유향은 『별록』(別錄)에서 이렇게 말한다. "소진과 장의의 무리는 종횡과 장단[短長]의 주장을 만들어 주변 사람들이 귀기울였다. 소진은 종이고 장의는 횡이다. 횡은 진나라를 황제로 만들자는 것이고 종은 초나라를 왕으로 만들자는 것이다. 자신이 있는 나라는 소중하고 자신이 떠난 나라는 가벼운 것이다."소진과 장의가 유세할 때, 어떤 나라의 지세와 물산 등을 일컬은 말은 「경도부」와 대략 비슷하다.

42 『문선』에 실린 사마상여의 「상림부」나 양웅의 「우렵부」 같은 작품은 모두 사냥하는 모습을 그린 작품이다. 다음의 『전국책』에 보이는 "종전"(從畋)과 서로 비슷하다. 다음의 "동조"(同釣)는 가까이서 모심[陪襯]이라고 한다.

43 『전국책』 「초책」은 이러하다. "초나라 임금이 운몽(雲夢)에 거둥할 때 네 마리 말이 끄는 수레가 천 대나 되고 깃발이 해를 가릴 정도였다. 들불이 일어나자 마치 구름이나 무지개가 뜬 것 같았다. 무소와 범이 울부짖는 소리는 마치 우레 소리 같았다. 미쳐 날뛰는 무소가 전차로 달려들어 바퀴에 붙을 정도까지 왔다. 임금은 몸소 활을 당겨 쏘았고 한 발에 죽였다. 왕은 깃발을 뽑아들고 무소의 머리를 누르며 하늘을 우러러 웃으며 이렇게 말했다. '즐겁구나, 오늘 거둥이여. 과인이 오랫동안 천수를

과 같다. 「답객난」(答客難)과 「해조」(解嘲)는 굴원의 「어부」(漁父)와 「복거」(卜居), 장자와 혜시의 문답과 같다.[45] 한비자의 「저설」(儲說)은 사실을 나

누리고 죽은 뒤에 누구와 함께 이것을 즐길까?' 안릉군(安陵君)은 울면서 빨리 걸어 임금에게 나아가 이렇게 말했다. '저는 궁궐에 있으면 임금과 자리를 같이 하고 궁궐을 나오면 같은 전차에 모시고 탑니다. 대왕께서 오랫동안 살다 죽은 뒤에 저도 같이 황천(黃泉)에 가길 원합니다. 개미를 깔고 눕더라도 어찌 이런 즐거움을 다시 얻어 혼자 즐기겠습니까!' 임금은 크게 기뻐하여 단(壇) 땅을 안릉군에게 봉해주었다."(『문선』 주는 『설원』을 인용하여 "단"(壇)을 "전"(纏)이라고 썼다)

44 『전국책』「위책」(魏策)은 이러하다. "위나라 임금이 용양군(龍陽君)과 같이 배를 타고 낚시를 했다. 용양군은 물고기를 십여 마리나 낚았는데 눈물을 주르륵 흘렸다. 임금이 말했다. '편안하지 않은 것이오? 그렇다면 어찌 내게 말하지 않았던 것이오?' 용양군은 이렇게 대답했다. '제가 감히 편안하지 않은 게 있겠습니까?' 임금이 말했다. '그러면 왜 눈물을 흘리시오?'이렇게 대답했다. '제가 왕 덕분에 고기를 낚았습니다.' 임금이 말했다. '무슨 말이오?' 대답해서 말했다. '제가 처음 고기를 낚았을 때 저는 대단히 기뻤습니다. 시간이 흐르자 더 기뻐졌습니다. 하지만 이제 저는 곧장 제 앞에 잡은 고기를 모두 버리고 싶습니다. 지금 저는 흉악한데도 왕이 이부자리를 펴주고 개줄 정도로 총애를 받고 있고, 지금 저는 작위가 인군(人君)의 자리까지 올랐습니다. 하지만 뜰에서는 사람들이 저를 피해 바쁘게 다니고 길에서는 사람들이 저를 피합니다. 사해 안에 미인도 대단히 많습니다만, 제가 임금께 총애를 받고 있다는 소문이 나면서부터 반드시 치마를 걷어 올리고 왕에게 달려가 버립니다. 저도 마치 제 앞에 잡힌 고기처럼 꽁꽁 갇혀 있는 판입니다. 저도 장차 버려질 터인데 제가 어찌 눈물을 흘리지 않을 수 있겠습니까?' 위나라 임금은 이렇게 말했다. '아! 그런 마음이 있는데 어찌 내게 말하지 않았오?' 그래서 나라 안에 이런 명령을 내렸다. '감히 미인에 대해 말하는 놈들은 멸족을 시킨다.'"

45 동방삭의 「답객난」(答客難)과 양웅의 「해조」는 『문선』에 수록되어 있다. 『문심조룡』「잡문」(雜文)은 이 문체가 송옥(宋玉)의 「대초왕문」(對楚王問)에 뿌리를 두고 있다고 말한다. 이렇게 말한다. "「대초왕문」 이후부터 동방삭이 본받아 넓혔고 「객난」(客難)이라는 이름을 붙였다. 그는 고대에 의탁하여 의지를 위로하고 소통시켜 구분했다. 양웅의 「해조」는 해학(諧謔)을 뒤섞어 대단히 에둘러서 자신을 풀이했다. 이것도 대단히 잘 쓴 글이다." 「객난」과 「해조」는 문답하는 수사법을 설정하여 분한 뜻을 펼치고 있다. 그리고 「어부」(漁父)와 「복거」(卜居) 두 편의 글은 바로 대문체(對問體)라는 점은 극히 명백하다. 『장자』「추수」(秋水)는 이러하다. "장자가 혜자(惠子)와 함께 호수의 징검다리[濠梁] 근처에서 노닐고 있었다. 장자는 이렇게 말했다. '피라미[鯈魚]가 한가롭게 헤엄치고 있으니, 이것이 물고기의 즐거움이오.' 혜자가 말했다. '그대가 물고기도 아닌데 어찌 물고기의 즐거움을 알겠오?' 장자는 이렇게 말했다. '그대는 내가 아닌데 어찌 내가 물고기의 즐거움을 모른다는 것을 안단 말이오?' 혜자는 이렇게 말했다. '나는 그대가 아니니까 본디 그대를 모른다오. 그대는 본디 물고기가 아니니 그대도 물고기의 즐거움을 모른다는 것은 확실하오.' 장자는 이렇게 말했다. '근본으로 돌아가 봅시다. 당신이 어찌 물고기의 즐거움을 아느냐고 말한 그

열하여 사실이 부합하는지 증명한 것이니 구슬을 꿰듯 이어지는 연주체[連珠]라는 장르의 출발점이다.[46](나보다 앞서 이미 언급한 사람이 있다) 그리고 어떤 사람은 연주체가 부의(傅毅)를 따르는 사람들에게서 시작되었다고 생각했으나(부현(傅玄)의 주장이다) 실제 내용은 그렇지 않다.[47] 맹자가 제나

대의 말은 이미 내가 그것을 알고 있다는 것을 알고서 내게 물은 것이잖소. 나는 호숫가에 가서 알았던 것이오.'" 이것도 대문체이다.

46 『문심조룡』「잡문」은 이러하다. "양웅은 천록각에 파묻혀 깊이 생각한 사람이다. 선인들의 저작을 종합해서 조술하는데 큰 업적을 남겼다. 그는 부서진 글과 자질구레한 말들을 모아서 처음으로 『연주』(連珠)를 만들었다."양신[楊升庵]은 이렇게 말한다. "『북사』(北史) 「이선전」(李先傳)은 이러하다. '위나라 황제가 불러서 먼저 『한자』의 「연주」 스물두 편을 읽었다.' 『한자』는 다름 아니라 『한비자』이다. 여기에는 연어(連語)가 있는데, 먼저 제목을 나열한 뒤에 풀이는 나중에 드러낸다. 그래서 『연주』라고 부르는 것이다. 이에 따르면 『문장연기』(文章緣起)가 양웅에게서 시작되었다는 말은 잘못된 것이다."(유함흔 『문사통의지어』에서 인용) 현재 『한비자』에는 연주가 없다. 아마 다름 아닌 「내저설」(內儲說)과 「외저설」(外儲說)을 말하는 듯하다.

역주_ **양신**(楊愼, 1488~1559)은 명나라의 문학자이자 학자이다. 자는 용수(用修), 호는 승암(升庵)이다. 사천 신도(新都) 출신이다. 정덕 6년(1511) 진사에 장원으로 급제하여 한림수찬(翰林修撰)에 임명되었다. 가정 연간에 경연강관(經筵講官)을 맡았다. 1524년 두 번에 걸쳐 「의대례」(議大禮)의 상소를 올렸다가 가정제의 심기를 거슬려 곤장을 맞고 거의 죽을 뻔했다. 이후 운남(雲南) 영창(永昌)으로 유배되었다. 저술에 『승암전집』(升庵全集)과 『도정악부』(陶情樂府) 등이 있다.

47 『후한서』「문원전」은 이러하다. "부의는 자가 무중(武仲)이며 부풍 무릉 출신이다. 숙종(肅宗)이 문학을 지망하는 선비를 불러 모았을 때, 부의는 난대 영사가 되어 반고나 가규와 함께 서적 교정을 맡았다. 영원(永元) 연간 초에 두헌(竇憲)이 대장군 벼슬로 바뀌자 부의는 사마가 되었는데 일찍 죽었다. 시, 부, 뇌, 송, 축문(祝文), 칠격(七激), 연주를 지었는데, 모두 스물여덟 편이다." 『문선』은 육기(陸機)의 『연련주』(演連珠) 쉰 수를 수록하고 있다. 『문선주』(文選注)는 부현이 『연주』에 쓴 서문을 인용하여 이렇게 말한다. "이른바 연주는 한나라 장제 때 일어났다. 반고, 가규, 부의 세 사람이 황제의 명령을 받아 지었다. 그 형식은 다듬은 말이 아름다우며 간단하다. 사정을 가리켜 설명하지 않으며 반드시 비유를 빌어 뜻을 표현한다. 그러나 글을 감상하는 사람이 깨닫지 못하기 때문에 고시의 풍자하는 흥의 뜻에 부합한다. 이것은 누누이 구슬을 꿴 것처럼 만들어 보기 쉽게 해서(『예문유취』(藝文類聚)는 이것을 인용하면서 '도'(覩)라고 했다) 기쁘게 만들려는 것이다. 그래서 연주라고 부른다."

역주_ 『**예문유취**』는 당나라 구양순(歐陽詢)이 편찬하여 625년 간행한 백과사전이다. 이전부터 전해지는 고사를 천(天), 세시(歲時), 지(地), 주(州), 군(郡), 산(山), 천(川) 따위의 마흔여덟 가지 부(部)로 나누어 사실을 기록한 뒤, 관련된 시문을 실었다. 모두 백 권이다.

라 임금에게 가장 큰 욕망을 물을 때 가볍고 따뜻한 옷과 기름지고 달콤한 음식, 아름다운 음악과 눈을 즐겁게 하는 빛깔을 두루 열거한 것[48]은 『칠림』(七林)의 앞길을 틔운 것이다.[49] 그러나 어떤 사람이 이런 장르를

48 『맹자』「양혜왕(梁惠王) 상」은 이러하다. "맹자는 이렇게 말했다. '임금이 가장 바라는 것이 무엇인지 제가 얻어 들을 수 있겠습니까?' 임금은 웃기만 하고 말하지 않았다. 맹자는 이렇게 말했다. '기름지고 단 음식이 입에 부족하십니까? 가볍고 따뜻한 옷이 몸에 부족하십니까? 아니면 아름다운 무늬와 빛깔이 눈에 부족하십니까? 곡조가 귀에 부족하십니까? 심부름꾼들이 앞에서 부리기에 부족하십니까? 임금의 여러 신하들이 충분히 그런 것들을 드리고 있는데 임금은 어찌 옳다고 여기시지 않습니까?' 임금이 말했다. '아니오. 나는 옳다고 여기지 않소.' 맹자가 말했다. '그러면 임금이 가장 바라는 것은 알겠습니다. 새로운 영토를 넓히고 진나라와 초나라가 조현하며 중국에 자리 잡고 사방의 이민족을 어루만지는 것이군요. 이런 식으로 해서 바라는 것을 얻으려고 한다면, 그것은 마치 나무에 매달려 물고기를 찾는 것이나 마찬가지입니다.'"

49 홍매(洪邁) 『용재수필(容齋隨筆) 7』은 이러하다. "매승은 「칠발」(七發)을 지었다. 창조적 의도가 새로운 싹을 틔운 것이다. 아름다운 뜻과 풍부한 시어는 과거의 「이소」를 대단히 얄팍한 것으로 생각하게 만든다. 매승은 아마 문장이 뛰어났기 때문에 기뻐할 만한 할 것이다. 매승의 뒤를 이은 것은 부의의 「칠격」, 장형의 「칠변」(七辯), 최사(崔駰)의 「칠의」(七依), 마융의 「칠광」(七廣), 조식(曹植)의 「칠계」(七啓), 왕찬(王粲)의 「칠석」(七釋), 장협(張協)의 「칠명」(七命) 같은 종류이다. 매승을 표준으로 본뜬 것이 지나치게 가까워서 끝내 새로운 의도를 만들지 못했다. 부현은 또한 그것을 모아서 「칠림」(七林)을 만들었다. 하지만 사람들이 읽더라도 끝까지 읽게 만들지 못했고 가끔 그것을 책상 서랍 안에 처박아 두기도 한다."

역주_ 홍매(1123~1202)는 남송의 유명한 신하이자 학자이다. 요주(饒州) 파양(鄱陽, 현재 강서성) 출신이다. 자는 경로(景盧), 호는 용재(容齋), 시호는 문민(文敏)이다. 소흥 15년(1145) 진사에 급제하여 좌사 원외랑(左司員外郎)이 되었다. 1162년 금나라 세종이 즉위할 때 사신으로 갔으나 임무를 완수하지 못해 잠시 면직되었다. 나중에 다시 부름을 받아 관직을 역임했다. 한림학사, 지소흥부(知紹興府), 단명전 학사가 되었다. 저술에 『용재수필』(容齋隨筆)이 있다. 이 책은 홍매 자신의 지식을 토대로 정치, 사회, 사상, 역사, 풍속, 예술, 의학, 천문, 수학 등 모든 분야의 고증을 기록한 것이다. 또한 전해들은 이야기를 토대로 송나라 때 전기(傳奇)를 대표하는 『이견지』(夷堅志)를 저술했다. 이밖에 『사조국사』(四朝國史) 등도 지었다. 조식(192~232)은 위나라 시인이다. 패국(沛國) 초현(譙縣, 현재 안휘성 박주시) 출신이다. 자는 자건(子建)이다. 조조의 아내 변씨(卞氏)가 낳은 셋째 아들이다. 어려서부터 영민했고 여나믄 살에 시를 읊었다. 조조의 총애를 받았고 태자로 세우려고 여러 차례 시도했으나 이루지 못했다. 맏형 조비(曹丕)가 건안 22년(217) 태자가 되었다. 건안 25년 조조가 병으로 죽고 조비가 위왕이 되어 얼마 지나지 않아 황제로 즉위했다. 황초 7년(226) 조비가 병으로 죽고 조예(曹叡)가 명제로 즉위했다. 조예는 조식을 단속하여 여러 차례

창조한 사람을 매승이라고 생각한 것은 조상을 잊은 것이나 마찬가지이다.[50] 추양이 서한 때의 양나라 효왕[梁孝王]에게 자신을 비방하는 말을 논변하고[51] 강엄(江淹)이 건평왕(建平王)에게 자신의 주장을 펼친 일[52]은 충심어린 믿음 때문에 죄를 얻게 된 자신을 변명한 소진의 이야기와 같다.[53] 「과진론」(過秦論), 「왕명론」(王命論), 「육대론」(六代論), 「변망론」(辨亡

봉지를 옮기다가 마지막 봉지인 진군에서 232년 12월 27일에 죽었다. 시호는 사왕(思王)이다. 왕찬(177~217)은 자가 중선(仲宣)이며 건안칠자의 한 사람이다. 산양(山陽) 고평(현재 산동성 추현) 출신이다. 조조의 명신이며 유명한 문학자이다. 한나라 헌제가 서쪽으로 옮길 때 왕찬도 장안에 갔는데 채옹이 그를 보고 대단히 높이 평가했다고 한다. 나중에 형주에 가서 유표 밑에 있었다. 유표는 왕찬의 모양이 초라한 것을 보고 그다지 대단히 여기지 않았다. 유표가 죽은 뒤 왕찬은 유표의 둘째 아들 유종(劉琮)에게 조조에게 귀순하라고 권했다. 조조는 왕찬을 승상연(丞相掾)으로 삼고 관내후(關內侯)에 봉했다. 저술은 『왕시중집』(王侍中集)으로 모았다. 장협(?~307?)은 서진의 문학자이다. 자는 경양(景陽)이며 안평 출신이다. 공부연(公府掾), 비서랑, 화양 령(華陽令) 등을 역임했다. 혜제 말에 천하가 어지러워지자 은퇴하여 시나 읊고 지냈다. 영가 초에 황문시랑으로 다시 부름을 받았지만 병을 핑계로 나가지 않았다. 형 장재(張載), 아우 장항(張亢)과 함께 서진의 유명한 문인이다.

50 매승은 「서교 중」의 주10을 보라. 『문선』은 매승의 「칠발」 이외에 조식의 「칠계」나 장협의 「칠명」 두 편도 수록하고 있다. 『문심조룡』 「잡문」은 이러하다. "매승은 아름다운 표현을 포착하여 처음으로 「칠발」을 만들었다. 이것은 풍성한 시어가 구름처럼 얽혀있고 뽐내는 화려한 표현들이 바람처럼 피어오른다. 아마 사람 몸의 일곱 구멍에서 솟아나오는 것은 기호와 욕망으로 표현될 것이다. 처음에는 올바르지 않을지 몰라도 마지막엔 올바르게 된다. 그래서 이것은 기름이 흐르는 부귀한 집안 자제들을 훈계하는 것이다." 『춘추좌전』 「소공 15년」은 이러하다. "누누이 전고만 들고 자신의 조상은 잊었다."

51 「서교 중」의 주20을 보라. 『문선』에는 추양의 「옥중상서자명」이라는 글이 한 편 있다.

52 『양서』 「강엄전」(江淹傳)은 이러하다. "강엄(江淹)은 자가 문통(文通)이며, 제양(濟陽) 고성(考城) 출신이다. 송나라 건평왕(建平王) 경소(景素)가 선비를 좋아하여, 강엄은 경소를 따라 남연주(南兗州)에 있었다. 광릉 령(廣陵令) 곽언문(郭彦文)이 죄를 지었는데, 그가 분 말에 강엄이 연루되었다. 남연주의 옥[州獄]에 갇혔다가 옥중에서 상서를 올렸다. 경소는 강엄의 상소를 읽고 그날로 풀어주었다." 『문선』에는 강엄의 「예건평왕상서」(詣建平王上書)가 있다.

53 『전국책』 「연책」(燕策)은 이러하다. "사람들이 소진을 미워하여 연나라 임금에게 이렇게 말했다. '무안군(武安君)은 천하가 믿지 못하는 사람입니다. 임금이 그에게 만승의 전차를 하사하고 조정에서 그를 우러르면 천하에 소인과 어울린다는 것을 보이는 꼴입니다.' 무안군이 제나라로부터 돌아오자 연나라 임금이 자신의 숙소로 찾아오지 않았다. 그래서 연나라 임금에게 이렇게 말했다. '저는 동주(東周)의 교외에

論)[54] 등은 소리를 누르기도 하고 높이기도 하는 가락을 반복하는데, 이것은 『시경』에서 시인의 풍유가 의도하는 뜻과 같다. 그리고 『시경』 시인의 뜻은 맹자와 순자가 선왕을 칭찬하는 말을 입에 달고 당시의 임금을 경계시키려는 근거이기도 하다.[55](굴원이 고대의 제곡을 칭찬하고 중세의 탕왕과 무왕을 서술하고 근세의 제나라 환공을 말하는 것도 이런 것이다) 회남왕(淮南

살던 미천한 사람입니다. 임금을 만날 때 미처 조금도 이룩한 일이 없었습니다. 그러나 임금은 저를 교외까지 마중 나와서 저를 조정에 드러나게 해주셨습니다. 지금 저는 임금이 부리면서도 열 개나 되는 성을 얻었습니다. 공이라면 위태로운 연나라를 보전한 것인데 임금이 제 말을 듣지 않는 것은 틀림없이 어떤 놈이 저는 믿지 못할 놈이라고 말하고 저를 임금에게 중상하는 놈이 있기 때문일 겁니다. 제가 미덥지 못한 것은 임금의 복입니다. 제 이웃집에 멀리 벼슬아치로 나가는 사람이 살았는데, 자신이 떠나자 자신의 아내가 다른 놈과 간통을 했습니다. 여자의 남편이 돌아오게 되자 간통을 했던 놈은 걱정이 태산이었습니다. 그런데 간통하던 아내가 이렇게 말했습니다. 「그대는 걱정하지 마시오. 내가 이미 독약을 넣은 술을 준비해 두었으니까.」 이틀이 지나 남편이 돌아오자 아내는 계집종을 시켜 독약을 탄 술을 받들어 드렸습니다. 계집종은 그것이 독약을 탄 술인 것을 알기 때문에 그것을 드리면 주인어른을 죽이게 되고 주인에게 말하면 주인마님을 쫓아내게 되는 난처한 지경이었습니다. 이에 계집종은 거짓으로 실수한 척하며 술을 쏟았습니다. 주인어른은 크게 노하여 그를 매질했습니다. 그래서 계집종이 실수인 척 술을 쏟는 바람에 위로는 주인어른을 살리고 아래로는 주인마님을 살렸던 겁니다. 충성스러움이 이와 같은데도 매질은 피할 수가 없었으니, 이것은 충성과 믿음 때문에 죄를 얻은 것입니다. 제 일은 바로 불행하게도 계집종이 술을 쏟은 것과 같은 것입니다.'"

54 가의의 「과진론」(過秦論), 반표의 「왕명론」(王命論), 조경(曹冏)의 「육대론」(六代論), 육기의 「변망론」(辨亡論)은 모두 『문선』에 실려 있다. 망한 왕조의 성공과 실패를 나열하여 현 왕조의 교훈으로 삼으려는 마음은 한결같다.

역주_ 조경(206?~264?)는 자가 원수(元首)이며 패국 초현 출신이다. 위나라 소제(少帝)의 할아버지뻘이다. 소제가 막 즉위했을 때 어렸기 때문에 조상(曹爽)이 집정을 맡았다. 조경은 「육대론」으로 조상에게 충고했지만 받아들이지 않았다. 홍농 태수를 역임했다.

55 『사기』 「맹순열전」은 이러하다. "천하는 바로 합종과 연형에 힘쓰며 공격하고 정벌하는 것을 훌륭하다고 생각한다. 그러나 맹가(孟軻)는 지금 요임금, 순임금, 삼대의 덕을 조술하고 있는데 이것은 마치 시대와 맞지 않는 것 같다고 생각했다. 물러나서 만장의 무리와 함께 『시』와 『서』를 편집하고 공자의 의도를 조술한 뒤, 『맹자』 일곱 편을 지었다. 순경(荀卿)은 혼탁한 세상의 정사를 싫어했다. 망할 나라와 어지러운 임금이 맡는 바람에 위대한 도를 완수하지 않고 무축(巫祝)이나 끼고 돌며 재이와 상서로움을 믿는다. 그래서 유가와 묵가의 도덕이 어떻게 행사되었는지, 어떻게 일어나서 어떻게 망가졌는지 헤아려 짐작한 뒤 편집하여 나열하고 많은 말을 쓰고 죽었다."

王)의 수많은 빈객[56]이나 양나라 효왕의 궁중 문학자들[57]은 평원군(平原君), 맹상군(孟嘗君), 춘신군(春申君), 신릉군(信陵君)이 전국시대에 대단한 위세를 보인 것과 같다.[58] 동방삭(東方朔)과 사마상여는 서한의 서울인 장안[西京]에서 벼슬살이를 했고[59] 서간(徐幹), 진림(陳琳), 응창(應瑒), 유정(劉楨)

---

56 『한서』「회남왕전」(淮南王傳)은 이러하다. "회남왕 유안의 사람됨은 글을 좋아하여 빈객과 방사[方術之士] 수천 명을 불러다 놓았다. 이들에게 내서(內書) 스물한 편을 짓게 했는데 외서(外書)는 대단히 많다." 『초사』에는 회남(淮南) 소산(小山)의 「초은사」(招隱士)가 있다. 왕일은 「초사장구서」(楚辭章句序)에서 이렇게 말한다. "「초은사」는 회남 소산이 지은 것이다. 옛날 회남왕 유안은 박식하고 우아하며 고대를 좋아했다. 천하의 뛰어난 선비들을 불러 품어주었다. 팔공(八公)의 무리부터 모두 그의 덕을 사모하여 그의 어짊에 귀순했다. 그들은 각자 자신의 재주와 지혜를 다해 편장을 저작하고 사부를 나누어 만들었으며 종류대로 따르게 했다. 그래서 어떤 사람은 소산이라고도 부르고 어떤 사람은 대산(大山)이라고도 부르는데, 그 뜻은 마치 『시』에 「소아」와 「대아」(大雅)가 있는 것과 같으리라." 『문선』「초은사」 아래에는 "유안"(劉安)이라는 서명이 있다. 『한서』「예문지」 "시부략"에는 『회남왕군신부』(淮南王群臣賦) 마흔네 편이 있는데, 아마 소산이나 대산의 무리가 지은 것이리라.

역주_ **팔공**은 소비(蘇飛), 목상(目尙), 좌오(左吳), 전유(田由), 뇌피(雷被), 모피(毛被), 오피(伍被), 진창(晉昌) 여덟 명이다.

57 『사기』「양효왕세가」(梁孝王世家)는 이러하다. "효왕은 두태후(竇太后)의 작은 아들이다. 두태후가 그를 아꼈기 때문에 상으로 하사한 상이 말할 수 없을 정도로 많았다. 그래서 양나라 임금은 동원(東苑)을 지었을 때 한쪽 변의 거리가 삼백여 리나 되었고 사방의 호걸들을 불러다 놓았다. 태산 동쪽의 유세하는 선비들치고 결국 가지 않은 사람이 없었다. 제나라 사람 양승, 공손궤, 추양 같은 무리이다."

58 평원군(平原君) 조승(趙勝), 맹상군 전문(田文), 춘신군(春申君) 황헐(黃歇), 신릉군 위무기(魏無忌)는 각자 빈객을 수천 명씩 초빙하여 그들의 힘을 얻었다. 그들은 이런 이유로 당시 중요한 인물로 여겨졌다. 이런 사실은 『사기』의 「열전」에 모두 갖춰져 있다.

59 『한서』「엄조전」(嚴助傳)은 이러하다. "군에서 현량대책(賢良對策)으로 백여 명을 천거했는데 무제는 엄조가 대답을 잘하는 것을 좋아하여 중대부(中大夫)로 발탁했다. 나중에 주매신(朱買臣), 오구수왕(吾丘壽王), 사마상여, 주보언(主父偃), 서락(徐樂), 엄안(嚴安), 동방삭, 매고(枚皐), 교창(膠倉), 종군(終軍), 엄총기(嚴蔥奇) 등을 얻어 모두 좌우에 두었다." 『사기』「골계열전」은 이러하다. "무제 때 제나라 사람 동방생(東方生)이 있었는데 이름은 삭(朔)이다. 처음에 장안에 들어와 황제의 명령으로 낭에 임명되었고 늘 황제의 옆에서 모셨다. 여러 번 불러 황제 앞에서 이야기를 나누었고 황제는 일찍이 기뻐하지(說, 열(悅)이다) 않은 적이 없었다." 『문선』은 동방삭의 「답객난」, 「비유선생론」(非有先生論)을 수록하고 있다. 『한서』「동방삭전」(東方朔傳)은 "동방삭의 문사는 여기 두 편이 가장 좋다."이라고 칭찬한다. 사마상여는 「서교 중」의 주18을 보라. 『문선』은 사마상여의 「자허부」, 「상림부」, 「장문부」(長門賦)와 「논

은 위나라의 서울인 업(鄴)에 부름을 받아가서 다투어 벼슬살이를 했다.[60] 이들의 작풍은 마치 추연이 하늘에 대해 이야기하면[談天] 추석이 추연의 말을 받아 용을 조각하는[雕龍] 듯 기이한 풍경이다.[61] 때에 따라 상승과 침몰이 있고 때에 따라 얻기도 하고 잃기도 하기 때문에 기이한 재주를 가진 사람은 말세에 한꺼번에 나타나고 이익과 재물이 그들의 성령(性靈)을 모은다.[62] 세속적 조정과 세속을 벗어난 산림, 세속을 벗어난 강호와

파촉격」(論巴蜀檄), 「난촉부로」(難蜀父老), 「간렵서」(諫獵書), 「봉선문」을 수록하고 있다. 그중 「장문부」만 「사마상여전」에 수록되지 않았다. 『일지록』과 『의문독서기』(義門讀書記)는 모두 가짜라고 생각한다.

역주_ 『의문독서기』는 청나라 장유균(蔣惟鈞)이 편찬한 책이다. 모두 쉰여덟 권이다. 장유균의 스승 하작(何焯)이 여러 책을 교정한 글을 모았다. 하작은 자가 기첨(屺瞻)이며 장주 출신이다. 강희 41년 직예 순무 이광지의 추천을 받아 공생으로 선발되었다가 진사를 받았고 나중에 서길사로 옮겼다가 편수에 임명되었다. 나중에 사건에 연루되어 관직이 낮아졌지만 무영전에서 서적을 교정하는 일을 계속했다. 강희 61년 원래대로 복직되었고 시독학사가 되었다. 하작은 글짓기로 유명했지만 저술이 세상에 남아있지 않다. 하작이 죽은 뒤 조카가 하작의 말을 모아 여섯 권을 만들었는데 장유균이 보탠 것이다.

60 『삼국지』「위서」 "왕찬전"(王粲傳)은 이러하다. "애초에 문제가 오관중랑장(五官中郎將)이었을 때, 그와 평원후(平原侯) 조식은 모두 문학을 좋아했다. 왕찬은 북해(北海) 서간(徐幹, 자는 위장(偉長)이다), 광릉 진림(陳琳, 자는 공장(孔璋)이다), 진류(陳留) 완우(阮瑀, 자는 원유(元瑜)이다), 여남(汝南) 응창(應瑒, 자는 덕련(德璉)이다), 동평(東平) 유정(劉楨, 자는 공간(公幹)이다)과 모두 친구로서 잘 지냈다." 업(鄴)은 위나라의 서울이며, 오늘날 하남성 안양현(安陽縣)이다. 『문선』은 업에 모인 여러 사람의 글이 대단히 많이 수록하고 있지만, 여기서 모두 열거하지 않겠다.

61 『사기』「맹순열전」은 이러하다. "제나라에 세 명의 추자가 있다. 시대가 앞서는 사람이 추기(騶忌)인데 맹자보다 앞이다. 다음이 추연(騶衍)인데 맹자보다 뒤이다. 추석(騶奭)도 추연의 방법을 채록하여 글로 기록했다. 추연의 방법은 에두르고 크며 널리 변론한다. 추석도 글에 모두 갖춰서 베풀기 어려웠다. 그래서 제나라 사람들은 이런 노래를 지어 불렀다. '하늘을 말하는 사람은 추연이요, 용을 조각하는 사람은 추석이라.'" 『사기집해』는 유향의 『별록』을 인용하여 이렇게 말한다. "추연이 말한 것은 오덕종시(五德終始)이다. 천지는 넓고 크다. 그의 글은 하늘의 일을 말하고 있다. 그래서 하늘을 말한다고 한다. 추석은 추연의 글과 수식을 가다듬었다. 그것이 마치 용의 무늬를 조각하는 것과 같았기 때문에 용을 조각한다고 한다." 사마상여의 「대인부」는 "하늘을 말하는 것"과 비슷하며, 「자허부」나 「상림부」는 "용을 조각하는 것"과 비슷하다.

62 『장자』「대종사」(大宗師)의 구절에 대해 『경전석문』은 이기(李奇)를 인용하여 이렇게 말한다. "기(畸)는 기이(奇異)이다." 『사기』「유림전」은 이러하다. "나는 공령(功

세속적 조정[63] 사이에서 그들은 허무한 시대라고 동감하고 있지만 그들의 비탄과 희열이 어디서 오는 것인지 모른다. 문인들이 『시경』과 『이소』에 깊이 동감하는 것[64]은 그래서 예나 지금이나 마찬가지이다.[65]

전국시대에 이르러 문장이 완전히 변하고 전국시대에 이르러 전국시대 이후 나타나게 될 모든 문체가 갖추어졌다는 주장은 믿을 만하며 증명되었다. 전국시대에 이르러 저술 사업이 전문화되었다는 것은 무슨 말인가?

兪)을 공부하면서도 학이 벼슬길이 크게 열리는 일이었다면 책을 덮고 탄식하지 않은 적이 없다." 이익과 녹봉을 좇는 길은 여기서부터 열렸다.

역주_ **성령**은 자신이 영묘하게 타고난 본성이다. **공령**은 과문(科文)이라고도 하며 과거 시험을 치를 때 짓는 여러 가지 형식의 글을 가리킨다. 또한 벼슬아치의 인사고과를 가리키기도 한다.

63 『중설』(中說) 「예악」은 이러하다. "세속을 떠나 자연 속에 있지만 조정과 묘당의 「지」는 가지고 있다." 『장자』 「양왕」(讓王)은 이러하다. "중산(中山)의 공자모(公子牟)는 첨자(瞻子)에게 이렇게 말했다. '몸은 강가나 바닷가에 있지만 마음은 위궐(魏闕) 아래에 있다네. 어떠한가?'" 『경전석문』은 허신을 인용하여 이렇게 말한다. "위궐은 천자의 두 관(觀)이다." 나는 이렇게 생각한다. 강과 바다(江海)는 『여씨춘추』(呂氏春秋) 「개춘론」(開春論)에 강호(江湖)라고 되어 있다. 이 말은 몸은 들판에 있더라도 마음은 조정에 있다는 것이다. 이것은 다름 아니라 "때에 따라 부침은 있게 마련"이라는 뜻이다.

역주_ 『**여씨춘추**』는 진나라 재상 여불위(呂不韋, ?~기원전 235)가 당시 제자백가의 주장과 사실을 모아 편찬한 책이다. 모두 스물여섯 권이다.

64 『문심조룡』 「변소」(辨騷)는 이러하다. "『시경』[風雅]의 노래 소리가 잠잠해진 이후 어떤 것도 실마리를 뽑아내지 못했다. 그런데 기이한 글이 찬란하게 일어났으니 그것이 『이소』이다!" 유희재(劉熙載) 『예개』(藝概)는 이러하다. "『이소』는 그것을 살폈기 때문에 더욱 깊었다."

역주_ **유희재**(1813~1881)는 청나라의 문학자, 문학이론가, 언어학자이다. 자는 백간(伯簡), 호는 융재(融齋)이다. 강소성 홍화 출신이다. 도광 연간 진사가 되어 좌춘방(左春坊) 좌중윤(左中允), 광동 학정까지 올랐다. 나중에 상해 용문서원(龍門書院)에서 오랫동안 가르쳤다. 『**예개**』는 유희재의 문학예술 평론집이다. 모두 여섯 권이며 「문개」(文概), 「시개」(詩概), 「부개」(賦概), 「사곡개」(詞曲概), 「서개」(書概), 「경의개」(經義概)로 구성되어 있다. 각 분야의 문체가 어떻게 변천했으며 표현 기법과 특징을 설명하고 중요한 작품을 소개했다.

65 나는 이렇게 생각한다. 이 단락은 『문선』의 여러 문체에 의거해서 보면, 후세의 글들이 전국시대에 이미 시작되었음을 증명한다는 것이다.

나는 이렇게 대답하겠다. 고대라도 저술 사업이 있었던 적은 없다. 관사(官師)는 자신이 맡은 전장을 지켰고[66] 사관은 자신의 직무 기록을 기록했다. 글자로 기록된 도를 기준으로 모든 벼슬아치가 다스렸고 만백성이 자신의 생활을 살폈으니[67] 도의 쓰임새는 이미 갖추어져 있었다. 그래서 거룩한 임금[聖王]은 천하의 누구라도 도를 알 수 있게 동일한 글자로 기록해서 천하를 평정하고,[68] 글자로 기록된 도를 정교와 전장에 쓰지 않은 적도 없으며, 글자를 개인적 저술의 도구로 삼은 적이 없었다. (상세한 것은 『문사통의』 「외편」(外篇)의 「교수략」(較讎略)에 수록된 「저록선명대도론」(著錄先明大道論)을 보라)[69] 도가 더 이상 실행되지 않자 사유(師儒)가 가르침을 세웠다.[70] 우리 공자님은 그래서 요임금이나 순임금에 맞먹을 만한

---

66 『예기』 「곡례」(曲禮)는 이러하다. "벼슬아치가 되었거나 벼슬아치가 되려고 배우기 위해서는 스승을 섬긴다. 그렇지 않다면 예가 아니면 친근하게 대할 수 없다." 소는 이러하다. "환(宦)은 벼슬아치의 일을 배우는 것을 말한다. 학(學)은 육예를 배우고 익히는 것을 말한다. 두 가지를 모두 갖춰야만 스승을 섬기는 것이지, 예가 아닌데도 친근하게 지낼 수는 없다." 『설문해자』는 이러하다. "관(官)은 벼슬아치로서 임금을 섬기는 것이다. 면(宀)과 이(𠂤)로 구성되어 있는데 중(衆)과 같다. 이것은 사(師)와 같은 뜻이다." 『광아』 「석고」(釋詁)는 이러하다. "사(師)는 관(官)이다." 아마 고대의 정교는 나뉘지 않았고, 관사가 합일된 상태였을 것이다. 그러므로 두 글자는 별개의 명사이지만 동일한 뜻이다.

역주_ **관사**는 스승의 역할도 맡은 벼슬아치라는 뜻이며, 원초적 불가분성을 말한다.

67 『주역』 「계사전 하」는 이러하다. "상고시대에는 노끈을 매어 다스렸고, 후세의 성인은 그것을 글자로 바꿨다. 모든 벼슬아치가 이것으로 다스리고 모든 백성이 이것으로 살폈다."

68 『예기』 「중용」은 이러하다. "지금 천하의 수레바퀴는 폭이 같고 글쓰기는 글자가 같다."

역주_ **거룩한 임금**은 성인인 동시에 지배자라는 고대 세계의 이상을 중국적으로 표현한 말이다.

69 현재 『문사통의』 「외편」에는 이런 글이 없다. 아마 『교수통의』 「원도」인 듯하다. 그래서 모두 인용하지는 않았다.

70 『주례』 「천관」은 이러하다. "사(師)는 훌륭함으로 백성을 얻고 유(儒)는 도로써 백성을 얻는다." 주는 이러하다. "사는 제후의 사씨(師氏)이다. 덕행이 있어서 백성을 가르치는 사람이다. 유는 제후의 보씨(保氏)이다. 육예가 있어서 백성을 가르치는 사람이다." 이것은 개인적으로 강학(講學)하는 것을 가리키며, 본뜻과 다르다.

역주_ **사유**는 관사에서 분리되어 스승의 역할만 남겨진 유학자라는 뜻이며, 이상적 고대

공도 세우고 훌륭하다. 그러나 공자가 “나는 말하고자 하지 아니하며” “실행할 때 함께 하지 않은 것이 없다”[71]고 말한 것으로 보아, 육예는 주공이 만든 전범을 옛 모습 그대로 남긴 것이지 공자가 저술한 적은 없다.[72] 『논어』는 공자의 미언(微言)을 기록했다.[73] 그러나 증자(曾子)와 자사(子思)가 조술과 창작을 아울러 전통으로 물려주었지만[74] 맹자에게 이르

이후의 분리 상태에서 학문만 담당한 불완전성을 말한다.

71 『논어』「양화」(陽貨)는 이러하다. “선생님은 말씀하셨다. ‘나는 말하지 않으려 한다.’” 「술이」는 이러하다. “내가 무슨 일을 할 때 너희들과 함께 하지 않은 적이 없다. 이것이 나라는 사람이다.”

72 『논어』「술이」는 이러하다. “선생님이 말씀하셨다. ‘조술하고 창작하지 않는 것과 믿고 고대를 좋아하는 것은 내가 우리 노팽(老彭)에 견주어 보노라.’” 『교수통의』「원도」는 이렇게 말한다. “육예는 공자의 글이 아니며, 바로 『주관』의 오래된 전적이다. 『역』은 태복이 관장하고 『서』는 외사가 소장하며 『예』는 종백에게 있고 『악』은 사악에게 예속되어 있으며 『시』는 태사가 이끌고 『춘추』는 국사에게 남아 있다. 공자 스스로 조술하지 창작하지 않는다고 말한 것은 관직이 지키지 못하게 되자 스승과 제자 간에 전수되던 학업이 그래서 갈리게 되었다는 것을 알았다.”

73 『한서』「예문지」는 이러하다. “『논어』는 공자가 제자와 당시 사람에게 응답한 것 및 제자들과 더불어 말한 것과 공자에게 접해서 들은 말이다. 당시 제자는 각자 기록한 것이 있었다. 공자가 돌아가시자 문인들은 함께 모아서 순서를 논하고 정했다. 그래서 『논어』라고 부른다.” 나는 이렇게 생각한다. 『논어』는 증자(曾子)가 돌아가실 때의 말을 기록하고 있다. 이것은 공자가 들었을 리 없다. 또한 이렇게도 말한다. “옛날 공자가 돌아가시자 미언이 끊어졌다.” 안사고는 이렇게 말한다. “정밀하여 드러나지 않고 요점이 있으며 묘한 말이다.”

74 『한서』「예문지」‘유가’는 이러하다. “『자사』(子思)는 스물세 편이다. 『증자』는 열여덟 편이다.” 『예기』「중용」 주는 이러하다. “공자의 손자 자사가 지었다.” 『자사』는 「중용」을 제외하면 이미 사라졌다. 정해(定海) 출신의 황이주가 모은 집본(輯本)이 있다. 『증자』는 현재 열 편이 『대대예기』(大戴禮記)에 남아 있다. 의징(儀徵) 출신의 완원(阮元)이 쓴 주석본(注釋本)이 있다.

역주_ **완원**(1764~1849)은 청나라의 학자이다. 자는 백원(伯元), 호는 운대(芸臺)이다. 강소성 의징 출신이다. 건륭 53년(1788) 진사가 되어 절강, 강서, 하남 순무를 거치고 호광, 양광, 운귀(雲貴) 총독을 지냈다. 만년에 체인각대학사(體仁閣大學士)까지 올랐다. 아편전쟁 이전 십 년 동안 청나라의 정사를 주관하고 서양 무역을 관리한 중요한 인물이다. 경학에 뛰어났고 금석, 음운, 천문, 지리, 수학 등을 연구했다. 항주에 고경정사(詁經精舍)를 세워 왕창, 손성연을 초빙하여 연구를 맡겼다. 여기서 『경적찬고』(經籍纂詁), 강서 순무 때는 『십삼경주소』, 양광 총독 때는 『황청경해』(皇淸經解)를 기획, 출판했다. 『주인전』(疇人傳), 『회해영령집』(淮海英靈集) 등의 저술이 있다. 이밖에 문집인 『연경실문집』(揅經室文集)이 있다.

러 그의 글이 저술의 문을 함부로 열었다.[75] 따라서 저술은 전국시대에 와서 비로소 전문화되었다는 것을 명확하게 검증할 수 있다.(『논어』는 증자의 죽음을 기록하고 있으며 오기가 증자를 스승으로 삼은 적이 있다고 했다. 그러면 증자는 전국시대 초기에 죽었고, 『논어』는 전국시대에 형성된 것이 틀림없다) 춘추시대에 관자(管子)가 일찍이 책을 만든 적이 있다.(『육자』(鬻子)나 『안자』(晏子)는 후세인들이 관자에 가탁한 것이다)[76] 그러나 『관자』가 한 시대의 전장과 정교

---

75 『장자』「천하」는 이러하다. "깊숙이 들어앉았어도 뻗어나간다." 장영(張英) 『총훈재어』(聰訓齋語)는 이러하다. "『맹자』의 글은 웅건하고 기이함이 질탕하고, 변환이 흘러넘친다."

역주_ 장영(1637~1708)은 청나라 학자이다. 안휘 동성(桐城) 출신이다. 자는 돈복(敦復), 호는 낙포(樂圃)이다. 강희 6년 진사가 되어 편수에 임명되었고 문화전 대학사 겸 예부상서를 역임했다. 근검하고 조심스러우며 백성들을 잘 보살펴 황제의 우대를 받았다. 『대청일통지』, 『국사방략』(國史方略), 『연감류함』(淵鑑類函), 『정치전훈』(政治典訓) 등의 편찬을 책임졌다. 평생 산을 보러 다니거나 나무 심기를 좋아했다. 죽은 뒤 문단(文端)이라는 시호를 받았다. 저술에 『항산쇄언』(恒産瑣言), 『총훈재어』 등이 있다. 이것은 모두 좋은 말로 농사에 힘쓰고 분수를 알라고 자손들에게 가르치는 글이다. 이밖에 『역서충론』(易書衷論), 『독소당문집』(篤素堂文集) 등이 있다.

76 『한서』「예문지」'도가'는 이러하다. "『육자』(鬻子)는 스물두 편이다." 원주는 이러하다. "육자의 이름은 육웅(鬻熊)이며, 주나라의 스승이 되어 문왕 이후부터 그에게 물었다." 현재 열네 편으로 구성된 한 권이 남아있다. 심흠한(沈欽韓)은 이렇게 말한다. "현재 열네 편의 표제에는 갑을이라고 되어 있다. 제목을 헤아려보면 뒤섞여 있어서 원리를 알 수 없다. 또한 짧고 잘게 부서진 바람에 장을 구성하지 못한다. 그리고 『열자』(列子)가 『육자』를 세 차례 인용했고 가의의 글에도 『육자』의 일곱 장이라고 되어 있으나, 이것은 모두 오늘날의 『육자』에는 없는 내용들이다. 오늘날 전해지는 판본은 『육자』의 찌꺼기이리라."(『한서소증』(漢書疏證) 25) 『한서』「예문지」'유가'는 이러하다. "『안자』(晏子)는 여덟 편이다." 손성연(孫星衍)은 「서」에서 이렇게 말한다. "『안자』에는 『춘추』라는 말이 붙어 있다. 이것은 『안자』의 글이 제나라의 『춘추』에서 나온 것이 아닌지 의심하게 만든다. 안자가 죽자 그의 빈객이 안자가 행한 일들을 모아서 글로 남겼다고 한다. 비록 구체적인 시간은 적지 않았지만, 아직도 여전히 옛날 이름을 유지하고 있는 것이다. 보통 제자백가의 서적이라고 하지만, 자신이 짓지 않은 글이 많기 때문에 이상하게 여길 것은 없다."

역주_ 관자는 앞서 나온 관중을 높여 부르는 이름이다. 심흠한(1775~1831)은 자가 문기(文起), 호가 소완(小宛)이다. 강소 오현 출신이다. 가경 12년(1807) 거인이 되었고 안휘 영국부(寧國府) 훈도(訓導)에 임명되었다. 집안이 가난하여 책을 빌려 공부했고 결국 여러 학문에 통달했다. 시, 고문, 변체문 외에도 훈고와 고증에 뛰어났다. 『유학당문집』(幼學堂文集), 『유학당시집』, 『한서소증』, 『수경주소증』(水經注疏證) 등 많은 저술이 있다.

를 기록한 것[77]은 마치 주공에게 주나라의 공식적 제도인 『관례』가 있는 것과 같다. 『관자』에서 관자의 언행을 기록한 부분은 관중의 방법을 익히는 자들이 엮어서 모은 것이지 관중 자신의 저술은 아니다.(어떤 사람은 『관자』가 정말 관중이 지은 책이라면 거기서 환공이라는 시호를 사용하지 않았어야 한다고 말한다. 염약거도 환공이 사용된 부분은 후세인이 덧붙인 것이지 『관자』의 본래 글은 아니라고 말한다. 이런 의견은 모두 옛사람에게 결코 개인적으로 책을 짓는 일이 없었고 후세인들이 엮어서 모은 것임을 몰랐기 때문이다. 상세한 것은 「제자」(諸子)편을 보라)[78] 제자백가 가운데 병가에는 『태공음부』(太公陰符),[79] 의가에는 『황제소문』(黃帝素問),[80] 농가에는 『신농』(神農)과 『야로』(野老)가 있지만[81] 선

77 『사기』 「관안열전찬」(管晏列傳贊)은 이러하다. "관자의 「목민」(牧民), 「산고」(山高), 「승마」(乘馬), 「경중」, 「구부」(九府)를 읽어보니 그가 말한 것이 굉장히 상세했다." 『사기집해』는 유향의 『별록』을 인용하여 이렇게 말한다. "「산고」는 「형세」(形勢)라고도 한다." 여기서 열거한 편들의 제목은 모두 『관자』의 줄기가 되는 핵심이다. 「입정」(立政)과 「유관」(幼官)에는 정사와 법령을 기록하고 있고, 「지원」(地員)과 「제자직」(弟子職)은 고대의 전적을 남기고 있다. 이것이 이른바 전장과 정교를 기록한 것이다.

78 나는 이렇게 생각한다. 『교수통의』 「한지제자」(漢志諸子)는 이것을 끝까지 파고들지 않았다. 그러나 「언공」에는 그 학설을 상당히 펼치고 있어서 참고할 만하다. 또한 「술학박문」(述學駁文)은 이렇게 말한다. "공자가 아직 『춘추』를 편집하기 전에는 제자백가가 글을 지은 일은 결코 없었다. 만약 그런 일이 있었다면, 공자는 반드시 이에 따라 재론해야 한다. 절대 입에 올리지 않는 일은 용납할 수 없다. 공자보다 앞에 살았던 사람 가운데, 『관자』가 태공을 소급한 일과 같은 종류는 모두 후세인이 지은 것을 모았지 본인이 직접 쓴 것은 아니다."(가업당본 『장씨유서』 권7)

역주_ 시호는 죽은 다음에 사용하는 이름이며, 원문에는 '謚'라고만 했다.

79 『한서』 「예문지」에는 없으나, 『수서』 「경적지」에 비로소 『태공음모』(太公陰謀)나 『태공음부검록』(太公陰符鈐錄) 등의 책이 나타난다. 지금은 모두 사라져버렸다.

80 요제항 『고금위서고』(古今僞書考)는 이러하다. "『한서』 「예문지」에 『황제내경』 열여덟 권이 있다. 『수서』 「경적지」에서 비로소 『황제소문』(黃帝素問) 아홉 권, 당나라 왕빙(王砯)이 주를 달았다고 한다. 『소문』(素問) 아홉 권과 『영추』(靈樞) 아홉 권이 바로 『내경』(內經) 열여덟 권이라고 한 것은 사실 견강부회한 것이다." 『직재서록해제』 「의서류」(醫書類)는 이러하다. "『소문』은 황제와 기백(岐伯)이 묻고 답한 것이지만, 이것은 본디 후세에 이것을 요약하여 의학 서적의 시조라고 가탁한 것이다." 장학성은 「여손연여관찰논학십규」(與孫淵如觀察論學十規)에서 이렇게 말한다. "『본초』(本草)와 『소문』의 도술(道術)은 원래 염제와 황제(炎黃)에 뿌리를 두고, 삼대를 거쳐 춘추시대까지 이르렀다. 이것은 관청 문서와 세씨에 의해 지켜왔다. 틈틈이 메모[識

유들은 이것들이 후세인이 위조한 뒤 옛사람에게 가탁한 것이라고 생각했다. 이것이 참인 듯도 싶지만 선배들의 뜻을 끝까지 추론해보면 미진한 구석도 있다. 아마 지엽말단적인 자잘한 기술 하나도 성인에게서 시작되었을 텐데, 정말로 미언과 요지를 전수해주고 전수받지 않았다면 그렇게 오랜 세월 동안 이용하지 못했을 것이다. 삼대의 융성한 때에 벼슬아치들은 벼슬아치의 능력과 만물의 성능[人官物曲]을 각각 지키던 세씨였다.[82] 그렇기 때문에 그들의 지식은 입으로 가르치고 귀로 받아들여 대대로 전해졌다. 그래서 공자와 맹자 이전에는 글자로 적은 책을 볼 수 없었다. 전국시대에 이르자 관사가 지키고 전승하는 도는 없어져 버리고[83] 관사의 학에 통달한 사람은 옛날에 들었던 것을 죽간이나 백서[竹帛]에 적어서 남겼다. 그중에 전수되기도 하고 전수되지 않기도 하는 경우가 없을 수 없지만 근원만 틀어쥐고 있으면 순식간에 사라져 버리지는 않을 것이다. 전국시대 사람이 황제와 신농씨의 주장을 서술한 것이 있어도 선유들은 그것에 쓰인 문사를 전국시대 것이라고 변별한 뒤 위작이라고 단정해버렸다. 선유들은 고대 문명 초기에 저술이 없었으며 전국시대에 비로소 죽간이나 백서가 입과 귀를 대체했을 뿐이라는 점을 몰랐다.(외사는 삼황오제의 책, 사방의 「지」,[84] 공자가 구술했다는 육예의 옛 제도를

記]를 남기거나 구전으로 전하면서, 거듭해서 전수하고 전수받았다. 그러나 모든 주장이 글로 남아 있는 것은 아니다. 전국시대에 이르러 지키는 벼슬아치가 없어지고 전적이 사라지자, 드디어 의가(醫家)라는 무리가 나타나 그들이 전수하고 전수받던 것을 가지고 글로 썼다. 오늘날 전해지는 판본이 바로 이것이다."(『장씨유서』의 사라진 글 가운데서)

81 『신농』은 「서교 중」의 주3을 보라. 『한서』 「예문지」 '농가'는 이러하다. "『야로』(野老)는 열일곱 편이다." 원주는 이러하다. "전국시대에 제나라와 초나라 사이에 살았다." 응소는 이렇게 말한다. "늙어서 시골에 살면서 백성들의 농사일을 도왔기 때문에 야로라고 부른다." 지금은 사라지고 없다.

82 「서교 중」의 주4를 보라.

역주_ 위 본문의 미언은 뜻은 깊지만 짐작하기 어려운 말이라는 뜻이다. 대의와 붙어서 쓰인다.

83 「서교 중」의 주2를 보라.

84 나는 이렇게 생각한다. 외사가 관장했다는 말은 『주례』 「춘관」을 보라.

관장했다. 이것은 모두 저술이 아니다. 이 주장은 앞에서 이미 보여주었다) 사실 위조한 부분이 있는 것도 아닌데 말이다. 그래서 저술이 전국시대에 비로소 전문가의 학업이 된 것도 아마 어쩔 수 없는 추세에서 나왔을 것이다. 저술이 문사로 진보하지 않을 수 없지만 문사에 대한 애호가 생기지 않을 수도 없다.[85] 후세인은 이전 사람처럼 어쩔 수 없는 상황이 아니고 오로지 문사에 대한 애호 때문에 문사만 다툴 뿐이다. 그래서 그들은 저술을 자신의 사명으로 생각하게 된다. 그렇기 때문에 전국시대는 문화가 융성한 시대이지만 쇠락의 싹도 이미 전국시대에 조짐을 나타낸다.[86]

역주_ 사방의 「지」는 후세의 방지(方志)를 가리킨다.

85 나는 이렇게 생각한다. 『교수통의』 「한지시부」(漢志詩賦)는 이렇게 말한다. "고대의 '부가'(賦家)라는 유파는 『시』와 『이소』에서 근원한 것이다. 전국시대 제자백가도 드나들었다. 비록 그들의 글은 성운(聲韻)을 좇고 뜻은 비흥을 남기고 있다. 그리고 근원을 깊이 찾아보면 사실 제자백가 가운데 하나의 학문이 될 만한 자격이 있고 전문 서적과 처음에는 차별도 없었다." 또한 『장씨유서』 「잡설」(雜說)은 이렇게 말한다. "제자백가의 글은 비난하지 않았지만, 그들의 종지를 비난하여 그들은 소멸시킬 수 없었다. 그러므로 제자백가는 문사만 잘 꾸미게 되었다. 다름 아니라 후세에 문집의 근원이 되었다." 학문은 전문성을 소중하게 여기며, 저술은 종지를 소중하게 여긴다는 말이다. 이렇게 한다면 박학다식하면서도 간단하게 만들 수 있기 때문에 자신의 일가를 이룰 수 있게 된다. 만약 그렇지 않고 들뜬 소리와 퍼지는 울림만 내뱉는다면, 멀리 떨어진 채 돌아갈 곳이 없을 것이다. 그러므로 고대의 사부가 사실 제자백가의 기풍을 갖추고 있으며, 나중에 나타난 제자백가의 글이 문집과 대단히 비슷하다고 말하는 이유는 바로 이것이다. 유월(兪樾)은 『빈맹집』(賓盟集) 「자서」에서 이렇게 말한다. "문집은 제자백가에서 시작되었다. 고대의 군자가 돌아가시자 그를 따르는 무리는 군자가 행한 일을 짓고 문사를 편집하여 후세에 전했다. 후세인은 각자 문집이 있으면서도 그것의 근원이 제자백가에서 나왔다는 것을 모른다. 그래서 문집이 나날이 많아지고 글은 나날이 천박해지는 것이다." 유사배 「논문잡기」(論文雜記)는 이러하다. "옛사람의 학술은 각자 전문성이 있었다. 그래서 문장으로 표현하더라도 마찬가지로 뜻이 옆으로 새지 않았다. 일가의 주장을 이뤘다는 점은 제자백가와 같다." 이들의 주장은 모두 장학성의 학설을 증명하기에 충분하다.

역주_ 유월(1821~1907)은 청나라의 학자이자 문학자이다. 호는 곡원(曲園)이며 절강 덕청(德淸) 출신이다. 도광 경술년에 진사에 합격하고 서길사가 되었다. 한림원을 나온 뒤 편수에 임명되었다. 함풍 을묘년에 하남 학정이 되었지만 이견을 가진 사람들 때문에 파직되어 고향에 돌아갔다. 왕념손의 책을 읽고 얻은 것이 많았다. 저술은 엄청나게 많다. 대표작은 『춘재당전서』(春在堂全書)에 있는데 『군경평의』(群經評議), 『제자평의』(諸子評議), 『다향실경설』(茶香室經說), 『고서의의거례』(古書疑義擧例) 등이 있다.

2. 시교(하)[1]

어떤 사람이 이렇게 물었다. "앞에서 말한 것과 같다면 삼대 이후 육예 가운데 오로지 『시』의 가르침이 가장 광범위합니다. 그러면 문장의 쓰임새가 『시』보다 융성한 것은 없는지 감히 묻고자 합니다."

나는 이렇게 대답했다. "어찌 삼대 이후에만 그렇겠는가? 삼대 이전에도 『시』의 가르침이 광범위하지 않았던 적은 없네. 공자는 이렇게 말하지. '『시』를 배우지 않으면 말을 잘할 수 없다.'[2] 고대에는 개인적인[私門] 저술이 없었지만 속내를 표현할 언어가 없었던 적이 없다네. 오로지 말소리[聲音]에만 맡기고 글자로 드러내지 않았을 뿐이지. 그러므로 진나라 사람들이 『시』와 『서』를 금지시켰을 때,[3] 『서』는 빠져서 틈이 생겼지만[4]

---

86 나는 이렇게 생각한다. 이 단락은 학문이 전국시대에 이르자 저술이라는 일이 비로소 전문적이게 되었다는 점을 논하고 있다.

1 나는 이렇게 생각한다. 「시교 하」편의 대의는 글을 논할 때 감정과 바탕을 기준으로 삼아야만 하며, 겉모습에 얽매여서는 안 된다는 점을 말하고 있다. 「시교 상」편을 이어서 더 나아가 말한 것이다.

2 『논어』「계씨」를 보라.

3 『사기』「진시황본기」는 이러하다. "34년 시황제는 함양궁(咸陽宮)에서 술잔치를 베풀었다. 제나라 사람 박사 순우월(淳于越)이 앞으로 나와 이렇게 말했다. '저는 은나라와 주나라가 천여 년을 왕 노릇하면서 자제와 공신을 봉하여 왕실을 스스로 돕도록 했다고 들었습니다. 이제 폐하는 천하를 가지셨지만 자제들은 평민입니다. 갑자기 전상(田常)이나 진나라의 육경 같은 신하들이 나타나면 보필할 사람이 없으니 어떻게 구해드릴 수 있겠습니까? 고대를 스승삼지 않고 오랫동안 지속할 수 있는 일은 들어본 적이 없습니다.' 시황제는 대신들에게 의논해 보라고 시켰다. 승상 이사(李斯)가 이렇게 말했다. '오제는 서로 중복되지 않고 삼대는 계속 이어지지 않은 채, 각자 다스렸습니다. 이것은 서로 반대이기 때문이 아니라 시대의 변화가 달랐기 때문입니다. 이제 폐하가 위대한 사업을 창조하시고 영원히 남을 공적을 세우셨습니다. 이것은 본디 어리석은 유생들이 알 수 있는 게 아닙니다. 또 순우월의 말은 삼대의 일이기 때문에 무슨 본받을 것이 있겠습니까? 전에는 제후들이 모두 다툴 때 후한 대우를 해주며 유사들을 초빙했습니다. 지금은 천하가 이미 안정되고 법령이 한결같기 때문에 백성들은 집안에서 농업과 공업에 힘쓰고 선비들은 법령과 임금의 금지령[辟禁]을 배우고 있습니다. 그런데 여러 유생들이 오늘날을 스승삼지 않고 고대를 배워 현대를 비난하고 백성들을 유혹하여 어지럽히고 있습니다. 그들을 금지

『시』의 편장들은 흩어져서 잃어버리지 않았다네.[5] 후세에 글자를 기록하는 죽간과 백서의 공이 소리를 말하고 듣는 입과 귀보다 나아졌지. 그러나 옛사람은 글자로 전승하는 것보다 소리로 전승하는 것이 낫다고 생각했다네. 고금이라는 세월도 다르고 이세도 달라서 그런 게야. 고대의 거룩한 임금이 예악으로 천하를 다스릴 때부터 삼대의 문화가 지닌 내용과 형식은 동일한 데서 나왔다네.[6] 세상이 융성할 때는 벼슬아치가 지켜서 남긴 전장이 『예』의 내용이고, 감정과 뜻[情志]을 음악에 맞춰 읊는 시[聲詩]에 조화시킨 것이 악의 형식인 게지. 쇠락한 때에 이르자 전장이

시키는 것이 좋겠습니다. 저는 사관에게 명하여 진나라 기록이 아닌 것은 모두 불살라 버리라고 할 것을 요청합니다. 박사관(博士官)에서 맡은 것이 아니고 천하에 감히 『시』와 『서』, 제자백가의 주장 따위를 소장하고 있다면 모두 수위(守尉)에게 보내어 한꺼번에 불살라 버리길 요청합니다. 그리고 감히 어울려서 『시』와 『서』에 대해 이야기하는 사람은 기시(棄市)의 형벌에 처하길 요청합니다. 고대로 현대를 비난하는 사람은 멸족시키길 요청합니다. 명령이 하달된 지 삼십 일이 지나도 태우지 않은 백성은 성단(城旦)의 형벌에 처할 것을 요청합니다. 없애지 않아야 하는 것은 의약, 점치기[卜筮], 농업[種樹]에 대한 책입니다. 만약 법령을 배우고자 하는 사람이 있으면 벼슬아치를 스승으로 삼게 하십시오.' 황제가 재가해서 말했다. '그렇게 하라.'"

4 『사기』「오제본기찬」은 이러하다. "『상서』에 이가 빠져 틈이 생겼다." 『사기색은』은 이러하다. "오래된 전적에 부서지고 빠진 것이 많은 채, 세월이 많이 지났기 때문에 틈이 생겼다라고 말한다." 『한서』「예문지」"육예략"은 이러하다. "『상서』가 일어난 것은 오래되었다. 공자가 편찬하였다. 위로는 요임금에서 끊고 아래로는 진나라에 미쳤다. 아마 『상서』 백 편은 그것 때문에 서문을 써서 지은 의도를 말했을 것이다. 진나라가 책을 불사르고 학을 금지하자 제남(濟南)의 복생(伏生)만 홀로 벽 속에 감춰두었다. 한나라가 일어나자 잃어버렸던 스물아홉 편을 얻었다. 무제 말에 노나라 공왕(共王)이 공자의 옛 집을 헐어 자신의 집을 확장하려고 했다. 그러다가 『고문상서』 및 『예기』, 『논어』, 『효경』 수십 편을 얻었는데 모두 고문이다. 공안국은 공자의 후예이다. 그 책을 얻었는데 이것을 비교하여 스물아홉 편으로 확정했다. 이전보다 열여섯 편이 많아진 것이다." 이것이 바로 『상서』가 빠지게 된 유래이다.

5 『한서』「예문지」"육예략"은 이러하다. "공자는 주나라의 『시』를 순수하게 취했다. 위로 은나라, 아래로 노나라에서도 취했으며 모두 삼백다섯 편이다. 진나라의 분서 사건을 만나 온전했던 이유는 그것이 입으로 노래하는 것이고 죽간이나 백서에만 있는 것이 아니기 때문이다."

6 동일한데서 나왔다는 말은 당시 정교의 내용과 형식이 서로 의존한 상태에 있었으며, 이것은 후세에 예악이 나뉘어 흐른 것과 다르다는 것이다. 상세한 주장은 다음에 있다.

흩어지고 제자백가가 각자의 방법으로 주장했다네. 그러므로 전문적인 기술[治術]은 모두 주나라의 공식적 제도가 변형된 것이지. 감정과 뜻이 방탕하고 처사(處士)가 함부로 논의를 하기 때문에[7] 제자백가가 제멋대로 주장하는 것은 모두 음악에 맞춰 읊는 『시』[8]의 변형이지.(명가, 법가, 병가, 농가, 음양가의 무리는 실용을 위주로 하기 때문에 전문적인 기술이라고 말했다. 각 학파는 애초에 맡은 직책이 있었으므로 관직에 귀속되었고 예가 변형된 것이다. 음양가의 '하늘에 대한 이야기'와 '용을 조각하는 듯한 이야기', 명가의 '단단함과 흼'[堅白]과 '동일성과 차이'[異同] 같은 주장들은 허무맹랑한 이치를 위주로 하기 때문에 제자백가가 제멋대로 주장하는 것이라고 말했다. 이런 주장은 그들의 감정과 뜻을 표현하는데 지나지 않으므로 시에 귀속되며 악이 변형된 것이다) 전국시대의 글은 선왕의 예악이 변형된 것이라네.(육예는 주나라의 공식적 제도의 유산이다. 이 주장은 『문사통의』「외편」의 「교수략」(校讎略)에 수록된 「저록선명대도론」에도 상세하다)[9] 그러나 『시』의 가르침이 전국시대에 광범위해졌다고 따로 말한 이유는 전문가의 학업이 적어지고 종횡가가 제멋대로 주장하는 말이 많아졌기 때문이지. 후세에 제자백가의 방법을 담은 전문 서적이 자취를 감추고[10](거짓으로 제자백

---

7 『맹자』「등문공 하」는 이러하다. "거룩한 임금이 일어나지 않자 제후가 함부로 굴었고 처사들이 마구잡이로 논의했으며 양주와 묵적의 주장이 천하에 가득 찼다."

역주_ 처사는 벼슬을 하지 않는 선비이다.

8 「시보서」(詩譜序)의 소는 『육예론』을 인용하여 이렇게 말한다. "시는 현악기를 연주하며 노래하고 홍얼거려 깨우치는 소리이다."

9 「시교 상」의 주69를 보라.

10 강전(江瑔)은 『독자치언』(讀子卮言)에서 이렇게 말한다. "옛사람은 글을 쓸 때 반드시 전고를 가지고 있었고 말은 이치에 맞아야만 뛰어나게 되어 일가의 주장을 이뤘다. 그러나 후세에는 자부의 책[子書]이라는 이름을 붙일 수 있었다. 당나라나 송나라 이후 제자백가의 도가 쇠락하자 유서(類書)가 번성하기 시작했다. 마구 베끼는 짓을 일삼았고 표절이 계속 이어졌다. 이것조차도 칭찬받으며 자부(子部)에 이름을 올렸다. 자부의 책이라는 형식이 밝혀지지 않자 옛 현인[先民]의 실마리는 결국 매몰되고 말았다. 제자백가의 학문에 미혹되지 않았지만 후세에 고대의 울림은 가라앉고 빛은 끊어지게 되었다. 그러나 학을 기우면서 고대에서 길어 올리려는 선비는 그래서 조심스러우면서(칙(侙)은 척(愓)이다) 두려워하는 것이다."

역주_ 강전은 청나라 말부터 민국 초기까지 중국의 학자이다. 『독자치언』은 그의 저술로서 제자백가에 관한 연구서이다.

가의 서적을 흉내 낸 것은 말할 것도 없다) 문집이 번잡스러워졌다네. 설령 순수함과 잡스러움, 높은 수준과 낮은 수준의 차이가 있다 하더라도 결국 감정과 뜻을 스스로 토로하는 것에 지나지 않는 게지. 그러므로 전국시대 이후 나타나게 될 모든 문체가 전국시대에 갖추어졌고 『시』의 가르침이 지극히 광범위해졌다고 여기서 말할 수 있다네. 학자가 후세의 문집을 정말 널리 볼 수 있었다면 선왕이 제정한 예악의 초기 상태를 보고 싶어 할 테지. 그렇다면 아마 세워서 말할만한 것이 있을 테니(학문에 주장이 있으면 바로 세우게 된다. 이것은 피부, 힘줄, 뼈의 다발일 뿐이라는 주희의 말과 완전히 똑같은 것은 아니다)[11] 『시』를 배우고 『예』를 배우는 가르침을 함께 들을 수 있을 것이라네.[12]

학자는 오로지 성운(聲韻)이 있어야만 시라는 생각에 사로잡혀 있다네. 감정을 말하고 뜻을 표현하거나, 풍유를 펼치거나, 무자맥질 하듯 누르고 들어 올리는 글은 모두 『시』의 가르침에 뿌리를 두고 있다는 것을 그들은 모르지.[13] 그래서 후세의 문집이 점차 번잡스러워진 뒤, 떠들썩하니 어지럽게 이어받아 쓴 글들은 그런 문체를 이었지만 문체를 통일하는 요점을 알 길은 없었다네. 옛사람이 성운이 있는 글을 모두 『시』에 통하게 하지 않은 것처럼 후세인들이 이어받아 쓴 시부(詩賦)의 종류도 『시』의 가르침이 제시한 여섯 가지 뜻에서 모두 나온 것이 아니지.[14] 그

11 『논어』「태백」(泰伯)은 이러하다. "예에 선다." 주희는 이렇게 주를 달았다. "예는 공손, 공경, 사양, 겸손[恭敬辭遜]을 뿌리로 한다. 그리고 절도, 문명, 법도, 상수[節文度數]의 상세함이 있다. 예는 사람의 근육과 피부가 모이면 근육과 뼈가 단단히 결속되는 것처럼 단단하게 만들 수 있다. 그러므로 학자 가운데 이것으로 뛰어나게 자신의 주인이 될 수 있고 사물에 의해 흔들리거나 빼앗기지 않는 사람이라면 틀림없이 여기에서 얻을 것이다."

12 나는 이렇게 생각한다. 이 단락은 『시』의 가르침이 광범위하며 전국시대에 더욱 성행했다는 것을 논하고 있다.

13 나는 이렇게 생각한다. 장학성은 「논과몽학문법」에서 전찬이라는 글은 누르고 올리며 잘 읊조려야 하고 사명이라는 글은 풍유를 잘해야 하는 것이 특징이며, 이것은 모두 『시』의 가르침에서 기원했다고 말한다. 이것은 「시교 상」 주6의 인용을 보라.

14 「시대서」는 이러하다. "『시』에는 여섯 가지 뜻이 있다. 첫째 풍, 둘째 부, 셋째 비,

이유도 전국시대에 갖춰졌다네. 이런 까닭에 전국시대의 상승하거나 하강하는 형식과 추세[體勢]를 잘 알아야만 하지. 그런 뒤에야 예악의 분화도 알 수 있고 육예의 가르침도 구별할 수 있다네. 그리고 『칠략』에서 구류로 나눈 제자백가의 주장도 근원을 통하게 해서 물길을 통하게 할 수 있지. 또한 서한과 동한[兩漢], 육조시대[六朝], 당나라, 송나라, 원나라, 명나라의 글도 마치 밭두둑으로 나누듯 구별할 수 있다네.[15] 그래서 벼

넷째 흥, 다섯째 아, 여섯째 송이다." 장학성은 「진동보방백시서」(陳東浦方伯詩序)에서 이렇게 말한다. "저는 유향과 반고가 다섯 학파의 뜻(『한서』「예문지」 "시부략"은 다섯 가지 항목으로 구분하고 있다)을 어떻게 구별했는지 추론해 본 적이 있습니다. 이것으로 고금의 시부를 비교한다면 여기 부합하는 것은 거의 없고 드물 것입니다. 시를 연구하는 사람[詩家]은 근심과 괴로움을 견디지 못합니다. 어떻게 해서 다섯 학파에 부합하는지 추론했느냐고, 어쩌면 그들은 도리어 제게 따져 물을 수도 있습니다. 그렇다면 이렇게 대답하겠습니다. 고시는 음절을 없앴기 때문에 음악 곡조[鏗鏘]만 남게 되었지만, 율시(律詩)는 음악 곡조를 없앴기 때문에 대우(對偶)를 못마땅한 점으로 여기게 되었습니다. 또한 완성하려고 기를 쓰면서 억지로 시를 쓰는 일[諫篇用事]이나 구절을 다듬고 시어를 매만지는 일[琢句鍊字]처럼 모든 교묘한 솜씨 부리는 방법을 아울러 없애 버린다면, 뒤집어 옮길 줄만 아는[翻譯] 놈들은 시의 의미만 취하고 통속적인 말로 풀어버릴 것입니다. 그래도 도저히 따라갈 수 없을 정도로 뛰어날 뿐 아니라 남들과 판이하게 다른 것도 그중에 있기 때문에 다섯 학파의 추론에 들어갈 수 있습니다. 만약 이런 방법을 없애고 텅 비운 채, 하나도 가진 게 없어진다면 이것은 교묘한 솜씨이지 시가 아닙니다."(가업당본 『장씨유서』 권13) 이것과 참고하여 증명할 수 있다.

15 『설문해자』는 이러하다. "밭 오십 무(畝)를 휴(畦)라고 한다." "승(塍)은 농작물 사이에 있는 밭두둑이다." 장학성은 「진동보방백시서」에서 이렇게 말한다. "하지만 교수(校讎)하는 일에 종사한 적이 있어서 대략이나마 『시』의 가르침의 원류를 구별하고 있습니다. 육경의 가르침이 쇠락하자 제자백가가 다투어 소리를 높이기 시작했고, 유향이 그들의 원류를 아홉 가지로 조리 있게 나누었다고 합니다. 제자백가가 쇠락하자 문집을 만들었지만, 후세의 사관들은 유향을 이어 문집의 유파를 조리 있게 변별할 수 없었습니다. 그래서 문집이 범람하게 되었습니다. 『시』의 여섯 가지 뜻과 풍(風)이 쇠락하자 『이소』의 부[騷賦]라는 변형된 문체가 나타나게 되었습니다. 유향은 그런 유파를 다섯 가지로 조리 있게 나누었습니다. 그래서 시부도 한 학파만 있는 것이 아닙니다. 다만 유향의 구류라는 주장이 여전히 남아있기 때문에, 이제 그의 의도를 헤아려 후세의 글을 비교해 보면 다음과 같습니다. 예를 들어 한유는 유가에서 나왔고 유종원은 명가에서 나왔으며 소식은 병가에서 나왔고 왕안석은 법가에서 나왔습니다. 소식[子瞻]이 종횡의 학문이고 증공[子固]이 교수의 학문이라는 것은 마치 유사한 것을 추론하여 나머지를 다스릴 수 있는 것과 같습니다. 시부에 다섯 학파가 있다는 주장은 이미 없어지고 후세에 결국 시부를 합쳐서 한 가지 유

슬아치의 능력과 만물의 성능에 대한 공식적 규정[官曲]이나 개인적 기술[術業],[16] 음악에 맞춰 읊는 시나 말로 하는 이야기[辭說], 입에서 귀로 전수하는 방식에서 죽간과 백서로 전하는 방식으로 변천한 일은 앉은 자리에서 쉽게 정할 수 있었지.[17]

황극(皇極)의 도를 구주(九疇)로 펼친 「홍범」편은 『상서』의 훈령이나 포고문에 운을 붙인 것이라네.[18] 그래서 입에 올려 읊기 편하게 만들고 외

파로 만드는 바람에, 시부에 다른 유파들이 있다는 사실을 모르게 되었습니다. 옛사람은 제자백가의 가학을 심하게 나누었습니다. 이것은 유향과 반고 이후 천칠백 년 동안 논의하지 않았던 것입니다." 의징 출신 유사배는 역대의 시문에 의하여 그들의 유파를 조리 있게 구분한 뒤, 집부에 속하는 책을 자부로 되돌리자고 주장했다.(「논문잡기」) 유사배의 주장은 장학성의 학설에 뿌리를 두고 이끌어낸 것이다.

16 『예기』「유행」(儒行)은 이러하다. "도를 영위할 때 방법을 같이 한다." 주는 이러하다. "술(術)은 업(業)이다."

17 나는 이렇게 생각한다. 이 단락은 글을 논할 때 겉모양에 얽매여서는 안 되며, 글의 핵심을 밝힐 수 있어야 한다고 말한다.

18 『상서』「홍범」은 이러하다. "하늘이 이에 우임금에게 『홍범』 구주를 내려주었다." 공안국 『상서전』은 이러하다. "홍(洪)은 대(大)이고, 범(範)은 법(法)이다." 『상서정의』는 이러하다. "이에 우임금에게 큰 법 아홉 가지 종류를 내려주었다." "다섯째는 황극(皇極)을 세워서 쓰라는 것이다." 공안국 『상서전』은 이러하다. "황(皇)은 대(大)이고, 극(極)은 중(中)이다. 사업을 세울 때는 대중(大中)의 도를 써야만 할 것이다." 연주(演疇)에 대해 『상서정의』는 이렇게 말한다. "이 경이 첫머리에서 근원을 열어 놓고도 다시 연설을 고친 까닭은 묻고 답하는 추세로 돌아가지 않기 때문이다. 틀림없이 기자(箕子)가 스스로 만들었을 것이다." 훈과 고는 모두 『상서』의 형식 이름이다. 「홍범」은 바로 기자가 무왕에게 알려준 인륜도덕[彝倫]과 큰 법도이며, 마찬가지로 훈과 고에 속한다. 고대에는 구전으로 배우는 것을 중요시했기 때문에, 글에도 운을 많이 썼다. 이것은 강유고(江有誥)의 『군경운독』(群經韻讀)과 『선진운독』(先秦韻讀)에 각각 한 가지씩 사례가 기록되어 있어서 장학성의 학설을 증명한다. 「홍범」은 이러하다. "색을 편안히 하여[而康而色] 내가 좋아하는 바가 덕이라고 말하고[曰予攸好德] 너는 그에게 복을 내리면[汝則錫之福] 요새 사람들은 그래서 임금의 극을 할 것이다[時人斯其爲皇之極]." 색(色), 덕(德), 복(福), 극(極)은 모두 지부운(之部韻)에 속하는 글자이다.

역주_ 강유고(?~1851)는 청나라 때의 음운학자이다. 자는 진삼(晉三), 호는 고우(古愚)이다. 안휘 흡현 출신이다. 강유고는 음운학 연구를 하면서 고염무, 강영, 단옥재의 책만 보았고 공광삼의 책도 나중에야 보았다. 대진과 왕념손의 이야기는 애초에 알지 못했다. 그러나 연구 결과가 왕념손과 기본적으로 같다. 강유고는 고운(古韻)을 스무 가지로 나눴는데 단옥재보다 세 가지가 많다. 제(祭), 태(泰), 쾌(夬), 폐(廢), 월(月), 갈(曷), 말(末), 힐(黠), 할(鎋), 설(薛)을 한 가지로 독립시키고, 엽(葉), 첩(帖), 업(業), 압

워서 잊지 않게 만들려고 했지. 괘의 여섯 효에 각각 붙인 「소상전」의 말은 「계사전」과 같은 말에 운을 붙인 것이라네.[19] 그래서 복서(卜筮)에 통하게 만들고 어슴푸레 해서 알 수 없는 일을 밝혔지.[20] 육예가 『시』에 모두 통할 수는 없지만 운을 붙인 말을 없애지도 않는다네. 그래서 음률을 어울리게 하는 일이 오로지 『시』의 가르침에 의한 것일 수는 없지. 『춘추좌전』이나 『국어』처럼 기록을 전하거나[21] 『노자』나 『장자』처럼 주장을 드러내는 글이나 구절[22]도 성운을 좇거나 절도에 맞게 만들어져서

(狎), 핍(乏)을 다시 한 가지로 독립시켰으며, 집(緝)과 합(合)을 다시 한 가지로 독립시킨 것이다. 나중에 공광삼이 동(東)과 동(冬)을 두 가지로 구분한 것을 보고 옳다고 생각하여 스물한 가지로 늘였다. 음운학 저술을 모은 『음학십서』(音學十書)가 있다.

19 육상(六象)은 여섯 효의 상을 말한다. 공자는 십익을 지어 『주역』의 도를 찬양하고 밝혔다. 여섯 효의 상을 풀이한 『주역』의 말을 소상(小象)이라고 한다. 「소상전」은 운어(韻語)를 많이 사용하고 있다. 이것은 효의 「계사전」이나 마찬가지이다. 「준」괘는 이러하다. "육이는 망설이며 맴돌고 말을 타고 가다가 되돌아온다." 전(邅)과 반(班)은 모두 원부운(元部韻)에 속하는 글자이다. 「준」괘의 「상전」은 이렇게 말한다. "육이의 어려움은 강효를 올라탔기 때문이다. 십 년을 기다릴 수 있다면 정상으로 돌아온다." 강(剛)과 상(常)은 모두 양부운(陽部韻)에 속하는 글자이다.

20 『예기』「곡례」는 이러하다. "거북으로 점치는 것을 복(卜)이라 하고 시초로 점치는 것을 서(筮)라고 한다. 복서(卜筮)는 앞선 시대의 거룩한 임금이 백성들에게 때와 날을 믿게 만들고 귀신을 공경하며 법령을 두려워하게 만들려는 것이다. 그리고 백성들에게 이것인지 저것인지 하는 의심을 결정하게 만들고 이럴지 저럴지 하는 머뭇거림을 정하게 만들려는 것이다." 『주역』「계사전 하」는 이러하다. "『역』은 과거를 밝히고 미래를 살피며 드러나지 않는 것을 드러내고 알 수 없는 것을 밝히는 것이다." 한백은 이렇게 주를 달고 있다. "『역』이 밝히지 못할 과거는 없으며 살피지 못할 미래도 없다. 그리고 드러나지 않는 것은 이로써 드러나게 하며 알 수 없는 것은 이로써 밝힌다. 천(闡)은 명(明)이다." 나는 이렇게 생각한다. 현(玄)은 본래 원(元)이라고 썼다. 이것은 청나라 성조(聖祖, 강희제(康熙帝)이다)의 이름을 다른 글자로 바꿔 쓰기 위해 고친 것이다.

21 『춘추좌전』에서 운을 쓴 사례는 「은공 11년」의 다음과 같은 구절이 있다. "산에 나무가 있으면 장인이 그것을 잰다. 손님에게 예가 있으면 주인이 택한다." 탁(度)과 택(擇)은 모두 어부운(魚部韻)에 속하는 글자이다. 『국어』에서 운을 쓴 사례는 「월어」(越語)의 다음과 같은 구절이 있다. "백성들의 일을 어지럽히지 말고 천시를 거스르지 않으면, 오곡이 잘 영글고 백성들은 이에 많아지게 된다. 임금과 신하, 위와 아래가 서로 그 뜻을 얻는다." 시(時), 자(滋), 지(志)는 모두 지부운에 속하는 글자이다.

22 『노자』에서 운을 쓴 사례는 2장의 다음과 같은 구절이 있다. "그러므로 유와 무가 서로 낳고, 어려움과 쉬움이 서로 완성시키며, 길고 짧은 것이 서로 비교되고, 높음

어울리게 되어 있다네. 그러니 어찌 운만 붙인다고 꼭 『시』의 가르침인 비흥에 부합한다고 하겠는가? 초공(焦貢)의 『역림』(易林)[23]과 사유(史游)의 『급취편』(急就篇)[24]은 경부에 운을 붙인 말이지만 『시』와 무관하다네. 일곱 글자로 한 구를 만든 『황정경』(黃庭經)과 끝 글자의 운을 맞춘 『주역참동계』[參同契][25]도 자부의 술수[子術]에 운을 붙인 말이지만 『시』와 무관하지. 잡다한 기술에 관한 후세의 제자백가는 예의 제도를 외우고 모을 때 대부분 다섯 글자나 일곱 글자를 한 구로 만들어 노래로 된 비결[歌訣]로 연출한다네. 이것은 외워서 읊을 때 편리함을 취하려는 것이지 『시경』의 시인들 뜻에 딱 맞는 것은 아니지. 소리를 길게 뽑아 깊은 뜻을 노래하는 데서 글이 가리키는 뜻이 남게 되는데 뜻을 취하는 것은 비흥에 가깝다네. 분량이 많은 것은 넘실거리며 흐르는 물처럼 만 마디 말이 되기도 하고 분량이 적은 것은 쓸쓸하니 짤막한 한 마디 말이 되기도 하

과 낮음이 서로 기울어진다." 생(生), 성(成), 형(形), 경(傾)은 모두 경부운(耕部韻)에 속하는 글자이다. 『장자』에서 운을 쓴 사례는 「인간세」의 다음과 같은 구절이 있다. "가시나무여[迷陽] 가시나무여, 내 갈 길을 막지 마라." 양(陽)과 행(行)은 모두 양부운에 속하는 글자이다.

23 『수서』「경적지」 "오행류"(五行類)는 이러하다. "『역림』은 열여섯 권이며, 초공(焦贛)이 지었다." 『직재서록해제』는 이렇게 말한다. "괘는 모두 사천아흔여섯 개다. 괘사는 경과 사에서 빌려온 것이며, 신지(神祇)와 우아하게 통하려는 뜻이 있다. 모든 괘는 예순네 번 변할 수 있다. 모든 운어가 고풍스럽고 우아하여 『춘추좌전』이 수록하고 있는 요사와 자못 비슷하다."

24 『한서』「예문지」 '소학류'(小學類)는 이러하다. "『급취편』(急就篇)은 원제 때 황문령(黃門令)이었던 사유(史遊)가 지었다." 『군재독서지』는 이러하다. "이 책은 모두 서른두 장으로 구성되어 있다. 성명, 사물, 관직 등에 관한 글자들을 잡스럽게 적어두고 어린이들을 가르치는 책이다. 급취라는 말은 알기 어려운 글자를 더디든 급하든 사정에 따라 구할 수 있다는 뜻이다." 『직재서록해제』는 이러하다. "이 책의 글자는 옛날 말, 옛날 글자, 옛날 운이 많기 때문에 볼만하다" 책 전체에 중복되는 글자가 없으며 모든 글자를 운어로 썼다.

25 『신당서』「예문지」 "도가류"는 이러하다. "『노자황정경』(老子黃庭經)은 한 권이다." "오행류"는 이러하다. "위백양(魏伯陽)의 『주역참동계』(周易參同契)는 두 권이다." 여기 두 가지 책은 세상에 전해지는 과정에서 다른 판본이 상당히 많다. 그러나 운을 쓰고 있는 것은 모든 판본이 같다. 주희는 『주역참동계』에 『주역참동계고이』(參同契考異) 한 권을 지었다.

지. 성운을 어울리게 만들지 않더라도 식견이 있는 사람은 그것이 『시경』의 풍(風)이나 『초사』의 소(騷)가 남긴 법이라고 바르게 상찬한다네. 평론을 잘하는 사람은 지은이가 가리키는 의도를 찾는 일을 소중하게 생각하지 겉모습에 사로잡힐 수 없는 법이지.[26]

『전』은 이렇게 말하지. '노래하지 않고 읊조리는 것을 부(賦)라고 한다.'[27] 반고는 이렇게 말한다네. '부라는 것은 고대의 시에서 흘러나온 것이다.'[28] 유협(劉勰)은 이렇게 말하지. '육예에 딸렸던 작은 나라가 번성하여 큰 나라가 되었다.'[29] 아마 이것은 길게 말하거나 소리를 길게 뽑아 깊은 뜻을 노래하는 일이 변화한 것이라 하겠네.[30] 그러나 운을 붙이지 않은 글이 시와 통할 수 있는 것도 여기서 더욱 광범위하게 되었지. 유흠과 반고는 굴원의 작품 스물다섯 편을 목록에 수록하고 『굴원부』(屈原賦)라고 했다네.[31] 「어부」의 다음은 말이 운을 어울리게 맞춘 적이 없지만 부에 집어넣은 게지.[32] 그러면 문체를 이어받아 쓴 유파는 점진적인

26 나는 이렇게 생각한다. 이 단락은 앞 단락을 이어서 성운을 가진 글이 옛날부터 완전히 시와 통한 것은 아니라는 점을 상세하게 증명하고 있다.

27 이 말은 『한서』 "시부략"을 보라.

28 이 말은 반고의 「양도부서」를 보라.

29 『문심조룡』 「전부」(詮賦)는 이러하다. "부라는 것은 『시경』의 시인들에게서 시작되어 『초사』에 와서 범위를 개척한 것이다. 그래서 순황(荀況)의 『예부』[禮]와 『지부』[智]나 송옥의 『풍부』(風賦)와 『조부』(釣賦)에서 비로소 부라는 이름을 주었고 시와 경계를 긋게 되었다. 『시경』이 제시한 여섯 가지 뜻에 종속되어 있던 부는 무성하게 성장하여 큰 나라를 이루게 되었다." 나는 이렇게 생각한다. 여섯 가지 뜻을 장학성은 육예라고 인용하고 있는데, 이것은 붓을 잘못 놀려 생긴 오자이다.

30 『예기』 「악기」는 이러하다. "그러므로 노래한다는 말은 길게 말하는 것이다. 기쁘기(說, 열(悅)이다) 때문에 말하는[言] 것이다. 그냥 말하는 것만으로는 부족하기 때문에 길게 말하는 것이다. 길게 말하는 것도 부족하기 때문에 감탄을 내뱉게 된다. 감탄을 내뱉는 것도 부족하기 때문에 손을 휘두르고 어깨를 들썩이며 발을 들고 뛰어오르는 지도 모르는 것이다."

31 『한서』 「예문지」 "시부략"은 이러하다. "『굴원부』(屈原賦)는 스물다섯 편이다." 반고의 『한서』 「예문지」는 유흠의 『칠략』에 뿌리를 두고 있다. 그래서 유흠과 반고라고 부르는 것이다.

32 요희전(姚姬傳)은 「고문사유찬서」(古文辭類纂序)에서 이렇게 말한다. "사부는 본디 운이 있어야만 한다. 그러나 옛사람의 작품 가운데도 운이 없는 것이 있다. 뜻으로

변화를 모를 수 없다네. 글을 지나치게 겉치레한 것은 모두 부의 변형된 문체이나 큰 나라에 딸린 작은 나라가 큰 나라가 된 셈일 뿐은 아니지. 오히려 이것은 마치 진완(陳完)의 후손이 진나라의 옛 수도인 완구(宛邱)를 떠나서 동해 바닷가에 강토를 크게 연 것이나 마찬가질세.[33] 후세의 제자백가가 지닌 잡다한 기술도 부의 문체로 모아서 읊었지.(두기(竇臮)의 「술서부」(述書賦), 오숙(吳淑)의 「사류부」(事類賦),[34] 의가의 약성부(藥性賦), 점성술, 점

풍자에 맡겼다면 이것도 부라고 부를 따름이다." 「어부」의 모든 말에 운이 없는 것은 결코 아니다. 예를 들어 "온 세상이 모두 혼탁해도 나만 홀로 맑으며 모든 사람이 모두 취해 있어도 나만 홀로 깨었네"를 보자. 청(清)과 성(醒)은 모두 경부운에 속하는 글자이다. "성인은 사물에 얽매이거나 막히지 않고, 세상과 더불어 움직일 수 있다네. 온 세상이 모두 혼탁하다면 어찌 진흙을 휘저어 흙탕물을 일으키지 않는고? 모든 사람이 취했다면 어찌 술지게미라도 먹고 맛없는 술이라도 마시지 않는고? 무엇 때문에 깊이 생각하고 고상하게 처신하여 스스로 추방당하셨소!" 이(移), 파(波), 이(釃), 위(爲)는 모두 가부운(歌部韻)에 속하는 글자이다. 여기 쓰인 운을 비교해보면 문체 전체를 통틀어 그렇지는 않다는 것을 알 수 있다.

역주_ 요희전은 요내이다. 희전은 그의 자이다. 요내(1732~1815)는 청나라의 산문가이다. 자는 희전 이외에 몽곡(夢穀)도 썼고 당호(堂號)가 석포헌(惜抱軒)이어서 석포선생이라고 불리기도 했다. 안휘성 동성 출신이다. 건륭 28년(1763) 진사가 되어 한림원 서길사, 예부 주사, 사고관 찬수관(四庫館纂修官), 형부 낭중 등을 역임했다. 사십 년가량 강녕(江寧), 양주 등의 서원을 주관했다. 유대괴(劉大櫆)에게 배웠고 동성파의 중요한 작가이기도 하다. 저술에 『석포헌전집』(惜抱軒全集), 선집에 『고문사유찬』(古文辭類纂) 등이 있다.

33 완구(宛邱)는 진나라의 서울이며, 현재 하남성 회양현(淮陽縣)이다. 『사기』 「전경중완세가」(田敬仲完世家)는 이러하다. "진완(陳完)은 진나라 여공(厲公) 진타(陳佗)의 아들이다. 선공(宣公) 11년 태자 어구(禦寇)를 죽였다. 어구는 전완(田完)과 서로 아꼈기 때문에 재앙이 자신에게 미칠까 두려워 전완은 제나라로 망명했다. 제나라 환공은 그를 공정(工正)으로 임명했다. 전완이 죽자 경중(敬仲)이라는 시호를 받았다. 경중이 제나라로 가면서 진(陳) 자를 전(田)으로 고쳤다." 전완의 육대손인 전걸(田乞)이 백성들에게 음덕을 베풀어 제나라 사람들의 마음을 얻었다. 이렇게 되자 재상이 되어 제나라의 정사를 마음대로 쥐고 흔들었다. 전완의 십대손인 전화(田和)는 제나라 강공(康公)을 바닷가로 옮기고 제나라 임금으로 인정해주기를 자청했다.

34 『사고전서총목제요』 「자부」(子部) "예술류"(藝術類)는 이러하다. "『술서부』(述書賦)는 두 권이며, 당나라 두기(竇臮)가 지었다. 품제(品題)와 서술이 모두 극히 정밀하고 상세하다." "유서류"(類書類)는 이러하다. "『사류부』(事類賦)는 서른 권이며, 송나라 오숙(吳淑)이 지었으며 아울러 스스로 주도 달았다. 오숙은 본래 서현(徐鉉)의 사위라서 학문에 연원이 있었다. 그는 또한 『태평어람』과 『문원영화』처럼 분량이 많은 책을 편찬할 준비를 하면서 견문이 더 넓어졌다. 부도 교묘하고 우아한데다가 주와

복술, 산명술, 관상술 등의 각종 술업부(術業賦) 따위이다) 아마 노래로 된 비결과 함께 육예의 바깥에서 나왔을 것이라네. 그러나 '부가'(賦家)라는 유파는 여전히 제자백가가 남긴 뜻을 가지고 있지. 그리고 일가의 주장이라고 단단히 자임하며, 각자 종지를 가지고 있기도 하다네. 이들은 특히 후세의 시부처럼 형식에 구애되어 내용이 없는 것도 아니며 아득해서 유파를 변별할 수 없는 것도 아니지. 그래서 유흠과 반고의 「시부략」(詩賦略)은 다섯 종류로 구분하면서 굴원, 육가(陸賈), 순경을 세 가지 유파의 학문으로 정했다네.(이 주장은 『문사통의』「외편」의 「교수략」에 수록된 「한지시부론」(漢志詩賦論)에 상세하다)[35] 사마천의 『사기』와 반고의 『한서』는 사마상여와

부가 마치 같은 사람의 손에서 나온 듯하고 사실에도 어그러지거나 잘못된 것이 없기 때문에 오늘날까지도 사람들이 전하며 읊고 있다."

35 『교수통의』「한지시부」는 이러하다. "『한서』「예문지」는 「예문」을 여섯 가지 「약」[六略]으로 나누고 각각의 「약」은 또한 각자 여러 종류로 구별되는데 각각의 종류에 비로소 여러 사람을 서술하여 제시한 뒤, 유파를 논하여 구분하는데 뜻이 지극히 상세하다. 오로지 「시부략」만 다섯 가지로 가르고 각각 종류 다음에 더구나 서술하고 논한 것이 없으니 유흠과 반고가 남긴 유산을 모르는 것 아닌가? 그렇지 않으면 세상에 널리 흘러 다니는 동안 흩어져 버린 것 아닌가? 이제 보니 『굴원부』 스물다섯 편 다음부터 모두 스무 사람을 한 가지로 했고 『육가부』(陸賈賦) 세 편 다음부터 모두 스물한 사람을 한 가지로 했으며 『손경부』(孫卿賦) 열 편 다음부터 모두 스물다섯 사람을 한 가지로 했다. 이름과 부류는 같은데 종류를 가르는 구별이 있는 것은 당시 틀림없이 그런 의례가 있었을 것이다. 이제 여러 사람의 부를 보면 십중팔구는 사라졌고 서술하고 논한 이야기도 거기서 빠져 듣지 못하니, 이것은 목록에 기록하는 일의 유감이 아니겠는가!" 또한 이렇게도 말한다. "고대의 '시부가'라는 유파는 『시』와 『이소』에 뿌리를 두고 전국시대 제자백가에도 드나들었다. 가설(假設)과 문대(問對)는 장자나 열자가 남긴 우언의 유산이다. 회곽(恢廓)과 성세(聲勢)는 소진과 장의가 대표하는 종횡가의 형식이다. 배비(排比)와 해은(諧隱)은 한비자의 「저설」에 속한다. 징재(徵材)와 취사(聚事)는 『여씨춘추』가 종류대로 모은 뜻이다. 비록 그 글들은 성운(聲韻)을 좇고 있으나 뜻에는 비흥을 남기고 있다. 그리고 근원을 깊이 찾아보면 사실 제자백가 가운데 하나의 학문이 될 만한 자격이 있고 처음에는 전문서적과 차별도 없었다. 그러므로 여러 사람의 찬술을 서술하고 제시한 경우, 많으면 수십 가지이고 적으면 겨우 한 편이다. 문림(文林)에 열거하고 뜻은 많이 양보하지 않는 것은 이것으로 기록했기 때문이다. 그래서 세 가지 「부」도 제자백가 학파가 각각 구별되는 것처럼 당시에 동일한 범례로 귀결시킬 수 없었을 뿐이다. 어찌 후세의 '시부가'[詩賦之家]처럼 많이 모은 뒤 문집을 만들어 사람들이 변별할 수 없도록 만들려고 했겠는가?"

양웅 등 여러 사람이 지은 부에 대해서 그들의 「열전」에 모두 갖추어 상세하게 수록했지. 유지기 이후부터 그것을 좇아 비난과 비웃음을 물리친 사람들은[36] 아마 갈피를 잡을 수 없을 정도로 많아서 어수선할 테고 이들은 결국 주장을 아는 사람도 아닐 것이라네. 아마 사마천과 반고의 두 가지 역사서는 후세에 「문원전」의 시초가 되며 「문원전」은 반드시 빛나는 글들의 확실한 자취를 전한 것이겠지. 범엽의 『후한서』 이후부터[37] 「문원전」이라는 제목을 달고 문인의 평생을 대략 서술하는 데 그치는 것을 보면 사마천의 『사기』와 반고의 『한서』는 훨씬 낫다네. 한나라 때의 부는 실제로 떳떳하지 못하게 지은 것이 아니지. 장편의 작품이 온전한 「전」에 수록되어 들어가면 「전」에 수록된 사람의 지극한 생각을 보기에 충분하다네.[38] 가의의 「논정사소」나 동중서의 「천인삼책」의 쓰임새

---

36 『사통』 「재문」은 이러하다. "인문(人文)에서 살펴 천하를 교화시키고, 국풍에서 살펴 흥망성쇠를 살핀다. 그래서 글의 쓰임새가 멀고도 크다는 것을 안다. 순임금은 이로써 이치를 생각했으나 하나라 임금[夏后]은 통제에 실패했다. 『상서』는 그들의 원수(元首)와 금황(禽荒)이라는 노래를 기록하고 있다. 정나라 장공은 지극히 효성스러웠지만 진나라 헌공(獻公)은 확실치 않다. 『춘추』는 그들의 대수(大隧)와 호구(狐裘)라는 시[什]를 기록하고 있다. 그들의 이치는 곧고 절실하며 그들의 글은 간단하지만 요점이 있다. 그래서 선을 권하고 악을 벌할 수 있으며 풍속을 살필 수 있는 것이다. 사마상여[馬卿]의 「자허부」와 「상림부」, 양웅의 「감천부」와 「우렵부」, 반고의 「양도부」, 마융의 「광성부」 따위는 비유가 형식보다 지나치고 시어는 뜻이 드러나지 않으며 변화하기만 하지 내용은 잃었으며 방탕하여 돌아올 줄 모른다. 그래서 권장할 수가 없고 간사한 자들을 기르기만 한다. 그러나 앞서거니 뒤서거니 『사기』와 『한서』의 열전에 모두 그것을 썼으니 잘못된 것이 아니겠는가?"

37 『송서』 「범엽전」(范曄傳)은 이러하다. "범엽은 자가 울종(蔚宗)이다. 팽성(彭城) 왕의강(王義康)의 관군 참군(冠軍參軍)이 되었다가 상서랑(尙書郎)으로 옮겼으나 선성(宣城) 태수(太守)로 좌천되었다. 그래서 여러 사람의 『후한서』를 편집하여 일가를 이룬 작품을 만들었다. 나중에 행동이 도의에 벗어나서 미친 사람처럼 사납고 막되었다는 죄목으로 죽임을 당했다." 나는 이렇게 생각한다. 범엽은 『후한서』를 지을 때 원망하는 마음에 사로잡혔다. 열 편의 「지」는 완성하지 못하고 죽었지만, 「기」와 「전」 아흔 권은 남게 되었다. 당나라 장회태자 이현(李賢)이 주를 달았다. 지금 전해지는 판본에서 「지」 서른 권은 진나라 사마표(司馬彪)가 지었고, 양나라 유소(劉昭)가 주를 달았다. 범엽의 「기」와 「전」을 합쳐 모두 백이십 권이다. 범엽의 『후한서』 「전」에 처음으로 「문원전」이라는 이름이 등장한다. 후세의 역사가들이 이것을 따랐어도, 문사를 수록하지 않은 책이 많았다.

는 거의 다르지만 글로써 사람을 전하는 것이 위주라는 점은 같지.[39] '부가'라는 유파는 종횡가에서 갈라진 유파이지만 제자백가가 남긴 기풍을 겸하고 있는 걸세. 이것이 바로 사장이나 짓는 후세의 선비들과 다른 이유인 게지.[40] 전국시대 이후의 시대에 글을 평론할 때는 지은이가 가리키는 뜻을 찾는 일을 소중하게 생각하지 형식과 겉모습에만 사로잡힐 수 없는 법이라네.[41]

글을 평론할 때 형식과 모습에 사로잡히는 폐단은 후세의 문집에서 극단에 이르게 되었지. 아마 편집하는 사람이 식견이 없는데다가 옛사람의 유파나 지은이가 가리키는 뜻을 모르기 때문에 모습에만 사로잡혀 글을 평론할 수밖에 없었을 것이라네. 글을 모아서 편집하는 일은 건안 시절에 시작되었지만[42](위나라 문제가 서간, 진림, 응양, 유정의 글을 편찬하여 하나의 문집으로 묶었다. 이것이 문집의 시작이다. 지우의 『문장유별전』은 오히려 그 이후이다) 실제 위나라 이후 제나라와 양나라 무렵에 성행했지.[43] 고대의 학

---

38 『초사』「초혼」은 이러하다. "마음 속 깊은 정을 서로 엮어 읊조리니, 향기로운 그 마음 향기로운 꽃이로다. 사람들이 진심을 풀고 같은 마음으로 노래를 읊조리네."

39 『한서』「가의전」은 「진정사소」, 「청봉건자제소」(請封建子弟疏), 「간봉회남사자소」(諫封淮南四子疏)를 수록하고 있다. 「동중서전」은 「대현량책」(對賢良策) 세 수를 수록하고 있다.

40 유희재는 『예개』에서 이렇게 말한다. "옛사람은 일생 동안 품은 뜻을 가끔 부에 깃들였다. 『사기』와 『한서』의 범례에서 부는 「전」에 기록할 수 있는 것이다. 그래서 그 부를 읽게 만든 것은 그 사람이 어떤 사람인지 알게 만드는 것이다." 그는 다시 이렇게 말한다. "「붕부」(鵬賦)는 부의 변형된 문체이다. 다름 아니라 바로 이런 문체라야 통하게 만들 수 있기 때문이다. 아마 자부의 책을 지을 수 있는 사람이라면 부에서 모두 일가를 이룰 수 있었을 것이다." 이것은 장학성의 학설 덕분에 눈을 크게 뜨고 주목하게 된 것이다.

41 나는 이렇게 생각한다. 이 단락은 후세의 시부라는 것들이 전부 『시경』의 여섯 가지 뜻에서 나온 것은 아니라는 것을 증명하고 있다. 그리고 고대의 '부가'라는 유파는 제자백가가 남긴 기풍을 겸하고 있다는 점도 증명하고 있다. 그러므로 전국시대 이후의 글은 지은이의 의도와 가리키는 것이 무엇인지 찾는 것을 소중하게 생각한다는 것을 논하고 있다.

42 위나라 문제(魏文帝) 「여오질서」(與吳質書)는 이러하다. "서간, 진림, 응창, 유정이 한꺼번에 모두 세상을 떠나니 애통함을 어찌 말로 다할 수 있으리오! 잠시 그들이 남긴 글을 편찬하여 모두 하나의 문집으로 만들었다."

[古學]은 회복될 수 없었고 아마 제나라와 양나라 이후에 와서 완전히 사라져 버렸을 것이라네.(지우의 『문장유별전』은 바로 후세인이 앞 시대 사람의 작품을 모은 것이다. 사람들이 스스로 문집을 엮은 일은 제나라의 『왕문헌집』(王文憲集)부터 시작되었고 소명태자의 『문선』은 다시 총집이 성행하도록 만들었다) 범엽의 『후한서』, 진수(陳壽)의 『삼국지』(三國志), 『진서』(晉書), 『송서』(宋書) 등 여러 역사서의 기록이나 문인들의 「열전」에는 문인들이 지은 작품을 총괄할 때, 반드시 시, 부, 비(碑), 잠(箴), 송(頌), 뇌(誄)가 몇 편씩 있다고 말하지 문집이 몇 권 있다고 말한 적은 없지.[44] 그래서 옛사람의 글이나 이리저리 지

---

43 나는 이렇게 생각한다. 『삼국지』 「촉서」[蜀志] "제갈량전"(諸葛亮傳)에는 진수가 정한 제갈량(諸葛亮)의 목록이 수록되어 있다. 비록 집이라는 이름을 붙였지만, 사실은 자부의 책이다. 『예문유취』는 조식의 「문장서」(文章序)를 수록하고 있는데, 거기서 이렇게 말한다. "나는 어려서 부를 좋아했다. 지은 것이 번다하게 많아지자 버릴 것은 버리고 편집하여 「전록」(前錄) 일흔여덟 편을 별도로 지었다."글을 자기가 정하고서도 집이라는 이름을 붙이지 않았다. 어떤 문체의 형식[體式]이 처음으로 등장하게 되면 아직 정해진 이름이 없는 법이다. 임방(任昉) 「왕문헌집서」(王文憲集序, 왕문헌은 이름이 검(儉)이다)는 이러하다. "저는 붓과 간독으로 지식을 보이고 변변치 않은 재주이지만 덕을 본받으려고 생각합니다. 그래서 없어진 글을 기우고 모아 영원히 대대로 전해질 전범을 만들었습니다. 그대가 지은 『고금집기』(古今集記)와 『금서칠지』(今書七志)는 특정 학파의 주장이라서 집에 나열하지 않았습니다." 『남사』(南史) 「장융전」(張融傳)은 이러하다. "장융의 문집 수십 권이 세상에 전해지자, 스스로 자신의 문집을 『옥해』(玉海)라고 이름 지었다." 왕검의 문집은 남이 편집한 것이고 장융의 문집은 자신이 이름을 정한 것이다. 이로써 당시 집부가 얼마나 융성했는지 알 수 있다. 「문집」(文集)편을 참고하라.

44 『후한서』 「마융전」(馬融傳)은 이러하다. "그가 지은 부, 송, 뇌, 서(書), 기, 표, 주, 칠언(七言), 금가(琴歌), 대책, 유령(遺令)은 모두 스물한 편이다." 『삼국지』 「위서」 "왕찬전"은 이러하다. "시, 부, 논, 의(議)를 지었는데 예순 편을 남겼다." 나는 이렇게 생각한다. 범엽의 『후한서』는 위를 보라. 『진서』 「진수전」(陳壽傳)은 이러하다. "진수는 자가 승조(承祚)이며 파촉(巴蜀) 안한(安漢) 출신이다. 촉에서 관각 영사(館閣令史) 벼슬을 살았다. 촉이 평정되었을 때, 사공(司空) 장화(張華)가 그의 재주를 아껴 효렴(孝廉)으로 천거하고 저작랑에 제수되었다. 그는 위나라, 촉나라, 오나라의 『삼국지』를 지었는데, 모두 예순다섯 편이다." 『구당서』(舊唐書) 「방현령전」(房玄齡傳)은 이러하다. "정관 18년, 방현령과 저수량(褚遂良)은 『진서』를 다시 지으라는 황제의 명령을 받았다. 그래서 허경종(許敬宗), 내제(來濟), 육원사(陸元仕), 유자익(劉子翼), 영호덕분(令狐德棻), 이의부(李義府), 설원초(薛元超), 상관의(上官儀) 등 여덟 명이 일감을 나눠서 짓도록 아뢰어 요청했다. 장영서(臧榮緒)의 『진서』를 위주로 하고 여러 역사서를 상세하고 넉넉하게 참고했다. 그러나 사관 가운데 문학을 하는 선비

은 몇 편의 서적이 있더라도 억지로 종류대로 나누면 안 된다는 것을 알 수 있다네. 손무의 글은 아마 여든두 편일 테지.(이 주장은 『문사통의』 「외편」의 「교수략」에 수록된 「한지병서론」(漢志兵書論)에 상세하다) 오나라 왕 합려(闔閭)는 "그대의 열세 편 글은 내가 이미 얻어서 보았노라"고 말했다네.[45] 이것은 「계」(計)편[46] 이후부터 열세 편이 당시 별도로 독립되어 유행했으며, 후세에 비로소 다른 편들과 합쳐졌다는 사실의 명백한 증거일세. 한비자의 글은 오늘날 쉰다섯 편이 남아 있지. 진나라 왕은 「오두」(五蠹)와 「고분」(孤憤)을 보고서 한비자와 같은 시대에 살지 못한 것을 한탄했다네.[47] 이것은 「오두」와 「고분」이 당시 별도로 독립되어 유행했으며 나중에 비로소 다른 편들과 합쳐졌다는 사실의 명백한 증거이지. 『여씨춘추』(呂氏春秋)는 스스로 서문을 달면서 양인(良人)이 「십이기」(十二紀)[48]를 물었다고

가 많은 바람에 자질구레한 사실을 채택하기 좋아하고 자신의 문학적 재능을 다투었다. 이순풍(李淳風)이 「천문지」(天文志), 「율력지」(律曆志), 「오행지」를 편찬했는데 제일 가관이었다. 태종 자신도 「선제본기」(宣帝本紀)와 「무제본기」, 「육기열전」(陸機列傳)과 「왕희지열전」(王羲之列傳)의 네 가지를 지었기 때문에, 통틀어 어찬(御撰)이라는 제목을 달았다. 모두 백서른 권이다." 『양서』 「심약전」(沈約傳)은 이러하다. "심약(沈約)은 자가 휴문(休文)이며, 오흥(吳興) 무강(武康) 출신이다. 뜻이 도탑고 학문을 좋아했으며, 글을 잘 지었다. 고조(高祖)가 선양을 받은 뒤, 상서복야(尙書僕射)가 되었다가 좌광록대부(左光祿大夫)로 옮겼다. 죽은 뒤 은공이라는 시호를 받았다. 『송서』 백 권을 지었다."

45 『사기』 「손무전」(孫武傳)은 이러하다. "손자(孫子)라고 불리는 손무는 제나라 사람이다. 병법으로 오나라 임금 합려(闔閭)를 만났다. 합려는 이렇게 말했다. "그대의 열세 편은 내가 모두 보았소."

46 『손자』의 첫 번째 편은 「계」(計)편이며, 전체 열세 편의 첫 번째 편이다.

47 『사기』 「한비전」(韓非傳)은 이러하다. "과거에 성공과 실패가 어떻게 변했는지 살폈다. 그래서 「고분」(孤憤), 「오두」(五蠹), 「내외저」(內外儲), 「설림」, 「세난」(說難) 등 십여만 자나 썼다. 사람들이 어쩌면 그의 책을 진나라에 전했던 모양이다. 진나라 임금은 「고분」과 「오두」라는 글을 보고 이렇게 말했다고 한다. '아! 과인이 이 사람을 얻어서 그와 함께 노닐 수 있다면 죽어도 한이 없이 없겠구나.'"

48 『여씨춘추』 「서의」(序意)는 이러하다. "진나라 8년 태세는 군탄(涒灘)에 있고 가을 갑자(甲子) 삭 초하루에 좋은 사람들이 십이기(十二紀)를 물었다." 십이기는 「맹춘기」(孟春紀), 「중춘기」(仲春紀), 「계춘기」(季春紀), 「맹하기」(孟夏紀), 「중하기」(仲夏紀), 「계하기」(季夏紀), 「맹추기」(孟秋紀), 「중추기」(仲秋紀), 「계추기」(季秋紀), 「맹동기」(孟冬紀), 「중동기」(仲冬紀), 「계동기」(季冬紀)이다.

했다네. 이것은 「팔람」(八覽)과 「육론」(六論)[49]이 아직 편집되어 들어간 적이 없다는 게지. 동중서의 「청명」(淸明), 「옥배」(玉杯), 「죽림」(竹林)편은 반고의 『한서』와 『춘추번로』(春秋繁露)에 모두 편명들이 적혀있다네.[50] 그러나 이것은 당시 이런 편들이 아직 『춘추번로』라는 책에 들어가지 않은 게지. 옆 분야까지 가리키는 뜻이 전달되지 않으면 제자백가와 전문 서적도 편집할 때 비슷한 범례에 의해 억지로 얽어맬 수 없다네. 하물며 문집은 평생 지은 글을 죄다 모은 것이라 문체의 형식도 한결같지 않고 이름 붙인 의도도 각각 다른데 그것이 가리키는 뜻이 어디서 나온 것인지 깊이 연구하지 않는다면 편명이 가진 형식과 모습으로만 얽매 보려는 억지스런 욕심이겠지![51]

부는 시보다 앞서고[52] 소는 부와 다르지.[53] 부가 묻고 대답하는 말로

---

49 팔람(八覽)은 「유시람」(有始覽), 「효행람」(孝行覽), 「신대람」(愼大覽), 「선식람」(先識覽), 「심분람」(審分覽), 「심응람」(審應覽), 「이속람」(離俗覽), 「시군람」(恃君覽)이다. 육론(六論)은 「개춘론」, 「신행론」(愼行論), 「귀직론」(貴直論), 「불구론」(不苟論), 「사순론」(似順論), 「사용론」(士容論)이다.

50 『한서』 「동중서전」은 이러하다. "「옥배」(玉杯), 「번로」(蕃露), 「청명」(淸明), 「죽림」(竹林) 따위가 다시 수십 편, 십여만 자나 있다. 이것들은 모두 후세에 전하고 있다." 오늘날 「옥배」, 「청명」, 「죽림」은 모두 『춘추번로』(春秋繁露)에 들어있는 편명이다.

51 나는 이렇게 생각한다. 이 단락은 글을 논할 때 겉모습에 얽매이는 폐단이 후세의 문집에 와서 극에 달한 것을 말하고 있다.

52 장학성은 부가 시보다 먼저 나타났다고 주장한 소명태자의 『문선』을 옳지 않다고 평하고 있다. 외편의 「영청현지 문징 서례」(永淸縣志文徵序例)를 참고하라.

53 오자량(吳子良) 『임하우담』(林下偶談) 권2는 이러하다. "태사공은 이렇게 말한다. 『이소』는 조우(遭憂)이다. 이는 조(遭)라는 뜻이며 소는 우(憂)라는 뜻이다. 굴원(屈原)이 이런 뜻으로 이름을 붙였고 문체는 부이다. 그러므로 반고의 「예문지」에 『굴원부』 스물다섯 편이 있다. 양나라 소명태자가 『문선』을 모으면서 부에 합쳐서 귀결시키지 않고 따로 소라는 이름을 붙였다. 후세인이 이것을 이어서 모두 소라고 부르게 되었다. 별 뜻은 없다고 하겠다."

역주_ **오자량**(1198~1257?)은 자가 명보(明輔), 호가 형계(荊溪)이다. 절강 임해현(臨海縣) 출신이다. 진기경(陳耆卿)에게 배우다가 나중에 섭적(葉適)에게 배웠다. 남송 보경 2년(1226) 진사가 되어 국자학록(國子學錄), 사농시승(司農寺丞) 등을 역임했다. 태부소경(太府少卿)으로 은퇴했다. 오자량은 당시 이미 유행하던 정주학이 후학들에게 나쁜 영향을 미치고 있다고 생각해서 학문에 문호의 견해를 가져서는 안 된다고 주장했다. 저술에 『형계집』(荊溪集), 『임하우담』 등이 있다.

첫머리를 꺼내는 것을 부의 서문이라고 사람들은 잘못 이해하고 있다네.[54] 앞 시대의 사람들이 『문선』을 논의할 때 오해가 환히 드러났지. 사마상여의 「봉선문」(封禪文), 양웅의 「극진미신」(劇秦美新), 반고의 「전인」(典引) 같은 작품은 모두 '송'일세. 그런데 하늘이 제왕이 될 만한 사람에게 내리는 상서로운 징조[符命]를 칭송하면서 공적과 어진 덕을 노래하는 문체를 『문선』은 별도로 '부명'(符命)으로 분류하지.[55] 그러면 왕포(王褒)가 「성주득현신송」(聖主得賢臣頌)으로 임금과 신하의 아름다운 만남을 노래한 것도[56] 마땅히 '주신'(主臣)이라는 문체를 별도로 만들어서 분류해야만 할 걸세. 반고는 남이 지은 시의 운자를 써서 시를 지었는데[次韻] 이것이 바로 『한서』에 스스로 쓴 서문이지.[57] '「고제기」(高帝紀) 첫 번째를 조술하다'라거나 '「진항전」(陳項傳) 첫 번째를 조술하다'라고 말한 이유는 글을 지은 본뜻을 스스로 서문에 쓰기 위해서라네. 사마천이 먼저 창작했기 때문에 반고는 사마천을 이어받아 조술하는 자리로 물러난 것일 뿐

---

54 소식 「답유면서」(答劉沔書)는 이러하다. "양나라 소통의 『문선』은 대대로 잘 만들었다고 합니다. 제가 볼 때 글에 있어서는 졸렬하고 판단력에 있어서는 변변치 않습니다. 그래서 이렇게 엮지 말았어야 합니다. 송옥은 「고당부」(高唐賦)와 「신녀부」(神女賦)를 지었는데, 도입부에는 자신이 꿈꾼 것 때문에 썼다는 것을 대략 펼쳐놓았습니다. 그런데 자허와 망시공(亡是公)이 서로 묻고 대답하는 것도 모두 부입니다. 그리고 이것을 서문이라고 부르고 있습니다. 이것은 어린아이의 견해와 무엇이 다르겠습니까?"(『동파후집』(東坡後集) 권14)

55 『문선』은 사마상여의 「봉선문」, 양웅의 「극진미신」, 반고의 「전인」 세 편을 수록하고 이것을 별도로 부명으로 분류했다. 『문심조룡』은 이것을 봉선으로 되돌려놓았다. 『문심조룡』 「봉선」은 이렇게 말한다. "사마상여의 「봉선문」은 아름다워서 당시 최고였다. 아울러 양웅의 「극진미신」[劇秦]과 반고의 「전인」(典引)은 돌에 새겨 남길 만한 일은 아니지만 문체는 「봉선문」의 형식을 근거로 이었다."

56 『문선』의 "송류"(頌類)에는 왕포의 「성주득현신송」이 있다. 『주역』 「건」괘 「문언전」은 이러하다. "형은 아름다움을 모은 것이다." 이렇게도 말한다. "아름다움을 모으면 예에 합당하게 된다."

역주_ **왕포**는 본문에 왕자연(王子淵)이라고 되어 있다. 자연은 그의 자이다.

57 『사기』 「태사공자서」 및 『한서』 「서전」(叙傳)은 몇 마디 말로 각 편을 지은 뜻을 서술해 두었다. 남이 지은 운자를 쓴다는 것[次韻]은 『사기』의 서목(序目)이 틈틈이 운어를 쓰는데 『한서』 「서전」이 이어받았고 『사기』가 먼저 쓴 운을 나중에 다시 사용한다는 말이다.

이지. 요즘 '사론'(史論)이라는 문체 이외에 별도로 '사술찬'(史述贊)이라는 문체를 만들어냈더군.[58] 그러면 사마천의 『사기』가 스스로 서문을 쓰면서 '「오제기」(五帝紀) 첫 번째를 창작하다'라거나 '「백이전」(伯夷傳) 첫 번째를 창작하다'라고 말한 것도 마땅히 별도로 '사작찬'(史作贊)이라는 문체를 만들어내야 할 걸세.[59] 한나라 무제가 황제의 명령서를 내려 현량(賢良)에게 대책을 물었는데 이것이 바로 책문(策問)이지. 오늘날 제왕이 정한 제도에서 나온 것 가운데 책문 이외의 것을 드디어 따로 '조'(詔)라고 부른다네.[60] 그러면 책문으로 만든 대책은 책문에서 분리시켜서 별도로 '표'라고 불러야만 하겠지.[61] 가의의 「과진」은 아마 『가자』(賈子)의 편명일 것이라네.[62](오늘날 전해지는 가의의 『신서』(新書)는 첫머리에 「과진」의 상편과

58 『문선』 "사술찬류"(史述贊類)는 『한서』의 「술고기찬」(述高紀贊), 「술성기찬」(述成紀贊), 「술한팽영노오전찬」(述韓彭英盧吳傳贊) 세 편을 수록하고 있다.

59 『한서』 「서전」에 대해 안사고의 주는 이렇게 말한다. "'임금다우신 고조'[皇矣高祖] 이하의 여러 「서」들은 모두 반고가 『한서』의 의도를 스스로 논하여 지은 것이다. 이것도 『사기』의 서목(叙目)을 스스로 본받은 것일 뿐이다. 사마천은 어떤 일에 대해 어떤 「본기」를 지었다든지[作] 어떤 「열전」을 지었다고 말한다. 반고는 겸손하게 그렇게 말하지 않고 조술했다[述]라고 고쳐서 말한다. 이것은 아마 짓는 일은 성인의 일이기 때문에 피하려고 한 것이고 조술을 취하는 것이 훌륭하다고 생각했기 때문이겠다. 그러나 후세의 학자들은 이것이 『한서』의 서목이라는 것을 깨닫지 못하고 조술이라는 글자만 보고 바로 이 글이 『한서』의 일을 좇아 서술한 것이라고 생각한다. 이에 이것을 '한서술'(漢書述)이라고 부르는데 대단한 실수이다. 지우는 이런 의혹을 가지고 있었는데 나머지는 어찌 괴상하게 생각하지 않는단 말인가?"

60 『문선』에는 "책문류"(策問類)가 있는데도 현량조(賢良詔)를 "조류"(詔類)에 넣는다.

61 채옹(蔡邕) 『독단』은 이러하다. "한나라 천자의 올바른 이름은 황제(皇帝)이며, 황제의 말은 제조(制詔)이다. 황제의 명령을 첫째 책서(策書), 둘째 제서(制書), 셋째 조서(詔書), 넷째 계서(戒書)라고 한다." 이런 말도 있다. "아마 신하들이 천자에게 글을 올린 것은 네 가지 이름이 있을 것이다. 첫째 장(章), 둘째 주(奏), 셋째 표(表), 넷째 박의(駁議)이다." 이것은 한나라 때 공문서 제도의 큰 줄거리이다. 『문심조룡』 「의대」(議對)는 이렇게 말한다. "대책이란 조서의 질문에 대답하여 정사를 진술하는 것이다. 다름 아니라 의(議)의 별체(別體)이다." 이로써 헤아려 보자면, 책문(策問)은 어쩌면 책의 별체이고, 책문과 대책은 해마다 늘 있는 일이 아니기 때문에 공문서의 범위에 나열하지 않는지도 모른다. 그러나 소통의 『문선』이 분류한 것도 잘못이 없을 수는 없다.

62 『한서』 「예문지」 '유가'는 이러하다. "『가의』는 쉰여덟 편이다." 『직재서록해제』는

하편을 배열하고 있다. 이것은 후세인이 편집하여 정한 것이기 때문에 근거가 될 수 없다. 『한서』「예문지」는 '『가의』 오십팔 편이고 또한 부 일곱 편이 있다'고 했고 이밖에 별도의 논저는 없다. 그래서 「과진」이 바로 『가자』의 편명이라는 것은 명백하다) 육기(陸機)의 「변망론」[辨亡之論]이 「과진」을 본뜨고,[63] 드디어 '논을 지을 때는 「과진론」을 그대로 따른다'는 좌사(左思)의 주장에 힘입어 이러한 형식에 '논'이라는 제목을 달게 되었지.[64]("논을 지을 때는 「과진」에 준한다"라는 좌사의 주장은 반드시 융통성 있게 보아야지 사로잡히면 안 된다) 위나라 문제(文帝)의 『전론』(典論)[65]은 아마 환담(桓譚)의 『신론』(新論)[66]이나 왕충(王充)의 『논형』(論

이러하다. "지금 전해지는 책의 첫머리에는 「과진론」을 수록하고, 끄트머리는 「조상부」(弔湘賦)이다. 나머지는 모두 『한서』에 수록된 말이며, 열한 번째 「전」에서 「가의전」단 대충 잘라낸 것이다. 그것이 『한서』에 있는 것이 아니라는 점 때문에 볼만한 것이 아니라고 가볍게 반박하겠다. 그것은 결코 가의 자신의 글이 아니다." 가의의 「과진론」에 달린 『문선』의 주는 응소를 인용하여 이렇게 말한다. "가의의 글에서 첫 번째 편명은 진나라의 잘못을 말하는 것이다."

63 육기의 「변망론」도 『문선』에 수록되어 있다. 주는 손성(孫盛)을 인용하여 이렇게 말한다. "육기가 「변망론」을 지은 것은 오나라가 망한 이유를 말한 것이다." 『문심조룡』「논설」은 이러하다. "육기의 「변망론」은 「과진론」을 본받았지만 그 수준에 도달하지 못한다."

64 나는 이렇게 생각한다. 좌사의 말은 「영사시」(詠史詩)에 보인다. 『삼국지』「오서」[吳志] "감택전"(闞澤傳)은 이렇게 말한다. "손권(孫權)이 산문과 운문 가운데 어떤 것이 아름다운지 물었을 때 감택은 풍유로 정치적 안정과 불안정을 밝히려고 했다. 그래서 가의의 「과진론」이 가장 좋다고 대답했다." 그래서 「과진론」이라는 이름이 진나라 때에 시작된 것이 아니다. 어쩌면 「과진론」의 최초 판본은 『여씨춘추』의 육론 같은 글처럼 별도로 하나만 세상에 돌아다녔을 수도 있다. 이것은 「과진론」이 『가자』(賈子)의 한 편이며, 자부에 속하는 것이지 집부의 「논」에 속하는 것이 아니라는 말이다.

65 『문선』 여향(呂向)의 주는 이러하다. "문제의 『전론』(典論) 스무 편은 고대의 경전과 문사(文事)를 겸해서 논하고 있다." 지금 전하는 「논문」(論文)편은 『문선』에 수록되어 있다. 「자서」(自敍)편은 『삼국지』「위서」 "문제기"(文帝紀)의 주에 보인다.

66 『후한서』「환담전」은 이러하다. "환담(桓譚)은 자가 군산(君山)이며, 패국(沛國) 상(相) 출신이다, 박학하여 많은 분야에 통달했다. 환담의 저서 가운데 당시 세상의 행사를 말한 스물아홉 편이 있는데, 이것을 『신론』(新論)이라고 부른다." 『수서』「경적지」 "유가류"는 이러하다. "『환자신론』(桓子新論)은 열일곱 권이며, 후한 육안 승(六安丞) 환담이 지었다." 원래 책은 오늘날 사라져버렸다. 청나라 엄가균의 『전한문』에 집본 세 권이 있다. 이것도 『전론』이 자부의 책이지, 집부의 글을 논하는 글이 아니라는 점을 말하고 있다.

衡)[67]처럼 '논'이라는 말을 책의 이름으로 쓴 것일 뿐이라네. 「논문」(論文)은 『전론』의 편명 가운데 하나이지. 하지만 지금 「육대론」이나 「변망론」 같은 여러 편과 함께 '논'에 편집되어 있다네. 소명태자는 『문선』 「자서」에서 '노자와 장자의 작품이나 관자와 맹자의 무리는 뜻을 세우는 것을 으뜸으로 하지 글을 잘하는 것을 근본으로 하지 않는다'라고 말하고 으레 제자백가를 자신이 편집한 『문선』에 거두지 않았지. 어찌 이 글을 취한다고 해서, 편명을 '논'이라고 한 것을 마음대로 잘라버린 뒤 자부에 속하는 것을 집부로 고쳤겠는가? 『칠림』의 글은 가상으로 질문하는 형식이지. 만약 매승이 질문한 것이 일곱 번이기 때문에 드디어 '칠'이라는 제목을 달았다고 해보세.[68] 그러면 굴원의 「구가」(九歌)나 「구장」(九章)과 송옥의 「구변」(九辨)[69]도 '구'라는 제목을 달 수 있지 않을까? 「난촉부로」(難蜀父老)도 가상으로 질문하는 형식이지. 만약 편명에 '난'이라는 말이 있다고 해서 별도로 '난'이라는 문체를 만든다고 해보세. 그러면 「답객난」은 마땅히 함께 편집해야겠지만 「해조」는 마땅히 별도로 '조'라는 문체를 만들어야 할 테고 「답빈희」(答賓戲)는 마땅히 별도로 '희'라는 문체를 만들어야겠지.[70] 『문선』은 사장의 표준이고[71] 집부의 정해진 법식[準

67 『후한서』 「왕충전」(王充傳)은 이러하다. "왕충(王充)은 자가 중임(仲任)이며, 회계(會稽) 상우(上虞) 출신이다. 부풍의 반표를 스승으로 섬겼다. 널리 보는 것을 좋아하고 장구(章句)를 지키지 않았다. 왕충은 논설을 좋아했는데, 시작할 때는 괴이쩍은 것 같아도 결국은 이치와 내용이 있었다. 세속의 유생들이 글을 지키는 과정에서 참된 모습을 많이 잃었다고 생각하여, 문을 걸어 잠그고 깊은 사색에 잠겨 경조사의 예절도 끊어버렸다. 집안 구석구석, 문이나 벽이나 어디라도 칼과 붓을 두고 『논형』(論衡) 여든다섯 편을 썼다." 『수서』 「경적지」 "잡가류"는 이러하다. "『논형』은 스물아홉 권이며, 후한의 징사(徵士)인 왕충이 지었다." 이제 그중 한 편이 사라져 버렸다.

68 「시교 상」편의 주49를 보라.

69 굴원의 「구가」와 「구장」(九章), 송옥의 「구변」(九辨)은 『문선』이 "소류"에 수록했다.

70 설문(設問)은 설론(設論)이라고 해야만 한다. 동방삭의 「답객난」, 양웅의 「해조」, 반고의 「답빈희」(答賓戲)는 『문선』에 모두 "설론류"(設論類)에 수록되어 있다. 사마상여의 「난촉부로」를 『문선』은 「유파촉격」(喩巴蜀檄)이라고 하고, "격류"(檄類)에 수록했다. 세상에 돌아다니는 좋지 않은 판본이 「유파촉격」에 「난촉부로」라는 별도의 제목을 단 뒤 분리하여 "난류"(難類)에 넣고 있다. 이것은 소명태자의 참된 모습이

繩]이지만[72] 뒤섞인 채 거칠고 지저분해서 모두 따질 수도 없다네. 옛사람의 유파, 지은이가 가리키는 뜻, 여러 문집을 두루 훑어보는 것 가운데 어느 것이 깊이 꿰뚫어 보고 얻은 것일까? 남의 글을 모아서 편집하고서도 미처 그가 가리키는 뜻을 얻지 못했다는 사람이 자기가 지은 글을 모아서 문집으로 엮는 일은 왜 이리 갈피를 잡을 수 없이 많고 어수선한가? 총집이나 별집 같은 형식, 편집하고 지을 때의 성공과 실패, 현대와 고대를 어떻게 상세하게 하고 간단하게 해야 마땅한지, 수록하고 선택하며 평론하고 그대로 베끼는 것의 마땅함과 그렇지 않음에 대해서는 별도로 전문적인 글에서 토론하기로 하고 여기서 다 말하지 않으려네."[73]

아니며, 장학성이 잘못해서 통속적인 판본에 근거하여 학설을 만든 것이다. 그래서 논리가 특히 부족하다.

71 「언교 중」편의 주32를 보라.

72 『한서』「율력지」는 이러하다. "준(準)은 평평한 것을 모아서 올바름을 취하는 근거이다. 승(繩)은 위아래가 단정하고 바르며 가로세로 사방으로 통하는 것이다." 준은 수평을 측정하는 기계인 수평계이며, 승은 목수가 사용하는 먹통의 줄이다.

73 나는 이렇게 생각한다. 이 단락은 『문선』의 의례가 잘못 되었다는 것을 논하고, 더구나 글을 논할 때 겉모습에 얽매여서는 안 된다는 것을 보여준다.

경해(經解)

상·중·하

1. 경해(상)[1]

육경은 경이라고만 말하지 않고[2] 『춘추』의 세 가지 「전」은 「전」이라고만 말하지 않는다.[3] 이것은 마치 사람들이 각자 나라고 하지만 나만 나라고 할 수 없는 것과 같다. 경이 있기에 「전」이 있고[4] 남이 있기에 내

1 절강도서관(浙江圖書館)이 소장한 회계 서씨(徐氏)의 초본에 따르면, 「경해」 세 편의 제목 아래 달린 원주는 이렇게 말하고 있다. "경술년 『통의』를 베껴서 남기다." 경술년(庚戌年)은 건륭 55년이기 때문에 당연히 이보다 한 해 앞선 기유년(己酉年)에 지은 것이리라. 경술년 삼월 장학성은 태평(太平)으로 와 학정(學政) 서립강(徐立綱)의 관청에 머물면서 서경기(徐經紀)를 위해 종보(宗譜)를 만들고 있었다. 사월 십일일부터 오월 초파일까지 『문사통의』 내편과 외편 가운데 스물세 편을 얻었는데, 대략 이만여 자 정도이다. 장학성은 스스로 "평생 글을 지었어도 이처럼 빨리 쓴 적은 없었다"라고 말한다. 형식에 따라 갑편(甲編)과 을편(乙編)으로 나누었다. 이것을 통틀어 『고숙하과』(姑熟夏課)라는 이름을 붙였다. 『고숙하과』의 「갑편소인」(甲編小引)은 이

렇게 말한다. “제자백가가 도를 말할 때는 대부분 부서진 말이고, 유학자도 도를 지나치게 우러러 추리가 너무 동떨어짐을 면하지 못하는 것을 이전부터 못마땅하게 생각하고 있었다. 앞 시대 사람들이 문학과 사학을 전공하는 유학자[文史之儒]와 더불어 도를 의논할 수 없다는 꾸지람이 이상할 것도 없다. 이어서 도술의 근원을 추론하여 글을 썼는데 완성된 것이 쉰세 편이다. 문학과 사학에 근원을 가지고 일어났다고 생각하며 유가 학파가 문학과 사학을 했다고도 본다. 문학과 사학 바깥에 도가 있다고 생각하는 유학자는 스스로 오해하고 있을 뿐이다. 새로 열두 편을 지었고 옛날 원고 한 편도 붙여서 남겼다.” 열두 편의 제목은 뜻에 따라 추리해보면, 「경해」 세 편, 「원도」 세 편, 「원학」(原學) 세 편, 「박약」(博約) 세 편이어야만 한다. 한 편의 부록은 어쩌면 「주륙」편이 아닐까라고 전목(錢穆)은 의심했다. 나머지 편의 제목에서 증명할 수 있는 것은 내편의 「사석」(史釋), 「사주」(史注), 「습고」(習固), 「문집」, 「편권」, 「천유」(天喩), 「사설」(師說), 「가년」(假年), 「감우」(感遇), 「변사」(辨似), 「설림」, 「지난」(知難), 「광류」(匡謬), 「힐루」(黠陋)와 외편의 「박주인물지례의」(亳州人物志例議) 상중하이다. 여기 모든 편들이 “경술년 『통의』를 베껴서 남겼다”라고 말한 것이며, 아마 기유년에 지은 것이리라. 나는 이렇게 생각한다. 「경해」 세 편은 ‘육경은 모두 사이다’라는 뜻을 거듭 밝히고, 육예가 모두 선왕의 오래된 전범이지 사람들이 마음대로 공상해서 만들 수 있는 것이 아니라고 말한다. 「경해 상」편은 경이 여섯 가지로 한정될 뿐이며, 후세에 경이 많아진 이유는 「전」을 경이라고 생각했기 때문이라는 점을 논하고 있다.

역주_ **건륭** 55년은 1790년이다. **전목**(1895~1990)은 현대 중국의 문학자이자 역사학자이다. 자는 빈사(賓四)이며 강소성 무석(無錫) 출신이다. 예순 권의 저술이 있으며 중국문화를 널리 알리는 데 힘썼다. 1912년 교편을 잡기 시작하여 소학교에서 십 년 반, 중학교에서 팔년을 가르쳤다. 1930년 연경대학 교수가 되었다가 1931년 북경대학으로 옮겼다. 1937년 중일전쟁이 발발하자 곤명(昆明)의 서남연합대학(西南聯合大學)에서 가르쳤고 성도의 제로대학(齊魯大學) 국학연구소, 화서대학(華西大學), 사천대학(四川大學)으로 계속 옮겨 다녔다. 1945년 이후 무석의 강남대학(江南大學)에서 가르쳤다. 1949년 홍콩으로 가서 신아서원(新亞書院)을 세웠고 1964년 원장 직위에서 물러났다. 홍콩대학 및 미국의 예일대학에서 잇달아 명예박사학위를 받았고 예일대학 등에서 강의했다. 1967년 이후 대만에 거주하면서 중국문화대학(中國文化大學)에서 가르쳤다. 1986년 은퇴한 뒤 1990년 절강성 항주에서 별세하였다. 저술에 『국학개론』(國學概論), 『선진제자계년』(先秦諸子繫年), 『중국근삼백년년학술사』(中國近三百年學術史), 『주자신학안』(朱子新學案) 등이 있다.

2 『장자』 「천하」는 이러하다. “『시』는 의지를 말하고 『서』는 사업을 말하며 『예』는 행위를 말하고 『악』은 조화를 말하며 『역』은 음양을 말하고 『춘추』는 명분을 말한다.” 『사기』 「골계열전」은 이러하다. “『예』는 사람을 절제하게 만들고 『악』은 조화로움을 뿜게 만들며 『서』는 사업을 말하고 『시』는 의도를 전달하게 만들며 『역』은 변화를 말하고 『춘추』는 대의를 말한다.”그리고 『사기』 「태사공자서」도 같다. 여기서 육예를 인용할 때 결코 경이라는 이름을 사용하지 않는다.

3 『사기』 「십이제후연표서」는 이러하다. “노나라의 군자 좌구명은 제자들마다 다른

가 있는 것이다. 이것은 경과 「전」, 남과 나라는 이름이 어쩔 수 없는 추세 때문에 일어난 것이지 내용이 본래 그런 것은 아니다. 『주역』은 이렇게 말한다. "상고시대에는 노끈을 묶어 기록했고, 후세의 성인이 그것을 글자로 기록하는 방식으로 바꿨다. 모든 벼슬아치가 이것을 근거로 다스리고 모든 백성이 이것을 근거로 살폈다."[5] 다스리고 살폈기 때문에 어둡게 숨겨진 것을 펴고 사물과 사물에 부여된 이름[形名]을 표현했다. 정교를 펼치고 법도(法度)를 고르게 만들었기 때문에[6] 글자로 특정 학파의 사사로운 주장을 만들지 않았다. 『주역』은 이렇게 말한다. "구름과 우레가 준이니, 군자는 이것을 근거로 천하를 다스린다."[7] 천하를 다스린다는 말은 온 세상의 법도와 규율을 잡는다[綱紀]는 말이다. 정현의 주는 이렇게 말한다. "예악의 글을 짓고 정사를 시행하는 일을 논의한다."[8] 경이

견해를 가지고 각자 자신의 의도만 편안하게 여기고 진실을 잃게 될 것이 두려웠다. 그래서 공자의 역사서를 근거로 공자의 말을 갖춰 논한 뒤 『좌씨춘추』를 완성했다." 『좌씨춘추』는 애초부터 독립된 책이었다. 그래서 유흠은 「이서양태상박사」(移書讓太常博士)에서도 『공양춘추』(公羊春秋), 『곡량춘추』(穀梁春秋)라고 부르고 있다. 『한서』 「유림전」도 마찬가지이다. 그래서 경을 떠나서 말하는 것은 모두 「전」이라고 부르지 않는다.

4 『사통』 「육가」는 이러하다. "공자는 『춘추』를 짓고 좌구명은 경을 전수받아 「전」을 지었다. 아마 전(傳)은 전(轉)일 것이다. 경의 뜻을 굴려서 전수받고 후세인에게 전수시킨다는 말이다. 이런 말도 있다. 전(傳)은 전(傳)이다. 그래서 미래에 전달하여 보여주는[傳示] 것이다. 공안국 『상서주』를 살펴보면, 이것도 전이라고 부르고 있다. 그렇다면 전이라는 것도 풀이한다는[訓釋] 뜻인가?"

5 『주역』 「계사전 하」의 글을 보라.

6 사물과 사물에 부여된 이름은 「시교(詩教) 상」의 주19를 보라. 『주례』 「춘관」은 이러하다. "외사는 사방에서 쓰는 문서의 이름을 통하게 하는 일을 관장한다." 정현의 주는 이러하다. "고대에는 명(名)이라 하고 지금은 자(字)라고 한다. 사방이 문서의 글자를 알아서 그것을 읽을 수 있게 만든다." 고대의 학은 관청에 있었고 학자는 벼슬아치를 스승으로 삼았다. 그러므로 글자의 큰 쓰임새는 정교를 널리 펴는 데 있으며, 법도를 가지런히 통일시키는 데 있다.

역주_ 법도는 법률과 제도라는 뜻이다.

7 『주역』 「준」괘의 "상사"(象辭)를 보라. 『주역정의』는 이렇게 말한다. "경(經)은 경위(經緯)이다. 윤(綸)은 망륜(網綸)이다. 군자가 여기 「준」괘의 괘상을 본받아 일을 할 때, 이로써 천하를 경륜하며 사물을 제약하는 것을 말한다. 그러므로 군자는 이로써 경륜한다고 말하는 것이다."

라는 이름을 붙인 것은 여기서 처음 비롯되었겠지![9] '경위'(經緯)라든지 '경기'(經紀)라고 말할 뿐이지 아직 『시』와 『서』, 육경을 경이라고 명확하게 가리키지는 않았다. 삼대가 쇠락하자 치교(治敎)가 나뉘어졌다. 공자는 동주(東周) 때 살았는데[10] 임금의 덕은 있었지만 임금의 자리는 없는 소왕(素王)이었다. 공자는 고대의 거룩한 임금이 쌓고 갖춘 법도(法道)가 주나라에 이르러 계속되지 않고 물에 빠지듯 완전히 잃어버리게 될까 근심했다. 그래서 공자는 주공의 전장을 취했다. 그러므로 공자는 하늘과 사람의 창조를 체득하고 치화(治化)의 자취를 남긴 사람이고 홀로 제자들과 더불어 주공의 전장을 거듭 밝혔다.[11] 육예가 비록 벼슬아치가 지키

---

8 『경전석문』은 정현의 주를 인용하여 윤(綸)을 논(論)이라고 하면서, "예악에 관한 글을 논하여 짓고 정사를 베푼다."라고 말한다. 정현의 주는 정걸(丁杰)이 보집(補輯)한 판본 열두 권이 있다.

역주_ **정걸**(1738~1807)은 자가 승구(升衢), 호가 소필(小疋)이다. 절강성 귀안(歸安) 출신이다. 어려서 어려운 살림이었으나 의지를 세웠다. 가난하여 책을 사지 못하자 서점에서 책을 읽으며 공부했다. 결국 경학과 사학 뿐 아니라 설문학, 음운학, 산수학에도 널리 통달하게 되었다. 건륭 연간 신묘년에 향시를 쳤는데 『대대예기』가 문제에 나왔다. 그는 아주 해박하게 답했고 시험에 붙었다. 서울에 와서 사고관에 참여하여 교정을 도왔고 소학에도 손을 댔다. 주균, 대진, 노문초 등과 늘 토론하면서 학문이 더욱 풍부해졌다. 신축년에 진사가 되었고 현령으로 나가야 했으나 부모님을 모셔야 한다는 이유로 유관(儒官)을 자청했다. 가경 연간에 죽었다. 저술에 『주역정주후정』(周易鄭注後定), 『소유산방문집』(小酉山房文集) 등이 있다.

9 『춘추공양전』「은공 2년」은 이러하다. "처음 멸망시키는 일은 여기에서 시작한 것인가?" 주는 이러하다. "방(昉)은 적(適)이다."나는 이렇게 생각한다. 적에는 시작하다는 뜻이 있다.

역주_ 아래 본문의 **치교**는 정치와 교육이라는 뜻이다. 정교와 같은 말이다.

10 주나라는 평왕이 동쪽의 낙읍(雒邑)으로 서울을 옮긴 때부터 난왕이 다스리던 때까지, 역사가들은 동주라고 부른다. 『춘추공양전』은 이러하다. "양공 22년 11월 경자일(庚子日)에 공자가 태어났다."(동주 영왕(靈王) 21년에 태어나서, 주나라 경왕(敬王) 40년에 죽었다. 향년 일흔셋이다)

11 두예 「춘추좌씨전서」는 이러하다. "주나라의 덕이 쇠락하고 관청은 지키는 것을 잃었다. 위에 있는 사람은 『춘추』로 밝힐 수 없었기 때문에 와서 책서(策書)를 알렸다. 여러 가지 기주는 오래된 전장을 어기는 경우가 많았다. 공자는 노나라 역사서와 책서를 근거로 글을 완성하고 참과 거짓을 비교하여 밝히며 전례를 기록했다. 위로는 이것으로 주공이 남긴 제도를 따르고 아래로는 이로써 장래의 법을 밝혔다. 『춘추』의 발범(發凡)으로 범례를 말한 이유는 이것이 모두 나라를 다스리는 올바른 제도

던 것을 잃어버렸어도 여전히 스승의 가르침에 기댈 수 있었던 근거는 이것이다. 공자의 시대에도 여전히 경이라는 이름을 붙이지 않았다. 공자가 돌아가신 뒤, 미언이 끊어지자 대의(大義)가 장차 어그러지게 생겼다.[12] 그래서 제자와 문인(門人)들은 각자 본 것[所見], 들은 것[所聞], 전해 들은 것[所傳聞]을 근거로 해서[13] 어떤 사람은 간독[簡畢]을 취하고[14] 어떤 사람은 입에서 귀로 가르치는[15] 방법으로 경의 글을 기록하고 뜻을 일으켰다. 좌구명의 『춘추좌전』이나 자하(子夏)의 「상복」(喪服) 등 여러 편은 「전」이라는 이름을 붙였다.[16] 앞 왕조의 사라진 글들 가운데 육예에서

[常制]이며 주공이 내려준 법이고 역사서가 기록한 오래된 전장이기 때문이다. 공자는 이것을 좇아 편찬했다."

역주_ 치화는 통치와 교화라는 뜻이다. 정교나 치교와 같은 말이다.

12 『한서』「예문지」는 이러하다. "예전에 공자가 돌아가시자 미언이 끊어지게 생겼다. 공자 제자들이 모두 세상을 뜨자 대의는 어그러졌다."

역주_ 대의는 사람으로서 마땅히 지켜야 할 큰 의리라는 뜻이다. 미언과 붙어서 쓰인다.

13 『춘추공양전』「애공 14년」은 이러하다. "『춘추』는 왜 은공에서 시작하는가? 조상에게서 대대로 들은 것이기 때문이다. 본 것은 별도의 말[異辭]이고 들은 것도 별도의 말이며 전해들은 것도 별도의 말이다."

14 필(畢)도 죽간이라는 뜻이다. 『예기』「학기」는 이러하다. "눈앞에 놓인 점필(佔畢)만 읽는다." 주는 이러하다. "간(簡)을 필(畢)이라 부른다."

역주_ 간독은 죽간과 목독을 가리킨다. 대나무와 나무라는 재료의 차이에 따라 구분한 것이다. '畢'이 대나무를 재료로 한 것이라는 증거가 없으므로 일단 양자를 모두 통칭하는 간독이라 옮긴다.

15 『사기』「십이제후연표서」는 이러하다. "공자 제자들은 그가 전한 뜻을 구술로 전수했다. 풍자하고 비난하며 꺼리고 칭찬하며 띄우고 낮추는 문사를 지었으나 글로는 나타나지 않았다." 『춘추공양전』「은공 2년」은 이러하다. "기자백(紀子伯)은 누구인가? 듣지 못했을 뿐이다." 하휴 『춘추공양전해고』(春秋公羊傳解詁)는 이러하다. "『춘추』는 주나라에서 명령을 받은 제도를 고쳤다. 공자는 시대가 많이 흐르면 피해를 입을까봐 두려워했고 또한 진나라가 장차 『시』와 『서』를 불사르리라는 것도 알았다. 구술로 전수해서 전했기 때문에 한나라 공양씨(公羊氏, 이름은 수(壽)이다) 및 제자 호모생(胡毋生) 등에게 와서 비로소 죽간과 백서에 기록되었다. 그러므로 잘못된 것이 있다."

16 『의례』「상복」(喪服)의 첫머리에는 자하의 「전」이라는 말이 있다. 본문 안에 "전왈"(傳曰)이라는 글이 있다. 가공언의 『의례소』(儀禮疏)는 이렇게 말한다. "'전왈'은 어떤 사람이 지은 것인지 모른다는 것이다. 사람들은 모두 공자 제자이고 자가 자하인 복상(卜商)이 만든 것이라고들 한다. 스승과 스승이 계속 전한 것이니 아마 헛된 말은 아니리라."

나오지 않은 것을 후세인들이 말할 때 「전」이라고 했다. 예를 들면 맹자가 대답한 탕왕과 무왕의 일 및 문왕의 대궐 안에 있는 원유(苑囿) 따위[17]가 이것이다. 그래서 「전」 때문에 경이라는 이름이 있는 것이다. 이것은 마치 아들이 있기 때문에 아비라는 이름이 있는 것과 같다.[18]

관사가 나뉘는 지경이 되자 처사는 거스르는 논의를 하고[19] 제자백가는 갈피를 잡을 수 없이 어수선하게 글을 쓰고 주장을 세웠다. 글에 비로소 개인의 주장이 나타나게 되었고 전장과 정교에서 모든 것이 나오지는 않게 되었다. '유가'라는 유파[20]는 육예를 우러러 경으로 받들었다. 그래서 오로지 「전」 때문에 경이라는 이름을 지은 것은 아니다. 순자는 이렇게 말한다. "학문은 아마 경을 읊는 데서 시작하며 예를 익히는 데

17 『맹자』 「양혜왕 하」는 이러하다. "제나라 선왕(宣王)이 이렇게 물었다. '탕왕이 걸왕을 쫓아내고 무왕이 주왕을 정벌했다는 일이 정말 있었소?' 맹자는 이렇게 대답했다. '「전」에 있습니다.'" 또한 이런 구절도 있다. "제나라 선왕이 이렇게 물었다. '문왕의 뜰이 사방 칠십 리였다는데 정말 그랬소?' 맹자는 이렇게 대답했다. '「전」에 있습니다.'" 조기 주는 이러하다. "「전」의 글에 이런 말이 있다는 것이다."

18 나는 이렇게 생각한다. 여기까지 「전」을 근거로 경이라는 이름이 나온다고 말한다. 그러나 장태염은 이렇게 말한다. "경은 실로 엮어서 묶은 것의 이름이며, 백 명 이하는 판(版)을 사용하는 것과 다르다. 「전」은 전(專)을 빌려온 글자(假借)이다. 『설문해자』는 전(專)을 여섯 치 짜리 문서(簿)라고 풀이한다. 「전」이라는 이름이 생긴 이유는 길이가 짧아서 경과 다르기 때문이다. 정현[鄭康成]은 「논어서」(論語序)에서 이렇게 말한다. '『춘추』는 두자 네 치, 『효경』은 한자 두 치, 『논어』는 여덟 치이다.' 그렇다면 「전」이라는 죽간은 당연히 『논어』보다 더 짧아야 하므로, 여섯 치라는 말이다."(『국고논형』 「문학총략」(文學總略)) 장태염의 말이 옳다면 경과 「전」이라는 이름은 「전」을 근거로 경이라는 이름이 생겼다는 말이 된다. 「전」은 제자들이 각자 들은 것을 죽간으로 엮은 책에 기록하면서 생긴 것이 된다. 이것은 장학성의 학설과 다르다.

19 이 말은 『맹자』 「등문공 하」에 보인다. 초순 『맹자정의』는 이러하다. "『한서』 「이성제후왕표」(異姓諸侯王表)는 이렇게 말한다. '진나라가 제(帝)라고 칭하고서 주나라가 그르칠까 걱정스러웠다. 그래서 처사의 마구잡이 논의에서 일어나게 되었다.' 주는 이렇게 말한다. '처사는 조정의 벼슬아치가 아니고 집에 있는 사람을 말한다. 횡(横)의 음은 호맹(胡孟)의 반절이다.' 내 생각은 이렇다. 종(縱)하면 따르고 횡하면 거스르는 것이다. 그러므로 정사에 따르지 않는 사람은 횡정(横政)이라 하고, 행위가 불순한 사람은 횡행(横行)이라고 한다. 그렇다면 논의를 따르지 않는 사람은 횡의(横議)라고 하겠다."

20 『한서』 「예문지」 "제자략"은 이러하다. "'유가'라는 유파는 아마 사도의 관직에서 나왔을 것이다. 임금을 도와 음양을 순조롭게 하며 교화를 밝히는 사람이다."

서 마칠 것이다."[21] 장자는 이렇게 말한다. "공자는 『시』, 『서』, 『예』, 『악』, 『역』, 『춘추』의 육경을 연구했다고 말한다."[22] 장자는 이렇게도 말한다. "십이경(十二經)을 되풀이 풀이하여[23] 노자를 만났다." 순자와 장자는 자하의 문인에게서 나왔으니[24] 그들의 말이 이와 같다면 육경이라는

21 『순자』「권학」은 이러하다. "학은 어디에서 시작하고 어디서 끝나는가? 이렇게 말한다. 배우는 방법[數]은 경을 외우는 데서 시작하고 예를 읽는 데서 끝난다." 양경(楊倞) 주는 이러하다. "수(數)는 술(術)이다. 경은 『시』와 『서』이다. 예는 전예에 소속된 것이다."

역주_ **양경**은 당나라 벼슬아치이자 학자이다. 형부 상서 양여사(楊汝士)의 아들이다. 원화 연간에 대리 평사(大理評事)를 지냈다. 『순자』의 주를 썼다.

22 『장자』「천운」편의 글을 보라.

23 『장자』「천도」(天道)는 이러하다. "공자가 서쪽으로 가서 주나라 왕실에 자신의 글을 소장시키려 했다. 자로가 상의해서 이렇게 말했다. '저는 이렇게 들었습니다. 주나라에는 서적을 거둬서 소장하는 벼슬아치[徵藏史] 노담(老聃)이라는 사람이 있답니다. 그는 관직을 그만두고 고향에 돌아와 있다니 선생님께서 글을 소장시키려 한다면 한 번 찾아가서 부탁해 보시지요.' 공자는 이렇게 말했다. '좋다.' 공자는 노담을 찾아가서 만났으나 노담은 허락하지 않았다. 그래서 가지고 간 십이경(十二經)을 거듭 설명했다." 『경전석문』은 이러하다. "십이경에 대해 어떤 사람은 이렇게 말한다. 『시』, 『서』, 『예』, 『악』, 『역』, 『춘추』의 육경에 다시 육위(六緯)를 더하면 십이경이 된다. 어떤 이야기는 이렇다. 『역』의 상경과 하경(上下經)과 십익을 아우르면 열둘이다. 또 다른 이야기는 이렇다. 『춘추』에 실린 노나라 제후 열두 명에 대한 경이다."

24 양사훈(楊士勛) 「춘추곡량전서」 소는 이러하다. "곡량자(穀梁子)는 이름이 숙(俶)이고, 자가 원시(元始)이다. 노나라 출신이다. 다른 이름은 적(赤)이다. 자하에게 경을 전수받은 뒤, 경에 의해 「전」을 지었고 손경(孫卿)에게 전수했다." 왕중(汪中) 『순자통론』(荀子通論)은 이러하다. "『경전석문』 『모시』의 서록(叙錄)에는 서정(徐整)이 이렇게 말한 것이 있다. '자하는 증신(曾申)에게 전수하고 증신은 위나라 사람 이극(李克)에게 전수했으며 이극은 노나라 사람 맹중자(孟仲子)에게 전수하고 맹중자는 근모자(根牟子)에게 전수했으며 근모자는 조나라 사람 손경자(孫卿子)에게 전수하고 손경자는 노나라 사람 대모공(大毛公)에게 전수했다.'(나는 이렇게 생각한다. 육기(陸璣) 『모시초목충어소』(毛詩草木蟲魚疏)의 학설과 같다) 이것을 근거로 말하자면, 『모시』는 순경자(荀卿子)의 「전」이다. 이제 순자의 책을 살펴보면, 「권학」에서 시작하여 「요문」(堯問)에서 끝난다. 『순자』에 실린 글 순서는 사실 『논어』를 본뜬 것이다. 『육예론』은 이렇게 말한다. '『논어』는 중궁(仲弓)과 자하가 합쳐서 지었다.' 순경의 학문이 사실 자하와 중궁에게서 나왔다는 것을 알겠다." 한유는 「송왕수재서」(送王秀才序)에서 이렇게 말한다. "자하의 학문은 전자방(田子方)이 뒤를 이었고 전자방의 뒤는 어쩌다가 장주(莊周)에게 흘러들었다. 그래서 장주의 책은 전자방의 사람됨을 즐겨 칭찬하는 것이다." 이것은 순자와 장자가 모두 자하의 문인에게서 나왔다

이름은 공자 문하의 제자에게서 일어난 것도 명백한 사실이다.[25]

그들이 가리키는 것은 육경만 말하는 것이다. 선왕의 정교와 전장이 천하의 가장 요긴한 내용이므로 『예기』 「경해」는 육경을 구별한 뒤 어떤 나라에 들어가면 그 나라의 가르침을 알 수 있다고 말한다.[26] 『논어』는 공자의 언행을 기술한 것이고[27] 『이아』(爾雅)는 모든 경의 훈고이다.[28] 『효경』도 공자 제자의 제자들이 기술한 것이지만[29] 「치의」(緇衣),

---

는 달이다. 그러나 장태염은 이렇게 말한다. "한유는 전자방이 장자의 스승이 아닌지 의심했다. 나는 이렇게 생각한다. 장자가 칭찬하는 명철하고 훌륭한 사람이 전자방 한 사람인 것은 아니다. 『장자』의 편명을 보면 즉양이나 서무귀(徐無鬼) 같은 무리도 있다. 이들이 모두 장자의 스승이겠는가?"(『국고논형』 「원도 상」편의 원주) 그래서 한유의 학설을 근거로 할 수 없다고 생각한다.

역주_ **왕중**(1744~1794)은 청나라의 학자이다. 자는 용보(容甫)이며 강소성 강도 출신이다. 어려서 고아가 되어 가난했으나 학문을 좋아했다. 서른네 살에 공생으로 선발된 뒤 과거 시험에 응시하지 않았다. 서점에 고용살이를 한 적이 있다. 그래서 경학, 사학, 제자백가의 서적을 두루 읽고 학자가 되었다. 시도 잘 지었고 특히 역사학에 정통했다. 묵자를 특히 존경하여 묵자의 주장을 밝혔고 순자의 경학사적 중요성에 처음으로 주목했다. '공맹'이라 하지 않고 늘 '공순'이라고 부르며 공자의 적통을 순자라고 생각했다. 저술에 『광릉통전』(廣陵通典), 『술학』(述學) 등이 있다.

25 나는 이렇게 생각한다. 여기까지 육경이라는 이름이 공자 제자들에게서 나타났다는 것을 말하고 있다.

26 『예기』 「경해」는 이러하다. "공자는 이렇게 말한다. '그 나라에 들어가면 그 나라의 가르침을 알 수 있다. 사람됨이 온화하고 부드러우며 돈독하고 두터운 것은 『시』의 가르침이다. 정사에 통달하여 오래된 옛날 일도 아는 것이 『서』의 가르침이다. 널리 박학다식하며 사람됨이 친근하며 선량한 것이 『악』의 가르침이다. 마음이 맑으면서 의리가 정밀한 것으로 귀결되는 것이 『역』의 가르침이다. 공손하고 검소하며 엄숙하고 공경하는 것이 『예』의 가르침이다. 같은 말이나 사물을 모아 비교하고 가치를 판단하는 것은 『춘추』의 가르침이다.'"

27 「시교 상」의 주73을 보라.

28 『직재서록해제』 「소학류」는 이러하다. "『이아』(爾雅) 세 권은 진나라 홍농 태수를 지낸 하동(河東) 출신의 경순(景純) 곽박(郭璞)이 주를 달았다. 『한서』 「예문지」는 『이아』가 스무 편이라고 하지만, 지금 이 책은 열아홉 편만 남아 있다. 『한서』 「예문지」는 애초에 지은이의 이름이나 성씨를 드러내지 않았다. 곽박의 「서」도 중고시대에 일어나서 한나라 때 유행했다고만 말할 뿐이다. 육덕명의 『경전석문』이 처음으로 『석고』를 주공이 지은 것이라고 말했다. 『경전석문』의 이야기는 아마 위나라 장읍(張揖)이 바친 「광아표」(廣雅表)에 뿌리를 두었을 것이다. 주공이 예를 제정하여 천하를 다스리려 할 때, 『이아』를 지어 경륜의 뜻을 풀이했다고 말한다. 오늘날 세상에 전하는 세 권짜리 판본을 어떤 사람은 공자가 더했다고도 하고, 어떤 사람은

「방기」(坊記), 「표기」(表記) 등 여러 편과 차이가 있다.[30] 유향과 반고 같은 사람들은 경을 아홉 가지 종류로 편집할 때도 육예라고 불렀다. 그들은 본디 아홉 가지 가운데 나머지 세 가지가 「전」이기 때문에 경 뒤에 붙였다고 한다. 경과 분리된 「전」은 경 뒤에 붙인 「전」과 같이 편집하지 않는다.[31] 제자백가가 글을 지을 당시, 경전(經傳)을 나누는 일이 자주 있었

자하가 보탰다고도 하며, 어떤 사람은 숙손통이 보충했다고도 하고, 어떤 사람은 패군(沛郡) 출신 양문(梁文)이 비교 검토했다고도 한다. 이것은 모두 풀이하는 사람들이 하는 말이고 앞 시대의 스승이 의심스러운 채로 전수했기 때문에 알 수 없다." 청나라 소진함은 정현의 말을 인용하여 증명하면서, 공자의 문인이 짓고 육예의 글자를 풀이한 책이라고 말한다.

29 당나라 서언(徐彦)은 「공양해고서」(公羊解詁序)의 소에서 『효경구명결』을 인용하고 있다. "공자는 평민의 신분이었기 때문에 덕이 있어도 베풀 수가 없었고 공이 있어도 성취할 수가 없었다. 그의 의지는 『효경』에 있고 행위는 『춘추』에 있다." 『한서』 「예문지」는 이러하다. "『효경』은 공자가 증자를 위해 효도를 진술한 것이다." 『효경』의 시작하는 부분에서 이렇게 말한다. "공자가 계실 때 증자가 모셨다." 그렇다면 죽간과 백서에 기록한 사람이 바로 공자 제자의 제자라는 점은 이로부터 알 수 있다.

30 「치의」(緇衣), 「방기」(坊記), 「표기」는 모두 『예기』의 편 이름이다. 「고문상서서」[僞尙書序]는 이러하다. "이에 『논어』와 『효경』을 전했다." 『상서정의』는 이러하다. "한나라 무제가 동방삭에게 이렇게 말했다. '『전』은 이렇게 말한다. 「때가 된 뒤에 말하기 때문에 남들이 그의 말을 싫어하지 않는다.」(『논어』 「헌문」(憲問)을 보라)' 그리고 한나라 동평왕(東平王) 유운(劉雲)은 태사에게 준 책서에서 이렇게 말했다. '『전』은 이렇게 말한다. 「능력을 펼쳐 대열에 나아가야 한다. 할 수 없는 사람은 그만 두어라.」(『논어』 「계씨」를 보라)' 또한 성제가 적방진(翟方進)에게 내린 책서에서 이렇게 말한다. '『전』은 이렇게 말한다. 「높아도 위태롭지 않다. 그래서 오랫동안 지키는 것이 소중하다.」(『효경』 「제후장」(諸侯章)을 보라)' 그래서 한나라 때를 통틀어 『논어』와 『효경』을 「전」이라고 불렀다."

31 『교수통의』 「한지육예」(漢志六藝)는 이러하다. "『논어』, 『효경』, 『이아』는 육경의 본래 형식이 아니다. 학자가 성인이 남긴 실마리를 높이다 보니 경이라는 이름으로 우러렀을 뿐, 사실 모두 「전」이다. 이것은 육경과 표리관계일 수 있으나 육경과 나란히 제시해서는 안 된다. 대체로 관청의 전범[典常]이 경이고 사유(師儒)가 강의하고 익히는 것은 「전」이다. 그 형식은 확실하게 구별된다. 이것은 성인의 글에 우열이 있다는 말은 아니다. 그래서 유흠의 『칠략』과 반고의 「예문지」는 육예의 이름과 내용을 아홉 가지로 편집하여 열거했다. 아마 경이 위주이고 「전」은 보조적이라는 일은 바뀌지 않는 이치일 것이다." 공자진 「육경정명」(六經正名)은 이러하다. "육경과 육예라는 이름의 유래는 아주 오래되었다. 그래서 마음대로 보태거나 더할 수 없다. 좋구나! 유향이 『칠략』을 만듦이여. 반고는 그것을 근거로 「예문지」를 만들어 육예를 아홉 가지로 편집했다. 경, 「전」, 「기」, 모든 책[群書]은 각각 다르다. 「전」은 경에

다. 예를 들어 『관자』를 편집한 사람은 '경언'(經言)을 나누어 구별했고[32] 『묵자』도 「경」편이 있으며[33] 『한비자』도 「저설」을 경전으로 나누고 있다.[34] 아마 이것도 시대에 따라 뜻을 세우고 자신의 주장과 경을 서로 주요한 것과 보조적인 것이 되게 만들었을 따름이지, 본뜬 것이 있으면서도 경이라는 이름을 무엄하게 가져다 쓴 것은 아닐 것이다. 경은 존칭이며 종합한 요점이라는 뜻을 취하고 있다. 그래서 나중처럼 그렇게 엄격히 구분하지 않았다. 공자 같은 성인도 경을 만들 필요가 없었다. 제자백

붙은 것이고, 「기」는 「전」에 붙은 것이며, 모든 글은 경과 상당히 관련이 있으므로 경에 붙는다. 「전」이란 무엇인가? 『서』에는 대하후(大夏侯)와 소하후(小夏侯), 구양씨(歐陽氏)의 글이 있는데, 이것이 「전」이다. 『시』에는 제, 노, 한, 모의 학파가 있는데, 이것이 「전」이다. 『춘추』에는 공양씨, 곡량씨(穀梁氏), 좌씨(左氏), 추씨(鄒氏), 협씨(夾氏)의 글이 있는데, 이것도 「전」이다. 「기」란 무엇인가? 대대씨(大戴氏)와 소대씨(小戴氏)가 기록한 글은 모두 백서른한 편인데, 이것이 「기」이다. 모든 글이란 무엇인가? 『역』에는 『회남자』 「원도훈」(原道訓)이나 『고오자』(古五子) 열여덟 편이 있는데, 이것이 『역』과 관련된 모든 글이다. 『서』에는 『주서』 일흔한 편이 있는데, 이것이 『서』와 관련된 모든 글이다. 『춘추』에는 『초한춘추』(楚漢春秋)나 『태사공서』가 있는데, 이것이 『춘추』와 관련된 모든 글이다. 그래서 『예』에 『주관』이나 『사마법』(司馬法)이 있는 것은 『예경』(禮經)에 상당히 관련된 모든 글이다." 여기서 육경에 대해서만 말하고 있다. 이밖에 경이라고 부르는 것은 경이 아니며, 바로 장학성의 학설을 뿌리로 두고 상세하게 펼친 것이다.

32 『관자』는 「시교 상」의 주18을 보라. 「목민」부터 「유관도」(幼官圖)까지 아홉 편은 경언(經言)이고, 「오보」(五輔)부터 「병법」까지 여덟 편은 외언(外言)이며, 「대광」(大匡)부터 「계」(戒)까지 아홉 편은 내언(內言)이고, 「지도」(地圖)부터 「구변」(九變)까지 열여덟 편은 단어(短語)이며, 「임법」(任法)부터 「내업」(內業)까지 다섯 편은 구언(區言)이고, 「봉선」부터 「문패」(問霸)까지 열세 편은 잡편(雜篇)이며, 「목민해」(牧民解)부터 「명법해」(明法解)까지 다섯 편은 『관자』의 해(解)이고, 「신승마」(臣乘馬)부터 「경중경」(輕重庚)까지 열아홉 편은 『관자』의 경중(輕重)이다. 모두 여든여섯 편이다. 오늘날 열 편이 없어졌고 윤지장이 주를 단 판본으로 스물네 권, 일흔여섯 편이 있다.

33 『묵자』(墨子)는 「시교 상」의 주20을 보라. 『묵자』에는 「경 상」, 「경 하」, 「경설(經說) 상」, 「경설 하」 네 편이 있다.

34 『한서』 「예문지」 '법가'는 이러하다. "『한자』는 쉰다섯 편이다." 오늘날 전해지는 판본과 숫자가 같다. 그중에 「내저설」과 「외저설」 여섯 편의 첫 번째 단락은 경이며, 편의 전체적 뜻을 표시하여 제시한 뒤 실례로 증명한다. 그런 뒤에 앞에서 제시한 사례의 줄거리를 상세하게 서술하는데, 이것은 「전」이다.

역주_ **경전**은 경의 풀이인 「전」과 함께 쓰인 경우에만 경전이라고 옮기고, 보통 '경전'이라고 부르는 것은 원문 그대로 경이라 옮긴다.

가에게 경이 있고 경으로 「전」을 꿰뚫고 있기 때문에 그들의 뜻에도 각자 마땅한 바가 있는 셈이다. 후세의 목록학자들의 글은 번거롭고 많기 때문에 법도와 규율에 완전히 관련되지 않는다. 그래도 고대의 거룩한 임금의 미언과 경을 보조하는 여러 가지 글을 취하여 모두 경이라고 불렀다. 예를 들어 『논어』, 『맹자』, 『효경』이 이런 경우이다. 『대대예기』(大戴禮記)와 『소대예기』(小戴禮記)가 『예』와 구별되고[35] 『춘추좌전』, 『춘추공양전』(春秋公羊傳), 『춘추곡량전』(春秋穀梁傳)이 『춘추』와 구별되지만 모두 경이라는 제목을 달았다. 그래서 구경(九經), 십경(十經), 십삼경(十三經), 십사경(十四經)이라는 여러 가지가 있으며[36] 이것을 독자적이고 전문적 분

---

35 『수서』「경적지」는 이러하다. "한나라 초에 하간 헌왕(河間獻王)이 공자 제자 및 후세의 학자가 기록한 백서른한 편을 얻어서 황제에게 바쳤다. 당시 전해지지 않던 것도 있었다. 유향이 경과 서적을 비교하여 교정할 때 검사하였더니 백서른 편이었다. (나는 이렇게 생각한다. 일(一) 자는 십(十) 자 아래에 있는 바람에 베껴 쓰는 사람이 잘못해서 빠트린 것이다) 유향은 순서대로 그것을 편집하여 또한 『명당음양기』(明堂陰陽記) 서른세 편, 『공자삼조기』(孔子三朝記) 일곱 편, 『왕사씨기』(王史氏記) 스물한 편, 『악기』 스물세 편, 모두 다섯 가지이고 합치면 이백십사 편을 얻었다. 대덕(戴德)은 중복되는 것을 삭제하고 합쳐서 기록하니 여든다섯 편이 되었다. 이것을 『대대기』(大戴記)라고 부른다. 그리고 대성(戴聖)이 다시 『대대기』라는 책을 편집하여 마흔여섯 편이 되었다. 이것을 『소대기』(小戴記)라고 부른다. 한나라 말에 마융이 결국 『소대기』의 학문을 전했다. 마융은 또한 『월령』 한 편, 『명당위』 한 편, 『악기』 한 편을 정했다(足, 『통전』이 인용할 때 "정"(定)이라고 한 것은 옳다). 모두 합치면 마흔아홉 편이다. 그리고 정현이 마융에게 학업을 전수받으면서 다시 그것을 위해 주를 달았다." 『직재서록해제』「예류」(禮類)는 이러하다. "『대대기』 열세 권이라고 기록한 『수서』「경적지」나 『신당서』「예문지」의 권수는 오늘날과 같다. 그러나 글 순서에서 서른아홉 번째 편 이후 여든한 번째 편 사이에 네 편이 빠져 있고, 일흔두 번째에 한 편이 더 나오기 때문에 실제로 마흔 편을 남긴 셈이다." 그리고 이렇게도 말한다. "『예기』 스무 권은 『소대례』(小戴禮)라고 부르는데, 모두 마흔아홉 편이다. 한나라 때 유학자들이 이전의 「기」를 집록했고 본디 한 학파의 주장이 아니기 때문에, 아마 뒤섞여서 순수하지 않을 것이다. 오로지 「대학」(大學)과 「중용」은 공자의 올바른 「전」이지만, 오로지 예를 위해 지은 것은 아니다. 당나라 위징은 『소대례』를 근거로 어울리지 않는 것들을 종합하고 모아서 『유례』(類禮) 스무 편을 다시 지은 적이 있다. 이것은 아마 이런 이유 때문일 것이다."

36 『송서』「백관지」는 이러하다. "국자조교(國子助教)는 열 명이다. 『주역』, 『상서』, 『모시』, 『예기』, 『주관』, 『의례』, 『춘추좌씨전』, 『춘추공양전』, 『춘추곡량전』을 각각 하나의 경으로 삼고, 『논어』와 『효경』을 하나의 경으로 삼는다. 합치면 십경(十經)이

야, 곧 경부라고 생각했다. 이것은 아마 경을 우러르는 바람에 경의 방계 후손까지도 아우르게 된 것일 테다. 그리고 유학자들이 글을 쓰면서 비로소 경이라는 이름에 대해 엄격하게 굴었고 꺼려서 감히 건드리지 않으려 했다. 그래서 성인의 가르침을 우러르고 임금의 이름자를 피해서 쓰지 않듯 조심스럽게 피했다. 아마 삼대 이후 사람들의 임금이 아니라면 자신을 짐(朕)이라고 부를 수 없을 것이다.[37] 오늘날 경이라고 부르는 것 가운데 대부분은 옛사람이 「전」이라고 불렀던 것이다. 고대에 경이라고 부른 것은 삼대가 융성했던 시절의 전장과 법도이다. 이것은 정교가 사업으로 시행되던 내용에 나타나는 것이지 성인이 의식적으로 글로 지어서 후세에 전해주려고 한 것은 아니다.[38]

니 조교가 나누어 관장한다." 피석서(皮錫瑞)는 『경학역사』(經學歷史)에서 이렇게 말한다. "당나라 때는 세 가지 『예』와 세 가지 『전』을 나눈 뒤, 『역』, 『시』, 『서』와 합쳐 구경(九經)이라고 했다. 송나라 때는 다시 『논어』, 『효경』, 『맹자』, 『이아』를 보태서 십삼경(十三經)이라고 했다." 십사경(十四經)이라는 것은 십삼경에 다시 『대대기』를 더한 것이다. 송나라 사승조(史繩祖)는 『학재점필』(學齋佔畢)에서 이렇게 말한다. "예전에 『대대기』를 십삼경의 끄트머리에 합쳐서 십사경이라고 부른 적이 있다."

역주_ **피석서**(1850~1908)는 청나라 말의 학자이다. 호남 선화(善化, 현재 장사시) 출신이다. 자는 녹문(鹿門), 다른 자는 녹운(麓雲)이다. 거인 출신이다. 예부시에 세 번 응시하였으나 합격하지 못하고 학문 연구와 교육, 저술에 힘썼다. 그는 서한 때의 복생이 『상서』를 연구한 일을 평생 우러러 사는 집 이름을 사복당(師伏堂)이라 할 정도였다. 호남과 강서의 여러 서원에서 가르쳤다. 시모노세키조약 이후 민족주의가 발동하여 여러 차례 강연과 출판으로 주장을 펼쳤다. 저술에 『경학역사』(經學歷史), 『오경통론』(五經通論) 등이 있다. **사승조**는 자가 경장(慶長)이며 미산(眉山) 출신이다. 생졸년은 확실치 않다. 대략 1241년 무렵 살았을 것으로 추정한다. 위료옹을 스승으로 삼았다. 관직은 조청대부(朝請大夫) 등을 역임했다. 사승조는 시에 능했고 『학재점필』을 남겼다.

37 『사기』 「진시황본기」는 이러하다. "천자의 자칭은 짐(朕)이다." 『사기집해』는 채옹을 인용하여 이렇게 말한다. "짐(朕)은 아(我)이다. 옛날에는 위아래 할 것 없이 모두 이렇게 불렀고 귀한 신분이거나 천한 신분이거나 꺼리지 않았다. 그래서 평등한 호칭의 정의라 하겠다. 고요(皐陶)가 순임금에게 이렇게 말했다. '짐의 말이 순하여 행동에 이르게 되리라.' 굴원은 '짐의 황고(皇考)'라고 한다. 진나라 이후에 천자만 홀로 이렇게 부른 것이며 한나라는 진나라를 계승하여 고치지 않았다." 이것은 짐이 고유명사이듯, 경도 고유명사라는 말이다.

38 나는 이렇게 생각한다. 여기까지 후세에 육경을 우러른 나머지 육경의 후예까지도 경이라고 불렀지만, 대부분이 이미 선왕의 정전이 아니라는 것을 말하고 있다.

2. 경해(중)[1]

사실에는 실제 근거가 있지만 이치에는 정해진 형태가 없다. 그러므로 공자가 육경을 조술할 때 선왕의 전장을 취했지 사실과 분리시켜 이치를 드러낸 적은 없다. 후세의 유학자들은 거룩한 스승[聖師]의 언행을 대대로 전해지는 법도[世法]로 삼았다. 그래서 그들이 공자의 글을 경이라고 명명한 것은 사리에 비춰 당연한 일이다. 그러나 경을 의도적으로 우러른다면 의도적으로 분수에 맞지 않게 만들 수도 있다. 아마 관사가 나뉜 뒤부터 벼슬아치가 정치를 맡았겠지만 신분이 낮은 벼슬아치는 감히 억지로 교육을 추구할 수 없었을 것이다. 이것은 그들에게 근거가 있기 때문이다. 관사가 나뉜 뒤부터 스승이 교육을 맡았다. 못난 스승은 스스로도 갈피를 잡을 수 없이 많고 어수선하지만 감히 정치를 맡겠다고 나섰다. 이것은 그들에게 근거가 없기 때문이다. 맹자 때, 양주와 묵적을 이단(異端)이라고 생각했다.[2] 양주는 글이 없고[3] 묵적의 글은 처음에 경이라는 이름을 붙이지 않았다.(비록 「경」편이나 「경설」(經說)이 있지만, 『묵자』 전체에 경이라는 이름을 붙이진 않았다) 장자는 바로 이렇게 말한다. "고획(苦獲)과 등릉(鄧陵)의 무리는 모두 『묵경』(墨經)을 외웠다." 그래서 묵자의 무리는 스스로 묵자를 높이 받들어서 경이라고 일컬은 것이리라.[4] 동한 때의 진

---

1 나는 이렇게 생각한다. 「경해 중」편은 유교 이외의 종교[異教]의 잡서도 제목에 경이라는 이름을 달지만, 육경의 존엄을 다치지 않는다는 것을 논하고 있다.

2 『맹자』 「등문공 하」는 이러하다. "양주와 묵적의 도가 쉬지 않고 공자의 도는 드러나지 않는다. 그래서 올바르지 못한 학설이 백성들을 속이고 인의를 막고 있다. 인의가 막히면 짐승들을 이끌어 사람을 먹이며 사람이 사람을 잡아먹게 될 것이다. 나는 이것 때문에 두렵다. 성인들의 도를 밝혀 양주와 묵적의 설을 막고 음란한 말을 쫓아내려 한다." 한유 「진학해」는 이러하다. "이단(異端)을 쳐서 물리치다."

3 「시교 상」의 주20을 보라.

4 『묵자』는 「시교 상」의 주20을 보라. 『장자』 「천하」는 이러하다. "상리근(相里勤)의 제자, 오후(五侯)의 무리, 남쪽의 묵가인 고획(苦獲), 기치(己齒), 등릉자(鄧陵子)의 무리는 모두 『묵경』(墨經)을 읊는다. 그러나 서로 등진 채 주장이 다르기 때문에 서로

경(秦景)은 천축(天竺)에 사신으로 갔다가 『사십이장』(四十二章)을 가지고 돌아왔지만[5] 경이라는 이름을 붙이지 않았다.(불경(佛經)은 모두 중국에서 번역할 때 붙인 말이지 천축의 책에는 경이라는 글자가 붙어있지 않다) 그 뒤 중화의 말로 번역하면서 억지로 끌어다 맞추면서 경이라고 부르게 되었다. 그래서 이것도 실속은 없으면서 겉만 그럴 듯하게 꾸민 말이다.[6] 『노자』 상편과 하편 두 편이라고 유향과 반고가 기록한 책도 처음에는 경이라고 일컫지 않았다.[7] 『수서』 「경적지」가 비로소 완효서의 『칠록』에 의거하여 『노자경』(老子經)이라고 일컬었다.[8] 생각해보면 완효서의 『칠록』은 양나라 때 나온 것이다. 양나라 무제가 유교 이외의 다른 종교를 높여 소

서로 별묵(別墨)이라고 부른다." 나는 이렇게 생각한다. 『진서』 「은일전」(隱逸傳)의 주는 노승(魯勝)의 「묵변서」(墨辯叙)를 인용하여 이렇게 말한다. "『묵변』(墨辯)은 상하의 『경』이며 『경』은 각각 『설』(說)이 있다. 그래서 모두 네 편이다. 이 글들은 여러 편이 이어져 있다. 그러므로 따로 있던 것이다." 『장자』는 『묵경』을 칭송하는데, 아마 이것을 가리키는 것이지 책 전체를 말하는 것은 아닐 것이다. 장학성의 주장은 옳지 않다.

5 양나라 혜교(慧皎) 『고승전』(高僧傳)은 이러하다. "한나라 명제가 금인이 궁전의 뜰을 날아가는 것을 꿈에서 보았다. 그래서 꿈에 대해 물었는데 부의가 부처라고 대답했다. 황제는 낭중 채음, 박사제자 진경 등을 보내어 천축으로 갔다. 채음 등은 거기서 섭마등과 축법란이라는 두 명의 인도 스님[梵僧]을 만나게 되었다. 이에 한나라 땅으로 돌아와 『사십이장경』(四十二章經)을 번역했다. 섭마등이 살았던 곳은 오늘날 낙양 옹문(雍門)의 백마사(白馬寺)이다." 『직재서록해제』 「석씨류」(釋氏類)는 이러하다. "『사십이장경』은 한 권이며, 후한 축법란이 번역했다. 불교 서적이 중국에 들어온 것은 이것이 처음이다."

6 『국고논형』 「문학총략」은 이렇게 말한다. "경은 실로 엮어서 묶은 것의 이름이며, 불교에서 수다라(修多羅)라고 부르는 것이기도 하다. 수다라는 직역하면 실[線]이라는 뜻이고, 뜻을 번역하여 경이라고 한다. 그들은 패엽(貝葉)에 글을 쓴 뒤 실로 엮는다." 이에 따르면 불교 서적을 경이라고 부르는 것은 재료 때문일 따름이지 오로지 문사 때문만은 아니다.

7 나는 이렇게 생각한다. 『한서』 「예문지」 '도가'에는 『노자인씨경전』 네 편, 『노자부씨경설』(老子傅氏經說) 서른일곱 편, 『노자서씨경설』(老子徐氏經說) 여섯 편이 있다. 그러므로 "유흠과 반고가 목록을 기록하면서 처음에는 경이라고 부르지 않았다"라고 말할 수 없다. 장학성의 고증은 잘못 되었다.

8 완효서의 『칠록』은 「시교 상」의 주22를 보라. 『수서』 「경적지」 "도가류"는 『노자도덕경』(老子道德經) 두 권에 하상공(河上公), 왕필, 종회(鍾會), 손등(孫登), 유중융(劉仲融), 노경유(盧景裕) 등 여러 사람의 주석본이 있다고 한다.

중히 여겼기 때문에 불교와 도교를 경과(經科)에 제시했다.[9] 이것은 『칠록』을 본뜬 것이다. 그리고 『노자』에 『도덕진경』(道德眞經)이라는 이름을 덧붙이고 『장자』에 『남화진경』(南華眞經)이라는 이름을 덧붙였으며 『열자』에 『충허진경』(沖虛眞經)이라는 이름을 덧붙였다. 당나라 현종(玄宗)의 개원(開元) 연간에 현교과(玄教科)를 설치하자고 하면서[10] 겉만 그럴 듯하게 꾸며서 화려하게 만들었는데 그 뒤에 더욱 심해졌다. 한유(韓愈)는 이렇게 말한다. "그들이 도라고 말하는 도는 내가 말하는 도가 아니다." 명교(名教)가 다른데 그들이 경이라고 말하는 경이 내가 말하는 경이 아니라고 한들 무슨 해독이 있겠는가?[11]

국가의 제도는 본래 큰 법도가 되는 제도[經制]이다. 이회(李悝)의 『법

9 『양서』「무제기」(武帝紀)는 이러하다. "고조(高祖)는 불교[正法]를 돈독하게 믿었고 불교 전적[佛典]도 잘 알았다. 『열반경』[涅槃], 『대품반야경』[大品], 『정명경』[淨名], 『삼혜경』[三慧] 등의 경의기(經義記)를 지었는데 수백 권이나 되었다." 『수서』「경적지」는 이러하다. "양나라 무제는 화림원(華林園)에서 불법을 크게 높여 불교의 경전을 총괄해서 모았다. 모두 오천사백 권이다." 이것은 양나라가 유교 이외의 종교를 숭배했다는 말이다. 완효서의 『칠록』 외편 가운데 「불법록」(佛法錄)은 불경을 수록하고, 「선도록」(仙道錄)은 도경(道經)을 수록하고 있다. 『수서』「경적지」는 도경과 불경을 집부에 붙여놓았다.

10 이일화(李日華) 『자도헌잡철』(紫桃軒雜綴) 권2는 이러하다. "태상노군[老君]이 윤희에게 전수한 오천 글자의 글은 한나라 하상공에 이르러 『노자장구』[章句]가 생겼고 촉의 엄준(嚴遵)에게 『노자지귀』[指歸]가 생겼다. 여기에는 아직 『도덕경』(道德經)이라는 이름이 없었다. 당나라 현종(玄宗)이 주석을 짓자 비로소 장구를 개정하여 『도덕경』이라 불렀다." 『신당서』「예문지」 "도가류"는 이러하다. "왕사원(王士元)의 『항창자』(亢倉子) 두 권 아래의 주는 이러하다. '천보 원년에 황제는 『장자』를 『남화진경』(南華眞經), 『열자』를 『충허진경』(沖虛眞經)이라고 부르라고 명령했다.'" 현교(玄教)는 월아당총서본에서 청나라 성조의 이름을 다른 글자로 바꿔 써서 원교(元教)라고 고쳤다. 이제 원래대로 현교라고 고친다. 『신당서』「선거지」(選擧志)는 이러하다. "개원(開元) 29년, 처음으로 현학(玄學)을 두고 높였다. 『노자』, 『장자』, 『문자』, 『열자』를 익혔는데 이것을 도거(道擧)라고 한다."

역주_ 이일화는 명나라 때의 희곡, 산곡(散曲) 작가이다. 자는 실보(實甫)이며 강소성 오현 출신이다. 대략 정덕과 가정 연간에 살았던 것으로 추정한다. 희곡 『남서상기』(南西廂記)로 유명하다.

11 한유의 말은 「원도」를 보라. 나는 이렇게 생각한다. 앞에서 불교와 도교가 경이라고 부르는 것은 명교와도 다르고 대의에도 방해가 되지 않는다고 말한다.

역주_ 명교는 지켜야 할 인륜의 명분에 대한 가르침이다.

경』(法經)[12]은 나중에 율령의 시작이 된다.[13] 당나라 때는 법률을 과거 시험의 과목으로 설치했고[14] 명나라 태조(太祖)는 『대고』(大誥)를 세상에 널리 펴서 알렸다.[15] 사유가 이것을 강론하고 익히는 바람에 과거 시험의

---

12 『한서』「예문지」 '법가'는 이러하다. "『이자』(李子)는 서른두 편이다." 원주는 이렇게 말한다. "이름은 회(悝)이며, 위나라 문후(文侯)의 재상이 되어 위나라를 부국강병하게 만들었다." 『진서』「형법지」는 이러하다. "법률의 글은 이회에게서 일어났다. 이회는 여러 나라의 법을 편집한 뒤 『법경』(法經) 여섯 편을 지었다. 상앙[商君]이 이것을 전수받아 진나라에서 승상을 지냈다." 『당육전』(唐六典)「형부」(刑部) 주는 이러하다. "위나라 문후의 스승인 이회가 여러 나라의 형서(刑書)를 모아 『법경』 여섯 편을 만들었다. 첫째 도법(盜法), 둘째 적법(賊法), 셋째 수법(囚法), 넷째 포법(捕法), 다섯째 잡법(雜法), 여섯째 구법(具法)이다." 『법경』은 『수서』「경적지」에서 이미 없어졌고, 청나라 황석(黃奭)이 『이자법경』(李子法經) 여섯 편을 모았다.

역주_ **『당육전』**은 당나라 현종이 짓고 이임보가 주를 단 관직 제도에 관한 책이다. 『주례』를 모범으로 삼았으며, 행정 기구, 관직, 정원, 직무 따위를 열거했다. 내용이 풍부하고 당나라 율령 지배를 알 수 있는 기본적인 사료이다.

13 『이아』「석고」는 이러하다. "권여(權輿)는 시(始)이다."

14 『신당서』「선거지」는 이러하다. "당나라 제도에서 선비를 취하는 과목 가운데 명법이 있다." 율과(律科)는 다름 아니라 법을 밝히는 것이다.

15 『명사』「형법지」는 이렇게 말한다. "「대고」(大誥)는 백성들이 함부로 구는 것과 원나라의 풍습, 사리사욕만 따르고 공공성을 소멸시키는 바람에 죄가 나날이 늘어나는 것을 태조(太祖)가 걱정하여 만들었다. 홍무 18년, 벼슬아치와 백성의 잘못이나 범법을 채집하여 「대고」를 조리 있게 만들었다. 그것은 열 조목이다. 첫째 남랍호(攬納戶), 둘째 안보과부(安保過付), 셋째 궤기전량(詭寄田糧), 넷째 민인경해불해물(民人經該不解物), 다섯째 쇄파포황전토(灑派抛荒田土), 여섯째 의법위간(倚法爲奸), 일곱째 공인투군(空引偸軍), 여덟째 경자재도(黥刺在逃), 아홉째 관리장해매수(官吏長解賣囚), 열째 환중사부불위군용(寰中士夫不爲君用)이다. 그런 죄의 최고 형벌은 가산 적몰과 사형[抄劄]이다." 명나라 초횡(焦竑)은 『국사경적지』(國史經籍志) 권1 "제서류"(制書類)에서 이렇게 말한다. "『어제대고』(御制大誥)가 한 권, 『대고속편』(大誥續編)이 한 권, 『대고삼편』(大誥三編)이 한 권이다."

역주_ **남랍호**는 세금으로 거두는 곡식을 대납하는 행위를 업으로 하는 사람이다. **안보과부**는 치안의 책임을 남에게 떠넘기는 것이다. **궤기전량**은 토지세를 지난해 납부한 것이나 면제되는 사람의 장부에 속여서 올리는 것이다. **민인경해불해물**은 백성이 세금 낼 재물이 있는데도 세금을 납부하지 않는 것이다. **쇄파포황전토**는 농토를 다른 사람 명의로 세탁하거나 버려두어 황폐하게 만드는 일이다. **의법위간**은 교활한 벼슬아치가 법에 의지하여 불법 행위를 저지르는 것이다. **공인투군**은 군적에 이름만 올려놓고 세금을 피하는 것이다. **경자재도**는 경형이나 자자형을 받고 도주하는 것이다. **관리장해매수**는 벼슬아치가 죄인을 오랫동안 풀어주는 것이다. **환중사부불위군용**은 천하의 사대부가 임금이 쓰려는 데도 불응하는 것이다. **초횡**(1540~

답안을 적을 때 사용하는 여러 가지 형식[功令]이 되었다.[16] 이것은 천하를 다스린다는 『주역』의 뜻을 취한 것이며, 국가의 훈령과 전범을 신하된 백성이 경으로 우러르고 받들어야 한다고 규정한 것이다. 여기 담긴 뜻은 고대의 뜻에 위배되지 않는다. 맹자는 이렇게 말한다. "인정을 시행하는 것은 반드시 땅의 경계를 분간하는 일부터 시작한다."[17] 땅의 경계를 경이라고 말하는 것은 경륜하여 처리한다는[經紀] 뜻을 취한 것이다. 그래서 지리 서적에는 경이라는 이름이 많다. 『한서』「예문지」에는 『산해경』(山海經)이 있고,[18] 『수서』「경적지」에는 『수경』(水經)이 있으며,[19]

1620)은 명나라 학자, 장서가, 고음학자, 문헌고증학자이다. 자는 약후(弱侯), 호는 의원(漪園) 또는 담원(澹園)이다. 강녕(현재 남경시) 출신이다. 만력 17년(1589) 북경의 회시에서 장원을 차지했다. 한림원 수찬에 임명되고 나중에 남경사업(南京司業)을 역임했다. 저술이 아주 많다. 대표작은 『담원집』(澹園集), 『국사경적지』, 『노자익』(老子翼), 『장자익』(莊子翼) 등이 있다.

16 『사기』「유림전」은 이러하다. "나는 공령을 공부하면서도 학으로 벼슬아치가 되는 길이 크게 열리는 일이었다면 책을 덮고 탄식하지 않은 적이 없다." 『사기색은』은 이러하다. "학자가 공부하는 힘을 법령에 쏟는 것을 말한다. 다름 아니라 바로 오늘날의 학령(學令)이 이것이다." 오늘날에는 보통 정사와 법령을 가리킨다.

17 『맹자』「등문공 상」의 글을 보라. 조기 주는 이러하다. "경(經)도 계(界)이다."

18 『한서』「예문지」 "수술략"은 이러하다. "『산해경』(山海經)은 열세 편이다." 지은이의 성명을 밝히지 않았다. 『직재서록해제』는 이러하다. "『산해경』 열여덟 권은 한나라 유흠이 교정하고 진나라 곽박이 주를 달았다. 세상에는 우임금과 익직(益稷)이 지은 것이라고 전한다. 그런 일이 『오월춘추』(吳越春秋)에 이렇게 나타난다. '우임금이 동쪽으로 순시하면서 남악(南岳)에 올랐다가 보배로운 글[金簡玉字]을 얻었다. 물의 이치에 통달하여 드디어 천하의 강물[四瀆]이 잘 흐르도록 만들었다. 익(益)과 함께 상의하여 이르게 되었다. 익으로 하여금 그것을 풀어서 기록하게 했고 『산해경』이라는 이름을 붙였다.' 이런 주장은 이상해서 근거가 될 수 없다. 그래서 어떤 사람이 지었는지 확정지을 수 없다."

19 『수서』「경적지」 "지리류"(地理類)는 이러하다. "『수경』(水經) 세 권은 곽박의 주가 있다." 지은이의 성명을 밝히지 않았다. 『군재독서지』는 이러하다. "『수경』 마흔 권은 한나라 상흠(桑欽)이 짓고, 후위(後魏) 때의 역도원(酈道元)이 주를 달았다." 지금 전해지는 판본은 송나라 때 이미 다섯 권이 사라졌다. 청나라 전조망(全祖望), 대진(戴震), 조일청(趙一淸)은 각자 교정하여 간행한[校刊] 판본이 있다. 대진은 『수경』의 지리를 고증한 것을 근거로 삼국시대 위나라 사람이 지었다고 결정했다.

역주_ **전조망**(1704~1755)은 청나라의 학자이다. 자는 소의(紹衣), 호는 사산(謝山)이다. 유종주의 학통을 이어 교육과 저술에만 전념하였다. 『수경주』를 교정하고 황종희의 미완성작 『송원학안』(宋元學案)을 완성하였다. **조일청**(1755년 전후)은 자가 성부(誠

후세의 주(州)나 군(郡) 같은 지방 행정 단위의 지리 서적에는 도경이라 일컬은 것이 많다. 여기 담긴 뜻은 땅의 경계를 분간하는 일에 뿌리를 둔 것이고 글도 장고를 보존하고 있다. 이것은 저술하는 책과 분야가 다르기 때문에 육예의 글에 대해서 본디 의심스럽게 생각할 것이 없다.[20]

술수의 여러 유파는 모두 공자 제자[聖門]가 창조한 제도에서 나왔다. 주공은 국가를 경영하고 관리하면서 전범을 전했다. 이것은 벼슬아치의 능력과 만물의 성능을 지키고 전승을 잃지 않은 것이다. 급기야 관직이 지켜야만 하는 일을 잃고 도와 만물이 흩어지고 없어지는 지경에 이르자, 성인의 주장을 익히는 자들은 더불어 강독하여 익힌 뒤 전수해주고 전수받았다. 이것은 마치 공자 문하에서 전수하고 익힌 것이 어쩔 수 없는 상황에서 나온 것과도 같다. 그러나 입에서 귀로 전수하는 학문은 세월이 오래 지나면서 오차가 나지 않을 수 없다. 죽간과 백서에 기록하여 사람에게 전수하는 것(이 주장은 「시교 상」편에 상세하다)도 같은 이치이다. 전국시대에 이르자 복희씨, 신농씨, 황제의 글이 동시에 마구 나타났다. 그런 글들은 스스로 고대의 성인이 지은 것이라고 말한다. 마치 천문 분야의 『감석성경』(甘石星經)[21]이나 방기(方技) 분야의 『영추』, 『소문』, 『난

夫), 호가 동잠(東潛)이다. 절강성 인화 출신이다. 어려서 아버지의 가정교육을 받았고 전조망에게 배웠다. 저술에 『동잠시문고』(東潛詩文稿), 『수경주석』(水經註釋), 『수경주간오』(水經注刊誤), 『직예하거지』(直隸河渠志) 등이 있다.

20 도경(圖經)은 『수서』 「경적지」에 처음 나타난다. 낭울지(郎蔚之)는 『수제주도경집』(隋諸州圖經集) 백 권을 지었다. 나는 이렇게 생각한다. 여기까지 지리에 관한 책을 경이라고 부르는 뜻이 장고를 보존하는데 있으며 또한 저술과 다르므로, 본디 혐의가 없다는 것을 말한다.

21 『군재독서지』 "천문류"(天文類)는 이러하다. "『성경』(星經) 한 권은 한나라 감공(甘公)과 석신(石申)이 지었다. 일월(日月), 오성(五星), 삼원(三垣), 이십팔사(二十八舍), 항성(恒星)을 도상(圖象)으로 편집했고, 점결(占訣)로 휴구(休咎)를 대비하고 있다." 전대흔 『십가재양신록』 권14는 이렇게 말한다. "오늘날 세속에 전해지는 『감석성경』은 어떤 사람이 거짓으로 지었는지 모른다. 아마 『진서』와 『수서』의 「천문지」를 채록하여 완성했으리라. 『속한서』(續漢書) 「천문지」의 주는 오륙백 자 정도 『성경』을 인용하고 있는데, 지금 전해지는 판본에는 아무데도 없다. 그래서 유소가 보았던 『성경』은 오래전에 전해지지 않은 것이다."

경』(難經)[22]과 같은 종류는 실제로 번잡스럽다. 이것은 마치 장인들이 노반(魯般)에게 제사를 지내고,[23] 병법가들이 치우(蚩尤)에게 제사를 지내는 것[24]처럼 글을 지은 사람이 성인일 필요도 없는 것이다. 술수를 익히는 자들은 돌아가 의지해야할 대상으로 그들을 받들기 때문에 그들의 글을 경의 말이라고 우러르지 않을 수 없다.[25]

예컨대 『한서』「예문지」 이후 춘추시대와 전국시대의 글이 마구 나타났다. 사광(師曠)의 『금경』(禽經)[26]이나 백락(伯樂)의 『상마경』(相馬經)[27] 따위

---

22 『영추』와 『소문』은 「시교 상」의 주80을 보라. 『직재서록해제』 「의서류」는 이러하다. "『난경』(難經) 두 권은 발해(渤海) 진월인(秦越人)이 짓고, 제양(濟陽) 정덕용(丁德用)이 보주(補注)를 달았다. 『한서』 「예문지」에는 『편작내외경』(扁鵲內外經)이라고만 했을 뿐이다. 『수서』 「경적지」에서 처음으로 『난경』이라는 것이 있으며, 『신당서』 「예문지」에서 드디어 진월인이라는 제목을 달았다. 이것은 모두 고증할 수 없다. 팔십일 난(八十一難)을 열세 편으로 나누고, 첫 번째 편이 진후(診候)인데 가장 상세하다. 이십사 난(二十四難)이 있는데, 아마 맥학(脈學)은 편작(扁鵲)에게서 시작되었을 것이다."

23 공수반(公輸般)은 노나라 사람이며, 초나라를 위해 구름다리[雲梯]를 만들고 송나라를 공격하려 할 때, 묵자가 저지했다. 『묵자』 「공수」(公輸)를 보라. 그리고 나무 연을 만들어 사람이 타고 송나라의 성을 염탐한 적이 있다. 『저궁유사』(渚宮遺事)를 보라. 후세에 나무일을 하는 사람들은 그를 시조[祖師]로 받든다.

24 『태평어람』 270은 『세본』을 인용하여 이렇게 말한다. "치우(蚩尤)가 쇠로 무기를 만들었다." 『춘추공양전』 「장공 8년」은 이러하다. "갑오일(甲午日)에 무기를 제사지냈다." 제사[祠]란 다섯 가지 무기, 곧 창[矛戟], 칼[劍], 방패[楯], 활[弓], 북[鼓]을 제사 지내는 동시에 치우가 무기를 만든 일을 기리는 것이다.

25 나는 이렇게 생각한다. 여기까지 기예(技藝)에 관한 책들이 경이라고 부르는 것이 각자의 방법을 우러르기 때문이며 다시 방해가 되지도 않는다는 것을 말하고 있다.

26 『직재서록해제』 「형법류」(刑法類)는 이러하다. "사광의 『금경』(禽經) 한 권, 장화의 주가 있다고 한다." 『한위총서』(漢魏叢書)는 왕모(王謨)의 『지어』(識語)에 뿌리를 두고 이렇게 말한다. "『한서』 「예문지」 "칠략", 『수서』 「경적지」, 『신당서』 「예문지」, 송나라 『숭문서목』(崇文書目)에는 모두 수록되지 않았다. 진진손의 『직재서록해제』에 처음 제목을 제시하고 진나라 장화의 주라고 불렀다. 마단림의 『문헌통고』(文獻通考)가 이것을 따랐고 육전의 『비아』(埤雅)도 그 주장을 인용했다. 그래서 이 책은 아마 당나라나 송나라 사이의 누군가가 지은 것이며, 사광이라는 이름을 쓴 것이리라."

역주_ **육전**(陸佃, 1042~1102)은 자가 농사(農師)이며 월주(越州) 산음(山陰) 출신이다. 집안이 가난하여 고학했다. 금릉을 지나갈 때 왕안석에게 경학을 배웠다. 희녕 3년(1070) 진사에 합격했는데 채주 추관으로 나간 그를 왕안석이 국자감 직강으로 불렀다. 그러나 왕안석은 그가 자신에게 붙지 않고 경술에만 관심이 있는 것을 알고 다시 정

는 종류가 번잡스럽다. 그러나 이것은 그런 사람이 있었다는 것을 호사가들이 근거로 글을 지어 결부시킨 것에 지나지 않는다. 어쩌면 그런 방법을 대략 아는 사람이 옛사람에 가탁하여 소리를 높이 울린 것이다. 이것은 마치 유학자가 매색(梅賾)의 『상서』[28]와 자하의 『시대서』(詩大序)를 전승한 일과 같다.[29] 다른 사례는 육우(陸羽)의 『다경』(茶經)[30]이나 장응(張

사에 대해 묻지 않았다. 휘종 때 상서우승이 되고 다른 관직도 역임했다. 저술에 『도산집』(陶山集), 『비아』, 『예상』(禮象), 『갈관자주』(鶡冠子注) 등이 있다.

27 『수서』「경적지」"오행류"는 이러하다. "『상마경』(相馬經)은 한 권이다." 지은이의 성명을 밝히지 않았다. 『신당서』「예문지」'농가'는 이러하다. "백락(伯樂)의 『상마경』은 한 권이다."

28 장초백는 『남순고어』에서 이렇게 말한다. "『고문상서』는 진나라 원제(元帝) 때 예장(豫章) 내사 매색(梅賾)이 바쳤는데 스스로 이렇게 말했다. 태보(太保)인 정충(鄭沖)이 부풍 출신 소유(蘇愉)에게 전수했고 소유는 천수(天水) 출신 양류(梁柳)에게 전수했으며 양류는 성양(城陽) 출신 장조(臧曹)에게 전수하고 장조는 여남 출신 매색에게 전수했다. 이 책은 종래에 경사의 학설[師說]이 없었기 때문에 아마 매색의 위작일 것이다. 남제 때의 요방흥(姚方興)은 다시 "왈약계고제순"(曰若稽古帝舜) 이하의 스물여덟 자를 추가했다. 당시 양나라 무제는 시행하려 했지만 제나라 박사에게 반박당하여 시행되지 않았다. 고문을 위조하려는 이치는 본래 헤아려 짐작하기 어렵지 않다. 아마 『춘추좌전』이 인용한 것은 두예가 모두 사라진 책[逸書]이라고 주를 달았을 것이다. 이것은 다름 아니라 바로 진나라 초기에 미처 이런 책에 대한 확실한 증거가 없었기 때문이다. 이것은 공영달 등이 『상서정의』를 지을 때, 다시 요방흥의 스물여덟 자를 아울러 기록하여 공연히 복생의 스물아홉 편과 뒤섞어서 하나로 만든 일과는 다르다. 이것은 육경 가운데 대단히 이상한 일이다. 오역(吳棫)이 처음으로 이의를 제기하고 주희도 차츰차츰 의심하기 시작했다. 오징(吳澄)과 매작(梅鷟) 등 여러 사람이 연이어 숨겨진 것을 찾아내자, 위작의 자취가 더욱 드러나게 되었다. 그러나 미처 진상을 완전히 밝히지 못했다. 우리 왕조(청나라)의 염약거[閻百詩], 혜동[惠定宇] 두 선생이 경과 고대를 근거로 마치 노련한 벼슬아치가 재판을 할 때 우물쭈물 숨기는 말을 용납하지 않는 것처럼 맺히고 엉킨 것을 하나하나 공격하였다. 비록 모기령[毛西河]이 극구 억울하다고 부르짖었지만 판결을 뒤집지는 못했다. 이것은 또한 우리 왕조에서 한학이 다시 일어나게 만든 대단히 통쾌한 일이다." 나는 이렇게 생각한다. 염약거(閻若璩)는 『고문상서소증』(古文尙書疏證) 여덟 권을 짓고, 혜동(惠棟)은 『고문상서고』(古文尙書考) 두 권을 지었으며, 모기령(毛奇齡)은 『고문상서원사』(古文尙書冤詞) 여덟 권을 지었다.

역주_ **오역**은 송나라 언어학자이다. 자는 재로(才老)이며 건안(建安, 현재 복건성 건구) 출신이다. 어떤 사람은 서주(舒州, 현재 안휘성 잠산) 출신이라고도 한다. 휘종 정화 8년(1118) 진사가 되었다. 오역은 훈고학에 정통하여 『비전』(裨傳), 『운보』(韻補) 등의 저술이 있다.

凝)의 『기경』(棋經)[31] 따위가 있고 술이라면 『감로경』(甘露經)[32]이 있으며 화폐라면 『상패경』(相貝經)[33]이 있는 것과 같다. 이것들은 소일거리를 지은 글이지 본래 목록에 기록될 만한 뜻을 가지고 있지 않다. 모영(毛穎)을 가지고 「전」을 짓거나[34] 게를 가지고 「지」를 지으며[35] 거문고를 가지고 「사」를 짓고[36] 여지(荔枝)와 모란(牧丹)을 가지고 「보」를 짓는 일에 비길

29 『모시서』에 대해 옛날의 주장은 이렇다. "“관저”는 후비의 덕이다"부터 “그것을 나라에 쓴다”까지를 “관저서”(關雎序)라고 하며, 소서(小序)라고 부른다. “풍(風)은 풍(風)이다”부터 끝까지를 대서(大序)라고 한다. 소서는 서(序)에서 편의 뜻을 밝히며, 각 편의 첫머리에 나눠둔다. 대서는 시의 강령을 총괄적으로 논하며, “관저”편 끄트머리에 아울러 제시한다. 정현은 『시보』(詩譜)에서 이렇게 말한다. “「대서」에 뜻을 두었기 때문에 자하가 지었고, 「소서」에 뜻을 두었기 때문에 자하와 모공이 함께 지은 것이다. 복상(卜商)의 뜻은 다함이 없어서 모공이 완성할 수 있었다.” 그러므로 소명태자는 『문선』에서 『모시서』를 수록하면서 자하라는 이름을 붙였다. 『후한서』 「유림전」은 이러하다. “위굉(衛宏)은 자가 경중(敬仲)이며 동해(東海) 출신이다. 처음에 구강(九江)의 사만경(謝曼卿)이 『모시』를 잘했기 때문에 위굉은 그를 따라 학을 전수받았다. 『모시서』를 지었다.” 그러므로 「소서」가 위굉이 지은 것이라고 하기도 한다. 『수서』 「경적지」는 “『모시서』는 자하가 창조한 것이다. 모공과 위굉은 다시 윤색했다”라고 한다.

30 『직재서록해제』 「잡예류」(雜藝類)는 이러하다. “『다경』(茶經)은 한 권이며(『문헌통고』는 세 권이라고 했다), 당나라 홍점(鴻漸) 육우(陸羽)가 지었다.”

31 『송사』 「예문지」 “잡예술류”(雜藝術類)는 이러하다. “장학사(張學士)의 『기경』(棋經)은 한 권이다.” 『남순고어』는 이러하다. “『기경』 열세 편은 송나라 장응(張凝)이 지었다.”

32 최표(崔豹) 『고금주』(古今注)는 이러하다. “감로(甘露)는 일명 천주(天酒)라고도 한다.” 『설부』(說郛) 94에는 왕진(王璡)의 『감로경』(甘露經)이 있는데 사라졌다.

33 『신당서』 「예문지」 ‘농가’는 이러하다. “『상패경』(相貝經)은 한 권이다.” 지은이의 성명을 밝히지 않았다.

34 한유가 「모영전」(毛穎傳)을 지었을 때, 유종원(柳宗元)은 영주(永州)에 있었다. 「모영전」을 읽은 뒤, 유종원은 뒤에다 이렇게 썼다. “한유 선생은 고대 서적을 끝까지 탐구하고 훌륭한 우리 유학[斯文]을 좋아하더니 모영이 그런 의도를 다할 수 있다는 것을 아름답게 여긴다. 그러므로 분발하여 그를 위해 「전」을 지어 답답함을 발산시켰고 학자들은 격려를 받았으니 그것은 세상에 보탬이 되리라!” 그리고 유종원은 「여양회지서」(與楊誨之書)에서 이렇게 말한다. “그대가 가지고 있는 한유의 「모영전」을 보내주게. 나는 그 책을 대단히 기이하게 생각하는데 세상 사람들이 그것을 비난할까 두렵네. 이제 수백 자의 글을 지었는데 앞 시대의 성인들이 내가 한가한 짓이나 하고 있다고 죄를 주지는 않으리라는 것을 알고 있다네.”

35 『해지』(蟹志)는 당나라 육구몽(陸龜蒙)이 지었고, 『입택총서』(笠澤叢書) 권4에 실려 있다. 청나라 초순도 『속해지』(續蟹志)가 있는데, 『조고루집』(雕菰樓集) 권7에 수록했다.

수 있다.[37] 이런 것들은 있을 수도 있고 없을 수도 있는 것이니, 논의할 가치가 없다.[38]

이런 여러 가지에 비춰 논하자면, 다른 종교[異教]의 경은 마치 전국시대의 여러 나라가 각각 자신의 나라에서 왕이라고 자칭하고 있으면서도 주나라 천자(天子)를 모르는 상황과 아마 같을 것이다. 그러나 『춘추』의 명분(名分)은 모든 사람이 알고 있으니 왕을 자칭한 그들도 명분을 훔쳐서 차지할 수 없었다. 제도의 경과 임금다운 왕의 법은 동일한 도이자 기풍이므로 여기에 경이라는 이름을 붙일 필요는 없다. 예는 시절을 가장 크게 생각하므로[39] 당시의 왕조에 사는 신하된 백성이라면 본디 근거를 따르며 예를 넘지 않아야만 한다. 그래서 육예를 마음에 늘 두어 잊지 않는 일도 임금다운 왕의 제도를 그대로 따르려는 측면에서 나왔다. 술수와 기예[術藝]의 경은 각각 따르는 무리가 있어서 더불어 그것을 지킨다. 그들이 경계를 넘을까 걱정할 일은 본디 없다.[40] 소일거리인데 경이라는 이름을 붙인 경우는 조타(趙佗)가 '어리석게 황제의 이름을 훔치고, 잠시 스스로 즐겼소'[41]라고 말한 것처럼 소일거리라고 그냥 내버려

---

36 『직재서록해제』「음악류」(音樂類)는 이러하다. "『금사』(琴史)는 여섯 권이고, 오군(吳郡) 출신 백원(伯原) 주장문(朱長文)이 지었다." 나는 이렇게 생각한다. 여섯 권 가운데 앞에 있는 다섯 권은 옛날부터 거문고의 이치에 통달한 사람 백쉰다섯 명을 기록하고 있다. 마지막 권은 어떤 제도를 보태고 덜었는지, 연주법[操弄]이 나타나게 된 배경 등을 논하고 있는데, 상당히 상세하게 갖췄다고 한다.

37 『직재서록해제』「농가류」는 이러하다. "『여지보』(荔枝譜)는 한 권이고, 포전(莆田) 출신 군모(君謨) 채양(蔡襄)이 지어 글을 쓰고 판각했다. 『모란기』(牡丹記)와 함께 유행했다." 또한 "『모란보』(牡丹譜)는 한 권이고, 구양수가 짓고 채양이 글씨를 썼다. 세상에 성행하고 있다."

역주_ **채양**(1012~1060)은 북송의 문학자이자 서예가이다. 자는 군모(君謨)이다. 안진경(顔眞卿)의 영향을 받은 호방한 필치로 송나라 사대가(宋四大家)의 한 사람으로 꼽히며 시에도 능하였다. 저서에 『다록』(茶錄), 『여지보』 등이 있다.

38 나는 이렇게 생각한다. 여기까지 해학[諧戱]을 경이라고 부르는 것이 제목을 목록에 기록하는 넓은 뜻과 상관없으며 원래 논의할 만한 가치도 없다는 것을 말하고 있다.

39 『예기』「예기」의 글이다.

40 『춘추좌전』「양공 25년」은 이러하다. "행동이 생각을 넘지 않는 것은 마치 농부에게 밭두둑이 있는 것과 같다."

두어도 무방하다. 육경의 도는 마치 해가 중천에 솟은 것과 같다. 어찌 이것을 근심하겠는가![42]

3. 경해(하)[1]

이단의 학문[異學]이 자신들의 문헌을 경이라고 일컬으며 육예에 대항한 것[2]은 어리석다. 유학자가 분수에 맞지 않게 자신들의 저술을 경이라고 일컫고 육예를 흉내 낸 것도 어리석다. 육경이 처음부터 존칭이었던 것은 아니다. 육경은 천하를 다스린다는 뜻에서 대대로 전해지는 법도가 되었을 따름이다. 육예는 주공의 정전이므로 경으로 세웠다. 공자의 거룩함은 주공에 비해 손색이 없지만, 『논어』의 여러 편을 경이라고 일컫지 않는다. 그것은 정전이 아니기 때문이다. 후세의 유학자는 『논어』가 우러름을 받아 왔기 때문에 우러렀다. 『논어』를 분류하면서 경부에 귀속시켰고 「전」은 본디 경을 보조하는 것[3]이라고 생각했을 따름이다. 불교와 도교의 글은 본래 특정 학파의 주장이지 정사의 법도와 규율에 관련

---

41 조타는 진정(眞定) 출신이다. 한나라 고조의 여후[高后]가 다스릴 때, 남월(南越)의 무제(武帝)라고 자칭하고 군대를 일으켜 장사(長沙)의 변방에 있는 읍을 공격했다. 문제가 즉위한 뒤, 편지를 보내 조타에게 좋게 권했다. 조타는 글을 올려 감사하며 이렇게 말했다. "참월하게 황제의 이름을 훔쳤으니 이것도 소일거리로 스스로 즐긴 것일 뿐입니다." 사실은 『한서』 「남월전」(南粵傳)에 상세하다.

42 나는 이렇게 생각한다. 여기까지 윗글 전체를 묶어서 말한다. 경이라고 자칭하는 갖가지 종류의 책은 모두 육경의 도에 방해가 되지 않는다.

1 나는 이렇게 생각한다. 「경해 하」편은 후세의 유학자들이 경을 흉내 낸 어리석음을 논하고 있다.

2 유학자가 분수에 넘치게 자신이 지은 글을 경이라고 불렀다는 것은 양웅을 가리킨다. 왕통이 지은 책은 다음에 상세하다.

3 상세한 주장은 「경해 중」에 있다.

된 것은 아니다. 불교와 도교의 무리가 가르침을 우러르고 싶어서 자기 학파의 주장을 육경보다 더 우러른다고 안 될 것은 없다. 그러나 억지로 경이라는 이름을 덧붙여 유학을 흉내 내는 일은 배우가 무대에서 초나라 재상을 본뜨는 일과 무슨 차이가 있겠는가?[4] 이것도 그들의 어리석음이다. 양웅과 유흠은 유학자 가운데 경에 통달한 사람이다. 양웅의 『법언』은 아마 당시 사람들의 물음에 대해 방법을 써서 응답한 것이라고 말할 것이다. 이것은 오히려 괜찮다. 그러나 『논어』를 본받았다고 말한 것은 얼마나 그릇된 것인가? 설령 그렇다 하더라도 이것은 한 사람의 주장이니 못마땅한 점이 작다. 아주 이상한 일은 『태현』을 지어놓고도 『주역』을 본보기로 그대로 좇았다는 말이다.[5] 사람들은 그것이 분수에 맞지 않게 자신의 글을 경이라는 이름으로 부르고 있다는 것만 알 뿐이지, 『주역』이 선왕의 정전이며 허튼 주장이 아니라는 것을 모른다. 양웅은 아마 분수에 맞지 않게 임금다운 왕이 마련한 전범을 훔친 죄를 짓고서도 그것이 심하다고 생각하지 않았을 것이다.(「역교」편에 상세하다) 위원숭

4 『사기』 「골계열전」은 이러하다. "초나라 재상 손숙오(孫叔敖)가 죽고 그의 아들은 가난하게 되어 땔나무를 지게 되었다. 우맹(優孟)은 이렇게 말했다. '그대는 멀리 가는 일이 없도록 하라.' 그리고 즉시 손숙오의 옷과 모자를 입고 손뼉치고 말하는 것이 손숙오와 꼭 같아지도록 한 해 남짓 연습했고 결국 손숙오와 꼭 같아졌다. 장왕(莊王)이 술잔치를 베풀었는데 우맹이 앞으로 나와 잔을 바쳤다. 장왕은 크게 놀라 손숙오가 다시 살아났다고 생각했다. 그래서 그를 재상으로 삼으려고 했다. 우맹은 이렇게 말했다. '집에 돌아가 아내와 상의하기를 청합니다.' 사흘 뒤 우맹이 다시 왔다. 장왕은 이렇게 물었다. '아내는 무어라고 말하오?' 우맹은 이렇게 대답했다. '아내는 제가 조심하고 하지 말라고 합니다. 초나라 재상은 할 만한 게 못됩니다. 손숙오가 재상으로 있으면서 충성을 다하고 청렴하게 초나라를 다스렸습니다. 왕은 덕분에 패자가 될 수 있었습니다. 이제 그가 죽자 그의 아들은 송곳 꽂을 만한 땅도 없이 가난에 시달리며 땔나무나 져서 스스로 먹고 마실 것을 마련합니다. 만약 손숙오와 꼭 같이 되려거든 차라리 자살하는 게 낫습니다.' 이에 장왕은 우맹에게 사죄하고 바로 손숙오의 아들을 불러 그에게 침구(寢丘)의 사백 호를 봉하여 아버지의 제사를 받들 게 했다."

5 『법언』(法言)과 『태현』은 「역교 상」의 주31 및 주38을 보라. 『한서』 「양웅전」은 이러하다. "양웅은 경 가운데 최고의 경이 『역』이라고 생각하여 『태현』을 지었다. 그리고 「전」 가운데 최고의 「전」이 『논어』라고 생각하여 『법언』을 지었다."

의 『원포』와 사마광의 『잠허』는 『태현』[6]을 흉내 내서 짓고서도 『태현』이 『주역』을 흉내 낸 일이 그른 일이라는 것을 몰랐다. 유흠은 왕망(王莽)을 위해 「대고」를 지었다.[7] 유흠이 행한 일은 명교에 죄를 지은 것이므로 본디 말할 것이 없다. 『상서』를 흉내 내는 일이 어째다 이런 지경까지 이르렀는가? 어쩌면 호사가들은 황하와 분수(汾水) 사이에 살았던 왕통이 육경을 흉내 내어 지은 글을 육경에 근거하여 꾸민 것이라 말할 수도 있다. 그러나 즉시 왕통을 어리석다고 말할 수는 없을 것이다.[8] 과연 그런 일이 있었다면 육경이 노비라는 꾸지람은 진실한 정황을 얻지 못한 것이다. 노비가 주인에게 복종하지도 않고 섬기지도 않은 적은 없다. 왕통이 흉내 낸 육경의 글 어디에 공자에게 복종하고 섬긴 것이 있는가?[9]

6 『원포』와 『잠허』는 「역교 상」의 주36 및 주37을 보라.

7 왕망의 거섭(居攝) 2년 9월에 동군(東郡) 태수인 적의(翟義)가 군대를 이끌고 왕망을 토벌했다. 왕망은 크게 두려워하여, 이에 『주서』를 본떠 「대고」를 지었다. 대부(大夫) 환담 등을 보내어 천하에 널리 알리고, 유자(孺子)에게 자리를 되돌려 줘야만 하는 뜻을 밝혔다. 『한서』 「적의전」(翟義傳)을 보라.

8 왕통은 「서교 중」의 주15를 보라. 『중설』 「예악」은 이렇게 말한다. "내가 『서』를 이은 것은 한나라와 진나라의 내용을 남기기 위해서이다. 『시』를 이은 것은 여섯 왕조[六代]의 풍속을 변별하기 위해서이다. 『원경』(元經)을 편찬한 것은 남조와 북조의 의심을 끊기 위해서이다. 『역』의 도를 돕고 선사의 뜻을 펼쳤다. 예악을 바로 잡은 것은 후세 임금들의 잘못을 나타내기 위해서이다."그리고 두엄(杜淹)은 「문중자세가」에서 이렇게 말한다. "『예론』(禮論)은 스물다섯 편이고, 『악론』(樂論)은 스무 편이며, 『속서』(續書)는 백쉰 편이고, 『속시』(續詩)는 삼백육십 편이며, 『원경』은 쉰 편이고, 『찬역』(贊易)은 일흔 편이다. 이것들은 모두 함께 유행하지 않았고, 당시 이미 잃어버리거나 뒤섞여 버렸다." 『직재서록해제』 「편년류」는 이러하다. "『원경』 「설씨전」(薛氏傳)은 열다섯 권이며, 왕통이 짓고 설수(薛收)가 「전」을 썼다고 한다. 하분(河汾) 왕씨(王氏)의 여러 가지 책 가운데 『중설』을 제외한 나머지는 모두 『신당서』 「예문지」에 없다. 「전」이 완일에서 나온 것을 보고, 어떤 사람은 이것이 모두 완일의 위작이라고 말했다."

역주_ 두엄은 자가 집례(執禮)이다. 수나라 때 태산에 은거했는데 수나라 문제가 그를 싫어하여 강표(江表)로 유배를 보냈다. 진왕(秦王)이 그를 천책부조(天策府曹) 참군, 문학관 학사로 기용했다. 잔치에 시중을 들면서 훌륭한 시를 짓자 금으로 만든 종을 상으로 주었다. 당나라 태종이 어사대부, 검교이부상서(檢校吏部尙書)에 임명했다.

9 송나라 전역[錢希白]은 『남부신서』(南部新書)에서 이렇게 말한다. "유분(劉蕡)은 유술(儒術)에 정통했다. 그는 『문중자』(文中子)를 본 뒤 성이 나서 이렇게 말했다. '재주가 아마 보통은 아닌 모양인데 위대한 성인을 흉내 내서 조술하고 창작하다니, 하

속석(束晳)의 『보생시』(補笙詩),[10] 피일휴(皮日休)의 『보구하』(補九夏),[11] 백

나로도 지나치지 않은가!' 손님이 물었다. '『문중자』는 육경[六籍]에 대해 어떻습니까?' 유분은 이렇게 대답했다. '만약 사람과 사람의 관계로 비유한다면, 『문중자』와 육적의 관계는 마치 노비와 주인의 관계와 같소.' 세상 사람들은 드디어 『문중자』를 육적의 노비라고 부르게 되었다." 조공무는 『군재독서지』「원경서록」(元經叙錄)에서 이렇게 말한다. "내가 형님의 아들을 따라 안강(安康)에서 일 없이 쉬다가 『원경』을 얻어 돌아가 넷째 숙부에게 보여드린 적이 있다. 숙부는 황제가 개구리 울음을 물었다는 데까지 읽으시더니 말이 변변치 못한 것을 비웃으며 이렇게 말씀하셨다. '육적 노비의 말이니 허물로 삼지 않겠다.'" 나는 이렇게 생각한다. 여기까지 양웅, 유흠, 왕통이 경을 흉내 내어 경을 이은 거짓을 말하고 있다.

역주_ 전역(錢易, 968~1026)은 자가 희백이며 전당(錢塘, 현재 절강성 항주) 출신이다. 오월왕(吳越王) 전종(錢倧)의 아들이다. 태종 순화 3년(992) 진사 시험을 보았으나 합격하지 못했다. 함평 2년(999) 진사가 되었다. 여러 벼슬을 역임하고 한림학사까지 올랐다. 저술에 『금규집』(金閨集), 『영주집』(瀛州集), 『서원집』(西垣集), 『내제집』(內制集) 등이 있었지만 오늘날 남아있지 않다.

10 『문선』은 「보망시」(補亡詩) 여섯 편을 수록하고 있는데, 그것은 "남해"(南陔), "백화"(白華), "화서"(華黍), "유경"(由庚), "숭구"(崇丘), "유의"(由儀)이다. 이선의 주는 왕은(王隱)의 『진서』를 인용하여 이렇게 말한다. "속석(束晳)은 자가 광미(廣微)이며, 평양(平陽) 양간(陽干) 출신이다. 고시를 읽으면서 갖춰지지 않은 것을 안타깝게 여긴 적이 있다. 그래서 시를 지어 보충했다." 나는 이렇게 생각한다. 생시(笙詩)는 바로 향음주연례(鄉飮酒燕禮)에서 생인(笙人)이 연주하는 것이다. 『모시서』는 이렇게 말한다. "그 뜻은 남아 있지만 시어는 없다." 홍매는 『용재속필』(容齋續筆)에서 이렇게 말한다. "시어가 없다는 것은 원래 시어가 있었던 적이 없다는 말이다. 속석의 「보망」 여섯 편은 짓지 않는 편이 나았다."

11 『주례』「춘관」은 이러하다. "종사(鍾師)는 종을 연주하는 일을 관장한다. 아마 음악을 연주할 때 종과 북으로 『구하』(九夏)를 연주할 것이다. 『구하』는 왕하(王夏), 사하(肆夏), 소하(昭夏), 내하(納夏), 장하(章夏), 제하(齊夏), 족하(族夏), 해하(陔夏), 오하(驁夏)이다." 정현 주는 이러하다. "『구하』는 모두 시의 편명이자 송과 직접 관련이 있는 종류이다. 기록이 악장(樂章)에 있지만 음악이 무너지면서 마찬가지로 따라서 없어졌다." 『전당시』(全唐詩)「소전」(小傳)은 이러하다. 피일휴(皮日休)는 자가 습미(襲美)이며, 양양(襄陽) 출신이다. 녹문(鹿門)에 은거하여 살았다. 함통(咸通) 8년 진사에 합격했다. 조정에 들어와 태상 박사(太常博士)에 제수되었다. 황소(黃巢)가 장안에 들어온 뒤 그를 학사로 삼아 참문(讖文)을 지으라고 시켰는데 오히려 황소 자신을 비방하는 것이라는 의심을 사서 결국 죽임을 당했다. 『피자문수』(皮子文藪)를 지었다. 『보주례구하』(補周禮九夏)는 『피자문수』 권3을 보라.

역주_ 『전당시』는 당나라 시가의 총집이다. 모두 구백 권이다. 청나라 강희제의 명령으로 1706년에 편찬, 완성했다. 작가 이천이백여 명, 시 사만 팔천구백여 수를 수록하고 있어 당대의 역사·문화 연구의 매우 중요한 자료이다. 그러나 너무 급하게 만들어 잘못 수록되었거나 빠뜨렸거나 중복되는 등 결점도 많다.

거이(白居易)의 『보탕정』(補湯征)[12]은 문인들의 실없는 해학이지만 모질지는 않다. 이것을 흉내 낸 작품이라고 부르는 것은 도리어 괜찮다. '보'라는 표제를 달고 사장 따위나 짓는 문학가[辭章家]의 말을 취한 뒤, 왜 『시』와 『서』에서 빠진 것을 보충했다고 하는가?[13]

『효경』은 비록 경이라는 이름을 붙였지만 사실은 「전」이다.[14] 유학자들은 공자가 남긴 말을 중시하기 때문에 경부에 붙여놓았다. 마융이 충성을 장려하려는 뜻이 정말 있었다면 자신의 주장에서 경을 원용하고 「전」을 인용하여 거침없이 거듭 증명했을 것이다. 그래서 자기가 주장하려는 내용을 다 표현했어도 괜찮을 것이다. 하지만 『충경』(忠經)[15]이라는 제목을 꼭 달려고 한 의도가 수상하다. 그는 『충경』을 열여덟 장으로 나눈 뒤 『시경』을 인용하고 땀땀이 바느질하듯 하나하나 본받았다. 이것은 장재(張載)가 「사수」(四愁)를 흉내 내어 「의사수」(擬四愁)[16]를 지은 것이나

12 『전당시』「소전」은 이러하다. 백거이(白居易)는 자가 낙천(樂天)이며, 화주(華州) 하규(下邽) 출신이다. 정원 연간에 진사에 합격하여, 교서랑에 보임되었다. 원화(元和) 연간에 한림학사 좌습유(左拾遺)가 되어 찬선대부(贊善大夫)의 영예를 받았다. 말이 사단이 되어 강주(江州) 사마로 폄직되었다. 목종(穆宗) 연간 초에 주객낭중(主客郎中)으로 뽑혀 제고를 책임졌으며, 항주(杭州)와 소주(蘇州) 자사를 역임했다. 회창(會昌) 연간 초에 형부 상서로 벼슬을 그만 두었다. 『백씨장경집』(白氏長慶集)을 지었다. 권29에 있는 「보일서서」(補逸書序)는 이렇게 말한다. "갈나라 임금[葛伯]이 제사를 지내지 않자 탕왕이 비로소 그를 정벌했다. 「탕정」(湯征)을 지었다."

13 나는 이렇게 생각한다. 여기까지 속석, 피일휴, 백거이가 경을 보충했다는 주장이 어리석다고 말하고 있다.

14 「경해 상」의 주29를 보라.

15 『사고전서총목제요』 "유가류"는 이러하다. "『충경』(忠經)은 한 권이며, 옛날에 한나라 마융이 짓고 정현이 주를 달았다는 제목이 있다. 글은 『효경』을 본떠 열여덟 장으로 되어 있으며, 경과 주는 마치 같은 사람의 손에서 나온 것 같다. 『옥해』는 송나라 『양조지』(兩朝志)에 실린 해붕(海鵬)의 『충경』을 인용하고 있다. 그렇다면 이 책은 본래 지은이가 있는 것인데, 후세인이 마융과 정현이라는 제목을 속여서 단 것이다."

16 후한 장형은 순제(順帝)의 양가(陽嘉) 연간에 하간의 상으로 나갔다. 당시 천하가 점점 쇠락하는데다 마음이 답답하고 뜻을 펼치지 못하여 「사수시」(四愁詩)를 지었다. 『진서』「장재전」(張載傳)은 이러하다. "장재는 자가 맹양(孟陽)이며 안평(安平) 출신이다. 장사 왕예(王乂)가 기실독(記室督)이 되어달라고 요청하는 바람에 중서시랑(中書侍郎)이 되었다. 장재는 세상이 장차 어지러워지려는 것을 보고 다시 벼슬살이할

『칠림』이 『칠발』을 본뜬 것과 무엇이 다른가![17] 『충경』은 마음의 책이 아닐 것이다! 세속적인 유학자들이 가탁한 것이리라. 송씨(宋氏)의 『여효경』(女孝經)[18]이나 정씨(鄭氏)의 『여논어』(女論語)[19]는 여자에게 재주가 있다면 여자의 뜻을 갸륵하게 여기는 것도 괜찮다고 생각한다. 만약 그들이 여자 교육이 무엇인지 밝히려고 했다면 자신의 뜻을 그대로 주장해도 괜찮았을 것이다. 가령 반소와 여러 여자들[20]이 서로 묻고 답한 글이 있다면 이것을 여자 교육의 교훈과 전범으로 삼으면 된다. 그러나 자허(子虛)나 망시공(亡是公) 같은 허깨비에 자신을 가탁하여 주장한다면[21] 사람

뜻이 없었기 때문에 결국 병이 위독하다는 핑계로 고향에 돌아가겠다고 한 뒤 죽었다." 장재는 「의사수시」(擬四愁詩)를 지었고, 『문선』은 그중 한 수를 수록하고 있다.

17 「시교 상」의 주49를 보라.

18 『사고전서총목제요』 "유가류"는 이러하다. "『여효경』(女孝經)은 한 권이며, 당나라 정씨(鄭氏)가 지었다. 정씨는 조산랑후(朝散郎侯) 막진막(莫陳邈)의 아내이다. 앞에 「진서표」(進書表)를 수록하고 있는데, 여기서 조카딸이 영왕(永王)의 비로 책봉되는 바람에 이것을 지어 경계로 삼게 되었다고 한다. 이 책은 『효경』 열여덟 장을 본떴고, 장의 첫머리에는 모두 반소[曹大家]를 빌어 주장을 세웠다. 이것은 「진서표」에서 말한 것처럼 자신의 의견만 주장할 수 없기 때문이다." 나는 이렇게 생각한다. 송씨(宋氏)는 정씨라고 해야만 한다. 다음의 주와 서로 오해한 것이다.

역주_ 섭영이 교주에서 밝혔듯 장학성은 '송씨의 『여효경』', '정씨의 『여논어』'라고 착각하고 있다. '정씨의 『여효경』', '송씨의 『여논어』'라고 바로 잡아야 한다.

19 『구당서』 「후비 하」는 이러하다. "여학사(女學士)이자 상궁(尙宮)인 송씨라는 사람은 이름이 약신(若莘)이며, 『여논어』 열 편을 지었다." 그녀의 말은 『논어』를 흉내 낸 것이다. 위령(韋逞)의 어머니이자 선문군(宣文君)인 송씨가 공자의 대역이고 반소 등이 안자와 민자건(閔子騫)의 대역이다. 그들 사이의 문답은 모두 여자의 도[婦道]에서 높이 치는 것이다. 손아래누이 약소(若昭)가 주해(注解)를 달았는데, 모두 이치에 맞았다."

20 『후한서』 「열녀전」(列女傳)은 이러하다. "부풍 조세숙(曹世叔)의 아내는 같은 군에 사는 반표의 딸이다. 이름은 소(昭)이고 자는 혜반(惠班)이다. 반희(班姬)라고도 불렸다. 박학다식하고 다재다능했다. 조세숙이 일찍 죽었지만 절개 있는 행동과 법도가 있었다. 오빠 반고는 『한서』를 지으면서, 여덟 편의 「표」 및 「천문지」를 마치지 못하고 죽었다. 황제는 반소가 동관에서 오빠의 일을 이어서 완성하라는 명령을 내렸다. 화제(和帝)는 자주 반소를 불러 궁궐에 들어오게 해서 황후(皇后)와 여러 귀인(貴人)이 그를 스승으로 섬기도록 하고, 대가라고 부르게 했다. 『여계』(女誡) 일곱 편을 지었는데, 여자의 훈계[內訓]에 도움이 된다."

21 사마상여의 「자허부」와 「상림부」는 자허와 망시공을 설정하여 문답의 수사법을 베풀었다.

들에게 어디로 가라고 하는 것인가? 그들은 자신의 뜻을 마치 경전과 비슷한 것으로 만들었을 뿐이다. 이것이 어찌 경과 비슷하겠는가? 경과 비슷한 것을 찾으려 한들, 원(諢)과 편(騙)에게 괘가 있다는 이야기나[22](『철경록』(輟耕錄)을 보라) 가죽신이 소리를 거둬들이자 「월령」(月令)이 생기게 되었다는 이야기와 매한가지이다.[23](이것은 모두 익살스런 일이다)

굴원이 울분을 쏟아낸 노래 가사 스물다섯 편이 있다. 유향과 반고는 이것을 목록에 수록하면서 『굴원부』라고 불렀다.[24] 왕일(王逸)이 여기에 주를 달면서 『이소』 편에 경이라는 이름을 붙였다. 왕일은 경(經)을 경(徑)이라고 풀이하면서도, 『이소』의 제목에 경이라는 말을 단 일이 누구에게서 시작되었는지 풀이하지 못했다.[25] 송나라 때 굴원의 작품에 주를 달

---

22 도종의(陶宗儀) 『철경록』(輟耕錄) 권10은 이러하다. "회남 출신 자소(子素) 반순(潘純)은 『곤괘』(輥卦)를 지어 세상 사람들을 꾸짖은 적이 있다. 모나지 않고 익살스러움으로 대단한 작위를 얻은 사람이다. 최근의 부풍 출신 문벽(文璧) 마완(馬琬)도 『편괘』(諞卦)를 지었다. 당시의 못마땅한 점을 꼬집어서 참으로 풍자의 정통을 얻었다."

역주_ 도종의(1329~1412)는 자가 구성(九成), 호가 남촌(南村)이다. 절강 황암(黃巖, 현재 절강성 청도항) 출신이다. 원나라 지정 8년(1348) 3월 과거 시험을 치렀으나 정사를 논했다는 이유로 낙방했다. 황암에서 반란이 일어나자 피난을 떠나 절동과 절서를 여행했다. 이후 난리를 피해 은거하고 교육에 힘썼다. 지정 26년(1366) 『철경록』을 완성했다. 원나라의 전장 제도, 예술과 문학, 희곡과 문학 작품, 반란 등에 관한 많은 내용을 수록했다. 명나라 홍무 4년(1371)과 6년(1373)에 조정의 초빙을 받았지만 병을 핑계로 나가지 않았다. 늘그막에 하는 수 없이 교직에 나갔다. 대략 영락 10년 무렵 송강(松江)에서 죽었다.

23 알 수 없다. 나는 이렇게 생각한다. 앞에서 정씨와 송씨 등이 경에 자신의 주장을 깃들인 일이 어리석다고 말하고 있다.

24 「시교 하」의 주31을 보라.

25 『후한서』 「문원전」은 이러하다. "왕일은 자가 숙사(叔師)이며, 남군(南郡) 의성(宜城) 출신이다. 원초(元初) 연간에 상계리(上計吏)로 천거되어 교서랑이 되었다. 순제 때 시중이 되었고, 『초사장구』(楚辭章句)를 지어 세상에 유행했다." 그의 「이소경장구서」(離騷經章句敍)는 이렇게 말한다. "굴원은 충성스럽고 절개가 곧은 사람인데도 사악한 참소를 당했다. 근심하는 마음이 괴롭고 어지러워 어떻게 하소연해야 할지도 모를 지경이었다. 이에 『이소경』(離騷經)을 지었다. 이(離)는 별(別)이다. 소(騷)는 수(愁)다. 경(經)은 경(徑)이다. 자신이 쫓겨나서 이별하게 되었고 마음속에 근심스런 생각이 가득한 것을 말하고 있다. 이것은 마치 길을 의지하여 풍자로 간언하는 것과 같다."

면서 "어떤 판본에는 「구가」라는 제목 다음에 「전」이라는 글자가 있다"[26]라고 말했다. 설령 『이소경』이니 『구가전』이니 하는 이름이 시작된 때는 모른다 하더라도, 요컨대 경이 있어야 「전」이라는 이름이 있을 수 있기 때문에 송나라 때 시작된 것은 당연히 아니리라. 굴원의 부는 본디 『이소』를 중시한다. 사마천 이후 『이소』를 취하여 굴원의 글 전체에 「소」라는 이름을 붙였고[27] 지금도 여전히 그렇다. 「소」, 곧 『초사』에 묶인 여러 편의 뜻은 본래 구별할 수 없다. 오로지 『초사』의 첫 번째 편만 중시하여 첫 번째 편은 경이고 나머지 편은 「전」이라고 억지로 나눴다. 이것은 『시경』에서 정아(正雅)를 경으로 삼고 변아(變雅)를 「전」으로 삼은 형식과 맞추려고 했기 때문에 이렇게 되었다.[28] 그렇다면 『맹자』 일곱

26 주희 『초사변증(楚辭辨證) 상』은 이러하다. "홍흥조[洪氏]의 목록에 「구가」 아래의 주는 이렇게 말한다. '어떤 판본은 이 아래에 모두 전이라는 글자가 있다.' 조공무의 『군재독서지』는 「구변」 이후에 이렇게 있다고 한다." 이것은 모두 「전」이라는 제목을 다는 일이 언제 시작되었는지 모르기 때문이다.

27 주중부(周中孚) 『정당차기』(鄭堂箚記)는 이러하다. "『사기』 「태사공자서」는 이러하다. '굴원이 쫓겨나서 『이소』를 지었다.' 또한 이렇게도 말한다. '사부를 지은 것은 풍자로써 간언하고자 하는 것이며 비슷한 것을 이어서 다투어 논의하고자 하는 것이다. 『이소』에는 이런 것이 있다.' 『한서』 「사마천전」은 이러하다. '굴원이 쫓겨나서 이에 『이소부』를 지었다.' 이것은 모두 처음에 나오는 것으로 책 전체의 이름을 통일적으로 부르는 것이다."(이상(李詳)의 『문심조룡황주보정』(文心雕龍黃注補正)에서 재인용했다. 기유년의 『국수학보』(國粹學報) "문편"(文篇)을 보라)

역주_ **주중부**(1768~1831)는 청나라 목록학자이다. 자는 신지(信之), 호는 정당(鄭堂)이다. 오정 출신이다. 여러 학자들의 중시를 받았고 다른 사람의 장서 목록 편찬을 거들었다. 저술에 『정당독서기』(鄭堂讀書記), 『정당차기』 등이 있다. **이상**(1859~1931)은 현대 중국의 유명한 학자이자 문학자이다. 양주학파를 대표하는 인물이기도 하다. 자가 심언(審言)이며 만년의 호가 휘수(輝叟)이다. 강소성 양주 흥화현 출신이다. 스물일곱 살에 당시 학정이던 황체방(黃體芳)을 알게 되었고 일등으로 부학생원(附學生員)이 되었다. 나중에 장사의 왕선겸을 알게 되어 늠공생원(廩貢生員)이 되었다. 1901년부터 1910년 사이 남경에 살면서 『문심조룡황주보정』을 썼다. 1923년 동남대학(東南大學) 국문계 교수에 초빙되었다. 1931년 병으로 고향에서 세상을 떠났다. 『문심조룡』은 황숙림의 교정본이 가장 좋은데, 이것을 보충하고 교정한 것은 다시 이상의 것이 최고라는 평가를 받고 있다.

28 정현은 「시보서」에서 대략 이렇게 말한다. "문왕과 무왕의 덕은 앞 시대의 실마리를 빛냈다. 그때의 『시』를 보면 「풍」에는 "주남"이나 "소남"(召南), 「아」에는 "문왕"이나 "녹명" 따위가 있다. 그러므로 모두 수록하고 『시』의 정경(正經)이라고 불렀다.

편은 「양혜왕」(梁惠王)이라는 경과 「공손추」(公孫丑)나 「등문공」(滕文公)이라는 여러 「전」으로 나누어야만 한다.[29]

공자가 『춘추』를 짓자 장자는 논의하긴 하지만 단정짓지 않을 것이라고 생각했다.[30] 아마 『춘추』의 뜻은 사실과 글에 깃들어 있으므로 상벌을 내리는 말을 스스로 하지 않을 것이다.[31] 한나라와 위나라 이후 『춘추』를 본뜬 책들이 아마 많이 나왔을 것이다. 그중 어떤 것은 전승되고 어떤 것은 없어져 버렸기 때문에 많은 사람이 번갈아가며 헤아리더라도 정확히 몇 가지인지 완전히 헤아릴 수 없다. 후세의 논자는 사마천과 반고 이후의 기전체 역사서가 『상서』를 본받은 것이며 여러 사

후세의 왕들은 형편없어져서 여왕(厲王)이나 유왕(幽王) 같은 이들이다. 정교는 더욱 쇠락하고 주나라 왕실은 크게 무너졌다. 그래서 공자는 의왕(懿王)이나 이왕(夷王) 때의 시를 수록하고 진나라 영공(靈公)의 음란한 일까지 미쳤다. 이것을 변풍(變風)이나 변아(變雅)라고 부른다." 『시경정의』(詩經正義)는 이렇게 말한다. "의왕 때의 시는 「제풍」(齊風)이 그것이다. 이왕 때의 시는 「패풍」(邶風)이 그것이다." 시는 「패풍」부터 「빈풍」(豳風)까지 백서른다섯 편이 변풍이다. "유월"(六月)부터 "하초불황"(何草不黃)까지 쉰여덟 편이 변소아(變小雅)이다. "민로"(民勞)부터 "소민"(召旻)까지 백서른 편이 변대아(變大雅)이다. 장학성은 『을묘차기』(乙卯劄記)에서 이렇게 말한다. "정현의 『시보』는 「소아」 열여섯 편과 「대아」 열여덟 편을 정경이라고 했다. 공영달은 이렇게 말한다. '아마 올바르지 않은 것을 쓰면 「전」이라고 부를 것이다. 그렇다면 "유월" 이하는 「소아」의 「전」이고 "민로" 이하는 「대아」의 「전」이다.' 『이소』는 경이고 『구가』 이하는 「전」이다. 여기서 뜻을 취한 것이라고 주희는 말했을 따름이다."(가업당본 『장씨유서』 외편 권2)

29 『맹자』 일곱 편의 목록은 「양혜왕」, 「공손추」, 「등문공」, 「이루」, 「만장」, 「고자」, 「진심」(盡心)이다. 나는 이렇게 생각한다. 여기까지 『굴원부』의 경과 「전」을 억지로 나눈 거짓을 말하고 있다.

역주_ 한나라 조기가 원래 일곱 편이던 『맹자』의 각 편을 상하로 나눈 뒤부터 조기를 따랐기 때문에 오늘날 『맹자』를 열네 편이라고 한다.

30 『장자』 「제물론」(齊物論)은 이러하다. "『춘추』가 기록한 세상을 경륜하는 일이나 선왕의 기록에 대해 성인은 논의하지만 구분하지는 않는다." 곽상(郭象) 주는 이러하다. "만들어진 자취를 따르지만 지극히 당연한 극단에 초점을 맞춘다. 그것이 옳다는 것만 붙잡고 뭇 사람을 그르다고 한다."

31 뜻을 사실과 글에 깃들이는 것은 「서교 상」의 주29를 보라. 『춘추원명포』는 이러하다. "상벌은 천자의 일이다. 공자는 덕이 있었어도 자리가 없었기 때문에 상벌을 『춘추』에 맡겼다. 한 글자로 포폄(褒貶)하는 일은 화곤(華袞)보다 영화롭고 부월(斧鉞)보다 엄격하다."

람의 편년체 역사서가 『춘추』를 본받은 것이라고 말했다.[32] 하지만 그들은 사마천과 반고의 「본기」가 본래 『춘추』를 연구한 사람들의 학문이라는 것을 모른다. 마치 『춘추좌전』과 『국어』가 『춘추』의 안팎을 이루는 것처럼 사마천과 반고의 「서」, 「지」, 「표」, 「전」이 「본기」와 더불어 처음부터 끝까지 뜻을 깨달아 밝히고 있다는 것을 그들은 모른다.[33] 『춘

---

32 나는 이렇게 생각한다. 『수서』 「경적지」는 『사기』 이하를 정사(正史), 『죽서기년』[紀年] 이하를 고사(古史)라고 수록하고 있다. 이것은 기전체가 『상서』를 기준으로 하고 편년체가 『춘추』를 기준으로 한다는 말인 듯하다. 나중에 사람들이 목록을 작성할 때 이것을 근거로 한 사람이 많았다.

역주_ 『죽서기년』의 원문은 '紀年'인데 중화서국의 표점자는 책 이름으로 표시하지 않았다. 잘못된 것이라 바로 잡았다.

33 『사통』 「육가」는 이러하다. 춘추가는 "태사공이 『사기』를 지으면서 비로소 천자를 「본기」로 지었다. 그 종지를 살펴보면 『춘추』를 본받은 것 같다. 『사기』로부터 국사를 만드는 사람들은 모두 이런 방법을 쓰게 되었다." 사마천은 『춘추』의 뜻에 뿌리를 두고 역사서를 지었다. 이것은 「태사공자서」에 이미 갖춰져 있다. 최근 사람인 금육불[金靜庵]은 이렇게 말한다. "『사기』에 있는 「본기」는 편년을 체로 하며, 뜻은 『춘추경』과 동일하다. 「본기」 이외에 따로 「열전」을 지었는데, 뜻은 『춘추좌씨전』과 동일하다. 아마 「본기」가 상세하게 기술할 수 없는 것은 모두 「열전」에 갖춰 놓았을 것이다. 다름 아니라 「열전」이 「본기」를 풀어서 지은 것이다. 『주례』의 외사는 삼황오제의 책을 맡고 있다. 그래서 옛사람은 '사송체'(史誦書)라고 말한다.(『춘추좌전』 「양공 14년」) 그리고 『한서』 「예문지」도 『주서』 일흔한 편을 수록하고 있다. 그러므로 반고의 『한서』 이후로 역사서를 서(書)라고 부른 것은 모두 「전」으로 경을 풀이한다는 뜻을 취한 것이다."(『중국사학사』(中國史學史) 제3장)

역주_ **금육불**(金毓黻, 1887~1962)은 현대 중국의 역사학자, 목록학자이다. 자는 육불(毓紱)이며 호는 정암이다. 요녕성(遼寧省) 요양(遼陽) 출신이다. 1916년 북경대학을 졸업하고 심양문학전교(瀋陽文學專校)에서 가르쳤다. 1931년 요녕성 정부 위원 겸 교육청장에 임명되었다. 이듬해 만주국 봉천성 도서관(奉天省圖書館) 관장에 임명되었다. 만주 지역의 사료 수집, 정리, 연구에 힘썼다. 『발해국지장편』(渤海國志長編), 『문연각사고전서원본제요』(文淵閣四庫全書原本提要), 『봉천통지』(奉天通志)를 편찬했다. 일본을 경유하여 남경에 가서 채원배(蔡元培)를 만나 그의 소개로 중앙대학(中央大學)에서 가르쳤다. 『동북총간』(東北叢刊), 『요해서록』(遼海書錄), 『요해총서총목제요』(遼海叢書總目錄提要) 등을 출판했다. 소장한 만주 지역의 문헌과 자료가 대단히 많아 『동북문헌습령』(東北文獻拾零), 『요해서징』(遼海書徵) 등을 편찬하기도 했다. 1945년 이후 동북대학(東北大學) 사학계(史學系) 교수가 되었고 동북도서관(東北圖書館) 소장 청나라 내각대고(內閣大庫)의 명나라와 청나라 문서[明淸檔案]를 정리하여 『명청내각대사료』(明淸內閣大史料)로 편집하기도 했다. 대표작은 『중국사학사』 등이 있다. 요녕성 지역의 금씨는 본디 병자호란 이후 소현세자를 따라 갔던 조선

추』의 형식을 본뜬 여러 학자들의 역사서[陽秋][34]는 앞서거니 뒤서거니 뒤섞여서 나타났다. 『춘추』라는 이름은 그대로 쓰지만 형식을 바꾸기도 하고(『십육국춘추』(十六國春秋) 같은 종류)[35] 『춘추』라는 이름은 피하지만 내용을 본받기도 한다.(『통감강목』 같은 종류)[36] 요컨대 이들은 사마천과 반고의 글이 본래 『춘추』의 학을 이었지 결코 『상서』에서 방법을 취하지 않았다는 것을 몰랐다. 그러므로 『춘추』의 뜻에 밝은 사람은 사마천과 반고 이후의 글과 사실 가운데 본뜻이 어떤 것인지 비교하고 바로잡아야만 한다. 만약 사실을 수집하고 연도별로 나누어 편집하려 했다면 순열과 원굉의 사례가 있다.[37] 그러므로 뜻이 있다면 본받지 못할 이유가 없다. 기전체와 편년체 이외에 『춘추』라는 별도의 형식으로 역사서를 짓고자 한다면 이것은 왕통이 지은 『원경』의 속편이 될 따름이다. 이단이 경에 대항하는 것은 말할 필요가 없다. 유학자는 육경에 복종하고 익히지만 경이 본뜰 수 없는 것임을 모른다. 이런 유학자의 됨됨이는 천박하다![38]

사람의 후예라고 한다.

34 진나라 간문제의 황후인 정후(鄭后)의 이름은 아춘(阿春)이다. 그래서 윗사람의 이름을 다른 글자로 바꿔 써서 『춘추』를 『양추』(陽秋)라고 부른 것이다. 『수서』 「경적지」는 이러하다. "『한진양추』(漢晉陽秋) 마흔일곱 권은 진나라 습착치(習鑿齒)가 지었다. 『진양추』(晉陽秋) 서른두 권은 손성이 지었다. 『속진양추』(續晉陽秋) 서른 권은 송나라 단도란(檀道鸞)이 지었다." 이것이 바로 여러 학자들의 역사서(諸家陽秋)라는 것이다.

35 『수서』 「경적지」 "패사류"(霸史類)는 이러하다. "『십육국춘추』 백 권은 위나라 최홍(崔鴻)이 지었다."

36 『자치통감』은 「서교 하」의 주37을 보라. 『직재서록해제』 「편년류」는 이러하다. "『통감강목』 쉰아홉 권은 신안(新安) 출신 주희(朱熹)가 지었다. 처음에 사마광[司馬公]의 『통감』에는 목록과 거요(擧要)가 있었다. 주희[朱晦翁]가 따로 의례를 지었다. 세(歲)를 표시하여 연을 밝히고, 연을 근거로 통(統)을 드러냈다. 큰 글씨로 요점을 들고[提要] 주를 나눠 주장을 갖췄다. 큰 글씨는 강(綱)이고 주를 나눈 것은 목(目)이며, 강은 경(經)과 같고 목은 전(傳)과 같다."

37 「시교 하」의 주36을 보라.

38 나는 이렇게 생각한다. 여기까지 편년체가 『춘추』를 본받은 것이라고 말한 후세 역사서의 주장이 어리석음을 말하고 있다.

권 2
내편 2

원도(原道)

상·중·하

1. 원도(상)[1]

어떤 사람이 이렇게 물었다. "도의 거대한 근원은 하늘에서 나온다는데,[2] 하늘이 본래 정성스럽게 명령하는 것인지요?"

나는 이렇게 대답했다. "세상천지가 생기기 전의 상황을 나는 어디서도 들어본 적이 없어서 모르겠네. 하지만 세상에 사람이 생기면서 도가 생기게 되었지. 물론 도는 아직 분명한 형태를 이루지 못했어. 부부와 자식 하나까지 셋이면 한 가족을 이루는데 이것은 최소한의 단위야. 그런 뒤에 도는 형태를 갖추긴 했지만[3] 확실히 어떤 구조인지 아직 드러나지

1 『회남자』「원도훈」 고유(高誘) 주는 이러하다. "원(原)은 본(本)이다. 도에 뿌리를 두고 참된 것[眞]에 뿌리박았으며, 천지를 감싸고 만물을 지난다. 그래서 원도라고 하는 것이다." 「원도」편은 옛날 제목을 이어서 여전히 쓰고 있지만, 뜻은 새롭고 창조

적인 것이 많다. 「원도」의 요지에 대해 장학성은 「여진감정논학서」(與陳鑑亭論學書)에서 이렇게 스스로 말한 적이 있다. "도는 포괄하지 않는 것이 없다. 방술(方術)을 연구하는 사람들은 각자 자신의 견해를 최선이라고 생각한다. 옛사람 가운데 「원도」를 지은 사람은 셋이 있다. 회남자는 공몽(空蒙)에 가탁했으며, 유협(劉勰)은 글이 가리키는 뜻만 말했고, 한유[韓昌黎]는 불교와 도교의 근원을 막기 위해서 썼다. 이들은 주장을 세우는 근본에 대해 밝혔다고 할 수 있다. 내 글의 종지는 세 사람과 또 다르다. 『문사통의』는 오로지 저작의 숲에서 교수의 성공과 실패를 말한 것이다. 저작은 학문에 뿌리를 두지만 요즘 사람들이 말하는 학문은 『이아』의 명물이나 육서의 훈고를 가지고 경세의 대업을 다할 수 있는 것을 말한다. 비록 주돈이나 정호, 정이의 의리(義理), 한유나 구양수의 문사라고 하더라도 그들은 한 마디 말로 어렵지 않게 구석에 처박아 버린다. 그들이 조금이라도 방법에 통했다면 고증[考訂], 의리, 문사를 세 학파로 나누지만 이들이 각각 장점을 가지고 있다고 말하리라. 그러나 그런 사람이라도 이것이 모두 도 가운데 동일한 일이라는 점을 모른다. 저술이 어지럽게 등장하고 종놈을 내보내고 주인을 들여보내는 일은 바로 이것과 관련되어 있다. 내 글 「원도」라는 작품은 대체로 세 학파의 영역을 설정하여 나눈 것이다. 「원도」라는 편명은 이전에도 볼 수 있는 것이지만, 거기서 밝힌 것은 사실 옛날부터 완전하게 설명하지 못한 길이다. 내 글의 제목이 이전 사람을 베낀 것 같아서 많은 분들은 늘 보던 익숙한 글처럼 내 글을 보는 것 같다. 글짓기는 육예를 결국 돌아갈 집으로 생각하며, 인륜은 공자를 궁극적 목표로 생각한다는 것은 삼척동자라도 말할 수 있다. 그러나 학술이 고대로 나아가지 못하는 이유는 바로 유학자들이 육경을 본받고 공자를 스승으로 삼으려는 일에 잘못이 있기 때문일 뿐이다. 공자는 자리를 얻지 못하고도 도를 행했고, 육경을 조술하여 영원한 가르침을 내려주었다. 이것은 공자도 어쩔 수 없는 것이다. 후세의 유학자들은 쇠락한 주나라, 곧 아무 것도 할 수 없는 세상에 살지 않는데도 곧바로 공자를 스승으로 본받으려 하고 꼭 저술하여 후세에 내려주려고 한다. 이것이 어찌 어쩔 수 없어서 그런 것이겠는가? 어찌 동시대의 사람을 멸시하면서 후세인만 정성스럽게 대할 수 있겠는가! 그러므로 공자를 배우는 사람은 공자가 배운 것을 배워야만 하며, 공자가 어쩔 수 없었던 것을 배워서는 안 된다. 그러나 맹자 이후부터 통달한 유학자[通儒]라고 자임하는 사람들은 대개 모두 공자가 어쩔 수 없었던 것을 배우길 원한다. 공자가 어쩔 수 없었던 것을 공자의 본래 의지라고 잘못 이해하면 도덕과 문장이 별도의 물건인 것처럼 허투루 우러르게 된다. 크게는 온 세상과 우주를 다스리는 일과 작게는 사회적 관계의 떳떳함에 나날이 쓰이는 일을 좋지 않은 것으로 보게 된다. 그러므로 도기합일(道器合一)을 안다면 즉시 학을 말할 수 있다. 도기합일의 이유는 꼭 주공과 공자가 나뉘는 지점에서 시작을 찾아야 한다. 이것은 실로 고금의 학술에 담긴 요지이다. 그러나 앞 시대 사람들은 이에 대해 논의하긴 했으되 미진한 구석이 있기도 하다. 그러므로 「원도」편에서 제시한 것은 다음과 같다. 도가 하늘에서 나온다는 주장은 윤곽만 보여주는 듯하지만, 세 사람이 한 집에 사는 것에서 절실하게 증명된다. 막히면 변하고 변하면 통하며 통하면 지속가능하다면, 도의 근본 바탕을 보존하는, 곧 뭇사람이 그렇다는 것을 모르지만 그런 상태에서 도의 근본 바탕이 있다는 것을 헤아려 짐작한다. 집대성한 사람은 사실 주공 않았지. 가족의 숫자가 십 단위, 백 단위로 늘다가 심지어 헤아릴 수 없이 많아지자 한 가족이라는 단위로 담을 수 없게 되었네. 그래서 몇 가

이지 공자가 아니다. 공자는 비록 하늘만큼 큰 사람이지만 한 마디로 완전하게 설명할 수 있다. 공자는 주공을 배운 것 이외에 다시 말할 것이 없다. 육경은 기(器)를 떠나서 도를 말한 적이 없다. 도덕이 쇠락한 이유는 도가 사람 때문에 이름을 달리 한 데서 시작되었다. 모든 사람들이 자신을 뽐내면서 신천지를 열었다고 거짓말하지만, 앞 시대 사람들은 결코 이런 지경까지 말한 적은 없다."(가업당본 『장씨유서』 권9) 청나라 때 유학자들은 고염무[顧亭林] 이후부터 '도는 육경에 있기 때문에 경에 통달하는 것이 바로 도를 밝히는 근거'[道在六經, 通經卽所以明道]라고 생각했다. 장학성은 '도는 사물에 있기 때문에 처음부터 사회적 관계의 나날이 쓰는 일을 벗어나지 않는다. 학자가 도를 밝히려면 마땅히 사물에 의거하여 근거를 찾아야만 한다. 육경은 본디 육경 자체로 이런 일을 다할 수 없다'[道在事物, 初不出乎人倫日用之間. 學者明道, 應卽事物而求其所以然, 六經固不足以盡之]라고 말한다. 『문사통의』는 본래 당시 경학의 폐단을 구제하기 위해 지은 것이다. 「원도」 세 편은 사실 『문사통의』 전체를 고스란히 모아놓은 것이다. 지은 해는 「경해 상」의 주1을 보라. 「원도 상」편은 성인의 경륜과 치화가 도의 근본 바탕의 본래 상태에서 나오며 주공이 그것을 집대성했음을 주장한다.

역주_ 고유는 동한 말의 학자이다. 탁군 출신이다. 어려서 노식에게 배웠다. 건안 10년(205) 사공연(司空掾)에 임명되었다가 곧 동군(東郡) 복양(濮陽, 현재 하북성)의 영(令)에 임명되었고 나중에 하동감(河東監)으로 옮겼다. 저술에 『맹자장구』, 『효경주』, 『전국책주』, 『회남자주』, 『여씨춘추주』가 있다. 『회남자주』는 허신의 주와 뒤섞여 있다.

2 동중서의 말이다. 『한서』 「동중서전」을 보라.

3 사람이 사회생활을 영위할 때, 매일 음식을 나누는 일은 서로 같은 근거를 가지고 유지한다. 도는 길이다. 사람이 살면서 도를 떠날 수 없는 것은 마치 나다닐 때 길을 따라 다니는 것과 같다. 세 사람이라는 것은 적은 숫자를 극도로 강조한 말일 뿐이다. 왕종염(王宗炎)은 「복실재서」(復實齋書)에서 이렇게 말한다. "대단한 저작을 받들었습니다. 「원도」편을 읽다가 '셋이면 한 가족을 이루면 도는 형태를 갖춘다'라는 말에 대해 미처 완벽하게 이해하지 못했습니다. 남녀가 한 집에 사는 것은 『맹자』도 크나큰 인륜이라고 생각했습니다. 그리고 『중용』도 부부에게서 도가 시작된다고 말합니다. 이제 세 사람이 한 가족을 이룬다고 말씀하시니 말이 안 되는 것 같습니다. 만약 한 집에 산다는 것을 함께 지내는 것이라고 푼다면 세 사람이라는 말도 가치가 현저하게 떨어지지 않을 겁니다. 아마 하나가 둘을 낳고 둘이 셋을 낳는 것은 틀림없는 법도일 것입니다. 하나라면 아직 형태를 갖추지 않았지만 둘이라면 벌써 점차 드러나는 상태입니다. 절대로 둘을 버리지 않지만 셋의 도를 말하고 있습니다. 제 생각은 별도의 종이에 갖추어 두었습니다. 제 말이 맞는지 맞지 않는지 아직 모르겠습니다."(가업당본 『장씨유서』 「부록」을 보라) 이 구절을 "상대방과 내가 있고 도가 형태를 드러낸다"라고 고치려면, 지은이의 원래 뜻과 달라져 옳지 않게 되리라.

족씩 모여 부족으로 나뉘고 계층이 분화되자 도는 확실한 구조를 드러내게 되었지. 인의(仁義)나 충효(忠孝) 같은 이름이나 형정이나 예악 같은 제도는 모두 이처럼 어쩔 수 없는 상황 때문에 나중에 생긴 것이라네.[4]

사람들은 사람이 생기면서 동시에 도가 생겼다는 것을 모른다네. 세 사람이 한 가족을 구성하게 되면 아침저녁 대문을 여닫는 일이라든지 땔감을 장만하는 사람과 물 긷는 사람에게 아침저녁 끼니를 의존하는 일[5]은 반드시 생기게 마련이지. 이제 홀몸이 아니라 여럿이 함께 살기 때문에 일상생활의 사소한 책임조차 나눌 수밖에 없게 되었네. 각자 한 가지씩 일을 도맡아서 하는 방식이나 순번제로 돌아가며 일을 하는 방식은 어쩔 수 없는 추세였지만 여기서 평등과 질서의 정의[均平秩序之義]가 나타나게 되었지. 자기 일을 다른 가족 구성원에게 떠밀고 다투는 일이 생길까 두려웠기 때문에 연장자를 추대하여 공평함을 주관하게 할 수밖에 없게 되었네. 이것도 어쩔 수 없는 추세였지만 연장자와 연소자 또는 윗사람과 아랫사람의 구별이 형태를 갖추게 되었지. 가족의 숫자가 십 단위나 백 단위, 심지어 헤아릴 수 없이 많아지자 몇 가족씩 모여 부족으로 나뉘고 계층이 분화되었네. 단일한 가족의 경우와 마찬가지로 몇 가족씩 모인 작은 단위에도 무리를 이끌 우두머리가 필요했지. 다시 작은 단위의 가족들이 헤아릴 수 없이 많은 상태, 곧 사람이 많아지면서 유능한 사람에게 맡겨야만 했네. 그래서 재능이 출중한 사람을 추대하여 번거로운 일을 다스리게 해야만 했지. 단위 가족들의 세력이 뿔뿔이 나뉘어 무질서한 상태였으므로 그들을 따르게 만들려면 덕이 출중한 사람을 추대하여[6] 공공의 이익에 부합하도록 사람들을 교화시키는 일을 맡

4 사람의 문화가 펼쳐지고 진보하면 부락에서 출발하여 국가가 된다. 가르침이 갖가지 일을 영위하다 보면 이에 따라 나날이 복잡하게 된다. 그래서 예악과 형정이 어쩔 수 없이 일어난다고 말한다. 나는 이렇게 생각한다. 이 단락은 도가 본래 상태에서 나온다는 것을 밝히고 있다.

역주_ **인의**는 관용과 정의, **충효**는 충성과 효도라는 뜻이다.

5 아침밥을 옹(饔)이라고 하고 저녁밥을 손(飧)이라고 한다. 익혀 먹는 것이다.

겨야만 했네. 이것도 어쩔 수 없는 추세이지. 이렇게 되자 군사(君師)를 만든 것,[7] 임자 없는 벌판의 경계를 구획하여 큰 영역으로 나눈 것,[8] 정전(井田),[9] 봉건(封建)[10], 학교(學校)[11]의 의도가 무엇인지 확실히 드러나게

---

6 '따르게 만들려면[率俾]'은 『상서』 "주서" 「무성」[僞武成]에서 "화하(華夏)와 만맥(蠻貊)이 좇지 않음이 없도다"라고 하고, 공안국 『상서전』에서 "모두 서로 이끌고 와서 부린다"고 한다. 무(懋)는 성대하다는 뜻이다. 『상서』 「대우모」[僞大禹謨]는 이러하다. "내가 네 덕을 크게 여긴다."

7 『상서』 "주서" 「태서」[僞泰誓]는 이러하다. "하늘이 천하 백성을 도우셔서 임금을 만들고 스승을 만들다."

역주_ **군사**는 임금과 스승이다. 고대 사회에서 통치자와 제사장이 일체인 상태를 말한다.

8 『상서』 "하서" 「우공」은 이러하다. "우임금이 구주를 나누었다." 『서전』(書傳)은 『주공직록』(周公職錄)을 인용하여 이렇게 말한다. "황제가 천명을 받고 풍후(風后)가 「도」를 받아 땅을 갈라 구주로 나누었다." 『한서』 「지리지」는 이러하다. "옛날 황제가 만리의 영역을 다스리고 있었다. 벌판의 경계를 구획하여 큰 영역으로 나눴기 때문에 백리씩 나라가 만개나 생겼다." 안사고는 이렇게 말한다. "획(畫)은 경계 짓는 것을 말한다. 야(壄)는 야(野)의 옛 글자이다."

9 『맹자』 「등문공 상」은 이러하다. "사방 십 리면 정(井)이니 정은 구백 무(畝)가 된다. 한가운데가 공전(公田)이며 여덟 집이 모두 백 무씩 가지고 함께 공전을 기른다." 『한서』 「식화지」(食貨志)는 이러하다. "하나의 정을 여덟 집이 함께 할 때 각자 사전(私田)을 백 무씩 받고 공전을 십 무씩 받는다. 그러면 팔백팔십 무가 된다. 나머지 이십 무는 살림집이 된다."

10 『주례』 "대사도"는 이러하다. "일반적으로 나라를 세울 때 토규(土圭)로 땅을 재서 경계를 정한다. 모든 공작[諸公]의 땅은 사방 오백 리를 강역으로 봉하며 식읍에서 걷는 세금의 절반을 사용한다. 모든 후작[諸侯]의 땅은 사방 사백 리를 강역으로 봉하며 식읍에서 걷는 세금의 삼분의 일을 사용한다. 모든 백작[諸伯]의 땅은 사방 삼백 리를 강역으로 봉하며 식읍에서 걷는 세금의 삼분의 일을 사용한다. 모든 자작[諸子]의 땅은 사방 이백 리를 강역으로 봉하며 식읍에서 걷는 세금의 사분의 일을 사용한다. 모든 남작[諸男]의 땅은 사방 백리를 강역으로 봉하며 식읍에서 걷는 세금의 사분의 일을 사용한다." 『춘추좌전』 「희공 24년」은 이러하다. "옛날 주공은 이숙(二叔)이 제 명에 죽지 못한 것을 슬퍼했습니다. 그래서 친척에게 땅을 봉하고 나라를 세워 주나라의 울타리로 만들었습니다."

역주_ **이숙**은 주공의 아우 관숙과 채숙 두 명을 가리킨다.

11 『맹자』 「등문공 상」은 이러하다. "상서학교(庠序學校)를 베풀어 백성을 가르친다. 상(庠)은 양(養)이다. 교(校)는 교(教)이다. 서(序)는 사(射)이다. 하나라는 교, 은나라는 서, 주나라는 상이라고 했다. 학(學)은 삼대가 함께 한 것인데 모두 인륜을 밝히는 근거이다." 주희 주는 이러하다. "상은 노인을 보살피는 것[養老]을 마땅함으로 하며, 교는 백성을 가르치는 것[教民]을 마땅함으로 하고, 서는 활쏘기를 익히는 것[習射]을 마땅함으로 한다. 이것은 모두 향학(鄕學)이다. 학은 국학(國學)이다."

되었네. 그러므로 일개 성인의 지혜가 힘이 있다 한들 영원한 도를 어찌 할 수 있는 것은 아니라네. 사람이 이룩한 문명들은 일이 돌아가는 추세[事勢]의 본성 때문에 점차 형태를 갖추고 구조가 분명히 드러나게 되면서 어쩔 수 없이[不得已] 출현한 것이지. 그래서 사람이 어쩔 수 없는 필연성의 상징으로서 하늘이라고 말한 것이네.[12]

『주역』은 '한번 음이 되고 한번 양이 되는 것이 도'라고 말하지.[13] 이것은 사람이 아직 나타나지 않았어도 도가 이미 갖추어져 있다는 말이네. 『주역』은 이어서 '도를 잇는 것은 선함이요 도를 완성하는 것은 본성'이라고 말하지.[14] 이것은 하늘이 사람에게서 드러나며 이치가 기운[氣]에 달라붙어 있다는 말이네. 그러므로 적절한 형태를 갖추고 적절한 이름을 붙일 수 있는 것은 도를 원인으로 하는 결과들이지 도 자체가 아니라네.[15] 도는 만사와 만물의 근거[所以然]이지 만사와 만물이 그래야만 하

역주_ 위 본문에서 말하는 **정전**은 경제 체제, **봉건**은 정치 체제, **학교**는 교육 체제이다. 이것이 국가의 기본을 이룬다.

12 나는 이렇게 생각한다. 이 단락은 도가 점차 형태를 갖추고 점차 드러난다는 앞의 뜻을 거듭 밝히고 있다.

역주_ **일이 돌아가는 추세**는 구체적인 일 또는 구체적인 사물의 필연적 추세라는 뜻이다.

13 『주역』「계사전 상」은 이러하다. "한번 음이 되었다가 한번 양이 되는 것이 도이다. 그것을 잇는 것은 선(善)이다. 그것을 완성하는 것은 본성[性]이다."

14 정자(程子)는 이렇게 말한다. "살리고 살리는 것이 역(易)이다. 이것은 하늘이 도가 되는 근거이다. 하늘은 다만 살림을 도로 여기고 이것을 이어 이치를 살리는 것이다. 이것이 다름 아니라 바로 선이다. 선은 바로 원(元)의 뜻이다. 원은 선의 으뜸이며 만물은 모두 봄뜻[春意]을 가지고 있다. 이것이 바로 그것을 잇는 것이 선이라는 것이다. 그것을 완성하는 것이 본성이라고 할 때, 다른 만물들이 자신의 본성을 완성할 때까지 기다려야만 내가 완성될 수 있다."(『이정유서』(二程遺書) 권2)

역주_ **정자**는 정호와 정이 형제를 가리킨다. 섭영은 두 사람 가운데 누구 말인지 분명하지 않다고 판단해서 그냥 정자라고 표기한 것이다. 아래 본문의 **이치가 기운에 부속되어 있다**는 구절은 '理'와 '氣'의 관계를 말한다. 이치와 기운을 가르는 기준은 직접 감각되느냐 감각되지 않느냐에 달렸다.

15 『장자』「지북유」는 이러하다. "무시(无始)가 말했다. '도는 들을 수도 없다. 들었다면 도가 아니다. 도는 볼 수도 없다. 보았다면 도가 아니다. 도는 말할 수도 없다. 말했다면 도가 아니다. 만물에 형태를 지어주면서도 스스로는 형태가 없음을 안다면 그런 도는 이름을 붙일 수가 없다.'" 도는 만물의 근본 바탕이며 만물은 도의 근본 바

는 도덕법칙[當然]도 아니라네.[16] 하지만 사람이 볼 수 있는 것은 그래야만 하는 도덕법칙뿐이지. 사람이 처음 생겨난 뒤, 십 단위, 백 단위로 불어나고 나중에 헤아릴 수 없이 많아지고 나서야 군사를 만들고 들판의 경계를 구획하여 큰 영역으로 나눌 정도가 되었네. 아마 필요한 것이 생긴 뒤에 필요에 따라서 주고 막힌 것이 생긴 뒤에 막힌 것에 따라서 뚫어주며 폐단이 생긴 뒤에 폐단에 따라서 구제해주는 일이 반드시 있었을 테지.[17] 복희씨, 신농씨, 헌원씨(軒轅氏), 전욱씨(顓頊氏)[18] 같은 초기 문명의 성인들이 제도를 창조한 처음 뜻은 이런 상식을 벗어나지 않네. 초기 문명의 체계[法]가 쌓이고 구조[美]가 갖추어지면서 요임금과 순임금 때에 와서 드디어 완벽한 상태가 되었지. 하나라와 은나라가 이것을 계승했고[19] 주나라 때에 와서 유감없이 펼치게 되었네. 마치 퐁퐁 솟는 옹

탕이 드러나는 것이다. 그러므로 보통 들을 수 있고 볼 수 있으며 이름 지어 부를 수 있는 것은 모두 도의 자취이지 도가 아니다. 고(故)는 사(事)이다.

16 『한비자』「해로」(解老)는 이러하다. "도는 만물이 완성되는 근거이다." 도는 만물을 형성하는 첫 번째 원인이다. 그러므로 도가 만사와 만물의 근거[所以然]라고 말한다. 『장자』「천도」는 이러하다. "슬프구나! 세상 사람들은 형태, 빛깔, 이름, 소리로 저것의 실정을 얻을 수 있다고 생각한다. 형태, 빛깔, 이름, 소리는 과연 저것의 실정을 얻기에 부족하다. 그래서 아는 사람은 말하지 않고 말하는 사람은 모르는 법이다. 그런데 세상은 어찌 그것을 아는지?" 도는 만사와 만물의 그래야만 하는[當然] 이치를 포괄한다. 그러나 그래야만 하는 자취가 도는 아니다. 그러므로 도는 만사와 만물이 그래야만 하는 것이 아니라고 말한다.

17 '이에 따라서 주다' 뒤에는 원래 열일곱 글자가 빠져 있다. 가업당본 『장씨유서』에는 본래 있다. 「원도 하」편은 똑같다. 이에 따라 보충했다.

18 태호 복희씨, 염제 신농씨, 황제 헌원씨, 전욱 고양씨. 복희씨는 팔괘를 만들었다고 하며, 신농씨는 백성에게 농사짓는 법을 가르쳤다고 하고, 헌원씨는 배와 수레를 만들어 교통하도록 했으며, 고양씨는 정확한 달력을 만들고 초봄을 정월로 정했다고 한다. 『통감외기』(通鑑外紀)를 보라.

역주_ 『통감외기』는 북송의 유서(劉恕)가 지었다. 모두 열 권이다. 이밖에 목록과 연표 다섯 권이 있다. 신종 원풍 원년(1078) 완성되었다. 유서는 사마광의 『자치통감』 편찬을 도왔다. 『통감』은 주나라 열왕 23년(기원전 403)부터 북주 현덕(顯德) 6년(959)까지 기록하고 있다. 유서는 주나라 열왕 이전을 전기(前紀)라 하고 북주 현덕 이후는 후기(後紀)라고 했다. 병으로 집에 머물면서 전기만 완성했다. 『국어』를 '춘추외전'이라 부르는 범례를 사용하여 『통감외기』라고 불렀다.

19 『논어』「위정」(爲政)은 이러하다. "자장이 물었다. '열 개의 왕조 이후도 알 수 있습

달샘이 모이고 모여 점차 황하나 장강이 되고 한 줌 두 줌 흙이 쌓이고 쌓여 우뚝 솟은 산봉우리가 되는 것처럼[20] 이것도 이세의 본성 때문이지, 요임금과 순임금의 거룩함이 복희씨나 헌원씨보다 탁월하다거나 문왕과 무왕의 신령스러움이 우임금이나 탕왕보다 우월하기 때문은 아니지. 문명이 어느 정도 틀을 잡은 시대의 성인은 초기 문명의 성인을 본받은 것인가? 아니라네. 초기 문명의 성인을 본받은 것이 아니라 점차 형태를 갖추고 점차 구조를 분명히 드러낸 도를 본받은 것이지. 삼황은 작위적이지 않았지만[無爲] 사람들이 스스로 교화하도록 만들었고 오제는 도구를 발명하여 사람들이 편리하게 사용할 수 있게 해주었네.[21] 삼대의 왕들은 제도를 세우고 지속 가능한 체계를 제시했지. 후세인들은 초기 문명의 치화 방식에 차이가 있다고 파악한다네. 하지만 날씨가 더워지면 식물섬유로 만든 시원한 옷을 입어야 하고 날씨가 추워지면 따뜻한 털가죽 옷을 입어야만 하는 것처럼[22] 당시 성인이 제도를 창조한 방식[23]은 마음에 미리 담아둔 것이 아니었지. 마음에 미리 담아두었다는

니까?' 선생님은 이렇게 대답하셨다. '은나라는 하나라의 예를 근거로 했기 때문에 덜고 보탠 것을 알 수 있다. 주나라는 은나라의 예를 근거로 했기 때문에 덜고 보탠 것을 알 수 있다. 그 나라가 주나라를 이었다면 비록 백 개의 왕조 뒤라도 알 수 있다.'" 「팔일」은 이러하다. "선생님은 이렇게 말씀하셨다. '주나라는 하나라와 은나라를 본받았다. 찬란하구나, 문명이여! 나는 주나라를 따른다.'"

20 옹달샘은 「서교 중」의 주27을 보라. 『춘추좌전』 「양공 24년」은 이러하다. "부루(部婁)에는 소나무와 잣나무가 없다." 두예 주는 이러하다. "부루는 작은 언덕이다." 응소 『풍속통』(風俗通)과 『문선』 「위도부」(魏都賦)의 주는 모두 이를 인용하면서 "배루"(培塿)라고 했다. 『순자』 「유효」(儒效)는 이러하다. "흙이 쌓여 산이 되고 물이 쌓여 바다가 된다."

21 『노자』 57장은 이러하다. "나는 무위하지만 백성은 저절로 변화한다." 『주역』 「계사전 상」은 이러하다. "『역』이란 것은 일을 시작하고 일을 완성하며, 천하의 도를 포괄하는 것, 이것일 뿐이다." 삼황오제는 「역교 상」의 주2를 보라.

22 나는 이렇게 생각한다. 가업당본 『장씨유서』에는 본래 "여시"(如是) 다음에 "이"(爾)자가 있고, "창제"(創制) 다음에 "다만 일이 돌아가는 추세가 어쩔 수 없는 상태에서 나온다는 것을 깨달을 뿐이다"[祇覺事勢出於不得不然]라는 말이 있다.

23 한유 「원도」는 이러하다. "여름에 칡으로 만든 옷을 입고 겨울에는 갖옷을 입는다." 나는 이렇게 생각한다. 가업당본 『장씨유서』는 본래 "즉유"(則猶)를 "일사"(一似)라

것은 내가 꼭 이렇게 해서 나중에 다른 성인보다 남다른 평가를 받을 수 있을 거야라든지, 내가 꼭 이렇게 해야 나중에 초기 문명의 성인들과 동등한 명성을 날릴 수 있을 거야라든지 하는 생각을 가리키네. 성인의 문명 창조는 '한번 음이 되고 한번 양이 되는 영원한 도'의 끊임없는 순환 운동처럼 모두 필연적으로 도달하는 결과이지만 문명이 바로 '한번 음이 되고 한번 양이 되는 도 자체'라고 생각해서는 아니 되네. '한번 음이 되고 한번 양이 되는 영원한 도'의 끊임없는 순환 운동은 마치 수레바퀴와 같지. 성인이 제도를 창조한 것은 더우면 식물섬유로 만든 옷을 입고 추우면 털가죽 옷을 입는 것과 매한가지로 똑같은 궤적을 밟고 있다네."[24]

어떤 사람이 이렇게 물었다. "도는 자체의 본성이 있고 성인은 어쩔 수 없이 해야 하는 필연이 있습니다. 도의 과정과 성인의 사업은 같은 것인지요?"

나는 이렇게 대답했다. "다른 것일세. 도는 목적을 가진 작위가 없이 본성을 유지하지만 성인은 전망을 가지고 어쩔 수 없이 해야 하는 필연이 있지.[25] 성인은 전망을 가지기 때문에 어쩔 수 없이 하지만 성인을 제외한 모든 보통 사람은 전망이 없이 자신의 상태가 어떤지도 모르면서 살아가네."

어떤 사람이 이렇게 물었다. "성인과 보통 사람 중에 누가 도에 가까운지요?"

고 했다.

24 나는 이렇게 생각한다. 이 단락은 성인이 제도를 창조한 것이 도가 점차 형태를 갖추고 점차 드러났기 때문에 어쩔 수 없는 필연이었다고 말하고 있다.

25 나는 이렇게 생각한다. 가업당본 『장씨유서』에는 본래 이것 다음에 "그러므로 성인이 도를 체득했다고 말하는 것은 괜찮아도 성인이 도와 동일한 체라고 말하는 것은 안된다"[故言聖人體道可也, 言聖人與道同體不可也]라는 말이 있다.

나는 이렇게 대답했다. “자신의 상태가 어떤지 모르면서 살아가는 것, 그게 바로 도이지![26] 전망을 가지지 않았다면 전망 자체를 할 수 없는 것이네. 어쩔 수 없는 필연은 성인이 도와 합일하는 근거이지만 어쩔 수 없는 필연 자체를 바로 도라고 생각해서는 안 되지.[27] 도를 찾으려 할 때, 도를 직접 전망할 수 없는 성인의 상태는 자신의 상태가 어떤지 모르면서 살아가는 보통 사람의 상태와 같다네. 그래서 성인은 보통 사람의 상태를 빌어서 도를 전망하는 게야. 그러므로 자신의 상태가 어떤지 모르면서 살아가는 것은 한번 음이 되었다가 한번 양이 되는 것, 곧 도가 남긴 자취이지. 성인에게 배우는 사람은 현인이고 현인에게 배우는 사람은 군자이며 보통 사람에게 배우는 사람은 성인이라네. 보통 사람은 도를 구할 때 틀림없이 한번 음이 되고 한번 양이 되는 도의 자취에서 찾으려 하기 때문에 더 이상 배울 수 있는 데가 없지. 세상이 생긴 때부터 요임금과 순임금, 하나라와 상나라 때까지 이미 도의 자취가 많아졌을 뿐 아니라 사정이 막히면 변화하고 변화하여 궁한 사정을 통하게 하

---

26 『장자』「제물론」은 이러하다. “이미 그리 되었지만 그 상태를 모르는 것을 도라고 한다.”

27 이 말은 참 요긴하다. 장학성이 학문을 논하는 뜻은 대진[戴東原]과 아주 다르다. 그리고 도를 논하는 뜻은 대진에게서 따와 약간 변화시킨 것이다. 빈사(賓四) 전목은 이렇게 말한다. “장학성은 도가 인륜의 나날이 쓰는 것 바깥에 있지 않다고 말한다. 이것은 대진의 『서언』(緖言)과 『맹자자의소증』[疏證]에서 아주 공들여 주장한 것이다. 다름 아니라 『원선』(原善)도 이런 뜻에 뿌리를 두고 있다. 다만 표현이 확실하지 않았을 뿐이다. 장학성이 도의 본래 상태와 어쩔 수 없음이라고 말하는 것도 다름 아니라 『원선』의 본래 상태와 필연적 상태[必然]의 구분이다. 그러므로 인륜의 나날이 쓰는 것에서 도를 찾는 것을 위주로 한다는 것은 바로 두 사람의 공통점이다. 다만 필연적 상태로 귀결시켜 본래 상태를 온전하게 만들고, 필연적 상태가 바로 본래 상태의 극치가 되는 것이며, 이런 필연적 상태를 다하는 사람이 성인이다. 성인이 남긴 말이 경에 남아 있기 때문에 육경이 바로 도가 깃드는 바라는 것이 대진의 주장이다. 장학성은 성인의 어쩔 수 없음이 도와 합일하는 근거이며, 즉시 도가 될 수는 없다고 생각한다. 본래 상태가 변하면 성인의 어쩔 수 없음도 따라서 변하고, 그래서 시대가 다르면 성인이 되는 근거도 다르다는 것이 장학성의 주장이다. 그러므로 성인은 뭇사람에게 배운다고 말하고, 또한 육경이 모두 사라고 말하는 것이다. 육경은 본디 도를 다할 수 없기 때문이다.”(『중국근삼백년학술사』)

여 지속 가능하게 만들어주는 이치도 상당히 갖추어졌네. 주공은 하늘이 낸 동시에 태어나면서부터 도를 안 성인이지.[28] 그는 고대의 지혜가 축적, 전수되어 도법이 상당히 갖춰진 때를 만났기 때문에 오랜 세월 동안 축적된 경륜과 창조한 제도[29]를 집대성하게 되었다네. 이것도 적절한 때[時會]를 만났기 때문에 된 일이지, 주공이 아무리 성인다운 지혜를 가졌어도 그렇게 되도록 만들지는 못했을 것이네. 아마 주공 이전의 성인은 자신의 상태가 어떤지 모르면서 살아가는 보통 사람에게 배웠겠지만 주공은 어쩔 수 없는 필연적 상태에 처한 고대의 성인들을 두루 살펴서 그것이 어떤 상태인지 알게 되었을 것이라네. 주공은 본래 하늘이 낸 동시에 태어나면서부터 도를 안 성인이지만 이것도 주공이 가진 지혜의 힘으로 알 수 있었던 것은 아니고 적절한 때를 만났기 때문이지. 마치 봄, 여름, 가을, 겨울은 각각 한 계절씩 맡고 있지만 겨울철이 한 해의 완성을 알리는 것은 적절한 때를 만났기 때문이지 결코 겨울철이 다른 계절보다 우월하기 때문이 아닌 것과 같네. 그러므로 제도를 창조하여 쓸모가 있음을 보여주는[30] 성인은 아무리 먼 과거의 성인이라도 업적이 동일하다네. 하지만 창조된 제도를 모은 집대성은 주공만 할 수 있었지. 적절한 때가 그래야만 하는 상태를 만났기 때문에 그렇게 된 것인데 주공도

---

28 『논어』「자한」(子罕)은 이러하다. "본디 하늘이 그를 내보낸 것은 장차 성인이 되라 함이다." 『논어집해』는 공안국[孔氏]을 인용하여 이렇게 말한다. "하늘이 본디 위대한 성인의 덕을 내보냈다." 또한 「계씨」는 이렇게 말한다. "태어나면서 아는 사람은 윗길이다." 『논어정의』는 이렇게 말한다. "성인을 말한다."

29 『주역』「준」괘는 이러하다. "「대상전」은 말한다. 구름과 우레가 준이다. 군자는 이로써 세상을 경륜한다." 소는 이러하다. "경(經)은 경위(經緯)이다. 윤(綸)은 망륜(網綸)이다." 『상서대전』은 이러하다. "주공은 삼년 동안 왕을 대신하여 섭정하면서 예악 제도를 창조했다."

역주_ **창조한 제도**는 제작(制作)을 옮긴 말인데 고대 문명의 거룩한 임금이 사회를 위해 행한 창조 행위를 가리킨다. 문명 창조, 제도 창조라는 말로 옮긴 창제와 같은 뜻이다.

30 『국어』「주어」(周語) 2는 이러하다. "숙부가 만약 위대한 덕을 밝게 늘어뜨린다면 백성들을 바꾸고 사물을 고쳐서 천하를 창제하고[創制] 저절로 쓰임새를 드러내게 될 것입니다." 위소 주는 이러하다. "창(創)은 조(造)이다. 용(庸)은 용(用)이다. 천자에 의해 제도가 만들어지고 저절로 천하에 쓰임새를 나타내는 것을 말한다."

적절한 때가 그래야만 하는 상태를 만났다는 점을 스스로 모르고 있었다네."[31]

어떤 사람이 이렇게 물었다. "'공자는 집대성한 사람'[32]이라고 맹자가 말했습니다. 당신은 방금 집대성은 주공이 한 일이라고 말했는데, 맹자가 가리키는 것과 모순이 아닌지요?"

나는 이렇게 대답했다. "'모았다'[集]는 말은 여럿이 가진 것을 모아서[萃] 하나로 만들었단 말이라네. 세상이 생기면서부터 요임금과 순임금, 하나라와 상나라 때까지 성인이 천자의 자리를 얻었지. 경륜과 치화는 으레 도의 근본 바탕이 공교로운 상태에서 나왔네. 주공은 문왕과 무왕의 덕을 완성시켰지. 이것은 고대의 거룩한 임금들이 완벽하게 갖춘 것을 바탕으로 하나라와 은나라가 이것을 계승하여 더할 나위 없는 지경에 이른 적절한 때를 만났기 때문이라네. 그래서 창조한 제도와 전장을 빌어 주나라의 도로써 고대의 성인이 완성시킨 것을 모을 수 있었지. 이것이 바로 집대성일세. 공자는 성인의 덕은 있었으나 왕의 지위가 없었지. 즉 제도를 창조할 힘[權]을 다른 어떤 곳에서도 얻지 못했기 때문에 공자의 성취는 성인의 완성 가운데 하나로 제시할 수 없네. 공자 자신이 성인의 완성을 이루지 못해서 자격이 모자라는데 어떻게 집대성이 있을 수 있겠는가? 공자의 거룩함이 주공에게 손색이 있는 것은 아니고 공자의 시대가 그럴 수밖에 없었던 탓이지. 집대성이라는 맹자의 말은 백이, 이윤(伊尹), 유하혜(柳下惠)에 대한 것이라네. 공자의 거룩함이 백이, 이윤, 유하혜 정도가 아닐까 의심하는 것이 두려웠지만 마땅한 비유가 없던 어떤 학자는 공자가 음악 제도를 창조한 일이 성인의 완성 가운데 하나라는 맹자의 말에 빗댔지.[33] 그러므로 공자가 집대성했다는 주장은 백이,

31 나는 이렇게 생각한다. 이 단락은 주공이 시대를 잘 만나서 성인이 창조한 제도를 집대성했다는 것을 말하고 있다.

32 『맹자』「만장 하」의 글이다.

이윤, 유하혜에 대한 것이지만 이것이 공자의 전부는 아니라네. 백이, 이윤, 유하혜를 집대성한 정도가 공자의 전부라고 한다면 도리어 공자를 너무 과소평가한 것이지. 무슨 이유인가? 주공은 복희씨, 신농씨, 요임금, 순임금 등이 전승한 성인의 완성을 모았다네. 이것은 본래 주공이 대대로 계승한 성인들에게 배워서 모은 것이지. 만약 대대로 계승한 성인에게 도법이 없었다면 본래 집대성한 주공이 되지 못했을 것이네. 공자는 백이, 이윤, 유하혜를 집대성한 것이 아니라네. 공자는 본래 백이, 이윤, 유하혜에게 배운 적도 없고 백이, 이윤, 유하혜처럼 행동한 일도 없지. 공자는 주공처럼 대대로 계승한 성인이 전승한 도법을 배웠는데 어떻게 본래 집대성한 공자가 되지 못할 수 있겠는가?[34] 맹자의 주장은 적절한 문맥이 있는 것이네. 어찌 맹자가 남긴 글 자체에 사로잡혀 맹자가 말하고자 한 뜻을 해칠 수 있겠는가?[35]

---

33 『맹자』「만장 하」는 이러하다. "맹자는 이렇게 말한다. '백이는 성인 가운데 결백한 사람이다. 이윤은 성인 가운데 천하를 맡은 사람이다. 유하혜는 성인 가운데 화락한 사람이다. 공자는 성인 가운데 때에 맞는 사람이다. 공자는 집대성한 것이다. 집대성이라는 것은 음악을 시작할 때 종소리로 시작하고 마칠 때는 경을 쳐서 마치는 것이다.'" 주희 주는 이러하다. "이것은 마치 음악을 연주하는 사람은 모든 소리의 작은 완성[小成]을 모아서 하나의 큰 완성[大成]을 이루는 것과 같다고 말한다. 완성은 음악이 일단 끝나는 것이다. 『서』가 말한 소소구성(簫韶九成)이라는 것이 이것이다." 나는 이렇게 생각한다. 가업당본 『장씨유서』 판본에는 "세 사람이 같다"[三子同] 다음에 "공손추는 이처럼 드러나는(왕병은(王秉恩)은 반(班)이라고 교정했다) 질문을 한 적이 있다. 그러므로 세 사람의 치우침과 공자의 온전함을 말한 것이다"[公孫丑氏嘗有若是其般之問矣. 故言三子之偏, 與孔子之全]라는 말이 있다.

역주_ **왕병은**(1841~1923)은 청나라의 대신, 장서가, 서예가이다. 자가 식존(息存)이며 설징(雪澄) 등 여러 자를 썼다. 호는 다감(茶龕)이며 화양(華陽, 현재 사천성 쌍류) 출신이다. 동치 연간 거인이 되었고 광서 연간에 광동 안찰사를 지냈다. 교감학과 목록학에 정통했다 한다. 장지동(張之洞)이 초빙하여 광아서국(廣雅書局)에서 출판을 맡기도 했다. 목전손(繆荃孫)과 밀접하게 교제했다. 신해혁명 이후 상해에 살았다. 금석학과 교감학을 말하기 좋아하고 귀주의 정진(鄭珍)과 막우지(莫友芝)를 존경했다. 행서와 예서를 잘 썼다. 저술에 『양운관시존』(養雲館詩存)이 있고 나문빈(羅文彬)과 공저한 『평검기략』(平黔紀略)이 있다.

34 유함흔은 『문사통의지어』에서 이렇게 말한다. "공자는 집대성이라는 맹자의 말은 기질과 타고난 덕성[天德]을 말한 것이다. 주공이 집대성이라고 말한 것이 제도 창조와 왕도를 말한 것이라는 점과 이 말은 마땅히 나눠야 한다."

공자와 같은 시대에 막다른 골목집에 살던 어떤 사람이 이렇게 말했지. '위대하도다 공자여! 박학하면서도 명성을 날리지 않을 수 있다니.'[36] 요즘 사람들은 으레 골목에 살던 사람이 공자를 제대로 모른다고 입을 삐죽이고 있다네. 그렇다면 당신들은 공자가 과연 무슨 이름을 이루었는지 아는가? 당신들은 하늘이 내려주고 태어나면서부터 모든 것을 알고 있는 성인이 일정한 이름이긴 하지만 성인이란 이름을 말할 수도, 생각할 수도, 형상으로 그릴 수도, 토론할 수도 없다고 생각하네. 사람이 직접 감각할 수 없는 하늘과 하늘의 예측 불가능한 성질을 가졌기 때문에 성인이란 이름은 모르겠다는 게야.[37] 그러면 당신들의 관점이 골목에 살던 사람과 무엇이 다르다는 말인가? 천지의 거대함도 한 마디로 규정할 수 있다지.[38] 설령 위대한 공자라 할지라도 천지보다 작은 사람인데 자기 혼자만 한 마디 말로 규정할 수 없다는 것이 말이 되는가?"

어떤 사람이 이렇게 물었다. "공자를 어떻게 한 마디로 규정할 수 있는지요?"

나는 이렇게 대답했다. "공자는 주공을 배웠을 뿐이라네."[39]

---

35 『맹자』「만장 상」은 이러하다. "그러므로 시를 말하는 사람은 글로 말을 해치는 것도 아니요, 말로 의지를 해치는 것도 아니다." 나는 이렇게 생각한다. 이 단락은 주공이 대대로 창조한 성인의 제도를 집대성했고, 공자가 집대성했다는 맹자의 말과 다르다는 점을 밝히고 있다.

36 『논어』「자한」의 글이다. 『논어집해』는 정현을 인용하여 이렇게 말한다. "달항(達巷)은 당(黨)의 이름이다. 오백 가구를 당이라 한다. 이 당의 사람은 공자가 박학하고 육예의 도가 있다는 것은 아름답지만 명성을 이루지 못했을 뿐이라고 생각한다."

37 『맹자』「진심 하」는 이러하다. "거룩하면서 알 수가 없는 것이 신묘함[神]이다."

38 『예기』「중용」은 이러하다. "천지의 도는 한 마디로 다할 수 있다."

39 『법언』「학행」(學行)은 이러하다. "공자는 주공을 익힌 사람이다." 『회남자』「요략」(要略)은 이러하다. "공자는 성왕과 강왕의 도를 닦고 주공의 풀이를 조술하여 칠십 명의 제자를 가르쳤다. 그들에게 주나라의 옷과 모자를 입고 문헌[篇籍]을 익히라고 시켰다. 그래서 유학이라는 학문이 생기게 되었다."

어떤 사람이 이렇게 물었다. "주공 말고 따로 배운 것은 없는지요?"

나는 이렇게 대답했다. "만약 배운 것이 없다고 하면 공자도 도달하지 못한 것이 있는 셈이겠지. 주공이 자신 이전의 모든 성인의 완성을 이미 모았으니 주공을 제외한다면 더 이상 학이라고 부를 만한 것이 없네. 주공은 자신 이전의 모든 성인을 집대성했고 공자는 주공을 배워서 주공의 도를 규정했다[40]는 말 한 마디면 공자의 전체를 포괄할 수 있지. '요임금과 순임금을 조술했다'는 공자의 말은 주공의 뜻을 가리키고 '문왕과 무왕의 전장을 방법으로 삼았다'는 말은 주공의 사업을 가리킨다네.[41] 첫째로 '문왕이 이미 돌아가셨으니 문화가 여기에 있지 않다'[42]라거나 둘째로 '심하구나 내 노쇠함이여! 꿈에 다시 주공을 뵙지 못하다니'[43]라거나 셋째로 '나는 『주례』를 배웠고 이제 그것을 쓰련다'[44]라거나 넷째로 '휘황찬란하구나 문화여! 나는 주나라를 따르련다'[45]라는 말도 있지. 그리고 노나라 애공(哀公)이 정치에 대해서 묻자 '문왕과 무왕의 정치는 목독과 죽간[方策]에 펼쳐져 있습니다'라고 말한 적도 있네.[46] 어떤 사람이 '중니는 무엇을 배웠는가?'라고 묻자 자공은 '문왕과 무왕의 도가 아직 땅에 떨어지지 않았다'라고 말한 적도 있지.[47] '조술하기만 했지 창작하지 않은'[48] 것은 주공의 오래된 전범이며 '옛 것을 좋아하고 재빠르게

---

40 『순자』「해폐」(解蔽)는 이러하다. "공자는 어질고 알면서도 가리지 않았다. 그러므로 학문이 도[術]를 어지럽혔어도 선왕이 될 만한 사람이었다. 일가를 이루어 주나라의 도를 얻었고 그것을 들어서 썼으며 기존의 업적에 가리지 않았다. 그러므로 공자의 덕은 주공과 나란하고 명성은 삼대의 위대한 왕과 나란하다."

41 『예기』「중용」은 이러하다. "공자는 요임금과 순임금을 조술하고 문왕과 무왕을 떳떳이 밝혔다."

42 『논어』「자한」의 글이다.

43 『논어』「술이」의 글이다.

44 『예기』「중용」의 글이다.

45 『논어』「팔일」의 글이다.

46 『예기』「중용」의 글이다. 정현 주는 이러하다. "방(方)은 판(版)이다. 책(策)은 간(簡)이다."

47 『논어』「자장」의 글이다.

48 『논어』「술이」의 글이다. 주희 주는 이러하다. "공자는 『시』와 『서』를 편집하고 예

찾으려'[49] 한 것은 주공이 남긴 문헌이라네. 골목에 살던 사람은 공자와 동시대에 살았지만 공자를 제대로 몰랐지. 그러나 공자가 명성을 날리지 못했다는 그의 말이 전혀 본 것이 없는 것은 아니지만 문헌[載籍]을 보고도 공자가 배운 것이 무엇인지 모르는 후세인은 골목에 살던 사람만치도 보지 못한 것이지. 요즘 사람은 오히려 막다른 골목에 살았던 사람이 제대로 모른다고 입을 삐죽이고 있으니 어찌 백 보를 날듯 도망간 놈이 오십 보를 도망간 사람을 비웃는 겐가?[50] 그러므로 오랜 옛날부터 성인의 거룩함이 동일하지만 성인이 되는 이유는 반드시 완벽하게 동일할 필요가 없으며 시대가 만드는 것이지. 오로지 공자와 주공만 초기 문명의 체계가 쌓이고 도가 갖추어져 더할 나위 없는 지경이 된 뒤에 태어났다네. 주공은 성인이 완성한 것을 모아 성인의 도를 실행했으며 공자는 주공이 모은 성인의 도를 규정하여 성인의 가르침을 밝혔지. 둘로 갈라진 부절(符節)의 아귀가 딱 맞는 것이 마치 같은 사람에게서 나온 것 같으니 주공과 공자에게 더욱 터럭 끝만큼도 차이가 나지 않는다네. 그런데 공자를 우러르려는 사람이 어떻게 사람이 직접 감각할 수 없는 하늘과 하늘의 예측 불가능한 성질을 가진 데 머물면서 황홀하고 기댈 수 없는 주장을 할 것인가?"[51]

악을 정했으며 『역』을 돕고 『춘추』를 편찬했다. 이것은 모두 선왕의 오래된 문헌을 전한 것이지 새로이 창작한 적은 없다." 이것은 공자의 "조술하지 창작하지 않는다"는 것을 말한다.

49 『논어』「술이」는 이러하다. "선생님은 이렇게 말씀하셨다. '나는 태어나면서부터 아는 사람이 아니다. 고대를 좋아하고 재빠르게 찾으려고 하는 사람이다.'" 주희 주는 이러하다. "윤씨(尹氏)는 이렇게 말한다. '공자는 태어나면서부터 아는 성인으로서 학을 좋아하는 사람이라고 말한 것은 남을 격려하고자 하는 것만은 아니다. 아마 태어나면서부터 아는 것은 의리뿐일 것이다. 예악과 명물, 고금의 변화도 반드시 배운 뒤에야 실정을 체험할 수 있다.'" 나는 이렇게 생각한다. 공자 스스로 태어나면서 아는 것이 아니라고 말했는데, 주희의 주는 확실치 않다.

50 『맹자』「양혜왕 상」은 이러하다. "전투가 시작되었는데도 갑옷을 버리고 무기를 끌면서 도망치는 사람들이 있다. 어떤 사람은 백 보를 도망간 뒤에 멈추고 어떤 사람은 오십 보를 도망간 뒤에 멈춘다. 오십 보를 도망간 사람이 백 보를 도망간 사람을 비웃는 것은 어떤가?"

어떤 사람이 이렇게 물었다. "공자의 도가 주공의 도와 같다고 하시고 주공은 집대성한 성인이라면서 공자만 성인의 완성이 아니라는 말인지요?"

나는 이렇게 대답했다. "공자가 집대성한 것은 맹자가 말한 것과도 다르다네. 아마 주공이 복희씨, 신농씨, 황제, 전욱, 요임금, 순임금, 삼대를 집대성한 것과 공자의 집대성은 같지만 공자가 백이, 이윤, 유하혜를 집대성한 것은 아닐 것이라네. 아마 군사가 나뉘면서 치교는 더 이상 합일된 상태일 수 없게 되었는데 이런 운명[氣數]은 하늘에서 나왔을 테지. 주공은 치통(治統)을 집대성했으나 공자는 교육을 세운 극치를 밝혔네. 주공이나 공자 모두 사리(事理)가 어쩔 수 없었기 때문이지. 그리고 성인이 이전 사람과 다른 것이 아니라 도법이 하늘에서 나왔기 때문이라네. 이런 까닭에 수나라나 당나라 이전 국가의 교육기관은 주공과 공자를 함께 제사지내면서 주공을 선성(先聖)이라 부르고 공자를 선사(先師)라 부른 것이지.[52] 아마 주공이 문명 제도를 창조했기 때문에 성인이라 했고 공자가 교육을 세웠기 때문에 스승이라고 했을 터이네. 그래서 맹자는 '주공과 중니의 도는 동일하다'라고 말했지.[53] 이런 까닭에 주공과 공자는

---

51 나는 이렇게 생각한다. 이 단락은 공자가 주공을 배웠다는 말이다.

52 『예기』「문왕세자」(文王世子)는 이러하다. "일반적으로 처음 배우기 시작한 사람은 반드시 선성과 선사에게 석전(釋奠)를 올린다. 행사를 할 때는 반드시 예물을 바친다." 정현의 주는 이러하다. "선성은 주공과 공자이다." 『당서』「예악지」5는 이러하다. "당나라 무덕(武德) 2년 처음으로 국자학(國子學)에 주공과 공자의 사당을 세우라는 황제의 명령이 있었다. 7년, 고조가 석전을 거행했다. 주공을 선성으로 삼고 공자를 배향했다. 정관 2년 좌복야 방현령과 박사 주자사(朱子奢)가 주장을 세웠다. '주공과 공자[尼父]는 모두 성인입니다. 그래서 국자학에서 석전을 할 때 공자를 모셔야 합니다. 대업(大業) 연간 이전에는 공자를 선성이라고 하고 안회(顔回)를 선사라고 했다." 그래서 주공을 없애고 공자를 선성으로 올렸고 안회를 배향했다. 4년 주와 현에도 모두 공자 사당[孔子廟]을 만들라는 황제의 명령이 있었다."

역주_ 위 본문의 **치통**은 정치적 정통 또는 정통성이다. 이것은 도통과 짝을 이루는 개념으로 쓰인다. **선성**은 앞 시대의 위대한 성인, **선사**는 앞 시대의 위대한 스승이라는 뜻이다.

53 『맹자』「등문공 상」은 이러하다. "진량(陳良)은 초나라 출신이다. 주공과 공자의 도

그들이 만난 시대에 따라 정통성의 극치를 세웠으니 성인은 본래 시대의 아들인가? 재아(宰我)는 공자가 '요임금이나 순임금보다 어질다'라고 말했고 자공은 '자연인이 있어온 이래 공자만한 사람이 없었다'라고 말했으며 유약(有若)은 공자를 고대의 성인과 비교하면서 '인류를 초월하여 뛰어남을 뽑았다'라고 말했지.[54] 재아, 자공, 유약 세 선생은 주공을 버리고 공자만 우러렀네. 주공과 공자의 사공이 다르다는 주희의 말[55]은 옳네. 이런 까닭에 정치는 실제 사업을 보았지만 가르침은 허튼 소리를 전승하게 되었지. 후세인들은 재아, 자공, 유약 세 선생의 말을 근거로 요임금이나 순임금보다 공자를 지나치게 따르게 되었네. 지나치게 따랐기 때문에 후세인들은 성명(性命)만 높여 소중히 여기고 사공을 가볍게 생각하게 되었지. 그래서 아무리 대단한 성인의 경륜이라도 한낱 유생이 들어앉아 하는 이야기를 당할 수 없는 지경이 되었네.(정이(程頤)는 우임금, 후직(后稷), 안자(顔子)를 논하면서 우임금과 후직이 안자에 비해서 거칠다고 말했다. 주희도 정호(程顥)와 정이를 안자와 맹자의 장단점과 일일이 비교했다. 아마 특정 학파의 견해는 현자라도 면할 수 없는 것이니 예나 지금이나 공통된 근심거리일 것이다) 대체로

를 기뻐하여 북쪽으로 와서 중국에서 배웠다." 또한 「이루 하」는 이러하다. "선성과 후성(後聖)은 한결같다." 이것은 주공과 공자의 도가 일치한다는 말이다.

54 『맹자』 「공손추 상」은 이러하다. "재아(宰我)가 이렇게 말했다. '내가 공자를 보니 요임금과 순임금보다 훨씬 훌륭하다.' 자공이 이렇게 대답했다. '그 예를 보고 그 정치를 알며 그 음악을 듣고 그 덕을 안다. 백 개의 왕조가 지난 뒤 사람들이 지나간 백 개의 왕조의 왕들을 나란히 세워본들, 어기지 못할 것이다. 자연인[生民]이 생긴 이후로 공자 같은 사람은 없었다.' 유약(有若)이 이렇게 말했다. '어찌 백성뿐이랴? 기린과 길짐승, 봉황과 날짐승, 태산과 언덕, 하해와 고인 물의 관계와 같은 것이다. 성인과 백성의 관계도 마찬가지이다. 그 종류에서 났지만 뛰어나게 빼어나니 백성이 세상에 나타난 이후로 공자만큼 성대한 사람은 없었다.'"

55 주희 주는 이러하다. "정자는 이렇게 말한다. '거룩함에 대해 말한다면 다르지 않지만 사공에 대해 말한다면 다르다.' 공자는 요임금과 순임금보다 훌륭했다는 것은 사공을 말한 것이다. 대체로 요임금과 순임금이 천하를 다스렸고 공자는 또한 그들의 도를 추론하여 영원한 가르침을 내려주었다." 나는 이렇게 생각한다. 주희는 정자라고 해야만 한다.

역주_ **사공**은 사업이 이룬 성과 또는 사업의 결과이다. 다음 본문의 **성명**은 하늘의 명령과 그것이 내재화된 인간 본성이라는 뜻이다.

공자를 우러른다는 자들은 남들의 상황[人情]에 절실하게 가까운 것 같지 않네. 실제 내용은 모르면서 따라서 높이기만 힘쓴다면 성인의 본질은 더욱 아득해져서 마치 예측 불가능한 성질을 가진 하늘[神天]과 매한가지로 그냥 통용되는 이름일 뿐이니 세상의 교화에 무슨 보탬이 되겠는가? 그러므로 주공과 공자는 우열을 가릴 수 없지. '먼지와 지게미가 요임금과 순임금을 길렀다'는 것은 장자가 말한 우언이네.[56] 그렇다면 유학자가 장자의 주장을 답습한 것인가? 그러므로 도를 알고자 하는 사람은 반드시 주공이 주공일 수 있고 공자가 공자일 수 있는 근거를 먼저 알아야만 하네."[57]

2. 원도(중)[1]

한유는 이렇게 말한다. "주공 이전의 시대에 성인은 임금이었기 때문에 성인의 사업을 실행할 수 있었다. 주공 이후의 시대에 성인은 신하였기 때문에 성인의 주장만 보존할 수 있었다."[2] 성인의 주장만 보존한다는 말은 도를 밝힐 근거이기도 하지만 동시에 도가 어두워진 까닭이기

---

56 『장자』「소요유」는 이러하다. "그런 신인은 사물 때문에 상하지 않는다. 큰물이 나서 하늘에 닿을 지경이 되어도 물에 빠지지 않고 큰 가뭄이 들어 쇠와 돌이 녹고 흙으로 된 산이 타들어갈 지경이 되도 뜨거워하지 않는다. 그래서 그런 신인은 먼지나 때, 쭉정이와 겨로도 오히려 요임금이나 순임금처럼 세상에서 대단하다고 여기는 것도 주물럭거려 만들어낼 것이다."

57 나는 이렇게 생각한다. 이 단락은 주공의 집대성은 제도 창조에 있고, 공자의 집대성은 가르침을 세운 것[立教]에 있음을 말하고 있다.

1 나는 이렇게 생각한다. 「원도 중」편은 도불리기(道不離器)를 밝히고 있다. 학자는 기(器)를 근거로 도를 찾아야만 하며, 기(器)를 떠나서 도를 말한다면 도는 빈자리일 것이고 사람들은 각자 자신이 도라고 생각하는 것을 말하게 될 것이다.

2 한유의 「원도」를 보라.

도 하다. 공자는 영원히 지속될 가르침을 밝혔지만,[3] 공자 스스로 주장을 만든 적은 없다. 공자는 육경[六籍]을 드러내 밝히고 주공의 오래된 전적을 보존했다. 그러므로 "조술하기만 했지 창작하지 않으며 믿기 때문에 고대를 좋아 한다", "아마 모르면서 창작하는 사람이 있을 수도 있으나 나는 그런 것이 없다",[4] "선생님이 꼭 우아한 말[雅言]을 사용하신 것은 『시』와 『서』를 읽거나 예를 집행하실 때였다"[5]라고 했다. 공자의 말은 이른바 선왕의 도를 밝혀서 백성을 이끈다는 뜻이다. 공자가 선왕을 추존한 의도가 겸손하게 백성을 다스릴 뿐이지 스스로 창작하려 하지 않는다는 것은 아니다. 공자는 본래 창작할 자격이 모자랐으므로 창작하지 않은 것이다. 공자에게 성인의 덕은 있으되 성인의 지위가 없기 때문이다. 다름 아니라 제도를 창조할 힘이 없었다. 허튼 소리로 남을 가르칠 수는 없으므로 "증명할 수 없으면 믿지 않는다"고 말한다.[6] 성인의 사업인 교육은 복희씨와 신농씨 이래 아마 있었을 것이다. 『주역』「계사전」의 언급을 보면[7] 성인이 몸소 방법을 보여주었고 일에 근거하여 가르침

---

3 나는 이렇게 생각한다. 가업당본 『장씨유서』에 따르면, 이 구절은 "공자는 주공의 도를 다했고 영원한 가르침을 밝혔다"라고 되어 있다.

4 이 구절들은 모두 『논어』「술이」를 보라.

5 위와 같다. 주희 주는 이러하다. "아(雅)는 상(常)이다. 집(執)은 수(守)이다. 『시』로 감정과 본성을 다스리고 『서』로 정사를 이끌며 『예』로 절문(節文)을 조심하는 것은 모두 나날이 쓰는 내용에 공이 있는 것이다. 『예』만 잡는 것을 말하는 것은 사람들이 잡고 지킨다는 말이지 단지 외워서 말하는 것만은 아니다." 아언(雅言)은 당시의 표준어를 가리키는 것이다. 다름 아니라 표준어로 수업을 했다는 것이다.

6 『예기』「중용」은 이러하다. "위는 비록 선하더라도 증명할 수 없다. 증명할 수 없다면 믿지 않는다. 믿지 않으면 백성은 그것을 따르지 않는다."

7 『주역』「계사전 하」는 이러하다. "옛날 포희씨가 천하에 왕 노릇할 때 우러러 하늘에서 형상을 보고 구부려 땅에서 법을 보며 날짐승과 길짐승의 무늬와 땅의 마땅함을 보고 가까이로 몸에서 그것을 취하고 멀리로 사물에서 취했다. 그래서 비로소 팔괘를 만들어서 신명의 덕을 통하고 만물의 실정을 분류했다. 끈을 매어 그물을 만들어 사냥도 하고 물고기도 잡으니, 이것은 아마 「이」(離) 괘에서 상을 취했을 것이다. 포희씨가 죽자 신농씨가 일어나서 나무를 깎아 보습을 만들고 나무를 구부려 쟁기를 만들어 밭을 갈고 김맬 때의 이로움으로 천하를 가르치니, 이것은 아마 「익」(益) 괘에서 상을 취했을 것이다. 한낮에 저자를 만들어 천하의 백성을 이르게 한

을 세웠음을 알 수 있다.[8] 그리고 정치를 펼친 것 이외에 이른바 교법(教法)이 별도로 있었던 적이 없다는 것도 알 수 있다. 순임금의 정부에는 교육만 전담하는 벼슬아치가 있었다. 사도(司徒)가 인륜을 공경스럽게 펼치거나[9] 전악(典樂)이 임금의 자문 역할을 하는 것[10]부터 학교를 설치하

뒤 천하의 재물을 모아서 교역하고 물러갔는데 각자 얻고자 하는 바를 얻게 하니, 이것은 아마 「서합」(噬嗑) 괘에서 상을 취했을 것이다. 신농씨가 죽자 황제, 요임금, 순임금이 일어났다. 그동안의 변화를 통달하게 하여 백성들이 게으르지 않도록 만들었고, 신령스러움으로 그들을 교화하여 백성들이 이것이 옳은 것이라고 생각하도록 만들었다. 『역』은 막히면 변하고 변하면 통하며 통하면 오래 지속된다. 그래서 하늘로부터 도와서 길하며 이롭지 않음이 없다. 황제, 요임금, 순임금이 윗도리와 치마를 드리우고 천하를 다스리니, 이것은 아마 「건」괘와 「곤」괘에서 상을 취했을 것이다. 나무를 파내 배를 만들고 나무를 불로 깎아 노를 만들어 배와 노의 이로움으로 통하지 못하는 물을 건너서 먼 데까지 갈 수 있게 하는 것으로 천하를 이롭게 하니, 이것은 아마 「환」(渙) 괘에서 상을 취했을 것이다. 소를 길들이고 말을 타서 무거운 것을 이끌고 먼 곳까지 갈 수 있게 하는 것으로 천하를 이롭게 하니, 이것은 아마 「수」(隨) 괘에서 상을 취했을 것이다. 문을 여러 겹으로 만들고 목탁을 쳐서 도둑을 대비하니, 이것은 아마 「예」(豫) 괘에서 상을 취했을 것이다. 나무를 잘라 절굿공이를 만들고 땅을 파서 확을 만들어 확과 절굿공이의 이로움으로 만백성이 혜택을 받으니, 이것은 아마 「소과」(小過) 괘에서 상을 취했을 것이다. 나무를 휘어 활을 만들고 나무를 깎아 화살을 만들어 활과 화살의 이로움으로 천하에 위엄을 보이니, 이것은 아마 「규」(睽) 괘에서 상을 취했을 것이다. 상고시대에는 굴속에 살거나 들판에 살았는데 후세의 성인이 그것을 집으로 바꿔 기둥을 올리고 지붕을 내림으로써 비바람에 대비하니, 이것은 아마 「대장」(大壯) 괘에서 상을 취했을 것이다. 옛날의 장사는 섶나무를 두텁게 입혀 들판 가운데 장사 지내고 봉분도 하지 않고 나무도 심지 않았으며 장사를 치르는 기한에 정해진 수가 없었다. 후세의 성인이 이것을 관과 곽으로 바꾸니, 이것은 아마 「대과」(大過) 괘에서 상을 취했을 것이다. 상고시대에는 끈을 매서 다스렸는데 후세의 성인이 서계로 바꾸고 온갖 벼슬아치가 이로써 다스리며 만백성이 이로써 살피니, 이것은 아마 「쾌」(夬) 괘에서 상을 취했을 것이다." 나는 이렇게 생각한다. 사마담은 여섯 학파의 긴요한 뜻을 논할 때, 『주역』「계사전」의 글을 인용하면서 『주역』「대전」이라고 불렀다. 사마담은 양하에게 『주역』을 전수받았는데, 양하도 『역전』을 지었기 때문이다. 그래서 공자가 지은 것은 『주역』「대전」이라고 불러 구별했고, 후세인들도 이런 이유 때문에 이어서 쓰게 되었다.

8 유함흔은 『문사통의지어』에서 이렇게 말한다. "여기 두 구절[卽身示法, 因事立教]이 가장 훌륭하다. 황종희[黃梨洲]가 이미 이런 이야기를 펼친 적이 있는데, 선생의 말은 여기서 나온 것이다."

역주_ 아래 본문의 교법은 교육의 방법이다.

9 지금 전해지는 『상서』 "우서"(虞書) 「순전」은 이러하다. "순임금이 말했다. 설(契)아!

는 일까지도 순임금부터 주나라까지 공통된다.[11] 사성(司成)과 사보(師保)의 직무는 주나라의 관직 제도에 상세하게 나온다.[12] 그래서 교육을 담당하는 스승은 현직 벼슬아치[有司]이며 학업을 마치면 장고에게 보존하도록 시킨다. 학생들은 수신, 제가, 치국, 평천하의 도를 익히며[13] 관청에서 전범과 체계를 지키는 사람을 스승으로 모신다. 치교는 둘이 아니며 관사는 합일되어 있었다. 그런데 어찌 개인적인 주장을 허튼 소리로 남겼겠는가? 유가라는 학파는 공자를 우러르고 받든다. 만약 공자를 유학

백성이 친하지 않고 오품(五品)이 불손하다. 너는 사도가 되어 오교(五教)를 조심스럽게 펼치도록 하라. 요점은 너그러움에 있다." 『국어』 위소 주는 이러하다. "오교는 아비는 정의롭고 어미는 자애로우며 형은 우애롭고 아우는 공손하며 아들은 효성스러운 것이다."

역주_ **사도**는 예법을 맡은 최고위 벼슬아치이다.

10 『상서』 "우서" 「순전」은 이러하다. "순임금이 말했다. 기(夔)야! 너에게 전악(典樂)을 명령하노라. 귀족 자제를 가르치되 곧고도 온화하며, 너그러우면서도 씩씩하고, 강하지만 포학하지 않으며, 쉬우면서도 오만하지 않도록 가르쳐라. 시는 의지를 말하고 노래는 말을 길게 하는 것이며 소리는 말이 긴 것에 의지하고 음률은 소리를 조화롭게 만들며 팔음(八音)은 조화시킬 수 있다. 그러면 차례를 서로 빼앗지 않고도 신과 사람이 이로써 조화롭게 된다."

역주_ **전악**은 음악을 맡은 최고위 벼슬아치이다.

11 『예기』 「왕제」는 이러하다. "유우씨(有虞氏)는 국로(國老)를 기르는 예를 상상(上庠)에서, 서로(庶老)를 기르는 예를 하상(下庠)에서 거행했다. 하후씨(夏后氏)는 국로를 기르는 예를 동서(東序)에서, 서로를 기르는 예를 서서에서 거행했다. 은나라 사람은 국로를 기르는 예를 우학(右學)에서, 서로를 기르는 예를 좌학(左學)에서 거행했다. 주나라 사람은 국로를 기르는 예를 동교(東膠)에서, 서로를 기르는 예를 우상(虞庠)에서 거행했다."

12 『예기』 「문왕세자」는 이러하다. "대사성(大司成)은 동서(東序)에서 의논하고 말한다." 정현의 주는 이러하다. "대사성은 사도 소속이며 사씨이다." 『주례』 「지관」 "사도"는 이러하다. "사씨는 아름다운 일을 왕에게 아뢰는 일, 세 가지 덕과 세 가지 행실로 국자(國子)를 가르치는 일을 관장한다. 보씨는 왕의 나쁜 점을 간언하는 일, 도에 의해 국자를 기르며 육예와 육의(六儀)를 가르치는 일을 관장한다."

역주_ **사성**과 **사보**는 귀족 자제의 교육을 맡은 최고위 벼슬아치이다.

13 장고는 「서교 상」의 주13을 보라. 『예기』 「대학」은 이러하다. "몸을 수양한 뒤 집안은 가지런해지고 집안이 가지런해진 뒤 나라는 다스려지며 나라가 다스려진 뒤 천하가 평정된다."

역주_ 아래 본문에서 **인도**는 사람이라면 지켜야 할 길이라는 뜻이다. **유도**는 유학자라면 지켜야 할 길이라는 뜻이다.

자들만 우러러 보는 스승이라고 한정한다면 그는 공자를 모르는 사람이다. 공자는 인도(人道)의 극치를 세웠는데 어찌 공자가 유도(儒道)의 극치를 세우는 데만 뜻을 두었다고 할 수 있는가? 어진 선비가 밝고 좋은 태평성대도 만나지 못했을 뿐만 아니라[14] 지위를 얻어 크게 실행으로 옮기지도 못하는 상황이라면 유학자는 선왕의 도를 지키고 후세의 학자를 기다릴 뿐이다.[15] 이것은 도저히 어떻게 해볼 도리가 없는 추세에서 나왔다. 사람이라면 마땅히 해야 할 일은 인도에 널려 있다. 자신이 때를 만나지 못했다고 해서 선왕의 도를 지키고 후세의 학자를 기다려야만 하는 상황이 틀림없다고 단정한 뒤, 자신을 몰라주는 세상에 다시 발을 들이지 않겠다고 할 것인가? 『주역』을 배우면 복희씨가 그었다는 팔괘에서 원리를 찾는다.[16] 하지만 꼭 복희씨처럼 풀로 만든 옷을 입고 들판에 살아야만 『주역』의 원리를 배울 수 있는 것은 아니다.[17] 『상서』를 보면 순임금의 「우전」(虞典)에서 시작한다.[18] 하지만 꼭 순임금처럼 하늘에 호소하면서 울부짖어야만 『상서』의 뜻을 볼 수 있는 것은 아니다.[19] 사람은 각각 처지가 다르다. 그러니 공자를 배우겠다는 사람이 사공을 내팽개치고 도가 실행될 수 없을 거라고 미리 단정한 뒤 성인의 가르침이나 전해야겠다고 말할 수 있는가?[20]

『주역』은 이렇게 말한다. "형체를 이루기 이전을 도라고 하며 형체를

---

14 『상서』「익직」은 이러하다. "이에 노래를 지어 다음과 같이 불렀다. '원수(元首)의 지혜여! 팔다리 같은 신하의 훌륭함이여! 모든 나랏일에 평안 있으리!'"

15 『맹자』「등문공 하」를 보라.

16 복희씨가 처음으로 팔괘를 그렸다는 것은 『주역』「계사전 하」를 보라.

17 『상서』 "하서" 「우공」은 이러하다. "도이(島夷)는 풀로 만든 옷을 입었다." 『주역』「계사전 하」는 이러하다. "상고시대에는 굴속에 살고 들판에 살았다."

18 『상서』 "우서" 「요전」을 말한다. 공자가 『상서』를 편찬할 때, 위로 요임금에서 끊었다.

19 『상서』「대우모」는 이러하다. "순임금이 처음 역산(歷山)에 갔을 때 밭으로 가서 나날이 하늘[旻天]과 부모를 부르짖으며 울었다." 『맹자』「만장 상」은 이러하다. "순임금이 밭에 가서 하늘에 대고 부르짖으며 울었다."

20 나는 이렇게 생각한다. 이 단락은 성인이 사실에 근거하여 가르침을 세웠으며 자신이 처한 처지에 따라서 다르다는 것을 말하고 있다.

이룬 뒤를 기(器)라고 한다."[21] 도와 기가 분리될 수 없는 것은 마치 그림자가 형체를 떠날 수 없는 것과 같다. 공자의 가르침에 감복한 후세인들은 육경에서 감동을 받은 것이다. 그들은 육경이 도를 싣고 있는 책이라고 생각하면서도 육경 전체가 도를 담은 그릇[器]이라는 점을 모른다. 『주역』의 본질은 만물의 일을 깨달아 천하의 일을 이루는 근거이며[22] 『주관』의 태복이 『주역』을 관장한다.[23] 그래서 『주역』은 본래 벼슬아치가 지키며 장고가 보존하는 것이다. 『서』는 외사가 관장하고[24] 『시』는 태사[大師]가 거느리며[25] 『예』는 종백(宗伯)에게서 기원했고[26] 음악은 사성이 관장하고[27] 『춘추』는 국사(國史)가 기록한 것이다.[28] 삼대 이전에도

---

21 『주역』「계사전 상」을 보라.

22 위와 같다. 한백 주는 이렇게 말한다. "『역』이 만물의 의지를 통하게 하며 천하의 사무를 완성시킨다는 말이다."

23 「역교 상」의 주8을 보라.

24 『주례』「춘관」은 이러하다. "외사는 삼황오제의 문서를 관장한다."

25 『주례』「춘관」은 이러하다. "대사는 여섯 가지 시를 가르친다. 그것은 풍, 부, 비, 흥, 아, 송이다."

26 『주례』「춘관」은 이러하다. "대종백의 직분은 나라의 천신(天神), 인귀(人鬼), 지시(地示)에 대한 예를 관장하고 왕을 도와 나라를 세우고 보존하는 것이다." 정현의 주는 이렇게 말한다. "건(建)은 입(立)이다. 천신, 지지(地祇), 인귀의 예를 세우는 것은 그들에 대한 사(祀), 제(祭), 향(享)이다. 예는 길례(吉禮)라야 옳다. 보(保)는 안(安)이다. 그러므로 왕을 도와 나라를 세우고 편안하게 하는 것은 주로 흉례(凶禮), 빈례(賓禮), 군례(軍禮), 가례(嘉禮)이다."

27 『예기』「문왕세자」는 이러하다. "악정은 세자의 학업을 담당하고 부사(父師)는 세자의 덕행을 담당한다." 『예기정의』(禮記正義)는 이렇게 말한다. "사(司)는 그래서 직사(職司)이다. 악정은 세자[大子]의 『시』와 『서』의 학업을 책임지고 부사는 세자가 덕행을 성취하는 것을 책임진다는 말이다." 나는 이렇게 생각한다. 정현은 대사성이 다름 아니라 사씨이며 교육을 관장하는 벼슬아치라고 주를 달고 있다.(앞의 주를 보라) 다만 종백의 부하인 대사악(大司樂)만 성균의 법을 맡고, 악덕(樂德), 악어(樂語), 악무(樂舞)로 국자를 가르친다. 그는 육률(六律), 육동(六同), 오성(五聲), 팔음, 육무로 크게 악을 합쳐 귀, 신, 시를 부르고 나라를 화합시키며 악을 관장하는 벼슬아치이다. 따라서 사성이 악을 주관한다는 말은 잘못된 고증이다.

역주… 『예기정의』는 당나라 공영달이 편찬한 오경정의의 하나이다.

28 두예 「춘추좌씨전서」는 이러하다. "『주례』에는 사관이 나라와 사방의 일을 관장하고 사방에서 쓰는 문서의 이름을 통하게 하는 일을 관장한다고 말한다. 제후에게도 국사가 있어서 큰일은 책(策)에 쓰고 작은 일은 간독(簡牘)에 쓸 뿐이다."

『시』와 『서』를 대표로 하는 육예를 가지고 사람을 가르치지 않은 적이 없다. 그러나 이것은 후세에 육경을 우러르고 받들면서 유학이라는 문파를 별도로 만든 뒤, 육경을 도를 싣고 있는 책이라고 부른 것과 다르다.[29] 아마 학자가 익힌 것이 삼대 이후 육경을 관청에서 오롯이 도맡아 지키거나 국가의 정교에서 나온 것이 아니기 때문일 것이다. 또한 자신이 익힌 육경을 학자가 활용하더라도 그것은 인륜과 일용의 항상성[常]에서 쓰이지 않았다. 그래서 삼대 이후에는 육경을 어쩔 수 없는 상태의 일이라고만 보았지 육경이 싣고 있는 도를 따로 본 적은 없다. 공자가 육경을 서술하여 후세를 가르친 것도 선성과 선왕의 도를 직접 볼 수는 없지만 성인의 도를 담은 그릇인 육경이 볼 수 있게 해주었기 때문이다. 후세인들은 선왕을 직접 보지 못하기 때문에 지킬 만한 그릇을 근거로 하여 볼 수 없는 도를 생각해야만 했다. 그러므로 공자는 선왕의 정교를 드러내 밝히고 관청에서 오롯이 도맡아 지키는 것을 사람들에게 보여주었지 자신의 주장을 스스로 드러내서 기와 분리된 도를 말하는 지경에 이르지 않았다. 공자 스스로도 『춘추』를 지은 이유를 이렇게 술회했다. "성인이 실행한 사업의 깊고 절절한 측면을 드러내서 밝히는 것이 내가 도를 허튼 소리에 깃들이고자 하는 것보다 낫다."[30] 그렇다면 정교와 전장, 인륜과 일용 이외에 따로 저술의 도가 없다는 것이 공자의 뜻이라는 점은 명백하다. 진나라는 사람들이 만나서 『시』와 『서』에 대해 말하는 것을 금지시켰다. 그러면서 "법령을 배우고자 하면 구실아치를 스승으로 삼으라"고 말했다.[31] 진나라가 고대와 모순되는 것은 『시』와 『서』를 금지시켰다는 점뿐이다. 법령을 배우려는 사람은 구실아치를 스승으로 삼

29 나는 이렇게 생각한다. "다르다"[不如]는 예전에 잘못해서 "모른다"[不知]라고 했다. 여기서 지고당총서본에 의해 바로 잡는다. 가업당본 『장씨유서』는 본래 "비여"(非如)라고 했다. "후세에 육경을 우러르고 받드는 것만 못하다"[非如後世尊奉六經]라고 하는 편이 글의 뜻이 더욱 매끄럽다.

30 『춘추번로』의 「유서」(兪序)와 『사기』 「태사공자서」는 공자의 말을 인용하고 있다.

31 「시교 하」의 주3을 보라.

으라는 말[32]도 도와 기의 합일을 말하며 관사와 치교가 둘로 분리된 적이 없다는 지극한 이치를 말한다. 진나라 이후 치학(治學)이 분리되어 합일될 수 없게 된 것은 필연이다. 관사(官司)는 특정 시대의 장고를 지키고, 경사(經師)는 일정한 계보에 의해 전수시키고 전수받는 장구(章句)를 전승한다.[33] 이것도 어쩔 수 없는 상태의 일에서 나왔다. 그러나 육경은 대대로 전해졌고 유학자는 유학자의 학업[儒業]을 없애지 않았다. 그것은 선왕의 도를 지키는 것이었다. 유가라는 학파는 선왕의 육경을 지키면서 도를 싣고 있는 문헌은 이것뿐이라고 생각한다. 천하에 어찌 기와 분리된 도가 있으며 형체를 떠난 그림자가 있을 수 있는가? 그들은 천하의 사물, 인륜, 일용을 버리고 육경을 지키면서 도를 이야기한다. 이들은 근본적으로 함께 도를 이야기할 수 없는 놈들이다.[34]

---

32 나는 이렇게 생각한다. 가업당본 『장씨유서』는 이 앞에 "진나라가 고대와 모순되는 것은 『시』와 『서』를 금지시켰다는 점뿐이다. 법령을 배우려는 사람은 벼슬아치를 스승으로 삼으라"[夫秦之悖於古者, 禁『詩』『書』耳. 至云學法令者, 以吏爲師]는 말이 없다.

33 심흠한은 『한서소증』에서 이렇게 말한다. "장구는 사법(師法)에서 글을 지적하여 묶어서 구절의 뜻을 펼쳐 틔워주는 것이다. 이로써 가르치고 전수한다. 『춘추좌전』 「선공 2년」의 소에는 복건(服虔)이 가규, 정중(鄭衆), 어떤 사람[或人]의 세 가지 학설을 기록하고 숙장(叔牂)이 말한 '그대의 말이 그렇다'를 풀고 있다. 이것이 장구라는 형식이다." 나머지는 「원도 하」편의 주6에 상세하다.

역주_ 위 본문의 **치학**은 정치와 학문이라는 뜻이다. **경사**는 육경을 전수하는 스승이다. **장구**는 의미가 통하도록 단락으로 분절한다는 뜻이다. **복건**은 원래 이름이 중(重)이다. 자는 자신(子愼)이며 하남 형양 출신이다. 후한 환제와 영제 때 사람이다. 어려서 집안 형편이 좋지 않았지만 학문에 뜻을 두었다. 효렴으로 천거되었다. 중평 연간 말(189)에 구강 태수가 되었다. 벼슬에서 은퇴한 뒤 천하에 난리가 나서 피난하던 중에 죽었다. 저술에 『춘추좌전해』(春秋左傳解)가 있다. **정중**(?~83)은 동한 때 경학자이다. 하남 개봉 출신이다. 자는 중사(仲師)이며 정흥(鄭興)의 아들이다. 경학자들은 그를 선정(先鄭)이라 부르고 정현을 후정(後鄭)이라 부른다. 아버지에게 『춘추좌전』을 배웠다. 이밖에 『주역』과 『시』도 잘한다고 명성이 자자했다. 명제 때 부절을 들고 흉노에 가서 절하지 않는 바람에 선우가 노하여 그를 가두었다. 장제 때 대사농(大司農)이 되었다.

34 나는 이렇게 생각한다. 이 단락은 도가 인륜과 나날이 쓰는 것의 항상성에서 나오지 않고, 육경이 도를 밝히는 그릇이며, 인륜과 나날이 쓰는 것을 버리고 오로지 육경만 지킬 수는 없다는 것을 말하고 있다.

『주역』은 이렇게 말한다. “어진 사람이 보면 어질다고 말하며 지혜로운 사람이 보면 지혜롭다고 말하지만 백성들은 일용하면서도 모른다.”[35] 그러나 도를 모르기 때문에 도가 존재할 수 있는 것이지 도를 보고서 도라고 말하면 도는 사라진다. 위대한 도는 드러나지 않는다. 평범하고 어리석은 사람에게는 드러나지만 어질고 지혜롭다는 사람들의 어수선한 견해에는 드러나지 않는다. 고대에는 아마 관사와 치교가 합일된 상태였고 천하의 총명한 사람들도 동일한 테두리에 머물러 있었을 것이다. 그러므로 기와 합일된 상태에서 도를 보존했지 사람의 마음에 초월적 사고는 없었다. 관사와 치교가 분리되자 총명한 재주와 지혜를 가진 사람들은 테두리에 들어오려 하지 않았다. 그러면서 한번 음이 되고 한번 양이 되는 변화를 거치면서 인간 본성이 일방적으로 치우친 상태에 들어가게 되었다.[36] 그리고 각자 자기 견해가 당연한 것을 주장한다고 생각하게 되었다. 이것도 필연적 추세이다. 고대의 예법을 맡은 관직[禮司]과 음악을 맡은 관직[樂職]은 각각 전문직인 벼슬아치의 임무를 지켰다. 설령 이루(離婁)처럼 눈이 밝다든지 사광처럼 귀가 밝은 사람이라 할지라도[37] 동일한 테두리 안에 들어가서 예악의 법도에 근거했다. 고대의 벼슬아치가 지키던 것이 지금 전해지지 않으니까 내가 도덕(道德)으로 성인의 가르침을 밝히겠다고 주장한다면 사람들은 각자 자기의 도덕을 모든 사람이 따라야만 할 도덕이라고 생각할 것이다. 그래서 공자는 조술하기만 하고 창작하지 않은 채로 육예를 드러내어 밝혀서 주공의 오래된 전

---

35 『주역』「계사전 상」을 보라. 나는 이렇게 생각한다. 가업당본 『장씨유서』는 이것 다음에 “도가 이로부터 드러나지 않았다. 드러나서 그것을 말한다면 나날이 쓰면서 모르는 것보다 본디 훌륭한 것이다”[道之所由隱也, 夫見而謂之, 則固賢於日用不知]라는 말이 있다.

36 유함흔은 『문사통의지어』에서 이렇게 말한다. “이것은 「질성」(質性)편을 지은 근거이다. 근원에 바로 도달하는 것은 이것에 의해 추구한다고 한다. 이것이 바로 선생의 참된 식견이다.”

37 『맹자』「이루 상」을 보라. 주희 주는 이러하다. “이루는 고대의 눈이 밝은 사람이다.” 조기 주는 이러하다. “사광은 진나라 평공의 악태사(樂太師)이다.”

적을 보존했고 감히 기를 버리고 도를 말하지 않았다. 하지만 제자백가가 어수선하게 등장하여 도를 말하게 되었다. 장자는 제자백가를 이목구비에 비유했고[38] 사마담은 제자백가를 여섯 학파로 구별했으며[39] 유향은 제자백가를 구류로 구분했다.[40] 제자백가들은 자기 견해가 대단하다고 생각했으며 자기의 도가 천하를 바꿀 수 있다고 생각했다. 군자의 입장에서 보면 이들은 어질다거나 지혜롭다는 견해, 곧 부분적 견해에서 말한 것이다. 그러나 도가 정말 이처럼 쉬운 것은 아니다. 대체로 도는 기 때문에 드러나는 것이지 사람 때문에 이름을 가지게 되는 것이 아니다. 도를 자의적으로 부르는 사람이 생기면서부터 도는 비로소 사람마다 부르는 이름이 다르게 되었다. 어진 사람이 도를 보면 어질다고 하며 지혜로운 사람이 도를 보면 지혜롭다고 한다는 말은 옳다. 사람들이 자연스레 도를 따라서 실천하는 것이지 도가 사람에 따라 다른 이름을 가지지는 않는다. 사람들이 제각기 도를 자의적으로 생각하고 제각기 실천하면서부터 도를 개인이 소유하게 되었다. 묵가의 도[41]라든지 허행(許行)의 도[42] 따위가 전부 이런 종류이다. 도는 부부와 자식 하나까지 셋이면 한 가족이 되는 수준에서 형태를 잡았으나 주공과 공자에 이르러 거의 갖춰지게 되었다. 대대로 모든 성인들은 도를 자의적 이름으로 구별한 적

38 『장자』「천하」는 이러하다. "비유하자면 이러하다. 이목구비가 모두 아무리 밝다한들 기능을 서로 통하게 만들 수는 없다. 이것은 마치 제자백가의 숱한 기술이 모두 장점이 있다한들 때에 맞아야만 쓰일 수 있는 것과 같다. 비록 그렇지만, 겸하지도 못하고 두루 도달하지도 못하니 한쪽으로만 치우친 사람이다."

39 사마담은 음양가, 유가, 묵가, 법가, 명가, 도덕가(道德家)를 열거하고 그들의 요지를 논했다. 『사기』「태사공자서」를 보라.

40 「시교 상」의 주22를 보라.

41 『맹자』「등문공 하」는 이러하다. "양주와 묵적의 주장이 천하에 가득 찼다." "양주와 묵적의 도가 사그라지지 않자 공자의 도가 드러나지 않았다."

42 『맹자』「등문공 상」은 이러하다. "신농의 주장을 말하는 사람으로 허행(許行)이 있다." 주희의 주는 정자를 인용하여 이렇게 말한다. "허행이 말했다는 신농의 주장은 바로 후세인이 상고시대의 일을 칭찬하고 서술하면서도 그 의리는 잃은 것일 뿐이리라."

이 없다. 이것은 마치 한 집안 안에서 내 성씨가 무엇이라고 표시하지 않아도 되는 것과 아마 같을 것이다. 제자백가가 잡스럽게 나타나서 도를 말하는 지경에 이르자, 유학자들은 자기 학파에서 도가 나왔다고 스스로 우러르지 않을 수 없었다. 유학자 스스로 우러르는 도는 첫째 요임금과 순임금의 도이고 둘째 주공과 공자의 도이다. 그래서 한유는 "도와 덕은 빈 자리"[43]라고 말했다. "도와 덕은 빈 자리"라는 말은 도와 덕의 쇠락을 뜻한다.[44]

3. 원도(하)[1]

사람이 모여 있을 때, 손님을 기준으로 주인이라는 이름을 세우게 된다. 말이 어지럽게 나올 때, 그른 것을 기준으로 옳다는 이름을 세우게 된다. 제자백가가 어수선하게 도를 말하면서부터 도에 대한 그들의 주장은 도리어 못마땅하게 되었을 뿐이다. 유가라는 학파는 요임금, 순임금, 주공, 공자의 도를 우러러 이것이 우리의 올바른 도라고 생각했다. 하지만 도는 본래 남과 나를 구분하지 않는데 사람들은 남과 구분되는 나를 주장하면서 내 도는 도가 아닌 도와 거의 구별된다고 말한다. 그러나 이런 사람은 남들도 나와 똑같이 주장하고 있다는 것을 모른다. 이것은 마

---

43 한유의 「원도」를 보라.

44 나는 이렇게 생각한다. 이 단락은 기를 버리고 도를 말하는 것에 대한 것이다. 도는 처음부터 사람 때문에 이름이 생기게 되었고 천하가 그것을 같이 근거로 삼지는 않는 것이다.

1 나는 이렇게 생각한다. 「원도 하」편은 학술이 갈라지면 갈라질수록 위대한 도는 더욱 드러나지 않는다고 말한다. 도를 밝히는 요점은 합침을 근거로 나뉨을 통합하고 치우침을 근거로 온전함을 얻어야만 하는 것이다.

치 삼군(三軍)의 병사가 우리 군대라고 부를 때 생길 수 있는 두 가지 상황과 같다. 적국과 대치한 상태에서 우리 군대라고 말하면 삼군 전체를 가리키는 것이다. 적국과 대치하고 있지 않은 상황에서 우리 군대라고 말하면 삼군 가운데 자기가 속한 부대를 다른 부대와 구별하여 부르는 것이다. 육예는 성인이 기와 합일된 상태에서 도를 보존한 것이다. 그러나 『주역』에 세 갈래의 학파가 있고[2] 『시경』에 네 갈래의 학파가 있다.[3] 각 학파의 풀이를 연구하고 익히는 사람 가운데 그 학파에 들어가면 주인처럼 떠받들다가 나오면 종놈처럼 욕하지 않는 사람이 없다.[4] 옛사람은 모든 사람이 육예를 익히는 것이 마치 옷을 입고 밥을 먹는 것처럼 당연하다고 생각한다. 그래서 옛사람은 전문가의 학파를 구분하여 이름을 붙인 적이 없다.[5] 후세의 유학자들은 육예 가운데 어떤 경의 후미진

---

2 『한서』「유림전」은 이러하다. "정관(丁寬)은 양나라 출신이다. 전하(田何)에게서 『역』을 전수받았다. 정관은 같은 군의 탕전(碭田) 출신 주왕손[王孫]에게 전수했다. 주왕손은 시수(施讎), 맹희(孟喜), 양구하(梁邱賀)에게 전수했다. 이로부터 『역』에는 시수, 맹희, 양구하의 학이 생겼다." 그리고 「예문지」 "육예략" '역류'는 이러하다. "『역경』은 열두 편이며 시수, 맹희, 양구하의 세 학파가 있다."

역주_ 위 본문의 **삼군**은 세 부대로 편성된 정규군이다.

3 『한서』「유림전」은 이러하다. "한나라가 일어난 뒤 『시』를 말하는 사람은 노나라에 신배공(申培公), 제나라에 원고생(轅固生), 연나라에 한태부(韓太傅)가 있었다." 그리고 이렇게도 말한다. "모공은 조나라 사람이다. 『시』를 연구하여 하간 헌왕의 박사가 되었다." 나는 이렇게 생각한다. 한나라 초기 『시』를 말한 네 학파가 있었다. 『노시』(魯詩)는 신배공에서 시작하여 위현(韋賢)에게서 성행했으며, 『제시』(齊詩)는 원고생에서 시작하여 광형(匡衡)에게서 성행했고, 『한시』(韓詩)는 한영(韓嬰)에서 시작하여 왕길(王吉)에게서 성행했다. 세 학파는 모두 학관(學官)으로 세웠다. 노나라 모형(毛亨)은 『고훈전』(故訓傳)을 지었고, 조나라 모장(毛萇)에게 전수했다. 당시 사람들은 모형을 대모공(大毛公)이라고 부르고, 모장을 소모공(小毛公)이라고 불렀다. 그들이 전한 것이 『모시』인데, 평제 때 다른 학파와 마찬가지로 학관으로 세웠다. 그리고 사만경이 훈을 달았고, 정중과 가규가 「전」을 썼으며, 정현이 「전」(箋)을 만들었다. 그래서 『모시』가 유행하고 세 학파가 없어졌다. 『제시』는 위나라 때 사라졌고, 『노시』는 서진 때 사라졌으며, 『한시내전』(韓詩內傳)은 북송(北宋) 때 사라졌는데, 『한시외전』(韓詩外傳)만 겨우 남아 있다.

4 한유 「원도」는 이러하다. "들어간 사람은 주인처럼 떠받들고 나온 사람은 종놈처럼 욕한다."

5 『한서』「유림전」은 이러하다. "엄팽조(嚴彭祖), 안안락(顏安樂)은 각자 전문교수(顓門

구석만 마주하고 죽을 때까지 자신의 정력을 고갈시켰다. 그들은 혹시 하나라도 합당하지 않을까 두려워한다. 이것이 어찌 옛사람이 요즘 사람에게 미치지 못하는 것이겠는가? 이것도 필연적 추세이다. 고대에는 기에 도가 깃들어 있고 관사가 합일된 상태였으므로 학문을 지망하는 선비[學士]는 국가의 전장을 익히지 않으면 현직 벼슬아치가 지키는 고사(故事)를 익혔다. 직접 눈으로 보고 귀로 들어서 익혔기 때문에 혼자서 깊이 탐구할 필요도 없었다. 그래서 고대의 선비는 도를 얻기 쉬웠다. 후세의 유학자들은 기와 합일된 상태에서 도를 찾았지만, 스승은 있으되 벼슬아치는 없는 상태였다. 그들은 성인의 사업을 전해 들었지 직접 경험하지 못했고 성인의 글도 겨우 훈고하는 정도이지 본래 질박했던 말이 아니었다. 그래서 후세의 유학자들은 도를 얻기 어려웠다. 육예는 똑같이 중요하므로 한 가지 경만 지켜서는 안 된다. 경의 뜻은 넓고 깊으므로 후미진 구석에 한정해서는 안 된다. 그러나 숱한 유학자들이 한 가지 경의 후미진 구석만 오로지 연구한다 해도 옛사람이 육예의 메커니즘[功能]을 전부 통달하는 데 들인 노력보다 몇 배는 힘들 것이다. 성인의 시대로부터 너무 멀리 떨어져 있기 때문에 이런 일은 본래 이상하지 않다. 하지만 후세의 유학자들이 이성적 사고와 감각적 경험이 가진 지혜의 힘을 총동원한다면 틀림없이 이들 가운데 하늘처럼 높고 땅처럼 깊은 정도로 파악한 독보적인 사람이 나올 것이다. 독보적인 사람이 자기의 앎을 근거로 천지처럼 거대한 경을 나보다 잘 아는 사람은 없을 것이라고 말하

教授)이다." 안사고는 이렇게 말한다. "전(顓)과 전(專)은 같다. 전문(專門)은 각자 특정 학파의 이름을 붙였다는 말이다." 유함흔 『문사통의지어』는 이러하다. "강요숙(强義叔)은 『패아당서목』(佩雅堂書目) "유가류"의 서문에서 이렇게 말한다. '기이하구나! 글에 유가라는 이름이 있는 것은 옛날에 아직 없었다. 고대의 학은 같은데서 나왔다. 육예의 간책이 전한 것은 유가의 책이 아닌 것이 없다. 아마 심할 것이다, 유가의 것이 아닌 것이 많은데도 후세에 이런 이름을 가지게 되었다는 것은.' 이 말은 지극히 당연한 것이라서 이것을 증명할 수 있다."

역주_ 아래 본문의 고사는 옛날부터 전해오는 규칙과 정례이다. 이것은 장고가 보존하는 임무를 맡고 있다.

는 것도 인지상정이다. 그러나 후세의 유학자들은 어떤 경의 후미진 구석만 파는 것만으로 옛사람의 전체를 들여다보기에 부족하다는 것을 모른다. 장구의 훈고,[6] 의리(義理)의 풀이,[7] 명물(名物)의 탐구[8]는 모두 도를

---

6 『한서』「유흠전」(劉歆傳)은 이러하다. "처음에 『춘추좌전』[左氏傳]에는 고문과 고음이 많았다. 학자들은 훈고(訓故)를 전했을 뿐이다." 훈고(訓故)는 훈고(訓詁)와 통용된다. 『이아』에는 「석고」와 「석훈」(釋訓)편이 있다. 고(詁)는 고(古)이다. 과거와 현대의 말이 다르기 때문에, 이것을 통하게 해서 사람들이 알게 만드는 일이다. 훈(訓)은 도(道)이다. 사물의 사실, 뜻, 형태, 모습을 사람들에게 알려주는 일이다. 『한서』「하후승전」(夏侯勝傳)은 이러하다. "하후승의 작은아버지의 아들인 하후건(夏侯建)은 스스로 하후승 및 구양고(歐陽高)를 스승으로 섬기면서 그들의 주변에서 채집하여 얻었다. 또한 오경에 대한 여러 유학자들의 물음이 『상서』와 서로 차이가 있는 것을 추적했다. 그래서 그것들을 끌어다 인용하고 이로써 장구를 편집한 뒤 글을 다듬고 학설을 수식했다. 하후승은 그것을 비난하여 이렇게 말했다. '하후건은 이른바 장구나 만드는 하찮은 유자[章句小儒]이다. 위대한 도를 부숴버렸다.'" "관저" 시에 대한 소는 이렇게 말한다. "구(句)는 국(局)이다. 연결되는 글자[聯字]를 나누는 것은 말을 국한시키는 근거가 된다. 장(章)은 명(明)이다. 총체적 의미[總義]는 근본 바탕을 감싸므로 실정을 밝히는 근거가 된다." 『문심조룡』「장구」(章句)는 이러하다. "글을 쓸 때는 적절한 정서가 있어야 하며 말을 둘 때는 적당한 자리가 있어야 한다. 정서를 적절한 곳에 두는 것을 장(章)이라 하며 말을 적당한 자리에 두는 것을 구(句)라고 한다." 증국번(曾國藩)은 이렇게 말한다. "육적이 진나라 때 불타버린 뒤로 한나라 때 타고남은 것들을 주워 모으고 유학자 가운데 그것을 끊어 읽을 줄 아는 사람을 징발하여 갈래갈래 나누고 단락을 해체하게 했다. 여기서 장구라는 학문이 생겼다."(「경사백가간편서」(經史百家簡編序)) 이것은 장을 나누고 구를 끊는 것이다.

역주_ **증국번**(1811~1872)은 청나라의 대신이자 학자이다. 자는 백함(伯涵), 호는 척생(滌生), 시호는 문정(文正)이다. 호남성 상향(湘鄉) 출신이다. 할아버지 증옥병(曾玉屛)이 일으킨 부농 집안에서 태어났다. 1833년 향시에 합격했고 진사 시험에 급제하여 한림원에 들어갔다. 그는 청나라 주자학파에 속하는 사람이다. 예부 우시랑(禮部右侍郎)을 거쳐 병부 시랑, 이부 시랑 등을 역임했다. 1852년 어머니가 죽자 고향으로 돌아가 상을 치렀다. 상을 치르는 동안 함풍제가 다시 복직시켰다. 태평천국이 고향 호남을 위협하자 1853년 호남에서 상군(湘軍)을 조직하고 태평천국의 난을 진압하는 책임자가 되었다. 1864년 태평천국의 난을 진압하고 권력의 핵심이 된다. 강남(江南, 현재 강소성, 안휘성, 강서성)의 총독을 두 번 역임하고 직예 총독을 지내기도 했다. 1865년에 터진 염군(捻軍)의 난을 진압하는 사령관이 되었으나 탄핵을 받고 사임했다. 그의 막부에서 성장한 이홍장(李鴻章)이 권력을 장악하게 되었다.

7 『맹자』「고자 상」은 이러하다. "각자의 마음에서 동일한 것은 무엇인가? 이(理)나 의(義)라고 한다." 주희 주는 정자를 인용하여 이렇게 말한다. "사물 자체에 있을 때는 이이고 사람이 사물을 처리할 때는 의가 된다. 체용이라는 말이다." 『설문해자』는 이러하다. "소(疏)는 통한다[通]는 뜻이다." 뜻을 소통시킨다는 말이다.

말하기에 부족하다.[9] 세 가지 방법을 모두 취해서 동시에 사용한다면 이렇게 모은 힘으로 도의 머나먼 원류까지 거슬러 올라가는 노력을 보충

역주_ **의리**는 사람이라면 지켜야만 하는 도리이다. **풀이**는 疏解를 옮긴 말이다. 疏는 주석에 주석을 다는 일이고 解는 해설이다.

8 『주례』「천관」은 이러하다. "포인(庖人)은 육축(六畜), 육수(六獸), 육금(六禽)를 관장하며 그것의 명물을 변별한다." 가공언의 소는 이러하다. "여기 날짐승이나 길짐승 등은 모두 명호(名號)와 물색(物色)을 가지고 있다. 그래서 그것의 명물을 변별한다고 한다." 여기서 명물의 탐구[考求名物]라는 말은 청나라 사람들의 고증학[考據之學]을 가리킨다.

역주_ **명물**은 사물과 사물의 이름이라는 뜻이다. **탐구**는 考究를 옮긴 말이다. 비교 검토하여 연구한다는 뜻이다.

9 방동수(方東樹)는 이렇게 말한다. "한학을 하는 여러 사람들은 전장 제도를 훈고하는 데 의리가 보존되어 있다고 굳게 주장한다. 그래서 수레의 제도에 대해서는 강영에게 「고」(考)가 있으며 대진에게 「도」(圖)가 있고 완원, 금악, 정요전, 전대흔도 모두 수레 제도를 말하고 있다. 동시대의 저술이라도 사람들 말이 모두 달라서 누가 정론인지 아직도 모르겠다. 다른 것으로는 채덕진의 부역(賦役)에 관한 글이나 심흠한의 녹전(祿田)에 관한 글, 임대춘, 강영, 성세좌, 장이기의 궁실(宮室)에 관한 글, 황이주, 강영, 임대춘, 대진의 의복(衣服)과 모자[冕弁]에 관한 글은 각자 전문이라고 하면서 마찬가지로 서로 반박하고 배척하니 누가 참으로 알며 정해진 견해인지 알 수 없다. 장자의 말처럼 기다리다 때가 되면 정해지지 않을까? 나는 이들이 그것을 밝히는 일이 본디 아름답다고 생각한다. 즉시 밝혀질 수 없다고 하더라도 몸과 마음[身心], 인간 본성과 천명[性命]에 대한 일이나 나라 살림[國計]과 백성의 생활[民生]과 아무런 관련이 없다. 학술의 위대함과 사물의 내력에 대해 이것은 무슨 좋은 점이 있겠는가? 후세의 임금[後王]을 본받아야 한다는 순자의 말로 헤아려보자. 모자나 수레 제도, 부역이나 전역(田役)은 비록 고대의 성인이 정한 제도이긴 하지만, 먼지가 들어간 밥이나 나무처럼 뻣뻣하게 썩은 고기일 뿐이다."(『한학상태』(漢學商兌) 권 하)

역주_ 위에서 장학성은 중국 전통의 숱한 학문 방법 가운데 가장 중요한 세 가지, 곧 훈고학, 의리학, 고증학을 언급하고 있다. 그리고 세 가지 방법의 특징을 적확하게 잡아내고 있다. 훈고학은 성인의 시대인 고대와 가깝기 때문에 성인이 체계화한 나라의 관례인 고사를 확정한 뒤 통용되는 말로 푸는 방법을 제시한다. 의리학은 마치 고대 언어학처럼 변해버린 훈고학의 한계를 극복하기 위해 성인이 제시한 궁극적 의미를 소통시켜야 한다는 의미론적 방법을 제시한다. 고증학은 마치 불교처럼 변해버린 의리학의 한계를 극복하기 위해 훈고학의 대상인 명물에 초점을 맞췄으나, 개별적으로 풀이하는 정도에 그치지 않고 명물 간의 의미 맥락을 소통시키는 비교 검토의 절충적 방법을 제시한다. **방동수**(1772~1851)는 자가 식지(植之)이며 안휘 동성 출신이다. 과거 시험은 제생으로 끝났다. 같은 고장 출신인 요내(姚鼐)에게 고문을 배웠다. 마흔 살 이후 시문으로 명성을 날렸고 의리학을 연구했다. 주희를 존경했다. 『한학상태』를 지어 고증학을 공격했다. 저술에 『의위헌문집』(儀衛軒文集) 등이 있다.

하게 된다. 그리고 잘 하면 도에 거의 가까워질 수도 있을 것이다. 그러나 경사에게도 벌써 모순이 없을 수 없는데[10] 경사의 학을 전승한 사람들은 게다가 자기 학파를 나누기까지 한다.[11] 이런 현상은 유가와 묵가의 논변에 국한되지 않는다. 이것은 보조적인 것을 기준으로 주요한 것을 정하면 그가 주된 것인 줄 알았는데 사실 또 다른 보조적인 것이 되는 경우가 생기고, 그른 것을 기준으로 옳은 것을 세우면 그것이 옳은 줄 알았는데 사실 또 다른 그른 것이 되는 경우가 생기는 것과 마찬가지이다. 이렇게 되면 도에 들어가는 문과 도로 걸어가는 길은 더 많은 갈래가 생기고 위대한 도는 더욱 숨어버리게 된다.[12]

---

10 『설문해자』는 이러하다. "저(牴)는 건드리다[觸]라는 뜻이다." 오(牾)는 오(啎)로 바로잡았다. 『설문해자』는 이러하다. "오(啎)는 역(屰, 역(逆)이다)이다." 『국고논형』「명해고(明解故) 하」는 이러하다. "「전」과 「기」에는 고문과 금문(今文)이 있다. 금문의 유파는 여러 학파가 있다.(원주는 이러하다. 예를 들어 『춘추』에 두 학파, 『시』에 세 학파, 『서』에 세 학파, 『예』에 세 학파, 『역』에 일곱 학파인데 한나라 때 박사에 모두 갖추지는 못했다) 한 학파도 스스로 얽혀 있다.(원주는 이러하다. 예를 들어 『춘추공양전』은 호모생과 동중서를 경사(經師)로 나누고, 동중서의 무리도 엄팽조와 안안락으로 나눈다) 하휴는 호모생의 조례(條例)를 따르고 엄팽조와 안안락을 따르지 않았다. 엄팽조와 안안락도 서로 공격했다. 장현(張玄)이 안씨 박사(顔氏博士)가 되자, 많은 경생들이 엄팽조의 학설을 겸하고 있다는 이유로 그를 공격했다. 광무제가 박사를 취소할[還署] 것을 명령한 것이 바로 그런 일이다. 고문은 이것을 따른다.(원주는 이러하다. 예를 들어 유흠, 두림(杜林), 정상(鄭象), 가규, 마융, 정현은 각자 다른 주장을 가지고 있다) 또한 고문의 경사는 금문 이후에 나타났기 때문에 이미 세속적 학설에 물들어 있었지만 집어던져 버릴 수도 없었고 스스로도 견강부회하여 그들의 참된 근본을 어기고 있었다.(원주는 이러하다. 예를 들어 가규가 『춘추좌씨전』이 『춘추공양전』과 열에 일고여덟은 같다고 말한 것 같은 일이다) 「전」과 「기」에 대한 금문 경사의 학설이 도리어 『주관』이나 『춘추좌씨전』과 상응하는 경우도 있고, 고문 경사의 학설이 도리어 다른 경우도 있다. 대략 이런 세 가지 일은 없애거나 취하는 방법을 밝혀줄 수 있을 것이다." 경사가 먼저 저촉되거나 거스르지 않을 수 없었다는 점은 여기서 볼 수 있다.

역주_ 교주의 **정상(鄭象)**은 위의 역주에 설명한 정중(鄭衆)을 잘못 적은 것이라 생각한다.

11 『법언』「군자」(君子)는 이러하다. "어떤 사람이 말했다. 손경은 여러 학파의 글이 아니라서 가볍고(俔, 가볍다) 자사와 맹가는 거짓말이로다! 내가 말했다. 나는 손경과 비교해 어떤가? 같은 문을 보더라도 다른 문이라네." 문호의 견해는 각자 자기 학파의 학설을 지키고 서로 공격하는 일을 가리킨다. 앞 조목의 주를 보라.

12 나는 이렇게 생각한다. 이 단락은 학문이 전문에서 정밀함으로 변했다가 다시 전문

"상고시대에는 노끈을 묶어 기록했고 후세의 성인이 그것을 글자로 기록하는 방식으로 바꿨다. 모든 벼슬아치가 이것을 근거로 다스리고 모든 백성이 이것을 근거로 살폈다."[13] 아마 글자는 통치와 여론 수렴을 위해서 사용했을 뿐일 것이다. 그러나 옛사람이 글자를 가지고 저술한 적은 없다. 글자로 저술하기 시작하면서 관사의 직분이 나뉘고 치교가 길을 달리하게 되었다. "나는 말하지 않고자 한다"라고 공자는 말했다.[14] 말하지 않으려 한다고 해서 말하려는 바가 없는 것은 아니다. "내가 어찌 따지길 좋아하겠느냐? 어쩔 수 없어서 그러는 것이다"라고 맹자는 말했다.[15] 붓을 들어 글을 짓는 후세의 선비는 글을 지을 때 현재의 자신을 믿으며 자신의 뜻이 미래에 전해지길 바란다. 선비의 이런 희망은 공자가 말하지 않으려는 뜻과 맹자가 어쩔 수 없다고 말한 감정을 우러르기는 마찬가지다. 현재의 주장이 자신의 진심에서 나온 것이라면 도에 거의 다가간 것이리라! 그러나 자신의 주장이 성립할 수 있는 근거가 본래 자신의 진심에서 비롯되지 않은 것이다.[16] 도는 육경에 갖춰져 있다. 뜻의 덩어리가 앞에 숨겨져 있으니 장구와 훈고를 통해 뜻을 밝힐 수 있다. 육경은 후세의 갑작스런 변화를 말할 수 없다. 그래서 육경의 뜻을 요약하는 것이 본디 소중하며 시대에 따라 찬술을 통해 위대한 도를 속속들이 파고들어 연구한다.[17] "최고는 덕을 세우는 것이며 그 다음은 업

에서 장애로 변한다는 것을 말하고 있다. 그러면 방법이 갈라지면 갈라질수록, 위대한 도는 더욱 드러나지 않게 된다.

13 『주역』「계사전 하」를 보라.

14 『논어』「양화」를 보라.

15 『맹자』「등문공 상」을 보라.

16 『예기』「곡례 상」은 이러하다. "사는 붓으로 기록한다." 유함흔은 『문사통의지어』에서 이렇게 말한다. "여기 두 가지 말은 선생이 글을 논하는 대의이다. 내게서 비롯된 것은 참된 지식과 참된 감정이며 근본은 기질에 있다. 「사덕」(史德), 「문덕」(文德), 「질성」편에 상세하다. 내게서 비롯되지 않은 것은 시대에 절실하고 사업에 절실한 것이며 근본은 기풍에 있다. 「원학 하」, 「설림」, 「고문십폐」(古文十弊) 다섯 번째 조목에 상세하다."

17 청나라 때 유학자들은 훈고와 장구로부터 경에 통달해야 한다. 곧 경을 근거로 해서

적을 세우는 것이며 그 다음이 주장을 세우는 것이다."[18] 주장을 세우는 것과 업적을 세우는 것은 같은 수준의 일이다. 아마 필요한 것이 생긴 뒤에 필요에 따라서 주고 막힌 것이 생긴 뒤에 막힌 것에 따라서 펼쳐주며 폐단이 생긴 뒤에 폐단에 따라서 구제해주는 일이 틀림없이 있었을 것이다.[19] 주장을 세우는 것은 곡조나 아름다운 빛깔을 허투루 과시하는 것처럼 개인의 명성을 떨치려는 것이 아니다. 『주역』은 이렇게 말한다. "신령스러움으로써 다가올 미래를 알고 지혜로써 지나간 과거를 갈무리한다."[20] 다가올 미래를 아는 것은 양이고 지나간 과거를 갈무리하는 것은 음이다. 한번 음이 되었다가 한번 양이 되는 것이 도이다. 문장의 쓰임새는 사실을 기술하는 경우도 있고 이치를 밝히는 경우도 있다. 사실을 기술하는 것은 과거로 거슬러 올라가는 것이니 음이다. 이치를 밝히는 것은 미래를 열어젖히는 것이니 양이다.[21] 지극한 경지에 올라간 글

도를 구한다[卽經以求道]라고 생각했다. 이것은 고염무부터 대진까지 모두 그렇다. 장학성은 도가 막히면 변하고 변하면 통하며 통하면 지속할 수 있는 것이기 때문에, 육경이 남김없이 설명할 수 있는 것이 아니라고 생각한다.

18 『춘추좌전』「양공 24년」은 이러하다. "목숙(穆叔)이 진나라에 갔다. 범선자(范宣子)가 그를 맞이하면서 이렇게 물었다. '옛사람의 말에 죽어도 썩지 않는다는 게 있는데 무슨 말인지요?' 목숙은 이렇게 대답했다. '저는 이렇게 들었습니다. 최고는 덕을 세우는 것이며 그 다음은 업적을 세우는 것이고 그 다음이 주장을 세우는 것입니다. 비록 사람이 죽은 지 오래되었다 하더라도 이것을 썩지 않는 것이라고 합니다.'"

19 이것은 주장을 세우려는 사람에게 요긴한 말이다. 고염무는 저술의 덕에 대해서 스스로 이렇게 말한다. "반드시 옛사람이 도달하지 못한 바, 후세에 없어서는 안 되는 것이라야 그것을 쓴다."(『일지록』 권19 「저서지난」(著書之難) 조) 고염무가 담은 뜻은 비록 달라도, 이곳의 말과 서로 참조할 수 있다.

20 『주역』「계사전 상」을 보라.

21 우신행(于愼行)은 이렇게 말한다. "미래를 아는 것은 깨닫는 능력[悟性]이다. 과거를 갈무리하는 것은 기억력[記性]이다."(유함흔의 『문사통의지어』에서 재인용)

역주_ **우신행**(1545~1607)은 자가 가원(可遠), 다른 자가 무구(無垢)이며 산동 동아(東阿) 출신이다. 융경 2년1568) 진사가 되어 편수관에 임명되었다. 만력 연간 초에 『목종실록』 편찬에 참여했다. 만력 5년(1577) 당시 내각의 재상이던 장거정과 불화를 일으켜 병을 핑계로 귀향했다. 만력 10년(1582) 장거정이 죽자 그는 복직되었다. 장거정의 정적들이 장거정을 공격하여 삭탈관작하고 집안을 적몰했을 때 우신행은 관원들에게 간곡한 편지를 보내 선처를 호소했다. 벼슬은 예부 상서에 이르렀다. 만력 35년

은 사실을 서술해도 이치를 밝힐 수 있고 이치를 말해도 사실을 벗어나지 않게 할 수 있다.[22] 그러면 집중하여[主適] 치우치지 않고[23] 글도 도에 충실하게 된다. 사마천과 반고의 역사서나 동중서나 한유의 글은[24] 도에 거의 다가갔다. 그러나 그들은 언어의 한계를 잘 알고 있었기 때문에 그렇게 말하는 것 이외에 다른 방법이 없지 않았겠는가? 그렇게 말할 수밖에 없는 이유도 모르면서 문사에만 빠져 있는 사람에 관해서는 언급할 가치가 없다. 고담준론이랍시고 뇌까리는 놈들도 문학 작품에서 도를 밝히는 일이 소중하다는 말은 입에 발렸다. 하지만 음악성, 느낌, 색조를 어떻게 취할까 하는 생각에서 기쁨을 느끼는 그들의 입에 발린 소리는 진정으로 도를 알고 하는 말이 아니다. 작위적이지 않은 정치를 하면서 따뜻한 봄바람을 연주한 순임금,[25] 영대(靈臺)를 조성한 결과를 아악으로

(1607) 재상으로 다시 기용되었을 때 고사했으나 허락받지 못하여 어쩔 수 없이 서울에 올라왔다가 열사흘 만에 병으로 죽었다. 저술에 『독사만록』(讀史漫錄), 『필진』(筆塵), 『곡성산관시집』(谷城山館詩集), 『곡성산관문집』(谷城山館文集) 등이 있다.

22 유함흔『문사통의지어』는 이러하다. "사부[史]는 사실[事]을 위주로 하여 이치[理]로 조종하고, 자부[子]는 이치를 위주로 하여 사실로 증명한다. 자부와 사부는 합일한다."

23 『논어』「이인」(里仁)은 이러하다. "군자가 천하에 처할 때는 해야만 된다는 것도 없고 하면 안 된다는 것도 없다. 의로우면 함께 하고 나란히 한다." 주희 주는 이러하다. "적(適)은 오로지 위주로 하는 것이다."

24 유희재 『예개』는 이러하다. "동중서의 학문은 『춘추공양전』에 뿌리를 두고 있다. 그리고 나아가고 물러나는 일이나 용모를 갖추고 가만히 있는 일은 예가 아니면 하지를 않았다. 그래서 동중서는 예에 대해서 깊이 알았다. 동중서가 위대한 도를 논하는 것을 보면 심오하고 박식하다. 또한 여러 경의 뜻에 대해서 아는 것도 꿰뚫지 않는 것이 없다." 또한 이렇게 말한다. "한유는 육경의 뜻을 요약하여 글을 짓는다고 스스로 말한 적이 있다. 뜻이라는 글자는 오로지 본령(本領)으로 말한 것이지 꼭 경의 글과 비슷할 필요는 없다. 그러므로 비록 『장자』, 『이소』, 사마천, 양웅, 사마상여의 글에서 널리 취하여 바탕으로 아울렀다. 한유는 자유자재로 경의 뜻을 요약했다."

25 『논어』「위령공」은 이러하다. "선생님이 말씀하셨다. '무위로 다스리는 사람은 순임이겠지! 무엇을 했겠는가? 자신을 공손히 하고 남쪽을 향하고 있었을 뿐이다.'" 『공자가어』「난정」(難鄭)은 이러하다. "순임금이 다섯줄의 거문고를 타면서 남풍(南風)이라는 시를 노래했다. 시는 이러하다. '남풍이 살랑살랑 부니 우리 백성의 성깔을 풀어주겠네. 남풍이 때맞춰 부니 우리 백성의 재산을 쌓아주겠네.'"

연주한 문왕,[26] 현악기 연주법을 배우면서 문왕을 만난 공자,[27] 무우(舞雩)에서 바람을 쐬고 자신의 뜻을 말한 증점(曾點)[28]의 사례는 제왕의 훌륭한 정치나 현인과 성인의 공적을 보여준다. 따라서 제왕이나 성인도 눈을 기쁘게 하거나 마음을 즐겁게 하는 측면을 고려하지 않은 적이 없다. 그런데도 문장의 쓰임새를 말할 때 꼭 감탄하는 소리와 높고 낮은 노래 가락의 완성도를 고려하지 말아야 한다는 말인가?[29]

자공은 말한다. "선생님의 문장은 얻어 들을 수 있었다. 인간 본성과 천도에 대한 선생님의 말씀은 얻어 들을 수 없었다."[30] 아마 공자는 인간

---

26 문왕(文王)은 천명을 받고 백성이 따랐기 때문에 영대를 만들었다. 『시』 「대아」 "영대"의 다섯 장 가운데 뒤의 두 장은 벽옹(辟雍)에서 음악을 합주하여 백성과 만물의 조화를 증험하는 것이다.

27 『사기』 「공자세가」는 이러하다. "공자가 사양자(師襄子)에게 거문고 연주를 배웠다. 열흘 동안 진전이 없었다. 사양자가 이렇게 말했다. '다른 것을 배워도 되겠습니다.' 공자는 이렇게 대답했다. '저는 이미 그 곡을 익혔지만 아직 방법을 모릅니다.' 얼마 뒤 사양자가 말했다. '이제 연주하는 방법을 익혔으니 다른 곳을 배워도 되겠습니다.' 공자는 이렇게 말했다. '저는 미처 그 뜻을 모릅니다.' 얼마 뒤 사양자가 말했다. '이미 그 뜻을 익혔으니 다른 것을 배워도 되겠습니다.' 공자는 이렇게 말했다. '저는 미처 그 사람을 모릅니다.' 얼마 뒤 사양자가 말했다. '엄숙하고 깊은 생각이 있습니다. 기쁘게 높이 바라보고 멀리까지 도달하려는 뜻이 있습니다.' 공자가 이렇게 말했다. '저는 이제 그 사람됨을 알았습니다. 피부는 검고 키는 크며 눈은 마치 멀리 바라보는 것 같고 마음은 마치 사방의 나라에 왕 노릇하려는 것 같습니다. 이 사람이 문왕이 아니라면 누가 이렇게 할 수 있겠습니까?' 사양자가 앉았던 자리를 피해 맨바닥에서 절하면서 이렇게 말했다. '제 스승님이 이것을 「문왕조」(文王操)라고 하셨습니다.'"

28 『논어』 「선진」(先進)은 이러하다. "'점(點)아, 너는 어떠냐?' 연주하던 슬 소리가 점점 느려지더니 쨍그랑 하고 슬을 내려놓으며 일어나 이렇게 대답했다. '세 분이 말씀한 것과 다릅니다.' 선생님은 이렇게 물었다. '마음 상하게 할 만한 것이 무엇이 있겠느냐? 각자 그저 자기 의지를 말한 것이다.' 증점은 이렇게 대답했다. '늦봄에 봄옷이 만들어지면 모자를 쓴 성인 대여섯과 동자 예닐곱 명하고 기수(沂水)에서 목욕하고 무우(舞雩, 기우제를 지내는 단이다)에서 바람을 쐰 뒤 노래하면서 돌아오렵니다.' 선생님은 휴우 하고 감탄하시며 이렇게 말씀하셨다. '나는 증점과 함께 하겠다.'" 증석(曾晳)은 이름이 점(點)이며, 증삼(曾參)의 아버지이다.

29 나는 이렇게 생각한다. 이 단락은 도에 정성을 기울이는 글을 소중하게 생각하며, 그래서 글을 짓는 일이 애초부터 내게서 비롯된 것이 아니라는 점을 말한다. 또한 가업당본 『장씨유서』는 이것 다음에 "보잘 것 없는 문사에만 빠진다면 도를 해칠 뿐이다"[但溺於文辭之末則害道已]라는 말이 있다.

본성이나 천도 아닌 것을 말한 적도 없지만 "이것은 인간 본성이고 저것은 천도"라고 드러내놓고 분명히 말한 적도 없다는 말일 것이다. 그래서 자공은 "인간 본성과 천도는 얻어 들을 수 없다"라고 말하지 않고 "인간 본성과 천도에 대한 말씀은 얻어 들을 수 없다"라고 말한 것이다. 공자의 말씀 가운데 인간 본성과 천도가 아닌 것이 없지만 이것이 인간 본성이고 저것이 천도라고 명확하게 드러내지 않은 이유는 사람들이 기를 버리고 도를 구할까 두려워했기 때문이다. 하나라의 예도 말할 수 있고 은나라의 예도 말할 수 있으나 모두 "증명할 수 없으면 믿지 않는다"[31] 라고 말한다. 그래서 공자의 말은 반드시 사물에서 증거를 찾는 것이지 단순히 허튼 소리를 빌어서 도를 밝힌 것이 아니다. 증자는 참 오랫동안 힘을 쌓은 뒤에야[32] "하나로 꿰뚫었다"는 공자의 말을 들을 수 있었다.[33] 자공은 박학다식했지만 "하나로 꿰뚫어야지"라는 공자의 말을 들어야 했다.[34] 참으로 오랫동안 힘을 쌓거나 박학다식하지 않다면 애초에 하나

---

30 『논어』「공야장」(公冶長)을 보라.

31 「역교 상」의 주16을 보라.

32 『순자』「근학」(勤學)은 이러하다. "참된 것은 힘을 오랫동안 쌓아야만 들어갈 수 있고 학은 죽음에 이른 뒤에야 멈춘다."

33 『논어』「이인」은 이러하다. "선생님이 말씀하셨다. '삼아! 내 도는 하나로써 꿰뚫는다.' 증자는 이렇게 대답했다. '예.' 선생님이 나가시자 문인들이 물었다. '무슨 말씀이신가?' 증자는 이렇게 대답했다. '선생님의 도는 충서(忠恕)일 뿐이라네.'" 주희 주는 이러하다. "자신을 다하는 것이 충이다. 자신을 헤아려보는 것이 서이다. 공자의 한 가지 이치[一理]는 분별할 수 없는 것이지만 물이 흐르듯 구석구석 마침 맞게 들어맞는다. 비유하자면 천지의 지극한 정성[至誠]은 쉬지 않으며 만물은 각각 자기 자리를 얻는 것과 같다. 증자는 그래서 자신을 다하고 자신을 헤아려보는 학자의 눈을 빌어 드러내서 밝혔다. 그리고 남들이 쉽게 이해하길 바랐다."

34 『논어』「위령공」은 이러하다. "선생님이 말씀하셨다. '사야! 너는 내가 많이 배우고 많이 기억하는 사람이라고 생각하느냐?' 자공이 대답하였다. '그렇습니다. 아닙니까?' '아니다. 나는 하나로써 꿰뚫는다.'" 형병 소는 이러하다. "나는 하나로써 꿰뚫는다는 것은 자신이 도를 잘하는 것이라는 공자의 대답이다. 많이 배우고 많이 기억하는 것이 아니고 다만 한 가지 이치로써 도를 꿰뚫는[貫通] 것이다." 주희 주는 이러하다. "이 주장은 이미 앞에 나타난다. 그러나 여기까지 행위의 측면에서 말했고 여기서는 지식의 측면으로 말한 것이다."

역주_ 아래 본문의 기송은 기억과 암송이다.

로 꿰뚫을만한 근거가 없는 것이다. 훈고와 명물은 독자적 방법으로 고대 성인의 자취를 탐구하려 하지만 지나치게 기송(記誦)만 하는 것은 마치 물자를 교환하여 이익을 취하는 장사꾼과 매한가지이다. 문사의 찬술은 고대 성인의 마음을 밝히려고 하지만 문사를 빛내는 일에만 탐닉한 사람은 마치 좋아하는 장난감을 가지고 노는 아이나 매한가지다. 이단과 곡학아세하는 사람들은 자신의 도만 도이고 자신의 덕만 덕이라 주장하기 때문에 본디 올바른 도를 얻을 수도 없고 잃을 수도 없다. 기송의 학문이나 문사의 재능은 올바른 도를 으뜸이라 하지 않을 수 없다. 하지만 장사꾼이나 놀이에 정신 팔린 아이 같은 사람들은 어수선해서 도가 어디서 기원한 것인지 잊어버린다. 송나라 이후 유학자들[宋儒]이 등장하여 논쟁할 때, 그들은 훈고학과 문학이 기에 탐닉하여 도를 모르는 것이라고 말했다. 기에 탐닉하여 도를 모르는 사람이라도 직접 기를 통해서 도를 보여주는 것은 괜찮다. 그러나 송나라 이후 유학의 폐단은 남들도 기를 버리고 도를 이야기하도록 만들려는 것이다. 공자는 문학에 대해 박학다식해야 한다고 가르쳤다.[35] 송나라 이후 유학자들은 반대로 "쓸데없는 물건을 가지고 노는데 팔려 소중한 자기 본심을 잃었다"고 말한다.[36] 증자는 문사가 변변치 못함과 어긋남을 멀리해야 한다고 가르쳤다.[37] 송

---

35 『논어』 「옹야」는 이러하다. "선생님이 말씀하셨다. '문에 대해 널리 배우고 예로써 요약한다면 역시 어긋나지 않을 수 있으리라!'"

36 『이정외서』(二程外書) 「상채어록」(上蔡語錄)은 이러하다. "예전에 오경의 말을 기록하여 한 권의 책으로 만든 적이 있었다. 명도 선생[伯淳]이 그것을 보시고 이렇게 말씀하셨다. '사물에 신경 쓰면 의지만 잃어버린다.'" "명도 선생[明道]은 사량좌 선생[謝子]이 외우고 있는 것이 대단히 넓은 것을 보고 이렇게 말했다. '훌륭하기보다 외우는 게 참 많구나.' 사량좌 선생은 부지불식간에 온몸에 진땀에 배고 얼굴이 붉어졌다. 선생은 이렇게 말하셨다. '이래야만 그것이 바로 측은지심(惻隱之心)인 게지.'" 사량좌(謝良佐)는 자가 현도(顯道)이며 상채(上蔡) 출신이다. 원풍 연간에 따라 배웠다.

37 『논어』 「태백」은 이러하다. "증자가 말하였다. '군자가 도에서 귀하게 여기는 것이 세 가지 있다. 용모를 움직일 때 사나움과 거만함을 멀리하라. 안색을 바르게 할 때는 믿음에 가깝도록 하라. 말소리를 낼 때는 비루함과 배반하는 것을 멀리해야 한다.'" 주희 주는 이러하다. "배(倍)는 배(背)와 같다. 이치에 위배된다는 말이다."

나라 이후 유학자들은 반대로 "글을 정교하게 하면 도를 해친다"라고 말한다.[38] 송나라 이후 유학자들의 말은 어찌 막 되먹은 놈에게 준 좋은 약석(藥石)이 아니겠는가?[39] 약석은 오장육부의 병을 다스리기 위한 것일 뿐이다. 송나라 이후 유학자의 뜻은 오장육부의 병을 발견한 뒤 병을 없애려고 오장육부도 같이 들어내려고 덤비는 짓과 비슷하다. 인간 본성과 천도를 탐구하려 하면서도 기송을 하찮게 여기고 사장을 싫어하는 것[40]도 오장육부를 들어내려고 덤비는 짓과 무엇이 다른가? 그러나 송나라 이후 유학자들처럼 정밀하게 이치를 분석하거나 돈독하게 몸소 실천하는 유학자가 한나라나 당나라 때 있었다는 이야기는 들어본 적이 없다. 맹자는 "의리가 내 마음을 기쁘게 하는 것은 맛있는 고기가 내 입을 즐겁게 하는 것과 마찬가지"라고 말했다.[41] 의리는 허튼 소리로 할 수 있는 것이 아니다. 박학으로 의리를 충실하게 해주고 문장으로 의리를 표현해주어야 한다. 의리, 박학, 문장이 합일하게 되면 주공과 공자의 도에 거

---

38 『이정유서』 권18은 이러하다. "누군가 이천 선생(伊川先生)에게 이렇게 물었다. '글짓기는 도를 해칩니까?' 이천 선생이 이렇게 대답했다. '해친다. 모든 글짓기는 의도를 하나로 모으지 않으면 좋은 글이 되지 않는다. 만약 뜻을 하나로 모은다면 의지는 이것에 국한될 것이다. 그러면 어찌 천지의 크기와 마찬가지가 될 수 있겠느냐? 『서』는 이렇게 말한다. '사물에 신경 쓰면 의지만 잃어버린다.' 글짓기도 사물에 신경 쓰는 것이다. 여여숙(呂與叔)에게 이런 시가 있다. '두예[元凱]만한 학문도 장차 고질이 되고, 사마상여만한 글도 어릿광대 비슷해졌네. 독립한 공자 문하만 아무 일이 없으니, 다만 안연이 심재(心齋)를 얻었단 소식만 보내려네.' 이 시는 대단히 좋다. 고대의 학자는 오로지 감정과 본성을 기르는데 힘썼을 뿐이다. 나머지는 배우지 않았다. 오늘날 글을 짓는 사람들은 오로지 장구에만 힘쓰고 눈과 귀를 기쁘게 하려는 것은 남을 기쁘게 하려는 것이다. 이것이 배우가 아니면 무엇이란 말인가?"

39 『사기』「유후세가」(留侯世家)는 이러하다. "충고하는 말은 귀에 거슬리나 행하는 데 이롭다. 독약은 입에 쓰지만 병에 이롭다."

역주_ **약석**은 약과 침이다.

40 『이정유서』 권18은 이러하다. "이천 선생이 말했다. '고대의 학은 한 가지이고 오늘날의 학은 세 가지이다. 이단은 간여하지 않겠다. 첫째가 문장의 학문이고, 둘째 훈고의 학문이며, 셋째 유학자[儒者]의 학문이다. 도로 달려가고자 한다면 유학자의 학문을 버리고는 갈 수 없다.'"

41 『맹자』「고자 상」을 보라.

의 다가간 것이다. 주공과 공자의 도가 먼 과거의 것이라 해도 한 다리 두 다리 건너 번역해야만 통하는 것은 아니다. 하지만 경사는 서로 나무라고 문인은 서로 가볍게 여기며[42] 성리(性理)를 탐구한 순한 유학자 사이에도 주희와 육구연(陸九淵)의 학문적 차이가 있다.[43] 주희를 따르는 자들과 육구연을 따르는 자들은 서로 공격하고 주희와 육구연의 학문과 문장을 이야기하는 자들도 그들의 기풍을 좇을 뿐, 깨달음이 없다. 이것

---

42 위나라 문제『전론』「논문」은 이러하다. "문인들이 서로 업신여기는 것은 옛날부터 그랬다."

43 주희는 「역교 중」의 주6을 보라. 육구연(陸九淵)은 자가 자정(子靜)이며 금계(金谿) 출신이다. 건도(乾道) 8년에 진사에 급제했다. 관직은 지형문군(知荊門軍)에 이르렀고, 향년 쉰넷이다. 가정(嘉定) 10년에 문안(文安)이라는 시호를 받았다.(『송사』「육구연전」(陸九淵傳)) 나는 이렇게 생각한다. 육구연은 주정존심(主靜存心)을 위주로 했다. 일찍이 주희와 아호사[鵝湖]에서 만나 토론을 한 적이 있는데, 두 사람의 주장에 부합하지 않는 점이 많았다. 대체로 주희는 도문학(道問學)을 주장하고, 육구연은 존덕성(尊德性)을 중시했다. 한쪽은 안팎으로 서로 수양할 것을 주장하고, 한쪽은 함양(涵養)만 우러를 것을 주장했다. 이로부터 문인과 제자들은 드디어 문호를 나눠 대립했다. 명나라 왕수인은 육구연의 학문을 우러렀기 때문에, 『주자어록』(朱子語錄) 가운데 육구연에 가까운 것을 집록하여 『주자만년정론』(朱子晚年定論)을 지었다. 나흠순(羅欽順)은 왕수인의 주장을 시간 순으로 배열하고 보니 주희가 육구연을 만나기 전에 육구연처럼 말한 것이 이미 많다는 것을 알았다. 그래서 나서서 왕수인의 주장을 반박하고 바로잡았다. 청나라 초기의 손승택(孫承澤)도 이것을 근거로 『고정만년정론』(考正晚年定論)을 지었다. 주희와 육구연의 차이는 명나라 중엽 이후부터 드디어 복잡해졌다. 나머지는 「주륙」편에 상세하다.

역주_ **성리**는 우주와 사회의 본성과 이치이다. **나흠순**(1465~1547)은 자가 윤승(允升), 호가 정암(整菴)이다. 강서성 태화(泰和) 출신이다. 명나라 중기의 정치가, 사상가이다. 주희의 이기론을 부분적으로 수정했으며 왕수인의 『주자만년정론』을 정면으로 비판했다. 그의 정신은 동림파(東林派)가 계승, 발전시켰다. 저술에 『곤지기』(困知記)가 있다. **손승택**(1592~1676)은 명말청초의 장서가, 학자이다. 자는 이북(耳北)이며 이백(耳伯)이라고도 쓴다. 호는 북해(北海)이며 퇴곡노인(退谷老人) 등으로도 쓴다. 조상이 살던 곳은 상림원(上林苑, 현재 하북성 대흥)인데 나중에 익도(益都, 현재 산동성)로 옮겼다. 숭정 4년(1631) 진사가 되어 형과도급사중(刑科都給事中)을 지냈다. 이자성(李自成)이 북경을 함락시키자 사천방어사(四川防御史)에 임명되었다. 청나라 때는 이부 좌시랑(吏部左侍郎), 태자태보(太子太保), 도찰원(都察院) 좌도어사(左都御史)에 이르렀다. 서화 감정에 정통했다. 당시 하북의 양청표(梁清標)와 장서가 많기로 천하제일을 다퉜다. 저술에 『경자소하기』(庚子消夏記), 『춘명몽여록』(春明夢餘錄), 『기보인물지』(畿輔人物志) 등이 있다.

은 “제자백가는 이제 자기 길만 갈 뿐, 하나로 되돌아오지 않는다. 다시는 합일하지 못할 것이 틀림없다”던 장자의 말과 같으니, 슬프구나![44]

부록_「원도」편에 대한 소진함과 장정풍의 평가

소진함은 말한다. “「원도」의 초고가 막 나와서 서울[京師]에 전달되었을 때, 평소 장학성의 글을 아끼던 동인들은 대단히 불만스러워 했다. 장학성의 글이 송나라 사람들이 즐겨 사용한 어록(語錄)의 나쁜 버릇[習氣]을 답습하고 있으며 가증스러울 정도로 진부하여 평소의 글과 전혀 닮지 않았다고 말한 친구[同人]도 있었고, 심지어 장학성에게 경고하는 편지를 보낸 친구도 있었다. 나는 「원도」를 자세히 살핀 뒤 주소백(朱少白)(이름은 석경(錫庚)이다)에게 이렇게 말했다. ‘「원도」는 장학성이 『문사통의』에서 드러낸 전부를 밝혔고 특별한 주장을 창조했다. 「원도」는 본성에서 나왔으며 바로 잡으려고 억지를 부리지 않았다. 장학성의 말은 정리되지 않은 듯하다. 그러나 정밀하고 깊은 뜻이 많기 때문에 우리가 이러쿵저러쿵 할 수 없다.’”

장학성의 조카인 장정풍(章廷楓)은 말한다. “숙부의 『문사통의』가 요즘 인구에 회자되고 있지만 그들이 어찌 숙부의 마음을 전부 간파했을까? 그들이 하는 말은 청담과 같은 고담준론에 지나지 않는다. 신기한 것을 기뻐하는 사람들이 그들 가운데 많으며 간혹 손바닥 안의 담론을 즐기는 데 보탬이 된다고 생각할 뿐이다. 숙부가 일찍이 자신의 명성에 군살이 지나치게 많이 붙은 바람에 옛사람의 의도를 잃게 된 것을 유감스럽

44 『장자』 「천하」의 글을 보라. 나는 이렇게 생각한다. 이 단락은 의리(義理), 고거(考據), 사장(詞章) 세 가지가 합일된 것이기 때문에 이로부터 도를 밝힌다면, 거의 전체를 볼 수 있을 것이라고 말한다.

게 생각하고 있었다는 것을 그들이 알 리 없다. 「원도」라는 제목은 설령 본질을 벗어나 에두르며 지나치게 넓은 것처럼 보이더라도 새로 창조한 의의가 실제로 많다. 예를 들면 다음과 같은 것들이 있다. 첫째, 도는 최소한 세 사람이 한 가족을 이룬 데서 시작되었다. 둘째, 군사와 정교는 모두 하늘에서 나온 것이다. 셋째, 훌륭한 사람과 지혜로운 사람은 성인에게 배우지만 성인은 백성에게 배운다. 넷째, 집대성한 성인은 공자가 아니라 주공이다. 그러나 학자는 주공과 공자를 함부로 나눠서는 안 된다. 다섯째, 공자를 배우는 사람은 가르침을 영원히 전승하려는 마음을 앞세워서는 안 된다. 여섯째, 공자의 위대함은 주나라의 예를 배운다는 한 마디로 전체를 포괄할 수 있다. 이런 주장을 이제 막 들었다면 지극히 기이하겠지만 깊이 생각해보면 지극히 확실한 것이다. 『문사통의』가 나오기 이전에는 어떤 사람도 말한 적이 없었으니 어찌 진부하다고 말할 수 있는가? 여러분이 당시 진부하다고 나무란 이유는 아마 너무 익숙한 제목이 눈에 띄어 내용을 상세히 살피지 않았기 때문일 뿐이다."

원학(原學)

상·중·하

1. 원학(상)[1]

『주역』은 이렇게 말한다. "형상을 이루는 것이 건이고 그것을 본받는 것이 곤이다."[2] 학은 본받는 것이고 도는 형상을 이루는 것이다. 공자는

1 나는 이렇게 생각한다. 「원학」 세 편은 아마 「원도」로부터 추론하여 나왔을 것이다. 장학성은 「여진감정론학서」에서 이렇게 말한다. "「원학」이라는 편은 다름 아니라 「원도」에서 미진한 뜻을 펼친 것이다. 배우기만 하고 생각하지 않는 것은 세속적인 학문이기 때문이다. 생각만 하고 배우지 않는 것은 이단이기 때문이다. 요령을 얻을 수 있었기 때문에 대단히 기뻤다."(가업당본 『장씨유서』 권9) 지은 해는 이미 「경해 상」의 주에 보인다. 「원학 상」편은 아래로 인사를 배우면 저절로 위로 천리를 통달할 수 있으며, 박학다식하게 되려면 여전히 스스로 깨우쳐야만 한다고 주장한다. 그러므로 『시』와 『서』를 외우고 읽는 일이란 다름 아니라 본받음의 바탕을 추구하는 근거이지, 바로 본받을 수 있는 것은 아니다.

2 『주역』 「계사전 상」의 글을 보라.

이렇게 말한다. "아래에서 배워 위로 통달한다."[3] 아마 형태가 있는 기(器)에서 배워 미처 형태가 생기지 않은 도(道)에 자연히 통달한다는 말일 것이다. 선비는 현인을 우러르고 현인은 성인을 우러르며 성인은 하늘을 우러른다.[4] 현인을 우러르고 성인을 우러르는 이치가 있다는 말이다. "하늘에 실려 있는 것은 소리도 없고 냄새도 없다."[5] 성인은 어떤 방법으로 하늘을 우러르는가? 아마 하늘이 사람을 낳으면서 인의예지의 본성[仁義禮智之性]을 부여하지 않은 적이 없었을 것이다. 이것이 타고난 덕성(天德)이다.[6] 또한 하늘이 사람을 낳으면서 군신, 부자, 부부, 형제, 붕우의 인륜에 그들을 용납하지 않은 적도 없다. 이것이 타고난 자리[天位]이다.[7] 타고난 덕성으로 타고난 자리를 닦는다고 하자. 그러면 설령 사물이 드러나지 않는 땅에서 아직 서로 접촉하지 않았더라도 이미 적당한 상태에 딱 맞는 동시에 지나치거나 모자람이 없는 준칙[準]이 될 것이다. 이것이 이른바 형상을 이룬다는 것이다. 평소에 도의 형상을 체득하고 사물이 이르러 서로 접촉할 때마다 으레 그 준칙으로 대응한다. 이것이

3 『논어』「헌문」은 이러하다. "선생님이 말씀하셨다. '하늘을 원망하지 않고 남을 탓하지 않으며 아래에서 배워 위로 통달하니 나를 아는 것은 하늘이리라!'" 주희의 주는 정자를 인용하여 이렇게 말한다. "학자는 반드시 아래에서 배워 위로 통달하는 핵심을 지켜야만 한다. 아마 아래로 인사를 배워야 비로소 위로 천리에 통달할 것이다. 그러나 익히기만 하고 살피지 않으면 역시 위로 통달할 수 없다."

4 주돈이 『통서』(通書)의 글을 보라.

5 『시』「대아」"문왕"을 보라.

6 『예기』「중용」은 이러하다. "만약 총명하지도 않고 성인의 지혜도 없으면서 천덕(天德)에 통달하고자 하는 사람은 누가 그것을 알 수 있으리오." 천덕은 하늘이 낳은 덕성이다. 다름 아니라 바로 인의예지(仁義禮智)이다. 『맹자』「진심 상」은 이러하다. "군자가 타고난 본성으로 삼는 것, 인의예지는 마음에 뿌리를 두고 있다."

7 『맹자』「만장 하」는 이러하다. "천위(天位)를 더불어 함께하지 않는다." 주희 주는 범씨(范氏)를 인용하여 이렇게 말한다. "위(位)는 천위이니 하늘이 현인을 기다리는 것을 말한다. 하늘은 현인이 하늘의 백성을 다스리도록 하는 것이지 임금이 도맡아 다스리는 것은 아니다." 천위는 작위(爵位)를 가리킨다. 장학성이 오륜을 인용하는 것은 『맹자』「등문공 상」의 다음과 같은 말에 상당한다. "성인은 근심하는 것이 있어서 설에게 사도를 맡겨 인륜으로 다스리도록 시켰다. 부자유친이고 군신유의이며 부부유별이고 장유유서이며 붕우유신이다."

이른바 본받는다는 것이다. 이것은 성인이 하늘을 우러르는 것이다. 이것은 성인이 아래에서 배워 위로 통달하는 것이다. 이윤은 이렇게 말한다. "하늘이 우리 백성을 낳았고 먼저 안 사람이 나중에 알 사람을 깨우치게 했으며 먼저 깨달은 사람이 나중에 깨달을 사람을 깨닫게 했다."[8] 태어날 때 타고난 기운이 고르지 못하기 때문에 본디 적당한 상태에 딱 맞는 준칙을 스스로 알 수 없는 사람도 있다. 그래서 먼저 안 사람과 먼저 깨달은 사람이 그것을 가리켜 보여준다. 이것이 이른바 가르침이다. 가르침이란 것은 적당한 상태에 딱 맞는 준칙을 스스로 알도록 사람을 가르친다는 것이지[9] 자신을 버리고 나를 따르라고 사람을 가르치는 것이 아니다. 그러므로 선비가 현인을 우러르고 현인이 성인을 우러를 때도 형상을 이루는 것을 본받는 일을 우러르는 것이지 자신이 본디 타고나서 가지고 있는 것을 버리고 남을 우러르는 것이 아니다. 그러면 적당한 상태에 딱 맞는 준칙을 어떻게 사람들이 알도록 만들 것인가? 형상을 이루고 그것을 본받는 것은 어떻게 알도록 만들 것인가? 이것은 자연인[生民]이 생긴 이후[10] 타고난 덕성의 순수함을 갖추고 타고난 자리의 정점에 도달한 사람을 반드시 살펴야 한다. 일단 그들이 앞서 했던 말과 과거에 했던 행위를 탐구한다.[11] 그들이 어떻게 막힌 상태를 변화시켰으며 어떻게 통달한 상태를 지속할 수 있었는지 탐구하여 많이 기억한다.

---

8 『맹자』「만장 상」의 글을 보라.

9 『맹자』「이루 하」는 이러하다. "군자는 도로써 깊이 조예를 닦는다. 그래서 그것을 스스로 터득하려는 것이다." 그리고 「진심 하」는 이렇게 말한다. "군자는 끌어주어도 튀어 오르지 않으나 뛰어오르는 것 같다. 중용의 도로 세워주기 때문에 능력이 있는 사람은 그것을 따른다." 『예기』「학기」는 이러하다. "군자는 가르칠 때, 학생을 이끌어 주지만 억지로 끌지는 않으며 강제하지만 억누르지 않으며 깨우쳐 주지만 통달시키지는 않는다." 『백호통』(白虎通) 4는 이러하다. "학(學)이라는 말은 각(覺)이다. 모르는 것을 깨우쳐 준다."

10 『맹자』「고자 상」은 이러하다. "인의예지는 바깥으로부터 내게 스며드는 것이 아니다. 내가 본디 가지고 있는 것이다."

11 『주역』「대축」(大畜) "상전"은 이러하다. "군자는 이로써 앞 시대의 언행을 많이 알아서 자신의 덕을 쌓는다."

그런 뒤에 이른바 형상을 이루는 것을 스스로 얻고 잘 본받는다. 그러므로 본받는다는 것은 반드시 일을 처리하는 과정에서 드러난다. 『시』와 『서』를 소리 내어 읽을 때[12]는 본받는 바탕을 찾으려고 해야지 바로 본뜨기만 해서는 안 된다. 옛사람은 일 처리를 학이라고 생각하지 않았다. 『시』와 『서』를 소리 내어 읽는 것을 학이라고 생각하는 것은 무엇 때문인가? 아마 격물(格物)도 하지 않고 치지(致知)한다면 다음 단계인 성의(誠意)는 불가능할 것이라 생각하기 때문이고[13] 사람의 행위는 사람이 알고 표현하는 것과 같다고 생각하기 때문이리라. 그러므로 소리 내어 읽는 것을 학이라고 생각하는 것은 가르치는 사람의 능력 범위를 헤아려 짐작하여 말한 것이지 이것 말고 학이 없다는 말이 아니다. 자로는 이렇게 말한다. "백성이 있고 사직이 있으니 하필 글을 읽은 뒤라야 배우는 것이겠습니까?" 공자는 자로를 교묘한 말을 하는 놈이라고 물리쳤다.[14] 아마 자고(子羔)가 지방의 행정 책임자인 현재[宰]가 되었다면 이렇게 말하지 않았으리라 생각한다. 학은 반드시 소리 내어 읽는 것에만 한정되지 않는다. 소리 내어 읽는 것에만 한정해서 학을 말하는 것은 일반적인 유학자들의 고루한 생각이다.

---

12 『순자』「권학」은 이러하다. "배움은 경을 외우는 데서 시작하고 예를 읽는 데서 끝난다." 양경 주는 이러하다. "경(經)은 『시』와 『서』를 말한다."

13 『예기』「대학」은 이러하다. "자신의 의도를 정성스럽게 하려는 사람은 먼저 치지(致知)해야 한다. 치지는 격물(格物)에 있다." 주희 「대학보전」(大學補傳)은 이렇게 말한다. "이른바 치지는 격물에 있다는 것은 내 앎을 이루고자 하면 사물을 근거로 그 이치를 끝까지 파고드는 데 있다는 말이다. 아마 사람 마음의 신령스러움은 알지 못할 것이 없고 천하의 사물은 이치 없는 것이 없을 것이다. 오로지 이치만 끝까지 파고들지 못한 것이 있기 때문에 앎이 완전하지 못하다."

14 『논어』「선진」은 이러하다. "자로가 자고(子羔)를 비읍의 읍재[費宰]로 삼았다. 선생님은 이렇게 말씀하셨다. '남의 아들을 해치는구나!' 자로는 이렇게 말했다. '백성이 있고 사직이 있습니다. 어찌 꼭 글을 읽은 뒤라야만 배웠다고 하겠습니까?' 선생님이 말씀하셨다. '이래서 나는 말주변 있는 놈들을 싫어한다니까!'"

2. 원학(중)[1]

옛사람의 학은 사물을 남김없이 배웠다.[2] 아마 치교도 아직 나뉘지 않았고 관사가 합일된 상태였기 때문에 배우기가 비교적 쉬웠을 것이다. 사도는 오륜의 교육을 펼치고 전악은 귀족 자제[胄子]를 가르쳤다.[3] 이것을 비롯하여 삼대의 학교[4]는 제도에 나타난다. 그 때 학에 종사한 사람들은 학교에 들어가면 책을 읊었고[5] 나오면 바로 정교와 전장의 일 처리를 보았다. 학은 믿음직하고 검증할 수 있었으며 허튼 소리로 전수하고 전수받는 것이 아니었다. 앎이란 집어넣긴 쉬워도 실천이 짝을 맞추기가 어렵다. 이것은 고대부터 이미 그랬다. 요임금은 공공(共工)을 물리치면서 이렇게 말했다. "말은 조용조용하니 듣기 좋으나 행실은 어긋나는구나."[6] 조용조용히 말을 잘하는 사람은 배우지 않은 사람이 아니다. 시험 삼아 그에게 일을 시켜보아 어긋남이 있는 것은 형상을 이루는 데서 본받은 것과 다르다. 부열은 은나라 고종을 깨우치면서[7] 이렇게 말했다. "아는

---

1 나는 이렇게 생각한다. 「원학 중」편은 학문이 사실을 남기지 않으므로 반드시 사실에서 익힌 뒤에 학문을 말할 수 있다는 것을 논하고 있다. 학문이 사람을 근거로 이름을 붙이면 생각만 하고 배우지 않는 폐단이 생긴다.

2 이것은 장학성이 학문을 논하는 아주 긴요한 말이다. 「원학」편 전체의 의의가 이것을 근거로 펼쳐진다.

3 「원도 중」의 주9 및 주10을 보라.

4 「원도 상」의 주11을 보라.

5 『예기』「학기」는 이러하다. "오늘날 가르치는 사람은 눈앞에 놓인 점필만 읽고 질문만 많다." 정현 주는 이러하다. "신(呻)은 음(吟)이다. 점(佔)은 시(視)이다. 간(簡)은 필(畢)이라 부른다. 신(訊)은 문(問)과 같다. 오늘날의 교사 자신은 경의 뜻을 이해하지도 못하면서 자기가 보는 죽간의 글만 읊으면서 어려운 질문만 많다는 말이다."

6 『상서』「요전」은 이러하다. "고요할 때 말해놓고 행동할 때는 어긴다." 채침(蔡沈)「전」은 이러하다. "공공(共工)은 관직 이름이다. 고요할 때 말해놓고 행동할 때 어긴다는 것은 아무 일 없이 조용하면 말을 잘하는데 일이 있어서 쓰고자 하면 어긴다는 것이다."

7 부열은 은나라 고종의 훌륭한 재상이다. 고종은 이름이 무정(武丁)이다. 「고문상서서」는 이러하다. "고종이 꿈에서 부열을 보았다. 온갖 벼슬아치[百工]를 시켜서 그를

것이 어려운 것이 아니라 실행하기가 무척 어렵습니다."[8] 고종은 예전에 감반(甘盤)에게 배웠고[9] 오랫동안 바깥에서 수고하기도 했는데 어찌 배우지 않은 사람이겠는가? 시험 삼아 일을 시켜보지 않는다면 일을 실행하더라도 미덥지 않을까 걱정스럽다. 부열은 다시 이렇게 말했다. "사람들은 많은 견문을 찾지만 오로지 일을 실제로 추진하면서 생긴 고대의 교훈에서 배워야만 얻을 수 있는 것이 있습니다."[10] 부열의 말은 설령 가짜로 판명된 『고문상서』에서 나온 것이라 하더라도[11] 틀림없이 전수받은 바가 있기에 이렇게 말했을 것이다. 많은 견문을 찾으면서 충실하게 일을 추진한다면 고대의 교훈을 배운다는 일이 외워서 말하는 것만은 아니라는 것도 알 수 있다. 치교가 일치하고 관사가 나뉘지 않았는데도 앎을 찾는 것은 쉽고 실행은 어려웠다. 하물며 관사가 나뉜 뒤, 학자는 앞 시대 사람의 진부한 자취만 배웠겠지? 공자는 이렇게 말한다. "배우기만 하고 생각하지 않으면 답답하고 생각하기만 하고 배우지 않으면 위태롭다."[12] 공자는 다시 이렇게 말한다. "내가 종일토록 먹지 않고 밤새도록

들판에서 찾으라고 했는데, 그를 부암에서 찾았다. 「열명」 세 편을 지었다." 염약거와 혜동은 세 편이 위서(僞書)라고 한다.

8 『상서』 「열명 중」의 글을 보라.

9 「열명 하」는 이러하다. "어린 녀석일 뿐이던 나는 예전에 감반(甘盤)에게 배웠는데 그는 이미 황야로 숨어 버렸다." 공안국 『상서전』은 이러하다. "감반은 은나라의 훌륭한 신하이며 도와 덕이 있는 사람이다."

10 「열명 하」를 보라. 이것도 부열의 말이다.

11 『금문상서』 스물여덟 편에는 「열명」이 없다. 여기 세 편은 모두 『고문상서』에서 나왔다.

12 『논어』 「위정」의 글이다. 『논어집해』는 포함을 인용하여 이렇게 말한다. "배우더라도 그 뜻을 생각하지 않으면 답답한 채 얻는 것이 없다. 배우지 않고 생각만 해도 결국 얻지 못한다. 다만 사람의 정신만 피로하고 위태롭게 만든다." 형병 소는 이러하다. "이 장은 가르치고 배우는 법을 말한다. 배우고 생각하지 않으면 답답하다는 것은 배우는 법이다. 이미 스승을 따라 배우면 스승이 가르치지 않은 나머지 내용을 스스로 생각해야 한다. 만약 스승을 좇아 배우더라도 그 뜻을 생각하지 않으면 답답한 채 얻는 것이 없다. 생각만 하고 배우지 않는다면 위태롭다는 것은 스스로 생각만 하고 스승을 찾아가 따라 배우지 않는다면 끝내 그 뜻을 얻지 못한다는 말이다. 그러면 다만 사람의 정신만 피로하고 권태롭게 만든다." 주희 주는 이렇게 말한다.

자지 않고 생각한 적이 있으나 유익함이 없었다. 배우는 것만 못했다."[13] 생각하는 것도 학자의 일이지만 공자는 생각하는 것을 배우는 것과 구별한다. 이것은 마치 생각하는 것은 배우는 것이라고 말할 수 없는 것처럼 생각된다. 반드시 사물에서 익힌 뒤라야 아마 학이라고 말할 수 있을 것이다.[14] 그래서 공자는 지행합일(知行合一)[15]의 도를 가르친 것이다. 제

"진심으로 그것을 찾지 않기 때문에 어두워서 얻는 것이 없다. 그 일을 익히지 않기 때문에 위태롭고 불안하다." 주희의 풀이는 대단히 정밀하여, 옛날 뜻보다 낫다.

13 『논어』「위령공」의 글을 보라. 주희 주는 이렇게 말한다. "이것은 생각만 하고 배우지 않는 사람을 위해 말한 것이다. 아마 의지를 겸손하게 함으로써 스스로 체득하는 것이 마음을 괴롭히더라도 꼭 찾는 것보다 나을 것이다."

14 나는 이렇게 생각한다. 청나라 초기 박야(博野) 출신 안원(顏元)은 반드시 사물에서 익히는 것이 학이라는 견해로 독특한 학풍을 세웠다. 대망(戴望)이 지은 「안선생별전」(顏先生別傳)에서 큰 줄거리의 개요를 엿볼 수 있다. 대망은 이렇게 말한다. "선생님은 사시는 곳에 습재(習齋)라는 이름을 붙였다. 스승님 문하의 제자들은 어버이에 대한 효도와 형제끼리의 우애를 행하고 임금에 대한 충성과 벗 사이의 믿음을 보존하며 매일 예절, 음악, 활쏘기, 서수(書數)를 익히고 병법, 농업, 수화(水火)에 관한 여러 가지 학문을 연구했다. 학당에는 거문고, 생황, 활, 화살, 산가지통이 빽빽하게 놓여 있었다. 선생님은 이렇게 말씀하신 적이 있다. '반드시 일이 있어야 한다는 말은 학문의 핵심이다. 마음에 일이 있으면 보존하고 몸에 일이 있다면 닦는다. 집안의 가지런함, 나라의 정치는 모두 일이 있는 것이다. 일이 없다면 도와 정치는 모두 없어지게 될 것이다. 그러므로 정덕(正德), 이용(利用), 후생(厚生)을 일이라고 한다. 일에서 그것이 나타나지 않으면 정덕, 이용, 후생이 아니다. 덕성, 행위, 육예는 사물이다. 사물에서 그것을 증명하지 않으면 덕성, 행위, 육예가 아니다.' 선생의 학문은 사물로 귀결된다. 그리고 평생 허튼 소리로 가르침을 세운 적이 없다."(『안씨학기』(顏氏學記)) 장학성은 안원의 영향을 받지 않은 것이 아니다. 다만 안원이 이로써 가르침을 세웠고, 장학성은 거기에 뿌리를 두고 자신의 사학을 세웠을 뿐이다.

역주_ **안원**(1635~1704)은 청나라의 학자이며 호는 습재(習齋)이다. 직예 출신이다. 세 살 때 아버지가 만주족 군대에 끌려가서 돌아오지 않아 가난하게 살았다. 젊은 시절 과거 시험을 준비했으나 몇 차례 낙방한 뒤 교육에 전념한다. 1696년 장남서원(漳南書院)을 세웠다. 저술에 『사존편』(四存編), 『사서정오』(四書正誤) 등이 있다. 19세기 후반에 간행된 『안리총서』(顏李叢書)에 그의 제자 이공(李塨)의 글과 함께 실려 있다. **대망**(1837~1873)은 절강 덕청 출신이며 주중부(周中孚)의 생질이다. 주중부는 완원이 세운 고경정사의 유명한 유학자이다. 제생이 되었으며 한 차례 과거 시험에 응시하고 접었다. 고증학과 사장학에 힘썼다. 문호의 견해가 심했다. 『춘추공양전』의 뜻으로 『논어』를 해석했다. 저술에 『안씨학기』, 『적린당집』(謫麐堂集)이 있다.

15 나는 이렇게 생각한다. 지행합일(知行合一)의 이야기는 비록 왕수인이 이끌었다지만, 앞 시대의 현인들도 사실 이미 밝혔다. 묵자는 행위를 앎에 포괄시켰는데, 「경

자백가의 주장은 생각만 하고 배우지 말라는 데서 일어난 것이다.[16] 그래서 제자백가의 뜻은 이어진 바가 있었지만[17] 폐단이 없을 수 없었다. 유흠[18]은 어떤 제자백가의 유파라든지, 제자백가의 기원이 고대의 어떤 관직이 관장한 데서 나왔다든지, 제자백가의 흐름이 어떤 제자백가의 학이 되었다든지, 제자백가의 실수가 어떤 일의 폐단이 되었다는 말을 쓴다.[19] 어떤 관직이 관장하는 것은 선왕의 전장과 법도이다. 어떤 제자백가의 학파가 된 것은 벼슬아치가 지키던 것이 더 이상 전승되지 않고 각자 생각이 도달하는 대로 스스로 유파를 이룩한 것이다. 실수가 어떤 일의 폐단이 된 것은 설령 근거가 있으며 합리적이라[20] 하더라도 극도로 생각만 하고 사물에서 익히지 않는 사람의 행위에 본래 어떤 못마땅한 점이 있는지 알 수 없다는 것이다.[21] 삼대가 융성할 때, 학은 동일한 데

상」 "지문설친명실합위"(知聞說親名實合爲) 조에 보인다. 알면서 행하지 않는 것은 앎이라고 말할 수 없다는 주장은 「귀의」(貴義) "금고자왈거자백야"(今瞽者曰鉅者白也) 조에 보인다. 순자도 이렇게 말한다. "듣는 것이 듣지 않는 것보다 낫다. 보는 것이 듣는 것보다 낫다. 아는 것이 보는 것보다 낫다. 행하는 것이 아는 것보다 낫다. 학은 행하는 데 이르러 마친다. 행하게 되면 밝아진다. 밝아지면 성인이 된다."(「유효」) 여러 서적에 보이는 나머지는 여기서 일일이 인용하지 않겠다. 왕수인은 성의(誠意)로 지행을 증명하여 그것을 더욱 정밀하게 밝혔다는 것만 말해두자.

16 유함흔은 『문사통의지어』에서 이렇게 말한다. "두 마디 말은 지극히 훌륭하다."

17 고대의 도술이 여기 있다고 한 말을 어떤 사람이 듣고 기뻐했다는 『장자』 「천하」의 말은 다름 아니라 바로 뜻을 이어받았다는 말이다.

18 『한서』 「초원왕전」(楚元王傳)은 이러하다. "유흠은 자가 자준(子駿)이다. 어려서 『시』와 『서』에 통달했고 글을 잘 지었기 때문에 성제의 부름을 받아 알현하고, 환자서(宦者署)에서 대조(待詔) 황문랑(黃門郎)이 되었다. 하평(河平) 연간에 아버지 유향과 비서를 교정하는 일을 이끌라는 명령을 받았다. 육예의 「전」과 「기」를 강의하고, 제자백가의 시부, 술수, 방기를 모르는 것이 없었다. 유향이 죽자 유흠은 다시 중루교위가 되었다. 애제가 즉위한 뒤 광록대부로 옮겼고, 황제의 은총을 입어 다시 오경을 총괄하여 아버지가 이전에 하던 사업을 마치도록 했다. 유흠은 육예에 관한 많은 서적을 모아 종류대로 나눠 『칠략』을 지었다." 반고가 『한서』를 지을 때, 다름 아니라 유흠의 『칠략』을 뿌리로 두고 「예문지」를 지었다.

19 앞의 여러 가지 말은 바로 『한서』 「예문지」 "제자략"의 글을 압축한 것이다.

20 『순자』 「비십이자」편의 글을 보라.

21 앞 단락에 대해 유함흔은 "선생이 처음 손을 댄 곳이다"라고 말한다.

서 나왔다. 학이라는 것은 사람들의 공력(功力)을 가리킨다. 당시 배우는 사람을 합쳐서 말할 때가 있었다. 열 살을 유학(幼學)이라 하는 것이 바로 이것이다.[22] 당시 배우는 사람을 나눠서 말할 때가 있었다. 열세 살에 음악을 배우고 스무 살에 예를 배운다는 것이 바로 이것이다.[23] 국가는 사람들이 가진 공력의 이름을 근거로 제도에 향학(鄕學)이니 국학(國學)이니 하는 이름을 붙였다. 삼대가 국학을 공유한다는 것이 바로 이것이다.[24] 당시에는 아직 어떤 사람에게 귀속시켜 등급을 나눈 이름으로 학을 구분하지 않았다. 관사가 나뉘고 제자백가의 주장이 일어나자 여기서 사람에 따라 등급을 나누어 학에 이름붙이는 일이 시작되었다. 이것이 이른바 갑이라는 학파의 학문이니, 을이라는 학파의 학문이니 하는 것이다. 사람에 따라서 학문의 이름이 달라진다면 학문은 어긋나게 된다. 이것은 실행이 지나쳐서 이런 지경에 이른 것이 아니고 생각이 지나친 데서 나온 것이다. 그러므로 공자는 배우는 일과 생각하는 일 어느 한쪽에 치우쳐서 없애는 것의 폐단을 말하면서 바로 이렇게 이어서 말했다. "이단을 전공한다면 해로울 뿐이다."[25] 이단이 일어나는 것은 생각이 지나치기 때문이지 일에서 익혔기 때문은 아니다.

---

22 『예기』「곡례 상」은 이러하다. "사람이 나서 열 살이 되면 유학(幼學)이라 한다."

23 『예기』「내칙」은 이러하다. "열세 살이 되면 음악을 배우고 시를 읊으며 작무를 춘다. 열다섯 살이 되면 상무를 추며 활쏘기와 전차 모는 법을 배운다. 스무 살이 되면 모자를 쓰고 비로소 예를 배운다."

24 「원도 상」의 주11을 보라.

25 『논어』「위정」편의 글을 보라. 하안(何晏) 『논어집해』는 이러하다. "공(攻)은 치(治)이다. 좋은 도는 계통이 있다. 그러므로 길은 달라도 같은 데로 귀결된다. 이단은 같은 데로 귀결되지 않는다." 형병 소는 이러하다. "이 장은 사람들이 뒤섞어서 배우는 일을 금한다. 이단은 제자백가의 글이다."

3. 원학(하)[1]

제자백가의 근심은 생각만 하고 배우지 않는 데서 일어난다. 일반적인 유학자들의 근심은 배우기만 하고 생각하지 않는 데서 일어난다.[2] 아마 관사가 나뉜 뒤에 학이 옛사람과 달라졌을 것이다. 후세의 왕들은 유술(儒術)을 없앨 수 없다고 생각했다. 그래서 박사를 세우고 제자를 두었으며 과거 시험을 설치하여 선비를 취했다.[3] 이런 방법으로 선왕을 외우고 본받는 사람에게 권했다. 이런 제도가 처음 시작되었을 때는 아마 이익과 녹봉으로 유술을 권했겠지만[4] 결국 유술이 이익과 녹봉을 따르게

---

1 나는 이렇게 생각한다. 「원학 하」편은 세상의 유학자의 근심이 배우고 생각하지 않는 데서 일어나며, 학술은 세상을 지탱하고 치우침을 구제할 수 있는 것을 소중하게 생각하기 때문에 마땅히 허(虛)를 이끄는 학으로 폐단을 교정해야만 한다고 논한다.

역주_ 허를 이끈다는 말은 병이 실한 증상(實症)은 허하게 만들어야 고친다는 한의학의 말이다.

2 『논형』 「초기」(超奇)는 이러하다. "경 하나를 설명할 수 있는 사람이 유생이다." 장학성 「여왕용장서」(與汪龍莊書)는 이러하다. "최근 학자들의 기풍은 사실의 증명[徵實]만 지나치게 많고 깨우침[發揮]이 지나치게 적은 것이다. 이것은 마치 뽕잎을 먹는 누에가 뽕은 먹으면서도 실을 뱉지 못하는 것과 같다."(가업당본 『장씨유서』 권9) 이것은 배우기만 하고 생각하지 않는 것이 근심스럽다는 말이다.

3 『순자』 「비상」(非相)편에 대한 양경의 주는 이렇게 말한다. "후세의 왕[後王]은 최근의 왕이다." 한나라 무제는 유학을 높여서 오경박사(五經博士)를 세우고 제자원(弟子員)을 두었다. 『사기』 「유림전」은 이러하다. "지금 임금이 즉위하고 조관(趙綰)과 왕장(王臧)의 무리가 유학을 밝히자 임금도 그들에게 향했다. 그래서 방정하고 현량한 문학을 지망하는 선비를 초빙했다. 이 뒤부터 『시』를 말하는 사람은 노나라에 신배공, 제나라에 원고생, 연나라에 한태부가 있었다. 『상서』를 말하는 사람은 제남 복생에게서 유래했다. 『예』를 말하는 사람은 노나라 고당생(高堂生)에게서 유래했다. 『역』을 말하는 사람은 치천(菑川) 출신 전하(田生)에게서 유래했다. 『춘추』를 말하는 사람은 제나라와 노나라에서는 호모생에게서 유래했고, 조나라에서는 동중서에게서 유래했다. 공손홍(公孫弘)이 박사관(博士官)을 만들기를 요청하여 제자 쉰 명을 두었고 자신은 돌아갔다." 『사기색은』은 여순(如淳)을 인용하여 이렇게 말한다. "『한의』(漢儀)는 제자에게 사책(射策)을 내릴 때, 갑과(甲科) 백 명은 낭중에 보임한다고 했다. 을과(乙科) 이백 명은 태자사인(太子舍人)으로 보임한다. 이들의 녹봉은 모두 이백 석이다. 그 다음이 군국문학(郡國文學)인데 녹봉은 백 석이다."

역주_ 위 본문의 유술은 유가의 방법 또는 유가의 학술이다.

만들었을 것이다. 이것은 본디 말할 만한 가치가 없다. 그러나 유학의 큰 학자[儒宗]와 큰 스승[碩師]이 이런 사람들에게서 배출되었다. 이런 사람들도 조정의 교육과 정사에 의해 교화되어[風敎] 자라지 않았다고는 말할 수 없을 것이다. 기쁜 감동이 없는데도 사람의 감정이 움직이는 법은 없다. 일단 감정이 움직였다면 생각의 힘은 결실을 이루게 되며 이름에 걸맞은 것을 찾으려고 한다. 타고난 기운이 중간 이상인 사람은 노력해서 일어설 수 있는 사람이다. 학교와 과거 시험[5]에는 수많은 빼어난 인재들이 이리저리 바쁘게 다닌다. 어찌 중간 이상인 사람이 그중 열에 하나도 안 되겠는가? 고대로부터 멀어지면 멀어질수록 옛사람이 배운 바를 배울 수 없었다. 그래서 후세인들은 유학자의 학업을 외우고 익히는 것을 궁극적 학이라고 여기게 되었다. 그러나 전공하여 취하는 일은 마찬가지로 옛사람보다 배는 어려울 것이다. 만약 유학자의 학업을 전문적으로 전공하여 익히는 사람이 정말로 자신의 학업을 통해 드러내더라도 용렬하고 세속적인 나머지 모든 사람이 다가갈 수 없다면 나는 그들을 꾸짖

4 『한서』「유림전찬」(儒林傳贊)은 이러하다. "무제가 오경박사를 세우고 제자원의 제도를 시작하며 과거 시험을 설치하여 사책을 내려 관직과 녹봉으로 권한 때부터 원시(元始) 연간에 이르기까지 백여 년 동안, 학업을 전한 사람이 대단히 많아지고 가지와 잎사귀가 번성하여 하나의 경을 설명하는 데도 백여 만 자나 되고 큰 스승 하나를 따르는 대중이 천여 명이나 되었다. 대체로 이익과 녹봉의 길이 그런 법이다."

5 이광지(李光地)는 이렇게 말한다. "태학(太學)을 세워 나라에서 가르치고 상서를 세워 읍에서 교화한다. 동중서[董子]는 이렇게 말하긴 했지만 실행하지 못했다. 그러므로 한나라 때 벽옹과 태학의 제도, 박사와 제자원의 설치는 겨우 서울에서만 시행되었을 뿐이다. 이 뒤로부터 천하의 모든 주와 읍도 공자의 사당을 세워 제사를 올렸을 뿐이지 학문은 없었다. 송나라 중반부쯤 비로소 천하에 황제의 명령을 내려 주마다 모두 주학(州學)을 세우라고 했고, 현학(縣學)의 선비가 이백 명을 채우면 비로소 현학을 만들 수 있었다. 이백 명보다 적으면 법률에 맞지 않았다. 이제 황폐한 주나 편벽한 현이라도 학교가 설치되지 않은 곳은 없다."(초순 『맹자정의』에서 재인용) 과거는 「서교 하」의 주3을 보라.

역주_ 이광지(1642~1718)는 자가 진경(晉卿), 호가 후암(厚庵), 별호가 용촌(榕村)이다. 천주(泉州) 안계(安溪) 호두(湖頭) 출신이다. 강희 9년(1670) 진사에 합격하여 한림원에 들어갔고 벼슬은 문연각 대학사 겸 이부 상서에 이르렀다. 죽은 뒤 문정(文貞)이라는 시호를 받았으며 태자태부에 추증되었다.

지 않을 것이다. 박학한 사람은 비교 검토해서 찾는 일을 잘하는데[6] 어찌 도(道) 안에 실제로 쌓지 않았겠는가?[7] 박학만 추구하는 사람은 죽을 때까지 정신을 소모시켜 헌신하니 박학이 무엇을 취하려는 것인지 생각하지 않는 것인가? 재능이 뛰어난 사람은 글을 잘 짓는데[8] 어찌 도의 근본 바탕을 떨쳐 나타내지 않았겠는가?[9] 글만 잘 짓는 사람은 죽을 때까지 애태우며 글을 지으니 글이 도대체 무슨 쓸모가 있는지는 생각하지 않는 것인가? 의리를 말하는 사람은 생각할 줄 아는 것처럼 보이지만 의리가 허공에 매달려 있어 의지할 데가 없다는 것을 모른다.[10] 그렇다면 의리도 도에 맞지 않는 것이다. 이런 상태는 그들 모두 알고 있지만 왜 그런지는 모른다. 정자(程子)는 이렇게 말한다. "모든 일에서 이유를 생각하는 것[11]이 천하의 일등 학문이다." 사람들은 왜 모든 일의 이유를 탐구하고 생각하지 않는 것일까? 천하에 기풍[風氣]이 없을 수 없고 기풍은 순환하지 않을 수도 없다. 이것은 한번 음이 되었다가 한번 양이 되는

---

6 이것은 비교하고 검토해서 증거를 찾는 사람[考據家]을 가리킨다. 가업당본 『장씨유서』에 따르면, 이 뒤에는 "산과 바다보다 부유한 자신을 뽐낸다"[侈其富於山海]라는 말이 있다.

역주_ **비교하고 검토해서 증거를 찾는 사람**은 고증학자이다.

7 실제로 쌓은 것[實積]은 학문의 절실함과 누적이다. 『순자』 「권학」은 이러하다. "개울물이라도 쌓지 않으면 강과 바다가 될 수 없다."

8 이것은 사장 따위나 짓는 문학가[詞章家]를 가리킨다. 가업당본 『장씨유서』에 따르면, 이 뒤에는 "구름과 안개보다 요염한 자신을 자랑한다"[矜其豔於雲霞]라는 말이 있다.

9 장학성 「답심풍지논학」(答沈楓墀論學)은 이러하다. "글은 학이 아니면 설 수 없고, 학은 글이 아니면 행하지 않는다. 두 가지가 서로 필요로 하는 것은 마치 왼손과 오른손의 관계와 같다."(가업당본 『장씨유서』 권9)

10 『순자』 「정명」(正名)은 이러하다. "그러나 증명하여 아는 일[徵知]은 반드시 장차 천관(天官)(눈이나 귀와 따위)이 그 종류에 부합한[簿](갖가지 사물에 접촉하다) 뒤에야 가능하다." 유사배는 이렇게 말한다. "부(簿)는 박(薄)과 같다. 뜻으로 풀자면 박(迫)이다. 박(迫)은 또한 부(附)라는 뜻으로 푼다." 이곳에선 아마 그런 뜻으로 썼을 것이다.

11 정자는 이렇게 말한다. "물리(物理)를 끝까지 파고드는 사람은 그 근거를 끝까지 파고든다. 하늘의 높이, 땅의 두께, 귀신이 드러나지 않고 드러남은 반드시 근거가 있다."(『이정수언』(二程粹言) 권2)

도이며 정해진 운명에서 드러난다. 군자의 학술이 소중한 이유는 세상을 지탱하고 치우침을 구제할 수 있기 때문이다.[12] 이것은 한번 음이 되었다가 한번 양이 되는 도이며 조절하는 데 적합하다. 유행이 시작될 때는 틀림없이 그렇게 된 이유가 있다. 그래서 학문, 문사, 의리는 한쪽이 무겁고 한쪽이 가볍게 치우친 이유가 없을 수 없다. 기풍이 끝날 때는 틀림없이 쇠퇴한 이유가 있다. 사람의 감정은 시대를 좇고 명성을 좋아하며 끄트머리를 따르지 뿌리를 모른다. 유행의 시작은 설령 치우침을 면하지 못한다 하더라도 반드시 정수를 취하여 새로운 기운을 맞이해야 한다. 유행의 쇠퇴는 명성을 좇는 것을 올바르다고 생각하여 반드시 거짓을 이어받아 보잘 것 없는 무리에게 맡겨버린다. 이것도 본래 그런 추세[自然之勢]이다. 학문을 말하는 세상 사람들은 유행을 유지할 줄 모르고 오로지 좇을 줄만 안다.[13] 또한 이렇게 하지 않으면 명예를 불러올 수 없다고 하는 것도 그것을 생각하지 않기 때문일 뿐이다.

---

12 장이전은 이렇게 말한다. "선생은 온 세상이 훈고, 음운(音韻), 명물, 도수에 빠져 있을 때, 이미 몸통이 장차 없어질 것을 생각하고 육예는 모두 사라는 도리를 홀로 부르짖었다. 또한 자신의 학설을 헤아려 주장을 세운 모든 글에 베풀었고 자신의 의례를 조리정연하게 만들었다. 유향이 예전에 들은 것을 변론한 것에 비하자면 선생 혼자만 이런 일을 감당할 수 있을 뿐이다. 선생의 학문이란 세상의 유행을 교정하는 데 힘쓰고, 모든 말들을 섞어서 늘어놓으며, 반드시 근원을 찾아 위대한 도에서 그것을 완수하는 것이다."(가업당본 「장씨유서서」(章氏遺書序)) 이것은 세상을 지탱하고 치우침을 구제한다는 말이다.

13 장학성은 「신척」(信摭)에서 이렇게 말한다. "당시 우리 절강 문인들의 좋지 않은 태도는 마치 허손증(虛損症)을 앓는 것과 꼭 같았다. 완원이 『주례』의 종백에 해당하는 학사(學使)가 되자, 십전대보탕(十全大補湯)의 처방을 제시했는데, 이것은 대증약(對症藥)이다. 완원은 강남 출신이다. 강남은 당시 정만증(停滿症)을 앓고 있었다. 만약 빈랑(檳榔)이나 지실(枳實)을 가지고 치료한다면, 마땅히 병에 차도가 있었을 것이다. 기풍의 추세가 허하면 실하게 해주고 실하면 허하게 만들어야만, 아마 병을 낫게 하는 약이라고 말하리라. 현재 사람들은 물로 물을 해결하는 방법만 알고 있을 뿐이다."(가업당본 『장씨유서』 외편 권1)

박약(博約)

상 · 중 · 하

1. 박약(상)[1]

심재정(沈在廷)이 편지를 보내 왔다.[2] 공개강좌에서 통달한 사람들과 문답할 수 없다고 부끄러워하면서 그는 학에 관해 물었다. 나는 그에게 답장을 보냈다. 학이란 자립하는 데 의미가 있으며 남이 할 수 있는 것을 내가 못한다고 부끄러워할 필요가 없다고 나는 말했다. 그래서 나는 물건을 사고파는 일에 비유를 했다. 면포와 비단을 쌓아둔 사람이 좁쌀이나 콩까지 다 알 필요는 없고 약재를 재둔 사람이 금이나 보석까지 다 알 필요는 없다. 다만 내가 내 분야의 전문가가 될 수 없는지 근심할 뿐이라고 말했다. 만약 면포를 팔면서 옷감이 떨어진 경우가 있다든지 약을 팔면서 처방을 내리지 못하거나 조제할 수 없는 경우가 있어서는 안 된다고 말이다.[3]

1 나는 이렇게 생각한다. 장학성은 학문을 논할 때, 반드시 사실을 익힌 뒤에야 경세치용(經世致用)할 수 있다고 생각했다. 그러나 널리 종합하는 것[博綜]은 스스로 터득함[自得]으로 귀결되며, 이로부터 들어가는 것은 감정과 본성에 뿌리를 두고 있는 것이 많다. 본성에 치우침이 있으므로 장점을 겸비할 수 없다. 도달한 경지를 최대한 살려야만 전문가의 가학으로 되돌아 갈 수 있다. 그러므로 "도는 방법에 통하고자 하지만 학업은 전일(專一)로 귀결된다"고 말한다. 이것이 「박약」을 지은 이유이다. 유함흔은 『문사통의지어』에서 이렇게 말한다. "장병린(章炳麟)은 '『문사통의』가 남긴 해악은 대단히 크다. 나중에 공부하는 사람이 읽는다면 육예와 제자백가를 말하는 것을 거부할 줄만 알게 되고, 책을 펼쳐 읽으면서도 돌아갈 곳이 없게 된다'라고 말한다. 이런 폐단이 정말 있긴 하지만, 장병린은 찬찬히 「박약」편을 읽지 않았기 때문에 이렇게 말한 것이다." 유함흔의 말은 대단한 견해이다. 「박약」 세 편을 지은 해는 「경해 상」의 주1을 보라. 「박약 상」편은 유구(類求)가 학문이 아니라 대문(待問)의 바탕을 추구하는 것이라고 논하고 있다.

2 심재정(沈在廷)은 자가 풍지(楓墀)이며, 건륭 연간에 거인(擧人)이 되었다. 그의 아버지인 심업부(沈業富)는 호가 기당(旣堂)이며, 건륭 연간에 진사가 되었다. 장학성을 권방사(卷房師)로 천거한 적이 있다. 건륭 30년에 장학성은 서울에 와서 순천부(順天府) 향시(鄕試)에 응시했다. 심업부는 다른 시험관과 함께 나눠 채점하다가, 선생의 글을 최고 담당자[主司]에게 추천했으나 합격시키지 못했다. 심업부는 크게 아깝게 생각하여 자기 집에 머물도록 했다.(호적이 지은 『장실재연보』(章實齋年譜)에 따른다) 건륭 54년 가을에서 겨울로 넘어가는 무렵, 장학성은 호북(湖北)에서 박주(亳州)로 되돌아 왔다. 동짓달에 「답심풍지논학」을 보냈는데, 편지에서 밝힌 뜻은 「박약 상」편과 서로 밝히는 점이 있다. 편지에서 이렇게 말한다. "자네가 물은 절목(節目)이 비록 많네만, 한 마디로 요약할 수 있겠네. 그것은 학으로써 심득(心得)을 찾는 것이지. 자네가 학에 나아가려 하면 반드시 먼저 도에서 단초를 찾아야만 할게야. 도는 사람에게서 멀지 않다네. 다름 아니라 바로 만사와 만물의 근거이지. 도는 정해진 체가 없다네. 다름 아니라 바로 글이 어렵지도 않고 쉽지도 않은 것처럼 말일세. 오로지 이것이라네. 사람이 태어날 때 자질을 온전히 얻기는 어려우나 하늘에서 얻는 것은 반드시 가까운 것이 있을 걸세. 그래도 학자들은 스스로 모르지. 널리 살펴보아서 자신의 취향이 들어가는 것을 시험해 보게. 익히고 살펴서 자신의 본성이 편안하게 여기는 것을 찾게. 방통(旁通)으로 자신의 능력이 되는 한 밀고나가 보게. 그러면 이로써 도에 나아가는 것을 구할 수 있을게야. 오늘날의 학자들은 이렇지 않네. 타고난 자질이 가까운지 그렇지 않은 지도 묻지 않고, 마음과 본성이 편안하게 여기는지도 찾지 않네. 오로지 유행이 달려가는 쪽만 좇고 당장 세상에서 높이는 것만 따르며 열심히 그것을 하지. 이렇게 해봐야 본디 남보다 못하게 되어 있는 것일세. 사람은 태어날 때 할 수 있는 것과 할 수 없는 것이 있고, 견문에는 도달하는 것과 도달하지 못하는 것이 있는 법일세. 비록 성인이라도 다할 수 없는 것이 있다네. 주장을 세우려는 선비는 책을 읽더라도 대의만 본다네. 비교하여 조사하는[考核] 전문가는 예의 제도를 세세한 것까지 헤아리지. 위대한 도에 대해 두 가지 방법은 서로서로 공이 된다네. 이것은 여자에게 여분의 베가 있고 농부에게 여분의 곡식이 있

어떤 사람이 이렇게 물었다. "이것이 바로 소식이 사람들에게 가르쳐 준 『한서』를 읽는 방법입니다.[4] 오늘날 배우는 자들은 대부분 알고 있지

는 것이나 거의 같지."(가업당본 『장씨유서』 권9) 나중에 돌아온 답장에서 물은 것이 바로 여기서 나중에 보낸 편지[後書]라고 한 것이다.

3 장학성은 「우답심풍지서」(又答沈楓墀書)에서 이렇게 말한다. "자네는 통달한 사람과 공개된 자리에서 문답을 나눴는데 그것 때문에 속으로 부끄러웠다고 말했네. 이것은 자신에 대한 믿음이 아직 참되지 않기 때문에 외부에 기운을 빼앗기는 경우를 피하지 못한 것일세. 사람들 마음이야 얼굴처럼 모두 다르지. 저 사람이 잘하는 것을 내가 이해할 수 없는 것은 사리로 보아 늘 있는 일인데 무에 부끄러워 할 것이 있는가? 다만 배우는 사람은 반드시 자신을 믿는 근거가 있어야만 하네. 이것은 저자거리에서 물건을 쌓아놓고 손님이 찾으러 오기를 기다리는 것과 같다네. 물건이 떨어지지 않은 것을 소중하게 생각하지 이것저것 다 있는 것을 소중하게 생각하지는 않지. 천과 비단을 취급하는 사람이 꼭 쌀이나 곡식을 함께 알 필요는 없지. 질그릇을 거래하는 사람이 금이나 보석이 없다고 꼭 부끄러워하지는 않네. 그래서 배우는 사람은 널리 알고 싶어 하지만 지키는 사람은 요약하고자 한다네. 배워도 널리 알지 못하는 것은 그래서 빌려줄 것은 많은데 남이 찾는 것에 응할 수 없는 것일세. 지키지만 요약하지 못하는 것은 그래서 온갖 물건을 다 가져다 놓고 싶어도 한 가지만 취급하는 데서 나오는 것이라네. 옛날에 양웅은 묵묵히 깊이 골똘히 생각하는 것을 좋아했지. 범엽은 구변이 조화롭고 유창하지 않다고 스스로 말하며 이로써 말하는 수고를 없앴지. 그러나 두 사람의 성취가 어찌 뛰어나서 볼 만한 것이 아니겠는가! 강호에 떠도는 선비들과 비교해 보면, 여러 사람의 학문에 대해 울타리만 대충 훔쳐보고 바로 그들과 이야기를 한다네. 그러면 자신이 모르는 것은 아마 적어지겠지. 힘들게 그것을 연구했다면 떠나는 경우도 있고 숨기는 경우도 있다네. 옛사람의 깊이는 단번에 얻은 적이 없지. 내가 말한 것은 술자리에서 나눔직한 고상한 이야기나 과거 시험장의 답안지 정도의 가치는 있을 걸세. 두 가지를 제외하면 별로 쓸모가 없을 테니 어찌 소중하게 여길 수 있겠나! 자네가 자신을 돌이켜 그것을 스스로 찾고 깊이 소홀하지 않길 바라네!"(가업당본 『장씨유서』 권29)

4 소식 「여왕상서」(與王庠書)는 이러하다. "저는 어렸을 때 공부하고자 하는 뜻이 있었습니다. 어떤 책이든지 모두 여러 번 읽었지요. 책의 풍부함은 마치 바다에 들어가는 것 같고, 온갖 물건이 모두 있는 것 같았습니다. 사람의 정력은 이것을 모두 거둬들여 취할 수 없습니다. 다만 자신이 찾고 싶은 것만 찾을 뿐이지요. 그러므로 배우길 원하는 사람은 매번 읽을 때마다 한 가지 의도로 그것을 찾아야 합니다. 만약 고금의 흥망, 정치적 안정과 불안정을 구제하여 성인과 현인의 작용을 하고 싶다면 또 이런 의도를 가지고 찾을 뿐이지 다른 생각은 일으키지 말아야 합니다. 또한 다시 읽을 때 사적(事迹), 고실(故實), 전장, 문물 따위를 찾으려 한다면 역시 그렇게 하면 됩니다. 다른 것도 모두 이것을 본받습니다. 이것은 비록 우둔하지만 나중에 학이 완성되면 어떤 쪽이든 적을 맞아 싸울 수 있게 됩니다. 섭렵을 사모하는 사람과는 같은 차원에서 말할 수 없는 것이랍니다."(송나라 심작철(沈作喆)의 『우간』(寓簡) 권8에서 재인용)

요.”

나는 이렇게 대답했다. “말은 비슷하지만 실제는 다르다네. 처음엔 터럭만큼 실수했어도 나중엔 천리나 차이가 난다고 하지.[5] 어떤 사람이 소식에게 이렇게 물었네. ‘그대의 박학다식도 배울 수 있습니까?’ 소식은 이렇게 대답했지. ‘배울 수 있고말고요. 제가 전에 『한서』를 읽을 때, 여러 번 훑어보고서 파악할 수 있었습니다. 예를 들어 군사, 농업, 예제, 음악은 매번 훑어볼 때마다 한결같은 의도로 탐구했습니다. 오랫동안 그렇게 한 뒤 꿰뚫었습니다.’ 물건을 사고파는 일에 비유하자면 이런 것이라네. 물건은 끝없이 내놓을 수 있지만 사는 사람의 돈은 한정되어 있기 때문에[6] 무엇을 선택해야 할 지 몰라서는 안 된다는 뜻 정도이지. 학자들은 대부분 소식의 주장을 좋은 방법이라고 읊조리지만 이것이 최근 사람들이 분류하고 편집한 시험문제집[纂類策括][7]처럼 평범한 인용문일 뿐이라는 사실을 모르고 있다네. 여기서 물은 사람은 다만 박학다식을 찾은 것일 뿐, 본디 깊은 뜻은 없었지. 소식이 대답한 것도 경생이 과거 시험에서 합격하는 법에 지나지 않는다네.[8] 요즘 사람들 가운데도 과거

역주_ 고실은 예전부터 관례가 된 사실이라는 뜻이다. 심작철은 송나라의 벼슬아치이자 학자이다. 자는 명원(明遠), 호는 우산(寓山)이며 호주 출신이다. 대략 고종 소흥 연간 무렵 생존했다. 소흥 연간에 진사가 되고 순희 연간에 좌봉의랑(左奉議郎)이 되었다. 시를 지어 위도필(魏道弼)을 비방한 일 때문에 탄핵을 당했다. 뜻을 얻지 못하고 죽었다. 저술에 『우산집』(寓山集)이 있다.

5 『예기』「경해」는 이러하다. “『역』은 이렇게 말한다. ‘군자는 처음을 삼간다. 처음에 털끝만큼 틀려도 나중엔 천리만큼 어그러진다.’ 이것을 두고 한 말이다.”

6 가(賈)의 소리는 가(價)이다. 아래에서도 마찬가지이다.

7 책(策)은 대책(對策)이다. 괄(括)은 첩괄(帖括)이다. 당나라 제도는 첩경(帖經)으로 선비에게 시험을 보였다. 나중에 응시자가 많아지자, 고장(孤章)과 절구(絶句)를 따와서 혼란스럽게 만들었다. 응시자는 그중에서 어려운 것을 골라서 노래[歌訣]로 편집했는데, 기억하는 데 편리하게 첩괄로 만들었다.

8 과거 시험에 합격하는 것을 말한다. 『법언』「학행」은 이러하다. “어떤 사람이 물었다. ‘글은 경과 같은데도 세상 사람들이 높이 치지 않습니다. 공부해도 되겠습니까?’ 이렇게 대답했다. ‘괜찮다.’ 그 사람은 어이없이 웃으며 이렇게 말했다. ‘꼭 응시해서 합격해야 할 텐데요.’”

시험[擧業] 응시에 조금이라도 뜻을 두고 있는 사람이라면 대부분 그렇게 할 수 있으니, 더 나아가 소식의 주장을 가지고 학문에 대해 주장해서는 안 되지. 그러나 학자들은 이것을 좋은 방법이라고 생각하기 때문에 진정으로 학을 아는 사람이 드문 걸세. 그런데 학에는 반드시 전문이 있어야 하지. 소식은 장차 반고의 『한서』를 학이라고 하려는 뜻인가? 그러면 죽을 때까지 학업을 마칠 수 없을 것인데 어찌 여러 번 훑어보고서 파악할 수 있겠는가? 소식은 장차 찾고자 하는 예제, 음악, 군사, 농업을 학이라고 하려는 것인가? 그러면 모든 분야들은 각각 높고 깊은 경지가 있는데 어찌 한번 씩 훑어보고 한 분야를 다 파악할 수 있겠는가? 소식 자신의 비유를 가지고 말한다면 이런 것이지. 물건을 사려는 사람이 한정된 돈으로 물건을 찾는 일에 비유해 보세. 그러면 매번 훑어볼 때마다 한결같은 의도로 탐구한다는 것은 처음 나갈 때 금이나 보석을 사려고 하고 다음 나갈 때 면포와 비단을 사려고 하며 곡식이나 약재까지 차례로, 종류대로 찾으려고 하는 것과 같지. 만약 찾으려고 해도 종류대로 다 샀다면? 설령 도주(陶朱)나 의돈(猗頓)[9]처럼 부유하다 하더라도 셈을 다 치를

9 『사기』「화식열전」은 이러하다. "범려(范蠡)는 회계의 치욕을 깨끗이 씻은 뒤 성명을 바꿨다. 제나라에 갔을 때는 치이자피라고 하고 도(陶)에 가서는 주공(朱公)이라고 했다. 십구 년 동안 세 번 천금의 재산을 모았다. 두 번은 가난한 친구들과 고향의 아우들에게 나눠주었다. 자손들이 생업을 관리하고 불려서 결국 수만금의 재산을 모았다. 그러므로 부자라고 하면 모두 도주공(陶朱公)이라고 하는 것이다." "의돈(猗頓)은 소금 연못[鹽鹽]으로 사업을 일으켰다." 『사기집해』는 『공총자』(孔叢子)를 인용하여 이렇게 말한다. "의돈은 노나라의 가난한 선비이다. 농사를 지어도 늘 굶주리고 누에를 쳐도 늘 추위에 떨었다. 도주공이 부자라는 말을 듣고 찾아가서 방법을 물었다. 도주공은 그에게 이렇게 일러주었다. '그대가 빨리 부자가 되고 싶으면 오패(五牸)를 길러야만 하네.' 그래서 바로 서하(西河)로 가서 의씨(猗氏)의 남쪽 땅에서 소와 양을 엄청나게 키웠다. 십 년 사이에 불어난 가축은 헤아릴 수 없었다. 그의 재산은 제후에 비길 만했기 때문에 천하에 명성이 자자했다. 의씨의 땅에서 부자가 되었기 때문에 의돈이라고 한다."

역주_ 『공총자』는 공자의 팔대손인 공부(孔鮒)가 지었다는 공자 집안의 사적을 기록한 책이다. 공자와 후손 자상(子上), 자고(子高), 자순(子順)의 언행을 기록했다. 모두 스물한 편이다. 그리고 공장(孔臧)이 지은 부와 서 상편, 하편을 끝에 붙였다. 별명은 『연총』(連叢)이다. 오패는 다섯 가지 가축, 곧 온갖 종류의 가축이란 뜻이다.

수는 없을 걸세. 만약 자기가 가진 돈을 대략 헤아려 본다면 각각 종류대로 약간 적게 사들이겠지. 그러면 자기가 쌓고 저장하는 일은 하나도 이루지 못할 것이라네. 소식의 말은 나아가고 물러나는 일에 모두 근거가 없지. 오늘날 학자들은 소식을 뒤쫓아 뛰어다닌다고 짬이 없다네. 소식의 말을 근거로 학문을 구한다면 충분하지 않지만 과거 시험 준비에 힘쓴다면 여유가 있지. 과거 시험 준비는 집집마다 외우고 익힐 줄 알지만 소식이 했던 것처럼 할 수 있는 사람은 없다네. 우연히 그런 사람이 하나 나타난다고 손치세. 그런 사람은 본디 유행하는 풍속에 초연하지. 사람들은 그와 마찬가지로 마주 쳐다보고 경외하고 있다네. 그는 이것을 자기 소명으로 여기기 때문에 자신이 하는 일이 학문이지 과거 시험 준비가 아니라고 생각하면서도 자신이 틀렸다는 것을 모르지. 소식의 학문은 종횡가에게서 나왔다네.[10] 소식은 세상일을 미루고 헤아려서[11] 쓸모 있는 것에 절실하게 하고 가깝게 만든 뒤, 이것을 근거로 떨쳐 드러내는 짓을 잘하지. 이것이 바로 「책」과 「논」이라네.[12] 「책」의 대답은 낱낱이 열거하고 펼치는 가닥이 꼭 있어야만 하지. 날카롭게 내지르는 「논」의 말씨는 전고가 꼭 있어야만 하네. 만약 전문적이지도 않고 학이 너르지도 않은 사람이라면 책에 따라서 살펴야만 하지. 정말로 소식이 『한서』를 읽는 방식대로 힘써본 적이 있는 사람은 갑작스러운 상황에 대응할 준비도 할 수 있을 것이라네. 이것은 어려운 일도 아니지. 한유는 이

---

10 유사배 「논문잡기」는 이러하다. "소식[子瞻]의 글은 싱싱한 꽃처럼 뛰어난 말로 패합의 말이 줄줄이 이어진다. 오고가고 쥐락펴락하는 그의 글은 한결같은 의도로 말하려고 한 것이다. 그리고 같은 말이나 사물을 모아 비교하고 가치를 판단하는 그의 글은 공중제비를 돌며 기이하게 바꾼 것이다. 이것은 종횡가의 글이다." 자주(自注)에서 이렇게 말한다. "소식의 글은 이치를 말할 때는 확정적이지 않은 것이 많다. 오로지 박식한 변론에만 힘을 쏟아서 첩첩이 끝이 없다. 자신의 모든 주장을 합리화시킬 수 있는 이유는 소진과 장의의 학문에서 특별히 얻은 것이 있기 때문이다."

11 『전국책』 「조책」(趙策)은 이러하다. "간단히 다듬은 것을 남의 마음을 미루고 헤아리는 것이라 생각한다."

12 유함흔은 이렇게 말한다. "소식은 본래 의논(議論)을 잘 하기 때문에 책론(策論)으로 분류되는 글이 많다."(「송원문파약술」(宋元門派略述))

렇게 말하지. '사실을 기록한 글은 반드시 요점을 들어야만 하고, 주장을 편찬한 글은 반드시 숨은 뜻을 그려내야만 한다.'[13] 구현(鉤玄)과 제요(提要)는 영원히 아름다운 이야기라네. 그러나 한유 자신이 주장한 숨은 뜻과 요점은 오늘날 볼 수 없을 뿐만 아니라, 오히려 한유 당시에도 절대 유행하지 않았고 전승되지도 않았지. 이것도 틀림없이 필요한 문학 작품을 찾고 필요한 구절을 가려서 갈무리한 뒤, 글을 쓸 때 가려서 베끼려고 준비한 것일 뿐이네. 그런데 사람들은 오히려 구현과 제요의 뜻을 흉내 내서 글을 지으려고 하지. 이것도 소식의 유구(類求)라는 방법을 학문이라고 오해하는 것이니 같은 사례라고 볼 수 있다네."

어떤 사람이 이렇게 물었다. "선생이 말씀하신대로라면, 한유나 소식은 본받기에 부족하겠군요?"

나는 이렇게 대답했다. "한유나 소식이 그들의 공력을 쓴 것은 문사에 도움이 된다고 생각할 뿐이지 이것이 학이라고 생각하지 않는다네."

---

13 한유의 「진학해」를 보라. 한유는 자가 퇴지(退之)이며, 등주(鄧州) 남양 출신이다. 어려서 고아가 되었고, 책을 읽으면 하루에 수천 단어씩 기억했다고 한다. 자라서 육예와 제자백가의 학문에 전부 통달했고, 진사에 합격했다. 배도(裴度)가 회서(淮西)를 토벌할 때, 한유는 행군사마(行軍司馬)가 되었다. 전쟁의 공으로 형부 시랑(刑部侍郞)으로 옮겼다. 이듬해 부처의 사리를 맞이하는 일을 충간하다가 조주(潮州) 자사로 좌천되었다. 목종이 즉위하자, 불러서 국자감 좨주, 병부 시랑에 취임하고, 이부(吏部)로 옮겼다. 장경(長慶) 4년에 죽었는데, 나이가 쉰일곱이다. 문(文)이라는 시호를 받았다. 조상 때 대대로 창려(昌黎)에 살았기 때문에 세상 사람들은 한창려(韓昌黎)라고 부른다.

역주_ **제요**는 요점을 드는 것이며, **구현**은 숨은 뜻을 그려내는 것이다. **유구**는 종류대로 찾는 것이다.

2. 박약(중)[1]

어떤 사람이 이렇게 물었다. "과거 시험 준비는 본디 사람을 엿보는 학문입니다. 과거 시험을 준비한다고 학과 분야가 달라지는 것은 보잘 것 없는 무리의 잘못입니다. 만약 준비를 갖추고서 시험을 기다린다면 이것은 널리 배우고 굳세게 외워서 묻기를 기다린다는 『예기』의 말과 같습니다.[2] 이것을 어찌 학문이라고 말할 수 없겠습니까?"

나는 이렇게 대답했다. "널리 배우고 굳세게 외우는 것은 유학자가 해야만 하는 일이지. 이것을 자립의 기초라고 생각해도 여기에 다 있는 것은 아니네. 학은 널리 배우고서도[博] 요약할[約] 수 있는 능력을 소중하게 여기지. 널리 배우지 않고서도 요약할 수 있었던 사람은 없다네.[3] 이를 근거로 고루한 유학자의 황당하고 속됨에 대해 말해보지. 그들은 어떤 선생에게 배웠다는 말로 자신의 영역을 한정하기 때문에 전문가라고 말할 수 없다네. 그러나 요약도 못하면서 널리 배울 수 있는 사람도 없지. 세속적인 유학자의 기송에 대해 말해보겠네.[4] 그들은 두서없이 뒤죽박죽 기송이 끝도 없는 상태에 이른 뒤에도 어리석게 모든 사물을 탐구하려 들지.[5] 그들은 요임금과 순임금이 모든 사물을 탐구할 수 없다는

---

1 나는 이렇게 생각한다. 「박약 중」편은 찬집(纂輯)이 지식을 얻으려는 공력(功力)이지 저술이 아니라는 것을 논하고 있다.

2 『예기』 「곡례 상」은 이러하다. "널리 듣고 굳세게 외우면서도 사양할 줄 안다." 주는 이러하다. "지(識)는 글자와 같이 읽는다. 또는 식이(式異)의 반절이다." 그리고 「유행」은 이렇게 말한다. "아침저녁으로 굳세게 배워 물음에 대비한다."

3 『법언』 「오자」(吾子)는 이러하다. "많이 들었다면 그것을 요약해서 지켜야 한다. 많이 보았다면 그것을 높이 세워야 한다. 들은 것이 적으면 요약할 것이 없고 본 것이 적으면 높이 세울 것이 없다." 별도로 「박약 상」편의 주에서 인용한 「우답심풍지서」(又答沈楓墀書)에 상세하다.

4 만(漫)은 바로 만(曼)이다. 『한서』 「양웅전」은 이러하다. "태연한 모습이 구분되지 않았다." 주는 이러하다. "만환(曼漶)은 구분되지 않는 모습이다. 홍몽(濛鴻)과 비슷한 말이다."

것을 알았다는 사실을 모른다네. 널리 배우고 굳세게 외우는 일은 자연스럽게 묻기를 기다려야 할 뿐이지. 간단하게 지킬 줄 모른 채, 묻기를 기다리기 때문에 물음만 설정한다네. 묻는 사람이 없다고 유학자가 배우지 않을 것인가? 하물며 묻는 사람은 본디 내 명성을 듣고서 내 실체를 찾으려 하지. 명성은 세워진 근거가 있지만 전문적이지 않으면 학의 완성은 불가능하다네. 전문적이지 않으면 학을 완성할 수 없는 것이지."

어떤 사람이 이렇게 물었다. "소식의 유구나 한유의 구현과 제요는 모두 묻기를 기다리는 학문입니다. 선생께서는 이것이 일가를 이루기 충분하지 않다고 말씀하셨지요. 왕응린은 수집하여 망라한 다음에 가려서 선택한 데서 깊숙이 숨은 것을 끝까지 밝힙니다.[6] 그는 경전이나 제자백가와 역사서의 명물과 제도[制數]를 하나로 꿰뚫고 널리 추구했습니다. 그는 선유가 미처 갖추지 못한 것을 탐구할 수 있었습니다. 그가 찬집한 책들은 늘 입는 옷처럼 학자들에게 오늘날까지도 혜택을 주고 있습니다. 그런데 어찌 묻기를 기다리는 학이라고 그를 소홀하게 여길 수 있습니까?"

나는 이렇게 대답했다. "왕응린은 아마 이름을 근거로 실체를 찾으려

---

5 『맹자』「진심 상」은 이러하다. "요임금과 순임금의 지혜를 가졌어도 만물에 두루 퍼지지 않았다면 무엇보다 먼저 해야 할 일이라 급하다."

6 『송사』「유림전」은 이러하다. 왕응린(王應麟)은 자가 백후(伯厚)이며 경원부(慶元府) 출신이다. 순우(淳祐) 원년에 진사가 되었다. 관직은 예부 시랑에 이르렀고 중서사인(中書舍人)을 겸직했다. 저서로는 『심녕집』(深寧集) 백 권, 『곤학기문』 스무 권, 『옥해』 이백 권이 있다. 모응룡(牟應龍) 「곤학기문서」(困學紀聞序)는 이러하다. "아마 구경(九經)과 제자백가의 뜻, 대대로 전해진 역사서의 핵심, 제도와 명물의 줄거리부터 고관대작과 위대한 유학자의 시문과 의론까지 모두 후학들이 알아야만 할 것이다. 왕응린은 이 책을 지어서 각각 종류대로 모으고 비교하여 평론한 뒤 모두 자신의 의도를 제시했다. 앞 시대의 사람이 밝히지 못한 것을 밝혔고 말은 간단하지만 명쾌하며 이치가 녹아들어 잘 전달되고 전부 꿰뚫고 널리 종합했다. 책을 엄청나게 읽지 않았다면 어찌 가능한 일이겠는가?"

역주_ 아래 본문의 **자부**와 **사부**는 사부 분류법 네 가지 가운데 두 가지이다.

고 했던 사람일 테지. 예전 사람들은 한유가 글을 근거로 도를 보려고 한다고 생각했다네.[7] 그러나 도를 보았다면 글을 초월한 것일세. 묻기 기다리는 것을 근거로 학을 찾으려고 한 왕응린은 학을 아는 사람이지. 그는 묻기 기다리는 경지를 초월했다네. 그러나 왕응린의 여러 가지 책은 찬집(纂輯)이라 할 수 있지만 저술이라고 할 수 없지.[8] 그것은 배우는 사람이 앎을 찾으려는 공력이라고 할 수 있지만 일가를 이룬 학술이라고 말할 수 없네. 오늘날 박학하고 정통적인 군자들 가운데 경전이나 자부와 사부에 정신을 소모하고도 죽을 때까지 학에서 얻은 것이 없는 사람들은 왕응린을 정중하게 대하고 으뜸으로 우러르고 있지. 그러나 그들은 앎을 찾는 공력을 잘못 파악하고 학이 여기 있다고 생각할 뿐일세. 학과 공력은 실제로 비슷하지만 다르지. 학은 갑작스럽게 접근할 수 없다네. 그런데 사람들은 공력에 힘을 쏟아서 전공해야만 될 것이라고 생각할 따름이지. 공력을 가리켜 학이라고 생각하는 것은 마치 차조와 기장을

---

7 정이[伊川先生]는 이렇게 말했다. "한유가 늘그막에 지은 글은 얻은 것이 대단히 많다. 학문은 본래 덕을 닦는 것이며 덕이 생긴 뒤에 주장이 생긴다. 한유는 학문을 거꾸로 한 것이다. 글짓기를 배우는 것을 근거로 자신이 도달하지 못한 것을 나날이 찾다가 결국 얻은 것이다. 예를 들어 한유는 이렇게 말한다. '맹가가 죽는 바람에 도가 전해질 수 없었다.' 이런 말과 비슷한 것은 앞 시대 사람을 그대로 베낀 것이 아니다. 또한 아무 근거도 없는 것을 뚫어서 얻은 것도 아니다. 틀림없이 본 것이 있다. 만약 본 것이 없다면 전한 것이 무슨 일인지 모르는 셈이다."(『이정유서』 권18)

8 장학성 「임수재서」(林秀才書)는 이러하다. "오늘날의 학자를 위해 헤아리자면 찰록(札錄)의 공은 적지 않네. 그러나 공력으로만 보존할 일이지 저작을 지어서는 안 될 것이야." 또한 이렇게도 말한다. "송나라 때 사람들이 한 것이라곤 장여우[章氏]의 『산당고색』[考索], 왕응린의 『옥해』 따위이지. 이것은 모두 과거 시험용 대책이라서 먼 길 떠나기 위해 건빵을 쌓아놓은 것 같으이. 애초에 이것은 저작이 아니었지. 만약 열심히 공부하고 자료를 풍부하게 모은다면 자네도 결국 책을 하나 쓸 수 있을 걸세."(가업당본 『장씨유서』 권九)

역주_ **찬집**은 수집하여 편찬한다, 또는 그런 책을 가리킨다. **장여우**(章如愚)는 남송 때의 학자이다. 자는 준경(俊卿), 호는 산당(山堂)이다. 무주(婺州) 금화 출신이다. 경원 연간에 진사가 되고 국자박사가 되었다. 귀주(貴州, 현재 광서성 귀현) 지부(知府)로 나갔던 일이 있다. 개희(開禧) 연간 황제의 부름을 받고 당시 정사에 대해 극간하면서 한탁주를 비방했기 때문에 파면되어 귀향했다. 산 속에 초당을 짓고 제자들을 가르쳤다. 저술에 『군서고색』(群書考索)이 있다. 『산당고색』은 『군서고색』의 별명이다.

가리켜 술이라고 생각하는 것과 같다네.[9]

학에는 타고난 성품[性]이 있지. 책을 읽고 고대를 늘 마음에 두고 잊지 않는 가운데에는 가장 먼저 인식했지만 죽을 때까지 바뀌지 않는 것이 있다네. 그것이 바로 이것이지. 학에는 지극한 감정[情]도 있다네. 책을 읽고 고대를 마음에 늘 두어 잊지 않는 가운데, 흔쾌히 느끼고 마음에 맞지만 갑작스레 어디서 노래와 울음이 왔는지 모르는 것이 있지. 그것이 바로 이것이라네.[10] 공력에는 여유가 있지만 성정(性情)이 부족하다면 학문이라고 말할 수 없지. 성정이 저절로 있어도 공력으로 깊게 만들지 않는다면 자질은 아름다워도 배우지 않은 사람이라네.[11] 공자는 이렇게 말하지. "분발하여 먹는 것도 잊고 즐거워하여 근심도 잊으며 곧 늙

---

9 장학성 「우여정보논문」(又與正甫論文)은 이러하다. "학문과 문장은 옛사람이 볼 때 같은 일이었는데, 나중에 두 가지 길로 갈렸지. 최근 사람들은 문장을 이해하지 못하고 다만 학문만 이야기하고 있네. 그들이 말하는 학문은 바로 공력이지 학문이 아닐세. 공력과 학문의 관계는 사실 비슷해 보이지만 같은 것은 아니네. 그들은 예의 제도를 기억하고, 남은 것과 사라진 것을 찾으며, 분류대로 배치하여 편집하고, 동일성과 차이를 비교하여 바로잡으려 하지. 방법도 참 다양하네만 이것은 사실 모두 학자들이 지식을 찾기 위해 구사하는 공력일 뿐일세. 다름 아니라 앞에 제시한 여러 가지 가운데 근거를 얻을 수 있는 것, 그래서 위로 옛사람의 드러나지 않는 정밀함을 밝히는 것, 아래로 후세인이 꼭 도달해야 하는 것을 밝히는 것, 그중에 드러나지 않은 것을 가르쳐주지 않으면 남들이 말하기 어려운 것이 있다네. 이것이 바로 학문이지. 오늘날 사람들은 옛사람의 공력을 학문이라고 오해하는 바람에 학문이 어지러워진 것을 이상하게 생각하지 않고 있다네."(가업당본 『장씨유서』 권29)

역주_ 공력은 학의 필요조건이지 충분조건은 아니라는 말이다.

10 유함흔은 『문사통의지어』에서 이렇게 말한다. "이른바 천성은 다름 아니라 「질성」편에서 논하고 있다. 이른바 지극한 감정은 다름 아니라 시절에 절실하고 사업에 절실하여 생긴 것이다." 장학성 「여주창미중한논학서」(與朱滄湄中翰論學書)는 이러하다. "사람의 성정(性情)과 재질은 반드시 가까운 법이다. 어린이가 공부할 때 지식이 처음 열리면 가끔 마음을 쓰지 않았는데도 얻었으나 그것을 해보면 제대로 되지 않는 경우가 있다. 나중에 책을 읽고 글을 지을 때 이리저리 생각하고 널리 보면서 때때로 좋은 생각이 떠올라도 익혀서 살펴보지 않는다. 이것은 다름 아니라 도의 발단은 보았지만 내용을 채워서 후세에 내려줘 표현하지 못한 것이다."(가업당본 『장씨유서』 권9)

11 나는 이렇게 생각한다. 이 단락은 공력과 성정이 서로 번갈아 가며 쓸모가 있기 때문에 다른 것임을 논하고 있다. 그리고 전문적이고 정밀한 뜻을 가지고 있다고 말하고 있다.

을 것도 모른다."[12] 여기서 어느 것이 공력이고 어느 것이 성정인지 모르겠네. 이것은 본디 학의 궁극적 경지이지. 공자는 어떻게 이런 상태에 도달했을까? 그래서 공자는 이렇게 말한다네. "옛 것을 좋아하여 부지런히 그것을 구한 사람이다."[13] 오늘날의 세속적인 유학자들은 공자가 편집하기 이전의 『춘추』를 볼 수 없다는 것을 유감이라 생각하지.[14] 또한 그들은 송나라 대공(戴公)이 『상송』(商頌)을 얻었지만 그중에서 일곱 편의 빠진 제목이 남지 못한 것[15]을 유감이라 생각한다네. 그들은 이런 생각이

12 『논어』「술이」의 글을 보라.

13 『논어』「술이」는 이러하다. "선생님은 이렇게 말씀하셨다. '나는 태어나면서부터 아는 사람이 아니다. 고대를 좋아하고 재빠르게 찾으려고 하는 사람이다.'"

14 『곤학기문』 권6은 이러하다. "『춘추공양전』「장공 7년」은 이렇게 말한다. '미처 『춘추』로 편찬하지 않은 기록은 이렇게 말한다. '유성우[雨星]가 땅에 닿지 않고 길이가 한 자나 되는데 되돌아갔다.' 군자는 그것을 편찬하여 이렇게 말한다. '별똥별이 비처럼 떨어졌다.' 하휴는 이렇게 말한다. '미처 『춘추』로 편찬하지 않은 기록이란 역사 기록을 말한다. 옛날에는 역사 기록을 『춘추』라고 불렀다. 유창[劉原父]은 '하휴는 미처 『춘추』로 편찬하지 않은 백이십 개나 되는 나라의 보배로운 책을 『춘추』로 편찬했다고 생각한다.' 주희[朱文公]는 '두 가지 책이 전해지지 않아서 성인이 기록하고 삭제한 의도를 얻지 못했다'라고 말한다." 나는 이렇게 생각한다. 장학성의 일반적인 논의는 반드시 주희를 가리키는 것이 아니다.

역주_ 유창(劉敞, 1019~1068)은 자가 원보, 호가 공시(公是)이며 세상에서 공시 선생(公是先生)이라 부른다. 임강(臨江) 신유(新喩, 현재 강서성 신여) 출신이다. 경력 6년(1046) 진사이다. 최종 시험에서 본래 장원이었지만 주고관인 왕요신이 유창의 처남이었기 때문에 왕요신이 꺼려서 유창을 이등으로 발표했다. 그러나 이 때문에 유창의 명성은 더욱 높아졌다. 여러 벼슬을 두루 거쳤고 훌륭한 벼슬아치로 이름 높았다. 학문에도 조예가 깊어 모르는 것이 없었다고 한다. 특히 『춘추』 연구와 고대 유물의 연구가 뛰어나다. 저술에 『춘추권형』(春秋權衡), 『춘추전』(春秋傳), 『춘추의림』(春秋意林), 「선진고고기」(先秦考古記), 『공시집』(公是集) 등이 있다.

15 주나라 무왕이 상나라를 멸망시키고, 주왕의 형인 미자를 송나라에 봉했다. 그래서 상나라의 예악을 닦아 보존하고, 상나라의 후예를 받들도록 했다. 그 뒤 악장이 사라져버렸는데, 송나라 대공(戴公) 때 이르러 대부 정고보(正考父)가 「상송」(商頌) 열두 편을 주나라 태사에게서 비교 검토하여 얻었다. 공자가 시를 편집할 때까지 그중에서 일곱 편을 더 잃어버렸다. 『국어』「노어」(魯語)는 이러하다. "옛날 정고보가 상나라의 이름을 붙인 「송」 열두 편을 주나라 태사와 비교했는데 "나"(那)를 첫 편으로 한다." 「모시서」는 이러하다. "미자부터 대공에 이르는 사이에 예악이 없어지거나 무너졌다. 정고보라는 사람이 「상송」 열두 편을 주나라 태사에게 얻었는데 "나"를 첫 편으로 한다." 정중[鄭司農]은 이렇게 말한다. "정고보부터 공자까지 다시 일

고상한 감정이나 좋은 흥치라고 생각하여 심지어 서로 찬탄하기도 하지. 한쪽으로 치우친 그들의 견해를 확충하는 것도 공자가 편집한 일과 비슷한 것이라네. 이것은 남겨지거나 사라져 버린 것을 왕응린이 잘 찾아낸 것만 못하지.[16] 아마 시대의 추세를 좇으면서도 편집하는 일과 사라진 것을 모으는 일이 천지 사이의 모든 일을 충분히 처리할 수 있으리라 오해한 것이라네.[17] 그들이 후세에 태어난 게 다행이지. 만약 그들이 진나라가 분서 사건을 일으켜 불사르기 이전에 태어났다면 전적이 모두 남아 있어서 그들이 보충하거나 모을 일이 없었을 테고,[18] 그러면 그들이 자신의 학문을 써먹을 일이 없었을 테니 말일세."

곱 편이 사라졌기 때문에 다섯 편만 남았다."(『국어』 위소의 주에서 재인용)

16 왕응린은 『삼가시고』(三家詩考) 한 권과 『주역정씨주』(周易鄭氏注) 한 권을 집록하여, 『옥해』에 붙여서 판각했다. 이것은 후세의 집일(輯佚)의 시작이다.

17 벽적(襞績)은 벽적(襞積)이라고 써야만 한다. 『한서』 「사마상여전」은 이러하다. "치마 주름을 걷어 올린다." 안사고는 이렇게 말한다. "벽적(襞積)은 다름 아니라 오늘날의 치마 주름이다." 이것은 바로 편집(編集)이다. 한유 「진학해」는 이러하다. "터진 곳을 기워 구멍을 막고, 그윽하고 묘한 것을 펼쳐 드러내네." 아마 『여씨춘추』의 "옷이 낡아도 기우지 않고 신발이 터져도 기우지 않네"라는 말을 쓰고 있는 것이리라. 이것은 바로 집일이다.

18 집일은 청나라에 들어와, 전문가의 학업이 되었다. 혜동은 왕필과 한백의 『주역주』를 좋아하지 않았기 때문에 『주역』에 대한 한나라 사람들의 주를 정리하는 일에 종사했다. 그래서 『한역』(漢易) 여덟 권이라는 작품이 나온 것이다. 나중에 다시 『구경고의』(九經古義) 열여섯 권으로 확충했다. 여소객(余蕭客)은 스승의 방법을 써서, 『고경해구침』(古經解鉤沈) 서른 권을 집록하여, 수록한 책이 더욱 풍부해졌다. 건륭 38년에 주균(朱筠)이 사고관(四庫館)을 열 것을 주청하여, 『영락대전』(永樂大典)에서 집록한 책이 합계 삼백일흔다섯 가지, 사천구백스물여섯 권이나 되었다. 이때부터 집일의 기풍이 더욱 성행하게 되었다.

역주_ 여소객(1732~1778)은 자가 중림(仲林), 다른 자는 고농(古農)이며 강소성 오현 출신이다. 다섯 살에 아버지가 다른 지방에 갔다가 돌아오지 않았다. 어머니 안씨(顔氏)가 공부를 가르쳤다. 열다섯 살에 경전에 통달하고 이기론 같은 공리공담은 경술에 도움이 되지 않는다고 생각했다. 한나라와 당나라의 주소를 읽고 싶었으나 책이 없어 빌려 읽었다고 한다. 서점의 주인이 그에게 『춘추좌전주소』를 빌려주었는데 한 달 만에 완독하고 돌려주자 놀라면서 모든 경전의 주소와 십칠사, 『설문해자』, 『옥편』, 『광운』을 그에게 주었다고 한다. 경학과 사학 연구에 침잠하여 더욱 진보했다. 저술에 『고경해구침』이 있다.

3. 박약(하)[1]

어떤 사람이 이렇게 물었다. "선생께서 학술을 말씀하실 때, 공력은 반드시 성정을 겸해야만 한다고 하셨습니다. 그런데 학의 방법을 말씀하실 때, 그림쇠와 곱자처럼 지켜야 할 법도를 세워주지 않으셨습니다. 다만 자질이 가까운지, 부지런할 수 있는지 학자가 스스로 인식해서 자신의 공력을 펼치라고 하셨습니다. 이것은 아마 왕수인의 양지설(良知說)[2]이 남긴 의도와 똑같을 것입니다. 고대의 교학(教學)은 숫자 헤아리기와 사방의 이름처럼 낮은 단계부터 시를 읊고 작무(勺舞)를 추는 것처럼 높은 단계까지 각각 일정한 과정이 있었습니다.[3] 여기선 사람의 자질이 도에

---

1 「박약 하」편은 학문이 반드시 성정에 뿌리를 두어야만 하며, 학문을 할 때는 반드시 자신의 성정이 끌리는 것을 따라야만 한다는 것을 논하고 있다. 그래야만 학문을 공력으로 깊이 있게 만들어 정신이 응집된 극치에 도달할 수 있을 것이며, 비로소 학문을 완성할 수 있을 것이다.

2 왕수인은 자가 백안(伯安)이며 여요 출신이다. 홍치(弘治) 12년에 진사가 되었다. 정덕 연간 초에 유근(劉瑾)이 황제의 뜻을 고쳐서 남경과도관(南京科道官)으로 가게 된 것을 항의하여 구해주려다가 귀주(貴州) 용장역승(龍場驛丞)으로 유배되었다. 관직이 올라 좌첨도어사(左僉都御史)로 발탁되어, 남공(南贛) 순무가 되었다. 정덕 14년에 신호(宸濠)를 평정한 공으로 남경 병부 상서에 제수되고, 신건백(新建伯)에 봉해졌다. 가정(嘉靖) 7년에 남안(南安)에서 죽었는데, 나이가 쉰일곱이다. 시호는 문성(文成)이다. 왕수인의 양지설(良知說)은 『맹자』에 뿌리를 두고 있다. 『맹자』는 이렇게 말한다. "사람이 배우지 않아도 할 줄 아는 것은 양능(良能)이다. 생각하고 아는 것은 양지(良知)이다."(「진심 상」) 왕수인은 이것을 『대학』의 격물, 치지와 연결시켜 "치량지설"(致良知說)을 주장했다. 「여육원정서」(與陸元靜書)에서 이렇게 말한다. "맹자는 이렇게 말하네. '옳고 그름을 가리는 마음은 앎이다.' '옳고 그름을 가리는 마음은 사람이면 누구에게나 있다.' 이것이 다름 아니라 양지이지. 누군들 양지가 없겠는가? 다만 그것을 이루지 못할 뿐이라네. 『역』은 이렇게 말하지. '때가 이르렀음을 알고 나선다.' 때가 이르렀음을 아는 것은 앎이라네. 나서는 것이 치지이지. 이것은 지행이 합일하는 근거라네. 최근에 격물과 치지의 학설에서는 지라는 글자가 미처 제대로 자리를 못 잡았지. 그래서 치라는 글자의 공부는 전혀 말하지 못하고 있는 게지. 이것 때문에 지행이 둘이 된 것이라네."(『왕양명전집』(王陽明全集) 「문록」(文錄) 권5) 그래서 치량지는 지행합일설이 나온 근거이기도 하다.

3 『예기』 「내칙」은 이러하다. "여섯 살이 되면 숫자와 방위의 이름을 가르친다. 일곱

가까운지 그렇지 않은지, 부지런한지 아닌지 따지지 않았습니다. 그런데 선생께서는 오히려 사람마다 각자 할 수 있는 것과 할 수 없는 것이 있기 때문에 억지로 하면 안 된다고 말씀하고 계십니다. 어찌 옛사람과 요즘 사람에게 다른 가르침이 있을 수 있는지요?"

나는 이렇게 대답했다. "요즘 사람은 배우지 않으면 옛사람과 같아질 수 없지. 이것은 재주가 모자라기 때문이 아니라 추세가 그렇게 만든 것이라네. 관사가 나뉘고 나서 교법이 더 이상 합일되지 않게 되었지. 배우는 사람은 각자 자신이 할 수 있는 것을 근거로 개인적으로 전수하고 전수받게 되었다네. 이것이 달라진 첫 번째 이유이지. 하물며 관사가 나뉜 뒤, 배우고 익히는 것은 오로지 죽간에 적은 책[簡策]을 바탕으로 했다네. 도는 기물(器物)에 드러나지 않게 되고 사업은 직업(職業)에 의해 지켜지지 않게 되었지. 이것이 달라진 두 번째 이유라네. 그러므로 학은 사승(師承)을 잃어버리게 되었지. 육서(六書)의 방법과 구수(九數)의 방법[4]은 옛사람

살이 되면 남녀가 같은 깔개에 앉지 않으며 음식을 함께 먹지 않는다. 여덟 살이 되면 집밖을 드나들고 때가 되어 먹고 마시면 반드시 어른보다 나중에 들게 한다. 비로소 사양하는 법을 가르친다. 아홉 살이 되면 날짜 헤아리는 법을 가르쳐 준다. 열 살이 되면 집을 나가 밖에서 스승에게 전수받으며 밖에서 살면서 글쓰기와 회계를 배운다. 비단옷을 입지 않으며 바지와 저고리를 입는다. 예는 처음 배운 대로 따르며 아침저녁으로 어린이의 예절[幼儀]을 배우되 스승에게 간단하고 이해하기 쉬운 것을 가르쳐 달라고 청한다. 열세 살이 되면 음악을 배우고 시를 읊으며 작무를 춘다. 열다섯 살이 되면 상무를 추며 활쏘기와 전차 모는 법을 배운다. 스무 살이 되면 모자를 쓰고 비로소 예를 배우며 갖옷과 비단옷을 입을 수 있다. 대하무[大夏]를 추고 어버이에 대한 효도와 형제끼리의 우애를 돈독하게 행하며 널리 배우더라도 가르치지는 않으며 자신을 안으로 하고 내세우지 않는다."

4 『주례』「지관」은 이러하다. "보씨는 국자를 도로 기르며 육예를 가르치는 일을 관장한다. 첫째가 오례(五禮), 둘째가 육악(六樂), 셋째가 오사(五射), 넷째가 오어(五馭), 다섯째가 육서(六書), 여섯째가 구수(九數)이다." 정현 주는 이러하다. "육서는 상형(象形), 회의(會意), 전주(轉注), 처사(處事), 가차(假借), 해성(諧聲)이다. 구수는 방전(方田), 속미(粟米), 차분(差分), 소광(少廣), 상공(商功), 균수(均輸), 방정(方程), 영부족(贏不足), 방요(旁要)이다." 구수는 농토나 곡식을 계산하는 것은 다름 아니라 백분율, 소득세(稟稅) 계산, 거듭제곱(積冪)과 도형(方圓) 계산, 토목 공사할 때 입방체(立方體)나 원추(圓錐) 계산 등을 가리킨다. 멀고 가까운 곳의 수고비 계산과 손익[贏虧] 계산은 다름 아니라 연립방정식, 기하학[句股] 등을 가리킨다.

이 어릴 때 배웠어도 명확하게 익혔지만 후세의 노숙한 스승과 존경받는 대학자[老師宿儒]처럼 전문가로 유명한 사람들이 죽을 때까지 정력을 기울여 탐구해도 오히려 고대와 완전히 부합할 수 없게 되었다네. 이것이 달라진 세 번째 이유이지. 천시와 인사는 현대와 고대를 억지로 같게 만들 수 없다네. 이것은 사람이 가진 지혜의 힘으로 할 수 있는 것이 아니지. 그러나 육경의 대의는 해나 별처럼 밝게 빛나기 때문에 삼대를 거치면서 덜어내고 보탰어도 백 개의 왕조 뒤를 추측할 수 있게 해준다네.[5] 고명(高明)한 사람은 큰 줄거리를 근거로 해서 착 달라붙어 탐구하고 침잠(沈潛)한 사람은 정해진 도수를 따라서 천천히 통달하지. 도에 가깝고 부지런할 수 있는 자질은 사람마다 가지고 있다네. 그래서 사람마다 스스로 얻을 수 있는데[6] 어찌 정해진 틀을 가지고 남에게 억지로 강요할 수 있는가? 치양지(致良知)라는 왕수인의 주장은 바로 맹자가 남긴 주장일세. 양지에 대해 치라고 말한 것은 본디 공력을 남기지 않는다는 것이

역주_ 위 본문의 **교법**은 교육과 법도, 또는 교육과 법률이다. 관은 법률, 사는 교육과 연관된다. **간책**은 죽간으로 엮은 책이다. **사승**은 스승에게서 제자로 전수하는 방식이다.

5 「원도 상」의 주19를 보라.

역주_ 위 본문의 **천시**는 때에 따라 돌아가는 자연 현상이다.

6 『상서』 "상서"(商書) 「홍범」은 이러하다. "깊으며 잠긴 사람은 강으로 다스리고 높고 밝은 사람은 유로 다스린다." 장학성 「통설위구군제남악관사」(通說爲邱君題南樂官舍)는 이러하다. "아마 사람의 본성은 반드시 가까운 것도 있고 치우친 것도 있을 것이다. 치우치면 소통을 말하지 않을 수 없다. 옛날부터 벼슬아치의 능력과 만물의 성능 가운데 하나를 지키고 옮길 수 없는 것이라면 모두 뽑았다. 자신이 하나밖에 가지지 못했다고 타박하고 자신의 본성이 가까운 것을 버린 뒤, 헛되이 널리 내달리며 소통하려고 해봤자 끝내 아무 것도 얻지 못할 것이다. 오로지 본성이 가까운 것을 근거로 하고 힘쓸 때 부지런한 사람만 이것을 근거로 드러나지 않은 것을 추리하여 드러난 것을 알고 치우친 것을 모아 온전함을 얻는다. 이것이 옛사람이 소통을 찾는 근거가 되는 처방이다. 그러면 학자는 소통의 양을 걱정하지 않고 소통을 이룰 근원이 없다는 것을 걱정한다. 스스로 터득하여 바탕을 깊게 만들려고 한다면 아마 이렇게 한 뒤에야 주변에서 바탕을 취하고 한정되지(絃, 한(限)이다) 않을 수 있을 것이다."

역주_ **고명**은 식견이 높고 사물에 밝다는 뜻이다. **침잠**은 본성이 차분하여 겉으로 드러나지 않는다는 뜻이다.

지.[7] 주희는 표현되는 것[發]을 근거로 사람들이 결국 알게 되길 바랐다네. 이것은 사단의 싹을 찰식(察識)한 뒤 그것을 확충(擴充)한다는 맹자의 말이며[8] 모두 이런 도이지. 세상의 유학자들은 학을 말할 때 바로 양지를 기피할 것으로 생각한다네. 이것은 보잘 것 없는 무리의 잘못을 꾸짖지 않고[9] 과연 왕수인의 종지가 고대에 말하던 것과 다르다고 생각하는 것인가?"

---

7 『왕양명연보』(王陽明年譜)는 이러하다. "왕수인은 이렇게 말한 적이 있다. 나는 양지설에 대하여 백번 죽을 고비를 넘기고 천 번 곤란을 겪어서 얻었다. 그러나 남에게 한 마디로 다 말해줄 수는 없다. 학자가 그것을 쉽게 얻어서 희롱할 만한 좋은 광경으로 삼는 바람에 부실하게 공력을 들여 이런 앎을 배신할까 두렵다."

8 『맹자』「공손추 상」은 이러하다. "측은지심은 인의 시초이다. 수오지심(羞惡之心)은 의의 시초이다. 사양지심(辭讓之心)은 예의 시초이다. 시비지심(是非之心)은 지의 시작이다. 내게 사단(四端)이 있으므로 그것을 모두 확장해서 채워야 할 것을 안다. 이것은 마치 불이 처음 붙은 것이나 샘물이 처음 흐르기 시작하는 것이나 같다." 주희주는 이러하다. "내게 사단이 있으니 장소에 따라 앎이 튀어나온다. 이것은 모두 이것을 근거로 확충하고 본래 타고난 양을 충만하게 만든다는 것이다. 그러면 자신이 나날이 새로워져서 장차 스스로 그만둘 수 없게 되는 것이다."

역주_ **찰식**은 살펴서 인식한다는 뜻이다. **확충**은 늘이고 넓혀 충실하게 한다는 뜻이다.

9 양명학[王學]의 보잘 것 없는 무리가 저지른 잘못은 왕수인의 문인인 왕간(王艮)과 왕동(王棟)의 태주학파(泰州學派)를 가리킨다. 이들은 강학을 일삼았다. 황종희(黃宗羲)는 『명유학안』(明儒學案)에서 태주(泰州)의 학문이 때때로 스승의 학설[師說]에 불만을 가지고 더구나 석가모니[瞿曇]의 비전을 열어젖혔기 때문에 왕수인을 짓밟고 선불교가 되었다고 말한다. 그래서 당시 미쳐 날뛴다는 소리를 들었다. 양명학의 보잘 것 없는 무리가 저지른 잘못을 거울삼아 양지설을 꺼리게 되었다. 고염무「여우인논학서」(與友人論學書)는 이러하다. "내가 말한 성인의 도는 어떤 것인가? 문에 대해 널리 배우는 것이고 자신을 행할 때 수치심이 있는 것일세. 자기 자신부터 천하와 나라와 집안까지 모두 학의 일이지. 아들, 신하, 아우, 벗부터 드나듦, 오고감, 사양과 받음, 가짐과 줌 사이에는 모두 수치심의 일이 있다네." 여기서도 "치량지"를 꺼리고 있다.

역주_ **왕간**(1483~1541)은 원래 이름이 은(銀)인데 왕수인이 그의 이름을 간이라 고쳐주었다. 자는 여지(汝止), 호는 심재(心齋)이다. 태주(泰州) 안풍장(安豊場, 현재 강소성 동태) 출신이다. 대대로 소금밭을 가는 집안 출신이다. 일곱 살에 공부를 시작했으나 열한 살부터 가난 때문에 공부를 접고 소금밭을 일궜다. 열아홉 살부터 산동에 장사하러 다니기도 하고 의술을 배운 적도 있다. 왕수인에게 감화되어 학문을 했고 태주학파의 창시자가 되었다. 저술은 후세인이 모든 『왕심재선생유집』(王心齋先生遺集)이 있다.

어떤 사람이 이렇게 물었다. "확충한다는 맹자의 말은 본디 인의예지 전체를 얻은 것입니다. 선생께서는 사람들이 자신의 장점을 인식한 뒤 어떤 분야를 전문적으로 연구하여 일가로 이름나게 되기를 바라십니다.[10] 하물며 사람들이 널리 추구하는 것을 경계하시면서 어찌 사방에 통하는 도에 대해 말씀하시는지요?"

나는 이렇게 대답했다. "말은 이렇게 하지 않을 수 없지.[11] 도는 사방에 통하고자 한다는 말과 학업은 반드시 전일(專一)해야 한다는 말은 거의 비슷한 말이라네. 두 주장이 동시에 실행되더라도 모순을 일으키지 않지. 공자 제자 가운데 몸소 육예에 통달한 사람이 일흔두 명이라네.[12] 그러나 안연, 증삼, 단목사(端木賜), 복상(卜商)에게서 유래하는 근거는 똑같은 길을 걸을 수 없었지.[13] 이들에게 배운 제자의 제자들 이후, 순경은 『예』를 주장하고[14] 맹자는 『시』와 『서』를 잘 했다네.[15] 어떤 이는 엉성하지만 호방하고 어떤 이는 세밀했지. 이들은 다른 길을 걸었지만 도로 되돌아가는 점은 마찬가지였다네. 후세의 유학자들이 따라가서 깃드는 길은 의리인 경우도 있고 명물과 제도인 경우도 있으며 문사인 경우도

---

10 「원도 하」의 주5를 보라.

11 『논어』 「자로」의 글이다. 주희 주는 이러하다. "기(幾)는 기(期)이다. 한 마디 하는 사이에 이렇게 하지 못해도 틀림없이 효과를 기대할 수 있다는 말이다."

역주_ 전일은 마음과 힘을 오로지 한군데에만 쓴다는 뜻이다.

12 이 말은 『사기』 「공자세가」를 보라.

13 안회는 자가 자연(子淵)이다. 증삼(曾參)은 자가 자여(子輿)이다. 단목사(端木賜)는 자가 자공이다. 복상(卜商)은 자가 자하이다. 안연은 덕행 분야에 있으며, 증자는 학문이 가장 돈독하고, 자공은 언어 분야에 있으며, 자하는 문학 분야에 있다. 그러므로 근거가 한결같지 않다고 말한 것이다.

14 순경은 이름이 황(況)이며, 조나라 출신이다. 그의 학문은 아마 중궁에게서 나왔을 것이다. 황진(黃震)은 이렇게 말한다. "순자가 위주로 한 것은 예에서 『예경』이라고 말한 것이다. 그렇다면 예는 마음[內心]에 뿌리를 두고 있는 것이지만 순경이 그것을 거의 깊이 생각하지 않았다. 그러므로 순자가 예의 효과를 논의할 때 오로지 구분해서 쓰임새에 충당하려고 했다."

15 조기 「맹자제사」(孟子題辭)는 이러하다. "오랫동안 공자의 손자인 자사를 스승으로 삼아 유가의 도를 연구했고 오경을 연구했으며 『시』와 『서』를 가장 잘했다."

있지. 세 가지는 크게 비교되는 것이라네. 세 가지 가운데 어느 한 가지에 힘을 기울이면 나머지 두 가지를 느슨하게 하지 않을 수 없었지. 이것은 이세가 그렇기 때문이라네. 만약 자신이 힘을 기울이는 것이 도의 어떤 측면이며 느슨한 두 가지도 소홀히 할 수 없다는 것을 안다면 올바른 도에서 멀지 않지. 한쪽으로 치우친 것을 주장하면서 천하가 그것을 넘지 못할 것이라고 생각한다면 하인을 내보내고 주인을 들어오게 해서 승부를 다투는 짓이라네. 이것이 이른바 사물이면서도 다른 사물과 융화되지 않는다는 것일세. 학은 반드시 심득(心得)을 추구해야만 하며[16] 학업은 반드시 전정(專精)을 소중하게 생각하야만 하지. 같은 종류는 반드시 확충에 요점이 있어야만 하며 도는 반드시 용량 전체에 들어가야만 한다네. 성정은 근심, 기쁨, 분노, 즐거움에 대해서 이해해야만 하며 이세는 막히면 변하고 변하면 통하고 통하면 지속하는 것에 통달해야만 하지.[17] 널리 알면서도 잡스럽지 않아야 하며 요약하고서도 새지 않아야 한다네. 그러면 학술이 순수하고 단단한 상태에 거의 가까워질 것이며 과거를 지키고 미래를 기다리는 도에서[18] 어쩌면 그것을 발견할 수 있겠지."

---

16 『맹자』「이루 하」는 이러하다. "군자는 도로써 깊이 조예를 닦는다. 그래서 그것을 스스로 터득하려는 것이다." 왕부지(王夫之) 『사서전해』(四書箋解)는 이러하다. "스스로 터득한다는 것은 진심으로 스스로 얻는다는 것이며 근거를 알았다는 것이다."

역주_ **심득**은 자신의 마음으로 얻는 일이다. **전정**은 전문적이고 정밀한 것이다. **왕부지**(1619~1692)는 명말청초의 학자, 철학자이다. 자는 이농(而農), 호는 강재(薑齋), 선산선생(船山先生)이다. 형주(衡州, 현재 호남성 형양) 출신이다. 명나라 멸망의 충격에서 반청운동을 벌였고 실패하자 평생 은거하며 저술에 힘썼다. 청나라 말 증국번의 지원을 받은 유육숭이 『선산유서』(船山遺書)를 편찬했다. 저술에 『주역외전』(周易外傳), 『독사서대전설』(讀四書大全說), 『장자정몽주』(張子正蒙注) 등이 있다.

17 『주역』「계사전 하」는 이러하다. "『역』은 막히면 변하고 변하면 통하며 통하면 오래 지속된다."

18 「원도 중」의 주15를 보라.

언공(言公)

상·중·하

1. 언공(상)[1]

옛사람은 말[言]의 공공성을 생각했기 때문에 문사에 대해 자랑한 적도 없고 자신의 소유로 개인이 차지한 적도 없다. 뜻은 도를 기다리고,

1 나는 이렇게 생각한다. "자신의 주장이 성립할 수 있는 근거는 본래 자신의 진심에서 비롯되지 않은 것이다"라는 「원도 하」의 말뜻에서 「언공」 세 편은 촉발된 것이다. 유함흔 『문사통의지어』는 이러하다. "'언공'이라는 뜻은 선생이 처음으로 상세하게 발표한 것이다. 애초에는 반고를 근거로 사마천을 교정할 수 없다는 것과 제자백가의 글은 창시자의 제자들에게서 나온 것이라는 두 가지 뜻을 밝힌 것에 지나지 않았다. 이것은 역사서와 교수의 핵심적인 뜻이다. 선생이 그것을 헤아려 확장해서 드디어 통하지 않는 것이 없도록 만들었다." 「언공」 세 편을 지은 해는 「시교 상」의 주1을 보라. 「언공 상」편은 옛사람의 주장이 뜻을 표현해서 도를 밝히려고 하기 때문에 공적인 것이며, 자신의 주장을 사사로운 마음을 근거로 해서 자신의 소유로 만든 적이 없다는 것을 논하고 있다.

말은 뜻을 밝히며 글은 말을 충족시킨다.[2] 도가 천하에 밝혀지지 않거나 뜻하는 바가 펼쳐지지 않음이 없다면 말도 결국 내 소유일 필요가 없다. 『상서』 "우서" 「순전」은 이렇게 말한다. "제후가 자신의 치적을 펼쳐 아뢰면 천자는 그것을 밝게 시험하여 공적을 정한다."[3] 이것은 말로 사람을 살핀 최초의 기록이다. 공적을 시험한 다음에 수레와 옷을 하사하기 때문에[4] 꼭 말을 소중하게 여기는 것은 아니다. 맹서와 포고라는 형식은 말이 글로 형성된 것이다. 만약 정치를 세워서 통치를 펼치기에 충분했다면 임금과 신하가 주장을 세우는 공적을 나누어 가진 적은 없었을 것이다. 주공은 이렇게 말한다. "왕은 이렇게 말한다. 여러 방위의 제후는 ……"[5] 이것은 사방의 여러 나라에 포고하는 글이다. 이렇게 말하는 사람은 주공이고 왕의 명령을 가지고 대신 말한 것이라고 생각한다. 그러나 이 말이 본디 주공에 뿌리가 있고 성왕(成王)이 윤허하여 시행한 것이기 때문에 바로 성왕의 말이기도 하다는 것을 모른다. 아마 왕보다 나은 거룩한 신하는 신하만 못해도 나름대로 어진 왕을 위해 주장을 세울 것이다. 이것이 바로 어진 왕은 성인에게 정사를 맡길 수 있다는 말이며

2 『논어』 「술이」는 이러하다. "도에 뜻을 두었다." 『춘추좌전』 「양공 25년」은 이러하다. "공자는 이렇게 말했다. "『지』에 이런 말이 있다. '말로 의지를 충족시키며 글로 말을 충족시킨다.' 말하지 않는다면 누가 그 의지를 알겠는가? 말만 하고 글을 남기지 않는다면 지금 유행한다 하더라도 오랫동안 전해지지 않을 것이다. 말을 다듬는 일에 신중해야만 하리라."

3 『상서』 "우서" 「순전」의 글이다.

4 금본(今本) 『상서』 「순전」은 이러하다. "수레와 옷을 쓴다."

역주_ 금본 『상서』는 『금문상서』를 가리킨다.

5 『상서』 "주서" 「다방」(多方)은 이러하다. "주공은 이렇게 말한다. '왕이 이렇게 말씀하셨다. 「옳다. 너희 사국(四國)과 다방에 알리노라」'" 사국은 사방 제후의 나라이다. 다방은 여러 방향의 제후이며 사방에 한정되지 않는다. 『상서정의』는 이렇게 말한다. "성왕이 직접 정사를 보는 일을 새로 시작하자, 주공은 옆에 머무르며 성왕을 도왔다. 주공은 왕의 명령으로 제후에게 널리 알렸다. 알린 것은 사실 왕의 말이 아니다. 그러므로 '주공은 이렇게 말한다'를 '왕이 이렇게 말씀하셨다' 앞에 더한 것이다. 이로써 주공이 성왕의 뜻을 선포한다는 점을 밝혔다."

역주_ 말은 음성 현상일 뿐 아니라, 심리 현상이기도 하다. 말이 뜻을 싣는다는 점에서 문맥에 따라 주장이라고 옮기기도 한다.

이것도 성인의 통치이긴 마찬가지이다. 증공(曾鞏)은 이렇게 말한다.[6] "『상서』의 전과 모는 요임금과 순임금의 공적을 기록하고 있다. 그들의 정미(精微)한 뜻도 동시에 기록하고 있다. 이것이 어찌 보통 사람들이 미칠 수 있는 바이던가? 당시 사관이 기록한 사람들도 성인의 무리였다."[7] 이렇게 본다면 어진 신하가 거룩한 군주를 위해 사업을 기술한 것은 바로 어진 왕이 성인을 알아볼 수 있다는 말이며 그들의 말도 성인의 말이긴 마찬가지이다. 글과 도는 일관되며 말과 일도 똑같은 조리라는 것은 마치 각종 소리[八音]이 서로 어울려야 음악이 조화롭게 되지[8] 어떤 악기가 좋다고 따로 거기에만 맡길 수 없는 것과 같다. 또한 온갖 맛[五味]이 조화를 이뤄야만 솥에서 끓이는 음식의 맛이 조화롭게 되지[9] 어떤 재료

6 『송사』 권319 「증공전」(曾鞏傳)은 이러하다. "증공(曾鞏)은 자가 자고(子固)이며 건창(建昌) 남풍(南豊) 출신이다. 어려서 뛰어나게 똑똑해서 책을 한 번 소리 내어 읽으면 바로 외울 수 있었다. 가우 연간에 진사가 되어, 사관 수찬(史館修撰)과 중서사인이 되었다."글을 잘 지었고, 글이 간결한 것으로 유명했다. 저술에는 『원풍유고』(元豊類稿) 쉰 권, 『융평집』(隆平集) 스무 권이 있다. 천희(天禧) 3년에 태어나서 원풍 6년에 죽었으니, 향년 예순다섯이다.

7 증공 「남제서목록서」(南齊書目錄序)는 이러하다. "옛날 순임금은 신명스러운 본성과 미묘한 덕이 있었다. 그것을 근거로 한 사람은 알 수 없게 만들고 그것을 아는 사람은 이름을 붙일 수 없게 만드는 것이 천하의 근본을 다스리는 것이라 생각했다. 호령과 법도를 베푼 그의 말은 지극히 간단했지만 그의 형식은 지극히 갖춰졌다. 이것은 천하를 다스리는 도구이자 지극한 전범이 되는 것이라는 생각은 헤아려보면 알게 된다. 그러면 장차 일이 있을 때 어찌 정사를 맡은 사람만 천하의 선비이겠는가? 아마 죽간을 들고 붓을 쥐고 따르는 자들도 모두 성인의 무리일 것이다."(『원풍유고』 권11)

역주_ **정미**는 정밀하고 드러나지 않는 것이나 상태이다.

8 지금 전해지는 판본의 『상서』 "상서" 「순전」은 이러하다. "천하는 팔음(八音)을 끊어 고요하다." 공안국 『상서전』은 이러하다. "팔음은 쇠, 돌, 실, 대나무, 박, 흙, 가죽, 나무의 소리이다."

역주_ **글과 도는 일관되며 말과 일도 똑같은 조리라는** 구절에서 장학성은 글[文]과 도(道), 말[言]과 일[事]의 짝을 상정하고 있다. 글과 말은 기원과 파생의 관계에 있고, 도와 일은 추상과 구체의 관계에 있다. 따라서 글-도의 짝은 파생-추상이며, 말-일의 짝은 기원-구체이다. 위에서 본 도>뜻>말>글의 존재론적 위계와 다른 관점을 보여준다.

9 『예기』 「왕제」는 이러하다. "오미(五味)의 조화가 다르다." 「예운」의 정현 주는 이러하다. "오미는 시고 쓰고 맵고 짜고 단 맛이다."

가 달다고 다른 것과 분리할 수 없는 것과 같다. 그러므로 옛사람은 말의 공공성을 생각했기 때문에 문사를 자랑한 적도 없고 개인이 자신의 소유로 차지한 적도 없다고 말한 것이다.[10]

사마천은 이렇게 말한다. "『시』 삼백 편은 아마 현인과 성인이 마음과 힘을 다하여 떨쳐 일어나[發憤] 지었을 것이다."[11] 남녀가 사모하고 기뻐한 표현은 임금을 생각하고 벗을 그리워하는 마음을 비유한 것이다.[12] 멀리 수자리 떠난 지아비와 홀로 남은 여자의 원망은 나라에 충성하고 시대를 근심하는 마음을 비유한 것이다.[13] 그렇다면 이제 표현 그대로 어떤 사람이 정말 그렇게 말한 적이 있다고 해보자. "치효"(鴟鴞)는 실제로 새의 구슬픈 소리인데[14] 붕어가 성나서 장주(莊周)를 꾸짖은 일을 어찌 괴상하다고 하겠는가?[15] 「장초」(萇楚)는 풀에게 집이 없는 것을 즐겁

---

10 나는 이렇게 생각한다. 이 단락은 『상서』로 언공의 뜻을 밝히고 있는 것에 다름 아니다.

11 『사기』 「태사공자서」의 글이다.

12 『시』는 비홍을 높이 친다. 임금을 그리고 벗을 떠올릴 때마다 남녀가 사모하고 기뻐하는 말에 가탁한다. 조식 「칠애」(七哀)는 이러하다. "원하노니 남서풍이 불기를, 멀리멀리 가서 임금 품에 들어가라!" 이것은 임금을 그리는 작품이다. 강엄 「잡의」(雜擬)는 이러하다. "해 저무니 푸른 구름 합하고, 아름다운 사람은 유달리 오질 않네." 이것은 벗을 떠올리는 시가이다.

13 『시』 "서리"나 "군자우역"(君子于役)은 비록 수자리 떠난 남편이 아내와 헤어지는 슬픔을 그리고 있지만, 사실 나라에 충성하고 시대를 걱정하는 마음을 깃들인 것이다.

14 『상서』 "주서" 「금등」(金縢)은 이러하다. "무왕이 이미 돌아가셨는데 관숙(管叔) 및 그의 여러 아우(채숙(蔡叔)과 곽숙(霍叔)이다)가 이에 나라에 이런 말을 흘렸다. '주공이 장차 유자(孺子, 주나라 성왕)에게 이롭지 않으리라.' 주공은 이에 두 사람(여공(呂公)과 강태공(姜太公)이다)에게 이렇게 알렸다. '내가 그들을 피하지 않는다면 나는 우리 선왕에게 알릴 도리가 없으리라.' 주공이 동쪽으로 가서 산 지 이태 만에 죄인을 잡았다. 뒤에 주공이 시를 지어 임금에게 주었는데 그것에 "치효"라는 이름을 붙였다."

15 『장자』 「외물」은 이러하다. "장주는 집이 가난했기 때문에 감하후(監河侯)에게 가서 곡식을 꾸려고 했다. 감하후는 이렇게 말했다. '좋소. 내가 장차 읍에서 세금을 거둘 텐데 그러면 그대에게 삼백 금을 빌려드리겠소. 그러면 되겠지요?' 장주는 성을 내며 낯빛을 바꿔 이렇게 말했다. '제가 어제 여기 오는데 도중에 부르는 자가 있었습니다. 저는 수레바퀴 쪽을 돌아보니 붕어가 한 마리 있더군요. 제가 붕어에게 이렇게 물었습니다. 「붕어로구나, 너는 무엇 때문에 그러느냐?」 붕어가 이렇게 대답했습

게 노래한 것인데[16] 암컷 바람이 분개하여 송옥(宋玉)에게 한숨 쉰 것이 어찌 괴상하다고 하겠는가?[17] 『시경』의 시인이 품은 뜻은 온화하고 부드러우며 심덕이 두텁다.[18] 글을 위주로 하고 실제를 허구로 바꿔 충성스럽게 충고한다면 말하는 사람은 죄를 짓지 않고 듣는 사람에게 충분히 경계시킬 수 있다.[19] 시인은 자신이 분하고 답답하게 여기는 것을 펼쳐서 교육과 정사에 의한 세상의 교화에 만에 하나라도 도움이 되려는 뜻을 가진다. 이것을 명성이라고 생각한다면 예술에서 재치와 교묘함을 다툴 것이다. 옛사람은 이런 적이 없었다. 옛사람은 말의 공공성을 생각했기 때문에 문사를 자랑한 적도 없고 자신의 소유로 개인이 차지한 적도 없다고 말한 것이다.[20]

니다. 「나는 동해의 신하[波臣]입니다. 그대는 말가웃이나 되는 물로 저를 살려주시겠습니까?」 제가 이렇게 대답했습니다. 「좋다. 내가 이제 남쪽 오나라와 월나라의 임금에게 가는데 서강(西江)의 물을 밀어서 너를 맞으마. 그러면 되겠느냐?」 그러자 붕어가 성을 내며 낯빛을 바꿔 이렇게 말했습니다. 「나는 늘 함께 하던 물을 잃는 바람에 내가 살 곳이 없는 거요. 나는 말가웃이나 되는 물을 얻으면 살아날 수 있소. 그대가 이제 이렇게 말한다면 차라리 말린 생선을 파는 가게에서 나를 찾는 것이 빠르겠소!」"

16 『시』 「회풍」(檜風) "습유장초"(隰有萇楚)의 두 번째 장은 이러하다. "진펄의 장초(萇楚, 양도(羊桃)이다)는 꽃이 아름답기도(猗儺, 유순(柔順)이다) 하지. 싱싱하고 곱기만 하니 네게 집이 없음이 부럽구나!"

17 『문선』에 실린 송옥의 「풍부」(風賦)는 이러하다. "초나라 양왕이 난대(蘭臺)의 관청에서 거둥하자, 송옥과 경차(景差)가 모셨다. 바람이 쏴아 소리를 내며 불어왔다. 왕은 이에 옷섶을 헤치며 바람을 맞았다. 그러면서 이렇게 말했다. '상쾌하구나 이 바람은! 과인은 서인(庶人)과 함께 하려는데 어떤가?' 송옥이 이렇게 대답했다. '이것은 대왕의 웅풍(雄風)일 뿐입니다! 저희들이 어찌 얻어서 함께 할 수 있겠습니까!'" 아래에서 대왕의 웅풍과 서인의 자풍(雌風)을 그려, 왕과 서인이 다르다는 우화적 의미를 보여주고 있다. 글이 길어서 수록하지 않는다.

역주_ **웅풍**과 **자풍**은 말 그대로 하면 수컷 바람과 암컷 바람이다. 그러나 웅풍은 웅장한 풍모라는 뜻도 겸하고 있다. 또한 양왕의 말에 서인은 그 자리에 있는 송옥과 경차 등 여러분이라는 뜻이지만 말 그대로는 보통의 평민 백성을 가리킨다. 송옥은 이런 이중적인 의미의 말들을 교묘하게 엮어서 작품을 만든 것이다.

18 『예기』 「경해」는 이러하다. "사람됨이 온화하고 부드러우며 돈독하고 두터운 것은 『시』의 가르침이다."

19 이 말은 『모시서』를 보라.

20 나는 이렇게 생각한다. 이 단락은 『시』로 언공의 뜻을 밝히고 있는 것에 다름 아니다.

공자는 이렇게 말한다. "조술하기만 했지 창작하지 않았다."[21] 육예는 주공의 옛 전적이기 때문에 공자가 섬겼지 창작한 것은 없다. 『논어』는 공자의 말을 기록한 것이다. "덕을 항상 유지하지 않으면"이라는 말은 무당과 의사의 말뜻을 증명한 것이지[22] 『주역』의 글을 밝혀서 드러낸 적은 없다. "남을 해치지 않으며 남의 것을 탐하지 않는다"는 말은 자로를 칭찬하는 것이며[23] "정말 부유하게도 하지 못하고"라는 말은 백이와 숙제를 감탄한 것이지[24] 『시』에서 나온 말이 아니다. "진실로 그 가운데를 잡아라"는 말은 요임금의 말을 서술한 것이고[25] "검은 색의 수소로 밝게 고한다"는 말은 탕왕의 맹서를 서술한 것이라지만[26] 『상서』에서 나온 말

---

21 『논어』「술이」를 보라.

22 『논어』「자로」는 이러하다. "선생님이 말씀하셨다. '남쪽 나라 사람에게 이런 말이 있다. 「사람이 항상성이 없으면 무당이나 의사가 되어서는 안 된다.」 좋구나! 「덕을 늘 유지하지 않으면 치욕을 당하는 일이 있다.」' 선생님이 말씀하셨다. '점을 치지 않을 뿐이다.'" 덕을 늘 유지하지 않으면 치욕을 당하는 일이 있다는 구절은 『주역』「항」(恒)괘 구삼(九三) 효사이며, 공자는 이것을 가지고 무당과 의사에게 항상성이 없어서는 안 된다는 것을 증명한다.

23 『논어』「자한」은 이러하다. "선생님이 말씀하셨다. '헤진 옷이나 헌 솜옷을 입어도 여우 갖옷이나 담비 갖옷을 입은 사람과 같이 섰을 때 부끄러워하지 않는 사람은 자로일 것이다! 「남을 해치지 않고 남의 것을 탐하지 아니하니 어찌 좋지 않겠는가.」'" 계유(季由)는 자가 자로이다. 남을 해치지 않고 남의 것을 탐하지 아니하니 어찌 좋지 않겠는가라는 구절은 「위풍」(衛風) "웅치"(雄雉) 시이다. 자로는 가난함과 부유함 때문에 마음이 흔들리지 않았다. 그래서 공자는 이것을 인용하여 그를 아름답게 여겼다.

24 『논어』「계씨」는 이러하다. "제나라 경공(景公)은 사천 마리의 말을 소유했지만, 죽는 날에 경공이 덕이 있다고 칭송하는 백성은 없었다. 백이와 숙제는 수양산(首陽山) 아래에서 굶어 죽었지만 백성들은 지금까지도 그들을 칭송한다. '참으로 부유하게도 하지 못했고 다만 기이한 것만 가졌을 뿐이다.' 그것은 바로 이것을 이르는 것이겠지!" "참으로 부유하게도 하지 못했고"[誠不以富]의 두 구절은 「소아」 "아행기야"(我行其野)의 시가이다. 공자는 그것을 인용하여 백이와 숙제를 찬양했다.

25 『논어』「요왈」(堯曰)은 이러하다. "요임금이 이렇게 말했다. '아! 너 순아, 하늘의 역수(曆數)가 내 자신에게 있다. 참으로 그 중을 잡아라. 사해가 곤궁하면 천록(天祿)이 영원히 끊어질 것이다.'" 글은 『상서』 "우서" 「대우모」를 보라.

26 『상서』「탕고」는 이러하다. "요임금은 이렇게 말했다. '저 못난 아들[小子] 리(履)는 감히 검은 황소를 희생으로 바쳐 감히 거룩하신 하느님[后帝]께 밝혀 아뢰니다. 죄가 있는 사람은 감히 용서할 수 없으나 하느님의 신하는 그만두게 하지 못하겠나이

이 아니다.(『묵자』가 인용한 「탕서」(湯誓)이다) 『논어』는 공자의 미언을 기록한 것이고 『시』와 『서』를 애초에 식별하지 않았다. 아마 이것도 역시 조술과 창작이 다르지 않다는 뜻일 것이다.(왕응린은 공자 이전에 나온 고대 문헌을 근거로 『논어』에 기록된 공자의 말은 근거가 많다는 것을 자주 고증했다. 고대 문헌은 거짓으로 가탁한 경우가 있으므로 다 믿을 수는 없다. 결국 옛사람이 기존의 주장을 인용할 때 그다지 얽매여 나누지 않았다는 것이다) 공자의 말이 제자백가의 말이나 서술에 나타나기도 하지만(제자백가에 참과 거짓이 뒤섞이지 않은 것도 아니고, 자사와 맹자의 글에 인용된 정밀하고 순수한 말도 『논어』에 실리지 않은 데서 나온 것이 많다) 제자백가가 인용한 말이 『논어』에도 수록된 적은 없다. 아마 이것도 역시 상세함과 간단함이 깃든 뜻일 것이다. 육예는 글자로 쓰기 시작한 것이고[27] 『논어』는 거룩한 말의 모음이다. 새로운 뜻을 창조하는 일이나 옛일을 서술하는 일을 구별하는 마음이 있었던 적은 없다. 아마 이것을 가지고 도를 밝히고 가르침을 세우기에 충분하겠지만, 성인의 창작과 그것을 잘 이해한 사람의 조술[28]이 주장을 세우는 공로를 나누어 가진 적은 없을 것이다. 옛사람은 말의 공공성을 생각했기 때문에 문사를 자랑한 적도 없고 자신의 소유로 개인이 차지한 적도 없다고 말한 것이다.[29]

주나라가 쇠락하고 문화가 퇴폐해지자 제자백가가 다투어 주장을 펼

다. 간택은 하느님의 마음에 달렸습니다. 제 자신에게 죄가 있는 것은 만방의 백성 때문이 아닙니다. 만방의 백성에게 죄가 있는 것은 제 자신에게 죄가 있기 때문입니다.'" 『묵자』 「겸애(兼愛) 하」는 「탕서」라고 인용하고 있다.

역주_ 교주는 『상서』 「탕고」라고 출전을 밝혔으나 오늘날 『상서』 「탕고」에는 유사한 구절은 있어도 이 문장이 그대로 나타나지 않는다. 이 문장은 위의 주가 인용한 『논어』 「요왈」에 나온다.

27 「경해 중」의 주13을 보라.

28 『예기』 「악기」는 이러하다. "그러므로 예악의 실정을 아는 사람은 창작할 수 있고, 예악의 실정을 판단하는 사람은 조술할 수 있다. 창작하는 것은 거룩함이고 조술하는 것은 밝은 것이다. 밝고 거룩하다는 것은 조술과 창조를 말한다."

29 나는 이렇게 생각한다. 이 단락은 『논어』로 언공의 뜻을 밝히고 있는 것에 다름 아니다.

쳤다. 아마 공자가 돌아가신 뒤에 미언이 끊어지고 대의가 어그러졌을 것이다.[30] 제자백가는 자신들의 학으로 천하를 바꾸려고 했다. 그들은 본디 그들이 도라고 말하는 것으로 천하에 더할 수 없는 것을 다투려고도 했다.[31] 그러나 그들의 언어와 문자가 그들이 제시한 것을 개인적으로 만든 적은 없다. 옛날 현인[先民]이 남긴 옛 전적의 기록에 남아 있지만 식별하지 않는 것은 바로 「유관」(幼官)이나 「제자직」[弟子][32] 같은 글과 「월령」이나 「토방」(土方) 같은 훈령이다.[33](『관자』 「지원」(地圓)이나 『회남자』 「지형훈」(地形訓)은 토방씨(土方氏)와 훈방씨(訓方氏)가 남긴 것이다) 그들의 언행을 수집해도 완전히 그들의 논술이라고 할 수 없는 것은 『관자』에서 자신이 죽은 뒤의 일을 서술하는 관중의 말[34]이나 『한비자』에 이사(李斯)의

30 『한서』 「예문지」는 이러하다. "예전에 공자가 돌아가시자 미언이 끊어지게 생겼다. 공자 제자들이 모두 세상을 뜨자 대의는 어그러졌다."

31 『장자』 「천하」는 이러하다. "천하에 방술을 연구한 사람은 많다. 이들은 모두 자신의 방술이 더할 나위 없다고 생각한다."

32 유향은 『관자』를 교정하면서 여든여섯 편으로 정했다. 『한서』 「예문지」는 '도가'에 넣었다. 오늘날 일흔여섯 편이 전해진다. 「유관」은 오행과 정령을 이야기하며, 「제자직」은 아마 고대의 예서일 것이다. 『관자』를 집록한 사람이 수록했다.

33 『예기』 「월령」에 대해 정현[鄭氏]의 『목록』은 이렇게 말한다. "「월령」이라고 이름 붙인 이유는 이로써 열두 달의 정사가 행해지는 것을 기록하려는 것이다. 열두 달에서 유래한 『여씨춘추』의 「십이기」의 첫 번째 장에서 유래했다. 예를 연구하는 사람 가운데 호사가가 합쳐서 베꼈다." 『주례』 「하관」에 소속된 관직 가운데 토방씨(土方氏)와 훈방씨(訓方氏)가 있다. 『관자』 「잡편」에 「지원」편이 있다. 『회남자』에는 「지형훈」(地形訓)이 있다. 이것은 모두 토방씨와 훈방씨의 유산이다.

34 조공무는 이렇게 말한다. "두우는 「지략서」(指略叙)에서 이렇게 말한다. 그 책은 관중이 죽기 직전에 제나라 환공에게 했던 말을 기록하고 있다. 따라서 후세인이 이어 쓴 것이지 싶다."(『군재독서지』) 송렴은 이렇게 말한다. "이 책은 관중 자신이 쓴 것이 아니다. 그중에 「곡례」와 정말 비슷한 글도 있고, 『노자』나 『장자』와 비슷한 글도 있으며, 패술(霸術)을 논하는 지극히 정밀한 글도 있고, 혹은 자그마한 꾀로 자신의 사사로움을 도모하며 말이 지극히 천하고 변변치 못한 글도 있다. 전국시대 사람이 관중의 언행을 수집하여 엮은 뒤, 다른 책에 붙여서 완성한 것이지 싶다. 그렇지 않다면, 모장(毛嬙)이나 서시(西施) 이야기, 오나라 임금이 칼[劍]을 좋아한 이야기, 위공(威公)의 죽음에 대한 이야기, 다섯 명의 공자(公子)가 난을 일으킨 이야기는 모두 관중이 죽은 뒤에 생긴 일이니 관중이 예견하고 기록하지는 않았을 것이다."(『제자변』)

반박 의견을 기록한 한비자의 말[35]과 같기 때문이다. 소식은 『장자』의 「양왕」(讓王)이나 「어부」가 거짓으로 가탁한 것이라고 말했다.[36] 하지만 거짓으로 가탁한 것이 아니라 장자에게 배운 사람에 의해 덧붙여진 것일 뿐이다. 유종원(柳宗元)은 『안자춘추』(晏子春秋)가 묵가의 주장이라고 생각했다. 하지만 안자를 묵가로 만든 것이 아니라, 묵자를 배운 사람에 의해 안자의 일이 기술되고 안자의 이름으로 그 책을 부른 것이다.[37] 이것은 마치 『맹자』가 「고자」(告子)나 「만장」(萬章)으로 편명을 부른 것과 같다.[38] 선유들은 『여씨춘추』[39]와 『회남홍렬』(淮南鴻烈)의 풀이를 함께 묶어서 부른다.[40] 아마 이런 글은 숱한 빈객을 모아서 만든 것이므로 자신

---

35 『한비자』「존한」(存韓)의 전반부는 진나라를 섬길 때 올린 글이 아니리라. 후반부의 "황제가 한나라 손님에게 글을 올리라고 명령했다. 한나라에서 천거되지 못했다는 말이 글에 있다. 신하인 저 이사는"[詔以韓客之所上書, 書言韓之未可擧, 下臣斯] 이하는 이사의 「박의」(駁議)를 싣고 있다. 이 글은 진나라와 한나라가 교섭한 일까지 언급한다. 진나라 사관이나 이사의 무리가 기록한 것이 명백하다.

36 「장자사당기」(莊子祠堂記)를 보라.(『동파전집』(東坡前集) 권32)

37 유종원은 「변안자춘추」(辯晏子春秋)에서 이렇게 말한다. "나는 묵자의 무리 가운데 제나라 사람이 그것을 썼다고 의심한다. 묵가는 검소함을 좋아하고 안자는 검소함으로 세상에 명성이 났기 때문에 묵자의 무리가 안자의 일을 존경하고 드러내어 자신들의 방법을 더 높이려고 한 것이다."(『유하동집』(柳河東集) 권4)

38 고자의 이름은 불해(不害)이며, 맹자를 좇아 인간 본성에 대해 논했다. 만장은 맹자의 제자이다. 이들은 모두 편의 첫머리에 나오기 때문에 이것을 가지고 편명을 붙였다.

39 『사기』「여불위전」(呂不韋傳)은 이러하다. "이때 제후들에게는 변사(辯士)가 많았다. 순경과 같은 무리가 천하에 글을 퍼뜨렸다. 여불위는 이에 자신의 식객들마다 들은 것을 쓰라고 시킨 뒤 이것을 논하고 모아 「팔람」, 「육론」, 「십이기」를 만들었다는데 이십여 만 자나 되었다. 이로써 천지만물과 고금의 일들을 모두 갖췄다고 생각하고 『여씨춘추』라고 불렀다."

40 『한서』「예문지」'잡가'는 이러하다. "『회남』(淮南)은 내(內)가 스물한 편이고 외(外)가 서른세 편이다." 안사고는 이렇게 말한다. "내편은 도를 논한다. 외편은 잡설이다." 『서경잡기』(西京雜記)는 이러하다. "회남왕 유안이 『홍렬』(鴻烈) 스물한 편을 지었다. 홍(鴻)은 대(大)이다. 열(烈)은 명(明)이다. 예교를 크게 밝힌다는 말이다." 양장거(梁章鉅) 『퇴암수필』(退菴隨筆) 17은 이러하다. "홍렬의 뜻은 이 책의 「요략훈」에 한 번 나타난다. 그리고 고유의 서문에도 '도덕을 강론하고 인의를 총괄해서 이 책을 지었으니 『홍렬』이라고 부른다'라고 한다. 그러므로 내편도 『홍렬해』라고 부르는 것이다. 고유는 또한 이렇게 말한다. '광록대부 유향이 교정한 뒤 편집을 마쳤다. 그것의 이름은 『회남』이다.' 『한서』「예문지」도 유향과 유흠이 서술한 대로 당

을 전문가라고 명명할 수 없을 것이다. 이것은 본디 그런 것이다. 그러나 여불위(呂不韋)나 회남왕 유안은 숱한 빈객을 모아 책을 쓴 일을 꺼림칙하게 생각한 적이 없다. 하지만 후세인들은 남의 장점을 자신의 소유로 삼는 것을 숨겼다. 여불위와 회남왕은 본디 옳고 그름을 따져 결정하는 힘이 있기 때문에 스스로 일가의 주장이라고 생각할 수 있었다. 그래서 그들의 종지는 으레 얽매이지 않은 적이 없다.[41](여불위는 한 시대의 중요한 전거를 만들려고 했고, 유안은 도가의 갈래진 유파에 깃들려고 했다) 이것은 빈객이 참여하지 않은 데서 나온 것이기도 하다. 제자백가가 떨쳐 일어난 것은 도술(道術)이 분열되고 각각 총명함과 재능이 치우쳤기 때문이다. 그들은 매번 위대한 도의 어떤 측면에서 얻은 것이 있었기 때문에 드디어 이것으로 천하를 바꾸고자 했다. 그들은 근거가 있으며 합리적이었기 때문에 그들의 학술을 널리 퍼뜨리고 제자에게 전수했다. 만약 그들의 기술을 드러내서 정통 학파를 세운다면 앞에서 인용하여 서술한 것과 뒤에 덧붙여 퍼뜨린 것이 주장을 세우는 공적을 나누어 가진 적은 없었을 것이다. 옛사람은 말의 공공성을 생각했기 때문에 문사를 자랑한 적도 없고 자신의 소유로 개인이 점거한 적도 없다고 말한 것이다.[42]

시의 제목인 『회남』을 옳다고 생각해서 『회남자』라고 부르지 않았다. 『수서』 「경적지」에 와서야 비로소 『회남자』이라고 제목을 달았다." 별도로 「시교 상」의 주56에 상세하다.

역주_ **양장거**(1775~1849)는 자가 채중(茝中), 굉림(閎林)이며 호가 채린(茝鄰)이고 늘그막에 퇴암(退庵)이란 호를 썼다. 조상들이 살던 곳은 장락(長樂)이지만 나중에 복건성 복주로 이사했다. 그의 집안은 명나라 이래 글공부를 업으로 하던 집안이다. 스무 살에 거인이 되고 가경 연간에 진사가 되었다. 가경 10년(1805) 예부 주사를 시작으로 여러 벼슬을 역임했다. 아편전쟁 시기에 광서 순무, 강소 순무를 역임하고 양강총독을 겸직하기도 했다. 저술에 『추원기략』(樞垣紀略), 『퇴암수필』(退庵隨筆), 『영련총화』(楹聯叢話) 등이 있다.

41 『한서』 「예문지」는 잡가가 "유가와 묵가를 겸하고, 명가와 법가를 합했다"라고 말한다. 아마 그들의 장점을 떼어 가지고 그들의 치우치고 거친 점을 제거할 수 있고, 무리와 섞여도 자기 것을 섞지 않을 것이다. 이것이 바로 그들이 일가를 이룰 수 있었던 이유이다.

42 나는 이렇게 생각한다. 이 단락은 자부의 술수가 가진 공공성을 말하고 있다.

공자는 노나라 역사를 근거로 『춘추』를 지었다. 맹자는 이렇게 말한다. “『춘추』의 사실은 제나라 환공이나 진나라 문공의 일이고, 『춘추』의 글은 역사서와 같다.” 공자는 자신이 『춘추』의 대의를 취한 것이라고 스스로 말했을 따름이다.[43] 붓을 휘두르는 선비가 『춘추』의 사업에 뜻을 두었다면 본디 대의를 찾아 『춘추』의 사실과 글을 빌어 대의를 남기는 바탕으로 삼으려고만 할 것이다. 세상에서 사마천을 비난하는 사람들은 『상서』, 『춘추좌전』, 『국어』, 『전국책』의 글을 가다듬어 분열시켰다고 그를 꾸짖는다. 그들은 사마천이 갈라서 분열시킨 일이 마땅치 않은 짓이라고 생각한다.[44](명윤(明允) 소순(蘇洵)의 『사론』(史論)에 나온다) 한나라 무제 이전의 사실은 사마천의 『사기』를 그대로 답습했다고 반고를 비난하는 사람들은 그를 꾸짖는다. 그들은 반고가 훔쳐서 그대로 답습한 것이 부끄러움을 모르는 짓이라고 생각한다.[45](어중(漁仲) 정초(鄭樵)의 『통지』에 나온

---

43 『맹자』「이루 하」를 보라.

44 소순(蘇洵)「사론(史論) 하」는 이러하다. “사마천이 다듬은 말은 순박하지만 굳세고 간단하지만 곧아서 스스로 일가를 이루었다. 그러나 육경, 「전」, 「기」를 찢어서 가져다가 사이사이 섞어놓았기 때문에 자신의 형식을 깨트리고 어지러움에 빠트렸다. 오제와 삼대의 「본기」에는 『상서』의 글이 많다. 제나라, 노나라, 진나라, 초나라, 송나라, 위나라, 진나라, 정나라, 오나라, 월나라의 세가에는 『춘추좌전』과 『국어』의 글이 많다. 「공자세가」와 「중니제자열전」[仲尼弟子傳]에는 『논어』의 글이 많다. 『상서』, 『춘추좌전』, 『국어』, 『논어』의 글이 좋지 않은 것은 아니다. 그것을 뒤섞어서 좋지 않다. 수를 놓거나 그림을 그린 비단은 최고로 아름다운 옷이다. 치수를 재서 그것을 잘라 엇갈리게 바느질하여 옷을 만든다면 비단 옷감이 아까울 뿐이다. 사마천의 글은 이와 같은 것이 아닐까?”(『가우집』(嘉祐集) 권8)

역주_ 소순(1009~1066)은 북송 때의 벼슬아치이자 문학자이다. 자는 명윤(明允), 호는 노천(老泉)이다. 사천 미산(眉山) 출신이며 소식의 아버지이다. 스물여덟 살에 과거 시험에 낙방하자 그때까지 지은 글들을 모두 불태워버리고 두문불출하며 독서에만 전념했다. 여기서 힘을 얻어 잠깐 사이에 훌륭한 글을 지을 수 있는 문장가가 되었다. 인종(仁宗) 말기에 소식과 소철 두 아들을 데리고 상경하여 당시 한림학사 구양수의 인정을 받았다. 비서성 교서랑, 문안(文安) 주부를 지냈다. 저술에 요벽(姚闢) 등과 함께 편집한 『태상인혁례』(太常因革禮)가 있다.

45 『통지』「자서」는 이러하다. “반고는 겉만 번지르르한 선비이다. 학술은 전혀 없으면서 오로지 표절만 일삼고 있다. 한나라만 잘라서 책을 만드는 바람에 주나라와 진나라를 잇지 않게 되어 고금에 간격이 벌어졌다. 한나라 고조부터 무제까지 앞의 여섯 황제는 사마천의 글을 몽땅 훔쳐놓고도 부끄러운 줄 모른다. 소제부터 평제까지 여

다) 그렇다면 문리(文理)의 이론에 전혀 통하지 않게 된다. 사마천의 『사기』는 오제를 역사의 상한선으로 하고 삼대, 주나라, 진나라로 이어진다고 본다. 만약 『상서』, 『춘추좌전』, 『국어』를 버린다면 어찌 빙허공자(憑虛公子)나 망시공을 근거로 「서경부」와 「상림부」를 지었겠는가?[46] 만약 『춘추좌전』과 『국어』 이후의 역사는 틀림없이 사마천 자신이 지은 것이라고 말하려 한다고 해보자. 육가의 『초한춘추』(楚漢春秋), 『고조전』(高祖傳), 『효문전』(孝文傳)은 사마천이 채택했다.[47] 이런 책들은 후세에 전해지지 않았는데 사마천이 보았던 『상서』, 『춘추좌전』, 『국어』만 근거로 사마천이 갈라서 분열시켰다고 의심할 뿐이다. 이것은 하나 곱하기 열은 열인 줄 알면서도 둘 곱하기 다섯은 열인 줄 모르는 것이라고 말할 수 있다.[48] 반고의 『한서』는 서한 때까지만 끊은 단대사이다. 『한서』가 한

섯 황제는 가규와 유흠을 바탕으로 하고서도 수치스러운 줄 모른다. 하물며 반소[曹大家]가 글을 마무리 짓기까지 했으니 반고가 스스로 쓴 글은 드물다. 후세에 많은 사람들이 책을 편찬할 때 길거리에 집을 지어놓고 남의 글을 약탈했다. 종을 깨트려 훔치려고 몽치로 쳐놓고는 종소리 때문에 남들이 쫓아올까 두려워 자기 귀를 틀어막는다더니, 후세인이 남의 글을 훔치는 일은 모두 반고의 허수아비이다."

46 『사기』라는 책은 「오제본기」에서 시작한다. 「태사공자서」는 이러하다. "과거의 일을 서술하고 미래를 생각한다. 그래서 끝내 요임금 이후부터 춘추시대까지 서술했는데, 황제부터 시작한다." 『문선』에 실린 장형의 「서경부」(西京賦)에는 빙허공자(憑虛公子)가 있다. 사마상여의 「상림부」에는 망시공이 있다. 이들은 모두 이런 사람이 없다는 뜻이다.

47 『한서』 「예문지」는 이러하다. "『초한춘추』 아홉 편은 육가(陸賈)가 기록했다." 『후한서』 「반표전」은 이러하다. "한나라가 일어나고 천하가 안정되었다. 태중대부(太中大夫) 육가는 당시의 업적을 기록하여 『초한춘추』 아홉 편을 지었다. 무제(孝武) 때 태사령 사마천은 『춘추좌전』과 『국어』를 채록하고 『세본』과 『전국책』을 편집하며 초나라와 한나라가 할거하던 시절 여러 나라의 당시 사실을 근거로, 위로 황제부터 아래로 춘추시대까지 「본기」, 「세가」, 「열전」, 「서」, 「표」를 지었다. 모두 백서른 편이고 열 편은 빠졌다." 『사기색인』(史記索引) 「육가전」(陸賈傳)은 이러하다. "『초한춘추』는 아홉 편이다. 육가가 항우(項氏)와 한나라 고조가 처음 일어난 때부터 혜제와 문제까지 사이의 일을 언급하고 있다." 『한서』 「사마천전찬」(司馬遷傳贊)은 이렇게 말한다. "『초한춘추』를 서술하여 당시의 뒷일을 이었다." 『한서』 「예문지」 "제자략"의 '유가'에는 『고조전』(高祖傳) 열한 편이 있다. 자주는 이러하다. "고조 및 대신들에 대한 옛 이야기와 조책을 서술했다." 또한 「효문전」(孝文傳) 열한 편이 있다. 자주는 이러하다. "문제가 말한 것과 조책이다."

나라 무제 이전의 사실에 대해 사마천의 『사기』를 쓰지 않는다면 어찌 경생이 과거 시험 보는 것 마냥 똑같은 문제에 대해 다른 글을 쓰겠는가? 만약 한나라 무제 이후의 역사는 틀림없이 반고 자신이 지은 것이라고 말하려 한다고 해보자. 반고의 『한서』도 풍상(馮商)과 양웅의 기록이나 유흠과 가호(賈護)의 책을 근거로 지은 것이다.[49] 이런 책들은 후세인이 보지 못했는데 반고가 보았던 사마천의 『사기』만 근거로 반고가 훔쳐서 그대로 답습했다고 의심할 뿐이다. 이것은 어떤 사람이 흰 옷을 입고 나간 줄 알면서도 검은 옷을 입고 돌아온 줄 모르는 것이라고 말할 수 있다.[50] 말의 기록[載言]을 허투루 옮긴 것이라고 하겠는가? 양웅과 사마상여가 지은 사부(詞賦)는 특히 공허하며 비현실적이다. 사마천과 반고

---

48 『사기』「월왕구천세가」(越王句踐世家)는 이러하다. "또한 임금이 찾는 것은 진나라와 초나라를 싸우게 하는 것입니다. 진나라와 초나라가 싸우지 않으면 월나라 군대가 일어나지 않을 것인데, 이것은 이 곱하기 오는 알면서 십이라는 것은 모르는 것입니다."

49 『사통』「고금정사」(古今正史)는 이러하다. "『사기』가 쓴 것은 한나라 무제에서 끝난다. 태초 연간 이후로는 빠져 있고 기록하지 않았다. 그 뒤 유향과 유향의 아들 유흠 및 여러 호사가들, 곧 풍상(馮商), 위형(衛衡), 양웅, 사잠(史岑), 양심(梁審), 사인(肆仁), 진풍(晉馮), 단숙(段肅), 금단(金丹), 풍연(馮衍), 위융(韋融), 소분(蕭奮), 유순(劉恂) 등이 차례로 이어서 지었다. 애제와 평제 무렵까지 여전히 『사기』라는 이름으로 불렀다. 건무(建武) 연간에 와서 사도연(司徒掾) 반표는 그 말이 상스러워 앞 시대의 역사서를 잇기 부족하다고 생각했다. 또한 양웅과 유흠은 신나라[僞新]를 칭송하고 아름답다고 생각하여 후세의 오해를 남기고 대중들을 미혹시켰으니 그들을 후세에 그대로 남겨서는 안 된다고 생각했다. 그래서 옛날 일을 채록한 뒤 별도로 들은 것을 가로로 꿰어 『후전』 예순다섯 편을 지었다. 반표의 아들 반고는 아버지가 지은 것을 근거로 했으나 일가를 이루지 못했다. 이에 고조에서 시작하여 왕망에서 끝나는 열두 세대, 이백서른 년 동안 행한 일을 종합하고 위아래를 통하게 만들어 『한서』의 「기」, 「표」, 「지」, 「전」 백 편을 지었다." 『한서』「예문지」는 풍상의 『속태사공』(續太史公)이 일곱 편이라고 한다. 가호(賈護)는 알 수 없다. 「답객문(答客問) 상」은 다시 가규라고 한다. 정초(鄭樵)는 반고의 『한서』가 가규를 바탕으로 했다고 말한다. 앞의 주45를 보라.

50 『한비자』「설림 하」는 이러하다. "양주의 아우 양포(楊布)는 흰 옷을 입고 외출했다가 비가 내리자 흰 옷을 벗고 검은 옷을 입고 돌아왔다. 자기 개가 몰라보고 그에게 짖었다. 양포가 화가 나서 개를 때리려고 했다. 양주는 이렇게 말했다. '그대는 때리지 말게, 그대도 역시 이렇지 않은가. 접때 자네 개가 나갈 때는 흰색이었는데 들어올 때는 검은색이면 자네도 어찌 이상하다고 생각하지 않겠는가?'"

는 「문원전」을 짓지 않았지만 사부를 빌어 풍류(風流)와 문학적 수식을 남겼다. 이것은 사실의 기술에서 중요했기 때문이다.[51] 사실의 서술[敍事]은 사실을 증명하는 것인가? 「연표」와 「전」의 제목은 특히 실질적이며 수식이 없다. 「굴가열전」, 「맹순열전」, 「노장신한열전」(老莊申韓列傳)이라고 표시한 『사기』의 제목이나 「동성제후왕표」(同姓諸侯王表), 「이성제후왕표」(異姓諸侯王表)라고 나눈 『한서』의 「표」는 본래 밝힌 것이 없었고 제목만 남기고 있었다. 그러나 포폄(褒貶)의 의도는 침묵하는 거기에 깃들어 있다. 그들은 주장을 세우는 가운데 중요한 것만 서술했다.[52] 역사서의

---

51 나는 이렇게 생각한다. 『사기』 「사마상여열전」과 『한서』 「양웅전」은 따로 「문원전」을 세우지 않고, 그들의 사부를 「열전」에 수록하여 넣어 그들의 풍류와 문채를 드러냈다. 유지기는 역사서에 기록된 시문을 가져다가 책을 하나 따로 써서 역사서의 형식을 맑게 만들고자 했다.(『사통』 「재언」) 포기룡(浦起龍)은 딱 잘라서 이렇게 말한다. "「재언」편은 아마 「열전」에 대해 말했을 것이다. 막 사장(事狀)에 대해 설명하다가 갑자기 장편의 글이 끼어들었으므로 문기(文氣)가 건너뛴다는 느낌을 피할 수 없다. 그러므로 이런 논의를 베푼 것이다. 내가 곰곰이 헤아려 본 적이 있다. 중요한 관직을 한 적도 없고 다른 정치적 업적도 없는 가의[賈生], 동중서[董傅], 동방삭[方朔], 사마상여[馬卿] 같은 사람들이 영원히 썩지 않을 수 있는 것은 바로 진서(陳書), 대책, 시송(詩頌), 논저(論著) 같은 그들의 글 때문이다. 검열하여 글을 삭제한다면 무엇 때문에 무거운 짐을 지겠는가?" 포기룡의 이야기는 이것과 서로 참고할 수 있다.

역주_ **포기룡**(1679~1762)은 자가 이전(二田), 호가 해선(孩禪)이며 동산외사(東山外史)라고도 한다. 강소 무석 상복향(上福鄕, 현재 강소성 무석시 후교향) 전간촌(前澗村) 출신이다. 어려서 말이 어눌하고 독서를 좋아했다. 강희 37년 수재가 되었으나 이듬해 향시에는 낙방했다. 여러 차례 시험을 보아도 번번이 낙방했으나 삼십여 년을 응시했다. 이런 경력 때문에 팔고문을 싫어하고 두보의 시를 칭송하고 연구했다. 강희 60년 여름 십여 년의 연구 결과인 『독두심해』(讀杜心解)를 완성하여 옹정 2년(1724) 완성했다. 옹정 7년 거인이 되고 이듬해 진사에 합격했다. 옹정 12년 운남 곤명 오화서원(五華書院)의 산장 직에 취임했다. 건륭 2년 고향에 돌아왔다가 다시 교직에 나갔다. 청나라 때의 유명한 학자인 왕창, 전대흔, 왕명성 등이 자양서원 시절 그의 수업을 들었다. 건륭 10년 은퇴하여 고향에 돌아와 『사통통석』(史通通釋)을 썼다. 이밖에 『양밀집』(釀蜜集), 『삼산노인불시집』(三山老人不是集) 등이 있다.

52 「서교 하」는 이러하다. "「굴가열전」은 강후와 관영이 굴원을 모함한 일을 미워했기 때문에 굴원의 글을 서술한 것이지, 굴원의 충성심을 밝히기 위해 서술한 것은 아니다. 그래서 「굴가열전」은 가의의 문학 작품도 함께 애도하는 것이다." 또 이렇게도 말한다. "「맹자순경열전」은 천하에 유세하며 다니는 지식인이 지은 글을 총괄했을 따름이다." 방포(方苞)는 이렇게 말한다. "추연 이하 열한 명은 「맹자순경열전」에 뒤섞여 나오기 때문에 순서가 없는 것처럼 보이지만, 그 의의를 헤아려본 뒤에는 제멋

편찬은 의도를 아는 것을 소중하게 생각한다. 이것은 장고와 달리 보잘 것 없는 일과 글만 추구한다. 공자는 이렇게 말한다. "내가 실행하는 일에서 본 것은 내가 허튼 주장에 내맡기려 한 것보다 오히려 깊고 절실하

대로가 아니라는 것을 알게 된다. 아마 전국시대에 공자의 도를 지키고 이익에 의지를 가지지 않은 사람은 맹자 혼자일 것이다. 그 다음은 오로지 순경이지만 약간 잡스럽다. 그러므로 상앙, 오기, 전기(田忌) 및 종횡가의 무리를 먼저 논한 것은 인의가 누구 때문에 막히게 되었는지 드러내려는 것이다. 추연부터 추석까지의 이야기는 오히려 올바른 것에 가까웠다. 그러나 그들은 글을 써서 당시 임금들에게 녹을 받아먹으려는 의지가 있고 공명과 이익[功利]에 힘쓰고 있었다. 그것이 바로 순경을 추연과 추석 등 여러 사람 뒤에 배치한 이유이며 시간적 순서 때문에만 그런 것은 아니었다. 순경의 학문은 비록 잡스러움을 없앨 수 없다. 그러나 순자가 글을 지은 이유는 당시 임금의 녹을 받아먹으려는 것은 아니다. 이것이 추연이나 추석의 무리와 구별되는 이유이다. 공손룡(公孫龍)부터 우자(吁子)까지는 잡스럽고 촌스러워 추연이나 추석보다 더욱 저질로 보는 것이다."(『망계문집』(望溪文集) 권2 「서맹순전후」(書孟荀傳後)) 이것은 여러 사람을 「열전」 하나에 합치는 합전(合傳)의 뜻을 밝힌 것이며, 비교적 상세하고 명확하다. 『사기』 「노장신한열전」은 이러하다. "신자는 부지런히 명실(名實)에 힘썼으며, 한자는 법률[繩墨]을 끌어들여 사정을 끊어버리고 옳고 그름을 밝혔다. 그것은 너무나도 비참하고 은혜가 적었다. 이들은 모두 도덕의 의도에 근원을 두고 있다." 명가와 법가의 학문은 무위로 돌아가는 것이 목적이다. 그리고 인순(因循)을 쓰임새로 한다는 이야기는 당연히 형명을 점차 열게 되었다. 그래서 태사공은 합전의 이유를 이처럼 명확하게 알았던 것이다. 소식은 이렇게 말한다. "서로 상의하지 않았는데도 느낌이 오는 일이 본디 있다. 노자와 장자 이후 신자와 한비자는 그들에게 재앙이었다."(「한비론」(韓非論)) 소식의 이야기는 도리어 얕다. 『한서』 「이성제후왕표」는 권13에 있다. 「동성제후왕표」(同姓諸侯王表)는 권14에 있다. 소순 「사론 중」은 이러하다. "반고의 「표」는 여덟 편인데 그중 「동성제후왕표」가 여섯 개이다. 사람을 소개할 때는 반드시 어느 곳의 어느 왕, 어느 곳의 어느 제후 아무개라고 말한다. 또는 공신과 외척이라면 그의 성을 보탠다. 그리고 첫마디에 그는 시호가 무엇이고 성명이 무엇인지 지목한다. 이것은 이성 제후의 범례를 적용한 것이다. 동성 제후왕은 시호만 지목하는 것으로 그친다. 이것이 어찌 반고가 우려렀기 때문에 이름을 들먹이지 않은 것이겠는가? 이름을 들먹이지 않아도 사실은 이름을 붙인 것이다. 이것이 어찌 이름을 붙이지 않았기 때문에 드러내지 않은 것이겠는가? 이것이 동성제후왕의 범례이다."(『가우집』 권8)

역주_ **포폄**은 시비와 선악을 평가하고 정하는 것이다. **방포**(1668~1749)는 청나라 때의 벼슬아치이자 문학자이다. 자는 영고(靈皐), 호는 망계(望溪)이다. 안휘 동성 출신이다. 1711년 필화사건에 연루되어 잠시 투옥되었지만 강희, 옹정, 건륭 삼대에 걸쳐 벼슬했다. 간결하고 묵직한 산문을 남겼고 의법(義法)을 주장하는 동성파 고문의 시조가 되었다. 당송팔대가와 귀유광을 모범으로 하여 문도합일(文道合一)의 전통을 이었다. 저술에 『망계문집』(望溪文集)과 『예기석의』(禮記析疑) 등이 있다.

며 확실히 밝았다."[53] 이것이 바로 역사가[史氏]의 종지이다. 만약 대의를 취하여 의지를 밝히고 사실을 순서대로 정리하여 글을 엮는다면 주장을 세우는 공적을 나누어 가진 적은 없었을 것이다. 그러므로 옛사람은 말의 공공성을 생각했기 때문에 문사에 대해 자랑한 적도 없고 자신의 소유로 개인이 차지한 적도 없다고 말한 것이다.[54]

한나라 초기의 경사는 분서갱유 이후 겨우 남은 것을 소중히 품고 지켰다.[55] 그들은 평생 동안의 정력을 기울여 앞 시대의 성인이 남긴 실낱 같은 말을 밝혔다. 스승과 제자로 전수되는 연원은 종가와 지파로 나뉘는 종족의 계보와 같았다. 제자의 술업을 살펴보면 사승의 전수는 오리와 고니의 검은 깃털과 흰 깃털이 서로 뒤섞일 수 없는 것처럼 분명하다.[56] 그래서 배우는 사람은 마음을 다 쏟지 않을 수 없었다. 『춘추공양전』과 『춘추곡량전』[57]은 가상의 문답을 설정하여 『춘추』의 뜻을 드러낸

53 『춘추번로』의 「유서」 및 『사기』 「태사공자서」의 인용을 보라.

54 나는 이렇게 생각한다. 이 단락은 역사서의 글에 나타난 공공성을 말하고 있다.

55 유흠의 「이양태상박사서」에 나오는 말이다.

56 『장자』 「천운」은 이러하다. "고니는 매일 목욕하지 않아도 희고 까마귀는 매일 검어지지 않으려 해도 검다." 부(鳧)는 오(烏)라고 써야 한다.

57 『한서』 「예문지」 "육예략"은 이러하다. "『공양전』은 열한 권이다. 『곡양전』은 열한 권이다." 장초백은 이렇게 말한다. "공양고(公羊高)는 제나라 사람이다. 자하에게 『춘추』를 전수받았다. 네 세대에 걸쳐 전수되어 동중서 및 호모자도(胡母子都)에 이르렀다. 호모자도[胡毋生]에서 두 세대가 지나 엄팽조와 안안락에 이르렀다. 그래서 엄팽조와 안안락의 학문이 되었다. 동중서는 『춘추공양전』으로 유명해졌고, 다시 여러 세대에 걸쳐 전수되어 하휴에 이르렀다. 진나라 때 유실(劉實)은 『춘추공양전』에 정통했는데, 왕접(王接) 부자는 새로운 뜻이 더욱 많았다. 그들의 『공양론』(公羊論) 두 편은 유익(庾翼)이 묻고 왕건기(王愆期)가 대답하는 형식이다. 그 뒤로 고룡(高龍), 공연, 서언, 형병은 주를 달기도 하고 소를 쓰기도 했는데, 이것이 『춘추공양전』의 원류이다. 곡량적도 자하의 제자인데 일설에는 이름이 희라고 한다. 『춘추』를 손경에게 전수했고 손경은 신공(申公)에게 전했으며 신공은 강옹(江翁)에게 전했다가 윤갱시(尹更始)에게 이르러 비로소 장구를 만들었다. 이후로 당고(唐固), 미신(麋信), 공연, 강희(江熙) 등 십여 명이 있다. 범녕[范武子]은 그것이 얕다고 생각해서 다시 주를 썼는데 지금까지 그것을 으뜸으로 친다. 이밖에 후조[石趙]의 섭웅(聶熊)의 주나 당나라 양사훈의 소 따위가 있다지만, 지금은 모두 전해지지 않는다.(나는 이렇게 생각한다. 『십삼경주소』(十三經注疏)에서 『곡량전』은 바로 양사훈의 소를 사용한다)

것일 뿐이라고 후세인들은 생각했다.[58] 후세인들은 옛사람이 입에서 귀로 가르친 일이 먼저이고 죽간이나 백서에 적은 것이 나중이라는 것도 모르고 후세인들이 경의를 짓는 일과 다르다는 것도 몰랐다. 후세인들은 떳떳하지 못하게 일가를 이뤘다는 명성을 바라고 반드시 저술이 공적이라고 생각한다. 상구(商瞿)는 공자에게 『주역』을 전수받았고 이후 다섯 세대에 걸쳐 전승된 뒤 전하(田何)에게 이르렀다. 시수(施讐), 맹희(孟喜), 양구하(梁邱賀)는 전하의 제자이다.[59] 전하 이전에는 아직 책이 없었다. 그래서 시수, 맹희, 양구하 세 학파의 『주역』이 『한서』 「예문지」에 수록되어 있다.[60] 이것은 전하 이전부터 입에서 귀로 전승된 학에 뿌리를 두고 있다. 그래서 옛사람이 책을 쓰지 않았지만 주장이 전승되지 않은 적은 없다는 것을 알겠다. 『한시』(韓詩)를 연구하는 사람은 『제시』(齊詩)나 『노시』(魯詩)를 끼워 넣지 않았다.[61] 복생(伏生)의 『상서』를 전승한 사람은 공

이것이 『춘추곡량전』의 대강이다."(『남순고어』)

역주_ **후조의 섭웅**은 중화서국 교주의 표점이 '石, 趙, 聶, 熊'이라고 표점을 잘못 찍은 것을 바로 잡아 번역했다. 표점대로 한다면 석씨, 조씨, 섭씨 ,웅씨라는 『춘추곡량전』의 주석가들이 있어야 하지만 그런 사람들은 없다. 석조는 '석씨의 조나라'라는 뜻이다. 남북조시대에 흉노의 일파인 갈족(羯族) 출신 석륵(石勒)이 세운 후조(後趙)이다. 섭웅은 사람 이름이며 후조의 국자 좨주이다.

58 『춘추공양전』과 『춘추곡량전』은 모두 문답체이다.

59 『한서』 「유림전」은 이러하다. "노나라 상구 자목(商瞿子木)은 『역』을 공자에게 전수받았다. 그는 이로써 노나라 교비 자용(橋庇子庸)에게 전수했다. 자용은 강동(江東)의 간비 자궁(馯臂子弓)에게 전수했다. 자궁은 연나라 주추 자가(周醜子家)에게 전수했다. 자가는 동무(東武)의 손우 자승(孫虞子乘)에게 전수했다. 자승은 제나라 전하 자장(子裝)에게 전수했다. 정관은 전하에게서 『역』을 전수받았다. 정관은 같은 군의 탕전 출신 주왕손에게 전수했다. 주왕손은 시수, 맹희, 양구하에게 전수했다. 이로부터 『역』에는 시수, 맹희, 양구하의 학이 생겼다."

60 『한서』 「예문지」 "육예략" '역류'는 이러하다. "『장구』는 시수, 맹희, 양구하가 각각 두 편씩 있다."

61 『한서』 「유림전」은 이러하다. "한영은 연나라 사람이다. 효문제 때 박사가 되었고 효경제 때 상산(常山)의 태부(太傅)가 되었다. 한영은 『시경』의 시인들의 의도를 추론하여 내전과 외전 수만 자를 지었다. 그의 말은 『제시』나 『노시』와 달랐다. 그러나 귀결은 동일하다." 나는 이렇게 생각한다. 『제시』는 위나라 때 사라지고, 『노시』는 진나라 때 사라졌으며, 『한시』는 북송 때 사라졌고, 오늘날 『한시외전』 열 권만

안국의 학문을 몰랐다.[62] 여러 학문의 장구와 훈고에는 전문 서적이 있었고 문인과 제자는 그것을 근거로 인용하고 서술했다. 전기나 상주문[章表]에 뒤섞여 나타나는 것이 전승되는 책에 전부 나오는 것은 아니지만 종지가 결국 스승의 주장과 배치되는 것도 아니다. 여러 유학자들이 저술하여 책을 완성한 것 이외에 미언과 서론(緖論)이 따로 있어서 따르는 무리에게 입으로 가르쳐줬다고 해보자. 배우는 사람들이 스승의 의도를 천지신명처럼 받들고 널리 퍼뜨려 변화시킨 뒤 문사로 표현했다고 해보자. 그러면 스승이 가르친 말과 따르는 무리가 퍼뜨린 말을 다시는 구분하지 못할 것이다. 이것을 살핀 사람 가운데 스승과 제자의 관계를 근거로 어떤 학파의 학문이라고 판정하는 사람이 있다 손치더라도 어느 것이 스승의 주장이고 어느 것이 따르는 제자들의 주장인지 변별하지 못할 것이다. 아마 어떤 경에 통달하여 어떤 학파의 학설을 전승할 수 있다면 입에서 귀로 전승하든, 죽간이나 백서에 적든 상관없이 주장을 세우는 공적을 나누어 가진 적은 없을 것이다. 옛사람은 말의 공공성을 생각했기 때문에 문사를 자랑한 적도 없고 자신의 소유로 개인이 차지한

남아있다.

62 『한서』「유림전」은 이러하다. "복생은 제남 출신이다. 그래서 진나라의 박사가 되었다. 진나라 때 『서』를 금지시켰는데 복생은 그것을 벽에다 감췄다. 큰 전쟁이 일어나자 피난하는 통에 사라져 버렸다. 한나라가 안정되고 복생이 그 책을 찾았으나 수십 편이 없어지고 스물아홉 편만 얻었다. 즉시 이로써 제나라와 노나라 사이에서 가르쳤다." 복생은 구양생(歐陽生)에게 전했고, 두 세대를 지나 하후승(夏侯勝)에게 전해졌다. 하후승은 친척 형의 아들인 하후건에게 전수했다. 그래서 『상서』에는 구양, 대하후, 소하후의 학문이 있다. 이것이 『금문상서』이다. 그리고 「유림전」은 다시 이렇게 말한다. "공안국에게는 『고문상서』가 있다.(모두 과두문자이다) 공안국은 당시의 글자로 그것을 읽었고 이것을 근거로 일가를 일으켰다. 사라진 책은 십여 편을 얻었는데, 아마 『상서』가 여기서 많아졌을 것이다. 무고(巫蠱)를 당하여 학관에는 세우지 못했다." 나는 이렇게 생각한다. 공안국의 『상서』(쉰아홉 편이다)는 세상에 전해지지 않았다. 나중에 장패(張霸)에게 『상서』 백두 편이 있었지만, 이것도 세상에 전해지지 않았다. 동한의 가규, 마융, 정현은 『고문상서』에 주해를 달았지만, 이것들도 세상에 전해지지 않았다. 진나라 매색이 『고문상서』와 공안국의 전을 바쳤는데, 이것이 바로 지금 널리 유행하는 것이다. 이것은 아마 위작일 것이다. 나머지는 「경해 중」의 주28에 상세하다.

적도 없다고 말한 것이다.[63]

2. 언공(중)[1]

아! 세상의 교화가 쇠락해 버리자 도는 부족해지고 글만 다투게 되었다. 그래서 말은 얻을 수 있게 되었지만 개인적인 것이 되었다. 세상의 교화가 쇠락해 버리자 실재는 채워지지 않고 이름만 다투게 되었다. 그래서 글은 얻을 수 있게 되었지만 자랑거리일 뿐이었다. 말을 얻을 수 있지만 개인적이게 되고 글을 얻을 수 있지만 자랑거리일 뿐이게 되자 다투는 마음이 일어나고 도술은 분열되었다. 옛사람의 말은 세상을 깨우치고자 하지만 후세인의 말은 세상을 속이려고 한다. 세상을 속여도 마음이 편안한 사람이 아니더라도 개인을 자랑하려는 마음이 생겼기 때문에 속이지 않을 수 없는 것이리라. 옛사람의 말은 사람들을 착하게 만들고자 하지만 후세인들의 말은 자신을 뽐내려고 한다. 옛사람이 자신을 뽐내려 하지 않는 것도 아닌데 후세인은 굳이 자기를 뽐내려 하지만 부족하거나 채워지지 않는 것이 있기 때문에 이렇게 하지 않을 수 없는 것이리라.[2] 맹자는 이렇게 말한다. "화살을 만드는 사람[矢人]이 어찌 갑옷

63 나는 이렇게 생각한다. 이 단락은 경학의 공공성을 말하고 있다.

1 나는 이렇게 생각한다. 「언공 중」편은 도가 부족하게 되자 글을 다투게 되었고 내용이 부족하게 되자 이름을 다투게 되어, 그 폐단은 도둑질하는 것으로 흐르게 되었다는 것을 논하고 있다. 유함흔은 『문사통의지어』에서 이렇게 말한다. "선생의 논의가 하도 남들에게 도둑질을 당하자 이런 논단이 나타나게 되었다."

2 「폄이」(砭異)는 이러하다. "내면을 중시하면 외면이 가벼워지고, 내용이 이뤄지면 명분을 잊는다. 남다른 것을 추구하는 사람은 내면이 부족하기 때문이다. 부족하다는 것을 알면서도 명성을 좋아하는 마음을 견디지 못하기 때문에 남다른 것을 추구하여 사람들에게 억지로 보태려고 한다. 그러나 결국 사람들에게 억지로 보태지는 못

을 만드는 사람[函人]보다 어질지 않겠는가? 자기가 가진 기술은 조심하지 않을 수 없는 것이다."[3] 옛사람은 주장을 세울 때 쉬운 데로 처하고 후세인은 주장을 세울 때 어려운 데로 처한다. 어떻게 그것을 아는가? 옛사람은 도에 통달하고자 했으므로 어쩔 수 없이 말한다.[4] 이것은 마치 마음이 기쁘다면 웃지 않을 수 없다거나 몸이 병들었다면 신음하지 않을 수 없는 것에 비길 수 있다. 어찌 정교함과 졸렬함, 민첩함과 둔함을 따져서 억지로 본받을 수 있겠는가? 도가 있는 곳으로 학은 달려갈 것이고 학이 있는 곳에 같은 종류의 학이 모일 것이다. 내 마음과 같은 마음을 먼저 얻은 말[5]이 바로 내 말이라고 옛사람은 말한다. 어째서 그런가? 도가 같기 때문이다. 전할 만한 사람에게 전수한 뒤 내 학설을 얻어서 변통할 수 있는 것은 바로 내 말이기 때문이다. 어째서 그런가? 도가 같기 때문이다. 일정한 도를 평생토록 배우고 묻고 생각하고 변별한 뒤,[6]

한다. 내면이 부족하면 어쩔 수 없이 바깥으로 뽐내게 되며, 내용이 이뤄지지 않으면 어쩔 수 없이 명성을 추구하게 된다. 세상 사람들의 마음은 아마 비슷할 것이다." 이것이 바로 위의 뜻을 펼쳐서 크게 말한 것이다.

3 『맹자』「공손추 상」은 이러하다. "맹자는 이렇게 말한다. '화살을 만드는 사람이 어찌 갑옷을 만드는 사람보다 어질지 않겠는가? 화살을 만드는 사람은 오직 사람을 상하지 않을까 두려워하며 갑옷을 만드는 사람은 오직 사람을 상하게 할까 두려워한다. 무당과 장인도 역시 그런 지경이므로 자기가 가진 기술은 조심하지 않을 수 없는 것이다.'"

4 『근사록』 권2는 이러하다. "이천 선생의 「답주장문서」(答朱長文書)는 이렇게 말한다. '성인과 현인의 말씀은 어쩔 수 없는[不得已] 것이다. 아마 이런 말이 있으면 이런 이치가 밝혀질 것이다. 이런 말이 없으면 천하에 없을 것이다. 만약 저기 쟁기나 보습, 빚어 만든 그릇이 만들어지지 않았다면 사람을 살리는 도에 부족함이 있는 것이다. 성인과 현인의 말씀은 비록 마치고자 하더라도 그럴 수 있는가? 그러나 그것은 천하의 이치를 포함하고 있지만 역시 대단히 간단하다. 후세인은 처음 책을 잡으면 문장을 앞세우며 평생 하는 일은 성인보다 움직임이 많다. 그러나 그것이 있다 한들 보탤 것이 없고, 그것이 없다 한들 빠질 것이 없다. 이것이 바로 쓸데없는 군더더기 말[贅言]이다.'" 유함흔 『문사통의지어』는 이러하다. "맹자와 장자는 모두 어쩔 수 없다고 말한다. 어쩔 수 없다는 세 글자는 글을 논하고 저술을 논하는 요지이다. 주장하는 근거가 되는 뜻을 중시한다는 것은 「언공 중」편에 상세하다."

5 『맹자』「고자 상」은 이러하다. "각자의 마음에서 동일한 것은 무엇인가? 이나 의라고 한다. 성인은 내 마음과 동일한 것을 먼저 얻었을 뿐이다."

영원토록 같은 길을 걷는 과거의 사람과 소통한 것을 근거로 삼고 영원토록 같은 길을 걷는 미래의 사람을 기다린 것을 보조로 삼아서 주장을 세운다면 쉽지 않을 턱이 있겠는가? 스승도 없이 잔머리만 굴리는 사람이 내용 없는 글을 짓는 일에 힘쓴다면 즐겁지 않은데도 억지웃음을 지어야만 하고 병이 없는데도 고의로 신음을 내뱉어야만 한다. 그런 노고와 고역을 스스로 견디지 못할 것이다. 하물며 누가 환히 들여다볼까 두려운 개인적인 의도를 가진 채[7] 자기 마음대로 휘두르려는 헛된 이름을 근거로 했을 때에 과거의 근거도 없고 미래의 도움도 없다면, 자신이 처한 형세가 고단하고 위태로워 편안할 수 없는데 어찌 어렵지 않을 턱이 있겠는가? 겉만 번드르르한 말과 속내에서 나오는 말 가운데 어떤 것이 어렵고 어떤 것이 쉬운지는 알 수 있다. 이름을 다투려고 하지 않는 말과 반드시 이름을 다투려고 하는 말 가운데 어떤 것이 어렵고 어떤 것이 쉬운지도 알 수 있다. 고금이나 과거와 미래를 통달하고 서로 더불어 공공성을 가지고자 하는 말과 개인적인 근거를 혼자만 얻은 것처럼 자신을 반드시 드러내고자 하는 말 가운데 어떤 것이 어렵고 어떤 것이 쉬운지도 알 수 있다. 주장을 세우려는 선비는 도에 의지를 두고 공공성을 따르기 때문에 쉬운 것이겠지? 그렇지 않다면 글에서 헛되이 다투고 개인적인 것을 따르기 때문에 어려운 것이겠지? 공적인 것과 개인적인 것, 어려운 것과 쉬운 것 사이에는 틀림없이 변별이 있다. 아아! 어떻게 하면 주장을 아는 선비를 얻어 그와 함께 도에 힘껏 나아갈 수 있을까?[8]

고대에는 남의 주장을 훔쳐서 자기 소유로 삼는 사람이 아직 나타나

---

6 『예기』 「중용」은 이러하다. "널리 배우고 따져 물으며 신중하게 생각하고 명백하게 구분하고 돈독하게 행동하라."

7 유흠 「이양태상박사서」는 이러하다. "오히려 분서갱유 이후 겨우 남은 것을 소중히 품고 지키려고 했다. 그리고 누가 환히 들여다볼까 두려워하는 개인적인 의도를 가진 채, 선과 의에 복종하는 공적인 마음이 없다."

8 나는 이렇게 생각한다. 이 단락은 자신의 마음속에 실제로 얻은 것도 없으면서 남의 주장을 자기 것으로 만들려고 하는 일은 대단히 어렵다는 것을 말하고 있다.

지 않았다. 양산(梁山)이 무너진 일에 대한 백종(伯宗)의 대답[9]은 후사가 없을 것이라는 꾸지람을 받았을 뿐 아니라 현인을 숨겼다는 죄도 지었다. 고대에는 남의 글을 훔쳐서 자기 소유로 삼는 사람이 아직 나타나지 않았다. 굴원이 초고를 써놓고 미처 퇴고를 마치지 않았는데 상관 대부(上官大夫)가 본 뒤 빼앗고자 했다.[10] 이것은 임금을 속이려고 생각한 것일 뿐 아니라 벗을 해친 것이기도 하다. 남의 장점을 훔친 것은 재물을 훔친 도둑이나 매한가지이다. 노자는 그것을 간절하게 말했다.[11] 그런 폐단

---

9 『춘추좌전』「성공 5년」은 이러하다. "양산이 무너졌다. 진나라 임금은 전(傳, 수레)을 보내 백종을 불렀다. 백종은 중(重, 무거운 짐을 실은 수레)을 피하면서 이렇게 말했다. '우리 수레를 피하도록 하라!' 짐수레 주인이 이렇게 말했다. '내가 피하기를 기다리느니 지름길로 가는 것이 빠를 것입니다.' 백종이 그가 사는 곳을 물었다. 그는 이렇게 대답했다. '서울[絳] 사람입니다.' 백종이 서울 일을 물었다. 그는 이렇게 대답했다. '양산이 무너져 장차 백종을 불러 상의할 것입니다.' 백종이 물었다. '장차 어찌 해야겠나?' 그는 이렇게 대답했다. '산에 있는 썩은 흙이 무너진 것인데 이를 어찌 하겠습니까! 나라는 산천의 주인이기 때문에 산이 무너지고 내가 마르면 임금은 불거(不擧)하고 강복(降服)하며 승만(乘縵)하고 철악(徹樂)하며 출차(出次)하고 축폐(祝幣)하며 사사(史辭)하여 예로써 제사 지냅니다. 그것은 이렇게 하는 것일 뿐입니다. 비록 백종이라 한들 어찌 하겠습니까!' 백종이 그에게 진나라 임금을 알현할 것을 청했다. 그러나 그는 그럴 수 없다 했다. 드디어 그 사람의 말을 임금에게 알리고 그대로 좇았다." 『한시외전』 권8은 이러하다. "임금이 백종에게 어떻게 아느냐고 물었다. 백종이 수레 주인에게서 알게 되었다는 말을 하지 않고 저절로 알게 되었다고 거짓말을 했다. 공자는 그것을 듣고 이렇게 말했다. '백종은 후사가 없으리라. 남의 선함을 빼앗았으니.'" 나는 이렇게 생각한다. 이런 일이 있고 십 년 뒤, 각대부(郤大夫) 삼 형제가 백종을 죽였다. 아들 백주리(伯州犂)는 초나라로 달아났다.

역주_ **불거**는 음식을 줄이고 노래를 부르지 않는 것, **강복**은 소복을 입는 것, **승만**은 장식이 없는 수레를 타는 것, **철악**은 음악을 연주하지 않는 것, **출차**는 침궁을 떠나 평상시 머무는 곳에서 자는 것, **축폐**는 제수를 장만해 신에게 바치는 것, **사사**는 사관이 제문을 지어 읽는 것이다.

10 『사기』「굴원전」은 이러하다. "회왕이 굴원에게 헌령(憲令)을 만들도록 했다. 굴원은 초고를 쓰다가 미처 완성되지 않았는데 상관 대부가 보고서 그것을 빼앗으려고 했다. 굴원이 주지 않자 이를 빌미로 굴원을 모함하여 이렇게 말했다. '왕이 굴원에게 법령을 만들라고 시킨 일은 모르는 사람이 없습니다. 법령이 나올 때마다 자신의 업적을 평벌(平伐, 과시하다)하며 「내가 아니면 아무도 할 수 없을 것이다」라고 생각하고 있습니다.' 왕은 노하여 굴원을 소원하게 대했다."

11 『춘추좌전』「소공 14년」은 이러하다. "자신이 죄가 있으면서 다른 사람의 아름다운

은 재주와 지혜를 개인적인 것으로 만들기 때문에 도에 공공성을 돌려줄 줄 모른다. 만일 백종이 수레 모는 사람을 훌륭하다고 천거한 뒤 수레 모는 사람이 흰 명주옷을 입고 곡하면서 제사를 지낼 때 하는 말을 썼더라면 백종의 공적이 양산 붕괴 사건에 그치지 않았을 것이며 나라를 일으키는 말이 되었으리라. 가령 상관 대부가 굴원을 좋게 평가한 뒤 굴원이 나라의 법을 만드는 일을 찬성하고 도왔다면 상관 대부의 공적이 초나라의 법을 좋게 하는 데 그치지 않았을 것이며 초나라를 만드는 말이 되었으리라. 한기(韓琦)가 재상이 되자 구양수(歐陽脩)는 한림학사(翰林學士)가 되었다. 어떤 사람이 한기에게 문장이 없다고 말하자, 한기는 "내가 재상이 되자 구양수를 기용하여 학사를 만들었는데, 천하의 어떤 문장이 나보다 낫단 말이냐?"라고 말했다.[12] 아아! 한기와 같은 사람은 옛사람이 공공성을 말한 뜻을 안다고 할 수 있으리라.[13]

남의 주장을 훔쳐서 자기 소유로 삼는 사람은 명성을 지나치게 좋아하고 공적을 다투는 것은 그 다음이다. 공적은 한 시절을 속일 수 있지만 명성은 영원히 사람들을 속인다. 자기가 지은 작품을 옛사람의 것이라고 거짓으로 갖다 붙이는 사람은 지나치게 간사하고 이익을 추구하는 것이다. 일 꾸미기를 좋아하는 것은 그 다음이다. 일 꾸미기를 좋아하면 죄는 제 한 몸에서 끝나지만 간사하고 이익을 추구하면 남들이 본받기 때문에 기풍을 가리게 된다. 제구(齊邱)는 담초(譚峭)에게서 『화서』(化書)를

이름을 노략질하는 것은 혼(昏)입니다." 또한 「희공 24년」은 이러하다. "남의 재물을 훔쳐도 오히려 도둑이라 부른다. 하물며 하늘의 공을 탐하여 자기의 공이라 하는 것이야?" 『노자』 제46장은 이러하다. "얻고자 하는 것보다 큰 허물은 없다."

12 명나라 증대유(曾大有)의 「한위공집서」(韓魏公集序)는 이러하다. "스스로 이렇게 말하는 데 이르렀다. '내가 재상이 되어 구양수[歐陽永叔]를 한림학사로 만들었는데, 천하의 어떤 문장이 이것보다 대단하겠는가?' 한기는 경세에 뜻이 있었다. 그리고 그의 글은 남이 도달하여 알 수 없는 것이 있었다."

13 나는 이렇게 생각한다. 이 단락은 남의 말을 훔쳐서 자신의 소유로 만드는 이유는 재주와 지혜가 어떤 사람의 소유라고 생각하고 공공성으로 귀결되는 도를 모르기 때문이다.

훔쳤고[14] 곽상(郭象)은 상수(向秀)에게서 『장자』의 주석을 훔쳤다.[15] 군자는 이것을 경박하고 행실이 글러먹었다고 평가할 것이다. 지은이가 만약 알게 되더라도 자기의 주장이 천하에 드러나 알려지기만 바란다면 자기가 주장했다고 밝힐 필요는 없으리라. 그러나 그것을 훔친 사람 때문에 우리 마음은 상하지 않을 수 없다. 아마 도둑이 벽을 뚫고 담을 넘으며 무덤을 도굴할 때처럼 잔머리를 굴리는 사람[16]은 틀림없이 훔친 것을 숨

---

14 송렴은 이렇게 말한다. "『제구자』(齊邱子) 여섯 권은 『화서』(化書)라고도 부른다. 도, 술, 덕, 인, 식(食), 검(儉)의 육화(六化)를 대단히 상세히 말하고 있다. 이 책을 지은 사람은 제구(齊邱)가 아니라 종남산(終南山)에 은거하여 늙어가던 경승(景升) 담초(譚峭)이다. 제구는 그것을 훔친 사람이다."(『제자변』) 『열선전』(列仙傳)은 이러하다. "담초는 『화서』를 제구에게 전수하면서 이렇게 말했다. '이 책의 화에 담긴 도는 끝이 없다. 그대는 그것을 편집하여 후세에 전하도록 하라.' 제구는 빼앗아 자기 것처럼 전했기 때문에 결국 제대로 좋게 죽지 못했다."(『고금위서고』에서 재인용) 나는 이렇게 생각한다. 월아당총서본에는 "제구"와 "담초"를 잘못해서 바꿔놓았다.

역주_ 『열선전』은 신선의 내력에 대해 적은 책이다. 송나라 이래의 판본에는 모두 72명의 신선을 수록하고 있다.

15 『세설신어』(世說新語) 「문학」은 이러하다. "애초 『장자』에 주를 단 사람이 수십 명이었다. 하지만 아무도 그 요지를 모두 풀 수 없었다. 상수(向秀)는 예전의 주 이외에 뜻을 풀이한 해의(解義)가 있었는데 묘하게 분석하여 기이하게 도달했기 때문에 현묘한 기풍[玄風]을 크게 떨쳤다. 오직 「추수」와 「지락」(至樂) 두 편만 끝내지 못하고 상수는 죽었다. 상수의 아들이 어렸기 때문에 해의는 결국 보잘 것 없이 되었지만 따로 써둔 책이 있었다. 곽상은 사람됨이 경박하고 행실이 나빴으나 빼어난 재주가 있는 사람이었다. 그는 상수의 해의가 세상에 전해지지 않은 것을 보고 드디어 몰래 자신의 주석으로 만들고 스스로 「추수」와 「지락」에 주를 달았다. 또한 「마제」(馬蹄)편을 바꾸고 나머지 여러 편은 간혹 문구에 손을 댔을 뿐이다. 나중에 따로 써둔 상수의 해의가 나왔다. 그래서 오늘날에는 상수와 곽상의 두 가지 『장자』가 있지만 뜻은 동일하다." 진진손은 이렇게 말한다. "상수의 뜻은 오늘날 전해지지 않는다. 다만 때때로 육덕명의 『경전석문』에 보인다." 『사고전서총목제요』는 『경전석문』으로 교정했다고 말한다. 곽상과 상수 두 사람의 주에는 같은 것도 있고 다른 것도 있다. 이것이 상수의 책을 훔친 뒤 근거로 삼아 문구에 손을 댔다는 소리에 증거가 없지 않다는 말이리라.

역주_ 『세설신어』는 후한부터 동진까지 문인 사대부의 일화를 기록한 책이다. 천여 항목, 서른여섯 편이다. 동진 때의 기록이 대부분이다. 남조 송나라의 유의경(劉義慶, 403~444)이 편찬했다. 남조 양나라의 유효표(劉孝標, 462~521)가 현존하지 않는 귀중한 자료를 인용하여 주를 달았다.

16 『논어』 「양화」는 이러하다. "선생님이 말씀하셨다. '낯빛이 사나우면서 마음이 나약한 것을 소인에게 비유한다면, 그것은 마치 벽을 뚫고 담을 넘는 도둑과 같을 것이

기거나 바꾸거나 고쳐서 새로운 것처럼 만듦으로써 드러나 있는 도둑질의 증거들을 숨기려고 할 것이다. 이것 때문에 본래 가리키려 한 것을 잃게 된다. 유현(劉炫)의 『연산』[17]이나 매색의 『고문상서』[18]는 이것을 기화로 벼슬과 재물을 얻으려고 황제의 명령에 호응하여 조정에 들어와 바친 것이다. 그들은 성인의 말씀을 모욕했을 뿐더러, 하간 헌왕(河間獻王)[19]이나 하내 여자(河內女子)가 수집한 것[20]과 곰곰이 비교해 본다면 군자는 그들의 죄가 죽어도 싸다고 생각할 것이다. 『삼분』과 『오전』 같은

다!'" 『논어집해』는 이러하다. "천(穿)은 천벽(穿壁)이다. 유(窬)는 유장(窬牆)이다." 『장자』 「거협」(胠篋)의 주는 사마표[司馬氏]를 인용하여 이렇게 말한다. "옆쪽으로부터 여는 것이 거(胠)이다." 거협은 무덤을 파헤쳐서 물건을 훔치는 일을 말한다.

17 『수서』 「유림전」은 이러하다. "유현(劉炫)은 자가 광백(光伯)이며, 하간 경성(景城) 출신이다. 개황(開皇) 연간에 국사 편찬을 준비하고 전내장군(殿內將軍)에 제수되었다. 당시 우홍(牛弘)이 천하에 남아있는 사라진 책들을 사들여야 한다고 주청했다. 유현은 백여 권의 책을 위조하여, 『연산역』이니 『노사기』(魯史記) 등의 제목을 달아 수록한 뒤 담당 관청에 보내어 상을 받은 뒤 떠났다. 나중에 어떤 사람이 그것을 고소했으나, 사면된 뒤 사형은 피했다. 제명당한 뒤 고향으로 돌아갔다."

18 「경해 중」의 주28을 보라.

19 『한서』 「경십삼왕전」(景十三王傳)은 이러하다. "하간 헌왕 유덕(劉德)은 학문을 닦고 고대를 좋아하며 실제 사실에서 진리를 찾았다.[實事求是] 민간에서 좋은 책을 얻으면 반드시 잘 베낀 뒤 그것을 돌려주어 진본을 남겼다. 금과 비단을 상으로 주어서 그것을 유도했다. 이로부터 사방에서 도술을 하는 사람들이 천리를 멀다 않고 왔다. 선조의 오래된 책을 가지고 있는 사람이라면 그것을 받들고 헌왕에게 바치러 오는 사람이 많았다. 헌왕이 얻은 것은 모두 고문이며 『주관』, 『상서』, 『예기』, 『맹자』, 『노자』 같은 진나라 이전의 옛날 서적들이다."

20 『논형』 「정설」(正說)은 이러하다. "선제[孝宜皇帝] 때 하내 여자가 낡은 집을 허물다가 사라진 『역』, 『예』, 『상서』 각각 한 편씩을 얻어서 바쳤다. 선제는 박사들에게 내려 보인 뒤 『역』, 『예』, 『상서』에 각각 한 편씩 보태게 되었다. 그리고 『상서』 스물아홉 편이 비로소 정해졌다." 『수서』 「경적지」는 이러하다. "하내 여자가 「태서」를 얻어서 바쳤다." 나는 이렇게 생각한다. 한나라 때 하내군(河內郡)은 진나라 때 급군(汲郡)으로 고쳐서 설치했던 곳이다. 『진서』 「속석전」(束皙傳)은 이러하다. "태강(太康) 2년, 급군 사람 부준(不準)이 위나라 양왕(襄王)의 무덤을 도굴하다가 죽서(竹書) 수십 수레 분량을 얻었다. 이것은 모두 옻으로 쓴 책[漆書]이며 과두문자로 되어 있었다. 무제는 그 책들을 비각에 맡겨 순서를 비교 검토하여 편집한 뒤 당시의 글자로 베끼게 했다. 속석은 저작랑으로 있으면서 죽서를 볼 수 있었다." 나는 이렇게 생각한다. 죽서는 모두 일흔다섯 편이며, 오늘날까지도 세상에 전해진다. 『죽서기년』, 『급총주서』, 『목천자전』(穆天子傳)이 모두 그중에 있는 책들이다.

고대 서적은 사라졌기 때문에 위작을 만든 놈들이 찾아내서 보충한 것(『고문상서』가 사라진 글들을 채록하고 모은 것처럼 「기」와 「전」에 흩어져 있는 것은 거의 빠트리지 않았다) 가운데 진짜는 열에 하나도 채 남지 않았을 것이다. 위작을 만든 놈들을 깊이 미워하지 않을 수 없는 진짜 이유가 있다. 만약 단편의 궐문(闕文)인 채라도 붙어만 있었다면[21] 단편적이라 해도 그나마 뜻은 아직 남아 있을 것이다. 그놈들이 책을 완성시키려고 마구 견강부회하는 바람에 그나마 남은 뜻도 결국 사라지게 된다. 만일 위작을 만들려는 마음과 힘을 고쳐먹은 뒤 찾아내서 보충하는 일을 자신의 공로라고 생각했다면 그들의 공로가 어찌 『예』에 대한 하간 헌왕의 공로나 『서』에 대한 하내 여자의 공로보다 아래에 있겠는가?(왕응린과 오징(吳澄)은 송나라와 원나라 때 살았기 때문에 고대로부터 더욱 먼 시대 사람이다. 그러나 왕응린의 『삼가시고』(三家詩考)와 오징의 『일례』(逸禮)[22]는 경학에 공로가 있다. 육조시대에는 고대 서적이 그다지 많이 흩어지거나 사라지지 않았기 때문에 육조시대 사람들이 공적을 남기려고 했으면 후세인들에 비해서 틀림없이 힘쓰기 쉬웠을 것이다. 그러나 안타깝게도 이런 생각을 하지 못하고 도리어 좋은 조건을 빌어서 위작을 만들었다) 「추수」(秋水)와 「달생」(達生)에 대한 곽상의 풀이[23]는 정밀한 주장과 개념의 이치

---

21 『논어』 「위령공」은 이러하다. "선생님이 말씀하셨다. '나는 그래도 사관이 글을 빼놓는 것을 보았다.'" 『논어집해』는 포함을 인용하여 이렇게 말한다. "고대의 좋은 사관은 글자를 쓰다가 의심스러운 것이 있으면 그것을 쓰지 않고 빼놓았다. 이로써 아는 사람을 기다린다."

22 『수서』 「경적지」는 이러하다. "한나라 초에 고당생이 열일곱 편을 전했다. 또한 고대의 경이 무덤 속에서 나왔고 하간 헌왕이 얻어서 바쳤기 때문에 합쳐서 쉰여섯 편이다.(열일곱 편을 제외하면, 『일례』가 서른아홉 편이다) 이씨(李氏)가 『주관』을 얻어 하간 헌왕에게 바쳤는데 「동관」 한 편만 빠져 있었다. 『고공기』를 가져다 빠진 곳을 보충했고 합쳐서 여섯 편을 완성한 뒤 바쳤다. 또한 공자 제자 및 후학들이 기록한 백서른한 편을 얻어서 바쳤다. 당시 그것을 전하는 사람도 없었다." 하내에서 발견된 책들은 앞의 주를 보라. 남송(南宋)의 왕응린은 자가 백후이며, 『삼가시고』 세 권을 지었다. 이 책은 제나라, 노나라, 한나라 세 학파의 시설(詩說)을 수집한 것이다. 원나라 오징은 호가 초려(草廬)이며, 『의례일경전』(儀禮逸經傳) 두 권을 지었다. 이 책은 사라진 경전을 모아서 편집한 뒤 『의례』 가운데 빠진 것을 보충했다.

23 나는 이렇게 생각한다. 『세설신어』는 곽상 자신이 주를 단 것이 「추수」와 「지락」 두

[名理]가 없지 않아서 상수에 버금간다고 할 수 있다. 만일 곽상이 『장자』의 뜻을 헤아려 밝히려 했다면 상수의 주석과 보완하면서 함께 유행했을 것이다. 『장자』를 좀 본다는 사람도 어느 것이 상수의 주석이고 어느 것이 곽상의 주석인지 변별하지 못하는 판이니 어찌 곽상의 행위가 벽을 뚫고 담을 넘는 기술과 같은 것이라고 하는 지경에 이르겠는가? 공공성을 말한 뜻을 모르고 자신의 사리사욕만 공로로 여기려고 한다면 위대한 도는 드러나지 않고 마음씀씀이는 다시 물을 수 없을 것이다.[24]

학자 가운데 불후의 작품에 뜻을 두지 않은 사람은 없을 것이다. 그러나 불후의 작품 자체에 본디 도가 있다는 것을 알고 있는지? 공공성을 말하는 일은 세상이 공유한다. 책이 사라지는 일이 생기는 경우도 있지만, 갑작스레 학문이 단절되는 지경에 이르지는 않는다. 아마 학문이 일가를 이루면 오랫동안 유지되기 마련이고 살펴보는 사람이 탐구하여 알아볼 수 있는 경우가 있을 것이다. 공안국의 『고문상서』가 사라지긴 했지만[25] 사마천은 공안국에게 이유를 물어보았다.[26] 오늘날까지 사마천의 『사기』가 온전히 남아 있기 때문에 공안국의 『고문상서』는 완전히 사라

편이라고 말한다. 여기서 「달생」(達生)이라고 말한 것은 잘못이다.

24 나는 이렇게 생각한다. 이 단락은 도둑질을 하는 놈은 반드시 찬역(竄易)하게 마련이고, 거짓을 만드는 놈은 견강부회하는 경우가 많기 때문에 미워할 수밖에 없다는 것을 말하고 있다.

25 혜동은 이렇게 말한다. "공안국의 『고문상서』 쉰여덟 편은 한나라 때 아직 없어지지 않았다. 동한 때 이르러 오로지 「무성」편만 사라졌고 「예문지」는 쉰일곱 편만 기록하고 있을 뿐이다. 거기서 사라진 열여섯 편은 당시 학자가 편명을 살필 수 있거나 남아 있는 글을 들먹일 수도 있었다. 비록 장구와 훈고의 학문이 없더라도 모든 사람이 으레 공안국의 사라진 책이라고 알고 있었다. 오늘날 이른바 『고문상서』라고 하는 것은 바로 매색의 책이지 공안국이 얻은 벽 속에서 나온 글이 아니다. 매색은 「전」과 「기」에서 채집하여 고문으로 써서 후세에 준 것이다. 후세의 유학자들은 솔깃하여 믿고 따른다. 그래서 동진(東晉)의 고문이 나타나고 서한의 고문은 없어졌다."(『고문상서고』 권1)

26 『한서』 「유림전」은 이러하다. "공안국은 간대부(諫大夫)가 되고 도위조(都尉朝)에 임명되었다. 그리고 사마천도 공안국에게 전고를 묻곤 했다. 사마천의 책에 기록된 「요전」, 「우공」, 「홍범」, 「미자」, 「금등」 등 여러 편은 고문의 학설이 많다."

진 것이 아니다. 한영의 『한시』가 사라지긴 했지만[27] 허신이 『시』를 연구하면서 한영(韓嬰)의 주장도 함께 채택했다. 오늘날까지 『설문해자』가 온전히 남아 있기 때문에 한영의 『한시』는 아직 완전히 사라진 것이 아니다. 유향의 『홍범오행전』(洪範五行傳)[28]과 『칠략별록』(七略別錄)이 사라지긴 했지만[29] 반고의 사학은 유흠에게서 나온 것이다.(유흠의 『한기』(漢記)가 『한서』의 뿌리이다) 오늘날까지 『한서』의 「오행지」와 「예문지」가 온전히 남아 있기 때문에 유흠의 학문이 사라진 것은 아니다.[30] 후학이 앞 시대 사람이 닦아 놓은 것에 의존하는 경우도 있다. 저소손(褚少孫)이 사마천의

---

27 『후한서』「유림전」은 이러하다. "허신은 자가 숙중(叔重)이며, 여남 소릉(召陵) 출신이다. 허신은 『오경』의 전해지는 학설을 근거로 했지만 장부(臧否)는 달랐다. 그래서 『오경이의』를 짓고 또 『설문해자』 열네 편을 지었다. 이것은 모두 세상에 전한다." 「설문서」(說文敍)는 이렇게 말한다. "그는 『시』를 인용할 때 모씨(毛氏)를 인용한다." 단옥재는 이런 주를 달았다. "모씨는 허신의 『시경』학에서 으뜸이다." 그러나 때때로 『한시』를 채택하여 주장한 경우도 있다. 예를 들어, 규(馗)는 아홉 방향으로 난 길이다. "토저"(兔罝) 시에 "언덕 위에 쳐져 있다"라는 구절이 있는데, 『한시』는 규(逵)를 규(馗)라고 했다. 제(薺)는 질려(蒺藜)이다. "장유자"(牆有茨) 시에 대해 『한시』는 자(茨)를 제(薺)라고 했다. 최(漼)는 심(深)이다. "신대"(新臺) 시에 "새 누대는 솟아 있고"라는 구절이 있는데, 『한시』는 쇄(洒)를 최(漼)라고 했다. 이것은 모두 『한시』를 썼다는 증거이다.

28 『한서』「유향전」(劉向傳)은 이러하다. "황제는 『시』와 『서』에 정통했고 고문을 보았다. 유향에게 황실에 소장된 비서 가운데 오경에 관한 것을 교정해서 맞추라는 명령을 내렸다. 유향은 『상서』「홍범」이 무왕을 위해 오행, 음양, 휴구(休咎)의 감응을 기자가 진술한 것임을 알았다. 유향은 이에 상고시대 이후부터 춘추시대, 전국시대[六國]를 거쳐 진나라와 한나라까지의 부서(符瑞)와 재이의 기록을 합치고, 사업을 시행한 자취를 추리하며, 재앙과 복록의 「전」을 잇고, 그것의 점험(占驗)을 썼다. 그는 이것을 종류대로 배열하여 따르게 만들고 각각 조목을 붙였는데 모두 열한 편이다. 이것을 『홍범오행전』이라고 불렀다." 『한서』「예문지」"육예략" '서류'는 이러하다. "유향의 『오행전기』(五行傳記)는 열한 권이다."

29 『수서』「경적지」는 이러하다. "『칠략별록』(七略別錄) 스무 권은 유향이 지었다." 『신당서』「예문지」도 같다. 이 책은 송나라 때 이미 사라졌다. 청나라 엄가균이 『별록』 한 권을 집록하여, 『전한문』 권38에 수록했다.

30 『사통』「서지」(書志)는 이러하다. "반고는 손경의 사(詞)를 편집한 뒤 이로써 「형법지」를 편집했다. 맹가의 말을 찾아서 「식화지」편집에 사용했다. 「오행」은 유향의 『홍범오행전』에서 나왔다. 「예문지」는 유흠의 『칠략』을 취했다. 사람을 근거로 사실을 완성하자 그 목록이 결국 많아졌다."

신령을 빌린 것[31]이나 배송지(裵松之)가 진수의 후광에 기댄 것[32]이 이런 경우이다. 만약 그들이 천리마의 등에 붙어 천리를 가는 쇠등에처럼 굴지 않았다면 그들의 힘만으로 보존하기 어려웠을 것이다. 도술이 같거나 가깝지만 불행하게도 책이 사라져버리는 바람에 같은 도를 빌어 보존되는 경우가 있다. 『열자』는 갈가리 찢기고 빠지는 바람에 절반이 넘는 분

---

31 『한서』「사마천전」은 이러하다. "열 편이 빠지고 목록은 있는데 글이 없어졌다." 이 구절의 주는 장안을 인용하여 이렇게 말한다. "「효경본기」[景紀], 「효무본기」[武紀], 「예서」(禮書), 「악서」(樂書), 「병서」(兵書), 「한흥이래장상연표」(漢興以來將相年表), 「일자열전」(日者列傳), 「삼왕세가」(三王世家), 「귀책열전」, 「부근열전」(傅靳列傳)이 없어졌다. 원제와 성제 어간에 저 선생이 빠진 것을 보충하여 「무제기」(武帝紀), 「삼왕세가」, 「일자열전」, 「귀책열전」을 지었다. 단어와 수사법이 촌스럽고 변변치 못하니 사마천의 본래 의도가 아니다." 『사기색은』 「효무본기」(孝武本紀)는 장안을 인용하여 이렇게 말한다. "저 선생은 영천(穎川) 출신이며, 원제와 성제 어간에 관직에 있었다." 위릉(韋稜)은 이렇게 말한다. "저의(褚顗)의 『가전』(家傳)에는 저소손이 양나라의 상 저대제(褚大弟)의 손자라고 한다. 선제 때 박사가 되었고 패(沛)에 살면서 위대한 유학자인 왕식(王式)을 섬겼다고 한다. 그래서 선생이라고 부르는 것이다. 『태사공서』를 이었다."

32 진수는 「시교 하」의 주44를 보라. 『송서』 「배송지전」(裴松之傳)은 이러하다. "배송지(裴松之)는 자가 세기(世期)이며, 하동(河東) 문희(聞喜) 출신이다. 관직은 중서시랑까지 이르렀다. 원가(元嘉) 연간에 진수의 『삼국지』에 주를 달라는 황제의 명령을 받들었다." 조익(趙翼)은 이렇게 말한다. "배송지의 「표」는 이렇게 말한다. '진수의 글은 열전에서 사람을 가려 뽑아 서술한 것[銓叙]이 볼만 합니다. 그러나 「전략」[略]에 잘못된 것도 있고 때때로 빠진 것도 있습니다. 저는 황제의 뜻을 받들어 상세하게 찾는 과정에서 두루 상세하게 만드는 데 힘썼습니다. 진수가 기록하지 않았지만 마땅히 남겨서 기록해야만 하는 사실치고 끝내 취하지 않은 것이 없습니다. 똑같은 일을 같이 말하더라도 다듬은 말이 괴리된 경우도 있고, 사실의 출전이 다른 데 뿌리를 두었지만 의심스러워 판단할 수 없는 경우도 있습니다. 그리고 동시에 모두 베껴서 다른 근거가 있다는 것을 대비한 것도 있습니다.' 이것은 배송지가 주를 단 대략적인 뜻이다. 널리 수집하여 이로써 진수에게 빠진 것을 보충한다는 데 뜻이 있다."(『이십이사차기』(廿二史劄記) 권6)

역주_ 조익(1727~1814)은 자가 운송(耘松), 호가 구북(甌北)이다. 강소 양호(陽湖, 현재 강소성 무진현) 출신이다. 청나라 중기의 시인, 학자이다. 상인 집안 출신이며 어려서 문학적 재능이 있었다. 건륭 15년(1750) 향시에 합격하고 1761년 진사에 급제한 뒤 한림원에서 『통감집람』(通鑑輯覽) 등의 편집을 맡았다. 1766년 광서 진안부(鎭安府, 현재 덕보현) 지부가 되었고 이후 귀서병비도(貴西兵備道)까지 역임했다. 시로 명성이 높았다. 동시대의 원매(袁枚), 장사전(蔣士銓)과 함께 건륭삼대가로 거론되었다. 저술에 『이십이사차기』, 『해여총고』(陔餘叢考), 『구북시초』(甌北詩草) 등이 있다.

량을 장주의 『장자』에서 가져다 기술하고 있다.[33] 양주의 책은 사라져버렸지만 많은 분량이 『한비자』에 남아 있다.[34] 아마 장자와 열자는 같은 도가에서 나왔을 텐데 양주의 지독한 개인주의적 방법 자체는 명가나 법가에 가깝기 때문일 것이다.[35] 개인의 재주와 지혜는 대단하지만 일가를 이루기에는 부족한 사람이 도를 가진 사람과 가까워질 기회가 생겨 도끼질을 당할망정 바탕이나마 다행히 보존한 경우도 있다.[36] 고리버들

---

33 『열자』는 「역교 하」의 주38을 보라. 장담(張湛)은 「서」에서 이렇게 말한다. "남은 것은 겨우 「양주」, 「설부」, 「목록」 세 권뿐이다. 나중에 유정여(劉正輿)의 집에서 네 권을 얻었고 조계자(趙季子)의 집에서 여섯 권을 얻었다. 있고 없는 것을 참조하여 교정한 뒤 비로소 완전하게 갖출 수 있었다." 그래서 오늘날 전해지는 판본이 꼭 원래 책이라는 보장이 없음을 알겠다. 송나라 임희일(林希逸)은 이렇게 말한다. "책 사이사이에 뛰어난 말이 있는데 이것은 한나라 이후에는 도저히 불가능한 것이다. 이 책이 늦게 나타났기 때문에 어떤 사람은 흩어지고 사라졌기 때문에 완전하지 않다고 한다. 그러므로 후세인이 그것에 덧붙여서 보탰다." 이 주장은 그래도 받아들일 만하다.(요즘 사람 마서륜(馬敍倫)은 「열자위서고」(列子僞書考)에서 이것에 대해 대단히 상세하게 논변했다.) 『장자』에는 「열어구」편이 있는 것 외에도 많은 곳에서 칭찬하고 기술하고 있다.

역주_ 장담은 동진의 학자이다. 자는 처도(處度)이며 고평(高平, 현재 산동성 금향) 출신이다. 중서시랑, 광록훈까지 역임했다. 저술에 『열자주』가 있다. 『열자주』는 하안의 「도론」(道論), 「무명론」(无名論) 및 상수의 『장자주』를 인용하고 있다. 불교의 영향을 많이 받은 것으로 생각된다.

34 나는 이렇게 생각한다. 양주가 남긴 이야기는 『열자』 「양주」편에 많이 남아 있다. (또한 「역명」(力命)편도 『양자』(楊子)를 두 조목 인용했다. 「설부」편도 『양자』를 세 조목 인용했고, 「황제」(黃帝)편과 「중니」(仲尼)편은 각각 한 조목씩 인용했다) 『한비자』 「설림」에 보이는 것은 겨우 두 조목뿐이다.

35 나는 이렇게 생각한다. 양주가 명가나 법가에 가깝지 않다는 이유는 오로지 양주가 나를 보존하는 것[存我]을 소중하게 여기고 사물을 침범하는 것[侵物]을 하찮게 여기는 뜻이 명백하게 나뉘는 데 통하기 때문이다. 『열자』 「양주」는 이러하다. "옛사람들은 터럭 하나를 뽑아서 천하를 이롭게 할지라도 주지 않았다. 천하 모든 사람이 나를 받들어도 취하지 않는다. 사람마다 터럭 하나도 손해를 보지 않고 사람마다 천하에 불리하게 하지 않으면 천하는 다스려질 것이다." 또한 이렇게도 말한다. "지혜가 소중하게 여기는 것 가운데 나를 보존하는 것이 가장 소중하다. 힘쓰는 일이 하찮게 여기는 가운데 사물을 침범하는 것이 가장 하찮다." 남과 나의 구분에 엄격하고 침범하여 빼앗는 싹을 막아버리는 주장은 사실 명가나 법가가 높이 치는 것이다.

36 『장자』 「서무귀」는 이러하다. "장자가 장례식에 치르다가 혜자(惠子)의 무덤 앞을 지나갔다. 장자는 따르는 사람을 돌아보며 이렇게 말했다. '초나라 서울 사람[郢人]이 자신의 코끝에 분흙을 발랐는데 파리 날개만큼 얇았다. 그리고 석수[匠石]를 시

과 빠르게 흐르는 물살로 인간 본성을 비유한 고자의 논변[37]은 맹자를 빌어서 전해지게 되었다. 흰 말은 말이 아니라거나 닭다리는 셋이라는 혜시의 담론[38]은 장자 덕분에 결국 드러나게 되었다. 그들이 비록 활 쏘는 사람의 과녁이 되기는 했지만 얽매이지 않는 재능을 드러냈으니 어지러운 사람들과 다르다. 본래 고담준론이 아닌 자잘한 주장이 요행히 사람들의 마음에 맞아 마침내 경의 풀이로 후세까지 이어진 경우가 있다. 어린아이가 발을 담가 씻으며 부르던 노래[39]가 집안이나 나라를 다스리는 이치와 통한다든지, 시쳇말로 싹이 크다는 속담[40]이 몸과 마음을

켜 그것을 깎게 했다. 석수는 바람 소리가 나도록 세차게 도끼를 휘둘렀다. 그러나 깎아내는 동안 서울 사람은 그저 듣고만 있었다. 분흙을 다 깎아 냈지만 코는 상하지 않았고 서울 사람은 그대로 서서 낯빛도 그대로였다. 송나라 임금이 이것을 듣고 석수를 불러 이렇게 말했다. 「과인에게도 그렇게 해보도록 하게.」 석수는 이렇게 대답했다. 「저는 그렇게 깎을 수 있던 적이 있습니다. 비록 그랬어도 제게 그렇게 하도록 할 수 있는 사람[質]이 죽은 지 오래 되었습니다.」 저 사람이 죽은 뒤부터 나도 그렇게 하도록 할 수 있는 사람이 없어졌구나! 나도 함께 이야기 나눌 사람이 없어졌어!'" 여기서 이 일을 사용했다. 선영(宣穎)은 이렇게 말한다. "질(質)은 재주를 베풀 만한 바탕이다. 여기서는 초나라 서울 사람을 말한다."

37 『맹자』 「고자 상」은 이러하다. "고자는 이렇게 말한다. '성은 마치 버들가지와 같다. 의는 마치 버들가지로 짠 그릇과 같다. 인간 본성을 근거로 인의를 행하는 것은 마치 버들가지로 그릇을 만드는 것과 같다' 또한 이렇게도 말한다. '성은 웅덩이에 고인 물과 같다. 동쪽으로 물을 틔우면 동쪽으로 흐르고 서쪽으로 물을 틔우면 서쪽으로 흐른다. 인간 본성은 선과 선하지 않음의 구분이 없다. 이것은 마치 물이 동쪽과 서쪽의 구분이 없는 것과 같다.'"

38 『공손룡자』(公孫龍子)에 「백마론」(白馬論)이 있다. 『장자』 「천하」는 이러하다. "혜시(惠施)는 이것을 천하에 대해 크게 보는 것이라고 생각하고 변사[辯者]들을 깨우쳐 주었다. 천하의 변사들은 서로 더불어 그것을 즐겼다. 달걀에는 털이 있고 닭다리는 세 개이다." 나는 이렇게 생각한다. 혜시는 혜시와 공손룡[施龍]이라고 해야만 한다.

39 『맹자』 「이루 상」은 이러하다. "어린아이가 이런 노래를 불렀다. '창랑(滄浪)의 물이 맑구나, 내 갓끈을 씻을 만하도다. 창랑의 물이 흐리구나, 내 발을 씻을 만하도다.' 공자는 이렇게 말씀하셨다. '얘들아 들어봐라! 맑으니까 갓끈을 씻는 게다. 흐리니까 발을 씻는 게다. 스스로 그 뜻을 취해라.' 사람은 반드시 자신을 업신여긴 뒤에야 남의 업신여김을 받는다. 집은 반드시 허물어진 뒤에야 사람이 허문다. 나라는 반드시 스스로 정벌한 뒤에 남에게 정벌당하는 법이다."

40 『예기』 「대학」은 이러하다. "그러므로 속담에 이런 말이 있다. '사람은 자기 자식의 나쁜 점도 모르고 될성부른 싹이라는 것도 모른다.' 이것은 자신을 수양하지 않으면 자기 집안을 가지런히 할 수 없다는 말이다."

수양하는 이치를 증명한다든지 하는 경우이다. 이런 말들은 얕은 것 같으면서도 깊은 이치를 깨우쳐주고 있다. 상스럽지 않지만 동시에 고상하지도 우아하지도 않기 때문에 보존될 수 있었다. 이런 것들이 반드시 옛사람에겐 무조건 쉽고 후세인에겐 무조건 어려운 것은 아니다. 옛사람이 교묘하고 후세인이 졸렬한 것도 아니며, 옛사람이 무조건 옳고 후세인이 무조건 그른 것도 아니다. 이름과 실재의 추세가 다르고 공적인 상황과 개인적인 상황이 다르며 주장에 의도가 있느냐 없느냐의 차이가 있다. 그래서 동일한 지평에 놓고 말할 수 없다. 글에 의도를 두지 않으면 글이 남으며 글에 의도를 두면 사라진다고 말하는 것이다.[41]

만약 평민 백성이 송사를 벌이면 원고와 피고 양쪽은 제대로 소장을 만들고 담당 벼슬아치가 그것을 받아 처리한다. 벼슬아치는 틀림없이 소장을 근거로 올바른 사람에게 상을 내리고 왜곡한 사람에게 벌을 내릴 것이다. 소장이 어찌 꼭 시골의 평민 백성 스스로 지은 것일 수 있는가? 그러나 옳고 그름에 따라 상벌을 받는 사람은 그들을 위해 소장을 써준 사람이 아니라 송사를 벌인 사람들이다. 이것은 소장의 뜻을 중요하게 생각하지 소장의 말이 본디 누구에게서 나왔는지 헤아릴 필요가 없기 때문이다. 무덤에 딸린 밭이든 그냥 밭이든, 사당의 종가이든 지파이든 비석들을 실제로 조사하면 가까이 있는 들판이든 멀리 있는 들판이든 하나도 같은 것은 없다. 이것은 옳고 그름을 비교하고 논하려 할 때, 이것을 버리면 중요한 증거를 얻을 길이 없다고 생각하기 때문이다. 어찌 삼대에 청동기가 없었으며 진나라와 한나라 때 돌에 새긴 석각이 없었겠는가? 하지만 거기 새겨진 글자꼴은 기이하고 예스러우며 글자가 우아하고 심오하기 때문에 후세에는 얻을 수 없었겠지? 그런 사실들을 가지고 변별하면 평범하더라도 없애지 못한다. 사실에 맞지 않는다면 기이하더라도 다투지 못한다. 후학들은 보잘 것 없는 글자에서 정교함을 추

41 나는 이렇게 생각한다. 이 단락은 옛사람이 글에는 뜻이 없었지만 글이 남게 되었다는 것을 말하고 있다.

구하려고 한다. 그러나 자기 혼자만 개인적으로 차지하려고 하면 그런 사람도 도에 관해 함께 논의할 만한 사람이 아니다.[42]

어떤 사람이 이렇게 물었다. "'뜻은 멀리까지 도달하고 말은 아름답다'[43]라는 말은 『주역』「계사전」의 가르침입니다. '문사는 비루함과 어긋남을 멀리해야한다'[44]라는 말은 훌륭하고 통달한 사람의 주장입니다. '말만 하고 꾸미지 않는다면 오래도록 전해지지 않을 것이다'[45]라는 말은 문사에 끝이 있을 수 없다는 뜻입니다. 만약 보잘 것 없는 문자에서 정교함을 추구하는 일이 그른 것이라면 그것이 어떻게 주장을 세우는 법칙이 될 수 있는지요?"

나는 이렇게 대답했다. "그런 말이 아닐세. 『주역』은 '문사를 꾸며서 참된 뜻을 세운다'[46]라고 말하지. 성인처럼 지극히 참된 극치의 상태에 있지 않더라도 참됨[誠]은 처음 말을 다듬을 때 부합할 수 있다네. 학자가 말을 다듬을 때 문사가 어떤지 신경 쓰지 않고 그들의 주장에 틀림없는 근거가 있으며 처음부터 단순히 글의 형식만 갖추려 하지 않는다면 이런 글은 참된 것이지. 근거가 있고 말을 다듬는 일이 보조적 역할만 한다면 이것은 학자들이 정교함도 추구하지만 자신의 참된 마음을 표현하려고 하는 글이라네. '『역』은 기이하지만 본받을 만하고 『시』는 올바르지만 화려하다'[47]라는 말은 '『역』은 음양을 말한다'거나 '『시』는 성정

---

42 나는 이렇게 생각한다. 이 단락은 주장을 세울 때 이치를 구분하여 일에 부합하는지 살피는 태도를 가져야지 문자처럼 보잘 것 없는 것을 교묘하게 하려고 해서는 안 된다는 것을 말하고 있다.

43 『주역』「계사전 하」는 이러하다. "괘의 뜻은 심원하고 괘효사는 꾸민다.[文]"

44 『논어』「태백」은 이러하다. "문사는 비루함과 어긋남을 멀리해야한다." 나는 이렇게 생각한다. 배(倍)는 배(背)와 통한다. "배"(倍)를 예전에는 "배"(背)라고 했는데, 여기서는 지고당총서본에 따라 바로잡았다.

45 「언공 하」의 주2를 보라.

46 『주역』「건」괘의 「문언전」을 보라.

47 한유 「진학해」의 글을 보라.

을 말한다'는 뜻이지.[48] 『역』과 『시』가 다듬은 말을 통해 기이함과 화려함을 이룩하는 원인은 본디 이렇지 않다고 생각하네. 원인이 이런 것이라면 음양의 이치, 성정의 표현을 이것으로 드러낼 순 없겠지. 그래서 정교한 것을 추구하지 않는다고 말한 것이라네. 실재는 없으면서 글만 있다면 설령 육예의 문사라고 해도 도리어 취할 것이 없는데 다른 것은 말해 무엇 하겠는가?"[49]

글은 빈 그릇이고 도는 실재를 가리킨다. 마치 활과 화살이 좋아야 하는 것처럼 글도 정교하게 쓰고자 한다. 활과 화살은 도적을 막는 무기가 될 수도 있고 도적의 무기가 될 수도 있다. 이것은 활과 화살이 좋거나 좋지 않은 것과 아무 상관이 없다. 글은 도를 밝힐 수도 있고 도를 배반할 수도 있다. 이것은 글이 정교하거나 정교하지 않은 것과 아무 상관이 없다. 진림이 원소(袁紹)를 위해 조조(曹操)를 토벌하자는 격문을 쓸 때, 조조의 죄상을 소리 높여 꾸짖었다. 진림의 문사는 장렬하지 않은 적이 없었다. 나중에 조조를 만났을 때, 진림은 화살이 활시위에 응하지 않을 수 없다는 것으로 자신을 비유했다.[50] 설령 조조를 위해 원소를 토벌하자는

48 『장자』「천하」는 이러하다. "『시』는 의지를 말하고 『서』는 사업을 말하며 『예』는 행위를 말하고 『악』은 조화를 말하며 『역』은 음양을 말하고 『춘추』는 명분을 말한다."

49 나는 이렇게 생각한다. 이 단락은 글이란 교묘하게 지으려고 하기 때문에 정성을 표현하길 추구한다는 것을 말하고 있다.

50 『삼국지』「위서」 "왕찬전"은 이러하다. "진림은 자가 공장이며 기주로 피난을 갔다. 원소(袁紹)가 그에게 글짓기를 맡겼다. 원소가 패하자, 진림은 태조에게 귀순했다. 태조는 이렇게 말했다. '그대는 예전에 원소[本初]를 위해 글을 써줬더랬지. 그러나 내 죄상만 쓰면 그만이고 나쁜 것을 미워한다고 해도 내게 한정하면 그만이지, 왜 내 조상까지 거슬러 올라가 욕했단 말이오?' 진림이 사죄했다. 태조는 그의 재주를 아껴서 더 이상 꾸짖지 않았다." 나는 이렇게 생각한다. 진림의 「위원소격예주」(爲袁紹檄豫州)는 『문선』에 수록되어 있다. 이선의 주는 「위서」를 인용하고 있다. "진림은 사죄하면서 이렇게 말했다. '화살이 활시위에 올라 있다면 쏘지 않을 수 없는 법입니다.'"

역주_ **원소**(154~202)는 동한 말과 삼국시대의 장군이다. 자는 본초(本初)이며 사대에 걸쳐 세 명의 승상을 배출한 명문 출신이다. 동탁을 토벌하는 과정에서 조조가 원소를 맹

격문을 썼더라도 문사의 정교함은 틀림없이 마찬가지였을 것이다. 문사에만 능하고 도에 부합하지 않은 것은 저기 배나 수레가 좋은 것에 비길 수 있다. 좋은 배나 좋은 수레는 타고 가기 정말 편하겠지만 연나라로 갈지 월나라로 갈지는 알 수 없기 때문이다.[51]

성인의 말씀은 현인이 기술했다지만 성인의 말이 가리키는 뜻을 잃은 경우도 있다. 현인의 말씀은 보통 사람들이 기술했다지만 현인의 말이 가리키는 뜻을 잃은 경우도 있다. 사람마다 마음이 다른 것은 사람마다 얼굴이 다른 것과 같다.[52] 잘못 전해질 수도 있는 말을 공공에게 맡기고 자기 자신에게서 완전히 나올 필요가 없다는 말은 무슨 뜻인가? 아마 도덕이 같거나 부합한다고 생각하면 궁극적으로 등을 돌리고 다른 쪽으로 달려가는 결과는 빚어지지 않을 것이다. 하물며 시를 읊을 때 특정 단락만 잘라서 취한다면 그것은 자기 입에서 나온 말과 같을 뿐만 아니라[53] 본래 가리키는 뜻에도 얽매이지 않는다. 어떤 말을 인용하여 논변을 벌일 때 자기가 말하려는 뜻과 원래 말하려는 뜻이 반대일지라도 옛사람은 동시에 남기고 없애지 않았다. 앞 시대 사람이 무슨 말을 했는데 후세인이 끌어들여 중요하게 여겼다면 이것은 옛사람을 자신에게 동화시킨 것이다. 앞 시대 사람이 무슨 말을 했는데 후세인이 그것에 따라 확

주로 추대했다. 공손찬과 싸워 이긴 뒤 기주와 병주 일대를 통치했다. 관도 대전에서 조조와 싸워 크게 패했다. 원소가 죽자 큰 아들 원담과 셋째 아들 원상이 서로 견제하는 바람에 조조에게 토벌되었다.

51 나는 이렇게 생각한다. 이 단락은 그냥 문사만 잘하고 도에 부합하지 않아도 된다는 태도란 못마땅한 점이 되기에 꼭 알맞다는 것을 말하고 있다.

역주_ 춘추시대와 전국시대 북쪽 끝의 나라가 연나라이고, 남쪽 끝의 나라가 월나라이다.

52 『춘추좌전』「양공 31년」은 이러하다. "자산은 이렇게 말했다. '사람 마음이 사람마다 다른 것은 마치 얼굴이 사람마다 다른 것과 같습니다. 내가 어찌 감히 그대의 얼굴이 내 얼굴과 같다고 말할 수 있겠소?'"

53 『춘추좌전』「양공 28년」은 이러하다. "시를 읊을 때 특정 단락만 잘라서 취하는 일과 같으니 내가 추구하는 것만 취한 것이오." 『상서』「진서」(秦誓)는 이러하다. "남의 뛰어남과 훌륭함은 스스로 입 밖으로 내는 것보다 자신이 마음속으로 좋아하는 것이 낫다."

충했다면 이것은 자신을 옛사람에게 덧붙인 것이다. 어진 사람이 도를 보면 어질다고 하며 지혜로운 사람이 도를 보면 지혜롭다고 한다.[54] 같은 데서 나와도 달라지는 말이 있고 다른 데서 나와도 같아지는 말이 있다. 이것은 마치 가을에 돋은 가느다란 새털과 매한가지라 일일이 거론할 수 없다. 후세인이 앞 시대 사람을 기술하면서도 앞 시대 사람의 옛 모습을 없애지 않는 것이다. 천지 사이에 동시에 남긴 뒤 어떤 것이 옳고 그른지, 어떤 것이 성공하고 실패했는지는 그것을 알 만한 사람의 구별과 선택에 맡겨야 한다고 생각한다. 이것이 공적일 수 있는 이유이다. 군자는 남의 말을 훔친 뒤 삽으로 번쩍 들어내듯 서둘러 흔적을 지우는, 곧 드러난 증거를 감추려는 사사로운 마음을 완수하려는 짓을 싫어한다. 앞 시대 사람의 전승이 이어지지 않는 지경에 이르자 후세인들의 논의와 기술을 어쩔 수 없이 선택하게 되었다. 이것은 어쩔 수 없었기 때문이다. 이것은 대를 이을 자식이 없는 바람에 이어지지 않게 된 제사를 같은 혈통의 친족이 신주를 세워 제사 지내준다면 죽은 이의 얼과 넋에 통할 수 있다는 일에 비길 수 있다. 공공성을 말하는 뜻을 깨닫지 못하면 이것을 알 수 없다.[55]

54 『주역』「계사전 상」은 이러하다. "어진 사람이 그것을 보면 어질다고 한다. 지혜로운 사람이 그것을 보면 지혜롭다고 한다." 지(知)는 지(智)라고 읽는다.

55 나는 이렇게 생각한다. 이 단락은 주장에 차이가 있어도 피차 동시에 존재할 수 있으나, 어느 주장이 잘 되고 못 되었는지는 스스로 알 것이라고 말하고 있다. 남의 말을 도둑질해서 훔쳤다는 자취를 없애는 짓은 미워할 만하다는 것도 말하고 있다.

3. 언공(하)[1]

이제 문학계[文林]를 두루 섭렵하고 예술계[藝苑]로 날아 돌아가려네. 형체를 벗어나 도와 비슷한 정신을 얻으니 마치 말이 굴레를 느슨하게 하고 뱃대끈을 벗은 듯.[2] 위로 문명 창조자[作者]의 뜻을 살피고 아래로 요즘 사람[時流]이 지은 것을 펴 올리지. 입에서 귀로 전수하던 학이 쇠미해지자 죽간과 백서에 기록된 결과로 드러나게 되었네. 동굴과 둥우리에 겨우 발만 의지하다가 결국 옥을 화려하게 조각한 집을 짓게 되었고 짐

---

1 나는 이렇게 생각한다. 「언공 하」편은 「언공 중」편의 뜻을 펼쳐서 한 걸음 더 나아가 말한다.

역주_ 「언공 하」는 변려문체이다. 그리고 여러 가지 문체를 공공성의 측면에서 언급하고 있다. 장학성이 판단하기에는 순수 문학이라고 여겨져 아무런 창작 원칙의 제약 없이 지은 작품이 많다. 이처럼 여가를 즐기는 순수 문학이라고 여기는 문체가 사실 오랜 과거를 가졌다는 점이 장학성의 착안점이다. 장학성은 앞서 여러 편에서 이 점을 누누이 역설하며, 자신의 주제와 논리로 설득하고 있다. 사례가 산발적으로 등장하는 바람에 당시 작가들의 이해를 가로막는다고 생각했던가? 장학성은 읽게 될 작가들의 입장에 서서, 자신의 주제가 아니라 기존에 나뉘어져 있는 여러 문체에 대해 말하고 있다. 그리고 장학성은 자신의 문체를 변려문체로 바꿨다. 변려문은 당나라 말기 고문운동 이후에 거의 사라져 버린 서사 운문의 전통이다. 짓기도 어려울 뿐 아니라 읽기조차 어렵다. 파격적이다. 왜? 자신의 주제를 이해 못하는 것은 고사하고, 문학 작품을 지을 줄 모르기 때문에 비난하는 것 아니냐는 당시 작가들의 비난을 의식한 것은 아닐까? 자신의 문학적 능력을 증명하기 위해 변려문을 쓴 것은 아닌가? 장학성은 각 문체를 변려문체로 읊고서 단락의 끄트머리에 '~의 공공성'이라는 문체의 이름을 주석의 형태로 밝혀 두었다. 옮긴이는 각 단락이 밝힌 문체의 이름을 단락의 앞으로 옮겼다.

2 한유 「복지부」(復志賦)는 이러하다. "아침엔 말 타고 글의 숲[書林]으로 달려갈거나, 저녁에 날개 달아 예술의 뜰[藝苑]로 날아가려네."(『창려집』(昌黎集) 권1) 『세설신어』 「배조」(排調)는 이러하다. "표노(豹奴) 환사(桓嗣)는 단양(丹陽) 왕혼(王混) 누이의 아들이다. 생김새가 외삼촌을 너무 닮아서 환사는 그것을 대단히 꺼렸다. 선무(宣武)가 이렇게 말했다. '늘 비슷한 것은 아니고 어떨 때 닮아 보일 뿐일세. 생김새야 늘 비슷하지만 정신은 때때로 비슷한걸.' 환사는 더욱 기분이 나빴다." 현(韅)은 현(顯)이라고 읽는다. 『광운』(廣韻)은 기(羈)가 늑(勒)이라 한다." 『순자』 「예론」의 교현(鮫韅)에 대해 양경 주는 이렇게 말한다. "말의 배에 묶는 가죽이다." 이것은 정신의 유사성을 추구하고 속박을 제거한다는 말이다.

승가죽과 나뭇잎으로 겨우 추위만 막다가 결국 아름답게 수놓은 베를 짜게 되었지.[3] 훌륭한 말은 누가 한 지도 모른 채 그만 태초에 잊혀지고 유파들은 뒤늦게 생겼다네. 비유컨대 저기 퐁퐁 솟는 옹달샘이 조그만 도랑이 되어 흐른다면 치마만 걷어도 쉽사리 건널 수 있지.[4] 그러나 둑이 큰물을 받아들이는 곳이라면 배도 한 척으로는 모자라고 반드시 두 척쯤 엮어야 겨우 건널 수 있겠지.[5] 공공성을 말하는 주장의 요지를 헤아려보면 우리 도를 하나로 꿰뚫는 경지를 얻을 수 있으리라. 도를 일용하면서도 모르는 것은 새를 구워 먹으면서도 새 몸에 탄환이 박힌 줄 까먹는 것이나 매한가질세.[6] 물길 따라 내려오며 꽃을 한 번 꺾어본다면

---

3 『맹자』「등문공 하」는 이러하다. "요임금 때 물이 거꾸로 흘러 중국 쪽으로 넘쳤다. 뱀이나 용이 중국에 살게 되어 백성들이 정착할 곳이 없어졌다. 낮은 곳에 사는 사람은 나무에 둥지를 틀었고 높은 곳에 사는 사람은 굴을 파서 살았다." 사령운(謝靈運) 「산거부」(山居賦)는 이러하다. "하느님이 사는 요선(瑤璇)의 아름다움이 집 가운데 최고라네." 『예기』「예운」은 이러하다. "삼이나 명주가 없어 깃털이나 가죽을 입었다." 『초사』「초혼」은 이러하다. "수놓은 비단과 명주를 땋고 아름다운 옥구슬을 맸네." 왕일 주는 이러하다. "찬조(纂組)는 실을 땋는 종류이다." 이것은 간단하고 누추한 것에서 꾸미고 화려한 것으로 나아간다는 말이다.

역주_ 사령운(385~433)은 육조시대의 문학자이다. 양하(陽夏, 현재 태강) 출신이다. 멸망한 남조 문벌귀족 출신이다. 동진과 송나라에서 벼슬하여 영가 태수(永嘉太守)를 지냈다. 그러나 당파싸움 때문에 자주 면직당하다가 결국 유배 중에 사형 당했다. 돈독한 불교신자인 그는 여산사(廬山寺)를 후원했고 불교경전을 번역하기도 했다. 그와 같은 고장 출신의 시인 도잠(陶潛)의 전원시보다 그의 산수시(山水詩)가 높은 평가를 받았다. 『문선』에도 다른 육조시대 시인보다 더 많은 시가 실려 있다.

4 『시』「소아」「채숙」(采菽)은 이러하다. "솟아오르는 샘물" 「전」은 이러하다. "필불(觱沸)은 샘물이 나오는 모양이다." 『공자가어』「삼서」는 이러하다. "장강은 민산에서 시작되는데, 장강의 근원은 퐁퐁 솟는 샘물이라 하겠다." 두(竇)는 독(瀆)이다. 『시』「패풍」 "포유고엽"(匏有苦葉)은 이러하다. "깊으면 옷 입은 채로 건너고 얕으면 걷어 입고 건너지." 「전」은 이러하다. "옷을 입고 물을 건너는 것이 여(厲)이다. 게(揭)는 옷을 걷어 올리는 것이다." 『설문해자』는 이러하다. "진(津)은 건넌다[渡]는 뜻이다." 작은 것으로부터 큰 것이 된다는 말이다.

역주_ 『시』의 「전」은 모형의 『모시전』이다.

5 『설문해자』는 이러하다. "방(方)은 병선(併船)이다." 『장자』「산목」(山木)은 이러하다. "배를 엮어서 황하를 건너다." 『이아』「석수」(釋水)는 이러하다. "똑바로 흐름을 가르는 것이 난(亂)이다." 주는 이러하다. "흐름을 가로질러 건넌다."

6 『주역』「계사전 상」은 이러하다. "백성들은 나날이 쓰면서도 모른다." 『장자』「제물

신록 무성하여 아름다운 봄날에 들판은 눈부시게 푸를 걸세.

제고의 공공성[制誥之公]

구중궁궐 사는 임금은 두 손을 높이 들고 굳이 다스리려 하지 않아도 상하사방 온 세상의 교화가 같은 기풍일세.[7] 임금이 대수롭지 않게 이야기해도 세상 사람들 심각하게 받아들이니, 생기가 온 세상에 충만하네.[8] 옹기장이나 요리사처럼 나라를 주무르는 대신들은 조정에서 임금을 돕고 계획을 세우며[9] 모자에 붓을 꽂고 죽간을 쥔 선비들은 조정에서 임금

론」은 이러하다. "탄알을 보면 바로 새 구이를 찾는다." 사마표는 이렇게 말한다. "효(鴞)는 소구(小鳩)이며 구워 먹을 수 있다."

7 『초사』「구변」은 이러하다. "어찌 가슴 치며 임 그리지 않을까만, 임의 문은 아홉 겹이라 뵐 길이 없네." 홍흥조(洪興祖)의 보주는 이렇게 말한다. "천자에겐 아홉 겹의 문이 있다." 『장자』「제물론」은 이러하다. "육합(六合)의 바깥에 성인이 있지만 논하지 않겠다." 성현영(成玄英)은 이렇게 말한다. "육합은 천지와 사방이다." 이것은 조정의 정사와 법령이 지극히 멀리까지 영향을 미친다는 말이다.

역주_ **홍흥조**(1090~1155)는 자가 경선(慶善)이며 진강(鎭江) 단양 출신이다. 정화 연간 상사제(上舍第)에 올랐고 호주 사조(湖州士曹)가 되었다. 소흥 연간 공단명(孔端明), 장병(張炳), 주림(周林)과 함께 황제 앞에서 시험을 보았다. 그의 시책이 훌륭하다고 해서 일등을 하고 비서성 정자에 임명되었다. 진회(秦檜)가 정사를 좌우하면서 정우(程瑀)의 『논어해』에 서문을 쓰면서 원망하는 말이 있었다는 이유로 좌천되었다. 저술에 『노장본지』(老莊本旨) 등이 있다. **성현영**은 자가 자실(子實)이며 당나라 초의 도사이다. 섬주(陝州, 현재 하남성 섬현) 출신이다. 동해에 은거했던 적이 있다. 정관 5년(631) 당나라 태종이 그를 서울로 불러 서화법사(西華法師)라는 호를 내렸다. 고종 영휘 연간에 욱주(郁州, 현재 강소성 연운항시 운태산)로 쫓겨났다. 저술에 『노자도덕경개제서결의소』(老子道德經開題書訣義疏)와 『남화진경소』(南華眞經疏)가 있다.

8 『예기』「치의」는 이러하다. "왕이 대수롭지 않게 말씀하는 것은 윤(綸)과 같고 왕이 윤 같이 말하는 것은 발(綍)과 같다." 주는 이러하다. "윤(綸)은 수(綬)이다. 발(綍)은 관을 매는 밧줄이다." 『설문해자』는 이러하다. "환(寰)은 천자가 기내(畿內)의 현을 봉한 것이다." 이것은 임금다운 왕의 말이 지극히 큰 영향을 끼친다는 말이다.

9 『시』 "절남산"(節南山)은 이러하다. "나라를 고루 다스리다." 「전」은 이러하다. "균(均)은 평(平)이다." 병균(秉鈞)은 정사를 잡는 것을 비유한 말이다. 『서』「주관」[僞周官]은 이러하다. "이게 오직 삼공(三公)이다. 도를 논하고 나라를 경륜하며 음양을 고르게 다스린다." 음양을 조화시킨다는 말이다. 「열명 하」는 이러하다. "국에 간을 맞추려면 네 오직 소금과 매실을 써야한다." 요리를 조화시키고 맛을 조화시킨다는 말은 정사를 다스리는 일을 비유한 것이다. 『한서』「주박전」(朱博傳)은 이러하다. "주박은 어사대부(御史大夫)가 되었다. 자신의 관청에 늘어선 측백나무에는 들새 수

의 뜻을 받드네.[10] 이제 서액(西掖)의 벼슬아치는 임금의 명령을 쓰려고 삼으로 만든 종이를 펼치고[11] 북문(北門)으로 출입하는 벼슬아치는 초벌 원고를 살피네.[12] 임금의 명령은 하늘에 부는 바람처럼 사방으로 퍼져나가며 깊게 우르릉거리는 우레처럼 팔방의 바깥으로 퍼지네.[13] 너르디너른 임금의 명령을 펼치고[14] 나라를 다스리는 걱정과 근심의 회포를 표현하네.[15] 임금이 학문의 덕을 높이고 소중히 여겨 다스리니 산처럼 높은

천 마리가 늘 앉아 그 위에서 살고 있었다. 새벽에 어디론가 갔다가 저물녘에 돌아오는데 조석조(朝夕鳥)라고 불렀다." 나중에 드디어 어사대(御史臺)의 이름을 백대(柏臺)라고 부르게 되었다. 이것은 재상이 조정에서 상의하고 계획하는 일을 말한다.

10 『문선』 조식 「구통친친표」(求通親親表)는 이러하다. "회초리를 들고 붓을 꽂았다." 주는 이러하다. "이필(珥筆)은 재필(載筆)이다." 하안 「경복전부」(景福殿賦)는 이러하다. "회화나무와 단풍나무가 지붕을 뒤덮었다." 『설문해자』는 이러하다. "신(宸)은 지붕을 덮은 집[屋宇]이다." 한나라의 관청과 궁전에는 단풍나무를 많이 심었기 때문에, 풍신(楓宸)이라고 하는 것이다. 이것은 황제의 명령서에 초고를 잡는 신하가 황제의 뜻을 받들어 초고를 쓴다는 말이다.

11 『한궁의』(漢宮儀)는 이러하다. "좌조와 우조(左右曹)가 상서의 일을 받는다. 앞 시대의 문사(文士)는 중서를 좌우에 두었다. 그래서 중서를 우조라 하고 서액(西掖)이라고도 부른다." 『당서』 「백관지」는 이러하다. "개원 26년, 다시 한림공봉(翰林供奉)을 고쳐서 학사라 하고 별도로 학사원(學士院)을 두어 황제의 명령[內命]을 전담하게 했다. 대체로 장군과 재상을 임명하고 면직시키거나 호령과 정벌은 모두 흰 삼베를 쓴다." 이것은 학사가 흰 삼베로 만든 종이에 중대한 왕의 명령을 쓴다는 말이다.

12 『당서』 「백관지」는 이러하다. "태종 때부터 유명한 유학자와 학사를 때때로 불러서 초고를 작성하게 했다. 그러나 아직 그들을 부르는 이름이 없었다. 건봉(乾封) 연간 이후부터 비로소 북문학사(北門學士)라고 부르기 시작했다." 『한서』 「회남왕전」은 이러하다. "무제는 막 문예(文藝)를 좋아하고 있었다. 그래서 유안의 변론이 넓고 문사를 잘 한다고 해서 글을 올릴 때마다 상을 내렸고 늘 사마상여 등을 불러 초고를 쓰게 한 뒤에 보냈다."

역주_ 한나라 무제가 회남왕 유안에게 경쟁심을 느꼈던 것이다.

13 『주역』 「구」 괘 「상전」은 이러하다. "하늘 아래 바람이 부는 것이 「구」 괘의 괘상이다. 임금(后)은 이로써 사방에 명령을 베풀어 백성에게 알렸다." 『장자』 「재유」(在宥)는 이러하다. "깊은 못처럼 말이 없으나 우레 소리처럼 울린다." 『문심조룡』 「조책」(詔策)은 이러하다. "황제가 천하를 다스리니 그의 말은 신령스럽다. 병풍 앞의 어좌에 앉아 깊은 못처럼 묵묵해도 울림은 천지에 가득 찬다. 이것이 조책이다!" 이것은 마치 하늘의 바람이나 우레처럼 황제의 명령이 지극히 멀리까지 울린다는 말이다.

14 『예기』 「중용」은 이러하다. "그래서 명성이 중국에 가득차 넘실거리게 되었다." 『시』 「대아」 "황의"(皇矣)는 이러하다. "그 덕성과 소리가 크다고 하시다." 소는 복건을 인용하여 이렇게 말한다. "내게 있는 것이 덕이요 그것을 펼쳐 행하는 것이 음(音)이다."

『소』와 바다처럼 너른 『호』(濩)를 연주하고[16] 임금이 무력의 위엄을 격려하니 세상 끝에서도 조공을 바치고자 기꺼이 달려오네.[17] 임금이 정사를 펼치니 구름과 용이 어울리듯 신하와 임금이 음률에 맞춰 조화를 이루고 임금이 재난을 구제하니 새가슴이나 새머리처럼 비쩍 마른 백성들은 다시 살지게 되었네.[18] 이런 기록들은 석실이나 금궤에 넣고 왕실 도서관에서 장고로 우러러 보존하네.[19] 그리고 옅은 푸른색 비단으로 책갑을 만들고 옅은 노란색 비단으로 권축을 만들어 집안의 글을 모아두네.[20]

---

15 『모시서』「어려」(魚麗)는 이렇게 말한다. "근심하고 부지런함에서 시작하여 편안하고 즐거움에서 끝난다."

16 『장자』「천하」는 이러하다. "순임금에게는 『대소』가 있고 탕왕에게는 『대호』가 있다." 이것은 문을 높인다면 풍악을 울린다는 말이다.

17 『이아』「석지」(釋地)는 이러하다. "동쪽으로는 태원(泰遠)에 이르고 서쪽으로는 빈국(邠國)에 이른다." 『설문해자』는 팔국(汃國)이라고 인용하면서 이렇게 말한다. "팔(汃, 빈(邠)과 같다)은 서쪽 끝에 있는 강이다." 나는 이렇게 생각한다. "말"(秣)은 절본(浙本)과 월아당총서본에 모두 "말"(袜)이라고 했다. 이것은 검본(黔本)을 따랐다. 태말(泰秣)은 동쪽 먼 곳에서 양식과 꼴[糧秣]을 공급하는 일을 가리킨다. 팔구(汃驅)는 서쪽 먼 나라에서 이를 본받아 분주한 일을 가리킨다.

역주_ **절본**은 절강에서 번각한 판본을 가리킨다. 앞서 나왔던 절강도서관 소장 회계 서씨 초본과 다르다. 월아당본으로 교정한 뒤에 나온 판본이다. 섭영의 「예언」을 참고하라. **검본**은 사천에서 번각한 판본을 말한다.

18 『주역』「건」괘 「문언전」은 이러하다. "구름은 용을 따른다." 『예기』「악기」는 이러하다. "팔풍(八風)은 이치에 따라 불고 이변이 생기지 않는다." 『자치통감』은 이러하다. "양나라 간문제 때 강남의 백성들이 먹을거리가 없어서 모두 새가슴이나 새머리 같았다." 이것은 정사와 법령을 모두 따라야만 재화를 구제할 수 있다는 말이다.

19 『사기』「태사공자서」는 이러하다. "석실(石室)과 금궤(金匱)의 책을 뽑았다." 『사기색은』은 이러하다. "석실과 금궤는 모두 국가에서 책을 갈무리하는 곳이다." 『주서』「금등」은 이러하다. "주공이 돌아가서 금등의 궤짝에 책을 넣었다." 소는 정현을 인용하여 이렇게 말한다. "등(縢)은 속(束)이다. 아마 궁중에 비밀스럽게 소장한 책을 갈무리할 때는 책을 궤짝에 넣고 반드시 금함(金緘)으로 표시했을 것이다." 『자휘보』(字彙補)는 이러하다. "성(宬)은 책을 갈무리하는 방이다. 명나라 궁궐에는 황사성(皇史宬)이 있는데 황제들이 대대로 직접 쓴 글씨[列聖御筆], 실록(實錄), 비전(祕典)을 소장한다." 장고는 「서교 상」의 주13을 보라. 이것은 문서를 보배롭게 소장한다는 말이다.

역주_ **『자휘보』**는 청나라 오사신(吳仕臣)이 강희 연간에 지은 자전이다.

20 표(縹)는 푸른빛이 도는 흰색 비단이다. 상(緗)은 옅은 노란색 비단이다. 표질(縹帙)과 상소(緗素)는 모두 책(書卷)을 부르는 말이다. 『수서』「경적지」는 이러하다. "순욱

임금다운 왕은 좌사와 우사가 기록한 것을 개인적으로 처리하지 않았네. 내제와 외제의 모음집은 글을 꾸미는 직책을 맡은 신하가 마음대로 할 수 없었고[21] 왕실 도서관이 맑고 그윽하다지만[22] 공적인 말은 본래 전문적인 벼슬아치가 맡고 있었지. 그러나 대자리를 깔고 초가집 처마 밑에 사는 사람[23]은 자기가 보존하거나 바깥에 흘러나간들 무슨 상관이 있겠는가?

관국의 공공성[館局之公]

문화를 높이고 옛일을 익히기 위해 문헌을 사들이고 뛰어난 인물들을 초빙한다네.[24] 반고는 난대(鸞臺)에서 역사를 기술했고 백호관(白虎觀)에서 오경을 논의했지.[25] 논의하는 입은 마치 깃발을 휘둘러 군대를 훈련시키

이 중경을 사부로 나누어 많은 책들을 총괄한 뒤 표낭(縹囊)에 담고 글에는 상소를 썼다." 학사는 앞을 보라. 가서(家書)는 일가에게 보내는 편지를 말한다.

21 좌사와 우사에 대해서는 「서교 상」의 주24를 보라. 내제와 외제에 대해서는 「서교 중」의 주36을 보라.

22 『당육전』은 이러하다. "내각(內閣) 가운데 비서각(祕書閣)이 가장 웅장하다.[閎壯] 천정[穹隆]이 높고 시원하여 목천(木天)이라고 불렀다." 『모시전』 "비궁"(閟宮)은 이러하다. "비(閟)는 폐(閉)이다. 으뜸가는 어머니 조상[先妣] 강원(姜嫄)의 사당은 주나라에서 늘 잠가놓고 제사지내는 일이 없었다."

23 구양수 「내제집서」(內制集序)는 이러하다. "아! 나도 늙었구나. 장차 회수와 영수 사이에 밭뙈기를 사야겠네. 더운 바람이 불 때는 서늘하게 대나무 발을 드리우고 추운 겨울에는 초가지붕 처마 끝에서 햇살을 쬐어야지. 잠이 깨어도 일어나지 않고 베개에 누운 채 평생 동안 벼슬길에 나섰다가 물러났다가 했던 과거를 떠올려 보겠네. 조정[玉堂]에 있던 시절을 돌이켜 보면 마치 하늘에 있었나 싶을 게야. 미처 탈고하지 않은 원고를 가져다 훑어볼 때 거기 기록된 직관과 사람 이름을 보네. 원고에서 그 사람의 성쇠와 앞뒤를 비교하고 누가 살아 있고 누가 죽었는지 곰곰이 생각해 보니, 영예와 총애는 헛된 이름이고 담소할 때 한번 크게 웃을 거리밖에 되지 않는다는 것을 잘 알겠구나."(『구양문충공전집』(歐陽文忠公全集) 권82) 이것은 조정의 명령을 바깥으로 전달할 수 있음을 말한다.

24 『한서』 「무제기찬」(武帝紀贊)은 이러하다. "문제와 경제는 백성을 기르는 일에 힘썼으나, 고대를 밝히거나 예의 제도[禮文]의 일은 오히려 빠진 것이 많았다." 『수서』 「경적지」는 이러하다. "무제는 글을 바칠 길을 틔웠고 글을 베끼는 벼슬아치를 두었다." 『후한서』 「반표전」은 이러하다. "동각(東閣)을 열어 영웅(英雄)을 초빙했다."

25 『당서』 「백관지」는 이러하다. "수공(垂拱) 원년에 문하성(門下省)을 난대(鸞臺)로 고

는 듯하다네. 육천(六天), 오제, 삼통(三統), 구주[26]의 논의는 전문가의 가학이 제각각 독자적인 주장을 가지고 있었지. 『예』를 비교하고 『서』를 따졌다네. 제나라의 사투리, 노나라의 훈고, 공자의 옛 집에서 나온 죽간, 위나라 무덤에서 나온 죽간[27]에 기록된 학설을 둘러싼 논쟁은 황제의 명

쳤다." 역사를 기술했다[述史]는 알 수 없다. 난대는 아마 난대(蘭臺)의 잘못이 아닐지. 반고는 난대 영사가 되어 『광무본기』(光武本紀)를 지으라는 황제의 명령을 받았다. 『한서』「반고전」을 보라. 『후한서』「장제기」(章帝紀)는 이러하다. "건초(建初) 4년에 그래서 대부, 박사, 의랑(議郎), 낭관(郎官) 및 제생(諸生)과 제유(諸儒)를 백호관(白虎觀)에 모아서 오경의 동일성과 차이를 강의하고 논의하도록 태상에게 명령했다. 장제가 직접 황제의 명령으로 그 자리에서 결정했다. 이것은 마치 효선제 때의 감로전(甘露)이나 석거각의 고사와 같았다. 그래서 『백호의주』(白虎議奏)를 지었다." 이것은 조정이 역사를 기술하고, 경의 동일성과 차이를 이야기해보라는 명령을 내린다는 말이다.

26 논의하는 입[議簧]은 논의가 마치 "피리서처럼 교묘하여" 사람들을 미혹시킨다는 뜻이다. 깃발을 휘둘러 교정하다[校幟]는 갖가지 기호[標幟]를 교정한다는 말이다. 『예기소』「교특생」(郊特牲)은 이러하다. "정현은 하늘에 여섯 가지 하늘[六天]이 있지만 땅의 구역[丘郊]은 각각 다르다고 생각했다. 그는 이렇게 말한다. 태미궁(大微宮)은 오제(五帝)가 중심에 있는 별자리인데, 청제(青帝)를 영위앙(靈威仰), 적제(赤帝)를 적표노(赤熛怒), 백제(白帝)를 백초거(白招拒), 흑제(黑帝)를 협광기(汁光紀), 황제(黃帝)를 함추뉴(含樞紐)라고 부른다. 그래서 오제와 대제(大帝)를 합쳐 여섯이다." 『주례』「춘관」"소종백"(小宗伯)은 이러하다. "오제를 사교(四郊)에서 제사지낸다." 정현 주는 이러하다. "오제는 이렇다. 창제(蒼帝)를 영위앙이라고 하며 태호씨가 제사를 받는다. 적제를 적표노라고 하며 염제가 제사를 받는다. 황제를 함추뉴라고 부르며 황제가 제사를 받는다. 백제를 백초거라고 부르며 소호씨가 제사를 받는다. 흑제를 협광기라고 부르며 전욱이 제사를 받는다. 황제도 남교(南郊)에서 제사를 지낸다." 『상서대전』은 이러하다. "하나라는 일월[孟春月]을 정월로 삼았고 은나라는 섣달[季冬月]을 정월로 삼았으며 주나라는 동짓달[仲冬月]을 정월로 삼았다." 『백호통』「삼정」(三正)은 이러하다. "세 가지 정월[正朔]이 있는 것은 무엇 때문인가? 하늘에 삼통(三統)이 있는 것에 뿌리를 두고 임금다운 왕이 천명을 받아 각각 정월을 통일한 것을 밝혔기 때문이다. 주나라는 하늘을 기준으로 정월을 삼았기[天正] 때문에 빛깔은 붉은색을 높이 친다. 은나라는 땅을 기준으로 정월을 삼았기[地正] 때문에 빛깔은 흰색을 높이 친다. 하나라는 사람을 기준으로 정월을 삼았기[人正] 때문에 빛깔은 검은색을 높이 친다." 구주는 「시교 하」의 주18을 보라.

역주_ **구교**는 천자가 동짓날 환구에서 올리는 교제이다. **사교**는 동서남북 사방의 교외이다. **삼통**은 삼대의 달력이다.

27 『한서』「하후승전」은 이러하다. "하후승의 작은아버지의 아들인 하후건은 스스로 하후승 및 구양고를 스승으로 섬기면서 그들의 주변에서 채집하여 얻었다. 또한 오경에 대한 여러 유학자들의 물음이 『상서』와 서로 차이가 있는 것을 추적했다. 그

령에 의해 겨우 가라앉았지. 『오경정의』는 모든 학파의 주장을 자세히 조사하여 통일시켜 하나의 학파로 만들고[28] 『진서』는 여러 역사서를 백 권으로 편집했다네.[29] 『오경정의』는 육백 년 동안 쌓인 해고(解詁)와 장소

래서 그것들을 끌어다 인용하고 이로써 장구를 편집한 뒤 글을 다듬고 학설을 수식했다. 하후승은 그것을 비난하여 이렇게 말했다. '하후건은 이른바 장구나 만드는 하찮은 유자이다. 위대한 도를 부숴버렸다.' 하후건도 하후승이 너무 간단하기 때문에 다른 사람이 물어도 대답하기 어렵다고 비난했다. 하후건은 끝내 스스로 전문(顓門)이라는 이름을 경에 붙였다." 이것이 바로 "『예』를 비교하고 『서』를 따진다"[禮仇書訟]는 것이다. 『춘추공양전』「장공 28년」은 이러하다. "『춘추』는 정벌하는[伐] 사람을 손님이라 하고 정벌당하는[伐] 사람을 주인이라 한다." 하휴는 주에서 이렇게 말한다. "남을 정벌하는 사람이 손님이라 할 때는 벌(伐)이라고 읽는데 길게 빼서 말한다. 제나라 사투리이다. 정벌을 당하는 사람이 주인이라 할 때도 벌(伐)이라고 읽는데 짧게 끊어서 말한다. 제나라 사투리이다." 『한서』「예문지」 "육예략" '시류'(詩類)는 이러하다. "『노고』(魯故)는 스물다섯 권이다." 안사고는 이렇게 말한다. "고(故)는 그것이 가리키는 뜻을 통하게 하는 것이다. 다른 것도 모두 이것과 비슷하다. 금본 『모시』는 『고훈전』(故訓傳)의 고 자를 고(詁) 자로 고쳤는데 참을 잃은 것일 뿐이다." 또한 「예문지」 "서서"(書敍)는 이렇게 말한다. "『고문상서』는 공자 집의 벽에서 나왔다. 무제 말에 노나라 공왕이 공자의 옛 집을 헐어서 자신의 궁을 넓히려고 했다. 그러다가 『고문상서』 및 『예기』, 『논어』, 『효경』 모두 수십 편을 얻었다. 모두 고대 문자였다." 위나라 무덤[梁墳]은 다름 아니라 급총을 가리킨다. 「언공 중」의 주 20을 보라.

28 또한 「역교 중」의 주2를 보라. 『일지록』 권18은 이러하다. "『구당서』「유학전」(儒學傳)에 보면 태종은 경적이 성인의 시대로부터 너무 멀어졌고 글자에 잘못이 많다고 생각하여, 전직 중서시랑 안사고에게 오경을 비교하여 정한 뒤 천하에 반포하라는 명령을 내렸다. 또한 유학에 문파가 많고 장구가 번거롭게 뒤섞여 있다고 생각하여, 국자좨주 공영달에게 여러 유학자들과 『오경정의』의 「소」를 지어서 정하라는 명령을 내렸다. 이것은 모두 백칠십 권이며 『오경정의』라고 이름 붙인 뒤 천하에 전하여 익히라고 명령했다. 『고종기』(高宗紀)에 보면 영휘(永徽) 4년 3월 임자삭(壬子朔)에 공영달의 『오경정의』를 천하에 반포하고 매년 명경과는 이것에 의거하여 시험을 치라고 명령했다. 오늘날 사람들은 『오경정의』를 공영달이 지었다는 것만 알지 한 사람이 지은 책이 아니라는 것은 모른다."

29 『사통』「고금정사」는 이러하다. "정관 연간에 이로써 열여덟 명이 쓴 『진서』를 편집하라고 황제가 명령했다. 그들이 만든 책은 비록 많지만 다 좋을 수는 없었다. 이에 사관에게 목록을 추가하라는 명령도 내렸다. 그래서 목록을 편찬하고 정전과 잡설 수십여 부를 채집하여 십육국시대의 역사서를 같이 인용한 뒤 「본기」 열 편, 「지」 스무 편, 「열전」 일흔 편, 「재기」(載記) 서른 편을 편집했다. 서례와 목록도 아울러 모두 백서른두 권이 되었다. 이때부터 진나라 역사를 말하는 사람은 모두 옛날 책은 버리고 다투어 새로 편찬한 것을 따르게 되었다."

(章疏)이고(『오경정의』는 동한과 서한, 육조시대 전문가의 학설을 취하여 하나로 정한 것이다) 『진서』는 열여덟 가지 편년체 역사서와 기전체 역사서라지.[30](『진서』에는 열여덟 가지가 있다) 저기 장하(漳河)의 물길은 나뉘어 흐르고 장강의 물길은 합하여 흐르며[31] 제수(濟水)의 물길은 숨고 황하의 물길은 거침없이 이리저리 다니고[32] 회수(淮水)의 물길은 곧게 흐르고 면수(沔水)의 물길

---

30 『수서』「경적지」 "정사류"(正史類)에 따르면, 왕은의 『진서』가 여든여섯 권, 우예(虞預)의 『진서』가 스물여섯 권, 주봉(朱鳳)의 『진서』가 열 권, 하법성(何法盛)의 『진중흥서』(晉中興書)가 일흔여덟 권, 사령운의 『진서』가 서른여섯 권, 장영서의 『진서』가 백열 권, 소자운(蕭子雲)의 『진서』가 열한 권, 소자현(蕭子顯)의 『진사초』(晉史草)가 서른 권이며 모두 여덟 가지이다. 『수서』「경적지」 "편년류"에 따르면, 육기의 『진기』(晉紀)가 네 권, 간보(干寶)의 『진기』가 스물세 권, 조가지(曹嘉之)의 『진기』가 열 권, 습착치의 『한진양추』가 마흔일곱 권, 등찬(鄧粲)의 『진기』가 열한 권, 손성의 『진양추』가 서른한 권, 유겸지(劉謙之)의 『진기』가 스물세 권, 왕소지(王韶之)의 『진기』가 열 권, 서광(徐廣)의 『진기』가 마흔다섯 권, 단도란의 『속진양추』 스무 권, 곽계산(郭季産)의 『속진기』(續晉紀)가 다섯 권이며 모두 열한 가지이다. 포기룡은 이렇게 말한다. "「경적지」에 따르면 모두 열아홉 가지인데, 어찌 습착치의 『한진양추』가 촉한을 정통으로 하여 위나라를 물리치는 것만 근거로 이의를 제기하여 드디어 없애버리고 쓰지 않으려 하는가?"

역주_ **해고**는 거의 번역 수준의 풀이라는 뜻으로 훈고와 거의 같다. **장소**는 의미가 통하도록 하는 단락의 분절이라는 뜻으로 장구와 거의 같다.

31 장하(漳河)의 근원은 둘이다. 청장(淸漳)은 산서성(山西省) 정평현(定平縣) 첨령(沾嶺)에서 나오고, 탁장(濁漳)은 산서성 장자현(長子縣) 발구산(發鳩山)에서 나온다. 두 갈래 물줄기는 나뉘어 흐르다가, 하남성 섭현(涉縣)의 합장촌(合漳村)에서 비로소 하나로 합쳐진다. 아래로 흘러 위하(衛河)로 흘러든다. 「우공」의 민산은 장강을 말한다. 그래서 민강(岷江)이 장강의 올바른 근원이다. 민산의 편평한 태지(台地)에서 발원하여, 남쪽으로 흐르다가 관현(灌縣)에 이르러 협리퇴(夾離堆)로 나뉘어 흐른다. 동쪽으로 따로 나간 것을 타강(沱江)이라고 하며, 동남쪽으로 흐르다가 다시 여러 개의 물길로 나뉘어 성도 부근의 금수평원(錦繡平原)을 얽기설기 흐른다. 가장 서쪽으로 흐르는 것이 민강의 올바른 물줄기이다. 곧바로 사천성의 중심지로 달려가는 줄기를 금강(錦江)이라고 부르는데, 신진(新津)의 팽산(彭山)에 도달하면 여러 갈래가 다시 합쳐져서 큰 물줄기가 되어 남쪽으로 흐른다. 낙산(樂山)에 이르면 대도하(大渡河)가 와서 합쳐지고, 다시 동남쪽으로 흐르다가 의빈(宜賓)에 이르면 금사강(金沙江)과 합쳐진다. 여기부터 비로소 장강이라고 부른다.

32 제수(濟水)는 하남성 제원현(濟源縣) 서왕옥산(西王屋山)에서 발원하여, 동남쪽으로 흘러 저룡하(豬龍河)와 합류하여 황하로 들어간다. 제수의 옛 물길은 본래 황하를 거쳐서 남쪽으로 흐르다가 다시 동쪽으로 흘러 태산 동쪽을 지나면서 황하와 나란히 흐르다가 바다로 들어간다. 오늘날 하류 유역은 황하, 대청하(大淸河), 소청하(小

은 구불구불 흐르네. 결국 모든 강은 바다로 돌아가는구나! 모든 강의 왕, 바다여![33] 비취처럼 푸른 하늘빛, 푸르디푸른 쪽빛과 향기로운 지초의 보랏빛, 물처럼 푸른빛과 주사처럼 붉은빛,[34] 찬란하구나! 화려한 무늬로 빛나게 베풀었네! 수레와 글자를 통일시켜 사람들이 듣고 보는 것을 하나같이 만들고 곡조를 고르게 하여 올바르지 않은 소리가 넘치지 않도록 누른다네.[35] 비록 제왕이 정한 것이라 뭉뚱그려 이름 붙였지만

淸河)가 차지하고 있으며 다만 하북성의 발원지만 여전히 남아있을 뿐이다.

33 회수(淮水)는 하남성 동백산(桐柏山)에서 발원하여, 동쪽으로 흘러 강소성과 안휘성(安徽省)의 경계에 이르러 홍택호(洪澤湖)로 흘러든다. 하류 유역에서 옛날에는 황하의 옛 물길을 따라 바다로 흘러들었다. 황하에 물길을 빼앗겼다가 황하가 다시 북쪽으로 물길을 옮긴 뒤, 결국 바다로 들어가는 물길이 막히게 되었다. 오늘날 오로지 홍택호에서 동쪽으로 나오는 여러 가는 물줄기만 남았다. 보응(寶應)과 고우(高郵)의 여러 호수들을 거쳐 장강으로 들어간다. 면수(沔水)와 한수(漢水)는 본래 같은 물줄기이다. 한수는 섬서성 파총산(嶓冢山)에서 발원하여, 처음 흐를 때의 이름은 양수(漾水)이지만, 동쪽으로 흐르다가 면현(沔縣)을 지날 때는 면수라고 부르고, 포성현(褒城縣)을 지날 때는 납포수(納褒水)라고 부른다. 이때부터 비로소 한수라고 부르는데, 동쪽으로 흐르다가 호북성(湖北省)의 경계선을 지나면서 한양(漢陽)에 이르러 장강으로 흘러든다. 『초사』「회사」(懷沙)는 이러하다. "너르고 너른 원수(沅水)와 상수(湘水)여, 나뉘어 흐르네." 왕일 주는 이러하다. "율(汩)은 류(流)이다." 『상서』「우공」은 이러하다. "장강과 한수는 바다로 흘러든다[朝宗]." 『노자』 제66장은 이러하다. "장강과 바다가 모든 골짜기의 왕이 되는 이유는 그것이 아래로 내려감을 좋게 생각하기 때문이다. 그래서 모든 골짜기의 왕이 될 수 있다."

34 『한서』「가산전」(賈山傳)은 이러하다. "물총새 깃털로 장식하다." 주는 이러하다. "수컷을 비(翡), 암컷을 취(翠)라 한다." 『본초』는 이러하다. "공청(空青)은 구리 광산에서 난다. 큰 덩어리 가운데 구멍이 있어서 물이 담긴 것이 좋다. 눈을 밝게 한다." 『설문해자』는 이러하다. "울(蔚)은 빈호(牝蒿)이다." 『본초』는 이러하다. "영지는 푸른색, 붉은색, 노란색, 흰색, 검은색, 자줏빛 여섯 가지 빛깔이다." 『사기』「무제본기」는 이러하다. "신기한 물건을 바치면 단사(丹砂)를 사용하여 황금으로 변화시킬 수 있다." 단사는 다름 아니라 바로 오늘날의 주사(硃砂)이다.

35 『춘추좌전』「양공 26년」은 이러하다. "북이 많아도 소리는 고르다." 주는 이러하다. "균(鈞)은 소리가 한결같다는 말이다." 또한 대균(大鈞)은 궁(宮)과 상(商)이고, 세균(細鈞)은 각(角), 치(徵), 우(羽)라고 한다. 『국어』의 주를 보라. 『예기』「왕제」는 이러하다. "계절과 달을 비교하여 날을 정하고 법률을 맞추다." 『한서』「율력지」는 이러하다. "율은 열두 가지가 있다. 양육(陽六)이 율이고 음육(陰六)이 여이다. 황제가 만든 것이다." 『문심조룡』「악부」(樂府)는 이러하다. "음악은 마음씀씀이에 뿌리를 두고 있다. 그러므로 악기의 울림이 살갗 속에 스며든다. 선왕은 음악을 만드는 일을 조심하고 음탕하고 넘치는 음악을 막는 데 힘썼다."

사실 유학을 배운 신하가 책임진 일이라네. 이들을 이끄는 대신의 직위가 높기 때문에 임금에게 글을 올릴 때 맨 앞에 이름을 새기네. 여러 신하들이 모여 일을 이룩했더라도 대신 이외의 사람은 생략해버렸네. 아마 종묘가 새로 완성되어 조상께 바치더라도 집 짓는 일을 책임진 벼슬아치가 어찌 뭇 목수들이 뛰어다니고 바빴던 일을 따져서 일일이 기록을 남겼겠는가?[36] 정갈하게 제사지내 예의를 다할 때, 어찌 요리사가 제수로 올릴 고기를 다룬 일을 의논한 뒤 축문에 써서 신께 말을 늘어놓겠는가?[37]

문이의 공공성[文移之公]

조정에는 세 명의 대신과 여덟 명의 중요한 신하,[38] 뭇 직책을 맡은 많은 신하가 있으며 지방에는 사령관들이 부대를 거느리고 군과 현(縣)을 나누어 다스린다네. 마치 높디높은 가을 하늘에 뭇 별들이 펼쳐지고[39] 온갖 곡식이 밭에서 자라듯.[40] 장부는 빽빽하게 차고 넘치며, 두루마리와 공문은 어지럽게 쌓여있네. 행정을 맡은 문창(文昌)과 군사를 맡은 무고(武庫),[41] 의례를 맡은 예사(禮司)와 음악을 맡은 악서(樂署)[42]는 찬란하다네.

---

36 진나라는 장작(將作) 벼슬을 두어 궁실의 영조(營造)를 맡겼다. 한나라는 장작대장(將作大匠)이라 부른다.

37 『장자』「소요유」는 이러하다. "숙수가 비록 음식을 잘 만들지 못한다고 시동이나 신주[尸祝]가 술 단지와 고기 그릇을 들고 그를 대신하지는 않지요."

38 『주례』 소는 이러하다. "삼태성[三台]은 일명 천주성[天柱]이다. 상태성[上台]은 사명(司命)으로서 태위(太尉)이고 중태성[中台]은 사중(司中)으로서 사도이며 하태성[下台]은 사록(司祿)으로서 사공이다." 『통전』은 이러하다. "한나라는 여섯 명의 상서를 두고 아울러 한 명의 영과 한 명의 복야를 두어 모두 여덟 자리[八座]이다. 위나라는 오조(五曹)와 한 명의 영, 두 명의 복야를 두어 여덟 자리이다. 수나라와 당나라는 우복야와 좌복야, 여섯 명의 상서가 여덟 자리이다."

39 『이아』「석천」은 이러하다. "가을 하늘이 민천(旻天)이다." 주는 이러하다. "민(旻)은 민(愍)과 비슷하다. 만물이 시드는 것을 가엽게 여긴다."

40 『이아』「석지」는 이러하다. "밭을 한 해 묵히는 일을 치(菑)라고 한다." 주는 이러하다. "오늘날 강동(江東)에서 농사짓는 땅을 처음처럼 풀밭으로 돌리는 일을 치라고 부른다."

마치 바퀴살이 가지런히 꽂힌 수레바퀴가 굴대를 중심으로 돌 듯. 군대의 업무와 사법 기관의 업무,[43] 국가 재정과 농업에 관한 업무에 조리가 있다네. 마치 장기를 둘 때 장기판 위에 말들이 가지런히 늘어서 있는 듯.[44] 옛날 남전현의 현령[藍田]이 그랬던 것처럼 공문을 올리는 일은 마치 기러기가 날 듯 가지런히, 정해진 방식에 따라 공문을 시행하네.[45] 쇠귀를 잡고 맹서한 저 옛날의 평원군을 따르던 무리와 같은 사람들을 초빙하여 고사를 받들고 동의한다고 서명하네.[46] 그렇다면 붓을 칼이라고

---

41 『사기』「천관서」(天官書)는 이러하다. "북두(斗)의 손잡이 모양은 광주리 모양으로 생긴 여섯 개의 별을 이고 있다. 이것이 문창궁(文昌宮)이다." 『한서』「고제기」(高帝紀)는 이러하다. "소하는 미앙궁(未央宮)을 지으면서 동궐(東闕)과 북궐(北闕)을 만들고 전전(前殿), 무고(武庫), 태창(太倉)을 만들었다."

42 한나라 성제는 객조상서(客曹尚書)를 두었는데, 위나라와 진나라 때는 사부(祠部)라고 했고 북위(北魏)는 다시 의조(儀曹)라고 불렀고, 수나라 이후에 예부라고 했다. 『한서』「예악지」는 이러하다. "무제가 비로소 악부를 세우고 시를 채집하여 밤에 읊었다." 『일지록』 권28은 이러하다. "악부는 관청의 이름이다. 악부의 벼슬아치에는 영(令), 음감(音監), 유요(遊徼)가 있다. 후세인은 이에 악부가 채집한 시에 바로 악부라는 이름을 붙였다."

43 안송(犴訟)은 옥송(獄訟)이다. 『시』「소아」 "소완"(小宛)은 이러하다. "감옥에 갇혀 있네." 『경전석문』은 이러하다. "『한시』는 안(犴)이라고 한다. 향정(鄕亭)에 붙잡힌 것을 안(犴)이라 하고 조정에 붙잡힌 것을 옥(獄)이라 한다."

44 위요(韋曜) 「박혁론」(博弈論)은 이러하다. "뜻한 바는 바둑판 위를 벗어나지 못하고 힘쓴 바는 바둑판의 정간 사이를 벗어나지 못하네." 이선 주는 이러하다. "『방언』(方言)은 쌍륙을 던지는 판을 평(枰)이라 한다. 피병(皮兵)의 반절이다." 『집운』(集韻)은 이러하다. "괘(罫)는 고매(古買)의 반절이며 음은 괘(枴)이다. 바둑판의 네모난 칸살이다."

45 한유 「남전현승청벽기」(藍田縣丞廳壁記)는 이러하다. "현승의 자리는 높아 현령에 가깝지만 보통 의심스러워도 아랫사람이 처리한 일을 부정해서는 안 된다. 문서를 처리할 때 벼슬아치가 이미 만든 초안을 안고 현승에게 간다. 벼슬아치는 문서 앞쪽을 말아서 왼손에 쥐고 오른손으로 종이 꼬리를 접은 다음 기러기나 오리처럼 뒤뚱거리며 걸어가서 똑바로 서서 현승을 흘겨보며 이렇게 말한다. '서명하셔야 합니다.' 현승이 붓을 움직여 제 자리를 찾아 오직 조심스럽게 서명한다."(『창려집』 권13)

46 『춘추좌전』「정공(定公) 8년」은 이러하다. "위나라가 쇠귀를 잡을 것을 청했다." 소는 이렇게 말한다. "맹약은 쇠귀를 사용한다. 낮은 사람이 그것을 잡고 높은 사람이 감독한다." 『사기』「평원군전」(平原君傳)은 이러하다. "모수(毛遂)가 구리 쟁반을 받들고 무릎을 꿇은 채 그것을 초나라 임금에게 드리며 이렇게 말했다. '왕이 삽혈(歃血)을 하셔야 합종을 정하게 됩니다. 다음은 저희 임금이고 그 다음은 접니다.' 드디

부르고[47] 그들이 쓴 글을 예서라고 불러야 하리.[48] 보내는 말은 구실아치[胥徒]에게서 나오더라도 지방의 행정 책임자[長吏]가 일의 책임을 진다네. 아마 모든 벼슬아치가 다스리고 백성이 살피기 때문에 끈을 매듭지어 글자를 만들었을 것이라네.[49] 어리석은 사람은 공연히 보잘 것 없는 것을 다투지만 똑똑한 사람은 처음 의도가 무엇이었는지 안다네.

서기의 공공성[書記之公]

나라의 임금, 장수와 재상, 지방을 다스리는 모든 대신들은 자기 집에서[50] 부하에게 보고를 받고 창을 꽂아 위엄을 보이며[51] 군사 업무를 처리한다네. 재산도 많고 지위도 높은 자신에게 걸맞을 뿐 아니라 문관과 무관의 위세가 있는 풍채를 갖추게 된다네. 그래야 자신의 편지나 임금에게 올리는 기록[書記]이 멋스럽고 좋아질 것이며 멋을 아는 유명인사[52]

어 어전에서 합종을 정했다. 모수는 왼손으로 쟁반의 피를 들고 오른손으로 열아홉 명을 불러 이렇게 말했다. '여러분은 당 아래에서 삽혈하십시오. 여러분은 무능했으니 말입니다. 이것이 이른바 남 덕분에 일을 성사시켰다는 것입니다.'" 『후한서』 「당고전서」(黨錮傳序)는 이러하다. "남양의 종자(宗資)가 문서에 서명하고[畫諾] 책임졌다."

역주_ **삽혈**은 맹약을 맺을 때 지키겠다는 의미로 서로 희생의 피를 마시는 의식이다.

47 『사기』 「소상국세가」(蕭相國世家)는 이러하다. "상국(相國) 소하는 진나라 때 하찮은 구실아치[刀筆吏]였고 평범하여 기이한 공적도 없다." 장수절은 이렇게 말한다. "고대에는 간독을 사용했기 때문에, 만약 글을 잘못 쓰면 칼로 깎았다. 그래서 도필리라고 부른다."(「주창전」(周昌傳)의 주를 보라)

48 『한서』 「예문지」는 이러하다. "진나라 때 비로소 예서(隸書)가 생겼다. 관청과 옥에 일이 많기 때문에 필획을 생략하여 쉬운 쪽을 택하는 데서 시작되었다. 그것을 모든 구실아치[徒隸]에게 시행했다."

49 『주역』 「계사전 하」는 이러하다. "상고시대에는 노끈을 묶어 기록했고, 후세의 성인이 그것을 글자로 기록하는 방식으로 바꿨다. 모든 벼슬아치가 이로써 다스리고 모든 백성이 이로써 살폈다."

50 『진서』 「양호전」(羊祜傳)은 이러하다. "영각(鈴閣) 아래에 모시고 지키는 사람은 수십 명에 지나지 않는다." 영각은 장수가 머무는 곳을 말한다.

51 유명하게 귀한 신분의 집안은 문 앞에 극(戟)을 세운다. 당나라 제도에서 관직과 훈작이 모두 삼품(三品)이면 비로소 극을 세울 수 있다. 『당서』 「노탄전」(盧坦傳)을 보라.

52 위나라 문제 「여오질서」는 이러하다. "완우(元瑜)라는 서기는 글이 좋아서 즐길 만

라는 소리도 듣게 될 테지. 이것은 막부의 귀한 손님[53]이나 문학을 맡은 구실아치[54] 덕분이라네. 새매는 바닷가에서 활개 치기에 노중련(魯仲連)은 사막에서 편지를 띄웠지.[55] 송골매는 황하 북쪽에서 하늘로 날아오르기에 진림은 위나라 무제를 토벌하자는 격문을 급히 보냈다네.[56] 의롭지

합니다." 『세설신어』 「상서」(傷逝)는 이러하다. "세마(洗馬) 위개(衛玠)는 영가(永嘉) 6년에 죽었다. 승상 왕돈[王公]은 이렇게 말했다. '이 분은 풍류가 있는 명사[風流名士]이며 중국에서 기대하고 바라본다.'"

53 『사기』 「이목전」(李牧傳)은 이러하다. "시장에서 거둔 세금은 모두 막부(幕府)에 들였다." 『사기색은』은 이렇게 말한다. "옛날 원정을 떠난 장수는 군대가 돌아오면 파면했다. 이치상 늘 두지 않았는데, 막역(幕帟)을 관청으로 만들면서 막부라고 불렀다." 『진서』 「치초전」(郗超傳)은 이러하다. "사안(謝安)이 웃으면서 이렇게 말했다. '치초(郗生)는 막부의 손님으로 들일만하다.'"

54 『한서』 「유림전」은 이러하다. "문학과 장고는 군속(郡屬)으로 보임시키며 후보자를 두었다." 한나라 때 군국(郡國)은 문학을 두었고 위나라와 진나라 이후로 이것을 계승했다. 당나라 때 태자와 여러 왕들도 문학을 두고 글짓기를 받들도록 했다. 『육서고』(六書故)는 이러하다. "연(掾)은 바로 속관(屬官)의 일반적 명칭이다." 『옥편』(玉篇)은 이러하다. "사(史)는 문서를 관장하는 벼슬아치이다."

역주_ 『**육서고**』는 육서의 원리에 의해 한자를 분석한 자전이다. 원나라 때 대동(戴侗)이 지었다. 서른세 권이며 통석(通釋)이 따로 한 권이다. 『설문해자』의 540부를 따르지 않고 따로 479목(目)을 두었으며 그중 189목은 문(文)이라고 불렀다. 『**옥편**』은 남조의 양나라 학자 고야왕(顧野王, 519~581)이 543년 편찬한 자전이다. 모두 서른 권이며 『설문해자』의 형식을 본떠 편찬했다.

55 한유 「조노련자」(嘲魯連子)는 이러하다. "노중련은 사람이 잘고 약아, 마치 교활한 담비같구나."(『창려집』 권5) 『사기』 「노중련전」(魯仲連傳)은 이러하다. "연나라 장군이 제나라 요성(聊城)을 공격하여 함락했다. 요성 사람 가운데 어떤 사람이 연나라 장군을 연나라에 모함했다. 연나라 장군이 죽임을 당할 것이 두려워 그대로 요성을 지키고 귀국하려 하지 않았다. 제나라 전단(田單)이 요성을 공격했다. 한 해가 지나도록 병사들이 많이 죽었는데도 요성은 함락되지 않았다. 노중련은 글을 지어 화살에 매어 성 안으로 쏘아 보냈다. 이것은 연나라 장군에게 보내는 글이다. 연나라 장군은 노중련의 글을 보고 사흘을 울었다. 그래도 그는 머뭇거리며 스스로 결정하지 못했다. 그는 탄식하며 이렇게 말했다. '남의 칼에 나를 맡기느니 차라니 내 칼에.' 이에 스스로 목숨을 끊었다. 요성이 혼란스러워졌다. 전단은 드디어 요성을 무찌르고 돌아와서 노중련의 일을 임금에게 말하자 그에게 작위를 주려고 했다. 노중련은 바닷가로 도망쳐 숨어 살면서 이렇게 말했다. '나는 부귀를 누리면서 남에게 눌려 사느니 차라리 빈천하게 살면서 세상을 가볍게 보고 의지를 펼치겠다.'"

역주_ **담비**는 '黃鷂子'를 옮겼다.

56 진림은 자가 공장이다. 조식은 「여양덕조서」(與楊德祖書)에서 이렇게 말한다. "진림은 황하의 북쪽[河朔]에서 송골매를 날렸다." 이선 주는 이러하다. "공장은 광릉 출

못한 꼴을 본 왕찬(王粲)은 의기가 북받치고 원통하고 슬펐기 때문에 유표(劉表)에게 의지했고, 그가 지은 문학 작품은 형주(荊州)에 전하지.[57] 반고는 시원시원하게 두헌(竇憲)을 따라나서 흉노(匈奴)를 정벌한 뒤 낭거서산(狼居胥山)에 비석을 세워 공적을 새겼다네.[58] 풀을 엮어 만든 인형이 망가지고 진흙을 빚어 만든 수레도 꺾이자 죽은 이의 넋은 사혜련(謝惠連)이 기려주었지.[59] 꾀꼬리가 울고 꽃이 피자 산 사람의 얼은 구지(丘遲)의

신이다. 기주에서 원소의 기실(記室)을 지냈기 때문에, 황하의 북쪽이라고 말한 것이다." 『후한서』 「헌제기」(獻帝紀)는 이러하다. "당도고(當塗高)라는 것은 위나라이다." 진림이 원소를 위해 조조의 죄상을 성토하는 격문을 써준 일은 「언공 중」편의 주50을 보라.

57 『삼국지』 「위서」 "왕찬전"은 이러하다. "왕찬은 자가 중선(仲宣)이며, 산양(山陽) 고평(高平) 출신이다. 헌제가 서쪽으로 옮겨가면서, 왕찬도 장안으로 이사 갔다. 열입곱 나이에 사도가 추천하여 황문 시랑(黃門侍郎)으로 임명하라는 황제의 명령이 있었다. 서울이 어지러워 관직에 나아가지 않았고, 형주에 가서 유표(劉表)에 의지했다. 유표는 왕찬의 용모가 못생기고 몸이 약한데다 추하게 생겼다고, 그다지 중용하지 않았다." 『문선』 「등루부」(登樓賦)의 주는 「형주기」(荊州記)를 인용하고 있다. "당양현(當陽縣)의 성루(城樓)에 왕찬이 올라가서 부를 지었다."

58 반고는 「서교 상」의 주22를 보라. 『후한서』 「반고전」은 이러하다. "영원 초에 대장군 두헌이 흉노를 정벌하러 원정을 떠나자 반고를 중호군(中護軍)으로 삼았고 더불어 상의했다." 또한 「두헌전」(竇憲傳)은 이렇게 말한다. "제나라 상왕(殤王)의 아들 도향후(都鄉侯) 유창(劉暢)이 와서 나라의 근심을 조문할 때 두헌이 자객을 보내 유창을 찔러 죽였다. 일이 발각되자 두헌은 죽임을 당할까 두려워 흉노를 치는 일로 사형을 대속하려고 자청했다. 남흉노 선우[南單于]가 마침 북흉노를 치기 위해 한나라 군대를 요청했기 때문에 이에 두헌을 거기장군(車騎將軍)에 임명하고 집금오(執金吾) 경병(耿秉)을 부장으로 삼아 선우를 크게 이겼다. 드디어 연연산(燕然山)을 떠나면서 바위를 조각해 공적을 새기고 한나라의 위용 있는 덕을 기록했다. 반고에게 새길 글[銘]을 지으라고 했다." 명문은 『문선』에 수록되어 있다. 나는 이렇게 생각한다. 몽고(蒙古)의 항애산(杭愛山)이 다름 아니라 바로 옛날의 연연산이다. 낭거서산(狼居胥山)에 봉한 일은 곽거병(霍去病)의 일과 관련되기 때문에, 이것은 잘못된 것이다.

59 『송서』 「사혜련전」(謝惠連傳)은 이러하다. "사혜련(謝惠連)은 진군(陳郡) 양하(陽夏) 출신이다. 어려서 총명하고 영민했다. 나이 열 살이 되자 글을 잘 썼고, 친척 형[族兄]인 사령운이 아주 깊이 알고 칭찬했다. 진군에서 주부 벼슬을 하라고 불렀으나, 나아가지 않았다. 원가 7년에 사도인 팽성 왕의강(王義康)의 법조참군(法曹參軍)이 되었다. 왕의강이 동부성(東府城)을 수리할 때, 성의 해자에서 옛날 무덤을 발견했다. 그것을 옮기려고 사혜련에게 제문을 지으라는 편지를 남기고선 글이 완성되길 기다렸다." 『문선』은 그 글을 수록하면서 이렇게 말한다. "풀을 엮어 만든 인형[芻

글 때문에 돌아왔네.[60] 이들 가운데 어떤 것은 온갖 힘을 다하려는 참되고 성실한 마음이 쇠나 돌처럼 단단한 것도 뚫은 경우이고 어떤 것은 충성스러움과 절의가 구름과 바람을 떨쳐 일으키는 기운이지.[61] 감정을 죄다 드러내는 말은 푸른 풀이 봄에 나서 자라는 것 같고 함부로 지껄이는 말은 누런 물결이 여름에 들끓는 것 같네. 죽은 이의 캄캄한 세계를 감동시키면 산에 있는 귀신이 밤에 울부짖고 밝디 밝은 산 사람의 세계를 드러내면 바다의 신령들은 아침의 맑은 날씨로 보답한다지.[62] 이런 것은

靈]도 이미 망가졌고 질그릇으로 만든 수레[塗車]도 이미 부서졌습니다." 『예기』 「단궁(檀弓) 하」는 이러하다. "질그릇으로 만든 수레와 풀로 만든 인형은 고대부터 있었다." 정현 주는 이러하다. "풀을 엮어 만든 인형은 띠풀을 묶어서 사람이나 말을 만든다. 영(靈)이라고 하는 것은 신(神)과 비슷하다."

60 『양서』 「문학전」(文學傳)은 이러하다. "구지(丘遲)는 자가 희범(希範)이며 오흥 출신이다. 여덟 살에 벌써 글을 잘 지었다. 다 자란 뒤, 서주(徐州) 종사(從事)로 나아갔다. 고조가 즉위한 뒤 중서랑이 되었다가 사도 종사중랑(從事中郎)으로 옮겼고 나중에 죽었다." 진백지(陳伯之)는 처음에 제나라 동혼후(東昏侯)를 섬기다가 나중에 양나라에 항복한 뒤, 이어서 다시 배반하고 위나라에 붙었다. 양나라 무제 천감(天監) 4년 10월에 양나라 임천(臨川) 왕굉(王宏)이 북벌을 하면서 낙구(洛口)에 주둔했다. 이듬해 봄, 왕굉은 기실인 구지가 왕백지와 같은 고향 사람이고 글도 잘 쓰기 때문에, 그에게 글을 지어 불러보라고 시켰다. 왕백지는 글을 얻어 보고 과연 수양(壽陽)의 양나라 성에서 팔천 명의 무리를 이끌고 귀순했는데, 이때가 천감 5년이다. 이 글은 『문선』에 수록되어 있다. 이런 말이 있다. "늦봄 삼월 강남의 풀은 무성하고 갖가지 꽃은 자라서 울창하며 꾀꼬리 무리지어 어지러이 날아다니네. 고국의 깃발과 북을 보면 이전에 평소 느꼈던 것일 테지. 악기 줄을 누르고 성가퀴에 오르니 어찌 슬프지 않은가!" 느낌으로 통하게 되었기 때문에 감동을 받은 것이다.

61 『신서』(新序) 「잡사」(雜事)는 이러하다. "웅거자(熊渠子)가 그의 정성스런 마음을 보이자 쇠와 돌도 열렸는데, 하물며 사람의 마음이야!" 『후한서』 권52 「이십팔장전론」(二十八將傳論)은 이러하다. "모두 바람과 구름을 느낄 수 있다면 지혜와 용기를 떨치리라."

역주_ 『신서』는 서한의 유향이 지었다. 원래 서른 권이었는데 북송 때 겨우 열 권만 남았다. 나중에 증공이 정리했다. 순임금과 우임금 때부터 한나라 때까지 역사적 사실과 전설을 모아서 편집했다. 『춘추좌전』, 『전국책』, 『사기』와 제법 차이가 있다. 유향은 『설원』도 지었는데 비슷한 성격의 책이다.

62 『회남자』 「본경훈」(本經訓)은 이러하다. "옛날 창힐이 글을 만들자 하늘에서 곡식이 비처럼 쏟아지고 귀신이 밤에 울었다." 한유 「남해신묘비」(南海神廟碑)는 이러하다. "장차 제사를 지내려는 밤에 하늘과 땅이 열리고 달과 별도 밝게 드러났다. 새벽 알리는 북소리 울리고 견우성[牽牛]이 하늘 가운데 떴다. 공이 이에 옷을 떨쳐입고 홀

모두 어두침침하고 아득한 데로 좇아 들어가는 것이며 마음과 뜻을 전달하는 것이라네. 사람을 따르는 변화와 에두르는 표현은 의도 그대로이지. 아마 이익과 녹봉을 찾는 넓은 길과 남의 마음을 미루어서 헤아리는 공부는 드러나지 않은 채 도달할 것이라네. 좀 오래 전의 문인들과 최근의 문인들의 문집은 대부분 붓 대신 칼을 쥔 구실아치의 재주일 뿐이지. 이왕 합쳐서 수레를 모니 말방울 소리 조화로운데 어찌 길을 나누고 깃발을 다투는가?[63]

모집의 공공성[募集之公]

재산도 많고 지위도 높은 사람의 소원을 만족시키다 보면 신선(神仙)을 부러워하는 지경까지 간다는 말을 들은 적이 있다네. 신선이 되는 방법[黃白之術][64]을 물리치자 문장을 높이는 생각이 빈자리를 독차지하게 되었지. 산 사람이 영원히 살 방도를 헤아리다가 오랫동안 사는 일이 이름을 전하는 일만 못하다는 생각을 하게 되었다네.[65] 어리석은 사람을 벌

을 쥐고 들어오자 바로 제사가 시작되었다. 바다의 온갖 신령님과 신비한 괴수들도 황홀하여 모두 나와 이리 꿈틀 저리 꿈틀거리며 와서 음식을 흠향한다."(『창려집』 권31)

63 『세설신어』「용지」(容止)는 이러하다. "위나라 무제가 흉노 사신을 만나게 되었다. 자신의 몰골이 누추하여 먼 이국에 멋진 모습을 보일 수 없다고 생각하여 최계규(崔季珪)에게 대신 만나라고 시켰다. 무제 자신은 칼을 쥐고 탁상 앞에 서 있었다. 일이 끝나고 간첩에게 물어보도록 시켰다. '위나라 임금은 어떻던가?' 흉노 사신은 이렇게 대답했다. '위나라 임금은 인물이 보통이 아니다. 그러나 탁상 머리에 칼을 잡은 사람이 있던데 그 사람이 영웅이다.'" 남을 대신해서 글을 써주는 것을 속칭 칼을 잡는다고 하는 것은 여기에 뿌리를 두고 있다. 『춘추좌전』「환공 2년」의 주는 이러하다. "난(鸞)은 수레[鑣]에 있고 화(和)는 수레끌채[衡]에 있다. 움직이면 모두 울리는 소리가 난다." 이것은 모두 방울을 가리킨다. 『사기색은』「회음후전」(淮陰侯傳)은 이러하다. "치(幟)는 비단의 길이가 한 길 다섯 자이고, 넓이는 반 폭이다."

64 『한서』「회남왕전」은 이러하다. "또한 『중서』(中書) 여덟 권이 있는데 신선술과 황백술(黃白術)을 말하고 있다." 안사고의 주는 장안을 인용하여 이렇게 말한다. "황(黃)은 황금이다. 백(白)은 백은(白銀)이다."

65 영원히 살 방도를 헤아리다[長生久視]라는 말은 『노자』를 보라. 완적(阮籍)「영회」(詠懷)는 이러하다. "천 년 만 년 이후 영광스런 명성은 어디로 가겠는가? 이에 선문

하고 지혜로운 사람을 드러내려면 결국 후세인을 근거로 앞 시대 사람을 이겨야 하지. 가장 높은 벼슬을 일곱 대에 걸쳐 차지한 사람 가운데 십만 가구나 되는 많은 재산을 하사받은[66] 경우도 있다네. 이럴 때는 똬리를 튼 뱀처럼 조용히 벼슬을 물러나 지내거나 간간이 쉬면서 한가롭게 잔치를 즐겨야지.[67] 세상의 온갖 영광에 파묻혀 지내는 일을 부끄럽게 여긴다면 결국 책이나 글을 짓는 일을 우아하게 생각하고 부러워할 걸세. 궁전의 서쪽 뜰에 우아한 이들을 모으고[68] 궁전의 동쪽 집에 유학

자(羡門子)를 깨우쳐 꺼이꺼이 소리 내어 자신을 비웃으려네." 증국번은 이렇게 말한다. "천 년으로 시작하는 구절은 영광스런 명성을 칭찬할 수 없다는 말이다. 선문으로 시작하는 구절은 장생불사란 사모할 것이 못 된다는 말이다." 위나라 문제 『전론』 「논문」은 이러하다. "아마 문장은 나라를 경륜하는 위대한 사업이요 불후의 성대한 사업일 것이다. 사람 목숨이란 때가 되면 다하는 것이요 영화와 쾌락은 자신에게서 멈춘다. 영화와 쾌락이 꼭 도달하여 오랫동안 간다한들, 문장의 영원함만은 못하다."

66 『문선』에 실린 좌사 「영사」(詠史)는 이러하다. "김일제와 장탕 집안은 대대로 쌓은 업을 빌어 한나라의 담비 꼬리를 일곱 번이나 꽂았네." 주는 동파(董巴)의 『여복지』(輿服志)를 인용하여 이렇게 말한다. "시중과 중상시(中常侍)는 무변(武弁)을 쓰고 담비 꼬리로 장식했다." 『사기』 「여불위전」은 이러하다. "하남(河南)과 낙양의 십만 호를 식읍으로 받았다."

역주_ **김일제**(金日磾)는 본래 흉노 휴도왕의 아들이다. 한나라에 귀순하여 총애를 받았는데, 무제 때부터 칠대에 걸쳐 황제를 모셨다. **장탕**(張湯) **집안**은 선제와 원제 때부터 시중이나 중상시를 십여 명이나 배출했다.

67 『시』 「소남」 "고양"(羔羊)은 이러하다. "관청에서 퇴근하니 당당하고 여유롭네." 「전」은 이렇게 말한다. "위사(委蛇)란 걸음걸이가 자취를 따를 수 있다는 말이다." 정현의 「전」(箋)은 이러하다. "상세하고 스스로 다 가진 듯한 모습이다." 서견(徐堅) 『초학기』(初學記)는 이러하다. "한나라 법률에 벼슬아치는 닷새에 한 번 휴목(休沐)을 얻는다고 했다. 쉬면서 목욕한다는 말이다." 『한서』 「동방삭전」은 이러하다. "맑고 평화로운 여유를 하사받았다."

역주_ **서견**(659~729)은 자가 원고(元固)이며 호주 장성(長城) 출신이다. 전고를 많이 알았기 때문에 격식, 씨족, 국사 등의 편찬 책임을 맡았다. **『초학기』**는 당나라 서견 등이 현종의 명에 따라 편찬한 책이다. 시문을 짓는 데 필요한 고금의 전고나 구절, 작품 따위를 스물세 부 삼백열세 항목으로 분류했다. 모두 서른 권이다.

68 장형 「동경부」(東京賦)는 이러하다. "시간은 동짓달, 서원(西園)에서 크게 벌렸다." 이선 주는 이러하다. "서원은 상림원(上林苑)이다." 조식 「공연시」(公讌詩)는 이러하다. "맑은 밤 서원에서 노닐다가 나는 듯 수레 몰아 서로 좇아가네. 밝은 달은 맑은 그림자 드리우고 늘어선 별자리들은 마침 들쭉날쭉하네."

자들을 손님으로 모신 뒤,[69] 좋은 붓과 종이를 늘어 놓고 푸른빛 먹과 붉은빛 먹으로 책을 쓰고 교정하게 하지.[70] 예술계[藝林]에서 훌륭한 일을 구한다면 결국 힘을 합쳐 함께 바랄 걸세. 어떤 사람은 형산(荊山)에서 난 옥 원석을 품고[71] 어떤 사람은 수나라 임금[隋侯]의 구슬을 자랑하며[72] 어떤 사람은 연나라 시장의 돌멩이를 보물로 생각하기도 하고[73] 어떤 사람

69 『한서』「공손굉전」(公孫宏傳)은 이러하다. "공손굉은 두각을 나타내리라는 것을 스스로 알고 맨발로 시작하여 몇 년 만에 재상이 되고 제후로 봉해졌다. 그래서 손님들이 묵을 집[客館]을 만들고 동각을 열어 현인들을 초빙했다."

70 『서경잡기』 권3은 이러하다. "양웅은 호사가라서 늘 먹[鉛]을 가슴에 품고 세 자 짜리 죽간[槧]을 들고 다녔다. 계리(計吏)를 좇아 다른 지방의 지극히 세속적인 말들을 찾아다녔다. 『방언』을 지었다." 옛날에 교수는 빛깔로 구별했다. 『당서』「육구몽전」(陸龜蒙傳)은 이러하다. "글을 얻으면 익숙하게 될 때까지 읊은 뒤에 기록하고 부지런히 교정하는 바람에 붉은색과 노란색이 손에서 떠나질 않았다. 갈무리한 것은 비록 적었지만 그 정밀함은 모두 전할 만했다."

71 『한비자』「화씨」(和氏)는 이러하다. "초나라 사람 화씨가 옥 원석[玉璞]을 초산(楚山)에서 얻었다. 그것을 받들어 여왕(厲王)에게 바쳤다. 여왕은 옥인(玉人)에게 감정하라고 시켰다. 옥인은 이렇게 말했다. '그냥 돌입니다.' 여왕은 화씨가 속였다고 생각하여 왼쪽 발꿈치를 자르는 벌을 내렸다. 여왕이 세상을 떠나고 무왕이 즉위했다. 화씨는 다시 원석을 받들고 무왕에게 바쳤다. 무왕은 옥인에게 감정하라고 시켰다. 옥인은 다시 이렇게 말했다. '그냥 돌입니다.' 무왕도 화씨가 속였다고 생각해서 오른쪽 발꿈치를 자르는 벌을 내렸다. 무왕이 세상을 떠나고 문왕이 즉위했다. 화씨는 이에 원석을 껴안고 초산 아래에서 사흘 밤낮으로 통곡했다. 눈물이 마르자 이어서 피가 흘렀다. 문왕이 그것을 듣고 사람을 시켜 이유를 물어보았다. '천하에 널린 것이 발꿈치를 잘린 사람인데 그대는 어찌 그리 슬피 통곡하시오?' 화씨는 이렇게 대답했다. '나는 발꿈치를 잘린 것을 슬퍼하는 것이 아니다. 보옥이 있어도 그것을 돌이라고 감정하고 올바른 선비이지만 속였다고 낙인찍는 것을 슬퍼한다. 이것이 내가 슬퍼하는 이유이다.' 문왕은 이에 사람을 시켜 그 원석을 다듬게 했고 보배를 얻었다. 결국 이것을 화씨지벽(和氏之璧)이라고 명명했다."

72 『회남자』「남명훈」(覽冥訓) 고유의 주는 이렇게 말한다. "수후(隋侯)는 한수 동쪽의 나라이며 주나라와 같은 희성(姬姓) 제후이다. 수후는 큰 뱀이 상처를 입고 죽을 지경인 것을 보고 약으로 살렸다. 나중에 뱀이 장강에서 큰 구슬을 물어와 그에게 보답했다. 그래서 수후의 구슬[隋侯之珠]이라고 한다. 아마 명월주(明月珠)일 것이다."

73 『문선』에 실린 응거(應璩)의 「백일시」(百一詩)는 이러하다. "송나라 사람이 연석(燕石)을 보배로 여기다가, 보석과 다른 것을 알고 부끄러워한다네." 주는 『감자』(闞子)를 인용하여 이렇게 말한다. "송나라의 어떤 어리석은 사람이 오대(梧臺) 옆에서 연석을 얻었는데, 그것을 대단한 보배로 생각했다. 주나라의 손님이 듣고 와서 보자고 했다. 주인은 이레 동안 목욕재계를 하고 검은 면류관과 검은 옷을 차려입은 뒤 보

은 제나라 서울에서 가짜로 생황을 불기도 하지.[74] 이들은 모두 개인적인 재주를 품고 자신이 좋아하는 짓을 하다가도, 장인의 손길이 어디를 가리키는지 보면 자신이 좋아하던 것도 박차고 달려가네. 많이 가지고 널리 쓰는 일[75]은 식량을 산더미처럼 쌓고 꿀을 모아둔 것에 비유하겠네. 큰 힘을 빌려 모두 남긴다면, 학문을 잘하는 사람이 찾기 위해 조사할 때 제공할 수 있겠지. 공적을 세우는 일은 주장을 세우는 일과 마찬가지이니 전문가의 학파가 새로운 것을 처음 만들어 내는 일에 어찌 조금이라도 부족함이 있으리오?

악부의 공공성[樂府之公]

『시』나 『이소』의 문체가 변하자 악부(樂府)[76]가 등장했지. 「주로」(朱鷺)

배를 꺼냈다. 가죽으로 만든 궤짝을 열 겹으로 쌌고 다시 천으로 열 겹을 쌌다. 손님은 그것을 본 뒤 고개를 숙이고 입을 틀어막았다. 그러다가 목구멍에서 올라오는 껄껄거리는 웃음을 터트리며 이렇게 말했다. '이것은 연석일 뿐이잖소. 그건 기왓장이나 다를 게 없소.' 주인이 크게 노하여 이렇게 말했다. '장사치의 말이고 의사의 마음이야.' 그것을 더욱 견고하게 갈무리하고 더욱 조심스럽게 지켰다."(나는 이렇게 생각한다. 『예문유취』는 이것을 『궐자』(闕子)에서 인용했다 한다. 『한서』 「예문지」 '종횡가'에 『궐자』 한 편이 있다.)

역주_ **연나라 시장의 돌멩이**는 '燕石'을 가리킨다. 연석은 조개껍질이다. 장학성은 아래에 여러 차례 나오는 연석을 여기서 웬일인지 연나라 시장에서 거래되는 돌멩이처럼 묘사하고 있다. 아마 오해가 있는 듯하다.

74 『한비자』 「내저설 상」은 이러하다. "제나라 선왕이 사람을 시켜서 생황을 불라치면 꼭 삼백 명에게 함께 불라고 했다. 남곽(南郭)에 사는 처사가 왕을 위해 생황을 불겠다고 청하자 선왕은 기뻐했고, 국가 재정으로 수백 명을 먹여 살렸다. 선왕이 죽고 민왕(湣王)이 즉위했는데 민왕은 한 사람 한 사람씩 부는 것을 듣기 좋아했다. 처사는 달아났다."

75 『춘추좌전』 「소공 7년」은 이러하다. "그가 사용한 물건은 숱하고 그가 정화를 취한 것은 많습니다."

76 호응린(胡應麟) 『시수』(詩藪) 내편 권1은 이러하다. "사언(四言)이 변해서 『이소』가 되고 『이소』가 변해서 오언(五言)이 되었다." 또 이렇게도 말한다. "사언은 주나라에서 성했고 한나라 때 완전히 변해서 오언이 되었다. 『이소』는 초나라에서 성했고 한나라 때 완전히 변해서 악부가 되었다. 문체는 비록 다르지만 노래는 사실 나란히 달리니 모두 변해서 좋아진 것이다." 『한서』 「예악지」는 이러하다. "무제는 교사(郊祀)의 예를 정하고 이에 악부를 세웠다. 시를 채집하여 밤에 읊었는데 조나라, 대나

나 「사비옹」(思悲翁), 「상야」(上邪)나 「애여장」(艾如張) 같은 제목은 학문을 지망하는 선비들이 설명하여 밝히려 했지만 증명할 수 없었다네.[77] "비호희"(妃呼豨)니 "슬이"(瑟二)니 "존오"(存吾)니 "기령"(幾令)처럼 소리를 맞추기 위한 박자는 음악 연주자가 쟁쟁하는 소리만 기록했지.[78] 헤아려

라(代), 진나라, 초나라의 노래[謳]가 있었다. 이연년(李延年)을 협률도위(協律都尉)로 삼고 사마상여 등 수십 명을 많이 천거하여 시부를 만들고 율려를 대략 논하게 했다. 이로써 팔음의 조화를 합하고 열아홉 장의 노래를 지었다."

역주_ 호응린(1551~1602)은 자가 원서(元瑞), 호가 소실산인(少室山人), 별호가 석양생(石羊生)이다. 난계(蘭溪) 출신이다. 열여섯 살에 국자감에 들어가 수재로 공부했다. 만력 4년(1576) 거인이 되었으나 회시에는 낙방했다. 당시 문단을 주름잡던 왕세정이 그를 인정했다. 왕세정이 죽고 희곡작가인 왕도곤(汪道昆)이 이끌던 백유사(白楡社)에 참여했다. 왕도곤이 죽은 뒤 그가 문단을 이끌었다. 늘그막에 학문에 힘썼다. 저술에 『소실산방유고』(少室山房類類稿), 『시수』 등이 있다. 악부는 인정이나 풍속을 읊고 글귀에 장단이 있는 시가이다. 고염무에 따르면 한나라 관청인 악부에서 장르의 이름이 나왔다고 한다.

77 『고금악록』(古今樂錄)은 이렇게 말한다. "한나라 때 고취요가(鼓吹鐃歌) 열여덟 곡의 글자에는 잘못 된 것이 많다. 첫째 「주로」(朱鷺), 둘째 「사비옹」(思悲翁), 셋째 「애여장」(艾如張), 열다섯째 「상야」(上邪)이다."(『악부시집』(樂府詩集) 권16)

78 한나라 요가인 「유소사」(有所思)는 이러하다. "비호희(妃呼豨), 가을바람 소슬하고 새벽바람 선선하네." 왕사정(王士禛)은 이렇게 말한다. "비호희는 모두 곡조는 있는데 글자는 없다."(『지북우담』(池北偶談)) 슬이(瑟二)는 더 밝혀야 한다. 한나라 요가인 「임고대」(臨高臺)는 이러하다. "우리 임금께서 만년을 사시길. 수중오(收中吾)." 유리(劉履)는 이렇게 말한다. "노래 끄트머리의 수중오 세 글자의 뜻은 상세하지 않다. 나머지 곡조가 아닌지 의심스럽다. 악록(樂錄)의 양무이(羊無夷)니 이나하(伊那何) 같은 종류일 것이다."(『고시원』(古詩源)에서 재인용) 송나라의 고취요가인 「만지곡」(晩芝曲)은 이러하다. "기령(幾令) 내[吾] 기령, 여러 한나라에 난리가 터져서 바로 영오(令吾)."(『악부시집』 권19) 심약은 이렇게 말한다. "연주자[樂人]는 곡조로 전하기 때문에 훈고로는 다시 풀 수 없다. 아마 고대의 악록에서 모두 큰 글씨로 쓴 것은 가사이고 잔글씨로 쓴 것은 곡조일 것이다. 곡조와 가사를 합쳐서 쓰기 때문에 벌어진 일일 뿐이다."(『송서』 「악지」) 『한서』 「예문지서」(藝文志叙)는 이러하다. "한나라가 일어나고 제씨(制氏)의 아악(雅樂)이 가진 음악 곡조[聲律]는 대대로 악관(樂官)에게 있었다. 그들은 제씨의 곡조[鏗鏘]와 북춤[鼓舞]을 대단히 잘 기록하고 있었지만 그 뜻은 말할 수 없었다."

역주_ 유리는 「임고대」의 마지막 세 글자인 '수중오'만 모르겠다고 했지만, 맨 앞의 '우리 임금께서'라고 옮긴 부분의 원문인 '令吾主'도 사실 의심스럽다. 수중오와 마찬가지로 '영오', 곧 추임새를 표현하는 의성어라고 보아야 할 것이다. 또는 영은 뜻으로, 오는 소리로 본다면 '영이여'라고 볼 수도 있다. 영은 아름답다는 뜻도 있으니 아름답구나 정도로 옮길 수도 있다. 이것은 다음의 「만지곡」도 마찬가지이다. 오는 확실

짐작하거나 사물이나 사람의 모습을 헤아려 그려내고 펼치고 전개하여 표현하네. 호사가는 말을 다듬기 위한 수사를 말하지만 슬픔이나 걱정 때문에 속을 썩이는 사람은 마음속에 따로 품은 생각이 있지. 금 재갈을 물린 백마를 타고[79] 술집과 기생집을 이리저리 돌아다닌다는 말[80]은 나이 어릴 때의 즐거움을 그린 것이라네. 옥문관(玉門關)이나 만인산(萬仞山)

히 감탄의 뜻을 가진 어미(語尾)라고 보아야 한다.

79 조식 「백마편」(白馬篇)은 이러하다. "백마에 금 고삐로 치장하고, 훨훨 날 듯 북서쪽으로 달리네."

80 이백(李白) 「소년행」(少年行)은 이러하다. "오릉(五陵)의 소년 금시(金市) 찾아 동쪽으로 가려니, 은 안장 백마에 얹고 봄바람을 건너네. 낙화는 다 밟았으니 어디로 갈고, 호희(胡姬) 있는 술집에나 웃으며 들어갈까." 이백 「소년자」(少年子)는 이러하다. "금빛 탄환은 나는 새를 떨구고, 밤 사람은 경루(瓊樓)에 누웠네."

역주_ 이백(701~762)은 당나라의 시인이다. 자는 태백(太白), 청련거사(靑蓮居士)라고도 한다. 두보와 함께 중국 최고의 고전시인이다. 출생지와 혈통에 관해 많은 설이 있다. 촉의 면주(綿州, 현재 사천성 창명현)에서 출생했다는 설, 다섯 살 때 아버지와 함께 서역에서 이주해왔다는 설, 아버지가 상인이었다는 설, 서북 지방의 이민족이었다는 설 등 일정하지 않다. 경제적으로 매우 풍족한 집안이며 스물다섯 무렵까지 잠시 여행한 일도 있지만 아마 촉에서 지낸 것으로 여겨진다. 열다섯 살 무렵에 벌써 시문을 잘 지었다고 한다. 이십대 중반 촉을 떠나 십 년 가량 안릉(安陵, 현재 호북성)을 중심으로 생활했다. 스물일곱 살에 그 지역의 명문 허어사(許圉師)의 손녀와 결혼했다. 맹호연(孟浩然, 689~740)과 교제를 시작했다. 서른다섯 살 무렵에는 산동을 중심으로 각지를 돌아다녔다. 마흔 살 무렵 공소부(孔巢父), 배정(裵政) 등과 산동의 조래산(徂徠山) 기슭 죽계(竹溪)에 모여 술에 취해 생활했다. 천보 원년(742) 경 처음 장안에 나온다. 도사 오균(吳筠)이 조정에 들어가면서 벼슬을 하게 된 듯하다. 태자빈객 하지장(賀知章, 659~744)을 만나 하늘에서 유배당한 신선이라 칭송을 받으며 명성이 순식간에 장안에 퍼졌다. 현종을 알현하고 한림공봉(翰林供奉)에 임명되었다. 황제 측근들과의 마찰 때문에 744년 장안을 떠나지 않을 수 없었다. 장안을 떠난 이백은 동쪽으로 향했고 744년 여름 낙양에서 두보를 만났다. 이후 이백은 양자강 하류를 떠돌아다녔다. 천보 14년(755) 안사의 난이 일어나고 이듬해 6월 장안이 함락되자 현종은 촉으로 피신했다. 그해 겨울 여산에 은거하던 그는 현종의 아들 영왕(永王) 이린(李璘)의 수군에 막료로 들어가게 되었다. 영왕의 군대가 적으로 간주되고 영왕이 살해된 뒤 이백도 체포되었다. 일단 석방되었으나 대역죄가 추가되어 결국 야랑(夜郎, 현재 귀주성)으로 유배되었다. 건원 2년(759) 3월 야랑으로 가던 도중 백제성(白帝城)을 지나면서 사면 통지를 받게 되었다. 동정호(洞庭湖) 부근에서 시인 가지(賈至, 718~772)를 만난 뒤 강남에서 지냈다. 보응 원년(762) 이백은 당도(當塗, 현재 안휘성) 현령인 족숙(族叔) 이양빙(李陽冰)에게 병든 몸을 의탁하고 있다가 동짓달 무렵 죽었다.

처럼 험한 곳에서 버들가지를 꺾는다든지 나그네 가는 길에 바람에 실린 연기만 자욱하다는 말[81]은 헤어질 때의 감정을 그렸지. 풀이 우거지고 새가 살졌다든지 말이 씩씩하고 활이 훌륭하다는 말[82]은 사냥의 쾌락을 그렸네. 농산 산꼭대기 흐르는 물[隴水] 탓에 목이 멘다거나 변경의 요새에서 저녁노을이 하늘을 누렇게 물들인다는 말[83]은 변경을 지키러 멀리 떠나는 길을 그렸지. 어떤 작품은 속 깊이 분한 마음에 변경으로 떠나는 사람의 원통함을 펼친 것이고 어떤 작품은 걱정스럽고 답답한 마음에 버림받은 여인의 슬픔을 펼친 것이네. 어떤 작품은 넓은 마음으로 놀이를 베푼 잔치의 즐거움을 돋운 것이고 어떤 작품은 옛사람의 의도를 곱고 아름다운 노랫말에 맡긴 것이지. 아마 전하는 사람이 악부의 뜻

81 왕지환(王之渙) 「출새」(出塞)는 이러하다. "황하는 멀리 흰 구름 사이 올랐고, 외로운 성은 까마득한 산 위에 있네. 강적(羌笛)은 어찌 버드나무를 원망하나, 봄바람은 옥문관(玉門關)을 지나지 못하네." 『춘추좌전』 「희공 30년」은 이러하다. "행리(行李)가 오고가다." 두예 주는 이러하다. "행리는 사인(使人)이다." 왕발의 시는 이러하다. "바람 부는 안개 속 오진(五津)을 바라보네."

역주_ **왕지환**(688~742)은 당나라 때의 시인이다. 자는 계릉(季凌)이며 조상들은 진양(晉陽, 현재 산서성 태원)에서 살았다. 고조부 때 산서 강현으로 옮겼다. 호방하고 얽매이지 않는 성격에 늘 칼을 쓰고 슬픈 노래를 불렀다 한다. 고적이나 왕창령 같은 시인과 어울렸고 변경 지역의 풍광을 잘 묘사한 것으로 유명하다.

82 이백 「행행차유렵」(行行且遊獵)은 이러하다. "호마(胡馬)는 가을이라 살져 마른 풀이 마땅하고, 섭영(躡影)을 몬다 한들 어찌 뽐내리오." 위나라 문제 『전론』 「자서」(自敍)는 이러하다. "때는 늦봄이라 구망(句芒)이 절기를 맡은 때이다. 바람은 온화하여 만물을 간지럽게 하고, 활은 말랐으나 손은 부드럽다. 풀은 아직 연하여 짐승들이 살졌으니 친척 형의 아들 조단[丹]과 서울 서쪽에서 사냥하며 날이 저물었다."(『삼국지』 「위서」 "문제기" 주에서 재인용)

역주_ **섭영**은 햇빛을 밟는다는 뜻이다. 좋은 말의 이름이기도 하다.

83 「농두가」(隴頭歌)는 이러하다. "농산 꼭대기 흐르는 물이여, 소리 울리고 소리 질러. 멀리 진천(秦川)을 바라보니, 애간장이 끊어지네." 왕창령(王昌齡) 「종군행」(從軍行)은 이러하다. "사막[大漠]의 모래바람 햇빛을 흐리고, 붉은 깃발 반쯤 감겨 원문(轅門)을 나서네. 전군(前軍)은 간밤에 조하(洮河) 북쪽에서 싸웠다지, 토욕혼(吐谷渾)에 사로잡혔다는 소식이 벌써 왔네."

역주_ **왕창령**(698~755)은 당나라 때의 시인이며 자는 소백(少伯)이다. 청신한 착상으로 칠언 절구에 뛰어나 이백과 쌍벽을 이루었다. 안사의 난에 피살되었다. 대표작에 「출새」(出塞), 「부용루송신점」(芙蓉樓送辛漸) 등이 있다.

에 통달하지 못했기 때문에 결국 「자야」(子夜)가 여자의 이름이며[84] 「목란」(木蘭)이 자신에 관한 일을 스스로 펼친 시라고 말하게 되었을 것이라네.[85] 만약 『시』가 말한 여섯 가지 뜻 가운데 비흥에 어긋나지 않는다면 지은이가 어찌 자기 이름을 개인이 소유하려고 했겠는가?

점찬의 공공성[點竄之公]

이밖에 시를 지은 사람이 작품을 교정한 일[點竄]은 역사가의 편집을 본받았지.[86](관례를 그대로 따라서 완성한 글 가운데 어떤 것은 조금 교정하는 일이 있다. 이것은 역사가의 의례에만 이런 일이 있다. 시집과 문집에는 본래 이런 형식이 없다. 어쩌다가 띄엄띄엄 이런 형식이 있더라도 신기한 것과 악취가 나는 것 사이에 큰 차이가 있으므로 변별하지 않을 수 없다) 봉황이 가시덤불 우거진 언덕에서 괴로워하자 남쪽 나라에 가시밭만 무성한 것을 슬퍼하네.[87](장자는 「봉혜가」(鳳

84 『송서』 「악지」는 이러하다. "「자야가」(子夜歌)는 어떤 여자 이름이 자야(子夜)라서 이런 곡조를 만들었다. 진나라 효무제의 태원(太元) 연간에 낭야(瑯琊) 왕가(王軻)의 집에 귀신이 있었는데 「자야」를 노래했다고 한다."

85 「목란시」(木蘭詩)는 북쪽의 노래일 테지만 후세인의 수정을 거친 것이다. 『독이지』(獨異志)는 목란의 성이 화(花)이며, 상구(商邱) 출신이라고 하지만 아마 견강부회한 것이리라.

86 『사기』 「십이제후연표서」는 이러하다. "학문을 이루거나 고문을 연구하는 사람을 위하여 요약하고 편집했다." 장학성 「복최형주서」(覆崔荊州書)는 이러하다. "요약 편집[要刪]은 덜어내서 요점을 취하여[刪要] 쓰임새를 갖추는 것이다."

87 『논어』 「미자」는 이러하다. "초나라 미치광이 접여(接輿)가 노래를 부르며 공자를 지나가고 있었다. '봉이여, 봉이여! 어찌 덕이 쇠했는가. 지나간 것은 충고할 수 없으나 오는 것은 도리어 좇을 수가 있구나. 아서라 말아라! 지금 정사를 따르는 것은 위태로울 뿐이라!'" 『장자』 「인간세」는 이러하다. "공자가 초나라에 갔을 때 초나라 미치광이 접여가 공자가 있는 집 문을 오가며 이렇게 말했다. '봉이여, 봉이여! 어찌 덕이 쇠했는가. 지나간 것을 기다릴 수도 없고 오는 것을 좇을 수도 없구나. 천하에 도가 있으면 성인이 완성한다. 천하에 도가 없으면 성인은 그저 살아갈 뿐이다. 지금 세상은 그저 형벌만 면하는 게 고작이다. 복은 깃털보다 가벼운데 그것을 실을 줄도 모르고, 재앙이 땅보다 무거운데 그것을 피할 줄도 모른다. 아서라 말아라! 덕으로 사람을 대하는 일을. 위태롭다 위태로워! 땅에 금 긋고 허둥대는 짓은. 가시나무여 가시나무여, 내 갈 길을 막지 마라. 내 가는 길이 도리어 구불구불하니 내 발을 상하게 말아라.'" 왕선겸(王先謙)은 이렇게 말한다. "미양은 극자(棘刺)를 말한다. 산

兮歌)를 고쳤다) 사슴이 쑥대 우거진 들판에서 울자 「소아」(小雅)의 "동산"(東山) 시를 빌려 읊었지.[88](위나라 무제는 「소아」의 시를 빌려 썼다) 여라와 줄사철나무는 「맥상상」(陌上桑)에서 「산귀」(山鬼)의 문사를 펼쳤다네.[89] 곱고

과 들에 나고 밟으면 발을 상한다." 『시』 「한광서」(漢廣序)는 이러하다. "문왕의 교화가 남쪽 나라에 미쳤다."

역주_ 왕선겸(1842~1917)은 자가 익오(益吾)이며 집의 이름이 규원(葵園)이라 학자들이 규원 선생(葵園先生)이라 불렀다. 호남 장사 출신이다. 성남서원(城南書院), 악록서원(嶽麓書院)의 산장을 역임했다. 열여덟 살에 장학생[稟膳生]으로 뽑혔고 동치 3년(1864) 향시에 합격하여 거인이 되고 이듬해 진사가 되었다. 한림원 서길사에 임명되었다가 산관 이후 편수가 되었으며 한림원 시강으로 옮겼다. 광서 6년(1880) 국자감 좨주에 임명되었고 국사관, 실록관의 직을 겸했다. 여러 지방의 시험관을 거쳐 광서 11년 강소 학정이 되었다. 많은 문인을 초빙하여 강음(江陰)의 남청서원(南菁書院)에 편집국을 설치하고 『황청경해속편』(皇淸經解續編)을 출판했다. 그리고 남청서원총서(南菁書院叢書)도 출판했다. 광서 15년(1889) 강소 학정을 그만두고 장사로 돌아가 살았다. 이듬해 호남 사현강사(思賢講舍)를 맡았고 책도 출판했다. 광서 17년 성남서원 산장에 취임했다가 광서 20년 악록서원 산장으로 옮겼다. 유신운동이 전국에서 일어나자 왕선겸도 은화 만 냥을 투자하고 자금을 모아서 광서 22년(1896) 보선성기기제조공사(寶善成機器制造公司)를 차리고 업무를 보았다. 경영이 좋지 않아 손해를 보고 광서 25년 공장의 문을 닫았다. 광서 26년(1900) 당재상(唐才常) 등이 비밀리에 자립군(自立軍) 봉기를 준비하다 실패했다. 왕선겸, 섭덕휘 등이 밀고했기 때문이다. 광서 29년 서원을 근대 교육기관인 학당(學堂)으로 바꾸는 풍조가 일어났지만 왕선겸은 악록서원과 호남사범관(湖南師範館) 관장을 겸임하고 있었다. 학당으로 바꾸려는 논의가 있자 그는 자리에서 물러났고 같은 해 악록서원은 호남고등학당(湖南高等學堂)이 되었다. 선통(宣統) 3년(1911) 무창기의(武昌起義)가 일어나자 그는 이름을 바꾸고 평강(平江)으로 숨었다. 밖에 나가지 않고 글을 쓰다가 삼년 뒤 장사에 돌아왔고 민국 6년(1917) 병으로 세상을 떴다. 편저에 『황청경해속편』, 『십조동화록』(十朝東華錄), 『속고문사유찬』(續古文辭類纂) 등이 있다. 저술에 『한서보주』(漢書補注), 『후한서집해』(後漢書集解), 『순자집해』(荀子集解), 『장자집해』(莊子集解), 『시삼가의집소』(詩三家義集疏), 『허수당시문집』(虛受堂詩文集) 등이 있다.

88 위나라 무제 「단가행」(短歌行)은 이러하다. "메에메에 사슴들 울며, 들의 다북쑥을 뜯네. 내게 좋은 손님 오셔 슬 뜯고 생황 부네." 이것은 『시』 「소아」 "녹명"을 사용했다. 『예기』 「학기」는 이러하다. "제사를 위해 학생에게 「소아」의 시 세 편을 익히는 것이다." 주는 이러하다. "소(宵)는 소(小)를 말한다. 「소아」의 시 세 수를 익히는 것이다." 『시』 「빈풍」 "동산서"(東山序)는 이러하다. "「동산」은 주공이 동쪽을 정벌한 것이다." 위나라 무제 「고한행」(苦寒行)은 이러하다. "슬프구나, 저 「동산」 시는. 아련하게 나를 슬프게 만드네."

89 곽무천(郭茂倩) 『악부시집』 권28 「맥상상」(陌上桑)은 이러하다. "여기 산모퉁이에 사람처럼 보이는 게 있네. 벽려(薜荔)를 입고 허리에 여라(女蘿)를 띠었구나. 흘깃 곁눈

아름다운 비단과 베나 버금가는 비단과 베는 「삼부염」(三婦豔)이 「협사행」(狹邪行)의 옛 구절을 이었지.[90](이것은 악부 「맥상상」과 「삼부염」의 가사를 가리킨다) 양나라 때는 「농두」(隴頭)의 노래를 고쳤고[91](옛 가사에 보태거나 빼서

질도 하고 살포시 웃으려는 것도 같네. 그대는 내 착하고 아리따움을 연모하는구려. 붉은 표범을 타고 삵을 좇네. 신이(辛夷)로 만든 수레를 몰며 계수나무 깃대를 매었구려. 나비난초[石蘭]를 입고 족도리풀[杜衡]을 띠었구나. 향기로운 풀을 꺾고 창포를 뽑아 사모하는 그대에게 보내노라. 어둑어둑한 대나무 숲에 있어 끝내 하늘을 보지 못하네. 길이 험난해도 홀로 뒤 밟아 따라오네. 산꼭대기 홀로 서고 보니, 구름은 뭉게뭉게 발아래 있구나. 아득하여 어둡도다. 낮이라도 어둡더니 동풍 세차게 불어 신령이 비를 내리시네. 바람소리 우수수 쓸쓸이 부는데 나무는 쉬쉬 소리를 내네. 그대를 그리며 공연히 시름에 젖도다." 이것은 『초사초』(楚辭鈔)라는 제목을 달고 「구가」 "산귀"(山鬼)의 가사에 연결시켜 수록했다.

역주_ **곽무천**은 자가 덕찬(德粲)이며 운주(鄆州) 수성(須城, 현재 산동성 동평) 출신이다. 곽권(郭勸)의 손자이며 곽원명(郭源明)의 아들이다. 원풍 7년(1084) 하남부(河南府) 법조참군(法曹參軍)이었다. 다른 기록은 찾아볼 수 없다. 저술에 『악부시집』이 있다. **벽려**는 학명이 피쿠스 푸밀라(Ficus pumila)라는 뽕나무과 식물이다.

90 악부 「장안유협사행」(長安有狹邪行) 끄트머리는 이렇게 말한다. "큰 며느리는 나기(羅綺)를 짜고 둘째 며느리는 유황(流黃)을 짜네. 막내며느리만 할 일 없이 비파를 끼고 높은 당 위에 올랐네. 어른도 편안히 앉아 악기 줄을 고르니 장차 미앙(未央)을 연주하려네." 심덕잠(沈德潛)은 이렇게 말한다. "후세인이 「삼부염」(三婦豔)에 따다 썼다." 왕융(王融)은 「삼부염」에서 "막내며느리만 할 일 없이"와 "악기 줄을 고르고 미앙에 이르네"라고 약간만 고쳐 썼다.(『악부시집』 권35) 나머지는 같다.

역주_ **나기**는 무늬가 들어간 화려한 비단, **유황**은 갈색이 도는 노란색 비단이다. **심덕잠**(1673~1769)은 자가 확사(确士), 호가 귀우(歸愚)이며 강소 장주(長洲, 현재 강소성 소주) 출신이다. 어려서 집안이 가난했고 스물세 살부터 아버지의 업을 이어 학생들을 모아 가르치는 일로 생계를 꾸렸다. 형편은 어려웠지만 공부를 게을리 하지 않았다. 젊어서 섭섭(葉燮)에게 시를 배워 시문으로 유명해졌다. 과거 시험에 여러 차례 응시했으나 뜻을 이루지 못했다. 스물두 살부터 시작하여 열일곱 번이나 응시했고 결국 건륭 4년(1739) 예순일곱의 나이에 진사가 되었다. 벼슬은 내각 학사 겸 예부시랑에 이르렀다. 일흔일곱에 은퇴하여 고향에 돌아왔다. 저술에 『고시원』(古詩源)이 있다.

91 양나라 「농두류수가사」(隴頭流水歌辭)는 이러하다. "농산 꼭대기 흐르는 물이여, 흘러내려 사방으로 내려가네. 이 내 몸을 생각하니 광야에 큰 바람 불 듯 방랑하네. 서쪽으로 농산 언덕에 오르니 양의 창자처럼 굽고 또 굽었네. 산은 높고 골은 깊어 다리가 시큰거리는 지도 몰랐네. 손을 뻗어 약한 가지를 잡으나 다리는 약한 진창에 더더욱 빠져드네." 또한 「농두가사」(隴頭歌辭)의 앞 네 구절은 앞과 같고, 뒤는 다음과 같다. "아침에 흔성(欣城)을 떠나 저물녘에 농산 꼭대기에서 묵었네. 추위에 말을 할 수 없으니 혀가 말려들어 목구멍으로 들어간 듯하네. 농산 꼭대기 흐르는 물이

지었다) 한유는 「월식」(月蝕)의 시구를 덜어냈다네.[92](노동(盧仝)의 시를 덜어내고 고쳤다) 이 어찌 남이 쓴 문장이나 시의 한 부분을 원래 뜻을 살피지 아니하고 인용한 것이리오! 그렇다면 손님을 대접하는 자리에서 작품을 짓는 것과 다를 게 없겠지.(옛사람의 시를 노래하는 것은 자기 뜻을 드러내는 일이다) '황하는 언덕이 달려온 기세를 끊고'라는 구절에 대해 '봄풀은 푸른 흔적을 남기고'라는 대련이 있네.[93](송나라 때 시인데 당나라 때 구절을 편리한

여, 깊숙한 저 속에서 소리 울려. 멀리 진천을 바라보니, 애간장이 끊어지네."(『악부시집』 권25) 아마 옛 시어를 증가시키고 고쳐서 지었을 것이다.

92 노동(盧仝) 「월식시」(月蝕詩)는 『옥천자집』(玉川子集) 권1에 수록되어 있다. 한유 「월식시효옥천자작」(月蝕詩效玉川子作)은 『창려집』 권5에 수록되어 있다. 진제지(陳齊之)는 이렇게 말한다. "한유는 옥천자의 「월식시」를 본떴다는데, 노동의 쓸데없는 말을 뺐을 뿐이지 옥천자를 본뜬 것이 아니다. 한유의 법도가 비록 삼엄하긴 하지만, 노동의 호방한 기운은 없다."

역주_ 노동(795~835)은 당나라 시인이다. 옥천자(玉川子)라는 호를 썼다. 범양(范陽, 현재 하북성 탁주) 출신이다. 어렸을 때 소실산(少室山)에 은거했다. 집안 형편이 어려워 찌그러진 집 몇 칸이 전부였다. 그러나 열심히 공부하여 책이 가득했다 한다. 조정에서 두 번이나 간의대부(諫議大夫)로 기용하려 했으나 취임하지 않았다. 「월식시」를 지어 당시 환관들이 득세한 것을 풍자했고 당시 하남의 영이었던 한유의 칭찬을 받았다. 감로 연간의 변란 때 하필 재상 왕애(王涯)의 집에 머물고 있었기 때문에 왕애와 함께 죽었다. 차를 좋아한 것으로 유명하다.

93 『중산시화』(中山詩話)는 이러하다. "혜숭(惠崇) 스님의 시는 이렇게 말한다. '황하는 언덕의 기세를 끊고, 봄은 불 속에 들어가 푸른 흔적만 남았네.' 그러나 당나라 때 사람의 시구이다. 그러나 혜숭 스님의 사제는 사형인 혜숭에게 이렇게 읊어 주었다. '황하가 언덕의 기세를 나눴다는 것은 사공서(司空曙)요, 봄이 불 속으로 들어가 흔적이 남았다는 것은 유장경(劉長卿)이죠. 사형이 옛사람의 시구를 훔쳤다는 게 아니라 옛사람의 시구가 사형을 닮았네요.'"

역주_ 사공서(720~790)는 당나라 시인이다. 자는 문명(文明) 또는 문초(文初)이다. 광평(廣平, 현재 하북성 영년현) 출신이다. 진사에 급제하고 검남 절도사 막부에 들어갔다. 벼슬은 수부낭중(水部郎中)에 이르렀고 대력십재자(大歷十才子) 가운데 한 사람이다. 시풍은 소박하고 진지하며 정감이 세밀하다. 자연의 풍경과 향촌의 인심, 여행의 감상을 많이 썼다. 오언율시에 능했다. 유장경은 당나라 시인이다. 자는 문방(文房)이며 선성 출신이다. 또는 하간 출신이라고도 한다. 천보 연간에 진사가 되었고 숙종 지덕 연간에 감찰어사, 장주현위 등을 역임하고 영남 남파위(南巴尉)로 강등되기도 했다. 돌아온 뒤 장강과 절강 사이에 살았다. 대종 이후 전운사 판관 등을 역임했다. 그의 일생은 기복이 심해서 신세에 대한 슬픈 느낌을 읊은 시가 많다. 그리고 안사의 난 이후 중원 지역의 처참한 모습을 읊은 시도 많다. 오언과 칠언 근체시를 위주로 했으나 오언시에 뛰어났다. 그의 시는 『당유수주시집』(唐劉隨州詩集)에 담겨

대로 사용했다) '인적 없는 숲에 비만 추적추적 내려'라는 구절에는 '물 댄 논에 왜가리'라는 구절을 넣었지.[94] 이것은 마치 옛날 처방이 오늘날에도 효험이 있으나 가루약을 뜨는 숟가락으로 얼마를 더 넣고 덜 넣을 것인지에 신묘한 효험이 달린 것에 비기거나 조나라 보루를 한나라 군대가 점령한 뒤 지휘소에 깃발만 바꿔 건 일에 비길 수 있다네.[95] 예술계에는 다른 작품에서 어느 정도 따오는 것이 올바른지에 대한 규칙이 본디 있지만 일일이 열거하더라도 모조리 헤아리기는 어려운 일이지. 만약 이렇게 하지 않는다면 본받는 일 자체가 잘못이라네. 두보(杜甫)가 동곡현

있다.

94 왕유(王維) 「적우망천장작」(積雨輞川莊作)은 이러하다. "인적 없는 숲에 비만 추적추적 내리고 연기는 천천히 퍼지네. 명아주 찌고 기장밥을 지어 동쪽 밭에 먹이려나. 고요하고 쓸쓸한 논에 흰 백로만 날고, 축축한 여름 나무엔 노란 꾀꼬리만 지저귀네." 이일화는 이렇게 말한다. "이가우(李嘉祐)의 시에 '논에 흰 백로 날고 여름 나무엔 노란 꾀꼬리 지저귀네'가 있다. 왕유[王摩詰]는 고요하고 쓸쓸하다[漠漠]와 축축한[陰陰]이라는 네 글자만 보탰을 뿐이지만, 기상이 생동하게 되었다. 이것이 이른바 동전에 손을 대니 금전이 되더라는 것이다."(『한청시화』(寒廳詩話)에서 재인용) 나는 이렇게 생각한다. 왕유는 성당(盛唐) 때 사람이니 앞 시대이고, 이가우는 중당(中唐) 때 사람이니 뒷시대이다. 왕유가 이가우의 구절을 가져다 "막막"이나 "음음"의 네 글자를 보탠 것이 아니다.

역주_ **왕유**(699~759)는 당나라 전성기에 활동한 시인이자 예술가이다. 자는 마힐(摩詰)이며 산서성 기현(祁縣) 출신이다. 스물한 살에 진사에 합격했다. 벼슬길은 평탄치 않고 기복이 많았다. 안사의 난에 포로가 되어 낙양으로 끌려가서 억지 벼슬을 받았다. 758년 당나라 군대가 탈환한 뒤 왕유는 두 마음을 먹지 않았다는 이유로 화를 면할 수 있었다. 아내와 어머니의 죽음으로 슬픔에 빠진 그는 종남산의 망천(輞川) 옆에 은거하며 불교를 연찾았다. 왕유의 시 가운데 가장 훌륭한 작품은 대부분 농촌 풍경에서 영감을 받은 것들이다. **이가우**는 당나라의 시인이다. 자가 종일(從一)이며 조주(趙州) 출신이다. 생졸년은 분명치 않다. 숙종 지덕 연간 무렵에 살았다. 시에 능했고 남조 제나라와 양나라의 기풍이 엿보였다. 천보 7년(748) 진사에 합격했고 비서성 정자에 임명되었다. 이후 귀양살이와 복직을 반복했다. 대력 연간에 원주(袁州) 자사가 되었다.

95 가루약을 뜨는 숟가락[刀圭]은 약물의 양을 헤아리는 단위이다. 도규 하나는 열 푼, 방촌(方寸)의 칠분의 일이다. 「본초강목서례」(本草綱目序例)를 보라. 『사기』「회음후전」은 이러하다. "한신과 장이(張耳)가 이미 강가의 진으로 들어가자 한나라 군대는 필사적으로 싸웠기 때문에 이길 수 없었다. 한신이 앞서 보낸 기습 병사 이천 기는 조나라 군대가 누벽을 비우고 전리품을 좇는 틈을 타서 조나라 누벽 안으로 달려들었다. 그들은 조나라 깃발을 모두 뽑아버리고 한나라의 붉은 깃발 이천 개를 세웠다."

(同谷縣)에 있을 때 지은 일곱 수의 노래를 본받거나[96](송나라 이후의 시인들 가운데 대단히 많다) 장형이 하간에 있을 때 지은 「사수시」를 흉내 낸[97](부현

---

96 『춘추좌전』 「희공 24년」은 이러하다. "남을 책망하고도 그들을 본받는다면 죄가 더 큽니다." 숙종(肅宗) 건원(乾元) 2년에 두보(杜甫)는 진주(秦州)에서 동곡현(同谷縣)으로 갔다. 동곡에 살면서 노래 일곱 수를 지었다.

역주_ 두보(712~770)는 자가 자미(子美)이다. 두릉(杜陵)의 포의(布衣) 또는 소릉(少陵)의 야로(野老)라고 자칭한 것은 장안 두릉 땅에 두보의 선조가 살았기 때문이다. 만년에 공부 원외랑(工部員外郎)의 관직을 지냈으므로 두공부(杜工部)라고 불리기도 한다. 하남의 공현(鞏縣) 출신이다. 당나라 초기의 시인 두심언(杜審言)의 손자이다. 스무 살 무렵 팔구 년 동안 천하를 유람했다. 개원 29년(741) 부인 양씨(楊氏)를 맞았다. 안사의 난 이후 지극히 궁핍한 떠돌이 생활에도 두보는 늘 부인과 함께 다녔고 잠시라도 떨어져 있게 되면 항상 처자의 신상을 염려하는 애정이 넘치는 시를 짓곤 했다. 천보 3년(744) 이백과 낙양에서 만났고 이백에게 많은 영향을 받았다. 겨울 이백과 헤어진 두보는 강남으로 향했고 두 사람은 다시 만나지 못했다. 천보 10년(751) 「삼대례부」(三大禮賦)를 바쳐 현종에게 칭찬을 받고 집현원대제(集賢院待制)로 임명되어 벼슬아치로 뽑힐 순서를 기다렸으나 결국 임용되지 못했다. 천보 14년 안사의 난이 일어나자 두보는 가족들을 데리고 산서 백수(白水) 등으로 피난을 다녔다. 피난길에 홍수를 만나 가족을 부주 교외 강촌(羌村)에 남기고 자신은 영무(靈武)에서 즉위한 숙종(肅宗)에게 가던 중 반란군에게 잡혀 장안으로 끌려갔다. 겨우 아는 사람의 도움을 받아 나날을 보냈다. 지덕 2년(757) 반란군에 내분이 일어나서 안녹산이 살해되자 숙종은 영무에서 장안에 가까운 봉상(鳳翔)으로 옮아왔다. 두보는 장안을 탈출해서 봉상으로 갔고 5월에 좌습유(左拾遺)에 임명되었다. 장안이 탈환되고 숙종과 상황(上皇, 현종)도 장안으로 돌아왔다. 건원 원년(758)까지 장안에 있다가 6월에 화주(華州) 사공 참군(司功參軍)으로 좌천되었다. 건원 2년(759) 가을 관직을 그만두고 진주(秦州, 감숙성 천수현)로 옮겨갔다. 진주에서 겨우 넉달을 살았지만 곤궁한 생활에 동곡이 더 낫다고 해서 10월에 동곡으로 갔다. 그곳에서 한 달 남짓 지내다가 생활은 더 궁해져서 섣달에 사천 성도로 갔다. 성도에서 생애 최악의 시기를 보내다가 성도 교외의 완화계(浣花溪) 부근에 초당을 마련하고 여기에서 비교적 평온한 나날을 보냈다. 사천에서 평화로움도 이태밖에 지속되지 않았다. 보응 원년(762) 엄무(嚴武)가 서울로 소환되고 성도 부근에서 서지도(徐知道)의 난이 일어나자 두보는 피난을 떠난다. 엄무가 다시 성도로 돌아오자 그도 광덕 2년(764) 완화계의 초당으로 돌아왔다. 엄무는 두보를 천거해서 절도참모(節度參謀), 검교공부원외랑(檢校工部員外郎)으로 임명했다. 영태(永泰) 원년(765) 은퇴했다. 그러나 영태 원년 엄무가 갑자기 죽자 두보는 유일한 후원자를 잃고 사천에 머무를 수 없게 되었다. 장강 유역을 떠돌던 두보는 폐병, 중풍, 학질, 당뇨병까지 겹치고 왼쪽 귀도 들리지 않게 되었다. 대력 5년(770) 겨울 악양(岳陽)으로 가는 도중 두보는 죽었다. 사십여 년이 지난 뒤 두보의 손자 두사업(杜嗣業)이 낙양의 언사(偃師)로 운구하여 수양산(首陽山) 기슭에 있는 선조 두예(杜預)의 무덤 근처 두심언의 무덤 옆에 묻었다.

97 『문선』 「사수시서」(四愁詩序)는 이러하다. "장형은 즐기지도 않으면서 기밀(機密)에

이나 장재가 일찍이 이렇게 지은 적이 있다. 이것은 크게 놀랄 정도로 매우 괴이쩍고 야릇하다) 시들은 마음속 깊은 데서 나온 말이 아니라 남의 노랫소리를 따라서 흥얼거림을 도운 것이나 마찬가지이다. 이것은 어린아이가 말을 배우는 것이나 다름없기 때문에 판단력이 있는 사람이라면 정말 부끄러워 하는 일이다.

의문의 공공성[擬文之公]

또한 시인들의 유파가 나뉘고 마음속에 품은 생각이 다른 경우가 있지. 압운을 바꿈이여! 문체를 가다듬는 것이로구나. 옛 일을 흉내 냄이여! 개인의 속내를 표현하는 것이로구나. 뜻은 여러 선생님들이 남의 작품을 빌어 깃들인 구절에서 비롯되었으나 문인들은 여러 선생님들의 구절을 으레 따르는 것이 기풍이 되었지. 그것이 어디서 비롯된 것인지 후세인은 모르기 때문에 거짓 작품을 지은 것이 아닌지 의심하면서 서로 공격한다네. 아마 조상 때부터 살던 나라가 그리워 속을 썩이기 때문에 머나먼 이국땅에서 편지를 부쳤겠지.[98](이릉(李陵)의 「답소무서」(答蘇武書)는 유지기 이후부터 모든 사람들이 한결같은 말로 이릉의 글이 아니라 거짓 작품이라고 생각한다. 이치에 따라 헤아려본다면 거짓이라는 증거는 어디서 찾아냈는가? 틀림없이 남북조시대에 남쪽 사람이 북쪽 지방에서 살면서 자신의 처지가 이릉과 비슷하다고 생각하지만 명백하게 말할 수 없었던 사람이 이런 편지를 흉내 내어 자신의 뜻을 드러낸 것일

오래도록 있었다. 양가(陽嘉) 연간(『후한서』의 열전에는 영화(永和) 초라고 했다)에 하간의 상으로 나갔다. …… 그때 천하는 점차 나빠져서 울적한 마음에 뜻을 얻지 못했다. 그래서 「사수시」를 지었다." 장재는 장형[平子]의 「사수시」를 본뜬 시가 있는데, 『문선』이 첫 번째를 수록했다.

98 『사통』 「잡설 하」는 이러하다. "『이릉집』(李陵集)에는 「여소무서」[與蘇書]가 있다. 어휘[詞采]가 장엄하고 아름다우며 소리와 구절이 지나치게 아름답다. 문체는 서한 때 사람과 비슷하지 않다. 아마 나중에 지은 것인데 이릉의 이름을 빌어서 지었을 게다." 소식 「여유면서」(與劉沔書)는 이러하다. "이릉의 「여소무서」는 어휘와 구절이 경박합니다. 바로 제나라와 양나라 어간의 어린아이가 본떠서 지은 것이지 결코 서한 때의 글이 아닙니다." 이제 흉내 내서 지은 시로 뜻을 보인다는 말은 더욱 뜻을 얻은 것이다.

뿐이다) 업적을 세워서 자기 이름을 널리 드러내려는 뜻이 사그라졌기 때문에 황하 강가의 나무를 비유로 빌린 것이라네.[99](세상에는 귀곡자(鬼谷子)가 썼다는 「여소진장의서」(與蘇秦張儀書)가 전해진다. 자라기 적당한 땅에 있지 않았기 때문에 황하 강가의 나무가 잘려나갔다고 귀곡자는 말했다. 이것은 나무의 비유를 들어 두 사람이 세상을 피해 숨어살도록 부른 것이다. 이것도 공적이 높아지는 바람에 스스로 위험을 느낀 사람이 빌린 말이 아닌가 싶다) 읽는 사람이 자신의 의도로 지은 이의 의지를 헤아릴 수 있다면 『이소』의 부를 쓴 사람들이랑 다를 게 없겠지.(본인에게서 나왔지만 도리어 작품이 담고 있는 뜻이 얕은 것도 있고, 흉내 낸 사람에게서 나왔지만 도리어 작품이 담고 있는 뜻이 깊은 것도 있다. 이것은 『이소』와 마찬가지 경우이다) 후세에 문학 작품으로 과거 시험을 치러 선비를 선발할 때, 남의 글을 흉내 내는 방식[擬文]을 장고라고 했다네. 말이 씩씩하고 엄숙한 것은 임금의 명령서나 포고문, 신하가 임금에게 올리는 상주문이 있지. 말에 위엄이 있고 맹렬한 것은 격문이나 일반에게 널리 퍼뜨리는 글이 있네.[100] 공덕을 기리는 글을 짓는다면 왕포를 기준으로 해야 하며

---

99 원숙(袁淑) 「진은전」(眞隱傳)은 이러하다. "귀곡 선생은 어떤 사람인지 모른다. 귀곡산(鬼谷山)에 살았기 때문에 이렇게 부른 것이다. 소진과 장의가 그를 스승으로 삼아 드디어 공명을 세웠다. 선생이 보낸 편지에서 그들을 꾸짖어 이렇게 말하고 있다. '그대 둘은 황하 물가에 있는 나무를 보지 못했는가? 내가 막으려고 가지를 쥐어도 물결은 뿌리를 뽑아버린다. 위로는 직경 한 자만큼도 그늘이 없고 아래로는 수천 개의 상처를 입는다.(『태평어람』 510에 인용된 구절에는 이 두 구절이 없다) 이 나무가 어찌 천지와 원수를 졌더란 말인가? 사는 곳이 그래서 그런 게지. 그대는 숭산[嵩]과 태산[岱]의 소나무와 잣나무를 보지 못하고 화산[華]과 곽산[霍]의 박달나무와 오동나무를 보지 못했는가? 윗가지는 푸른 구름 속을 뚫고 아래 뿌리는 삼천(三泉)까지 통했으며 천년만년 도끼질 당할 걱정이 없네. 이 나무는 어찌 천지와 이리도 부모형제처럼 지내는가? 아마 사는 곳이 그래서 그런 것일 테지."(『예문유취』 38에서 재인용)

100 『주역』 「구」 괘 「상전」은 이러하다. "하늘 아래 바람이 부는 것이 「구」 괘의 괘상이다. 임금은 이로써 사방에 명령을 베풀어 백성에게 알렸다." 『주역정의』는 이렇게 말한다. "임금이 이로써 사방에 명령을 베푼다는 것은 바람이 불면 풀이 눕는 것과 같다. 하늘의 위엄 있는 명령이다. 그러므로 사람의 임금은 이를 본받아 교화와 명령을 시행하고 사방에 알린다." 『문심조룡』 「장표」는 이러하다. "장(章)은 감사의 뜻을 표시하는 것이고, 표(表)는 요청을 진술하는 것이다." 『후한서』 「광무본기」 주는

자기의 의견을 주장하는 글을 짓는다면 가의를 기준으로 가다듬어야 하지.[101] 이것은 반드시 지켜야 하는 법도이며 달리듯 빠른 걸음으로 따라잡아야만 한다네. 이것은 마치 다른 사람의 마음을 내가 헤아릴 수 있다면 드러나지 않은 뜻을 밝혀 서로 드러나게 할 수 있는 것과 거의 같으리.[102]

가설의 공공성[假設之公]

문인이 실제로 없는 것을 있는 것으로 치고[假設] 말할 때는 변화무쌍하고 얽매이지 않지. 『시』는 비흥에 통하고 『주역』은 원초적 형상을 흉내 낸다네. 장자는 무함의 자리에 들어갔고 굴원은 정첨윤(鄭詹尹)의 집에 찾아갔지.[103] 초나라 태자가 병을 앓자 오나라에서 손님이 왔네.[104] 오유

이러하다. "『설문해자』는 이렇게 말한다. 격(檄)은 목간에 글을 쓰며 길이는 한 자 두 치이다. 징발하고 부르기 때문에 격이라고 한다." 『봉씨문견기』(封氏聞見記)는 이러하다. "노포(露布)는 봉한 뒤 검(檢)을 붙이지 않는다. 드러내어 널리 알리는 것은 사방에서 빨리 알게 하고자 하는 것이다. 이것은 노판(露版)이라고도 부른다. 『위무주사』(魏武奏事)는 이렇게 말한다. 경계해야할 급한 일이 있으면 바로 노판에 깃털을 꽂는다. 바로 이것이다."

101 왕포는 자가 자연이며, 촉나라 출신이다. 『한서』 「왕포전」(王褒傳)은 이러하다. "익주(益州) 자사 왕양(王襄)은 사람들에게 풍화(風化)를 퍼트리고 싶었다. 그래서 왕포에게 중화악직(中和樂職)을 시켜서 시를 널리 퍼트리게 했다. 그래서 왕포가 우수한 재능이 있다고 아뢰었다. 황제는 이에 왕포를 불렀는데, 왕포가 도착하자 「성주득현신송」(聖主得賢臣頌)을 지으라는 명령을 내렸다." 나는 이렇게 생각한다. 가의의 「과진론」은 『가자신서』(賈子新書)에 있으며, 본래 세 편이 있는데, 『문선』은 첫 번째를 수록하고 논(論)이라는 제목을 달았다. 「시교 하」는 이렇게 말한다. "가의의 「과진론」은 아마 『가자』의 편명일 것이다. 어찌 이로써 감히 이런 글을 취하면서 바로 편에서 일부만 잘라서 논이라는 제목을 달고 자부의 책을 문집으로 바꿀 수 있겠는가?" 좌사 「영사」는 이러하다. "논을 지을 때는 「과진론」을 기준으로 하네."

102 『장자』 「전자방」은 이러하다. "안연이 공자에게 이렇게 물었다. '선생님이 걸으시면 저도 걷고 선생님이 바삐 걸으시면 저도 빨리 걸으며 선생님이 뛰시면 저도 뜁니다. 하지만 선생님이 세차게 달려서 먼지도 날리지 않을 정도가 되면 저는 그저 뒤에서 눈만 동그랗게 뜨고 놀랄 뿐입니다.'" 『시』 「소아」 "교언"(巧言)은 이러하다. "남이 지닌 마음을 내가 헤아려 알 수 있으니." 『주역』 「계사전 하」는 이러하다. "『역』은 과거를 밝히고 미래를 살피며 드러나지 않는 것을 드러내고 알 수 없는 것을 밝히는 것이다."

선생[烏有]이나 자허 같은 무리는 사냥에서 잡은 짐승을 겨루는 일에 대해 다투어 이야기 하고[105] 빙허공자나 안처선생(安處先生) 같은 무리는 서쪽의 서울과 동쪽의 서울에 대해 의논했지.[106] 「해조」, 「답객난」, 「답빈희」[107] 같은 편들은 실마리를 늘어뜨리고, 경기자(鏡機子), 현미자(玄微子), 충막공자(沖漠公子)[108] 같은 무리는 길을 틔웠네. 우언은 열에 아홉이나 되고[109] 거짓으로 하는 말도 천 갈래 만 갈래로 달라지지. 그래서 사실에 근거하여 부르는 이름을 드러내고 사람에 따라서 뜻이 생긴다네. 마치

---

103 『장자』「응제왕」(應帝王)은 이러하다. "정나라에 계함(季咸)이라는 신통한 무당이 있었다. 사람의 생사와 존망, 화복과 수명의 길고 짧음을 알아 어느 해, 어느 달, 어느 날이라는 것까지 귀신처럼 맞췄다. 정나라 사람들은 그를 보고 모두 버리고 도망쳤다. 그러나 열자는 그를 보고 심취했다." 『초사』「복거」는 이러하다. "굴원이 쫓겨나고 삼년이 지나도록 임금을 다시 볼 수 없었네. 갖은 지혜 짜내 충성을 다했건만 참소에 임금과 벽이 생겼다네. 마음은 답답하고 생각은 어지러워 어찌 할 바를 몰랐네. 태복 정첨윤을 찾아가서 이렇게 말했다네. '내게 망설이는 의심이 있으니 선생께 의지해 해결하길 원합니다.'"

104 매승 「칠발」은 이러하다. "초나라 태자가 병이 들자 오나라 손님이 찾아가 병문안을 했다. 그는 이렇게 말했다. '제가 들으니 태자의 옥체가 편치 않다고 합니다. 좀 그만하신지요?'"

105 사마상여 「자허부」는 이러하다. "초나라는 자허를 시켜 제나라에 사신으로 보냈다. 왕은 모든 전차와 기병[車騎]이며 사자를 떠나보내면서 사냥을 갔다. 사냥이 끝나고 자허는 오유선생(烏有先生)에게 건너가 자랑했다(姹, 타(詫)이다)."

106 장형 「서경부」는 이러하다. "빙허공자는 마음도 넉넉하고 몸도 넉넉했다. 우아하게도 고대에 대해 박식하게 되는 것도 좋아하여 옛날의 역사가[史氏]에게 배웠다. 그래서 앞 시대의 기록을 많이 알고 있었는데 안처선생(安處先生)에게 말했다."

107 동방삭의 「답객난」, 양웅의 「해조」, 반고의 「답빈희」는 모두 주인과 손님의 물음과 대답으로 되어 있다. 문체는 「복거」, 「칠발」, 「자허부」 등과 동일하며, 모두 『문선』에 수록되어 있다.

108 조식 「칠계」는 이러하다. "현미자는 대황(大荒)의 뜰에 숨어 살았다. 나는 듯 숨어서 속세를 떠났고 맑은 정신으로 신령을 정했다. 녹을 가벼이 여기고 귀하게 되는 것을 깔봤다. 사물에 얽매이지 않고 허정(虛靜)을 탐닉했으며 영원한 생명을 부러워했다. 하늘의 구름 사이에 홀로 생각을 달리고 물상이 없으니 기울일 수 없었다. 그래서 경기자(鏡機子)는 그것을 듣고 장차 찾아가서 말하려고 했다." 장협 「칠명」은 이러하다. "충막공자(沖漠公子)는 정화를 머금고 별을 숨기며 용반(龍盤)에서 아름답게 숨어 있었다."

109 『장자』「우언」편의 글이다. 곽상 주는 이러하다. "다른 사람에게 그것을 기탁했으면 열 가지 중에 아홉 가지는 믿을 만하다."

술은 두강(杜康)의 이름을 이었고[110] 돈은 등통(鄧通)의 이름을 쓴 것처럼.[111] 속빈 느티나무에서 불이 뚝뚝 듣는다는 말은 은중문(殷仲文)이 다른 지방의 책임자로 옮겨간 일을 탄식한 환온(桓溫)의 말이라네.[112](이것은

---

110 『문선』 위나라 무제 「단가행」은 이러하다. "어떻게 하면 근심을 풀겠나? 오로지 두강(杜康)밖에 없네." 이선 주는 이러하다. "『박물지』(博物志)는 이렇게 말한다. '두강이 술을 만들었다.' 왕착(王著) 「여두강절교서」(與杜康絶交書)는 이렇게 말한다. '두강의 자는 중녕(仲寧)이다.' 또는 황제 때 재인(宰人)인데 주천(酒泉) 태수라고도 한다."

역주_ 왕착(?~990)은 송나라 시인이다. 자는 지미(知微)이며 성도 출신이다. 후촉의 명경과에 급제했으며 평천(平泉), 백장(百丈), 영강(永康)의 주부를 역임했다. 송나라가 들어서자 융평(隆平) 주부가 되었다. 태평흥국 3년(978) 사관기후(史館祇候)로 옮겼다. 태평흥국 6년 저작좌랑, 한림시서(翰林侍書), 한림시독이 되었다. 옹희 2년(985) 좌습유가 되었다. 단공 연간 초에 전중시어사(殿中侍御史)가 더해졌다.

111 『사기』 「평준서」는 이러하다. "문제[孝文帝] 때 등통(鄧通)이 돈을 주조해서 재물이 왕보다 많았다. 그러므로 등씨전(鄧氏錢)이 천하에 퍼졌다." 『사기』 「영행열전」(佞幸列傳)은 이러하다. "등통은 촉군(蜀郡) 남안(南安) 출신이다. 다만 스스로 근신하여 황제에게 잘 보일 뿐이었다. 문제가 관상을 잘 보는 사람에게 등통의 관상을 보라고 했더니 이렇게 말했다. '가난해서 굶어죽을 상입니다.' 문제는 이렇게 말했다. '등통을 부유하게 만들어줄 사람은 나다. 어찌 가난해질 수 있느냐?' 그래서 등통에게 촉군의 엄도(嚴道)에 있는 구리 광산은 하사하여 알아서 돈을 주조하라고 했다. 등씨전은 천하에 널리 퍼졌고 그의 부가 이와 같았다."

112 유신(庾信) 「고수부」(枯樹賦)는 이러하다. "은중문(殷仲文)이 풍류도 있고 학문도 깊다는 것은 천하 사람 모두 알고 있었다. 세상이 바뀌고 시간이 흘러 그는 동양(東陽) 태수로 나갔다. 그래도 실망하여 늘 즐거워하지 않는 빛이 역력했다. 뜰의 회화나무를 돌아보며 이렇게 탄식했다. '이 나무는 쇠하여 시들었구나. 살려는 뜻이 다했구나!'" 또 이런 구절도 있다. "화가 텅 빈 마음에 들어와 심장 밑이 녹아 흐르고 관절이 끊어졌네." 또 이런 구절도 있다. "대사마 환온[桓大司馬]이 그것을 듣고 업신여겨 이렇게 말했다. '예전에 버드나무를 심으며 한수의 남쪽에서 싱싱하게 자라리라 알았더니, 오늘 보니 시들어 강물 한가운데 들어가 마음 아주 구슬프네. 나무도 이러한데 사람이 어찌 이겨낼 수 있으리오!'"(『유자산집』(庾子山集) 권1) 『세설신어』 「언어」(言語)는 이러하다. "환공이 북쪽으로 정벌을 가면서 금성(金城)을 지났다. 이전에 낭야(琅邪)로 갈 때 심었던 버드나무를 찾아보았는데 모두 이미 열 아름이나 되었다. 환공은 탄식하여 이렇게 말했다. '나무도 이런데 사람이 어찌 이겨내겠는가!' 줄기를 어루만지고 가지를 잡으며 반짝이는 눈물을 흘렸다." 유신은 두 가지 전고를 합쳐서 하나로 만들었다.

역주_ 유신(513~581)은 자가 자산(子山)이며 남양 신야(新野) 출신이다. 남북조시대 북주의 벼슬아치이자 문학자이다. 아버지 유견오(庾肩吾)는 남조 양나라의 유명한 궁체시인(宮體詩人)이었다. 유신도 어려서부터 시부로 유명했다. 나중에 서위(西魏)에 사신을 가기도 했다. 서위가 양나라를 멸하자 장안에 머물면서 서위와 북주에서 관직을 지

유신(庾信)이 「고수부」(枯樹賦)에서 빌려 쓴 것이다. 사실 은중문이 동양(東陽)으로 옮겨 간 것은 환온이 죽은 지 한참 지난 뒤의 일이다) 밝고 흰 달이 하늘을 흐른다는 말은 응창과 유정이 세상을 떠난 일에 대해 왕찬이 붓을 휘둘러 쓴 말이지.[113](이것은 사장(謝莊)이 「월부」(月賦)에서 빌려 쓴 것이다. 사실 왕찬은 응창과 유정보다 앞서 죽었다) 그렇다면 쉽사리 슬퍼하는 이유는 다름 아니라 송옥 자신 때문이지 어찌 초나라 조정 때문일까? 도량이 넓고 큰 것은 유령(劉伶) 자신이지 어찌 진나라의 시대를 논할까?[114] 옛사람의 책을 제대로 읽은

냈다. 관직이 개부 의동삼사(開府義同三司)에까지 이르렀다. 저술에 『유자산집』(庾子山集)이 있다.

113 사장(謝莊) 「월부」(月賦)는 이러하다. "진왕(陳王) 조식이 애초에 응창과 유정을 잃었을 때, 근심에 잠겨 일도 손에 잡히지 않는 날이 많았다지. 푸른 이끼가 집에 돋고 향기로운 먼지가 누각에 엉겼다네. 근심은 마음에 병이 되어 한밤중에도 즐겁지 않았네. 난초 핀 길과 계수나무 동산을 깨끗이 치우고서, 서늘해진 날씨에 산으로 말 달려 피리 불고 안장을 올려 가을 언덕으로 달려갔네. 깊은 골짜기 마주하고 멀리 바라보며 원망하고, 높은 산봉우리 바위에 올라 멀리 바라보며 상심하네. 이때 은하수[天漢]는 왼쪽 경계로 기울고, 북쪽으로 길을 잡기도 하고 남쪽으로 가기도 했네. 흰 이슬은 공중을 덮히고 흰 달은 하늘에 흐르네. 나직이 읊어 노래를 가지런히 만들고 은근한 정을 보인 글을 펼쳤네. 붓을 뽑고 목독을 꺼내 이로써 왕찬[仲宣]에게 쓰라고 명령했네." 『일지록』 권19 「가설지사」(假設之辭) 조는 이러하다. "옛사람들이 부를 지을 때 가설로 한 말이 많다. 과거의 일을 서술하는 일은 뜨문뜨문 기우면 된다. 그래서 꼭 하나하나 맞아떨어질 필요는 없다. 자허, 망시공, 오유선생의 글은 이미 사마상여에게서 시작되었다. 후세의 지은이들은 사실 사마상여의 의도에서 나온 것이다. 사장 「월부」는 이러하다. '진왕이 애초에 응창과 유정을 잃었을 때, 근심에 잠겨 일도 손에 잡히지 않는 날이 많았다지.' 그리고 '붓을 뽑고 목독을 꺼내 이로써 왕찬에게 쓰라고 명령했네'라고 말하기도 한다. 내가 조사해 보니 왕찬은 건안 연간에 오나라 정벌에 따라갔었다. 22년 봄 도중에 병으로 죽었고, 서간, 진림, 응창, 유정도 한꺼번에 모두 죽었는데 역시 이 해였다. 그리고 명제 태화 6년에 이르러서야 조식이 진왕에 봉해졌다. 어찌 역사 기록을 끌어 모아다가 「월부」가 맞느니 맞지 않느니 이러쿵저러쿵 할 수 있겠는가? 유신의 「고수부」에 은중문이 동양 태수로 나갔다고 했다가 다시 대사마 환온도 나오는 것은 역시 이런 범례와 같다."

역주_ 사장(421~466)은 자가 희일(希逸)이며 남조 송나라의 문학자이다. 진군(陳郡) 양하(陽夏, 현재 하남성 태강현) 출신이다. 건강(建康, 현재 남경시)에서 태어났다. 사홍미(謝弘微)의 아들이다. 일곱 살에 글을 지을 줄 알았고 스무 살 무렵 관직에 나가 동궁세마, 중사인 등을 역임했다.

114 『사기』 「굴원열전」은 이러하다. "굴원이 죽은 뒤 초나라에는 송옥, 당륵(唐勒), 경차의 무리가 있었다. 그들은 모두 말을 다듬기 좋아하여 부로 유명했다." 왕일은 「구

사람은 진심으로 옛사람의 의도를 아는 일을 더욱 소중하게 여기리라. 어리석은 사람은 마음에 담아두고 걱정하고 다투면서 옛사람은 다를 것이라고 생각하지 않네.

제의의 공공성[制義之公]

과거 시험을 준비하는 학생이 과거 시험의 답안을 작성할 때는 경의 뜻을 풀어서 글을 쓰지.[115] 비록 훈고에서 나온 것이긴 하지만 사실 풀이는 새로운 것을 받아들이는 것이 위주라네. 경을 자름이여! 시험 문제를 내는구나. 변화에 대응함이여! 사람에게 달렸구나. 글이 길면 어떤 것은 편장이 여러 개 이어질 정도이고, 글이 짧으면 어떤 것은 말 몇 마디나 몇 글자 정도이지. 늘리거나 줄임을 벗어남이여! 털끝만큼이나 되려나. 발을 옮김이여! 그림자도 같이 움직이는구나. 성인과 현인이 됨이여! 주장을 세우는 데 달렸구나. 어리석은 보통사람이 됨이여! 의지를 펼치는 데 달렸구나. 어떤 일의 사정과 상태, 처한 사정이나 형편을 그려내려고 한다네. 어떤 글은 말이 온전해도 뜻이 절반도 되지 않고, 어떤 글은 정

변」이 송옥의 작품이라고 생각했는데, 그중에 슬픈 말이 많았다. 『세설신어』「임탄」(任誕)은 이러하다. "유령(劉伶)은 늘 마음대로 술 마시고 활발하여 거리낌이 없었다. 어떤 때는 집에서 옷을 훌훌 벗고 벌거벗은 채로 있었다. 남이 그것을 보고 흉을 볼라치면 유령은 이렇게 말했다. '나는 천지를 집으로 생각하고 집을 속옷으로 생각한다. 여러분들은 어이하여 내 속옷 안에 들어와 있는 겐가?'" 또한 「문학」편의 주는 『명사전』(名士傳)을 인용하여 이렇게 말한다. "유령은 자가 백륜(伯倫)이며, 패군 출신이다. 뜻이 자유롭고 마음이 들떠 건잡을 수 없어서 우주를 좁다고 생각했다. 늘 녹거(鹿車)를 타고 다니고 술병을 가지고 다녔다. 사람을 시켜 삽을 메고 따르게 하였다. 그리고 이렇게 말했다. 죽으면 바로 땅을 파고 묻어라. 흙과 나무나 사람의 몸이나 마찬가지이고 즐겁게 한 세상 놀면 그만이지."

115 『일지록』 권16은 이러하다. "경의(經義)는 송나라 희녕(熙寧) 연간에 왕안석이 세운 법에서 시작되었다." 장학성 「논과몽학문법」은 이러하다. "사서의 문자는 본래 경의에 있다. 논과 마찬가지로 동일한 근원에서 나왔지만 길이 나뉘었을 뿐이다. 그래서 남들의 입맛에 맞춰 스스로 풀게 되었다. 성인과 현인을 대신하여 주장을 세울 때 소중한 것은 아마 처신과 자신의 위치를 잡는 일일 것이다. 논설은 오로지 내가 주장하고 싶은 것과 같지는 않다."(가업당본 『장씨유서』 보유)

신이 도달해도 모습을 미처 그려내지 못하지. 이것은 마치 구름이 씻겨 가는 것 같지만 아직 머물러 있거나 말이 뛰어올랐지만 아직 달려가지 않는 것이나 마찬가지라네. 거리낌 없는 행동은 잠시 뒤에 거두고 글을 새기고 그리는 것은 잠깐 동안 일어나지. 수평을 이뤄 양을 잰다 한들,[116] 어찌 충분하다고 하리오? 천체들이 궤도를 도는 것을 역산(曆算)으로 계산한다 한들,[117] 미세함을 뭐라고 이름 지으리오? 『역』은 기묘하고 『시』는 올바르며[118] 『예』는 절도가 있고 『악』은 조화롭네.[119] 게다가 『춘추좌전』의 과장이나 『장자』의 거리낌 없음, 굴원이 쓴 『이소』의 그윽함이나 『사기』의 깨끗함에 이른다면[120] 이들과 같은 문리로 끌어들이지 못하는 것이 없으리라. 천인, 성명, 세상을 다스리고 백성을 구제함[經濟], 널리 통달함 및 유가의 박학다식한 학술, 묵가의 검약한 학술, 명가의 분석하는 학술, 법가의 심각한 학술[121] 가운데 갖춰지지 않는 것이 없다네.

---

116 『석명』은 이러하다. "수(水)는 준(準)이다. 사물을 고르게 가지런히 하는 것이다." 『주례』「고공기」는 이러하다. "준한다[準]는 것은 앞뒤로 재는[量] 것이다."

117 『설문해자』는 이러하다. "전(躔)은 밟는다는[踐] 뜻이다." 서현은 이렇게 말한다. "별의 전차(躔次)는 별이 순서대로 가는 것이다." 『한서』「율력지」는 이러하다. "해와 달이 앞서 도는 것이 별을 기록하는 순서이다." 맹강(孟康)은 이렇게 말한다. "전(躔)은 사(舍)이다. 이십팔사는 사방에 늘어서 있고 해와 달이 지나간다. 그래서 별의 기록이 시작된다. 그리고 다시 일주하는 것은 마치 네 가지 소리가 궁(宮)을 중심으로 하는 것과 같다."

역주_ 곡조에는 궁상각치우 다섯 소리가 있다. 그중 궁이 중심이고 나머지 상각치우 넷은 궁을 따른다는 말이다.

118 한유 「진학해」는 이러하다. "『역』은 기이하지만 법도가 있고, 『시』는 올바르지만 화려하다."(『창려집』 권12)

119 『사기』「태사공자서」는 이러하다. "『예』는 사람을 절제하게 만들고 『악』은 조화로움을 표현하게 만든다."

120 한유 「진학해」는 이러하다. "『춘추』는 근엄하고, 『춘추좌전』은 들뜨고 과장되어 있다." 장자는 자신의 학을 이렇게 서술한다. "드넓게 활짝 열어 놓고 깊숙이 시원스레 뻗어나간다."(「천하」) 유종원 「답위중립논사도서」(答韋中立論師道書)는 이러하다. "그것을 『이소』와 비교해보면 그윽함을 이루었고, 그것을 『사기』와 비교해보면 깨끗함을 드러냈다."

121 유가는 넓지만 요점이 적고, 묵가는 검약하지만 따르기 어려우며, 법가는 엄하지만 은혜가 적다. 이 말은 사마담의 「논육가요지」(論六家要指)를 보라. 『한서』「예문지」

오로지 제(制)는 과거 시험에서 쓰는 여러 가지 형식으로 세상에 널리 퍼뜨려 알게 만들지만 뜻[義]은 사승에서 얻는 것이지. 백성들이 살아가는데 필요한 세 가지 일을 소중히 여기고[122] 일상생활에서 지켜야 할 법도로 지혜를 제약한다네. 모든 사람이 따라야 하는 정의로운 법도를 지키며 개개인이 남김없이 떨칠 정력과 능력을 펼치게 하지. 몸소 터득한 것을 말한다 한들, 어찌 성인을 흉내 낸 것이라고 의심 하리오? 마음을 근거로 법칙을 만든다 한들, 어찌 자기 학설을 제멋대로 펼쳐서 이름을 내려 한다고 하리오?

이렇게 종류대로 구별하는 것[類別]은 마치 물고기 비늘이 사방으로 가지런하게 난 것과 같다네. 빨리 시드는 꽃은 봄을 아름답게 하고 굵직한 과일은 가을을 무르익게 하지. 얕은 뜻과 깊은 뜻의 차이를 남김없이 알고 왼쪽으로 흐르는 흐름과 오른쪽으로 흐르는 흐름을 분명히 드러낸다네. 말하지 않고 숨길 때는 쇠뇌에 살을 먹인 것 같고[123] 말하여 다툴 때는 원수를 마주한 것 같지. 뜻이 같은 사람들끼리는 서로 칭찬하지만[124] 뜻이 다른 사람들끼리는 서로 갈등한다네.[125] 보통 사람들과 뜻이

"제자략"은 명가 「서록」에서 이렇게 말한다. "소리를 지르는(謷, 음험한 사심을 드러내다) 사람이 한 짓이다. 그래서 참으로 끌어올려 논파하고 어지러움을 밝힐 뿐이다." 안사고는 이렇게 말한다. "벽(鈲)은 파(破)이다. 음은 보혁(普革)의 반절이다." 나는 이렇게 생각한다. "파"(鈲)는 『방언』 2와 같다. 성마르고 불안함을 가리키는 것 같다. 마땅히 『한서』 「예문지」에 따라 "벽"이라고 해야만 한다. 청화각본은 틀리지 않았다.

122 『국어』 「진어」(晉語) 1은 이러하다. "난공자(欒共子)가 이렇게 말했다. '백성들은 세 가지에서 살고 으레 모신다. 아비가 그를 낳았고 스승이 그를 가르쳤고 임금이 그를 먹여준다. 아비가 아니면 태어나지 못했고 먹을거리가 아니면 자라지 못했으며 가르침이 아니면 몰랐을 것이다. 이것이 삶의 종류이기 때문에 으레 모신다.'"

역주_ 앞 문장의 제(制)는 제왕의 명령이란 뜻이며, 문체의 한 가지이기도 하다.

123 『장자』 「제물론」은 이러하다. "그들의 마음이 옳고 그름을 가릴 때는 모질기가 쇠뇌를 매겨 방아쇠를 당기는 것이나 활을 당겨 쏘는 것과 같다." 『경전석문』은 이러하다. "기(機)는 노아(弩牙)이다. 괄(栝)은 전괄(箭栝)이다." 쇠뇌[機]는 활 위에 쇠뇌살을 발사하는 장치이다. 기괄(幾括)은 본래 이것이 아닐까.

맞는 사람은 경망스럽게 혼자 좋아하지만 보통 사람들과 뜻이 어긋나는 사람은 마음에서 사라지지 않는 염려 때문에 홀로 근심하지. 누가 큰 기러기처럼 높이 나는 사람이고, 누가 조그만 메추라기나 까치처럼 시끄럽게 지저귀는 사람인가?[126] 누가 높은 언덕에 우뚝 선 오동나무이고 누가 평평한 모래톱에 난 띠나 갈대인가?[127] 보통 사람들은 자기가 옳고 남이 그르다고 생각하며 다른 뜻을 가진 사람을 공격하고 뜻이 같은 무리를 모으길 좋아하지. 제나라 사람이 우물물을 마실 때 서로 머리채를 잡고 싸우면서도[128] 땅 밑에서 솟는 샘이 보이지 않는 땅속 어디에서 오는 것인지도 모른다네. 위대한 도를 근거로 모든 주장들을 굽어 살펴보면 어찌 급한 물소리, 화살이 나는 소리, 고함소리, 숨 들이쉬는 소리, 부르짖는 소리, 울부짖는 소리, 깊은 골짜기의 아련한 소리, 애절하게 탄식하는 소리 등 다른 소리들에 그칠까? 이런 소리들은 코, 입, 귀, 가로보, 잔, 절구, 깊은 연못, 얕은 연못처럼 다른 구멍들에서 곰삭아 나는 것이라네. 세찬 바람이 멈추면 구멍도 비기 때문에[129] 구멍을 차지하고 있었던 것

---

124 『사기』「위기무안열전」(魏其武安列傳)은 이러하다. "위기(魏其)는 히히거리며 혼자 기뻐할 뿐이다." 안사고는 이렇게 말한다. "첨첨(沾沾)은 경박(輕薄)이다."

125 『시』「패풍」"백주"(柏舟)는 이러하다. "밤새토록 잠 못 이루는 것은 뼈저린 시름 때문인가." 「전」은 이러하다. "경경(耿耿)은 경경(儆儆)과 같다."

126 『초사』「석서」(惜誓)는 이러하다. "고니를 타고 날아오르니 산천이 이리저리 얽힌 것을 알겠네. 다시 날아올라 하늘이 둥글고 땅이 모난 것을 보노라." 『순자』「예론」은 이러하다. "작은 것은 제비와 참새(爵, 작(雀)이다)인데 마치 지지배배 지저귀는 무렵 같다."

127 『시』「대아」"권아"(卷阿)는 이러하다. "봉황이 우네, 저 높은 언덕에서. 오동이 자랐네 저 동쪽 산기슭에서." 소식 「답장문잠서」(答張文潛書)는 이러하다. "땅이 아름다운 것은 땅이 만물을 낳는 것이지 만물이 땅을 낳는 것은 아니다. 오로지 황폐하고 척박한 소금기 많은 땅에는 띠와 갈대만 눈에 가득 차네."(『동파전집』 권30)

128 『장자』「열어구」는 이러하다. "제나라 사람이 우물을 두고 서로 먼저 마시려고 머리채를 잡고 싸운다." 곽상 주는 이러하다. "우물을 판 사람은 자기가 샘을 만들었다고 하여 서로 먼저 마시려고 싸운다. 그러나 이들은 샘이 저절로 나오는 것을 모른다는 말이다." 졸(捽)은 패싸움이라는 뜻이다.

129 『장자』「제물론」은 이러하다. "산의 숲속 높은 곳(畏佳, 최외(崔巍)와 같다)에는 백 아름이나 되는 큰 나무가 있다. 이 나무의 구멍은 코 같기도 하고 입 같기도 하며

이 큰 구멍[130]의 숨소리일 뿐이라는 것을 알게 되지. 유능한 사람은 명성을 다툴 만한 구석을 없애 교활한 사람이 훔칠 만한 구석을 없애야 한다네. 엄격한 사람은 옳고 그름을 따지는 자기의 능력에서 믿을 만한 구석을 없애고 사실보다 지나치게 불려서 말하는 사람이 자신을 다투어 뽐내는 일도 없애야 하지. 공공성을 말하는 주장의 깊고 미묘한 속뜻을 안다면 거의 도에 다가간 오묘함을 스스로 알 수 있다네.(어떤 사람은 저술을 사부에 집어넣어서는 아니 된다고 의심한다. 그러나 그는 저술이라는 형식에 처음부터 피하거나 쫓아가려는 형식이 있었던 것이 아니라는 점을 모른다. 순자는 「부편」을 지었지만[131] 내용 없는 사부일 뿐이다. 그래서 본래 저술에 뒤섞어 넣기에 마땅치 않을 따름이다)

귀 같기도 하고 계(枅, 기둥 위의 네모난 나무) 같기도 하며 술잔 같기도 하고 절구 같기도 하며 와(洼, 깊은 못) 같기도 한 것이다. 그리고 오(污, 얕은 곳) 같기도 하다. 구멍에 바람이 들어오면 소리가 난다. 거친 물소리, 화살이 나는 소리, 나직이 나무라는 소리, 들이키는 숨소리, 부르짖는 소리, 울부짖는 소리, 깊은 데서 웅웅 울리는 소리, 새가 우는 소리가 그것이다. 앞의 바람이 우(于)하고 불면 뒤의 바람은 우(喁)하고 따라온다. 산들바람에 가볍게 응하고 세찬 바람에 크게 응한다. 태풍이 잠잠해지면 모든 구멍이 고요히 텅 빈 채 남는다." 선영은 이렇게 말한다. "격(激)은 물이 거칠게 흐르는 소리와 같다. 효(謞)는 화살이 날아가는 소리와 같다. 질(叱)은 날숨인데 소리가 거칠다. 흡(吸)은 들숨인데 소리가 가늘다. 규(叫)는 높아지며 소리가 맑다. 호(譹)는 낮아지며 소리가 탁하다. 요(宎)는 깊으면서 소리가 머문다. 교(咬)는 울리면서 소리는 맑다. 이것은 모두 구멍 소리를 묘사한 것이다." 우(于)와 우(喁)는 대답하는 소리이다. 계(枅)는 계(雞)라고 읽는다. 산들바람[泠風]은 작은 바람[小風], 태풍[厲風]은 맹렬한 바람[烈風]이다. 제(濟)는 그친다는 말이다.

130 『문선』 송옥 「풍부」(風賦)는 이러하다. "바람은 땅에서 생기고 푸른 개구리밥[青蘋]의 잎사귀에서 일어난다. 계곡을 치고 들어가 범하고 땅의 자루[土囊] 입구에서 크게 노한다." 이선 주는 이러하다. "토낭(土囊)은 대혈(大穴)이다. 성홍(盛弘)의 『형주기』는 이렇게 말한다. '의도(宜都) 가산현(假山縣)에 산이 있고, 산에는 동굴이 있다. 동굴 입구는 몇 자나 되게 큰데 바람 우물[風井]이다.' 토낭은 이런 종류를 가리키는 것이 틀림없다."

131 『순자』 「부편」(賦篇)은 「예부」[禮], 「지부」(知, 지(智)이다), 「운부」[雲], 「잠부」[蠶], 「잠부」[箴] 다섯 가지 부로 나뉜다. 부의 끄트머리에는 궤시(佹詩, 괴이쩍으며 말이 격렬하고 엄격한 시)가 있다. 다섯 가지 부 가운데 「예부」와 「지부」가 학술을 논하며, 예문에만 한정되지 않는다.